21世纪高等院校
人力资源管理精品教材

*Elaborate Textbooks on HRM for Higher Education*

# 人力
# 资源管理
# 概论

## 原理 环境 操作

姚裕群 主编

Introduction to Human
Resource Management

Principles Environment Practice

东北财经大学出版社 大连
Dongbei University of Finance & Economics Press

**图书在版编目（CIP）数据**

人力资源管理概论 / 姚裕群主编 . —大连：东北财经大学出版社，
2017.7

（21世纪高等院校人力资源管理精品教材）

ISBN 978-7-5654-2794-7

Ⅰ．人… Ⅱ．姚… Ⅲ．人力资源管理–高等学校–教材 Ⅳ．F243

中国版本图书馆 CIP 数据核字（2017）第 145781 号

东北财经大学出版社出版

（大连市黑石礁尖山街 217 号　邮政编码　116025）

网　　　址：http：//www.dufep.cn

读者信箱：dufep@dufe.edu.cn

大连市东晟印刷有限公司印刷　　　东北财经大学出版社发行

幅面尺寸：185mm×260mm　字数：614千字　印张：28.25　插页：1

2017年7月第1版　　　　　　　　　2017年7月第1次印刷

责任编辑：石真珍　周　晗　　　　　责任校对：何　力

　　　　　王　玲　吴　焕

封面设计：冀贵收　　　　　　　　　版式设计：钟福建

定价：49.00元

# 总　序

改革开放以来，我国经济和社会发展取得了举世瞩目的巨大成就。从人力资源开发的角度来看，我国改革开放的一切成就无不得益于人性解放所爆发出的社会与经济能量。正是在市场经济条件下，人力资源向人力资本转化并不断积聚和集中，从而形成巨大的物质力量，推动了中国经济社会的强劲发展。确立建设人力资源强国战略和持续投入人力资本，是进一步推动国家发展、社会进步、人民生活水平提高的不竭动力。纵观历史，劳动力转化为商品、人力资源转化为人力资本的当代，是人类历史上最为辉煌的时代。从世界范围来看，所有发达国家都高度重视人力资本的投入，发展最快的发展中国家都处在人力资源利用效率最高的历史时期。展望未来30年，世界经济的竞争将是人力资本的较量，支撑中国和平崛起的根本动力是人力资源开发所释放出来的巨大能量。

新中国成立近70年尤其是改革开放近40年的历史，是一部转变人的分工角色、社会身份的历史，是不断解放人的思想、调整分配关系、提高人力资源利用效率的历史。因此，无论是短期设计还是从长计议，都必须深入贯彻以人为本的发展观，大幅度提高社会保障度，大幅度提高劳动者的工资，积极转变人们的社会身份，把世界上最丰富的人力资源转化为人力资本，迅速增加人力资本的存量和总量，大力推进人力资源管理向人力资本经营转化。显然，人力资源开发与管理的理论研究和实际应用，是一项充满挑战和希望的伟大事业；建立具有中国特色、与国际接轨的人力资源开发与管理体系，是我们追求的宏大目标。

目前，我国高水平的人力资源管理专业人才与经济社会发展的需求之间存在很大缺口，编撰一套好的教材是推进人力资源管理专业发展和提升我国人力资源开发与管理水平的需要。为此，东北财经大学出版社组织多所知名高校人力资源管理专业的资深教师，联合打造了"21世纪高等院校人力资源管理精品教材"。本系列中各本书的主编均为学有成就的教授和博士生导师，他们丰硕的科研成果和教学经验，足以保证这套教材达到精品水平。

有优秀作者的大力支持，有策划者的努力付出，有良好的财经教育出版平台，相信本套教材的出版能创造很好的社会价值，对我国人力资源管理实践的发展、人力资源管理学科的发展和人力资源管理专业人才的培养产生积极的作用。

中国人力资源开发研究会　会长

刘福垣

# 前　言

　　人力资源问题是世界各国经济社会发展的高层次战略性问题，在当今经济全球化的背景下已经成为竞争的焦点问题。解决好人力资源的开发利用与管理问题，对于世界各国来说都是极端重要的大事。中国是世界人力资源第一大国，是在20世纪后20年取得了经济巨变、实现了巨大腾飞的大国，中国在21世纪10年代成为经济总量排名世界第二的国家，人力资源开发利用与管理的贡献功不可没。进一步解决好人力资源的开发利用与管理问题，对于我国来说更为重要，也更为紧迫。有人说，21世纪是中国的世纪，这要依赖中国的人力资源得到进一步提升、进一步开发与合理利用，进一步实行科学与人本管理，从而使得中国的人力资源产生巨大的效用。

　　人力资源问题涉及面极广，有关人力资源问题的研究源远流长。人力资源领域涉及经济学、管理学、人口学、教育学、行政学等诸多学科，受到人力资源工作者、有关学者、政府机关和企事业单位领导的关注。近年来，有关的教学研究成果不断涌现。编者在长期深入进行人力资源教学与研究的基础之上，完成了这本《人力资源管理概论》，把它献给高校人力资源管理专业的师生，献给从事人力资源开发利用与管理的人们。

　　本书具有以下特点：

　　第一，体现科学性和规范性。本教材讲求体系合理、知识点准确、结构严谨，在内容全面、充实的基础上，讲求精练和突出要点，体现教材的规范性。

　　第二，突出实践性和应用性。在内容的选择上注意涵盖企事业单位人力资源管理实际操作的内容，重点突出人力资源学科的应用篇章，例如安排了实用价值相当大但又被大多数同类教材忽略的人力资源管理制度的相关内容。本书每章都设计了案例，有利于读者巩固所学知识，学以致用。

　　第三，注重理论性和前沿性。本书讲述了居于学科前沿的理论知识，如宏观层面的战略人力资源管理等内容，力求从大的范畴到具体的知识点都体现先进性。

　　第四，追求使用的便利性。立足于教材是为教师的"教"和学生的"学"而服务的思想，本书在各章开篇设计了"学习目标""引例"，在章后设计了"本章小结""主要概念""复习思考题""案例分析"等栏目，大大提高了"教"与"学"的方便程度。

　　本书主编为中国人民大学教授、博士生导师姚裕群，副主编为耿林、朱振晓、周小舟。参加本书编写工作的有：姚裕群（第1、4、5、11章）、耿林（第2、6、10章）、朱振晓（第3、15、17章）、姚清（第7、12章）、周小舟（第8、16、20章）、倪鼎荣（第9章）、丁金发（第14章）、刘欣（第13章）、刘怡娟（第18、19章）、龙中樑（第21章）。在此，向为本教材的编写工作付出努力的各位作者表示衷心的感谢；向支持本教材出版的东北财经大学出版社的工作人员表示衷心的感谢。

鉴于编者水平有限，本书难免有不足之处，欢迎读者提出宝贵意见，使之在今后的修订中臻于完善。

编　者

2017 年 5 月

# 目　录

## 第11章      扎扎实实做起——工作分析与工作设计/195

## 第12章      揭开神秘面纱——人力资源测评/210

## 第13章      今日之伯乐——招聘与人力资源获取/225

# 第1章 持续发展动力——人力资源总析

## 学习目标

- 掌握人力资源的概念
- 掌握人力资源的数量结构和质量特征
- 了解人力资源运动的过程
- 理解人力资源的资源特点
- 了解人力资源开发与管理的复杂性
- 掌握人力资源的经济结构和社会结构
- 了解现代人力资源开发与管理的环境和特征

**引例**

### 加工贸易转型升级的珠三角
#### ——员工"上大学"与"人才红利"

来自湖北省赤壁市的梅莲珍是广州捷普电子有限公司的员工，入职已有16个年头。刚到捷普时，她只是生产线上一名普通的收料工，2012年4月，经过捷普人才发展国际学院的培训，梅莲珍顺利升为主管。有她这样经历的员工，在捷普不独一例。过去，这样的经历对许多普通员工而言似乎很遥远；如今，类似的故事正在越来越多的广东加工贸易企业上演。普通员工纷纷上"大学"，企业内部的职业培训不仅为普通工人提供了上升通道和更多发展空间，同时也令企业提升了生产和管理流程水平，为企业转型升级提供了必要的高素质人才支撑。

此时，加工贸易企业对员工的态度也发生了改变，从过去的"人来了就用，人走了再招"到更加注重员工的技能培养和素质提升，对"人"的需求开始从"人力"向"人才"转变。

除内部基层员工的培养提升外，引进外部高层次人才和培养研发人才团队也正在成为广东加工贸易企业人才结构优化的另一抓手。"由内到外""内外兼修"的人才结构优化模式正带领加工贸易企业从"人口红利"时代步入"人才红利"时代，并使之饱尝甜头。

东莞市的统计数据显示，2008年以来，东莞加工贸易企业研发人员占从业人员比重提升至1.3%，新设研发机构441家，累计投入研发资金315亿元，大中专以上学历从业人员比重提高了7.5个百分点。受益于此，东莞加工贸易企业技术创新水平明显增强，工艺创新流程明显增优，新增境内外专利授权3 341个。不止东莞，通过引进高层次人才改变生产效益的尝试正在广东全省各地四处开花。

位于清远的广东先导稀材股份有限公司建立了"先导材料研究院"，招聘了2名外籍专家、3名博士和30多名硕士研究生，主要研发薄膜太阳能材料、红外光学材料、LED材料及其他光电材料，提高产品附加值。

广州海鸥卫浴用品股份有限公司则把研发团队建在国外，设有工程研发部、新产品试制科、模具研发中心、电镀及PVD部、洗铅中心，多环节保证产品技术的先进性。

事实证明，通过引进高层次人才，发挥人才的价值，广东加工贸易企业开始享受到更大的甜头，企业因此有了话语权与议价权，实现了产业链向上游的延伸和技术的创新延伸升级。一系列优化从业人员结构的尝试使得全省加工贸易企业对人员的数量需求减少，对人员的质量要求提高。统计显示，从事加工贸易业务的企业年末从业人员由2008年的1 600万人下降至2011年的1 400万人，拥有大专及以上学历的人员比重从过去的5.6%上升到9.2%。"人口红利"开始改变为"人才红利"。

资料来源　邓圣耀，黄颖川，吴哲，等. 从"人口红利"到"人才红利"[N]. 南方日报，2012-08-19.

## 1.1 　人力资源基本范畴

### 1.1.1　人力资源的概念

人力资源一词，英文名为"human resource"，是指一定范围内的人口总体所具备的劳动能力的总和，也称"人类资源"或"劳动力资源"、"劳动资源"。这种劳动能力构成了其能够从事社会生产和经营活动的要素条件，是一种社会经济活动的客体。

与"人力资源"相近的一个重要和常用的概念，是人们非常重视的"人才资源"。它属于人力资源或者劳动力资源总体之中具有较优质量、较高水平的一个部分。

人力资源这一概念，最早是美国著名的管理学大师彼得·德鲁克（Peter F. Drucker）提出的。德鲁克在20世纪50年代提出经理们是必须具备的"特殊资产"即资源，"和其他所有资源相比较而言，唯一的区别就是他是人"。[1]这不仅仅是说高层管理者的能力重要、不可或缺，而且是从管理学的角度强调了他是"人"，即强调了人力资源的独立地位和个体概念，可以说这是人本管理的思想体现。

经济学常识告诉我们，要进行社会经济活动，必须具备一定的要素前提。英国古典政治经济学创始人威廉·配第指出，"土地是财富之母，劳动是财富之父"，这说明经济学最初认识的要素有"土地"和"劳动"两个方面。"要素"一词更具抽象色彩，人们应用更多的是更具现实色彩的"资源"一词。

有学者指出，所谓资源，是指"某种可备以利用，提供资助或满足需要的东西"。[2]因此，要素也就构成资源："土地"要素，代表的是从事社会劳动所需要的物质性资源；"劳动"要素，指的是从事社会劳动所需要的人力资源。"人力"的物质实

---

①　赵曙明. 人力资源管理研究［M］. 北京：中国人民大学出版社，2001：7.
②　帕纳斯. 人力资源［M］. 张明清，译. 哈尔滨：黑龙江教育出版社，1990.

体存在于人的身上，自然生命体状态的"人"是人力资源赖以存在和发挥的条件，是推动物力资源的主体。

而后，经济学在"土地"（物质资源）"劳动"（人力资源）要素之外，又增添了"资本""企业家才能"两个要素。"企业家才能"是指对上面的三个要素或者资源进行配置的管理能力。

从现代经济管理的角度看，经济活动有六个要素或六项资源，包括物质资源、人力资源、资本、管理、技术和信息，人力资源是经济活动要素或资源之中非常独特又特别重要的资源。

### 1.1.2　人力资源的计量

#### 1.人力资源的年龄划分

衡量和计算人力资源的数量，通常是依据对人的"劳动年龄"的划分。这种划分下限定位在16岁，从现行政府有关人力资源统计工作及退休管理工作的角度划分出劳动年龄的上限，在下限与上限之间的人口称为"劳动适龄人口"或者"劳动年龄人口"。我国现行的劳动年龄规定为：男子16～60岁，女子16～55岁，即60、55岁为一般情况下的法定退休年龄。

从国际人口科学研究和我国的人口统计工作角度看，人力资源的年限则是16～65岁。对于此界限，一是没有男女之分，二是比我国现行的行政规定偏后。

从从事与社会劳动有关的自然生理特征和素质条件看，人力资源的上、下限都是在后移的。其真实的下限实际上是人的平均初次就业年龄，这一年龄随着社会对劳动供给质量的提高和人的平均受教育年限延长而在后移。其真实的上限随着人口预期寿命与可能的工作能力持续时间延长也在后移，并随着许多国家"银发浪潮"般的人口老化、劳动供给紧缺而延长使用期。在我国，其制度性上限，即政府规定的退休年龄与社会保障制度的改革正在开始逐步后移。

#### 2.人力资源的完整计量

（1）人力资源的三个"量"

人力资源作为一个经济范畴，具有人数的规定性和素质的差异性，这个"量"包含着数量和质量两个方面的内容。不能把有劳动能力的人口数量（有多少个"人头"、有多少个"壮劳力""劳动力"）简单地等同于我们有多少人力资源，而忽略掉质量方面的内容。

因此，前述定义中的人力资源作为"某个人口总体所具有的劳动能力的总和"，包含了数量、质量和总量三个"量"。这三个"量"的具体内容是：

所谓人力资源数量，指的是构成劳动力人口的那部分人口的数量，其单位是"个"或者"人"。劳动力人口，即具有劳动能力、成为经济资源、能够从事社会劳动创造经济价值的人数。

所谓人力资源质量，即体现在劳动要素个体及群体身上的创造社会价值的能力。它的最直观表现是人力资源或劳动要素的体质水平、文化水平、专业技术水平以及心理素质的高低（如人们常说的"情商"）、工作积极性、道德情操水平等。人力资源的质量经常采用每万人口中接受高等教育的人数、小学普及率、中学普及率、专业人员占全体劳动者比重等经济社会统计指标来表示。

人力资源总量则是一个极其重要的综合范畴。对于一般经济活动来说，都需要一定的数量和质量的人力资源来从事。人力资源的数量可以满足经济活动的数量要求，是经济活动不可缺少的要素，而具有特定质量水平的供给则可以完成一定难度的经济活动，高质量的人力资源对经济活动更为重要。

（2）人力资源计量公式

人力资源总量就是数量、质量二者的乘积。用公式表示其基本关系，即：

人力资源总量 = 劳动力人口数量×劳动力人口质量

进一步来说，要考虑人力资源的质量差别，从而进行按类别的计算和加总，具有操作价值的公式则是：

人力资源总量 = $\sum$ i级质量劳动力人口的数量I×i级质量劳动力人口系数

与人力资源的数量相比，其质量方面更为重要。人力资源的数量能反映出可以推动物质资源的人的规模，人力资源的质量则反映可以推动哪种类型、哪种复杂程度和多大数量的物质资源。

进一步来说，人力资源数量与质量有着以下关系：其一，"复杂劳动等于加倍的简单劳动"，即高质量的人力资源可以创造出大大多于同等人数低质量者的财富；其二，高质量的人力资源具有较高的操作能力，能够完成许多同等人数低质量者的低水准工作，对低质量者替代性强；其三，低质量的人力资源操作技能差，不能完成高质量者的工作，对高质量者根本没有替代性。

需要注意的是，要获得高质量的人力资源，就要付出较大的生产成本，高质量人力资源又具有稀缺性，而且，他们是需求更高的人。如果这种高质量的人力资源供给不被需求所吸收，就会对个人与社会造成比较大的经济浪费，而且可能导致其他方面的问题。

### 3.人力资源的数量构成

从数量统计口径的角度看，一个社会的人力资源由以下8个部分构成：[①]

（1）处于劳动年龄之内、正在从事社会劳动的人口，它占据人力资源的大部分，可称为"适龄就业人口"。

（2）尚未达到劳动年龄、已经从事社会劳动的人口，即"未成年劳动者"或"未成年就业人口"。

（3）已经超过劳动年龄、继续从事社会劳动的人口，即"老年劳动者"或"老年就业人口"。（1）、（2）、（3）三部分人构成"就业人口"总体。

（4）处于劳动年龄之内、具有劳动能力并要求参加社会劳动的人口，这部分可以称为"求业人口"。求业人口与前三部分一起构成"经济活动人口"。

（5）处于劳动年龄之内、正在从事学习的人口，即"就学人口"。

（6）处于劳动年龄之内、正在从事家务劳动的人口。

---

① 姚裕群. 人力资源概论［M］. 北京：中国劳动出版社，1992：47-49.

（7）处于劳动年龄之内、正在军队服役的人口。

（8）处于劳动年龄之内的其他人口。

这8个部分统称劳动力人口，即人力资源，见图1-1。

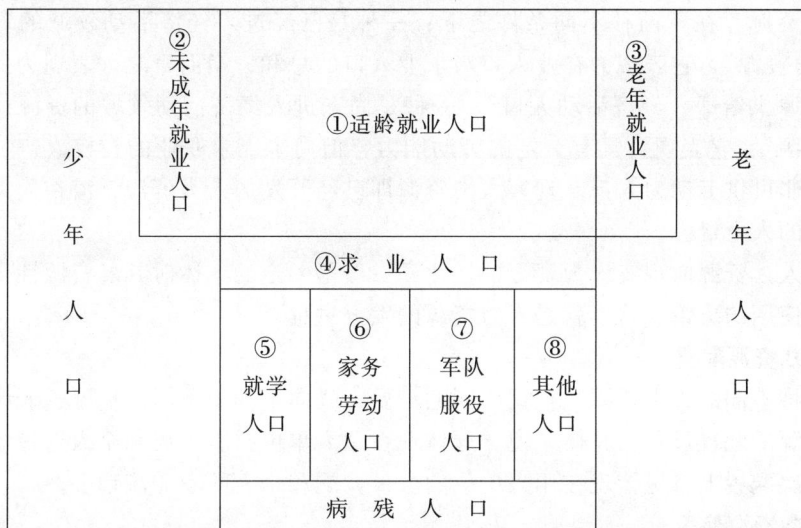

**图1-1    人力资源构成**

图1-1中标记①～⑧的部分，即人力资源。其中前四部分是经济活动人口，构成现实的社会人力资源供给，这是直接的、已经开发的人力资源；后四部分并未构成现实的社会人力资源供给，它们是间接的、尚未开发的、处于潜在形态的人力资源。

### 1.1.3  人力资源运动过程

从人力资源的经济运动过程来看，包括生产（形成）、发掘、配置、使用四个环节。与物质资源运动相比，人力资源运动有一定的特性，即它是作为主体资源，自动地参与总体运动过程的各个环节；二者也有一定的共性，即人力资源作为一种资源，是一种客体，也具有对象性。

这里，我们把人力资源与"矿产资源"这一典型的物质资源加以对比，看其运动过程。

我们知道，矿藏是经过自然界长期物质运动，在一定环境下，由内外部多种条件的作用形成的一种化学元素的积累。大自然产生的一定品位的矿石是资源存在的表现形态。人们对矿藏资源加以采掘，使之从地下埋藏的潜在形态转变为现实的可供人类使用的矿产品。矿产品按其种类、数量、品位状况，分别被送到各个需要矿石的加工地、冶炼厂，即实现了该资源的配置。最后，工厂的机器开动，各种矿石分别被各生产单位的工艺过程所吸收、消化，生产出制成品，即得到利用，从而完成其运动过程。

人力资源也是如此。

**1.人力资源生产**

一个新的生命出生，经过10余年的生长、发育、接受教育，成长为具有一定体质、智力、知识、技能的人，即具备了各种劳动能力的人。这对于社会经济运动来说，可以成为一种资源，即人力资源。这就是人力资源的生产过程。

**2.人力资源发掘**

人力资源存在于两种不同条件之下：一种是已经进入经济活动领域的资源，即"现实人力资源"，它表现为在业人口与求业人口的总和，换而言之，表现为一个社会的人力资源供给即"经济活动人口"。一种是尚未进入经济活动领域的资源，即"潜在人力资源"，它表现为具有一定的劳动能力，但尚未谋求职业的在校人口、家务劳动人口等非可供劳动力人口。现实人力资源即已经开发的人力资源，潜在人力资源即尚未开发的人力资源。

潜在人力资源向现实人力资源的转化，一般是一定的主体对其的资源性质进行认识和做出使用的决策，这也就是人力资源的发掘过程。

**3.人力资源配置**

社会将不同的人力资源，根据不同的需要，投向不同的部门、地区、职业，这就是人力资源的配置过程。具体来说，这体现在用人单位招聘人员和个人选择职业的人力资源初次配置上，也体现在用人单位的人员调配和个人的职业流动上。

**4.人力资源使用**

各个经济活动部门、单位对自己拥有的劳动者的能力加以发挥、运用，使其完成本单位的经济活动任务，即人力资源的使用过程。其成果是创造了各种产品和劳务，即创造了社会财富。

在对人力资源生产、发掘、配置、使用的过程中，存在着诸多的对其开发利用与管理问题。在对这些问题的研究和解决过程中，也就形成了人力资源开发利用与管理的学科。

### 1.1.4　人力资源的特点

人力资源的实体是人，或者说是负载于"人"这种有思想、有价值判断的社会动物身上。作为社会经济资源中的一个特殊种类，有着诸多不同于物质资源的特点。研究人力资源的特点，对于正确和深入把握这一范畴，是非常重要的。人力资源主要具有以下特点：

**1.人力资源的基本特点**

人力资源的基本特点包括生物性和社会性两个方面：

（1）生物性

人力资源存在于人体之中，是一种"活"的资源，它与人的自然生理特征相联系。这一特点是人力资源最基本的特点。人力资源的生产基于人口再生产这种生命过程，其接受教育也需要一定的智力自然前提；人力资源的使用更受到人的自然生命特征的限制，如身体疲劳、人体安全、劳动卫生、工作时间等。

从人力资源周期运行的角度看，人力资源的生物性还体现为人力资源的再生性，其再生性是通过人口总体内各个个体的不断替换更新和"人力资源耗费→人力资源生产→人力资源再次耗费→人力资源再次生产"的过程得以实现的。

（2）社会性

人力资源具有社会性。从一般意义上说，人口、人的劳动能力和"人力"这种资源都是人类社会活动的结果，又都构成人类社会活动的前提。从社会经济运动的角度看，人类劳动是群体性劳动，不同的人一般都分别处于各个劳动组织之中，这构成了人力资源社会性的微观基础。从宏观上看，人力资源是处于一定社会范围内的，它的形成要依赖社会，它的配置要通过社会，它的使用要处于社会的劳动分工体系之中。

对于人力资源的使用，从直接的角度看，是属于某一个社会经济单位的具体的事务。但是，社会对于这种活的、能动性资源，提供了开发和管理的外部条件和市场，并在一定程度上构成竞争环境。

**2.人力资源的资源特点**

（1）智能性

人力资源包含着智力的内容，即具有智能性，这使得它具有了强大的功能。因为，人类创造了工具、创造了机器，把物质资料改造成自己的手段，即通过自己的智力使自身人体器官得到延长和放大，从而使得自身的能力无限扩大，推动数量巨大的物质资源，取得巨大的效益。在当今科学技术日新月异、社会已经进入知识经济时代的情况下，人力资源的智能性就不仅仅是具有"效益巨大"的优异性，而且关系着个人、用人单位以至国家的生死存亡，具有须臾不可离的重要特征。

人类的智力具有继承性，这使得人力资源所具有的劳动能力随着时间的推移得以积累、延续和进一步增强。

（2）个体差异性

个体差异性，即不同的人力资源个体在个人的知识技能条件、劳动参与率倾向、劳动供给方向、工作动力、工作行为特征等方面均有一定的差异。

人的个体差异性也导致社会人力资源需求岗位对其的选择产生一定的差异。

市场配置人力资源，可以在微观层次上通过个人与用人单位的相互选择，完成有差异和有针对性的配置，从而达到人力资源的优化配置，达到人力资源与物质资源及资本的合理配置，取得较好的经济效益和社会效益。

（3）时效性

人力资源具有时效性，它的形成、生产、开发、使用都具有时间方面的限制。

从个体的角度看，人有其生物有机体的生命周期，因此，作为人力资源，能够从事劳动的自然时间就被限定在生命周期的其中一段。人们在能够从事劳动的青年、壮年、老年的不同时期，其劳动能力也有所不同。

从社会的角度看，在各个年龄组人口的数量以及它们之间的联系方面，特别是"劳动人口与被抚养人口"的比例方面，也存在着时效性的问题。由此，就需要考虑动态条件下社会人力资源总体在形成、开发、分配、使用等各个运动环节的相对平稳性以及合理的超前性。

**3.人力资源的主体特点**

（1）动力性

人力资源的动力性，即其主体推动性。经济运行的主体可以划分为个人、用人单位和社会三个层次，个人是这三方面主体中根本的层次。人力资源之所以作为主体资源，正是因为它具有动力特征，能够对物质资源加以推动、加以运用。人力资源与资本要素、物质要素的关系及结合均对经济的运行及效果产生重大影响，因而也成为用人单位与社会（一般可以把政府看作其代表）管理行为的重要对象。

具体来说，人力资源的动力性体现在"发挥动力"和"自我强化"两个方面。发挥动力，即人对自身能力或能量的自觉运用，这是人类能动性的重要体现，它对于"人力"这一资源的潜力发挥和由此产生的工作绩效，具有决定性的影响。自我强化，即人们通过自身有目的的积极行为，接受教育培训，努力学习，锻炼身体，积累经验，使自身获得更高的工作能力。

（2）自我选择性

自我选择性是人力资源动力性的延伸。"人"具有社会意识，这种意识是其对自身和对外界具有清晰看法、对自身行动做出抉择、调节自身与外部关系的意识。由于人具有社会意识及作为劳动者的人在社会生产中居于主体地位，使得人力资源具有了能动的选择性。人作为主体性资源，在构成劳动供给与否和劳动供给的投入方向方面，是有着自主决定权与选择偏好的。"选择的意义在于选取所偏爱的方案"，[①]上述决定权与选择偏好表现为，个人"想不想或要求不要求就业"、"到什么岗位上去就业"和"就业时间多长、工作强度多大"。国际劳工组织指出，就业应当达到自由选择。人的自我选择性也是用人单位选择人力资源、政府从宏观上配置资源所必须考虑的因素。

平等竞争的市场经济体制对人力资源的自我选择性有比较充分的保障，从而有利于人力资源的自主配置。

在经济发展水平不同的国家和地区，人的知识技能水平与价值观、自我意识也不同，自我选择性也有一定差别。一般来说，经济社会发展水平差的国家和地区，人的自我选择性就较弱；经济社会发展水平高的国家和地区，人的自我选择性就较强。

（3）非经济性

非经济性即人作为生产要素的供给，除了追求经济利益之外，还有非经济方面的考虑。人的职业选择、劳动付出往往与职业的社会地位、工作的稳定性、晋升机会、管理特点、工作条件、个人兴趣爱好、技能水平等非经济、非收入因素相关联。在经济水平比较低的社会，人们重谋生，对非经济性因素的考虑较少、要求较低；在经济水平比较高的社会，"衣食足而知荣辱"，人们对于非经济性因素的考虑就会较多，强度也较大。

在市场经济体制下，用人单位追求利益最大化，必然受到其雇用对象——人的非经济性因素的制约。在宏观层次上，政府要顾及社会就业、公民收入与消费、社会保障等问题，因而也必然在一定程度上考虑人的非经济需求。

---

① 雅赛. 重申自由主义［M］. 陈茅，译. 北京：中国社会科学出版社，1997：75，80-83.

## 1.2 \ 人力资源的重要性

### 1.2.1 人力资源的理论地位

**1.人是财富：要素与资源**

人在经济中具有的重要作用，很早就为经济学家们所重视，这是因为，人就是经济活动要素，就是产生价值的资源。著名古典经济学家亚当·斯密指出，人的能力是一种"资本"，人们经过学习得到的有用才能可以变成社会财富的一部分。马克思揭示了价值的来源，他指出：劳动力是一种创造价值的力量，是一种能产生比自己具有的价值更多的价值的源泉。在20世纪20年代就写出了世界上人力资本领域第一篇论文——《国民教育的经济价值》——的苏联经济学家斯特鲁米林，就将"劳动力资源"的概念运用于社会经济计划之中。

**2.人力成为资本**

20世纪50年代末至60年代，人力资本理论开始形成，并获得较大的发展。这一理论认为，资本有两种形态——物质形态和非物质形态。非物质形态的资本即人力资本，对人力进行投资（诸如教育、卫生保健、迁移等）可以使之形成生产能力，从而增加经济效益。日本学者指出，向教育投资是提高劳动力生产能力的活动，由此使得劳动力的知识、技能得以形成和得到积累。这种知识和技能，"如果被当作是劳动力的质这一独立的生产要素的话，那么不妨把它看成是一种资本。因而，它在人是实体化了的资本的意义上，可称之为'人力资本'"。人力资本理论的产生，说明经济学家和政府（尤其是经济发达国家的经济学家和政府）都看到了人力要素在国民经济中的重要作用，他们高度重视人力资源，力图通过对人力的投资来取得更大收益，维持和促进经济的增长。

**3.人力资源成为战略资源**

人力资源是关系着各国经济社会发展的重大问题，也是引起国际社会高度关注和重视的普遍性问题，研究人力资源问题的现实意义巨大。搞好人力资源的开发、利用和管理，成为关系到国民经济的发展、关系到经济现代化进程的一项战略性的任务。

在进入新世纪、全球都在寻求发展的2001年，亚洲及太平洋经济和社会理事会在中国召开，中心议题就是人力资源能力建设问题。在我国的金融中心、产业中心——上海，中国方作为东道主国家，就"人力资源能力建设"问题做了主题发言，这说明，人力资源已经具有更高的地位、更重要的作用，应当产生更为实际的效果。2010年9月，在全球狙击金融危机的大背景下，北京召开的第五届亚太经合组织人力资源开发部长级会议上，胡锦涛总书记在会上致辞，就"开发人力资源"问题做了主题发言，指出人力资源开发"对推动经济持续发展、实现包容性增长，具有基础性的重要意义，人力资源是可持续开发的资源，人力资源优势是最需培育、最有潜力、最可依靠的优势"，并阐述了优先开发人力资源、实施充分就业的发展战略、提高劳动者素质和能力、构建可持续发展的社会保障体系四项宏观人力资源开发利用和管理的内容。

### 1.2.2 人力资源与宏观经济发展的条件

**1.人力资源是社会经济活动的前提**

人力资源构成社会经济运动的基本前提。从宏观的角度看，人力资源不仅在经济管理六大资源中必不可少，而且它还是组合、运作其他各种资源的主体。也就是说，人力资源是能够推动和促进各种资源实现配置的特殊资源，因此，人力资源是最重要和最宝贵的资源。

这里我们把人力资源与物质资源进行比较。我们知道，社会劳动是由不同部分的分工、协作所组成，社会总劳动的下属层次是产业、部门、企业、岗位、职业的专门形态劳动。社会中的各个产业、各个部门、各个企业、各个岗位、各个职业，对于人力和物力都有着特定的要求，它们之间不尽相同，甚至差异较大。例如，电子业需要技能较高的工程师、技术工人和精度较高的原材料、零部件；钢铁业需要庞大的设备和具有相当水平的技术人员；服务业需要的物质设施相对较少而主要依靠人的劳务付出；许多复杂的脑力劳动，如理论研究、文学创作，则往往只需使用一支笔。总之，不同种类的经济管理活动对物质资源的要求各有差异，或多或少，甚至或有或无，但对人力资源的要求则必不可少。因此，人力资源就成为宏观国民经济运动和微观企业经济管理的必需性资源、根本性资源，缺少了人力资源，经济活动就无从谈起。

经济活动中的"管理"要素，实际上也完全取决于人力资源，因为"管理"是高层次人力资源的主要活动，也是高层次人力资源对其他资源与其他人力资源进行配置与运作的活动。

**2.人力资源是具有推动性的经济资源**

人力资源对物质资源的运用，是因为它居于经济运动的主体地位，具有推动作用。由于它的这一作用的发挥，推动了物质资源，才导致财富的产生。

对于国民经济来说，物质资源（即使是生物资源）是"死"的资源、是被动的资源，而人力资源是"活"的资源、是主动的资源。人可以根据国民经济的状况与发展趋势，对现实的物质资源生产进行调节（例如利用高技术对物质资源进行深度开发）；人可以根据人类自身的再生产状况、人力资源的状况以及国民经济发展的需要，对人力资源的经济运动进行调节；人还可以根据物质资源的状况，对人力资源的生产和配置、开发和管理进行多方面的调节。

人力资源还具有自我调控的性能。人们在从事经济活动时，会根据外部的可能性和自身的条件、愿望，有目的地确定经济活动方向，并根据这一方向具体地选择、运用物质资源。

总之，人力资源除了具有推动物质资源的特殊作用外，还可以通过对自身和对物质资源的调节，主动适应物质资源，从而使得国民经济全要素即各项资源得到较好的利用。

### 3.人力资源是经济增长的主要动力

国民经济的高速持续增长是财富得以增加、国家得以繁荣、社会得以进步的根本，经济增长问题是受到世界各国政府和许多经济学家重视的问题。

国民经济增长的要素可以分为"增加投入的数量"和"提高单位投入量的产出率"（简称为"提高产出率"）两个方面。"投入"的要素或资源不外是人力、物力两大类。增加物力的投入量，当然也会增加产出总量。但是，从总量上看，增加人力的投入，特别是增加高质量人力的投入，比增加物力投入取得的收益更大。在"提高产出率"方面，人力因素的作用也是大于物力因素的。据研究经济增长问题的经济学家的一致意见，"知识的进展"是20世纪经济增长的最主要因素。所谓知识进展，主要是对人力资源进行投资、开发，使社会劳动者的文化水平和专业理论、专业技能提高，具有更高的运用物质资源的能力。

据美国经济学家丹尼逊的计算，在美国的国民收入增长中，"增加投入量"的比重在下降，"提高产出率"的比重在上升。进一步分析可以看出，投入方面比重下降，主要在于物力因素，尤其是资本；产出方面比重增加，主要在于人力因素（即"知识进展"）。这一结果也表明，国民经济增长的主要潜力正在于人力资源方面。

在第二次世界大战以后的各国经济发展中，作为战败国的日本实现了经济起飞，完成了《国民收入倍增计划》，创造了震惊世界的高增长率（经济增长率在1956—1972年长达17年间达到平均10%的水平），成为世界第三经济强国。日本经济高增长率的秘密何在？美国经济学家丹尼逊和日本经济学家金森久雄有着类似的看法，他们认为，"知识进展"因素的影响最为重要。在《国民收入倍增计划》实施前后，日本政府以及日本财团都极其重视教育，制定和实施了有关的教育发展规划，为日本经济发展培养了大批高质量的人力资源，这成为经济高速增长的一个重要支柱。据学者测算，日本完成工业革命的人力条件比西方主要资本主义国家优越得多，其平均文化水平比西方国家"经济起飞"时的平均水平高10多倍。而后在20世纪70年代，亚洲"四小龙"崛起，又一次引起世界的关注，人们认为其成功的原因主要是文化因素以及人工成本低，这仍然是人力资源的功绩。

20世纪最后20年至21世纪的头10多年，中国保持了年平均增速为10%左右的高经济增长，其中人力资源的贡献重大。前些年的一个学术观点就是中国经济发展取决于"人口红利"，即大量人力资源进入劳动年龄就业、创造财富，当然这是发生在我国成为"世界制造工厂"的经济格局下。新一届领导人则具有更深邃的视角，总结出"制度红利"的观点，这种制度红利正是把中国人力资源的生产能力和创造活力释放出来才实现的。

正如世界银行在20世纪80年代前期所判断的，中国经济繁荣的到来是因为"成功地调动和有效地使用一切资源，特别是人力资源"。[①]进入21世纪，我国抵御了全球金融危机，应对着国内外复杂的政治经济形势，继续维持着7%～8%的高经济增长率，人力资源和人才资源在提高素质、顺应转型、进行创新和提升竞争力方面起到了

---

① 世界银行1984年经济考察团. 中国长期发展的问题和方案主报告［M］. 北京：中国财政经济出版社，1985.

积极的作用。中国经济增速从2012年起开始回落，告别过去30多年平均10%左右的高速增长，呈现出新常态，在新的时期人力资源和人才资源仍将发挥重要作用。

当今的世界正在走向信息社会。从各国经济社会发展的趋势看，在人力资源和人才资源方面的竞争日益激烈。目前，世界各国日益将关注的焦点集中到人力资源的开发和利用上，注重培养大批科学家、技术专家、经营管理人才和企业家，以成为新的历史时期全球范围竞争中的胜者。

### 1.2.3 人力资源是微观组织管理的核心

#### 1.有利于塑造现代劳动者

现代经济增长的主要源泉在于人。对于人力资源的开发利用与管理，有利于使这一财富的效能得到发挥，取得经济效益，促进经济增长。不仅如此，在对于人力资源开发利用与管理的活动中，必然从多方面影响人力资源这一客体，从而达到把一般的人塑造成为现代劳动者的功效。

我们知道，人是具有巨大的潜能的，也是有着巨大的可塑性的。一个社会的组织，包括宏观组织和微观组织，对于人力资源进行开发利用与管理的种种活动，有利于对人力资源本身的能力培养、潜能发挥和文化赋予，使其能力得到发挥、动力得以释放，在为组织提供效益的同时，也塑造了现代劳动者自身。

#### 2.有利于塑造现代组织

组织是由作为员工的个人所构成的。对于人的培养、对于人力资源的开发利用与管理，可以使组织取得良好的业绩，还能使组织形成和增加人力资源储备。进一步来说，对于人力资源的开发利用与管理，能够从多方面塑造人力资源，使其大大提高素质，适应现代组织发展的要求。可以说，要塑造在经济全球化、科学技术迅速进步和高度竞争条件下的现代组织，必须要依靠一大批高质量的人力资源。

不仅如此，一个组织中有着大量具有现代特征的人力资源要素，必然使组织本身趋向于现代化。实际上，不少现代人力资源开发利用与管理的措施，本身就是塑造现代组织的主要手段，例如员工灵活化、培训、员工持股计划、期权期股制度等等。

现代管理学认为，员工是组织的主体、组织的主人，是组织的内部顾客，是"上帝"，组织的利益和目标与员工的利益和目标是一致的。因此，搞好人力资源开发利用与管理，也就是搞好组织建设，是在塑造新时代的现代组织。

### 1.2.4 人力资源是中国进一步腾飞的保障

中国是具有5 000年文明的礼仪之邦、是对"人"有着相当丰富研究的国家。中国是世界上人口、劳动力、人力资源数量最大的国家，对于"人"的重视，不仅有着历史上的传统，在中国实现经济腾飞和迅速步入现代化的今天，更有着现实的必要性和可能性。因为，我们拥有世界第一的人力资源，它是我们最宝贵的财富。我们进行改革、走向市场，进行大规模的产业结构调整和深入的产权制度改造，有利于减少人力资源的闲置浪费，提高人力资源的产出，把负担转化为动力，取得多方面的效益。

早在改革开放之初，世界银行在对我国大规模贷款之前对我国进行了全面考察，在其结论中就指出："在今后几十年内保持快速增长，对中国来说将是一项艰巨复杂的任务。"[①]对于中国来说，资金、技术、设备都不成为发展的瓶颈，"中国的经济前景将取决于能否成功地调动和有效地使用一切资源，特别是人力资源"。[②]

近40年的改革实践，使我们打破了计划经济体制的束缚，解放了人力资源，人们获得了生机，焕发了活力与创造力，取得了举世瞩目的巨大成就。正是人力资源的贡献，使中国成为当今世界上经济增长最快、持续时间最长的国家。中国的发展速度，不仅如同20世纪60年代的日本、70年代的亚洲"四小龙"那样令人震撼，而且展现出未来10年以后将登上"GDP世界第一"冠军宝座的强劲势头。

当前我国全面推进体制改革，引进和学习发达国家的经济管理理论与方法，各部门、各地区、各单位都在大力培育人才、吸引人才，人力资源已经成为各界高度关注的重大领域，也成为现代经济管理学非常热门的分支学科。

21世纪是亚洲世纪、中国世纪，21世纪是"人"的世纪，在我们面对新经济挑战和经济全球化压力的情况下，要采取什么措施？如何保证我国再持续一二十年以至更长的稳定、持续的经济增长，实行中国经济的进一步腾飞？其秘密仍然在于：进一步"成功地调动和有效地使用人力资源"。

## 1.3  人力资源的复杂性

人是一个相当复杂的范畴，人力资源则是一种主体、客体兼于一身的颇为复杂的生产要素。下面就人力资源的复杂性进行分析。

### 1.3.1  个人条件的多样性

人的个人条件的多样性，包括人的能力状况、人生的经历与职业的具体履历、教育背景（上学年限、等级和专业）、家庭背景、工作潜力、对所在单位的重要性等等，而这些又决定了一个人力资源个体的工作态度、工作满意度、工作目标、工作需求等诸多方面。这就构成理论上个人条件的多样性。

举例来说，一个家境良好、受过博士教育的人，与一个在农村长大、连中学都没有机会上的人，在能力、人格、潜力方面都是绝对不同，甚至有着天壤之别的，他们的个人发展前途必然差异悬殊，他们对于一个组织的价值效用和社会效用更是大相径庭。

### 1.3.2  个性人格的差异性

不同人的个性心理特征不尽相同，甚至相差极大。例如，有的人感觉能力强，有的人思维能力强；有的人观察细致，有的人工作马虎；有的人性情平和，有的人脾气

① 世界银行1984年经济考察团. 中国长期发展的问题和方案主报告［M］. 北京：中国财政经济出版社，1985.
② 世界银行1984年经济考察团. 中国长期发展的问题和方案主报告［M］. 北京：中国财政经济出版社，1985.

急躁；有的人喜欢读书写作，有的人喜欢体育运动……上述能力、性格、气质、兴趣等多方面特点的总和，构成了人们不同的心理特征。

对于人力资源个性人格的认识，是一个非常复杂的问题。如前所述，阿尔波特将人格分为"支配、自我扩张、坚持、外倾（即外向）、对自己能批评、自炫、合群、利他、社会智力水平、对理论的兴趣、对经济的兴趣、对艺术的兴趣、对政治的兴趣、对宗教的兴趣"14项一般人格特性；卡特尔提出"卡特尔16PF"（即16种个人因素、人格因素）理论。

比其更简明、更常见、更常用的是"五大人格"或"大五人格"理论，这一理论把人格分为"外向性、可靠性（即责任感）、合作性、情绪稳定性、开放性（即创新性）"五个大的类别，依此也制成了大五人格测验工具。我国心理学家孟庆茂认为，在个性人格方面，中国人的五大人格中最主要的是责任感、合作性和创新性3个方面。

人是具有情感性的动物，对于组织来说，同样个人条件的人具有不同的人格，就使得组织的管理以至组织本身相当复杂；个人条件不同、人格又不同的人，使得组织的人员结构和组织的人力资源开发与管理更加复杂。

### 1.3.3 人际关系的复杂性

就一个组织内部而言，人际关系已经是一个很复杂的问题了，它包括上下级关系、同事关系、"老乡"关系、血缘关系、朋友关系、矛盾关系等等。人与人之间有很多、很复杂甚至交织在一起的关系，这使整个组织的关系具有了很强的复杂性。进而言之，一个人在组织外的社会关系，也会影响到组织之中的人力资源开发与管理。

在中国，人际关系的复杂性体现在不少组织特征的家族化、关系学的色彩较浓，规范化管理与法制思想淡漠，加之产权制度方面的问题，使组织的运作和人力资源开发与管理增加了不少"顾忌"因素。

### 1.3.4 人文背景的广阔性

人文背景的广阔性体现在文化的多元上，这要求人力资源的开发、利用和管理要有更开阔的视角和更具弹性的措施。东方和西方的文化差异、西方各国之间的文化差异、东方各国之间的文化差异、城市农村之间的文化差异等等，都给我们提示了人力资源开发与管理复杂性的新趋向。在经济发展全球化、组织成员多来源的格局下，跨文化管理已经成为当代最为热门的组织管理实践与人文研究领域。

中国在改革开放以来大量引进外资，国外的先进技术、组织模式、管理思想和文化随之大量进入中国，造成相当大的文化融合与冲突。随着我国在21世纪加入WTO和近年开始的"走出去"步伐，这种文化的融合需要与冲突问题正在大大增加。许多外资、合资企业强调高层管理人员本土化，这并不意味国外的管理文化对本土文化无能为力、"投降"，而是要通过这种方法降低组织的人力资源成本、加强在本土的业务拓展和更加容易地用该组织的基本价值观和文化塑造本土的局部性组织。

据德国学者派尔-舍勒的分析，中国与欧洲文化有着不少差异，这是我们在看待文化差异与融合时需要加以把握的，见表1-1。[①]

表1-1                              中国与欧洲文化对比

| 中国文化 | 欧洲文化 |
|---|---|
| 横向、直觉型思维 | 纵向、理性思维 |
| 完美化原则 | 最优化原则 |
| 顺应大潮流 | 乐于接受批评 |
| 怕变动 | 怕限制 |
| 中庸之道 | "最佳"原则 |
| 无时间束缚 | 时间就是金钱 |
| 团队意识 | 自我意识 |

人文背景的复杂性，不仅对组织、对人力资源的管理有着极大影响，而且对人的职业生涯有着重大影响，还通过人的能动性选择对组织本身产生巨大影响。例如，曾经在微软中国公司任总裁的吴士宏，在一定意义上就是由于文化冲突而离开高位；她选择到"求贤者"中工资最低的民族产业TCL公司去任职，是要按照自己的意图做事，真正实现自己的价值。

# 1.4  人力资源结构

人力资源结构是指一个国家或地区的人力资源总体在不同方面的分布或构成。从总体上看，这种结构分为自然结构、社会结构和经济结构三大方面。具体来说，人力资源的自然结构，包括年龄、性别、种族与民族方面的结构；人力资源的社会结构，包括教育水平、文化类别、宗教、职业、社会地位阶层、组织内雇用等方面的结构；人力资源的经济结构，包括产业部门、职务分工、工作技能、地区、城乡、组织类别、产权、企业规模等方面的结构。

人力资源结构的不同，反映了人力资源总体及其内部的不同性质与状态，这构成社会对于人力资源开发利用与管理的一项基础。

## 1.4.1  人力资源的自然结构

### 1.人力资源的年龄结构

人力资源可以划分为青年、成年、老年三部分。同一总体内不同年龄的人力资源的比例构成人力资源的年龄结构。人力资源的年龄结构是由人口的年龄构成特别是劳动适龄人口的年龄构成所决定的。对于人力资源的年龄一般划分是：青年为16~25岁，成年为26~50岁，老年为50岁以上。

（1）青年、成年与老年人力资源

人的青年阶段，处于身体继续发育以至成熟的阶段，智力水平在这个阶段也大幅

---

① 派尔-舍勒. 跨文化管理 [M]. 姚燕，译. 北京：中国社会科学出版社，1998：5.

度提高。在这个时期，青年人从在校学习到毕业、走上社会参加社会劳动，心理上也逐渐成熟，这个时期正是他们形成人生观、做出一生中重大抉择的时期。青年人力资源的特点是他们的劳动能力正在增长，进行职业定向与职业选择，开始加入和适应社会劳动。尽管这个时期可能其职业劳动能力并不高，但是其使用年限比较长，学习能力比较强，适应性比较好，流动性比较强，因而开发的潜力比较大。

人的成年阶段，体质、智力都达到比较稳定的高峰阶段，是一生中的黄金时代。作为成年的人力资源，其劳动能力最强，技术水平最高，生产管理经验也比较丰富，创造发明在这个时期也最多，正所谓"年富力强"。这是人力资源效用最高的时期。

人的老年阶段，体质、智力都开始下降，生理上处于衰退期。一般老年人力资源的劳动能力，特别是实际操作方面的能力已经不如以往，但是其长期积累的各方面知识、经验都比较丰富，具有一定的代偿性。

（2）人力资源年龄结构与社会经济

一般说来，一个社会的人力资源年龄构成状况比较年轻，即青年人力资源的比例大，老年人力资源比例小，是比较有利于社会经济发展的。

一个社会的人力资源老化，即青年人力资源的比例比较小，老年人力资源的比例比较大，这个社会就会面临人力资源减少以至供不应求，影响社会经济的正常发展。但是，青年人力资源比例过大，而且在短期内增长得比较快，又可能形成人力资源的总供给量超过社会对他们的需求总量，影响其中一部分人获得劳动岗位。

此外，还应当注意，一般在正常的社会经济条件下，成年和老年人力资源都是以相对稳定的劳动参与率参与经济活动的，青年人力资源中还有一部分处于就学阶段。就学青年毕业后，需要获得工作岗位，由此就形成以年度为周期的社会人力资源供给高峰。由于人口、教育、经济、社会等因素的影响，使得不同年龄的青年人力资源供给量和参与率也有所差异。

**2.人力资源的性别结构**

（1）性别结构的内容

众所周知，男性人口与女性人口在生理方面存在很大的差异，这使他们在从事社会经济活动和对不同职业的适应能力方面都有很大的不同。一般来说，男性人力资源比女性人力资源的劳动能力强、参与率高、适应性强、参加社会劳动的年限长、家务劳动的负担少、流动性强，因此，人力资源的性别结构不同，必然影响社会人力资源供给与使用状况。

在正常的情况下，人口总体的性别比例和各年龄组的性别比例，特别是劳动年龄组的性别比例，基本上是均衡的。但是，在一些特殊情况下，例如战争、大规模迁移等，可能会发生人口性别比例失调的问题，这必然要影响到人力资源的性别结构，进而影响其供给。例如，苏联在第二次世界大战中损失了约 2 000 万人口，其中的大部分是成年男性人口，这使其人力资源供给在后来的几十年里受到影响。

（2）女性人力资源的开发利用

男性人口在成年以后几乎都要参加社会经济活动，而成年女子的从业状况在不同国家、不同时期则各有不同。因此，在人力资源的性别结构方面，需要进一步加强对女性人力资源的开发和利用,解决好女性就业问题与获得职业后的工作管理。

女性的劳动参与率和就业率取决于许多因素,诸如社会对人力资源的需求总量、社会需要的具体劳动岗位、女性的生理特点、女性的受教育程度与技能状况、家庭的收入与消费状况、家务劳动及其社会化程度、男性人力资源的供给量,以及社会风俗习惯、政治考虑等。教育在扩大女性就业方面至关重要。

协调好工作与家庭的关系,是现代管理学中搞好员工职业管理的重要内容。

### 1.4.2  人力资源的社会结构

#### 1.人力资源的教育结构

一般来说,人力资源在体质方面的差异不会过大,因此,人力资源的质量结构主要就取决于"智力"方面,这体现在劳动力人口特别是经济活动人口的受教育水平上。通常来说,人力资源的质量结构是以文化程度划分的"文盲、小学程度、初中程度、高中程度、中专程度、大学以及大学以上程度"各个等级劳动力人口的比例。

此外,社会劳动者的职业技能不同等级的比例,也是人力资源质量结构的一个方面。

不同的社会经济状况,不同的生产发展水平,要求有不同的人力资源质量相适应。一般来说,经济越发达,要求的高质量人力资源数量越多、比例越大。但是,我们又不能脱离现实的生产力水平,简单地认为高质量人力资源数量越多越好、比例越大越好。因为超越了社会经济客观需要的过多的高质量人力资源,不能充分发挥其作用,其中的一部分不得不从事质量要求较低的社会劳动,这样就会降低高质量人力资源的效用,浪费一部分高质量人力资源,并浪费社会与个人的教育投资,这显然是违反经济原则的。例如,我国的高等教育过度、经济发达国家的"博士失业"等现象就是对高质量人力资源的浪费。

由于高质量人力资源不同类别之间的替代性较差,合理的人力资源质量结构就不仅要求不同等级的人力资源处于一种适宜的比例,而且要求各个等级人力资源内部从事不同类型职业劳动的人力资源比例也比较协调;否则,此长彼短,就可能会造成人力资源结构性失业。

#### 2.人力资源的职业结构

职业,是人们所从事工作的种类,是人力资源的生活方式。职业是有着不同门类的。我国古代将职业分为"士、农、工、商"四大阶层,人们所说的"三教九流""三百六十行"也是对职业结构的形象概括。职业因其不同的劳动内容、不同的劳动方法、不同的劳动对象及不同的劳动条件和环境,而存在着很大差异,因而也就有了职业的分类,有了人们的社会职业评价和对职业的不同选择。

(1)职业的社会阶层结构

从社会的角度看,职业分类是根据工作内容、工作方法、工作对象和工作环境的特点而划分的。按照国际劳工组织的标准,职业分为8个大类,在8个大类下面还分为若干层次和不同种类。这种职业结构反映了人们的社会选择,也反映了一定的经济、社会、文化发展状况。我国参考国际标准编制了《中华人民共和国职业大典》,在我国的职业大典中职业分为大类、中类、小类3个层次,下属还有细类(即工种）。8个大类是：

- 国家机关、党群组织、企业、事业单位负责人；
- 专业技术人员；
- 办事人员和有关人员；
- 商业、服务业人员；
- 农、林、牧、渔、水利业生产人员；
- 生产、运输设备操作人员及有关人员；
- 军人；
- 不便分类的其他从业人员。

这8类职业，可以进一步归结为体力劳动和脑力劳动两大类别。人类社会的发展是一个脑力劳动性职业比重不断加大的过程。在脑力劳动者中，教授、工程技术人员、律师、医生、高层行政管理人员等高级部分比低级部分的增长更快些。在体力劳动者中，生产性人员逐渐减少，服务性人员比重有所增加，一些简单、繁重的工种被淘汰，体力劳动中的技术性、含有脑力性成分的职业在增加，并出现了大批工人技师性的工作，而"蓝领"的颜色也正在"变浅"。上述职业结构的变动反映了人类劳动方式的进步。

从社会地位和社会关系的角度划分，职业可以分为以下7个部分：

- 专门职业人员、政府官员、高级经理阶层；
- 雇主、一般经理与管理人员；
- 白领人员；
- 熟练工人，即技术性较强的工人与领班；
- 半熟练工人，即技术程度略差的机器操作工人、司机等，农民、商业服务业人员一般也属于这个类型；
- 非熟练工人，即一般从事无技术工作，尤其是重体力劳动和在脏差环境中工作的人员；
- 家庭服务与个人服务人员。

（2）职业的微观职能结构

从微观组织运作职能的角度看，人力资源的职业可以分为决策层、管理层、监督层和操作层4个阶层，见图1-2。他们在组织之中起着不同的作用，也有着不同的工作氛围与工作模式，并在一定的组织内构成雇佣关系或劳动关系。

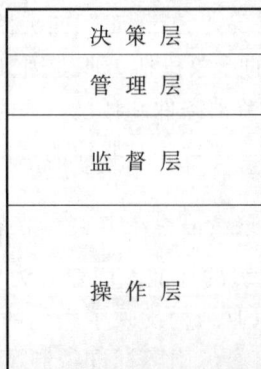

```
┌─────────────────┐
│     决 策 层     │
├─────────────────┤
│     管 理 层     │
├─────────────────┤
│                 │
│     监 督 层     │
│                 │
├─────────────────┤
│                 │
│                 │
│     操 作 层     │
│                 │
│                 │
└─────────────────┘
```

图1-2　职业的微观职能结构

一般情况下，这种结构的人数比例是上面层次的少，下面层次的多，这实际上是一种金字塔结构。从经济社会发展的角度看，早期的金字塔层次更多，导致人的差距较大、沟通较难；现代社会则职业微观层次减少、差距缩小，呈现出"扁平化"的格局。

### 1.4.3　人力资源的经济结构

#### 1.人力资源的产业结构

人力资源产业结构的第一个层次是三大产业的结构，下一个层次是包括16个部门大类的结构。

产业结构的转移是一种历史趋势，在经济社会迅速发展的情况下各国的产业结构都有着明显的变动。这决定了经济社会发展的大格局，也决定了各国人力资源开发利用与管理的基本面貌。自觉地进行产业结构的调整，是开发利用与管理好人力资源的最基本任务之一。

下面对三大产业结构的变动问题进行阐述。

（1）第一产业人力资源的结构变动

产业结构变迁的一般规律，首先是由第一产业（广义农业）流向第二产业和第三产业，然后由第一产业、第二产业流向第三产业。

农业劳动生产率的大幅度提高是第一产业人力资源向第二、第三产业转移的前提。由于农业劳动生产率的提高，使农业总产量大幅度增加，而市场对于农产品需求量的增加是有限的。农业生产率提高后，可以节约从事农业生产的人力资源，这就使在农业就业的人员相对比例下降。随着农业生产率的进一步提高，在农业就业的绝对人数也开始减少。从发达国家走过的历程看，人力资源在第一产业就业的比例一般是以每年0.5%的速度减少的。我国改革开放以来第一产业就业的比例则是以每年1%的速度减少，转移速度是发达国家的两倍。

农业生产率的提高，依靠在单位土地上的"精耕细作"是不够的，应该有大量资金集约在农业部门，通过机械化耕作大幅度提高种植业的劳动生产率，从而释放出大批农业过剩人力资源。

农业剩余人力资源向非农业部门的转移还必须具备另一个条件，这就是非农业部门劳动岗位（即人力资源需求量）的增加。农业人力资源过多、过急地流向非农业，对一国经济的发展往往起着消极的甚至是破坏性的作用。

第一产业人力资源向第二产业、第三产业转移的途径主要有两种：一种是脱离农村，向大中型城市（特别是工业城市）流动，这是世界上大多数国家走过的道路；另一种是在农村"就地消化"或者转移到小城镇。在农村"就地消化"，可以从事对农产品综合加工，利用当地资源进行工副业生产，发展农村服务事业、文化教育事业，发展生态农业和观光农业等工作。

第一产业人力资源向大中型城市流动方式的优点是，能够迅速集中人力资源，为工业发展提供条件。但也可能产生一定的不良后果，容易造成农业生产后继无人和对城市压力大的现象。不少发达国家和发展中国家都注意到了这个问题。

（2）第二产业人力资源的结构变动

人力资源在第二产业就业的比例是与工业的迅速发展相联系的，一般经过相当长时间的增长，达到40%～50%的高水平后又有所下降。这是因为，随着工业有机构成的提高、先进技术的应用和传统工业部门的淘汰等，工业劳动生产率大幅度提高，工业物质产品数量极大，从而在工业部门就业的人力资源人数减少，工业就业的比重由提高到逐步下降。

（3）第三产业人力资源的结构变动

从世界各国发展规律的角度看，第三产业人力资源的比重是一直呈现上升趋势的。第一产业、第二产业的劳动生产率提高，具备了人员富余和向第三产业转移的可能。实际上，第三产业就业比重的增加，在第二产业就业比重还在增加的时候就已经开始。随着人力资源在第一产业比重的大幅度下降和在第二产业的比重由增加到减少，在第三产业就业的比重大大提高。在经济发达国家，第三产业就业的比重已经达到50%以上，多的甚至高达70%～80%。

第三产业就业比重高，一般来说是一国经济发达的表现。因为，流通、消费事业发展，科学、文教、卫生事业发展，服务性部门增加，人们社会活动增加和政府管理职能加强等等，都是第一产业、第二产业部门物质生产发展带来的结果。

**2.人力资源的地区结构**

人力资源的地区结构，即人力资源在不同地区的分布，它可以从行政区划、经济区划和自然地理区划不同方面区分。人力资源的地区结构基本上取决于人口的地区分布。研究人力资源的总况及年龄结构、性别结构、质量结构等都要以人力资源的地区分布为基础，实现人力资源年龄、性别、质量结构的合理化，也都离不开人力资源的合理地区分布。

为了达到人力资源合理分布的目标，要基于各地区经济发展的短期和长期需求与人力资源的现实状况，对人力资源进行规划。此外，还应该考虑人口与人力资源在总量方面和地区间分布的变动，从而对人力资源进行合理配置。

开发中西部是我国的战略性举措。长期以来，我国存在着东南地区人力资源密集、人才富集，而西北地区人力资源稀少、人才匮乏并外流的局面。改革开放以来，由于利益机制的诱导，人才"一江春水向东流"的趋势进一步加强。为了完成西部大开发战略性任务，以及相关的一系列政策与行动（如"一带一路"建设、支持民族地区发展等），国家对中西部的投资近年在迅速增加，强化对中西部的人力资源、人才资源的配置，已经成为我国重要而紧迫的任务。

**3.人力资源的城乡结构**

人力资源的城乡结构也是人力资源经济结构的一个重要方面。人力资源城乡结构是由人口的城乡分布所决定，并且受到城乡间人口流动的影响，它反映了一个社会经济发展的总体水平，反映了该社会农业部门和非农业部门发展的状况。

农村以从事农业经济活动为主，城镇以从事非农业即第二产业、第三产业为主。城市和农村的人力资源供给是满足城市和农村经济活动所需要的条件，人力资源在城乡间的流动则是调节人力资源在城乡分布的途径。

人力资源城乡结构的变化，以农村人力资源进入城市为主要流向。应当指出，农村人力资源流入城市，既要符合城市经济发展的需要，也要以农业劳动生产率提高为前提。否则，过多的农村人力资源流入城市，会造成对城市就业的压力，加剧城市的失业和潜在失业状况，同时也可能使农业人力资源不足，对于城乡的经济发展和人力资源的合理利用都是不利的。

我国自20世纪90年代以来，出现了大规模农村人力资源向城市流动，且存在较大盲目行为的"民工潮"问题，21世纪以来，我国又几度出现"民工荒"问题。为此，国家进行了多方面的调节，以促进城乡人力资源结构的合理化。

**4.人力资源的组织内部结构**

人力资源的组织内部结构是指用人单位内部的员工结构。这里以生产性企业为例，分析人力资源在组织中分布的员工结构。在制造业企业（工厂）中，一般可以分为以下4类员工：

（1）生产工人

生产工人包括直接操作机器或在流水线上进行生产的第一线工人和为一线工人进行直接服务的辅助生产工人，如运送产品与原材料的工人、机器设备维修工人，他们占据企业人力资源的大部分。

（2）工程技术人员

工程技术人员指担负企业的工程技术性工作，并具有一定的专业技术职称或相应水平者，如工程师、技师等。他们在企业的产品开发和生产技术管理中具有重要作用。

（3）管理人员

管理人员是指在企业各个职能科、室、部、车间等厂部及下级分支机构担任各层次行政、生产、设备、技术、经营、市场、后勤、原材料供应、教育培训、劳资人事、政工宣传、工会等各项管理工作的人员。

（4）服务人员

服务人员指为本企业职工生活服务和间接为生产服务的各种人员，主要包括单位的警卫保安人员、保洁与勤杂人员、食堂餐饮人员、医务保健人员、托儿工作人员等。

在商贸企业中，一般有市场调查人员、策划人员、营销人员、物流保管人员、广告人员、经营管理人员等。

在研究与发展部门，则一般有市场调查人员、理论与基础研究人员、新产品开发研究人员、审核检验与试用人员、管理人员、服务人员等，在理想的情况下，他们一般构成工作团队。

## 1.5　当代人力资源开发与管理趋势

### 1.5.1　人力资源开发与管理环境

从一般意义上讲，不论是宏观的人力资源开发与管理还是微观的人力资源开发与管理，都是处于社会大环境或者公共环境中，有着多方面的影响和制约因素的。人力资源开发与管理面对的环境可以分为宏观环境和微观环境两个层面，下面分别进行分析。

**1.人力资源开发与管理的宏观环境**

按照PEST分析法，我们从总体上把影响人力资源开发与管理诸多的社会大环境因素即宏观环境，归结为政治、经济、社会、技术四个基本方面。

（1）政治因素（politics）

一个国家的政治制度、经济社会发展规划、经济政策和产业政策、社会法制状况、国家的劳动立法、政府人力资源开发利用与管理及有关方面的规章制度、工会发展状况等等，对组织的人力资源开发利用与管理都有一定的影响。

（2）经济因素（economy）

经济因素对于人力资源开发利用与管理的影响是直接的，也是非常重大的。具体来说，一个国家的经济增长水平、各个产业的发展状况、社会投资状况、就业状况、通货膨胀状况、进出口状况、社会工资水平与收入差距情况、市场与居民消费状况等等，都对人力资源开发利用与管理有着影响。特别是经济竞争因素对于人力资源开发利用与管理的影响更大，因为竞争状况直接决定了各个组织的人力资源开发理念与用人模式。

（3）社会因素（society）

人是生活在社会中的，社会的文化价值观与人的职业观念、道德水平等都会对人力资源开发利用与管理产生影响。例如，具有"忠"文化的日本，在组织管理中就有终身雇佣制、年功序列工资制、家族主义和企业工会制等制度。

（4）技术因素（technology）

一个社会的技术水平因素，对人力资源开发利用与管理也有着一定的影响。因为技术本身首先就和人力资源一起构成生产要素，在组织的资源配置中成为相互关联的一对，组织可以就此进行选择与替代。进而，技术的进步要求组织提供教育培训，以提高现有人力资源的素质，或者对其个体进行更新。在技术更新速度快的情况下，还会导致人力资源的较大流动。此外，现代技术的发展直接为人力资源开发利用与管理提供了先进的手段。

**2.人力资源开发与管理的微观环境**

（1）人力资源开发与管理市场环境

微观组织的人力资源的开发与管理活动是从市场中获得人力资源开始的，一个社会的人力资源市场状况也就成为各个组织进行人力资源开发与管理的前提条件。进一步来说，组织的人力资源市场格局，即组织处于买方市场还是卖方市场，对其人力资源开发利用与管理的工作内容、组织机构、理念模式、管理手段和技术方法的选择都有重大的影响。

（2）人力资源开发与管理组织内部环境

在组织内部，也有多种影响人力资源开发与管理的因素，包括一个组织的结构、组织制度与组织文化、组织的发展战略、业务性质特点、组织的员工结构、领导者的水平和管理风格、组织内部的劳动关系因素等等。例如，在一个从事市场营销工作的组织中，采取目标管理模式就比采用出勤打卡制度进行约束更为适宜。

### 1.5.2　人力资源开发与管理特征

这里主要从社会经济活动的微观细胞——组织的角度，分析现代人力资源开发与管理具有的主要特征：

**1.人力资源开发与管理立意的战略性**

人力资源在现代组织中的职能和作用至关重要，因此，管理学家和管理实践者将人力资源管理、市场管理、财务管理和生产管理视为企业的四大运营职能。在当今世界市场领先和市场营销人员比重很大、虚拟生产方式出现后对管理的要求非常强、技术竞争非常严酷和技术作用重大的情况下，经营管理人才、技术人才的作用进一步增强，人力资源开发与管理的作用就更为重要，许多组织的经营层把人力资源看作是"第一资源"，把人力资源开发与管理工作放在组织战略的高度。由此，人力资源开发利用与管理部门的地位也随之日益提高，可以说已经处于组织战略的高度，并能够在一定程度上参与组织的决策。

**2.人力资源开发与管理内容的广泛性**

随着时代的发展，人力资源开发与管理的范围日趋扩大，其内容在泛化。现代组织的人力资源范畴包括相当广泛的内容，除去以往的招聘、薪酬、考核、劳资关系等人事管理内容外，还把与"人"有关的内容大量纳入其范围，诸如机构的设计、职位的设置、人才的吸引、领导者的任用、员工激励、培训与发展、组织文化、团队建设、组织发展等。

**3.人力资源开发与管理对象的目的性**

传统的劳动人事管理，是以组织的工作任务完成为目标的，员工个人是完成组织任务的工具。现代人力资源的开发利用与管理，则是在强调员工的业绩、把对人力资源的开发作为取得组织效益的重要来源的同时，也把满足员工的需求、保证员工的个人发展作为组织的重要目标。这就是说，在现代组织中，人力资源不仅是组织运作的要素和工具，其本身也已经成为组织本身的目的，即这样的管理是"为了人"。

可以说，人力资源本身成为人力资源开发与管理工作的目的，是现代管理中人本主义哲学的反映，它有利于人力资源开发利用与管理工作产生飞跃，也有利于用人组织取得巨大的效益。

**4.人力资源开发与管理主体的多方性**

在传统的劳动人事管理中，管理者是专职的劳动人事部门人员。这种管理主体往往刻板化、行政化，而且往往与其管理对象——员工处于对立状态。在现代的人力资源开发利用与管理活动中，管理主体由多方面的人员所组成。在这一格局下，各个管理主体的角色和职能是：

（1）直线经理

各个部门的管理者即"直线经理"（line manager），他们从事着大量的日常人力资源开发利用与管理工作，这甚至是其工作的主要内容。

（2）人力资源部门人员

组织人力资源部门中的人员，除了积极从事自身的专职人力资源开发利用与管理工作外，也作为组织高层决策的专业顾问和对其他部门的人力资源开发利用与管理工作进行指导的技术专家，并对整个组织的人力资源开发利用与管理活动进行协调和整合。

（3）高层领导者

许多组织的高层领导者相当重视和大量参与人力资源的开发利用与管理，在组织的宏观和战略层面上把握人力资源开发利用与管理活动，有时还直接主持人力资源开发利用与管理的关键性工作，例如参与人才招聘、进行人事调配、决定年终分配等。

（4）一般员工

在现代组织中，一般员工不仅以主人翁的姿态搞好工作、管理自身，而且以主人翁的角色积极参与管理，并且在诸多场合发挥管理者的作用，例如在全面质量管理（TQM）中对其他人员错误的纠正、对自己的上级和同级人员的考核打分等。

**5.人力资源开发与管理手段的人道性**

在人力资源概念提出后，人们对"人力"或劳动要素的看法增加了"人"的属性（human）。与以往的人事管理相比，对人力资源的开发与管理是以人为中心的，其方法和手段有着诸多的人道主义色彩，诸如员工参与管理制度、员工合理化建议制度、目标管理方法、工作再设计、工作生活质量运动、自我考评法、职业生涯规划、新员工导师制、灵活工作制度、员工福利的选择制等。

**6.人力资源开发与管理结果的效益性**

传统的劳动人事管理，是作为完成组织行政工作的执行性工作，在劳动人事管理中缺乏经济观念。在现代组织中，人们普遍有着经济衡量理念和管理活动的效益原则，注重投入和产出的关系。有着大量现代理论知识和实践经验的经营管理者，把人视为高于其他资源的最有价值的资产，认识到"人是资本，对人力资源的投入越大，回报就越高"。由此，经营管理者就把人力资源开发与管理放在重要的和经常性工作的位置上，愿意对人力资源进行投入、对人力资源开发与管理活动进行投入，以期取得较高的业绩回报。

进一步来说，经营管理专家和管理学家认识到人力资源开发与管理的效益，还从多方面进行管理创新和理论创新，以充分发挥人力资源的创富价值，例如彼得·德鲁克提出的目标管理（MBO），彼得·圣吉塑造各阶层人员的学习型组织、提高工作生活质量、6σ管理等。

为了对这种创富价值进行分析和管理，人力资源会计也应运而生并获得一定的发展。

### 1.5.3　人力资源开发与管理的新趋势

在新经济和新技术革命等因素的影响下，人力资源开发与管理呈现着新的发展趋势。这里仅就目前存在的四个发展趋势进行阐述：

**1.正在进入人才管理时代**

20世纪后一二十年，人力资源管理出现，这是伟大的、历史性的进步。目前，在全球领域，人力资源管理已经开始向人才管理或人才资源管理转变，也就是正在进入人才资源管理时代。在这样的形势下，员工和企业的关系也发生了转变，从雇佣关系转变到合作关系。不再只是老板"炒掉"员工，也有不少员工"炒掉"老板，例如许多高科技行业的员工离职率居高不下，且有比例上升的趋势。在这种情况下，企业一方面需要加强雇主品牌建设，把好入门关，真正找到符合企业业务属性的优质人才，另一方面还应当加强文化建设，以某种民主协商的氛围把好员工留下来，让他们有条件开拓创新。

**2. 人才开始成为资本中最重要的部分**

对"投入-产出"运营的诸种生产要素，人们曾格外重视"土地"，发生过圈地运动，之后是资本的重要性被提出，而现在关注的重点逐渐转向人。这种价值排序也预示着"知本主义"的真正到来。人才已成为资本，是当代人们已经比较普遍具有的认识。由此，出现了两种趋势：其一，人力资本进入股权化时代，从资本雇佣人才到人才雇佣资本，这是"知本主义"的重要表现。其二，从动态的角度看，人们也越来越注重向关键人才资本投资，以其来引领财务资本。

**3. 组织管理的思维正在变革**

如果说，传统社会的乡村、部落、氏族管理是1.0版本，那么，工业化时代的企业成为有组织人类生活的核心，这种管理就升级到2.0版本。进一步发展，"自由人的联合体"则应当是3.0版本。一方面，全球范围融合开放的新经济带来了大范围、跨组织、跨区域协作的可能性；另一方面，企业要进一步强化与员工的情感联系，让员工真正具有主人公地位。现在越来越多的企业开始推行平台型战略、生态型组织，它们需要同时具备3.0版本的两种管理思维：一种是开放的、动态的组织观，一种是基于全社会、全球范围的大人才观，二者结合，需要建立开放的人才生态圈。

**4. 互联网手段大量运用**

"办公自动化"的出现已经有三四十年了，它依赖的是电子计算机。现在，计算机已经非常普及了，人力资源管理领域也出现了极多的自动化办公系统。在当今的信息时代，将互联网手段引入到人力资源管理的各个领域中，是适应人力资源新环境、新趋势的客观需要，这有利于打破各种界限，优化人力资源的配置，最大程度地发挥人力资源的价值。

大数据是近年脱颖而出的新范畴，它正在成为各项研究与管理的重要手段。大数据可以大量应用到人力资源管理的规划、招聘、培训、绩效、薪酬、福利、关系等各个领域。依据数据对员工进行个性化管理，将是未来的发展趋势。

## 本章小结

本章分析了人力资源概念、运动和特点这些基本范畴，阐述了人力资源的计量问题和重要地位，分析了其个人条件、个性人格、人际关系和人文背景的多方面复杂性，进而从自然、社会和经济三个方面分析了其结构，最后对现代人力资源开发与管理的环境、操作内容进行了分析。通过本章的学习，可以使学员对人力资源学科范畴和人力资源开发与管理领域的总体内容有一个比较系统的认识，为后面的展开学习奠定良好的基础。

## 🔦 主要概念

人力资源　人力资源数量　人力资源质量　人力资源总量　人力资源运动　人力资源结构　职业分类　人力资源开发与管理环境　PEST分析法　现代人力资源开发与管理特征

## 🔦 复习思考题

1.分析人力资源的概念与运动环节。

2.分析人力资源的特点，并将其与物质资源和一般生物性资源进行对比。

3.应当从哪些方面分析人力资源的结构？

4.人力资源的复杂性包括哪些内容？试举出三个案例，详细说明。

5.人力资源开发利用与管理活动主要有哪些方面？影响其开发利用与管理的环境包括哪些？

6.谈谈学习人力资源管理专业的意义。

## 🔦 案例分析

### 正在建设"智慧岛"的新加坡

新加坡是个自然资源贫乏的国家，知识经济的兴起让新加坡人看到了希望，谁拥有"知识"谁就能在世界经济的竞争中处于优势。新加坡总理李显龙说："我国作为缺乏天然资源的弹丸小国，从20世纪70年代起便已意识到打造知识经济是争取竞争优势的不二法门。"由此可见新加坡人对知识经济的敏感。正是基于这样的认识，新加坡政府一直在努力推进知识经济发展，并采取了很多卓有成效的措施。

他们打造了世界一流的教育体系。没有掌握知识的人，就不可能有知识经济。知识经济要建立在对国民智力资源的开发上，因此良好的教育体系是建立知识经济的基础。新加坡为学生提供12年制的义务教育，每年财政收入的20%用于教育。新加坡建立了从幼儿园到小学、中学、大学完备的教育体系，尤其是中学，分成综合学校、专才学校、私立学校等很多种类，不同的学生各取所需，选择最适合自己的学校，以使自己的才能得到最好的发展。新加坡学校的教育设施世界一流，有些先进的教育设备的普及程度甚至超过欧美发达国家。新加坡的数学教材被美国等国家所采用。新加坡国立大学和南洋理工大学在世界大学的排名中都在前100位，跨入了世界顶尖级高等学府的行列。政府为科研机构提供充足的资金，通过对一系列科研项目的资助，吸引世界人才到新加坡工作。最近，由于受国际金融海啸影响，新加坡经济增速放缓，失业人数增加。新加坡领导人宣布，不论经济状况如何恶化，政府用于教育和科研方面的投入不会缩减，计划中的项目，如第四所大学的筹建等，将会如期推进。此举显示了新加坡政府对发展教育和科研的决心。如今，新加坡已成为世界区域性的教育中心，在新加坡的国际学生人数超过了8万人。教育成为新加坡重要的产业。

他们打造了世界一流的图书馆系统。培养国民良好的阅读习惯，让全社会的人都从阅读中获益，为知识经济提供社会基础，这是新加坡图书馆的使命。为此，政府投入巨资建成了世界上最先进、最人性化的图书馆系统。新加坡的图书馆是世界上最有亲和力的图书馆，在这里借还书十分便捷，营造的阅读环境轻松、自在。曾有人投书《联合早报》，说新加坡图书馆的开放时间太长，有不少人把图书馆当成休闲场所。我觉得这正反映了新加坡图书馆的亲和力。据统计，新加坡人平均每年到图书馆借书超过7本。无疑，新加坡人已成为世界上最爱阅读的群体。

他们打造了世界一流的互联网络。新加坡的互联网络十分发达，公共场所一般都能无线上网。据最新的统计，新加坡79%的家庭拥有电脑，40%的家庭拥有电脑两台以上。74%的家庭使用互联网，其中95%的家庭宽带上网。全国建有7 200个无线上网热点（hotspots），85万人加入了无线上网行列。新加坡的网络普及程度和带宽在亚洲处于领先水平，互联网已渗透到了人们生活的各个方面，成为人们工作、生活不可缺少的助手。2008年5月，新加坡新一代光纤网络的铺设合同签订，这一工程完工后，新加坡所有的家庭都将实现光纤上网，网速可达1Gbps，比目前的最高网速还快10倍。这项工程在2010年6月完工。据《2007—2008年全球资讯科技报告》显示，新加坡在资讯通信科技的应用和竞争力方面表现突出，得分位列全球第五。

在政府的积极推动下，发展知识经济越来越成为新加坡人的共识。新加坡的官员在谈论知识经济，新加坡的专家、学者在研究知识经济，新加坡的企业家则在实践知识经济。2006年，新加坡政府成立"研究、创新和创业理事会"，该理事会由总理李显龙亲自挂帅，成员包括内阁部长、政府官员及国际学术、商业和科研领域的重量级人物，其主要职能是为政府研究和制定国家研发创新政策提供咨询。同时宣布，为了提高新加坡在科技研发领域的竞争力，自2006年起的5年内，政府在科技研发领域投入135.5亿新元巨资，其中投入国家研究基金50亿新元、贸工部"2010国家科技蓝图"75亿新元、教育部"学术研究蓝图"10.5亿新元。促进企业创新成为新加坡重要的国家战略，一批国际性的研发机构在新加坡政府的资助下落户新加坡。据世界知识产权组织公布的2007年全球专利报告显示，2006年新加坡企业通过国际专利合作条约，共申请到533项专利，在全球排第22位。这一成绩显示出新加坡企业创新能力的增强。新加坡把生物医药、环境与水处理、互动数字媒体三大高科技领域作为经济发展的战略重点，计划到2015年，这三大领域创造的就业机会达到8.6万个，为新加坡经济带来的附加值达到300亿新元。2010年，新加坡用于研发的支出达到GDP的3%。2015年，新加坡将建成"智慧岛"。

前新加坡财政部常任秘书严崇涛分析说："经典经济理论认为，生产要素有三个：土地、人力和资本。新加坡在这三个方面都没有优势，所以我们潜在的国民生产总值的增长不可能超过一定范围。但是在知识密集型经济形势下，知识可以作为一个杠杆影响其他三个要素，所以我们就可以超越土地、人力和资本的限制实现经济的增长。我们的潜力将变得无穷大。"

像大多数新加坡人一样，知识经济时代的来临，使严崇涛对新加坡的前景充满希望。

资料来源　陆建义. 向新加坡学习：小国家的大智慧［M］. 北京：新华出版社，2009.

案例讨论：

1.20世纪60年代以来，亚洲"四小龙"迅速崛起。新加坡是其中地域面积最小的地区，它没有多少资源，为什么能够崛起？

2.知识经济与人力资源之间的关系是什么？

3.结合这份材料，分析人力资源在新加坡发展中的作用。

第1章拓展阅读

# 第2章 学科的启迪——人力资源的理论思维

## 学习目标

✓ 理解人力资源供给与需求原理

✓ 掌握人力资源供求关系的三种类型

✓ 理解人力资源投资概念与人力投资项目的划分

✓ 了解人力投资各项目的内容与收益

✓ 了解人力资源应有的基本权利

✓ 理解人力资源关系的实质

✓ 了解组织结构和组织文化的基本知识

**引例** 供需矛盾与"刘易斯拐点"

自2013年5月1日起,广东省开始执行新的最低工资标准,此次广东省新最低工资标准实施后,全省最低工资标准平均提高19%。此外,上海最低工资标准4月1日起调高到1 620元/月,领跑全国;北京最低工资标准由每月1 260元上涨至1 400元,增幅为11.1%。尽管绝大多数大城市在薪资标准上有了一定的提升,但是,仍然没能很好地解决目前我国劳动力供需矛盾,目前我国人力供需问题依然严峻。①

"刘易斯拐点"是由诺贝尔经济学奖获得者、发展经济学的领军人物、经济学家阿瑟·刘易斯提出的。

刘易斯的"二元经济"发展模式可以分为两个阶段:一是劳动力无限供给阶段,此时劳动力过剩,工资取决于维持生活所需的生活资料的价值;二是劳动力短缺阶段,此时传统农业部门中的剩余劳动力被现代工业部门吸收完毕,工资取决于劳动的边际生产力。

由第一阶段转变到第二阶段,劳动力由剩余变为短缺,相应的劳动力供给曲线开始向上倾斜,劳动力工资水平也开始不断提高。经济学把连接第一阶段与第二阶段的交点称为"刘易斯拐点"。

中国在依靠丰富的资源飞速发展了30年后,正在面临各种资源的强烈约束。中国经济将会长期处于劳动力过剩阶段还是现在已经面临"刘易斯拐点"已经成为一个争议不断的议题。

"刘易斯拐点"是一个经济发展概念,但是,对这个转折点本身进行判断,却与中国的经济发展息息相关。一般来说,当一个国家经历"刘易斯拐点"的时候,经济

---

① 刘小凤. 解决目前我国人力资源供需矛盾的根本:户籍制度改革 [EB/OL]. [2017-01-04]. http://www.qianzhan.com/analyst/detail/220/130513-ab177eae.html.

发展即将进入一个崭新的阶段。尤其是对于长期依赖丰富人力资源的中国，可能的转折点到来必然提出一系列与劳动力市场政策有关的深层含义。

"刘易斯拐点"说法产生于20世纪60年代，意思是：发展中国家二、三产业不发达，农村存在大量剩余劳动力，务农收入低，只要城镇务工收入略高一些，大批农民就会涌入城镇，资方不愁招不到人，开出的工资当然不会太高，直到农村剩余劳动力转移完毕而新增劳动力满足不了不断膨胀的需求时，这个区间就叫"刘易斯拐点"，拐点以后，劳方在劳资博弈中逐渐占有优势，他们的收入可望有较大的提升。[1]

最近几年的确存在工资上升而劳动力供给未见同步上升的现象，很多人就此认为"刘易斯拐点"已经或者即将到来。

但这一论断依然不无可质疑之处。

首先，"刘易斯拐点"是否必然存在是个问题。这个论点虽然看似简单而逻辑清晰，但其实需要的前提假设不少。它要求在农业向工业进行人口转移的过程中农民的收入水平变化不大；它要求劳动供给是相对连续的；它要求所谓的最低工资水平变化不大；它要求劳动力流动至少是不存在较大的阻力的。

因而近来其实有不少从这些方面出发对"刘易斯拐点"是否出现的质疑声。比如上半年《中国社会科学》有一篇文章认为劳动供给是不连续的，2009年《经济研究》上刊载的范剑勇的文章认为是存在较大劳动力流动阻力的。简单来说的话，这些观点认为当前工资上升和劳动力供给不足的情况只是某些非经济因素导致的表面现象，而不能被认为是"刘易斯拐点"出现的证据。

户籍制度、身份歧视、地区间价格水平差异等阻碍劳动力流动因素的存在，使得工资上涨不足以弥补农民工因此而带来的效用损失，从而阻碍了劳动力的转移进程，使得劳动力供给未能随工资上涨而增加。通俗地说，涨工资也解决不了的民工荒不是因为民工不够了，而是因为民工到了城里就要整天被查身份证、暂住证，被歧视，被另眼相看，城里高得多的消费水平尤其是房租又使得工资上涨意义不大，因而他们不愿意来了。

## 2.1　供给与需求：经济学思维

### 2.1.1　人力资源供给

经济学对社会或者组织的管理活动有着非常巨大的影响，经济学思维是一只"看不见的手"在操纵着人们的管理活动。供给与需求就是经济学思维最基本的范畴之一。

所谓人力资源供给，是就经济运动而言，已经开发的、马上可以投入经济活动的人力资源，是一个国家或地区社会劳动者与正在谋求职业者所具备的劳动能力的总和。它又分为微观供给和宏观供给。

---

[1]　王盈盈. 中国是否会出现刘易斯拐点？［EB/OL］.［2017-01-04］. http://www.bwchinese.com/article/1062044.html.

**1.人力资源微观供给**

从个人的角度看，人力资源供给是以自己"勤劳"的付出或"闲暇"的牺牲为代价的。对于这种付出或牺牲，人们要以工资收入作为报偿。这就是说，个体人力资源供给取决于工资，工资是"劳动"要素的报酬，人力资源供给数量与社会工资水平之间存在着一定的相关关系。在这里，人力资源供给不仅仅是全社会劳动力的人数（就业者+失业者），还包括人们从事劳动的时间因素。

抽象掉劳动时间变化与影响因素，并抽象掉人力资源的质量差异和个体动机倾向性因素，从经济学的角度看，个体人力资源的劳动供给数量就是工资水平变动的函数，如图2-1所示。

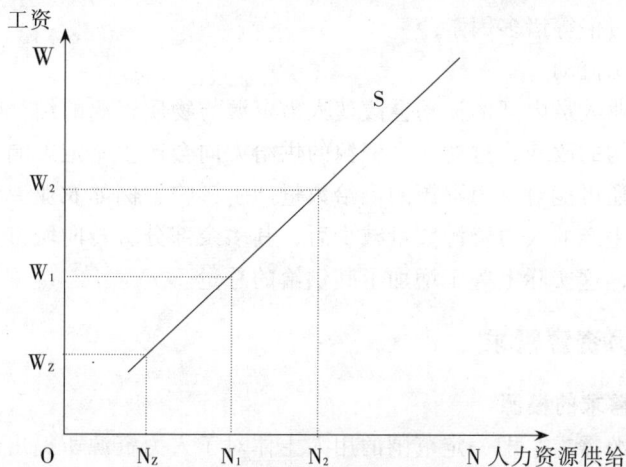

图2-1 人力资源供给与工资的关系

图2-1表明：当工资水平处于$W_1$时，社会上相应就有人力资源供给$N_1$；工资水平提高，$W_1$上升，$N_1$则右移，即增加供给量；工资水平降低，$W_1$下降，$N_1$则左移，即减少人力资源供给量。当$W_1$下降到$W_z$极点时，即工资仅仅处于人们维持基本生活的低水平时，人力资源供给就处于一个很低的维持量$N_z$。

**2.人力资源宏观供给**

从宏观的角度着眼，全面地研究颇为复杂的社会人力资源供给问题更为重要。宏观人力资源供给的基本数量特征，与微观人力资源供给的特征完全对应，从大数定理的角度更呈现出"人力资源供给数量与工资水平的对应关系"：工资水平越高，人力资源供给也越多；工资水平越低，人力资源供给也越少。

进一步来说，全社会人力资源的素质总体状况及结构，加之其自由选择的总体结果，构成了宏观人力资源供给的总体数量、方向和内部的结构。

**3.影响人力资源供给的因素**

从现实的人力资源角度看，影响人力资源供给的因素主要有以下几点：

（1）工资水平

在市场经济体制下，人力资源有着充分的自我选择性和流动性，这比较清晰地表露在"经济活动人口"的择业行为上。社会学与管理学的大量研究表明，在人们的各项择业意愿中，工资收入一般都是居于首位的。

（2）劳动参与率

所谓劳动参与率，是指参与劳动活动的"经济活动人口"与总人口的比例，也称劳动力参与率。劳动参与率的公式为：

$$劳动参与率 = \frac{经济活动人口}{人口总量} \times 100\%$$

$$= \frac{就业人口 + 失业人口}{人口总量} \times 100\%$$

一个社会的经济活动人口数量和劳动参与数量，取决于该社会人口的数量和劳动年龄人口愿意就业的程度。而人们的就业愿望程度又取决于教育的发展水平、经济水平的高低和社会习俗等诸多因素。

（3）人力资源流动

一个社会就业人员内部的流动会改变人力资源与物质资源的结合状态，从而导致人力资源使用结构的改变，这对人力资源的供给方向会产生一定影响。当就业结构发生重大变化时，还可能对人力资源的供给数量产生影响，例如农业劳动生产率大幅度提高，从事农业生产的人力资源数量减少后，其多余部分就转向城市，转向工业、服务业等非农产业，这实际上等于增加了其供给的总量。

### 2.1.2　人力资源需求

#### 1.人力资源需求的根源

所谓人力资源需求，即一定范围的用人主体对于人力资源所提出的需求。从理论上讲，人力资源需求是一种派生需求，也称为"引致需求"，它是由人的消费所引起、所派生出来的。当社会存在着购买力，即有了一定的真实的、具体的、有效的消费要求，才会有社会生产；有了生产的组织活动，才有对人力资源的需求（即进行雇用）。由此我们可以看出，人力资源需求根源于社会消费，消费才是用人单位使用人力资源的根本原因。

#### 2.微观人力资源需求

（1）工资水平对人力资源需求的影响

这里我们以企业为代表进行基本分析。假定物质要素不变，人力资源需求的数量就是由用人单位购买这一要素的成本——工资水平——的变动决定的，见图2-2。在通常情况下，工资水平越高，企业所需要的人力资源数量就越少，即工资水平为$W_1$时，人力资源的需求量为$N_1$；工资水平越低，企业所需要的人力资源数量就越多，即当$W_1$移到$W_2$时，人力资源的需求量就从$N_1$扩大到$N_2$。

（2）人力资源的需求变动

用人单位对于人力资源的需求数量大小还受到非工资因素的一定影响，特别是与社会的人力资源供给、社会经济运行中经济总需求的旺盛程度有一定关系。假定在原工资不变的情况下，人力资源需求受到其他因素的影响产生了变化，即人力资源的需

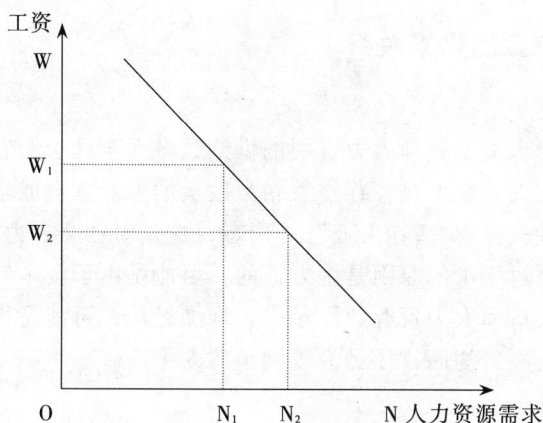

**图2-2 工资水平对人力资源需求量的影响**

求数量发生了变动，它又会反过来影响工资。如图2-3所示，当经济较繁荣、产品需求加大而人力资源供给相对紧张时，组织有着较强的雇用愿望，就要以比以前高的工资（W′）来吸引劳动者就业，图2-3中的需求曲线D就向右移动，形成D′；当经济较萎缩、产品需求下降而人力资源供给相对富裕时，企业的雇用意愿就减小，从而会以比以前较低的工资（W″）用人，图2-3中的需求曲线D就向左下方移动，形成D″。

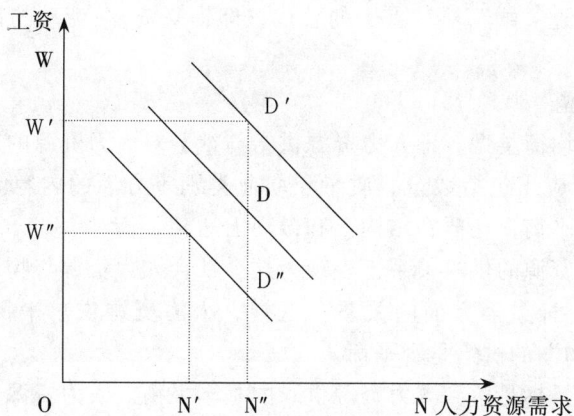

**图2-3 人力资源的需求变动**

**3.宏观人力资源需求**

从全社会的角度看，人力资源的总需求不是由社会上所有企业的人力资源需求简单地加总而成；边际生产率理论虽然是各用人单位人力资源需求的科学反映，但它不能说明社会劳动总需求。从宏观角度看，一个社会的经济发展水平决定了其居民总体消费水平，决定了经济总需求水平，这从根本上决定了所引致的人力资源总需求数量，也与人力资源需求的质量有关。工业化、自动化、信息化程度高的发达国家，主要需要具有较高文化科技素质、受教育时间长的"白领工人"，需要大批具有较强技术创新能力和经营管理能力的科技专家与管理人员。

### 2.1.3  人力资源的供求关系

#### 1.供过于求类型

人力资源供过于求类型，即人力资源的供给数量大于社会对它的需求数量。这种类型表现为一个社会的就业不足，存在着相当数量的失业人员或求业人员，此外还有"在职失业""停滞性失业""潜在失业"等形态，这是对社会人力资源的闲置浪费。

造成人力资源供过于求的原因是多方面的：可能是由于资本缺乏、物质资源供给不足；可能是由于人口和人力资源数量过多、增加过快；可能是由于生产下降，或者是由于技术进步、资本集约而排斥已经吸纳了的人力资源。

#### 2.供不应求类型

人力资源供不应求类型，即人力资源供给的数量小于社会对它的需求数量。这种类型表现为一个国家或地区缺乏劳动力，结果是影响其正常的经济活动，使经济增长受到一定限制。人力资源的供不应求，通常产生于生产持续发展、经济持续增长的情况下。当生产大幅度发展，而人口、人力资源增加速度却比较慢时，就可能出现人力资源供不应求的现象。

当某个地区、部门或用人单位感到人力资源供给趋紧时，即人力资源供给赶不上对人力资源的需求增量时，应该分析这种扩大的人力资源需求是否能通过各单位劳动效率提高，或者通过"物"对"人"的替代，即提高资本-劳动的比例和采取自动化技术来满足。

#### 3.供求均衡类型

人力资源供求均衡类型，即人力资源供给与社会对人力资源的需求达到基本一致的状态。这种平衡应当包括数量、质量、职业类别等方面的内容。人力资源供求平衡，除了宏观上的平衡，还要在结构上和微观上达到平衡。

一个社会人力资源的供求关系也表现为这个社会人力资源与物质资源两种资源供给的数量、质量、种类等方面的关系，这样，人力资源供求平衡与否，就表现为"人"的供给与"物"的供给是否平衡。

现实生活中的目标是达到人力资源供求的基本平衡。人力资源供求基本平衡的标志是：要求就业的人绝大部分都能够得到就业岗位，不存在长期的大量求业人口；同时，不存在长期大量缺乏人力的部门、行业。少量人力资源处于短期失业状态，是经济正常运行条件下不可避免的，这种现象的存在不能认为是对供求平衡状态的打破，而是供求实现结合的过程所要付出的代价。

## 2.2 \ 成本与收益：经济学思维

成本是对一个对象或者一件事的经济支出，在人力资源领域，成本与收益谈的正是对人力资源的经济开支和回报，这就构成人力资源投资或人力资本投资范畴。

## 2.2.1　人力资源投资分析

**1.人力资源与人力资本**

（1）人力资源成为投资对象

人力资源作为一种客体，也是经济投资的对象。对于人力资源投资（简称为"人力投资"），是一条重要的经济原则，它历来为经济学家所重视。

古典经济学家亚当·斯密在《国富论》一书中就曾指出，应当把人所获得的有用的能力列入固定资本的范围。其后，马歇尔也把教育看作"国民投资"，认为它是社会财富的主要源泉。马克思对于劳动力生产、人口、教育、医疗卫生等进行了多方面的分析，指出劳动力自身也是生产的对象，劳动力的生产是以生活资料为前提、在对生活资料的消费中实现的，教育使得劳动力质量提高、"改变形态"和"具有专门性"，医疗卫生保障人们的健康，其费用等于劳动力的"修理费"，等等。这些奠定了科学的人力投资理论的基础。

20世纪以来，人类对于人力投资的认识逐步深化。1924年，苏联经济学家斯特鲁米林发表了《国民教育的经济价值》一文，这是人力资本研究的首项成果。1935年美国学者沃尔什发表了《人力的资本观》，提出了人力资本的概念。20世纪60年代，美国经济学家、诺贝尔经济学奖获得者西奥多·舒尔茨和加里·贝克尔等人多方面研究了人力资本问题，建立了人力资本范畴，形成了人力资本理论。

其后，在各国的经济管理活动中进行了大量的人力投资的实践，从在职培训到终身教育，从企业大学到公司商学院，内容在增加，档次在提高，领域在拓展。

（2）人力资本概念的内涵

人力资本是现代经济学的一个重要概念，国内外不同的学者对此有不同的理解。舒尔茨认为，人力资本是相对于物质资本或非人力资本而言的，是体现在人身上的可以被用来提供未来收入的一种资本，是个人具备的才干、知识、技能和资历，是人类自身在经济活动中获得收益并不断增值的能力。贝克尔则进一步把人力资本与时间因素联系起来，认为人力资本不仅意味着才干、知识和技能，还意味着时间、健康和寿命。可见，所谓人力资本，就是指凝结在劳动者身上的知识、技能和体力等存量的总和，这种资本只能通过教育、培训、保健、交流以及实践的总和等途径来获得，是能够使价值增值的特殊资本。

**2.人力资源投资的特点**

（1）影响人力资源投资的因素众多

投资不仅要受社会、经济、文化、家庭的影响，而且更重要的是取决于个人先天的智商、偏好、行为与性格特征等多方面的因素。

（2）人力资源投资具有多元性

人力资源投资取向受诸如社会经济体制、个人及家庭收入、企业管理方式等多种因素的影响。人力资源投资者包括个人、企业和政府等，是多元的。

（3）人力资源投资者与投资对象交织

人力资源载体自己是天然的投资者，又是被投资的对象，所以，投资者与投资对象集中于承载者一身，这一点与物质资本投资有着显著的区别。

（4）人力资源投资含有时间投入形态

人力资源是一种时间密集型的资本，所以时间也就自然成为人力资源投资的投入资源。

（5）人力资源投资具有相继性

由于人力资源投资需要花费的时间较长，所以呈现出明显的阶段上的相继性，即后期投资必须以先前的投资为基础或前提条件。

### 2.2.2  人力投资收益分析

人力投资的效益问题比较复杂，这里从总体的角度分析其特点：

**1.收益者与投资主体的非一致性**

对于人力投资，可以由社会、企业或个人三者中的某一方分别承担，也可以是两方或三方共同投入，而收益一般来说三方都能获得。例如国家中小学义务教育所支付的费用是属于社会方面，但人们接受教育后，获得较高的能力，不仅取得社会收益（促进国民生产总值、国民收入的提高），也使企业利润、个人收入增加，社会并由此取得较多的税收，即一方投资三方收益。这个特点也可以称为收益的广泛性。

**2.收益取得的迟效性与长期性**

对人力投资的主要部分，如人口生产费用和教育费用，一般要在相当长时间以后才发生作用，得到收益。对人口最初投资的收益，则要花费长达20年左右的时间。这就是人力投资收益的迟效性。但是，对于人力的投资，可以发挥相当长的经济功用，在较长时间内维持其收益。

**3.不同内容投资的收益差异性**

对于人力投资的不同方面，如人口"生产"与"再生产"、正规教育、在职训练、成人其他教育、卫生保健、劳动保护、人力流动等，同量投资取得的效益量会有较大差异，同期投资取得收益的时间早晚和延续期限也会有较大差异。

**4.投资收益的多量性**

与对物力投资相比，人力投资的收益具有多量性，很多宏观、微观的统计资料都能说明这一点，因此，对人力的投资被认为是最为合算的投资。

**5.投资收益的广泛性**

舒尔茨分析，对人力资源投资会直接带来人们生活水平的提高，可以说是直接取得社会效益。此外，对于教育、卫生保健、劳动保护、人力流动等方面的投资，还可以提高人的教育水平，从而提高人的社会地位，有利于社会平等、改善劳动者的工作环境、减少疾病对人的危害、增加劳动者自主性等，有利于人的发展和人类社会的进步，具有多方面的效益。这就是说，对于人力资源的投资，不仅可以取得经济效益，而且有着多方面的非经济效益。

### 2.2.3  人力投资与收益的项目

美国经济学家舒尔茨认为，对人力资源的投资包括6个方面：①保健措施；②在职训练；③正规的初等、中等和高等教育；④在企业之外的成年人教育项目；⑤个人及家属为适应就业机会的变动而进行的迁移；⑥人口再生产（它构成人力资源的代际再生产）。舒尔茨还指出，对于人的消费支出，有的属于投资性支出，有的是纯消费支出（二者区分较为困难），但大部分支出是两种性质兼而有之。一般来说，对人力投资的增加也带来了人们收入的增加。

按照舒尔茨的理论，可以把人力投资归结为"人口、教育（包括训练）、保健、流动"四大方面。下面分别进行阐述。

**1.人口生产的投资与收益**

（1）人口生产投资的内容

人口生产投资，即人们的"生活开支"部分。具体来说，是指人的各项生活开支总和减去其中的教育培训支出、卫生保健支出的部分。这是因为，教育培训支出和卫生保健支出归属于人力投资中的另外项目，要进行单独的计算。

（2）人口生产投资的收益

人口生产的经济效益，一方面是对全部人口的生活投入，另一方面是部分人口的生产产出。但是，由于某个时期的人口生活费用投入并不导致即时劳动人口的生产产出，由此，同一时期的投入与产出之比不能准确反映真实效益，某个时期的投入及以后相应的产出之比的方法，在计算上也存在困难，因此应该从一般意义出发，衡量理论上的"可能生产量"或"预期生产量"。

人口生产的经济效益可以体现为下述理论公式：

$$人口生产的经济效益 = \frac{人口预期生产量}{人口生产费用}$$

**2.教育的投资与收益**

（1）教育投资的内容

教育的对象是人，教育的基本功能是培养社会劳动者，通过教育费用的支出，使人的劳动能力形成和提高，创造出较多的社会财富，从而取得经济效益。这样，教育就具有了"生产"的性质，其费用就成为一种投资。

教育投资主要有以下来源：国家用于教育的财政支出；国家和地方财政分配给各产业、行政部门经费中用于教育的开支；企业、事业单位自行支付的教育、培训费用；个人和社会团体办学投资及对教育部门的资助；个人接受教育花费的学习费用等。舒尔茨指出，一个人为接受较高教育而牺牲可能获得的收入，这种"放弃收入"是一种"机会成本"，它也构成教育费用的内容。

（2）教育投资效益公式

教育投资效益的理论公式为：

$$教育投资效益 = \frac{教育投资带来的产出量}{教育投资}$$

教育投资包括各种教育费用的总和，有时也可以用社会人口平均受教育年限来反映。教育投资带来的产出量，可以将其他因素固定后根据增加教育费用后的产出增加量或者不同教育投资的产出量差额确定。

教育投资中不同项目的效益具有差异性，例如普通教育投资收益较迟，而在职培训收益较快；中小学教育投资对象广泛但资金集约度较低，大学教育投资对象数量较小而资金集约度高，等等。要取得教育投资的较大收益，需要根据各等级人力资源供求的具体情况和资金量，予以恰当的分配，形成合理的投资结构。

用人单位的培训费用，尤其是在职培训费用，是一种投资巨大、回报很多的人力投资。

### 3.人力保健的投资与收益

（1）人力保健投资的内容

人力保健，即对人力资源采取各种措施，以保持其健康水平。

人力保健投资的成本，包括医疗卫生费用和劳动者劳动卫生、安全保护费用两部分。这部分费用维持和恢复了人力资源的劳动能力，是一种具有"修理"或"养护"性的费用，可以认为它是对人力资源在使用过程中的附加投资。

（2）人力保健投资的收益

人力保健投资收益的理论公式为：

$$人力保健投资收益 = \frac{卫生保健和劳动保护取得的收益量}{卫生保健和劳动保护费用}$$

这一公式可以从卫生保健投资和劳动保护投资两个方面分别计算。

### 4.人力流动的投资与收益

（1）人力流动投资的内容

对于人力流动，有关专家主要关注的是不同地域间的流动部分，即人力迁移。因为在某一地域内部，人力资源从某一岗位移动到另一岗位，一般不涉及人力投资问题，而在不同地域流动，则需要支付用于迁移的安家费等费用。

人力流动对于流出地域来说，可能造成一定的经济损失，也可能由于提高其劳动效率并减少工资支付而取得收益；对于流入地域来说，能够得到本地区缺少的人力资源，使自己的经济活动得到保证，创造社会财富，取得经济效益。特别是高质量的人才资源的流入，可以使本地域不必像以往那样投入大量的人力资源生产费用（人口生产与教育费用）。二者相抵，流入地域的效益会大于流出地域的损失，即一般来说对总体经济效益有利。

（2）人力流动投资的收益

人力流动投资收益的理论公式为：

$$人力流动投资收益 = \frac{人力流入地域新增效益 - 人力流出地域损失的效益}{人力流动费用}$$

或者：

$$人力流动投资收益 = \frac{人力流入地域新增效益 + 人力流出地域取得的效益}{人力流动费用}$$

人力流动投资所得的效益，可以看作人力资源与总体经济资源配置状态改善的收益，其支付费用是较小的，而取得的收益可能非常大。

## 2.3 人权与正义：社会学思维

### 2.3.1 人力资源的权利

**1.人力资源的基本权利**

在市场经济条件下，作为社会劳动者的人力资源一方，应当具有以下方面的基本权利：

（1）自由就业、择业权

用人单位在选择雇员时，应以平等的地位签署劳动合同。用人单位不得向劳动者收取入职押金，不得强制求业者接受用人单位的条件。

（2）得到适当的劳动条件权

用人单位应当为劳动者提供必要的劳动安全卫生条件，不得任意延长工时、强迫劳动者加班加点。

（3）合理工资权

劳动者有要求按劳付酬的权利。雇用单位不得违反合同克扣工资和拖延工资，必须执行各地政府规定的最低工资标准。

（4）享受社会保险权

用人单位必须参加社会保险，为本单位的劳动者投保。

（5）组织与参加工会权

在企业中应当建立工会组织，雇主不得反对和限制劳动者参加工会。

（6）其他权利

如员工的知情权、参与民主管理权、提请劳动争议仲裁与法律解决的权利等。

**2.人力资源的权益保障内容**

从现实的角度看，对于作为社会劳动者的人力资源进行权益保障的主要内容有：

（1）获得工作岗位——权益保障的基础

就业、获取工作岗位是劳动关系形成的第一步，是劳动者权益实现的基本和基础内容。没有就业的实现，劳动关系和劳动者权益便无从谈起。由此，人的就业权也就是在雇用单位不被非法解雇的权利，是用人单位必须重视和遵守的。

（2）获得劳动报酬——权益保障的核心

劳动者权益保障的核心是劳动报酬，劳动报酬是构成劳动关系的物质基础和物质联系。劳动者就业的直接目的是要获得劳动报酬，企业使用劳动力的交换条件是付给劳动者劳动报酬。实际上，企业具有维护人力资源权利的意识，采取激励的方式对待员工，往往能够取得很大的经济效益。

（3）享受社会保险——权益保障的重点

社会保险是保障劳动者在不能正常工作情况下的基本社会权益的一种社会经济制度。社会保险制度是现代社会的社会保障的核心内容。建立和实行有效的社会保险制度，是劳动者的社会权益有效得到保障的重要措施，也是社会经济和社会劳动关系能否健全和稳定发展的重要保证。对于用人单位来说，好的社会保险状况也是凝聚员工、提高员工士气和提高经济效益的手段。

### 2.3.2　国际劳工组织的权利观

国际劳工组织（ILO）是代表各国劳工普遍利益的联合国专业性机构，其会员是由各国的劳动者（工会）、雇主与政府三方组成。该组织对劳动者的权利和地位给予了高度关注，在其章程和著名的《费城宣言》中确认了一系列处理劳动关系和保护劳动者权利的原则，包括集体谈判的原则、同工同酬的原则、结社自由的原则、反对种族歧视的原则等，并在其一系列公约和建议书中做出多方面保障劳动者权利地位的规定。

具体来说，国际劳工公约包括三个层次：第一层次是体现其根本宗旨的公约；第二层次是政府劳动行政工作的专业性公约；第三层次是对于特殊困难群体（如残疾人和妇女）进行保护和帮助的公约。

国际劳工公约的意义和作用非常之大，如果它在一个国家被议会或者政府批准，就等同于该国的劳动立法，具有强制性。

在国际劳工组织的公约及建议书中，所提倡的劳动者权利包括以下内容：
- 人的劳动权利；
- 免除强迫劳动的权利；
- 人的平等就业权利（指不受各种歧视的就业权利）；
- 受到劳动安全卫生保护的权利；
- 获取公平报酬的权利；
- 合理工时和享受休假的权利；
- 接受培训的权利；
- 享受失业、养老、工伤、医疗等社会保险的权利；
- 自由结社的权利；
- 合法进行经济斗争和罢工的权利；
- 提起劳动纠纷诉讼的权利；
- 女性劳动者与未成年劳动者受到专门保护的权利等。

### 2.3.3　人力资源与雇主的关系

在市场经济体制下，作为人力资源供给者的劳动者与作为人力资源需求者的雇主之间，有着既对立又共存的关系。这种对立和共存的关系是人力资源与组织的关系最根本的内容，它决定了关系的基本性质，也决定了人力资源在组织中的实际地位和各方面的权益。

#### 1.人力资源与雇主的对立关系

作为人力资源的劳动者与雇用者（包括各种公立与私立、国内与外企、企业与用人单位）之间的对立关系，根源在于人力资源个体向雇用者让渡自己的劳动，雇用者对人力资源发放与其劳动相应的报酬。实际上，"对立"既有平等性也有不平等性。

（1）对立中的平等关系

双方之间存在平等关系的原因：在双方的交换中，双方各自进行经济计算，趋"利"避"害"：雇用者想工资付得少而产量、利润高，劳动者想工作干得少而工资高，即双方都想在这种交换中获取更多的利益，作为双方都接受的结果应当就是平等的；此外，劳动者与雇用者又都是在法律面前完全平等的两个主体。

（2）对立中的不平等关系

双方之间存在不平等关系的原因是：其一是劳动者和雇用者共居于同一个社会组织中的不同层次，科层制组织先天就有着上级领导和下属服从的关系。其二是雇用者有着"趋利"的本性，为了节约人工成本和获得更高的产出，有时会通过非人道的，甚至非法的手段进行管理，这更加剧了双方的对立，甚至会引起劳动争议以致冲突、斗争。其三是由于劳动者与雇用者在市场上的稀缺程度不同，这种市场环境也影响到他们在组织中的地位。就一般情况而言，人力资源是过剩的而雇用者是稀缺的，因此求职者和已经就业的工作者就处于不利的地位。但也有人力资源具有非常高的技能、经验因而稀缺的情况，这时他们就会处于有利的地位。

**2.人力资源与雇主的共存关系**

作为人力资源的劳动者与雇用者之间又有着共存以及互利的关系。因为双方是同时存在的：没有劳动者，企业就不能进行生产，雇用者就不能获得利润；没有雇用者，劳动者就不能获得工作岗位，没有工资收入。这样，双方必须统一，必须保证经济活动的进行。缺少了劳动者或雇用者某一方的合作，不仅对方会受到损失，自己也无法取得收益。因此，这种经济活动使双方都得到利益，使他们成为从社会索取利益的利益共同体。

劳动者与雇主双方合作、致力于经济发展，"共存"就可以带来"共荣"的成效。在生产增长、效益提高的情况下，企业才能增加利润，劳动者才能多得工资。国外学者对此给予过形象的比喻：当一个馅饼比过去做得大时，若按以前的比例切，每个参与分配的人都能比过去得到的多。

因此，关键是把"馅饼"做大。要想把"馅饼"做大，从根本上说是依靠雇员的劳动。正因为如此，雇用者也就开始自觉地为搞好劳动关系、提高劳动者的积极性而努力。

## 2.4　结构与文化：管理学思维

人力资源是处于一定的组织之中的，组织即用人单位把人力资源聚合在一定的机构之中，要求人力资源按照此机构的任务和规则从事工作，这种研究构成了管理学。本节对管理学的两个重大问题——结构和文化——进行阐述。

### 2.4.1　组织的结构

管理学认为，"组织"是一种为完成一定的目标而通过分工协作与不同的权力责任所构成的人的集合，它也是一种复杂的、追寻自己目标的社会单元①。组织结构则是组织在解决分工关系、部门化、权限关系、沟通与协商、程序化五个问题时所形成的组织内部分工协作的基本框架。②可以说，组织结构问题就是基于既有的人力资源素质与结构状况而对人力资源进行开发与管理，从而保证组织的较好存在与正常运行的问题。

**1.组织结构的基本类型**

在长期的经济管理发展历史进程中，微观组织的结构也发生了一系列的巨大变化。从组织框架和运行模式的角度看，组织结构有以下几种基本类型：

（1）直线制组织

直线制组织是最简单的自上而下的集权式组织结构类型，其最主要的特征是不设专门职能结构，管理系统形同直线。该种组织的优点是结构简单、权责明确、协调容易、管理效率高；缺点是缺乏专业化管理分工，对领导人员的管理才能要求很高，仅适用于较小规模的组织。

（2）直线-职能制组织

直线-职能制组织是直线制组织的扩展和强化。该种组织实行组织的领导者统一指挥与职能部门参谋、指导相结合的组织结构类型。

从总体上看，直线-职能制组织与直线制组织都属于金字塔型或科层制组织。直线-职能制组织的特征是，各级行政负责人都对业务和职能部门进行垂直式的领导；职能管理部门在直线制基础上使某种管理工作专业化，它可以协助领导管理和决策，但没有直接指挥权，而只能对业务部门进行指导。这种组织形式的适用面较广，但也有一定问题，即在大型组织中各个部门间的联系和协作会变得相当复杂。

（3）事业部制组织

该种组织形式的原则是"集中决策，分散经营"。此原则有很多优点：其一，权力下放，使领导人员有更多的空间制订企业长远计划；其二，各部门负责人自行处理日常事务，有自主权和主人公意识，能够提高管理的积极性和工作效率；其三，各部门高度专业化工作；其四，各个事业部门权责明确，物质利益和经营状况紧密挂钩。该种组织的缺点在于人员膨胀，各部门融合度和协作性不高，整体利益易受损害。

（4）矩阵制组织

这种结构是由职能部门系列和项目小组系列纵横两个管理系列交叉构成，形成双道命令系统。它的优点主要有："纵横"得到联系，加强了职能部门间的协作和配合；把各部门的专业人员集中组建；方便一些临时性的特别是跨部门工作的执行；使组织的综合管理和专业管理结合。缺点主要是由于结构的复杂性使一些小组成员工作精力被分散。

---

①　美国当代著名组织理论家本尼斯（Warren Bennis）的观点，引自孙耀君. 西方管理学名著提要［M］. 南昌：江西人民出版社，2005.
②　王利平. 管理学原理［M］. 北京：中国人民大学出版社，2009.

（5）集团公司组织

公司制度是现代企业的一般组织形式。在现代市场经济国家，由于经济竞争、兼并、控股和重组，形成许多大的托拉斯、联合公司、跨国公司，即形成集团公司体制。在集团公司内部，存在着一个以至多个大的母公司，它（们）又控制着一定的子公司。子公司的功能是组织生产经营活动，成为利润中心。

**2.现代组织结构变化的方向**

当前，世界正在面临一次新的"企业革命"。彼得·德鲁克对此指出，我们已经"跨入了一个组织、管理和策略变革的新纪元"。

从世界的角度看，在经济全球化和科学技术高速发展的情况下，企业组织正呈现出科学化和人本化的趋势。科学化是指组织本身的科学性，包括管理科学的发展对组织形式的冲击与推动，结果是向能够创造更大效益的新组织形式演变。人本化则是强调以人为本，企业组织结构的设计要以"对人的关心"作为出发点，以利于发挥人的潜能、促进人的成长和提升人的价值。组织变革的科学化，会激化中层人员的竞争态势；而组织变革的人本化，为人才的创造性发挥和人的全面发展注入新的活力。

美国组织与人事管理专家吉福特与品乔特在《直线制组织结构的兴衰》一文中，对未来知识经济条件下与以往工业经济条件下人的"工作实质"进行了对比，指出有以下7种变化：①从非熟练性工作到知识工作；②从枯燥重复性工作到创新和关心工作；③从个人工作到团队工作；④从职能性工作到项目性工作；⑤从单一技能到多技能；⑥从上司权力到顾客权力；⑦从上级协调到同事协调。[①]从上述7种变化中可以概括出其总变化：在未来的组织中，对人的知识、才能、创造性、协作性的要求将普遍上升；反过来，工作者对组织的要求是能够吸纳知识多、才能高的人，能够为员工的创造性提供更多的机会和舞台，能够更加有利于人与人之间的交流与协作。

在这种变化的格局下，现代组织结构也出现了诸多变化，一些新型组织已经初露端倪，这对组织的人力资源开发与管理提出了新的要求。现代组织结构的变化主要有以下几个方面：

（1）扁平化

扁平化是当代组织变化的一种新趋势，指组织的阶层减少和管理跨度加大。人性化、人本化是一种社会潮流，具有人性化和人本化特征的组织因而会有无限的生命力。与此相对比，传统金字塔型结构具有不可忽视的缺陷，因为其众多的层次、严密的分工是以"事"为本、以"权力"为灵魂，对信息沟通造成障碍，对人的能动性造成压抑。组织结构走向扁平化，不仅减少了组织内部的沟通环节，提高了管理效率，而且也是符合人性特征的，因此，扁平化组织才应运而生和逐步扩展。

伴随着形式的扁平化和决策权的下放（下放到最小的工作组织层面），还出现了打破部门界限的现象，团队就成为组织的建构单位。[②]

（2）柔性化

与扁平化组织同时出现的，还有各种"柔性化组织"。所谓柔性化，是指工作组

① 姚裕群.中国人力资源开发利用与管理研究［M］.北京：首都师范大学出版社，2001：378-380.
② 申林.组织行为学与人事心理［M］.长沙：湖南师范大学出版社，2007：26.

织及其工作内容的强制制度减少的趋势。这是当代组织变化的一种新趋势。柔性化组织所强调的柔性包括组织结构的柔性、管理的柔性和工作时间的柔性等。柔性化组织中有一种"变形虫"组织，它强调组织成分的随机组合，打破单位内的组织壁垒，吸收组织外最适合做某种工作的人一起组成临时性的组织，在完成工作任务后即自行解散。

（3）灵活性

灵活性是高度竞争条件下的现代组织非常重视的内容，组织结构本身随着组织目标与组织发展而被塑造。组织的可塑性包括三种要素：一是广泛的内部跨单位网络；二是用市场机制来协调大量以盈利为中心的内部单位；三是通过与外部协作伙伴的合作，创造新的优势。

在此方面，"变色龙组织"具有代表性。进一步来说，变色龙组织具有以下五大特征：极大的灵活性、个人的承诺、充分运用团队、扎实的基本功和尝试多样性。[①]变色龙组织的最大特点是其不断地适应环境而随时变化自身。

（4）虚拟化

组织虚拟化，是当代社会向信息社会发展的背景下，"由若干项技术的会聚产生的功能特征而形成的公司结构……是技术加速融合的结果"[②]。虚拟组织有"人员、目标、连接"三要素。在虚拟组织的形式下，组织的员工由"组织内部"变为"跨组织"；工作方式由"当面沟通"变为"网络沟通"；管理方式由"奖罚控制"变为"目标导向"。

实际上，虚拟组织是一些开拓快速变化机会的公司聚集在一起所组成的临时网络，可以说是一种项目合作体制，它的实际能力可能很强大。网络化社会中的虚拟组织，核心公司的经营管理人员大部分时间都是通过计算机网络的方式来协调和控制外部关系，因而存在控制性差、员工忠诚度低等缺点。

## 2.4.2 组织的文化

### 1.组织文化的概念

（1）组织文化的定义

所谓组织文化，是指一个组织之中存在与倡导的、组织成员们共同具有的一套价值观体系，是一个组织由其价值观、信念、仪式、符号、处事方式等组成的其特有的文化形象。文化使一个组织独具特色，从而区别于其他组织。组织文化作为一个体系，是在一定的条件下，在组织的经营和管理活动中所创造和形成的精神财富和物质形态，它包括文化观念、价值观、特色精神、道德规范、行为准则、历史传统、组织制度、人文环境、形象口号等，其中价值观是组织文化的核心。这必然影响以至决定人力资源开发与管理工作的思想（如企业持创新文化，招聘时必然非常重视创造力），也影响和决定了作为人力资源的企业员工在从事生产经营活动中所持有的动机

① 米勒. 战无不胜的变色龙 [M] //赫塞尔本，等. 未来的组织. 胡苏云，储开方，译. 成都：四川人民出版社，1998.
② 坎吉斯. 走向虚拟组织机构 [M] //丹尼斯. 高尔管理手册. 北京：商务印书馆国际有限公司，1999：19.

和行为导向（如企业持节约文化，就会设立考核指标与节约奖励等从而产生作用）。

20世纪80年代初开始，组织文化这一范畴产生，其产生和发展的30多年来，内容基本上都是企业层面的，因此，人们所说的组织文化往往就是指企业文化。

（2）组织文化的要素

美国学者罗宾斯认为，组织文化作为一个共享体系，实际上是组织所看重的一系列关键特征因素，主要包括：创新与冒险程度、对细节的注重程度、结果导向程度、人际导向程度、团队导向程度、进取心和稳定性。对这7个方面做出评价，就能描绘出一幅组织文化的构成图。[①]

荷兰学者霍夫斯泰德对组织文化做了更宽眼界和更深层次的跨文化研究，通过对价值观差异很大的IBM公司在世界各国的员工的比较，提炼出不同国家即不同社会文化环境中能够解释导致大范围内的文化行为差异的因素，包括权力距离、对不确定因素的避免、个人主义/集体主义、男性化/女性化、长期导向与短期导向等。

**2.组织文化的表象**

具体来说，包括组织内丰富内涵的组织文化，往往通过以下途径表现出来：

（1）活动仪式

仪式是为了表达并强化组织的核心价值观而进行的一组重复性的活动。在举行仪式的过程中组织所关注的目标和组织所重视的人被不断提及，以此使组织文化得以传承。例如，入职仪式、公司年会与颁奖仪式等，即使是大商场早晨的迎宾仪式和晚上的送宾仪式，这些仪式也在不断向员工强调"顾客至上"这一服务文化的精神。

（2）语言习俗

语言是文化传承中使用最多的方式之一，除了最直白的语言告知、描述外，还有一种语言现象对保护组织文化具有重要作用，那就是发展出组织内部的工作术语。不同的组织都会发展出一套自己的工作术语，新员工会对此非常疑惑，可能根本不知道在谈论什么，但是，通过一段时间的学习，新员工一旦掌握就意味着他对该文化的接纳，成为这一特定文化群体中的一员。

（3）物质象征

物质象征的范围相当广泛，例如公司选择什么样的地方办公，公司的布局，公司给高级管理者提供什么样的车型，管理者的带薪假期的天数、办公室大小等。组织透过这些物质的载体向成员或者外界传达它所崇尚的价值观。例如，沃尔玛从不选择高级写字楼作为办公场所，表明了节约是他们所看重的美德。组织给予高层管理者重要的物质和资源，说明他们所具备的能力是这个组织所推崇的。

（4）故事

一个企业在发展过程中，总会发生一些具有教育意义的事件，这些事件会以故事的形式在企业中流传开来。这些故事一般都反映了组织的核心价值观，是组织文化在某个侧面的具体化、生动化体现。通过这些故事，组织成员可以以形象化的方式体会到组织所倡导的精神。

---

### 3.组织文化的功能

（1）积极功能

就像文化对人的影响一样，组织文化对组织中的人或者说对组织行为的影响是无形而持久的，是"润物细无声"的，而且这种影响有时会超越正式的权责关系、管理制度等。组织文化在组织中总是发挥着多种功能：

①分界线的功能。组织文化使一个组织与其他组织区别开来，使一个组织表现出自己与众不同的特殊性。

②增强认同感的功能。组织文化通过建立共同的价值观，塑造共同的行为准则，促使组织成员之间产生信任感、归属感，从而增强成员对组织的认同感，并通过不断强化这种认同感，培育出忠诚的组织成员。

③促成利益共同体的功能。由于组织文化是组织成员共同的价值观体系，组织目标必然同绝大多数成员的个人目标相一致，组织的利益也必然与个人利益紧密联系，因此，组织文化能够使组织成员不仅关注自身的利益，而且关注组织利益，正确处理双方的利益关系，促使组织成为一个利益共同体。

④增强组织系统稳定性的功能。组织文化通过为组织成员提供共同的价值观和行为准则，使组织成员的态度和行为趋于一致，从而使组织聚合起来，以增强组织系统的稳定性。

⑤引导和塑造的功能。组织文化是一种人们认为理所应当而又必须遵守的无形的准绳，作为一种意识形态和控制机制，可以对组织成员形成约束和激励，促使人们按照组织的核心理念和规则调整和重塑自己，从而能够引导和塑造组织成员的态度和行为。

（2）消极功能

任何事物都不可避免地具有两面性。在一定的条件下，组织文化也会成为组织发展的束缚，也存在一定的消极功能，主要有以下几个方面：

①变革的障碍。如果组织的某些共同价值观与进一步提高组织效率的要求不相符合时，组织文化就成为一种障碍。特别是当组织文化曾经促成了组织的成功，而在新的阶段，面对的环境发生了变化，需要对组织进行变革时，根深蒂固的观念就会成为巨大的阻力。尤其是那些已经被模式化的思维方式所主宰的组织成员，会成为阻挠变革的强大力量。

②多样化的障碍。组织决策需要成员思维和方案的多样化，而具有强文化的组织可能因为限定了组织可以接受的价值观和生活方式，大大削弱了不同背景的成员能给组织带来的多样化和独特性，从而导致决策的单调性，成为组织多样化选择的障碍。

③兼并和收购的障碍。以前，企业在进行兼并或收购决策时，融资优势和产品协同性是考虑的关键因素。20世纪90年代，许多倍受瞩目的兼并和收购活动的失败促使人们开始关注组织文化的相容性。不同企业之间巨大的文化差异会导致组织内部出现大量的冲突、矛盾甚至阵营对抗，最终导致企业巨大的经济损失。

### 4.组织文化的维系

组织文化一旦建立，组织内部就会采取一些措施来维系这种文化，其中有三个因素所起的作用最为突出：甄选过程、高层管理者的活动、成员社会化。

（1）甄选过程

组织创建者的个人特质不仅会影响组织文化的创建，而且会影响组织对其他成员的甄选标准。组织通过设立甄选标准，筛选出与自身价值观相同或相近的成员，一方面可以保证本组织的核心价值观不会受到动摇和威胁，另一方面可以保证雇员对组织有较高的满意度。甄选过程其实是一种文化价值观的双向选择过程，求职者也可以在此过程中得到一些有关组织的信息，如果发现自己与组织的价值观存在冲突，他们也可以选择退出，继续去别处求职。对于组织来说，这样的甄选过程可以维系固有的组织文化。

（2）高层管理者的活动

高层管理者往往是组织文化的创立者或忠实实践者，他们的言行举止都在向组织其他成员传递什么样的行为是组织认可、鼓励的，什么样的价值观是组织倡导的。这种来自高层管理者的言传身教会对员工的态度和行为起到引导作用，进而起到维系组织文化的作用。

（3）成员社会化

人的社会化，可以分为家庭社会化和工作社会化两大方面。工作社会化即一个人进入工作组织，作为成员被这个组织所塑造、所同化。

对于新员工来说，无论组织的甄选过程和标准多么严密，都不可能挑选到百分之百与组织契合、完全适应组织文化的所有要求的新员工。而且，由于对组织文化的不熟悉，新员工们还可能会干扰组织中已有的观念和习惯。因此，组织需要帮助新成员适应组织文化，这种适应过程就是社会化。社会化非常关键的一环就是在新成员刚刚加入组织时开始的，这就是所有企业都会在员工一进入公司就对他们进行入职培训的原因。

组织成员的社会化一般可以概括为三个阶段：原有状态、碰撞阶段和调整阶段。第一阶段包括新成员进入组织之前的所有学习活动。第二阶段中，新成员看到了组织的真实面貌，并可能面对个人期望与现实相脱节的问题。第三阶段中，发生了相对长期而持久的变化。新成员掌握了工作所需的技能，成功适应了自己的新角色，并且调整自己以适应工作群体的价值观和规范。这三个阶段都会影响新员工的生产率、对组织目标的承诺，并最终影响员工的去留。

图2-4描述了这一社会化过程。[①]

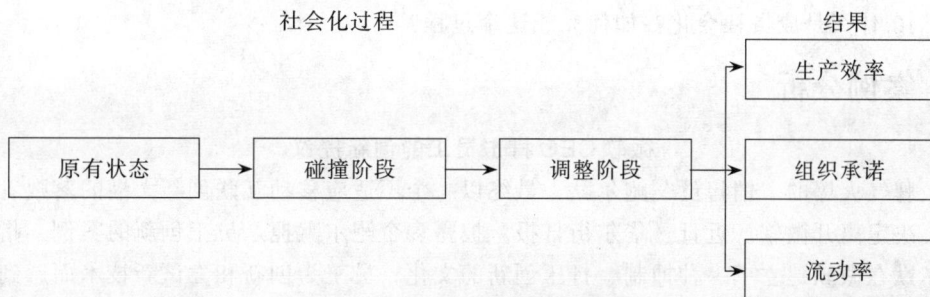

图2-4　组织成员的社会化模型

---

① 罗宾斯. 组织行为学［M］. 孙健敏，等，译. 14版. 北京：中国人民大学出版社，2012.

## 本章小结

人力资源学科发展是需要经济学、社会学、管理学、心理学等方面的理论学说、思维方式和应用方法的。人力资源作为经济生活的要素和资源，从根本上取决于社会的消费所引致的需求，本章对人力资源的供给、需求及关系进行分析，然后阐述了人力资源投资的四大方面内容和成本（人力资源投资）与收益问题。进而，从社会学的角度对人力资源的权利和国际劳工组织的要求进行了阐述。最后，对人所在的组织的两个主要内容——组织结构和组织文化进行了阐述。

通过本章的学习，可以帮助学员建立从事人力资源开发与管理必需的经济学思维，形成必要的社会意识和对组织的基本理解。

## 主要概念

人力资源数量　人力资源质量　人力资源总量　人力投资　机会成本　人力资本　放弃收入　人力流动投资收益公式　人力资源供给　人力资源需求　人力资源供过于求　人力资源供求均衡　劳工权利　国际劳工组织　国际劳工公约　组织结构组织文化　成员社会化

## 复习思考题

1.影响人力资源数量及质量的因素有哪些？

2.试说明人力资源质量的内容及其意义？

3.什么是人力资源投资？有哪些项目？其收益有哪些特点？

4.什么是人力资源需求？什么是人力资源供给？

5.如何解决人力资源供求不均衡的问题？

6.国际劳工组织是一个什么样的组织？它所强调的劳动者权利都有什么？

7.如何保障劳动者的基本权益？

8.你如何看待人力资源与用人单位的关系？在市场经济条件下应当如何处理这一关系？

9.个人与组织结构的关系是什么？

10.什么是成员社会化？如何完成这个过程？

## 案例分析

### 微软CEO打击员工的创新提议

脾气火爆的"销售员"鲍尔默，最终以一个不适应移动互联创新大潮的落败者角色，决定离开微软。近日《华尔街日报》披露多个鲍尔默扼杀员工创新的案例，指出鲍尔默在微软建立了一种抑制、打压创新的文化，员工为创新和尝试新技术而感到担忧恐惧，因此新的CEO，首先需要重新建立鼓励创新的微软新企业文化。

2010年初，苹果推出iPad，几个月之后，微软的Xbox游戏机团队也开发了一款平板电脑样机（代号为"Courier"），可以像书本一样折叠起来，用户可在触摸屏上涂画。不过，鲍尔默给Courier团队发出了最高指令，这个项目将画上句号。

据透露，鲍尔默宣布Courier所有团队成员将投入下一代Windows的开发项目（距离发布还有两年）。

2010年，全球卖出了2亿部平板，几乎没有运行Windows的。

多位微软前任和现任员工及其他行业高层指出，不管谁接替鲍尔默担任微软CEO，他们将面临重启微软文化的艰巨挑战，即彻底改变现有的"以压制创新为代价，确保稳妥和利润的产品开发思路"。

在微软内部，已经形成了根深蒂固的认识，即严格保护现有产品的利益，不可随意越界，否则将被惩罚，这样就使员工失去了创新的动力。业内人士指出，要改变这种文化，一个外来的CEO对于微软是最合适的，只有他能够带来"雷德蒙总部以外的思想"。

在很多时候，微软曾经尝试过智能手机、触摸屏、智能汽车、腕表等新技术，但是一旦影响到现有的现金牛业务，微软会毫不犹豫将其消灭。

2000年，微软内部团队开发了在线字处理软件，名为NetDocs。后来该产品被整合到了微软Office部门，据透露，这一产品很快被束之高阁，原因是高层担心其会影响到Office"光盘软件"的销售收入。

在鲍尔默的执掌下，微软成为全世界利润最丰厚的公司之一，但是鲍尔默这种功利性策略的缺点之一就是他很容易对创新说"不"。

在2005年的一次微软员工会议上，一名员工谈到苹果的iTunes和iPod完全改变了人们欣赏和购买音乐的方式，他问鲍尔默，微软是否应该尝试进入，和苹果竞争。

鲍尔默要求在场的员工举手，看多少人支持微软进入数字音乐，他以嘲讽的口气说："有多少人认为微软应该去卖音乐？"一名参加会议的产品经理说，没有任何人举手。

然而奇怪的是，在这次会议一年之后，微软效仿苹果推出了音乐播放器Zune，Zune几经周折后也从未赶上iPod，到后来，Zune播放器项目也被终止。

微软内部有一个词语"雷德蒙泡沫"（Redmond-Bubble），指的是微软容易夜郎自大，对于微软总部之外的技术创新视而不见。在微软内部，如果某位高管使用iPhone或是竞争对手的产品，容易引发他人"蹙眉"。一些微软员工，担心自己的饭碗不保，也不敢尝试可能会失败的新技术。

一位最近离开微软的高管表示，一些恐惧感使得员工开始停止冒风险，"我觉得并不是鲍尔默本人从上面压下来的，这已经形成一种从上到下的企业文化。"

无奈之下，一些微软员工辞职，以获取自由。当年曾经在微软负责Windows95开发的资深IT人士Brad-Silverberg表示："当我们1995年到1997年开始开发互联网产品时，许多天才般的员工，推出了令人吃惊的创新设计。"而今天的微软，"精力都被用在打压好产品、执行防御策略、守护他们的城堡上。"

资料来源　晨曦. 鲍尔默阻碍创新　微软需重建企业文化［EB/OL］.［2017-01-04］. http://tech.qq.com/a/20130826/010921.htm.

案例讨论：

1.什么是文化？它对一个组织的运营和管理有哪些作用？

2.组织文化的具体内容包括什么？如何通过人力资源管理措施来塑造？

3.通过微软的实例分析，组织文化如何影响人力资源效能的发挥？

第2章拓展阅读

# 第3章 能力、个性与行为——个体人力资源的认识

## 学习目标

✔ 掌握人的能力范畴及劳动能力结构
✔ 掌握人的个性范畴
✔ 理解人格学说和情感学说
✔ 掌握个性与工作的匹配及霍兰德人职匹配类型
✔ 了解人的行为链条，掌握人的需要和动机理论
✔ 了解行为的分析过程，并能进行初步分析
✔ 理解人的基本价值观及职业价值观，并能用之分析实
际问题

引例                    **需要别人指导的"林妹妹"**

什么事物最难于把握、最难于管理？可以说，就是人力资源。管理学家和心理学家告诉我们，人是千姿百态的，他们的差异是众多的、巨大的。要搞好人力资源开发与管理，必须对个体的人力资源进行深入分析。

现代心理学指出，人的差异在于能力、个性和心态方面，即"知情意"三个方面。因此，国外学者就创立了智商、情商（即情感智力）和心商（主要为挫折商）的学说。我们经常看到，员工的工作态度、工作风格和工作成果不同，即不同人力资源的个体间存在着差异。进一步来说，人的能力结构要素不同，人的需求、行为与价值观不同，而且存在着诸方面的复杂性，这些都是人力资源开发与管理者需要深入研究和把握的。

现代管理者的最大挑战之一就是要知道怎样和员工打交道，因此，了解每个人都是十分重要的。深入了解员工有许多方法，在这一问题上，有些学者建议用BORA法（birth-order rank analysis，出生排行次序分等分析法）来确定员工是什么样的人。例如，兄弟中的大哥工作努力，能较好地鼓舞和带动别人，并希望自己取得权力；兄妹中的大哥则能服从领导，待人宽容，关心下属；姐妹中的小妹可能有点古怪、自负，容易轻信，情绪易波动，往往因受宠而难以管理和相处；兄妹中的"林妹妹"，如果有别人指导，她是最理想的工作者。可见，这些个人情况是复杂的，组织如要使用人力资源，应当全方位地了解人、把握人。

## 3.1 \ 人的能力

### 3.1.1 能力的要素

从现实应用的形态看，人力资源之所以能够从事社会劳动，是因为它有着综合性的劳动能力素质。这种综合劳动能力要素包括体力、能力、知识、技能四部分，这是我们从广义角度讲的能力。体力、能力、知识、技能四者的不同组合，形成人力资源能力个体间差别和总体上多样性的丰富内容。一个人力资源的个体或者群体拥有的不同体力、能力、知识和技能，使其具有推动物质资源的各种具体的、特定应用方向的能力。

**1.体力**

体力是人的身体素质，从一般意义上说，体力包括力量、耐力（持久力）、速度、灵敏度、柔韧度等人体运动生理指标；从劳动的角度来看，还应当包括对外界的适应能力、劳动负荷能力和缓解疲劳的能力。体力在人力资源能力总体中处于基础的地位。

所谓基础，有两层意义：其一，它是人们劳动时能量消耗的物质提供者，也是能量补充的承担者；其二，它是人体获得智力、知识、技能和在劳动中发挥智力、运用知识技能的基础。一般来说，没有比较健康的身体，就难以从事正常的社会劳动，也难以继续提高智力、知识、技能水平。

从一般性的劳动来说，不同的人力资源个体，其体力水平一般不会相差很大。与智力相比，体力这一因素显然也是比较简单的。

**2.能力**

这里所说的"能力"，从心理学的角度讲是狭义能力，是指人们顺利实现某种活动的心理条件。研究人力资源的根本目的是运用"人"这种能力。

（1）一般能力——智力

①智力的含义。

所谓"一般能力"，是指人们在不同种类的活动中所具备的共同性能力。心理学指出，一般能力即人们经常说的"智力"。智力是一个既非常重要又相当复杂的范畴，心理学关于智力的定义多达数百种。从总体上看，智力是指人认识客观事物、运用知识、解决实际问题的能力，也就是人的"聪明"程度。

对于智力的内容和结构，人们有着不同的说法。根据现代脑生理学的研究，人的大脑可以分为感觉区、记忆区、判断区、想象区四个功能区。因此，心理学家在分析智力结构时，一般都承认包括感知力（特别是其中的观察力）、记忆力、思维力、想象力这四个方面。在智力的各要素之中，核心的是思维力。有的学者把思维力分为判断、思考力、概括力，或者称为逻辑思维能力、逻辑推理能力；有的学者还在这四种"力"之外再加上创造力、实践能力，等等。上述四种"力"具有科学实证的基础，而且也比较全面地反映了人们"认识事物、运用知识、解决问题"的属性，这四种"力"可以说就是智力的内容或者要素，它们在人们头脑中搭配、组合成不同的智力结构。

人的智力高低反映了人力资源一般能力的不同。对于智力水平的衡量，通常采用心理学智力测验结果的"智商"（IQ）指标。一般来说，人的智商水平呈现正态分布状态，100分为标准平均状态，在90~109分之间属于正常智力，分数越高，智力水平就越高。

②智力劳动。

在知识经济时代，社会劳动的主要形态将是知识劳动，这种知识劳动不是死记硬背知识后"照葫芦画瓢"式的模仿性输出，而是以智力为中心、具有创造性、拓展自身的知识劳动，即智力性知识劳动。

智力劳动具有以下属性：其一，价值的多量性。智力劳动可以把思想化为物质，可以推动较为多量的物质资源，从而生产出较为多量的财富。其二，活动的创造性。智力劳动的对象一般是非单调、不重复的，要依靠人的创造性来解决，包含了对客观事物的探索和重新认识。智力劳动的多量性、创造性一般来说有着艰巨、困苦的特征。其三，工作的人本性。智力劳动是用脑工作的，稳定的工作岗位、良好的工作条件、丰富的工作内容、自主的工作计划、和谐的工作关系、优厚的工作报酬、自觉的工作态度、有趣的工作场景、产权的工作者所有等，都体现了智力劳动"以人为本"的性质。其四，形态的多样性。智力劳动在不同职业、不同行业中都有着各自特定的内容，它们繁复多样、差异巨大。这就要求智力劳动者在特定领域内的知识要"专"、要"精"，其他有关方面的知识要"博"、要"活"。其五，收益的共享性。智力劳动能创造多量的财富，使劳动者和所在组织大大获益，也会为广大社会成员所享用，为政府带来税收，从而为社会增进福利。

（2）特殊能力

所谓"特殊能力"，是指人们在某种特殊的、专门的、专业性的活动中所需要的能力。人们从事的各种活动是千差万别的，要从事这些专门的活动，除了"一般能力"以外还必须有特殊的、专门的素质条件，这就是特殊能力。例如，当画家要在辨别色彩方面有非常好的能力，当工程师要对物体有很好的三维空间想象力，做外科手术医生手腕和手指要能够进行非常精细的操作。

根据国际上的权威性工具书《加拿大职业分类词典》，特殊能力包括：V——言语表达能力；N——数学计算能力；S——空间感觉能力；P——形体感觉能力；Q——文书事务办公能力；K——动作协调能力；F——手指的灵活性；M——手的灵巧性；E——眼-手-脚配合的能力；C——辨色能力。上述特殊能力的具体内容为：

①言语表达能力（V）：指理解词语与相关思想的能力，以及有效地运用词语的能力。

②数学计算能力（N）：指迅速而准确地进行算术计算的能力。

③空间感觉能力（S）：指凭思维想象三维空间物体形状的能力。

④形体感觉能力（P）：指觉察物体、图画中有关细节的能力。

⑤文书事务办公能力（Q）：指觉察词语或表格材料中有关细节及避免文字与数字计算错误的能力。

⑥动作协调能力（K）：指眼、手和手指快速做出精确动作的能力。

⑦手指的灵活性（F）：指迅速而准确地运用手指操作小物体的能力。

⑧手的灵巧性（M）：指熟练自如地运用手的能力，从事手的翻转、放置、移动动作。

⑨眼-手-脚配合能力（E）：指根据视力所见，而使手足彼此协调，完成动作的能力。

⑩辨色能力（C）：指对于不同色调和同一颜色的不同深浅觉察和辨别的能力。

（3）职业能力

从事任何一种职业，都需要特定的一般能力和若干种特殊能力，职业不同就需要不同的能力组合。按照《加拿大职业分类词典》的口径，职业对于从业者条件要求的一般项目包括能向、普通教育程度（GED）、专门职业培训（SVP）、环境条件（EC）、体力活动（PA）、工作职能（DPT）诸项基本条件和兴趣、性格的参考条件。

上述各项条件，按照各自程度和水平分别打分，区分为不同的等级。上述"能向"，即人们能力的特性与方向，某种职业对于人们的能向要求，包括智力（一般能力或一般学习能力）和上述"言语表达能力、数学计算能力"等各项特殊能力。人要规划好自己的职业生涯，必须选择适合自身特点的职业，即要达到人的各项条件与职业的要求相互适应，见表3-1。

表3-1　　　　　　　　　　职业资格检测表（其他项目水平）

| 职业名称 | PA | EC | GED | SVP | 兴趣 | 性格 |
|---|---|---|---|---|---|---|
| 矿物地质学家 | L23467 | B26 | 6 | 8 | 781 | 09Y41 |
| 行政官员 | L47 | 16 | 6 | 8 | 781 | 0Y914 |
| 室内设计师 | s-L4567 | 1 | 5 | 8 | 86 | X9 |

### 3.知识

（1）知识的定义

知识是指人们头脑中所记忆的经验和理论，或者说是个人头脑以及社会系统（如图书馆）中储存的信息。知识可以分为"理论"和"经验"两个层次。当知识带有逻辑性、体系性和科学性时，就形成理论或者学说；经验则是形成理论知识之前的东西，其特征是零碎的、片断的，其正确度也往往较差。

（2）知识的内容

①经济合作发展组织（OECD）的划分。

该组织将知识划分为四个方面：

其一，事实知识（know what），指的是人类对某些事物的基本认识和所掌握的基本情况。比如华盛顿的面积、北京市的人口、候鸟的飞行路线等。

其二，原理和规律知识（know why），即产生某些事情和发生的事件的原因和规律性的认识，比如宇宙的起源、生物进化和价值规律等。

其三，技能知识（know how），也就是说，知道实现某项计划和制造某个产品的方法、技能和诀窍等。

其四，知识产生的源头（know who），即知道是谁创造的知识。

②人力资源角度的划分。从人力资源所具备的能力及其应用的角度看，知识可以分为三个部分：

其一，一般知识或者说普通知识。它反映了某个人力资源个体的一般文化水平。

其二，专业理论知识，专业理论知识和一般知识的整体层次，基本上由一个人接受教育的等级所决定，这往往构成人力资源个体在人力资源市场上竞争力的主要决定因素。

其三，工作知识。它包括职业技能操作水平、工作经验知识、职业阅历等。

**4.技能**

技能，用通俗的话说就是技术、技巧，其含义是人们从事活动的某种动作能力，是人经过长期实践活动所形成的顺序化的、自动化的、完善化的动作系列。一个人具有某项技能的标志是其从事某种劳动的动作具有准确性，包括动作的方向、距离、速度、力量的准确。技能在劳动能力中极为重要，所谓"三百六十行，行行出状元"，各行各业的"状元"即是各种职业的技能出类拔萃者。

应当指出，对于技能这一范畴，不能理解为只是"简单的、动手性、蓝领工人的技术"。从不同劳动者的角度看，技能有高低不同的层次，例如有开机器的工业操作人员和一分钟录入200字的计算机操作人员，也有熟练地进行微雕的工艺美术师、使用电子显微镜的技术专家和在人的大脑中开刀治疗的妙手"华佗"。

### 3.1.2  人力资源能力结构

人力资源各个能力要素的不同组合，形成不同的能力要素结构。其要素结构如图3-1所示。

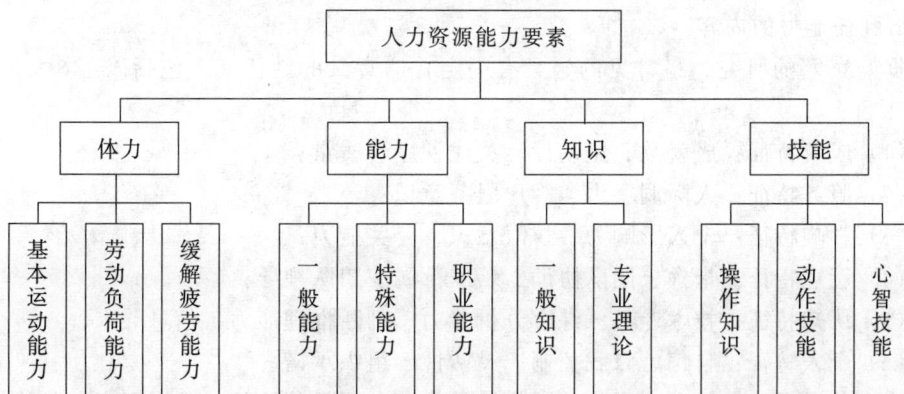

图3-1  人力资源能力要素的结构

进一步来说，人力资源能力要素可以从四大方面细化到十几个因素，而且还可以根据职业的不同进行更细的划分。

就人力资源能力要素总体而言，需要考虑两个问题：其一是冰山理论；其二是核心能力。冰山理论是指人的能力被认识到的只是冰山一角，大部分能力尚处于潜在状态，该理论重视人的潜能。核心能力是要把握的最重要的能力，它是能够将工作做出色和比他人优异的能力，因而往往对应着胜任能力。

在上述的人力资源能力各个要素中，体力是人从事各项活动的基础，是能力、知识、技能得以存在的载体。能力、知识、技能三者之间有紧密的联系，三者之间互相制约、互为影响：能力是一种可能性、一种潜力，它是掌握知识和技能的基础，能力水平在一定程度上制约着知识和技能的获得。也就是说，一个人"聪明"，就能较多、较快、较高深地掌握知识与技能。能力的发展又是在学习、运用知识和技能的过程中完成的。知识是对具体理论和现实经验的掌握，是思想的内容或者思维的材料；技能是行动方式，是操作技术。

### 3.1.3 胜任能力

#### 1.胜任能力的含义

"胜任能力"一词，英文名为"competency"，是指能够胜任某一项工作或者活动并且突出高于他人的一种能力或者素质，或者说，胜任能力强调员工高于一般的优秀素质水平。胜任能力的范畴是美国管理学家麦克利兰（D. C. McClieland，1973）提出的。我国学者把该词翻译为"核心能力""关键胜任能力""胜任特征"，亦或简称为人们广泛使用的"素质"。

胜任能力是现代管理学和人力资源管理理论与实践高度关注的一个范畴。对人力资源个体胜任能力水平进行界定，从而得到招聘和任职的依据，为成功地获取所需要的优秀人才奠定基础，也为员工招聘任职之后的正确培训、高效使用和进一步的开发提供帮助。

据斯宾塞（Spencer）的分析，胜任能力分为六个方面，有表层的、显现的因素，也有作用更大的、隐藏在深层的内容，这一思想被称为"冰山理论"。

#### 2.胜任能力的内容

据斯宾塞的研究，最常见的、具有一定普遍意义的胜任能力包括以下6大类别、20个项目：

（1）成就特征：成就欲、主动性、关注秩序和质量；

（2）服务特征：人际洞察力、客户服务意识；

（3）影响特征：个人影响力、权限意识、公关能力；

（4）管理特征：指挥、团队协助、培养下属、团队领导；

（5）认知特征：技术专长、综合分析能力、判断推理能力、信息寻求；

（6）个人特征：自信、自我控制、灵活性、组织承诺。

也有的学者注重胜任能力中与工作绩效有直接因果关系的一系列因素，如认知能力、人际关系技能、与工作风格有关的因素等。认知能力主要指一个人分析和思考问题的能力，如问题解决能力、决策能力、发现问题能力、项目管理能力、时间管理能力等。与工作风格有关的因素主要涉及的是一个人在某种情境下如何采取行动。人际关系能力是与人打交道的种种技能，如处理与上司、同事、客户等的关系。

## 3.2 人的个性人格

### 3.2.1 个性人格范畴

#### 1.个性与人格的含义

人的个性，即人在心理条件上的不同特点。个性，用通俗的话来说，即一个人不同于他人的"脾气秉性"。用心理学的语言来说，个性就是个体经常地、稳定地表现出来的心理特征（如性格、兴趣、气质等）的总和。西方心理学把这一范畴称为"人格"。

个性人格这一心理特征，是在个体生理素质的基础上和一定的社会条件下，通过个人的社会实践活动，在教育和环境的影响下逐步形成和发展起来的。人的个性心理特征是通过心理过程形成的，已经形成的个性心理特征反过来又会制约心理过程，并在心理过程中表现出来。

#### 2.个性人格与人力资源

人的个性人格与其成为特定的资源和得到运用有着重要联系。首先，人们个性中的性格、兴趣、气质等，制约着人们职业种类和就业单位的选择。其次，在一定的岗位上，由于人的个性不同，其资源运用效果也大不一样。例如，张三活泼好动，李四文静细心，同在公共关系岗位上，张三也许比李四更适合；若同在会计岗位上，李四也许比张三做得出色。因此，人应当寻求适合自己的职业，在合适的岗位上发挥才能，发展和完善个性。

### 3.2.2 人格学说

#### 1.人格特性论

人格特性与职业因素匹配理论的基础是人格特性理论。人格特性理论认为，人格可以划分为若干种特性，每一种特性都是人所共有的，但不同的人在同一特性方面的强度或水平数值是不同的，不同的人有不同的人格特性结构，因而就有了人格的差异。

对于人格特性，心理学有着不同的划分，影响最大的是卡特尔的16种人格因素（16PF）理论。卡特尔提出把人格特性分为表面特性与根源特性。根源特性是人格的基本特性，包括"乐群性、聪慧性、稳定性、好强性、兴奋性、有恒性、敢为性、敏感性、怀疑性、幻想性、世故性、忧虑性、实验性、独立性、自制性、紧张性"16个项目。根据一个人在这些项目上的不同水平，可以判断其人格特征的总体状况。

#### 2.人格类型论

人格类型方面的理论学说很多，主要是按照气质、价值观、兴趣等进行划分的学说。

最常见的划分是气质法，它把人的气质分为多血质、胆汁质、黏液质、抑郁质四种。这种方法由古希腊医生提出，被现代科学实验所证实。

人的气质以至人格特征与职业应当达到匹配。但是，这种匹配不是绝对的，因为人有一定的可塑性和代偿性，关键是个人的适应性。实际上，各种气质和各种人格特征的人都能够取得成功。

### 3.五大人格论

比上述人格类型更简明、更常见、更实用的，是科斯塔和麦克雷提出的"五大人格"或"大五人格"（five-factor model， FFM）理论。这一理论把人格分为五个大的因素类别，依此也制成了五大人格测验工具。"五大人格"的具体内容有：

（1）亲和性（agreeableness），也称为合作性，其特征为具有亲和力、体贴和同理心。

（2）可靠性（conscientiousness），也称责任感，指注重细节、尽忠职守和富有责任感的特征。

（3）外向性（extroversion），也称外倾性，内容包括有活力、主动性及社交性。

（4）情绪稳定性（emotional stability），也称神经质，指人对情绪的控制力与对压力的容忍力。

（5）对经验的开放性（openness to experience），也称创新性，其特征为独立并能够包容不同的经验。[①]

北京师范大学心理学教授孟庆茂认为，在五大人格方面中国人的缺陷在责任感、合作性和创新性三个因素上。

## 3.2.3 情感学说

### 1.情感因素及作用

情感或者情绪，是人们对待客观事物的态度体验（或感受）以及相应的行为反应。人的情感是一个非常复杂的范畴。一个人的喜怒哀乐、七情六欲往往是让人难于捉摸、无法把握的，但它的重要性又日益为各界人士所认定。

从心理学的角度看待情感范畴，即人们对待客观事物的态度体验及相应的行为反应，主要是人的自我认识和评价、自己的动力因素和对待外界的反应。因此，在人格因素中的"情感"或"情绪"就包含自信心、需要与动机、耐冲击力以及情绪稳定性的内容，进一步来说，还有对待自己、对待自身活动、对待与他人关系的自觉看法。此外，人们处理自身与外部的关系也属于情感因素的能动性问题。

据国内外的研究，一个人的情感因素状况与其生活的方方面面都有着重大的联系，"情商"在个人事业成功方面的作用大大高于智商的作用。美国学者小乔治·盖洛普早在20世纪80年代就通过研究得出"成功的最主要因素是'知情达理'，而智力因素仅仅排在第四位"的结论。一个人的发展前途、功名利禄，甚至生老病死、婚姻聚散，都能够从情商中找到线索。

进而，不少学者和管理实践者也关注和研究情感因素，尤其是"情商"在组织管

---

① 李诚. 人力资源管理的12堂课 [M]. 北京：中信出版社，2002：58-59.

理中的作用，以有效地解决开发与管理人力资源的问题。

**2.情感智力**

对于情感因素的把握中，很重要的问题就是对它的测量，为此一些学者使用了"情商"（EQ）的概念。所谓"情商"（emotional quotient），是指人们在情感方面的心理测试指标。应当指出，"情商"包含了丰富的内容，但这是一个界限并不清楚的复杂范畴，要完成指标的科学测量是极其困难的。

对此，该学说的发明人、美国心理学家戈尔曼指出，这种人们在情绪方面的特征是一种智力，因而称为情感智力或情绪智力（emotional intelligence, EI）。但是，鉴于这种情感智力的各构成部分目前还不能够全部测量，因而不能计算出其得分水平即"情感商"（emotional intelligence quotient），而只能够计算"情感智力"，即 EI。

从一般的角度看，人们的情感智力包括以下5项内容：①对自身情绪的体察；②对自身情绪的把握；③对他人情绪的认识；④对人际关系的把握；⑤对自身的要求和激励。前四个方面实际上是"对自己与对他人""认识与调控"二维的结合，第五项则是对第二项的升华。

基于对情感智力的应用，心理学家还提出了"情绪胜任力"的概念。

### 3.2.4 个性与工作的匹配

每一个人力资源个体都具有一定的个性特点，这种特点与使用该资源的职业岗位特点相适合，具有重要的意义。个性与职业之间的匹配问题不仅是重要的社会实践领域，而且也成为科学研究的范畴。在劳动人事管理的社会实践推动下，个性与职业之间的匹配形成了人职匹配理论。人职匹配理论主要包括以下内容：

**1.人格特性与职业因素匹配**

人格特性与职业因素匹配理论是依据人格特性及能力特点等条件，寻找与之具有对应因素的就业岗位的职业选择与指导理论，也称"特性-因素匹配理论"。该理论是由职业指导领域的创始人、美国波士顿大学教授帕森斯所创立的，由著名职业指导专家威廉逊等人进一步发展成形。

人格特性与职业因素匹配理论认为，每个人都有自己独特的人格特性与能力模式，这种特性和模式与社会某种工作内容对人的要求之间有较大的相关度。个人进行职业选择时，以及社会对个人的选择进行指导时，应尽量做到人格特性与职业因素的接近和吻合。

这种匹配过程包括三个步骤：其一，特性评价，即评价将要选择职业的人的各种生理、心理条件以及社会背景。其二，因素分析，即分析职业对人的要求，包括各种职业（职位、职务）的不同工作内容，以及对人的生理、心理、文化等条件的要求等。其三，二者匹配，即把对个人的特性评价与对职业的因素分析结果对照，从而使人寻找到适合自己的职业。

**2.人格类型与职业类型匹配**

人格类型与职业类型匹配理论，是将人格与职业均划分为不同的大的类型，当属于某一类型的人选择了相应类型的职业时，即达到匹配。社会对个人择业的指导，也是要达到人格类型与职业类型的匹配。这一理论由著名的美国职业指导专家霍兰德提出，沿用至今，并被公认为是有效的重要理论。

人格类型与职业类型匹配理论同人格特性与职业因素匹配理论相比，优点是简单、应用方便，缺点是不够精细。

### 3.霍兰德的人职匹配类型

美国职业指导专家霍兰德从心理学价值观理论出发，经过大量的职业咨询指导实例积累，提出了职业活动这种人力资源应用意义上的人格分类，包括现实型、调研型、艺术型、社会型、企业型、常规型六种基本类型。相应地，社会职业也分为六种基本类型，从而形成"人职类型匹配理论"。

（1）现实型

现实型也称实际型。属于现实型人格者，一般喜欢从事技艺性或机械性的工作，能够独立钻研业务、完成任务，他们擅于动手并以"技术高"为荣，不足之处是人际关系能力较差。

属于该类的职业有木工、机床操作工（车工等）、制图、农民、操作X光机的技师、飞机机械师、鱼类和野生动物专家、自动化技师、机械工人、电工、无线电报务员、火车司机、长途汽车司机、机械制图员、机器修理工、电器师等。

（2）调研型

调研型也称调查型、研究型或思维型。属于调研型人格者，喜欢思考性、智力性、独立性、自主性的工作。这类人往往有较高的智力水平和科研能力，注重理论；但不重视实际，考虑问题偏于理想化，且领导他人、说服他人的能力较弱。

属于该类的职业有科学研究、技术发明、计算机程序设计、气象学者、生物学者、天文学家、药剂师、动物学者、化学家、科学报刊编辑、地质学者、植物学者、物理学者、数学家、实验员、科研人员、科技文章作者等。

（3）艺术型

属于艺术型人格者，喜欢通过各种媒介表达自我感受（如绘画、表演、写作），其审美能力较强，感情丰富且易冲动，不顺从他人；其不足之处是往往缺乏文书、办事员之类具体工作的能力。

该类职业有作曲家、画家、作家、演员、记者、诗人、摄影师、音乐教师、编剧、雕刻家、室内装饰专家、漫画家等。

（4）社会型

社会型也称服务型。属于社会型人格者，喜欢与人交往，乐于助人，关心社会问题，常出席社交场合，对于公共服务与教育活动感兴趣；其不足之处是往往缺乏机械能力。

该类职业有社会学家、导游、福利机构工作者、咨询人员、社会工作者、心理治疗师、社会科学教师、学校领导、公共保健护士等。

（5）企业型

企业型，也称决策型或领导型。属于企业型人格者，其性格外向，直率、果敢、精力充沛、自信心强，有支配他人的倾向和说服他人的能力，敢于冒险；其不足之处是忽视理论，自身的科学研究能力也较差。

该类职业有厂长、经理、推销员、进货员、商品批发员、律师、政治家、市长、校长、广告宣传员、调度员等。

（6）常规型

常规型也称传统型。属于常规型人格者，喜欢从事有条理、有秩序的工作，按部就班、循规蹈矩、踏实稳重，讲求准确性（如在数字、资料方面），愿意执行他人命令、接受指挥而不愿独立负责或指挥他人；不足之处是为人拘谨、保守、缺乏创新。

该类职业有记账员、会计、银行出纳、法庭速记员、成本估算员、税务员、核对员、打字员、办公室职员、统计员、计算机操作者、图书资料档案管理员、秘书等。

从理论上说，每一种类型的人都有自己的特点和长处，也有一定的短处。但从社会的角度来看，人的心理差异无所谓哪一种好些、哪一种差些，而只有与职业类型是否协调、是否匹配的问题。社会中的人是复杂的，往往不能用一种类型来简单概括，而是兼有多种性质即以一种类型为主同时具备他种类型的特点。因此，职业问题专家进而提出了若干种中间类型或同时具备三种类型特性的"职业群"方法。

## 3.3 人的行为

### 3.3.1 行为的链条

人，是一个蕴含着一定的神秘色彩的客体。不同的人具有不同的脾气、个性；不同的人有着不同的价值取向、生活目标；不同的人对于同样的事物有着不同的看法、反应和对策；不同的人有着不同的行为方式。研究社会人力资源问题，有必要对人的行为模式和行为的前因后果进行分析，进而对人的行为链条有一个清晰的认识。

按照行为科学家的研究，人的行为是由动机引起的，动机又是由人的需要决定的。这就形成了"需要—动机—行为"这样一个链条。进一步分析，这个链条还可扩充，如图3-2所示。

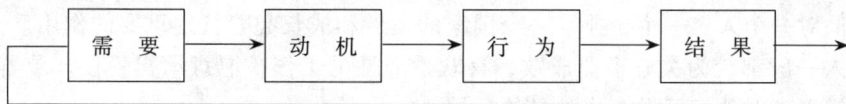

图3-2 人的行为链条

下面对该链条进行进一步的分析。

### 3.3.2 人的需要

"需要"是一个非常重要的范畴，它不仅是人力资源管理的一项基本内容，是管理学和行为科学的一个基本范畴，而且是经济学、社会学的重要内容。

所谓需要，是指人们缺乏某种东西而产生的一种"想得到"的心理状态，通常以对某种客体的欲望、意愿、兴趣等形式表现出来。

人的生理状态、个人的认知（思想）和外部环境在一定条件下均能引起需要。需要同人的活动紧密相关，是行为的基本动力。需要一旦被意识到，就以动机的形式表现出来，激发人去行动，驱使人从一定的方向追求一定的目标，以求得自身的满足。需要越强烈、越迫切，所引起的行动就会越有力、越迅速，人的潜能调动也会越多。

人的需要多种多样。按其起源，可分为自然需要和社会需要；按其对象，可分为物质需要和精神需要；等等。人的不同需要造成需要结构的千差万别，每一个人都有自己独特的需要结构；在不同的时期和不同的条件下，同一个人的需要结构也不同。西方行为科学家们提出了多种理论，其中最著名的是需要层次理论、成就需要理论、双因素理论等。

**1.需要层次理论**

马斯洛的需要层次理论，常见的是五层次论，但其晚年又将之扩展为更加完善的七层次论。这七个层次为：

（1）生理需要，即对维持生命所需的衣、食、住等方面的需要。

（2）安全需要，即希望得到安全保障，以免遭受危险和威胁的需要。

（3）社交需要，即归属感，希望得到伙伴、友谊、爱情以及归属于某一组织的需要。

（4）尊重需要，即自尊心，希望他人尊重自己的需要。

（5）求知需要，即好奇心、求知欲、探索心理和对事物的认知和理解。

（6）审美需要，即追求匀称、整齐、和谐、鲜艳、美丽等的事物而引起的心理上的满足。

（7）自我实现需要，即希望施展个人抱负和有所成就的需要。

上述七个需要层次构成一个由宽到窄的塔形结构。马斯洛认为，当某一层次的需要得到满足以后，下一层次的需要就会产生，而已经得到满足的某种需要也就不再成为行为的诱因。

**2.成就需要理论**

麦克利兰提出成就需要理论，该理论认为，在人的生理需要基本得到满足的前提下，人的基本需要有三种：成就需要、权力需要和友谊需要。这三种需要中，成就需要的高低对一个人、一个企业、一个国家的发展和成长起着特别重要的作用。高成就需要的人一般都较为关心事业成败，喜欢挑战性的工作，愿意承担责任，敢冒风险，并且希望得到对他们所做工作的具体反馈。

不同的人对于成就、权力和友谊三种需要的排列顺序和所占的比重各有不同，人们的行为主要决定于被环境激起的那些需要。

决定一个人成就需要水平的因素有两个：直接环境和个性。人们的成就需要可以通过教育和培训得到提高。

### 3.3.3　人的动机

动机，是指个人从事某种活动的心理倾向，是人的行为发生的内在驱动力和直接原因。动机通常以愿望、念头、理想的形式表现出来，并将人的活动引向一定的、能满足某种需要的具体目标。人的动机有不同的分类：根据动机的起源，可分为内部动机和外部动机；根据动机的性质，可分为高尚动机与低级动机；根据动机作用的强弱，可分为主导动机和次要动机；等等。

动机在需要的基础上产生。当某种需要被意识到并成为推动和维持人们活动的动力时，这种需要就成为行为的动机。除了需要外，动机的产生还受到外在条件的影响。影响动机的个人心理因素有：个人的兴趣、爱好、价值观和抱负水准。个人的兴趣和爱好决定人的行为方向，价值观和抱负水准影响动机强度和行为调动的程度。

动机是一种主观状态，具有内隐性的特点。只有通过一个人的言论、情绪、行动等外在活动，才可能间接地了解个人的真实动机。

### 3.3.4  人的行为

行为，是指人们去做某种事，即人们的某种有意识、有目的的活动。行为是个体与环境相互作用的结果。用公式表示为：

$$B=f(P \cdot E)$$

式中：B为人的行为；P为个体；E为环境；f为它们之间的函数关系。这一公式的含义是：人的行为是在人的生理、心理等内部身心状况的基础上，因时、因地、因所处环境的不同而表现出的不同反应。

人的行为受动机支配，动机又以需要为动因、以目标为诱因而形成。个体内在的需要、愿望、紧张、不满等构成动因，是人产生行为的内部原因；目标构成行为定向的诱因，是行为产生的外部原因。影响人的行为的主要因素有：

（1）个人因素，包括个人的家庭、教育、生活经验与工作经验、身心健康状况、个人心理特点等。

（2）环境因素，包括自然环境和政治、经济、法律等社会环境。

（3）文化因素，包括一般的社会文化因素和具体的组织文化因素。

（4）情景因素，即通过制造一种情景使人改变行为，如利用组织赋予个人的权力影响人的行为或威胁他人以改变其行为。

## 3.4  人的价值观

### 3.4.1  基本价值观

所谓价值观，是人们的最基本的理念，是从事活动起决定作用的个人心理倾向，是把握着人们的社会意识、决定着人们的社会行为的最基本心理动因。"价值"一词是指对个人有用的或重要的东西，并往往是个人所追求的东西，因此，人的价值观有助于形成人的特定行为。

美国心理学家斯普兰格提出六种关于价值观的学说，包括：

### 1.理论型

具有理论价值观的人，其最大兴趣在于发现真理。这种人经常寻找事物的共同点和不同点，尽量不考虑事物的美或效用。他们一生中的主要目标是把知识系统化和条理化。

### 2.经济型

具有经济价值观的人，基本上是对事物的有用性发生兴趣。这种人关心的是生产商品、提供服务和积累财富，他们是彻底的实用主义者，完全按照商人通行的框框办事，追求物质利益。

### 3.艺术型

具有艺术价值观的人，对事物的形式与和谐赋予很高的价值，并愿意表达自我，即使不是一位艺术家，他的主要兴趣也在于人生中的艺术性插曲。例如，他们常常喜欢象征华丽和权力的漂亮勋章，反对压制个人思想的政治活动。

### 4.社交型

具有社交价值观的人，最重视对人的爱。这种人总是高度评价别人。他们善良、富有同情心和大公无私。他们把"爱"本身看作人际关系的唯一合理形式，他们爱帮助别人。这种人的兴趣与具有宗教价值观的人很接近。

### 5.权力型

具有权力价值观的人，感兴趣的主要是权力。这种人不一定是一名政治家。由于竞争和奋斗在其一生中起很大作用，在任何需要有高权力价值观才能获得成功的职业或工作中，他都会做得很好。这种权力不仅仅是施加于人的（如当一名经理、指挥官），有时还会施加于环境（如工程师对"如何制造一种产品"做出最后的决策）。

### 6.宗教型

具有宗教价值观的人，其最高价值是整体性。这种人想方设法把他们自己与对宇宙整体的信仰联系起来。宗教型中的一些人，企图与外部世界的现实生活脱离关系（如寺院里的和尚）；而另一些人，则在当地参加教堂活动的人中或在具有同一宗教信仰的人中进行自我克制和反省。具有宗教价值观的人往往会为了事业而奉献自己。

## 3.4.2　工作价值观

除了基本的价值观，人们在职业、就业、工作、劳动方面，也有各种具体的观念、想法和价值判断标准。

按照日本学者田崎仁的划分，人的工作价值观包括9种类型。这与美国学者戴夫·法兰西斯的"人生源动力"观点是完全一致的。具体来说，工作价值观包括以下9个方面：

### 1.独立经营型

这种类型的人不愿被别人指挥，而凭自己的能力拥有自己的工作和生活领地，如个体工商户、私人开业医生、私人律师等。

**2.经济型**

这种类型的人认为"钱可通神"，金钱就是一切。他们认为人与人之间的关系是金钱关系，连父母与子女之间的爱也带有金钱的烙印。

**3.支配型**

支配型也称独断专行型。这种类型的人想当组织的领导者，他们无视别人的想法，因支配他人而获得心理满足。

**4.自尊型**

这种类型的人受尊敬的欲望很强烈，渴望能有社会地位和名誉，希望常常受到众人尊敬；当欲望得不到满足时，由于过于强烈的自我意识，有时反而很自卑。

**5.自我实现型**

这种类型的人对世俗的观点、利益等并不关心，一心一意想发挥个性、追求真理，不考虑收入、地位及他人对自己的看法。他们尽力挖掘自己的潜力，施展自己的本领，并视此为人生的意义。

**6.志愿型**

这种类型的人富于同情心，他们不愿做哗众取宠的事，而是把别人的痛苦视为自己的痛苦，帮助别人就会使自己的心理得到满足与快乐。

**7.家庭中心型**

这种类型的人过着十分平凡但又安定的生活，重视家庭，为人踏实，生活态度保守，不敢冒险，对待职业问题很慎重。

**8.才能型**

这种类型的人单纯活泼，重视个人才能的表现与被承认，把受到周围人欢迎视为乐趣，能以不凡的谈吐、新颖的服装博得众人好感，常能活跃周围气氛。

**9.自由型**

这种类型的人开始工作时无目的、无计划，但能调整行为以适应职业环境。他们不麻烦他人，无拘无束，生活随便，常被周围的人认为缺乏责任感，实际上他们能够承担有限的责任。

## 本章小结

最难于把握、易于变化的管理对象，可以说就是人力资源。现代心理学指出，人是千姿百态的，人的差异在于能力、个性和心态方面，即"知、情、意"三个方面。本章对人的能力、个性人格和行为问题进行了分析，进而阐述了人的基本价值观和工作价值观。通过本章的学习，可以使学员对人的能力、个性、需求、行为、价值观的不同有所认识，能够增加对从事人力资源开发与管理工作的科学依据。

## 主要概念

人力资源能力要素　智力　知识　技能　个性　人格　五大人格　卡特尔16PF理论　人职类型匹配理论　需求层次理论　行为　情感智力　工作价值观

# 复习思考题

1. 人的劳动能力包括哪些要素？你如何认识人的能力结构和潜能？
2. 人的个性主要从哪些方面看？
3. 试分析自己的个性心理特征。
4. 霍兰德将人格分为哪几种？各种人格适合哪些职业？
5. 结合实例，从心理学的视角分析人力资源复杂性的表现，并讨论在现实的经济管理之中如何把握和处理。
6. 价值观在人力资源开发与管理中有哪些作用？

# 案例分析

## 一个巨人的起死回生
### ——造就成功的执着个性与商业智能

没有了革命战争年代的硝烟和炮火轰鸣，似乎人们已经逐渐淡忘了英雄的本质。

史玉柱的巨人网络公司在纽约股票交易所上市，而且纽约股票交易所特批允许史玉柱着便装而非西服革履正装敲响上市的一锤，的确令我感到钦佩。当媒体和记者穷追猛打、津津乐道总结他的发家史和奋斗史的时候，我钦佩的是他的那种执着和凤凰涅槃、死而复生的精神，敬仰他那种认准了事业，敢于从最平常的事物中发现平常人捕捉不到的商机和先机的智慧。

较早听说的南方沿海的商人，一个是万象集团的鲁冠球，后来知道了脑黄金，做成了全国各地妇孺皆知的广告。大江南北铁路沿线，从墙体广告遍布的广阔的农村，到中央电视台黄金频道和时间，无一不在宣传着这个曾经创造商界奇迹的产品和企业。而幕后的掌门人，则依然在低调甚至超低调地执着和掌控着这个超级膨胀的商业王国的大船，在迎风破浪中前进。成也萧何，败也萧何，后来巨人大厦一夜倾倒，使得这个商业巨擘轰然倒地。一屁股的债务压垮了企业，树倒猢狲散，倾巢之下岂有完卵乎？但是史玉柱是个例外，当媒体穷追猛打高歌猛进在连篇累牍总结巨人商业王国倾覆的得失教训的时候，当世人在关注史玉柱是不是从万丈高楼上飞身猛下肝脑涂地地悲壮死去的时候，据说史玉柱壮士断腕地说过，他会站起来，而且会还清债务，重新挺立和发展起来。从此，这个曾经名噪一时的商业骄子就逐渐淡出了人们的视野。

等到人们再次将镁光灯和鲜花以及长篇大论和各种令人炫目的光环戴到他的头上的时候，这个"今年过节不收礼，收礼就收脑白金"的策划诉求却以其不同凡响的方式征服了全国亿万消费者的心，健特生物公司从此浮出水面。而史玉柱照样以这个产品和黄金搭档，在一片声讨声中力排众议、当仁不让地稳居全国同类产品之首，让无数保健品厂商望洋兴叹，史玉柱再一次以无与伦比的优势昂首站立在时代的前沿。当人们津津乐道他的再次成功之道的时候，也就淡漠和不愿意去了解其成功背后的艰辛和心酸。就像如今说起挣钱，很多年轻人显得很不以为然的样子，好像随手挥一挥，别人的钱袋子就会像哈利·波特一样有了魔法装进自己的腰包！

史玉柱就是史玉柱，跌倒了是一条汉子，爬起来又是一条好汉！真可谓三十年河东，三十年河西，天上下雨地上滑，哪里跌倒哪里爬，这个硬汉，我佩服的男人，又一次凭借超人的胆识和毅力重新站立起来。就在人们观望和热论所谓夕阳产业的利弊的时候，这个出牌无定则的史玉柱，却在与别人闲聊的过程中，在玩盛大网络游戏的过程中，敏锐地把握了网络游戏的先机，在孤注一掷、一如既往以其身家性命投身网游研发推广的时候，善良的人们不禁再问，史玉柱是不是吃错了药？为何又去搞一个毫无把握的风险生意？如今，《征途》网游每天都在日进斗金和巨人网络的纽约上市，再次使得善良的人们心中的疑惑迅速释然。

能够战胜自己的懦性，敢于冲破来自各方的有形和无形的压力，几年执着地按照既定的方针走下去，上苍将沉甸甸的硕果最终给予了这个有所准备的英雄。如果说让我海选英雄，虽然没有见过这个睿智的南方汉子，我也当仁不让地会投他一票。

资料来源 张康宁. 很佩服史玉柱的那种执著 [EB/OL]. [2017-01-04]. http://blog.sina.com.cn/s/blog_4c725a8501000att.html.

案例讨论：

1. 请归纳史玉柱的个性、能力特征。

2. 试从史玉柱的成功案例中分析人的综合素质及各部分之间的关系。

3. 人力资源素质对组织的运行有哪些影响？

第3章拓展阅读

# 第4章 市场与配置——人力资源的社会环境

## 学习目标

✓ 理解市场和市场经济的内涵
✓ 了解市场经济体制下的六对社会关系
✓ 掌握市场经济下的企业和个人的关系
✓ 了解人力资源市场的基本内容
✓ 了解我国人力资源配置的特征
✓ 理解人力资源流动的原因
✓ 掌握人力资源流动的成本和收益

**引例** **播音员小王的任职岗位**

按照工作岗位的性质和工作内容来选拔人才、进行招聘，有一定的专业对口的要求，即是要达到人力资源的合理配置。

这是一个真实的故事。在计划经济分配劳动力、鼓吹"外行领导内行"的时期，使用劳动者和人才高度重视政治条件是毋庸置疑的，除此也还会有一些"专业特长"方面的要求和考虑，总不能靠喊政治口号就能完成一切工作吧。这天，人事局的干部大刘看到年轻的转业干部小王有"在基层单位当广播站播音员"的经历，又看到一个国家部委的产业标准化研究所要招聘人员，就想"小王有播音专长，到那个说'标准话'的单位肯定能够对口，自己能够发挥专长，单位也会需要她的"，于是，就把这个小王分配到标准化研究所。

年轻人小王前来报到，搞得研究所所长老李哭笑不得，说"我们是研究工业生产的'标准化'，不是研究怎样把'话'讲得很'标准'的普通话，我们不是广播电台，不是语言研究所。你来了，我们有什么岗位让你来天天干这个'说话'的活？"

人事局的大刘是好心，他想搞专业对口、人职匹配，但不知道用人单位的工作岗位的内容是什么、对工作者的素质要求是什么，实际上是搞了一出"乔太守乱点鸳鸯谱"的糊涂剧。

资料来源　姚裕群．人力资源开发与管理通论［M］．北京：清华大学出版社，2016：122.

# 4.1 市场与市场经济

## 4.1.1 市场的含义

研究人力资源市场问题，首先要对"市场"这一重要范畴建立全面的认识。人们大量运用的"市场"一词，具有多方面的含义。

首先，市场是指某种物品交换的地点、场所。由于交换物的类型和特性不同，或者交换的规模和区域不同，或者交换者们的习惯不同，都会使市场的形式与运作产生差异。

进而，市场反映了商品、物品或资源交换者双方的关系。"关系"在这里也有着多重含义：

其一，价值和效用的经济交换关系。一般来说，这种交换关系应当是等价交换的关系，但是交换能否"等价"，取决于对要交换物品的价值或效用的衡量，物品的供求关系和交换者双方的知识、信息和决策行为。

其二，交换者主体（双方以至多方）之间的信用关系以及社会信誉。

其三，交换者主体之间的位势。这往往由交换者的社会境况所决定。人们说"店大欺客"或者"客大欺店"，正是对交换者之间相对位势作用的反映。

从更深的层次看，市场则是一种体制和机制。作为经济运行体制，市场交换可以引导社会生产，可以作为"看不见的手"操纵整个经济生活，即由大批分散的生产者、消费者的共同活动构成市场总体，由他们的共同活动自发、主动地完成资源的配置。这种市场体制是实践证明了的人类历史上效率比较高的、发展前景大的体制，因而是比较优越的体制。

市场经济体制具有优越性，已经是人们比较一致的看法了。采取市场经济体制，实行具有市场体制特征的各种制度，在各个转轨国家，包括在我国，也已经成为不争的事实。但是，人们对于"市场经济"的认识还是非常不全面的。就总体状态而言，相当多的人仅仅是把它看作经济范畴的概念，而缺乏对其社会层面的研究和社会意义方面的理解。这和当今社会普遍存在的"轻公平、重效率"思潮是不无关系的。现代思维绝对不应忽视社会层面。在中国全面与国际接轨的条件下，更应当自觉重视社会层面，因为社会层面不仅仅是经济稳定、发展和高效益的条件，而且好的人文状况和社会格局也是经济发展的根本目的。

## 4.1.2 市场经济下的社会关系

"市场经济"的内涵，从经济运作关系的角度看，是"国家调控市场，市场引导企业"，这反映出市场经济存在着"国家、市场、企业"三个主体。但是，如果从社会的角度看，不能不承认市场经济的主体还有"人"的因素，而且是多种"人"的因素：人构成社会生产者，也构成社会消费者；人构成社会发展的终极目标，更是经济运作的主体和主角，例如企业家有配置资源方面的作用，个人创业也有解决就业问题的作用。

于是，市场经济的运作又多了一个客观存在的实体——人，人力资源。因此，在市场经济体制下，实际上存在着国家、市场、企业、个人四种要素和四个运动主体。企业在这里不仅是最主要的用人单位，也是各种用人单位的典型和代表。国家、市场、企业、个人这四个主体之间互相连接，形成了六对关系。这四个要素和由其所形成的六对关系，就构成了现代市场经济体制的社会结构，见图4-1。

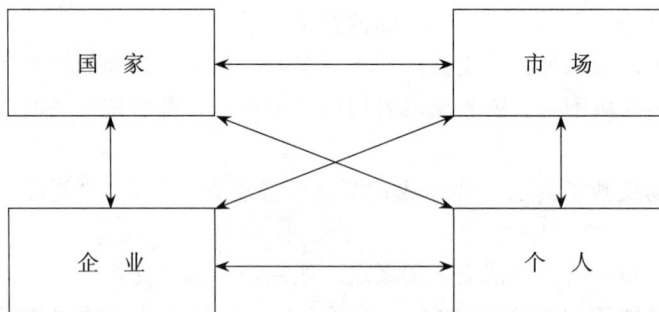

图4-1　市场经济体制结构

市场经济体制下四个主体之间的六对关系，具体来看包括以下内容：

**1.国家调控市场**

（1）国家运用经济杠杆（如税收、银行利率、信贷等）、法律、法规、经济政策、自身经济实力（国有企业和国有控股企业）、经济组织（如商会）和行政机构（如工商行政管理局、税务局），对市场运行进行引导、控制、服务、监督，以调节宏观经济的运行。

（2）国家对人力资源配置的基本原则、方向做出规定和指导，从根本上决定了人力资源市场的格局。值得注意的是，市场不仅仅是经济概念，人力资源市场更有其社会内容。

（3）国家对市场经济体制下人力资源的运作制定规则，如就业资格、雇用制度（如订立合同）、最低工资标准、职业介绍管理规定、劳动安全卫生标准法、雇用工资指导线等。

（4）国家直接从事基础性的即低层次人力资源市场的运作，如政府举办公益性劳动市场机构，从事免费的就业服务、就业指导等。

**2.市场引导企业**

（1）企业作为经济单位，它的收益取决于市场。市场需求是企业取得收益的动力（因为市场上有某种产品或劳务的需求，企业进行生产，就可以取得利润），市场上需求的变化、竞争对手的状况、人力资源的择业标准和倾向都构成企业的压力。

（2）企业的行为总目标是在市场上寻求利益最大化。企业在提供市场需要的产品和劳务、可以取得盈利的条件下，还要考虑尽量节约各种成本和节约人力资源的使用。

（3）在健全的经济体制下，企业的择员行为是由市场直接引导的。企业自由选择各项生产要素包括人力资源要素，市场（包括各种要素市场）的变化会影响企业的活动，影响企业对要素的选择。市场上求职者的择业意愿、价格要求（即对工资的要求）和素质状况等，对企业的择员也产生一定的影响。

（4）企业经营者在社会经济生活中具有重要作用，以至对整个市场也产生重要影响。"企业经营者与产权所有者的关系"本身就是一种体制因素，解决好企业经营者（包括各种经济单位、社会组织的"经营者"）方面的问题，是有效地协调和整合各种生产要素的重要内容。

**3.国家对企业**

（1）从理论上讲，市场经济下的国家与企业关系是"国家调控市场、市场引导企业"，国家是不直接管理企业的。在理想的市场经济状态下，国家主要管经济政策、产业发展方向、宏观总供求、经济环境、发展战略，并直接管少数关键部门和企业。

（2）政府也会"管"一些企业，如公共交通等部门。但市场经济体制下不是政府对企业进行全面控制，而是将人力资源的使用权交给企业，使它们成为真正的经营活动主体、资源配置主体和人力资源雇用主体。

**4.国家对个人**

（1）国家要保证每一个社会成员的生存权，保证每一个社会成员基本生活需要的满足，这一般通过最低工资和社会救济等途径来实现。国家要保证有就业要求者就业的实现，就要通过调节社会的劳动要素供求、提供就业门路、进行工作安置、从事就业服务、限制企业解雇等途径达到。教育培训是国家提高人力资源个体就业能力的重要手段。

（2）国家通过法律和社会管理活动，达到平等的社会目标。平等，意味着个人发展的障碍、不同的个人在身份上的歧视和"等级"性都不存在。与各种用人单位相比，劳动者尤其是求职者一般是弱者，国家则通过劳动法、有关的法律法规和方针政策及行政管理活动等途径来保障他们的合法权益。

（3）国家通过经济体制的选择、经济政策和社会政策的运用，特别是工资政策与福利政策，刺激和调动人力资源的工作动力、就业动力尤其是自我创业动力。

**5.市场与个人**

（1）健全的劳动市场是公开、平等、全面、高效的市场，它应当具有完善的劳动就业服务功能和较高的求职实现率。

（2）人力资源市场是有着不同层次的。从国内外的情况看，从总体上可分为一般的劳动市场或普通劳动力（尤其是技工）市场与高级人员市场（或人才市场）。一般来说，人才资源有着比一般的人力资源大得多的竞争优势，是有一定的"卖方垄断"倾向的；而普通的劳工阶层，则往往处于相对不利的和被雇用单位"买方垄断"的地位。

（3）市场体制是竞争体制，它不仅给人以机会，而且会导致优胜劣汰和两极分化。人力资源市场体制要求求职者提高个人素质，它鼓励人向上，鞭策不努力、素质低的人上进。

**6.企业与个人**

（1）企业与作为人力资源主体的个人双方之间存在着平等的关系。首先，双方在市场上相互选择的地位是平等的；其次，企业录用求职者后，在劳动过程中个人与所在组织具有平等的地位与权利、义务；最后，企业与个人进行平等的价值交换，即劳动付出与工资报酬相交换。

（2）企业与人力资源个人之间具有法律关系。双方通过法律契约关系连接在一起（这体现为劳动合同），双方之间的矛盾、争议、冲突以法庭为最终裁决机构。

（3）人力资源个体对所在的企业负责，承担应完成的工作，承诺有关的义务（如对企业商业秘密和知识产权的保护），并要有一定的职业道德。

（4）企业对人力资源个体负责。企业对所雇用人员的劳动条件与安全、生活福利等方面负有一定的责任，并担负社会保险的责任。

（5）企业的发展目标和组织文化对用人类型和用工模式有着决定性的影响，各层次管理者的人性观、用人理念和管理风格对劳动关系也有很大影响。

### 4.1.3　市场经济下的政府职责

政府，是指一个国家或地区的行政机构，其实质是对社会公共权力的运用。按照世界银行的看法，政府在经济社会的角色与基本职责是"解决市场失灵问题"和"促进社会公平"，详见图4-2。

| | 解决市场失灵问题 | | | 促进社会公平 |
|---|---|---|---|---|
| **基本职能** | **提供纯粹的公共物品**<br>• 国防<br>• 法律与秩序<br>• 财产所有权<br>• 宏观经济管理<br>• 公共医疗卫生 | | | **保护穷人**<br>• 反贫困计划<br>• 消除疾病 |
| **中级职能** | **解决外部效应**<br>• 基础教育<br>• 环境保护 | **规范垄断企业**<br>• 公用事业法规<br>• 反垄断政策 | **克服信息不完整问题**<br>• 保险（医疗卫生、寿命、养老金）<br>• 金融法规<br>• 消费者保护 | **提供社会保障**<br>• 再分配性养老金<br>• 家庭津贴<br>• 失业保险 |
| **积极职能** | **协助私人活动**<br>• 促进市场发展<br>• 集中各种举措 | | | **再分配**<br>• 资产再分配 |

**图4-2　世界银行的政府职能观**

对于能力与权威度不同的政府来说，在完成上述"解决市场失灵问题"和"促进社会公平"两个社会职责的任务方面，所做的事情是不同的。具体来说，能力与权威弱的政府首先要完成"提供纯粹的公共物品"和"保护穷人"的基本功能。进而，政府应当完成中级职能，以解决外部效应的管理、制定垄断行业法规、克服信息不完整这三项"市场失灵"问题，还要解决社会保险这一"公平"问题。能力与权威强的政府则可以发挥更加积极的职能。

政府在人力资源战略和政策方面，应当以上述职责为依据。

政府作为社会利益的代表，作为社会的管理者，应当对人力资源开发与管理均进行一定的调控，以至进行一定的管理和干预。具体来说，是要以市场为导向，制定市场条件下个人与企业的行为规则以及法律，并要执法、监督；是合理选择经济手段和行政手段对人力资源供求双方进行宏观引导、调控，为作为人力资源供给方的个人和作为人力资源需求方的组织服务。

# 4.2　人力资源市场

## 4.2.1　人力资源市场含义

市场就业是我们重要的制度选择，要理解走向市场的人力资源利用问题必须详细剖析人力资源市场范畴。这里对人力资源市场问题做出进一步的分析。

**1.人力资源市场概念**

"人力资源市场"一词，有外延大小不同的三种概念。

狭义的人力资源市场，是指从事劳动要素交换的场所，如各地挂牌的"劳动力市场"、"劳动市场"、"职业介绍所"、"劳务市场"和"人才交流中心"，如某处有个可以买卖商品的店铺或摊位。

中等口径的人力资源市场，是指人力资源要素交换场合与要素交换关系二者之和，它强调市场上的工资由供求双方"讨价还价"来决定。这正如人们在自由市场上进行买卖，谈妥价钱然后成交。

广义的人力资源市场，除了具有交换场所、交换关系的含义外，还反映了一种机制，即对供求双方进行引导，促进人力资源要素实现优化配置的机制。这种机制包括价格机制（工资决定）、竞争机制（供方、求方内部竞争）、供求机制（供求之间的矛盾运动与结合）。[①]

人们出于不同的眼界，从不同意义上理解和使用人力资源市场或劳动市场的概念，因而往往缺乏共识。美国著名劳动经济学家帕恩斯（H.S.Parnes）从理论和实践两个角度比较全面地阐述了人力资源市场问题，既分析了"经济学家的劳动市场模型"，又研究了"劳动市场中的劳动者行为""雇主行为"，值得我们借鉴。[②]

**2.人力资源市场划分**

对于人力资源市场，可以进行多种划分：

①从市场内容分层的角度，可以分为普通市场与人才市场两种，普通市场中又包括技术工人市场与非熟练工市场。

②从市场内容种类的角度，可以分为各种专业、职业的市场，如电子工程师市场、计算机软件人员市场、土建工人市场、保姆市场等。

③从市场存在形式的角度，可以分为固定机构性市场（即常年性市场，如职业介

---

①　刘庆唐，王守志. 劳动就业原理［M］. 北京：北京经济学院出版社，1991：281-289.
②　帕纳斯. 人力资源［M］. 张明清，等，译. 哈尔滨：黑龙江教育出版社，1990.

绍所)、临时集中性市场(如各种供需见面会)、散在性市场(如在街头"待唤"的木工)。

④从市场存在范围的角度,可以分为地区性市场与行业(部门)性市场、内部市场(单位市场或行业市场)与社会性市场。

⑤从社会对市场认定的角度,可以分为正式的市场与非正式的市场、有组织的市场与非组织的市场即自发市场、合法市场与非法市场。

⑥从市场环境的角度,可分为自由市场、垄断性市场与政府干预性市场。

⑦从市场供求关系的角度,可以分为均衡性市场与非均衡性市场,非均衡性市场又包括供不应求和供过于求两种类型,总量均衡市场中又有结构性不均衡的问题。

### 4.2.2 人力资源市场功能

**1.人力资源市场的基本功能**

人力资源市场在社会经济运动中具有重要的功能,它主要包括以下几个方面:

①人力资源市场是用人单位取得劳动要素的途径,从而使其实现生产要素组合或资源配置。

②人力资源市场是宏观经济运行状况的晴雨表,它可以反映国家或地区经济的繁荣或衰退状况。

③人力资源市场是人力资源供给、需求或二者结合的直接反映。

④人力资源市场是教育事业(人力资源生产主要场所)的动力导向系统。

⑤人力资源市场是个人与用人单位相互选择的具体场所,是实现就业的重要途径。

⑥人力资源市场是人力资源流动的流向指南。

**2.人力资源市场的现实功能**

(1)有利于我国经济社会的发展

人力资源市场的建立及全面运行可以使各个企业具有较充分的用人权,因而可以出于经济效益的考虑灵活选择生产要素,从而为整个经济发展的良性化奠定基础。在存在人力资源市场的情况下,全社会的人力资源较容易实现有效、合理的配置,从而有利于国民经济的正常发展和效益的提高。在人力资源市场全面运行的条件下,个人出于向上流动的意愿,在人力资源的生产、开发、配置、使用方面均呈主动状态,这有利于人尽其才、才尽其用。

(2)是新型人力资源体制的核心

人力资源市场是我国社会主义市场体系中的一个重要部分,它的产生顺应了经济改革的"放宽、搞活"潮流,对经济改革和发展也有一定的促进作用。我国过去实行"统包统配"的人力资源配置模式和"铁饭碗"用工制度,扭转不适应市场经济要求的统包统配模式,打破使人们产生惰性和依赖思想的"铁饭碗",就成为我国劳动人事制度改革的中心环节。实行劳动合同制、优化劳动组合、打破"三铁"、全员劳动合同制等措施,进一步配合国企改革实行了下岗制度,这些都是对"铁饭碗"的不断冲击,是打破计划配置资源体制、推进市场就业的措施。发挥人力资源市场机制的作用，实现市场就业、竞争就业、就业淘汰，构成我国劳动人事制度改革的核心和主攻方向。

## 4.3    人力资源配置

### 4.3.1    人力资源配置含义

人力资源配置指的是一定的配置主体根据经济活动的需要，将人力资源投入到各个具体的、不同的工作岗位，使之与物质资源结合，形成现实的经济运动。人力资源的科学配置是人力资源生产与开发之后的关键环节，是把社会的或者组织的人力资源输送到社会的或者组织的需求岗位上，这是人力资源经济运动的核心环节。

经济学原理指出，经济活动是将三个基本要素——自然（土地、物质要素）、劳动、资本放在一起，进行产生生产能力、形成产出物的有效用的结合。这种要素的结合，即资源的配置。

资源配置问题是经济学理论分析与现实经济管理的重大问题，为经济学家和经济管理人员（尤其是宏观和微观经济决策者）所高度关心。资源配置的有效性，除了自然资源、人力资源和资本资源的条件外，关键就是对它们的配置。

### 4.3.2    人力资源市场配置

总的来看，资源的配置可以分为自然配置、行政配置、市场配置三种模式。这里主要阐述市场配置模式。资源市场配置是需要配置的经济资源通过市场的途径而实现结合、配置的。这意味着存在资源供给、需求双方见面的场所，需求者从供给者手中受让资源时要用货币衡量和交换，让渡的价格以资源本身的价值为基础、由市场上该项资源的供求数量关系决定。

人力资源市场配置，是以劳动力自身生产成本（人力投资）及用人单位对该项资源未来的劳动产出预期为基础、由企业与求业者之间的供求关系决定的工资为条件，通过供求双方的自由选择而完成的。这里抽象掉个人求职的非经济考虑因素。

**1. 人力资源市场配置的优点**

市场配置方式是比自然配置、行政配置先进的方式，它有利于经济运行，并对资源本身的生产起到信号作用（人们要按照市场需求及发展趋势进行人力投资），而且有利于资源配置后的使用，以取得较大的经济效益。

从"实现配置"本身来看，人力资源的供方是劳动岗位上的主体即劳动者，人力资源的需方是将人、财、物三要素购买齐全、组织其进行生产的决策者，双方互相进行自由选择，能够使资源按照自身的条件被送到社会需要的劳动岗位。这就是人力资源的合理配置和有效配置。

进一步看，当社会经济条件发生变化时，也就是企业对人力资源的需求和个人对人力资源的供给发生变化时，市场配置方式能够顺利、快速地完成人力资源的再配置，有时劳动市场还能作为人力资源供给的"蓄水池"。企业与个人两主体共同实现配置的方式，显然在初次就业和就业后的流动上都优于自然配置和行政配置方式。

**2.人力资源市场配置的缺陷**

市场配置方式也存在一定缺陷：

其一，市场配置方式在供求的结合上还不可能尽善尽美，供或求的信息不可能让对方全面了解，市场配置中双方都有一定的比较选择时间，这样，摩擦性失业就不可避免，而且可能数量较大。

其二，市场配置从理论上来说是给各个供方或需方以充分的选择权利，但是，人力资源供方个体之间有着差异性，年龄有老有少、性别有男有女、学历有高有低、技能有强有弱，这样，一部分就业条件差的人就很难被需求方所吸收。在这里，竞争的机会是公平的，但配置的结果却是不平等的；得益的就业者是因为个人的条件好，失利的就业者只是因为个人的条件差而并非个人的懒惰、过失。市场经济天生向效率倾斜而不向平等倾斜，也就是说"效率"的取得要以"平等"的部分丧失为代价。这样，在人力资源的配置上，就出现了取得经济效益而影响以至损害社会效益的可能性。因此，需要采取一定的社会政策弥补其不足，例如失业救济、组织培训等。

其三，市场配置方式会毫不留情地把过剩劳动力暴露出来，推向社会，形成失业大军，这除了会造成社会问题、影响社会效益外，也在一定意义上意味着对人力资源的浪费。

### 4.3.3 人力资源配置层次

人力资源的配置，包括宏观配置、微观配置和个体配置三个层次。

**1.人力资源宏观配置**

人力资源的宏观配置包括部门配置与地区配置，下面分别进行分析。

（1）人力资源部门配置

人力资源部门配置是由国家领导机构直接关注，由国民经济计划综合部门、教育部门、人事劳动部门、科技部门、财政部门等多方面参与的。人力资源部门配置，以经济社会发展规划中的重点部门、行业、建设项目和大型企业为主要目标，进行综合平衡后加以确定。新兴部门比传统部门的科技含量、人均资本量要高，所投入的人力资源质量也较高。

（2）人力资源地区配置

人力资源的地区配置是以各个不同地区为目标，考虑各地区既有的生产能力、资源储备、运输成本、销售市场等条件与发展目标，进行人力资源的相应安排。在一地区人力资源与物质资源配比不协调的情况下，可以通过对人的迁移实现合理配置。我国的西部地区具有长期发展的优势，国家已经把其确定为我国经济战略的重点区域，需要为其创造必要的条件。有的学者把这些条件归纳为"三力"——劳力、财力和智力，显然，高质量的人力资源是中西部经济发展急需的重要条件，应当给予更高度的重视，并采取更有效的措施对其进行配置。

**2.人力资源微观配置**

在市场经济体制下，经济资源的配置主要通过市场的途径来实现，它具体发生在微观单位，由资源供求双方的行为来共同完成。

我国在走向市场的局面下，人力资源配置正在由政府单一计划分配劳动力的配置模式，转变为用人单位自主配置和个人进行自我配置、通过市场实现配置、政府在宏观上进行调控的模式。在人力资源微观配置的主体双方中，用人单位一方往往是起决定性作用的。用人单位出于效益最大化和长期增长的考虑，不仅从社会人力资源市场中寻找最佳的增量人选，而且要对自身现有的人力资源进行筛选淘汰和再配置。

**3.人力资源个体配置**

人力资源的个体配置是人们选择自己的工作岗位的主动行为，它是人力资源自我选择性的体现。

对于个人来说，"工作岗位"包括工作单位和所在的职业岗位两个方面。人们在求职时谋求"好工作"，即寻找高收入、好条件的职业，寻求有发展前途的工作单位，从而使自己在市场中获得最佳位置。在现行工作单位不尽如人意的时候，或者在社会上有更好职业机会的情况下，人就要进行职业流动。

### 4.3.4　人力资源配置状态

人力资源配置的状态可以分为增量配置（即追加人力资源）与存量配置（即在业人员）两部分，它是通过对追加资源投入方向的控制和已使用的存量资源的调整实现的。

**1.人力资源增量配置**

（1）人力资源增量配置基本分析

人力资源增量配置是人力资源个体初次进入劳动领域的配置。在我们全面实现市场经济的体制下，人力资源增量配置的性质基本上都是市场性的。

尽管人力资源通过市场配置，可以有效地、符合人力资源供求双方意图地实现就业，但也需要政府对其做好就业服务的帮助。此外，政府还要根据大中专毕业生就业市场状况和总体人才市场供求状况，对决定未来人力资源市场供给的教育事业进行规划和调整。

我国的大中专院校毕业生就业属于高层次的人力资源增量配置。虽然其就业环节要通过学校就业工作部门，由校方提供信息、办理手续，但其根本性质是"不包分配、自主就业"，是进入各种形式的劳动市场和人才市场寻找职业、竞争就业，是在与用人单位的双向选择中实现其配置的。

（2）大学毕业生的特点

第一，主导人才资源增量。2014年，我国高等院校的毕业生已经增加到700万人，这构成我国高等级人力资源增量供给的绝大部分。他们在我国的经济社会发展、科技进步的主攻方向和重点项目的资源配置中起着重要的作用。

第二，质量层次较高。高等院校毕业生接受了最新的专业理论教育，掌握了先进的技能，其质量较高，因此，他们也就有着较高的职业岗位期望，职业选择性较强。随着我国高等教育事业的发展、研究生的比重加大和大众化高等教育阶段的到来，其质量还会有一定程度的提高。

第三，供给的方向性强。大学生接受了数年的专业教育，具备专业特长，这些专业毕业生成为他人不可替代的定向供给，具有就业竞争的优势。

第四，初次进入就业市场。大学毕业生的年纪轻，一般是初次就业。这一特点使他们在走上社会时，具有适应性强、可塑性高、开发潜力大和使用周期长的优点，但也存在着就业的盲目性和岗位暂时性（他们可能因为主观和客观原因很快流动）的缺陷。

第五，具有批量性。上百万的大学毕业生一般在每年4月至5月签订就业协议，7月至8月毕业离校，到用人单位报到。这种人力资源的批量性强、时间集中，由此，对其服务和管理的工作任务集中，时间紧迫。

**2.人力资源存量配置**

一些人力资源出于个人原因调换岗位、自由流动，是通过市场进行的人力资源"自动配置"；一些人力资源也会被用人单位辞退。这种人力资源的自动配置或被动配置是存量人力资源的再配置，其性质是市场配置。改革开放前期的20世纪80年代，我国虽然在人力资源配置体制搞活方面做出了巨大努力，建立了人才市场，但其仍然处于计划经济体制主导的大格局下，而且没有社会保障体制的支撑，因此，人力资源流动水平非常低，人才往往通过保留身份的"下海"与第二职业的形式进行资源的市场再配置。

随着我国市场化步伐的加快，决定人力资源配置的用人单位和个人两方面主体都获得了动力，大大增添了活力，从而市场配置规模大大增加，并成为再配置的主导类型。20世纪90年代后期，我国出现了大规模的企业职工下岗现象，这是企业在走向市场的过程中对于过剩人员的排挤，但这时职工并未脱离企业，当下岗职工进入再就业中心后又"走出中心"，再次就业，才是进入了人力资源的市场配置。

## 4.4  我国的人力资源配置状况

20世纪80年代，我国进行了经济体制改革，90年代后期我国大力推进市场经济，这使得人力资源配置模式和利用格局发生了重大的变革。

从改革开放以来至今的发展趋势看，我国的人力资源配置模式呈现出以下特征：

### 4.4.1  市场成为配置的主渠道

在我国走向市场经济的过程中，个人的就业选择权和用人单位的择员权得到承认和落实，计划分配人力资源的体制得到改变。随着各地公立职业介绍机构和人才交流中心机构的兴起与发展，我国的人力资源市场配置局面已经形成。

在全面推进市场经济的形势下，1998年我国提出了"劳动者自主就业、市场调节就业、政府促进就业"的新就业方针。自主就业一方面是政府通过法律、就业服务、扶助困难群体就业来对人们自由择业的基本权利加以保障，鼓励人们走入劳动市场、人才市场，鼓励人才创业；另一方面是人们凭借较高的专业技能，在劳动市场、人才市场中寻找就业岗位，发掘机会，规划好自己的职业生涯。

### 4.4.2 自由流动局面基本形成

我国改革开放以来，人力资源的职业流动大大增加，同时，我们大力发展劳动市场，大力推进市场就业机制。随着体制改革的全面深化，人力资源流动的障碍已经大大减少，"十五"计划期间，社会保险、住房等不再成为困扰人力资源流动的因素。可以说，除去大中城市对于农民尚有一定的户口控制外，我国人力资源自由流动的局面已经基本形成。随着人力资源市场的进一步规范和经济竞争、人才竞争的进一步加剧，"户口"这一人力资源自由流动的限制因素将逐步让位给"技能"因素。

20世纪90年代后期以来，随着我国经济的进一步增长和竞争的逐渐激烈，更增加了人力资源的流动。

### 4.4.3 知识成为配置的核心

21世纪的经济是知识经济，21世纪的社会是人才社会，未来各种职业的知识含量将进一步增加，这就要求人们具有相当高的知识水平。从近年我国社会的情况看，知识越来越受到重视，拥有高水平并得到充分发挥的人才可以得到相当高的人力投资回报，"知本家"正在成为经济发展和技术进步的中坚力量。

在当代中国，学习型组织正在兴起，这有利于促进个人和组织的知识水平提高。会外语和懂计算机将成为在现代组织中从业的基本条件，既有专业又懂管理的多学科复合型人才将备受青睐，各类高科技人才将成为社会需求量最大的群体。

随着科技的进步和经济竞争的激烈化，人才的社会价值越来越得到体现。尊重人才的需求，赋予人才高价值劳动与高回报，从"人"的需要出发，注重员工的职业生涯发展，开始成为许多用人单位的自觉行为。

### 4.4.4 政府进行存量和流量调控

在市场配置资源的体制下，政府也有着重要的责任，要解决市场失灵所造成的各种问题。在我国进行体制改革的情况下，政府也运用行政权力对人力资源存量和流量进行调节和控制，以促进人力资源的优化配置。

具体来说，国家精简中央和地方政府行政机构、分流国家干部，政府将事业单位特别是原产业部委和地方所属研究院所大量转制、进行企业化改造，是对人力资源存量的调控性配置。20世纪90年代国家实行对农村进城劳动力的"有序化工程"的规模控制，是对人力资源流量的控制。

### 4.4.5 职业模式与国际接轨

21世纪是全球化的时代，国际经济一体化是不可逆转的趋势。我国正在拟定注册工程师制度，有扩大国际经济合作方面的需要。随着我国经济的增长和加入WTO，国际经济合作大大增加，经济发达国家的职业种类、职业劳动手段、职业技能和职业规范以至职业管理模式大量渗透进来，对我国的社会职业产生巨大的示范作用。

随着国际经济的一体化，跨国公司、合资企业在我国大量增加，为我国直接提供了许多国际规范的职业岗位；此外，出国就业和国外专家来我国工作的数量也会有较大的增加。近年来，我国对外投资大幅度增加，也必然伴随着诸多人力资源赴外工作，进入具有国际化特征的职业岗位。上述各方面都有利于我国人力资源配置利用的国际化和现代化。

## 4.5　人力资源流动

### 4.5.1　人力资源流动的含义

人力资源流动，是指处于一定部门、地区和职业的人力资源发生了变化，进入新的部门、地区和职业工作岗位。人力资源流动的结果是人力资源实现了再配置。

人力资源的流动可以分为宏观、微观和个人三个方面。人力资源的宏观流动，既有政府通过行政手段直接组织的，也有政府通过宣传鼓励和政策引导而形成的。人力资源的微观流动是各个企事业机关单位的辞退解雇行为和招聘录用而形成的。人力资源的个人流动，是求职者选择就业岗位和在业者调动工作岗位而形成的。下面进一步分别进行分析。

### 4.5.2　人力资源流动的原因

#### 1.人力资源流动的宏观原因

经济发展的不平衡是人力资源流动的根本原因。伴随着产业结构的变动必然出现大规模人力资源流动。产业结构调整是一种自觉的行为，我国近年的产业结构调整规模大，因此人力资源流动的规模就较大。

人力资源流动存在的另一重要原因是社会的体制类型。我国走向市场经济，实行双向选择、竞争就业的体制，从根本上决定了人力资源的流动。我国体制改革的深化进一步推动了人力资源的流动。例如近年国企职工下岗、机关单位精简分流、科研院所转制，都使得大批人力资源流动。

政府的许多政策，例如西部大开发的政策、促进科技成果应用和转化的政策等，对人力资源的流动也具有推动作用。

#### 2.人力资源流动的微观原因

人力资源流动的微观原因在于资源配置的两方面的主体都有改变原配置的动机。人力资源市场配置方式的优点是保证了双主体以最优状态完成资源配置。在市场变动的情况下，用人单位还会采取各种措施改变既有的资源配置，辞退和更换人员，从而造成员工的流动和更替。

作为劳动者一方，则出于对个人较大收益和更好的发展机会的追求，凭借自己的能力，在人才市场上寻找新的工作，参与就业竞争，使得人力资源的高流动具备了客观条件。

人才资源是人力资源中效益大、具有不可替代性、主体意识强、社会联系多的资源，他们中的许多人具有高理论水平和技术专利，掌握一定的核心技术，是社会的稀缺资源。这些特点导致其流动性比一般人力资源高。拥有大量人才资源的科技部门、各产业部门的研究开发机构和教育卫生等部门，也往往是岗位竞争性较强的地方。这两方面的原因都使得人才资源处于高流动的状态。

20世纪90年代后期，我国高新技术产业和企业的大发展，企业大力争夺人才，新经济兴起，市场观念深入人心，这些都大大促进了人力资源的流动。

### 4.5.3　人力资源流动的经济分析

对于每一个人力资源个体来说，在进行流动时都要做成本与收益的价值衡量比较，这是一种个人决策行为，是人力资源流动的理性基础。

**1.人力资源流动成本**

人力资源流动成本，是人力资源进行流动方面的各项支出。它可以分为用货币计量的经济成本和不能用货币计量的非经济成本。经济成本包括因寻找工作而支出的各项费用、参加有关培训的成本、流动期间的"衣食住行"等生活成本；非经济成本包括所放弃的原单位收入、所丢掉的其他可能的发展机会、离开熟悉环境与人群的心理成本等。

**2.人力资源流动收益**

人力资源流动收益，即作为人力资源的人在流动以后所获得的各种利益的总和。它可以分为四部分：

其一，货币性收益，即在新职业岗位所获得的货币收入；

其二，技能性收益，即在新职业中获得工作技能以及有关的各种知识；

其三，机会性收益，即个人在新职业和新单位的发展机会；

其四，文化性收益，即在新工作氛围中获得文化和其他的社会生活知识。

一个人在进行流动后，自身的人力资本往往在运动中获得了增值，即"跳槽"者的工资收入可能"步步高"。同时，流动者能够为社会生产更多的产品，即增加了社会价值。

人才资源的专业技术优势及其巨大的社会价值，是他们流动决策的有利条件，也是其流动性强、流动规模大的原因。我国从计划经济走向市场经济的过程中，大批过去由计划配置的人才资源具有了个人决策的权利，在经济发展机会众多的情况下，产生了非常强的流动动机。

## 本章小结

市场化是我国经济体制的根本选择，人力资源市场是人力资源配置的场所和微观单位用人的大环境。本章讲述了人力资源市场的基本内容，包括市场的含义和社会关系，阐述了人力资源市场的含义与功能。在此基础上，阐述了人力资源配置的基本内容及我国人力资源配置的进展情况，最后对人力资源流动的含义、原因和成本收益进行了分析。

通过本章的学习，使学员要对人力资源市场、配置和流动问题有一定的认识。

## 主要概念

市场　市场经济　政府职责　人力资源市场　人力资源配置　人力资源市场配置　人力资源增量　人力资源存量　人力资源流动　人力资源流动成本　人力资源流动收益

## 复习思考题

1.如何看待"人力资源市场"的概念内涵和各种不同提法的含义？

2.人力资源市场是如何划分的？

3.结合实际，分析人力资源市场的功能是什么？

4.试分析我国市场体制中的"人"的地位及其与用人单位的关系。

5.比较人力资源宏观配置与微观配置的异同。

6.人力资源配置原则的具体内容是什么？结合实际谈谈，应当如何运用这些原则？

7.如何搞好市场经济下的人力资源再配置？

8.人才流动有什么积极作用？有无消极后果？人才流动个人决策的原理和方法是什么？

## 案例分析

### 与商品市场类同的人力资源市场

**苹果滞销与畅销并存**

2011年11月初，记者在天水市麦积区南山花牛苹果产业园看到，苹果采摘已经进入尾声，眼下销售成为主要工作。

南山花牛苹果产业园是天水"一城两园一集团"建设的重要组成部分。东起伯阳镇保安村，西至花牛镇曹埂村，总面积300平方千米，涉及花牛、马跑泉、甘泉、伯阳、麦积等5镇81个行政村近万户12万多人，主要以栽植花牛苹果为主。一棵果树栽植以后，3年挂果，4年见效，到了第五年才进入丰产期。花牛镇南山苹果产业专业合作社社长武正全介绍说，他栽植了60亩苹果，目前挂果的有20多亩，按亩产8000斤计算，2011年产量接近20万斤，是一个丰收年。

天水市麦积区果品产业局副局长尤永红介绍，目前当地的优质苹果收购价格每斤3.5元，中等苹果每斤2元至2.5元，普通苹果每斤1.5元左右，榨汁果收购价每斤则在0.7元至1元。省农牧厅市场信息办的监测数据显示，静宁、庄浪、泾川、秦安等县红富士苹果产地平均收购价格为每斤2.6元，较2010年同期上涨了0.15元；落果和残次果产地平均收购价格为每斤0.6元，较2010年同期上涨了0.2元。我省是全国优质苹果主产区之一，2011年总产量超过200万吨，其中平凉市达90万吨，天水仅花牛苹果就在55万吨以上。预计全省外销苹果约120万吨以上。

武正全所在的合作社目前有会员200多户，苹果种植面积8000多亩。眼下让他犯难的，是价格高的优质苹果不好销售。现在他只销售了60万斤苹果，还有120万斤压在库房里销不动。

"今年苹果销售的特点是优质果滞销，中低档货畅销。"天水鑫盛果业有限公司老总张炼奇从事苹果销售已经20多年，他告诉记者，今年他收购苹果500万斤，除优质果60万斤外，其他全是中低档货。但中低档货销售很快，目前已销出了200万斤，而优质果眼下却无人问津。[①]

**职业岗位苦乐不均**

那边是邻省同一大类不同农产品的有冷有热，这边的职业市场需求也苦乐不均。西安市职业介绍服务中心发布2011年二季度公共就业服务机构市场供求状况分析，报告显示，二季度需求人数和求职人数均有所下降，但保安、营业员、厨师等10种职业岗位缺人。

2011年二季度，西安市13个区县中，用人单位通过公共就业服务机构招聘各类人员68 354人，进入公共就业服务机构的求职者70 594人，较上季度均有所下降。

从行业需求看，75.9%的企业用人需求集中在制造业、建筑业、住宿餐饮业、批发和零售业与居民服务和其他服务业等五个行业。就业市场缺口最大的前10个职业分别是：餐饮服务员、机械冷加工工、饭店服务人员、机械热加工工、保安员、营业人员、保洁员、推销展销人员、中餐厨师人员、保育家庭服务人员。在这些职业中，缺口最大的是餐饮服务员，目前西安市场需求1 780人，求职者仅有985人，缺口795人；而营业员需求1 105人，只有685人求职，缺口420人；就连保洁员也面临356人的缺口。

相比之下，一些岗位出现扎堆求职状况，部门经理及管理人员、行政事务人员、保管人员、体力工人、计算机工程技术人员、机动车驾驶员、文秘、财会人员、门卫、物业管理人员等10种职业竞争相当激烈。另外，从供求状况来看，原本需求437名计算机工程技术人员，但是有768人求职；体力工人需要1 237名，求职的人数达到2 227人；1 497人涌向仅有798个的行政事务岗位，驾驶员、文秘、物业管理等更是"一岗难求"。[②]

案例讨论：

1.为什么苹果和许多商品的不同品种，都可能出现滞销与畅销甚至供不应求的现象？应当如何应对？

2.社会劳动者的供求关系也存在"滞销"与"畅销"，其并存的原因是什么？

3.如何调节社会劳动力的供求关系？

第4章拓展阅读

---

① 庄俊康.甘肃苹果产地价高开低走背后［N］.甘肃经济日报，2011-11-11.
② 张维，魏燕龙，卢家庆.西安劳动力市场10种职业缺人［N］.三秦都市报，2011-07-08.

# 第5章 从饭碗到金领——人力资源就业

## 学习目标

✓掌握就业与失业及相关概念

✓了解失业的类型与危害

✓了解就业目标的内容

✓理解和掌握就业政策的主要内容

✓了解我国的大学生就业问题

✓了解我国的农村劳动力转移问题

**引例** 下岗女工庄红卫的职业历练

### 下岗和打工

生活，虽然对很多人来说，并不是平坦的，随着经济体制改革和产业结构的调整，一些计划经济时代进入企业的人下了岗。有的人憋了一肚子气，怨天怨地，怪自己生不逢时。上海的女工庄红卫倒觉得，下岗未必不是一种机遇。

庄红卫是初中毕业后进入一家搪瓷厂工作的，1991年下了岗，待业、打工……而后，生活好像是与她"作对"，几年后丈夫也下岗回家，家中的四位老人中三位得了癌症，儿子又体弱多病，夫妻二人的日子很难很难……

为了生活，庄红卫通过各种途径寻找工作：她在夜市开过大排档，去青海卖过服装，补过轮胎，推销过花露水……到处打工、尝遍了工作艰辛的庄红卫，心里仍然存在着希望，她相信："面包会有的，一切都会有的。"

### 净菜社的成立

国家为了促进下岗职工再就业，制定了很多优惠政策，在许多部门和企业建立了再就业中心。庄红卫夫妻二人进入了政府举办的免费培训学校上学。经过就业培训，庄红卫懂得了经济改革、产业结构调整和下岗的原因，明白了市场就业的性质和途径，了解了第三产业、社区服务、家政劳动、政府扶植就业等方面的内容。她思考着自己就业的出路。

一天，庄红卫在报纸上看到介绍日本净菜公司的文章，她了解到发达国家发生了"厨房革命"，家务劳动的社会化使得大量"小菜场"被超市和净菜公司所代替。上海是一个有上千万人口的大都市，人们的生活节奏越来越快，大家都希望有更多的休闲时间，希望自己的一些家务活有人给代劳。"做家务不正是三四十岁的妇女拿手的事情吗？为什么不开家净菜社呢？"庄红卫决定，走自我创业之路，要在市场中选择自己的职业岗位。

庄红卫借了1万块钱，租了一间28平方米的房子，找了几个合作伙伴，起名"庄妈妈净菜服务社"，办理了工商登记等手续，做好各种准备，净菜社开张了。那时，庄红卫的年龄有30多岁，号称"庄妈妈"，有两层含义：其一，洗菜、切菜是婆婆妈妈的琐事，要有很大的细心和耐心去干；其二，"妈妈"的称呼让人感到亲切，她们的服务力求周到细致，叫人放心。

开始，净菜社只有4个社员，客户也只有6个——全是庄红卫的邻居。净菜社的姐妹们替客户买菜、洗菜，切好、包好，送货上门，只收10%的服务费。诚实和认真换来的是信誉和发展。在大家的努力下，净菜社发展到员工100多人、场地200多平方米、客户300多家，还在崇明岛建立了蔬菜基地，添置了电脑、手机、传真机、汽车等设备，制定了操作规程、质量标准、员工保险等管理制度。著名漫画家郑辛遥用"庄妈妈"的头像形象地画了注册商标，庄妈妈的影响又扩大了。为了扶植再就业，政府给予庄妈妈净菜社无息贷款，为经营帮了大忙。

**从净菜社到公司**

找上门的客户越来越多，可是，净菜社的供应能力有限。政府及时给予了支持，帮助庄红卫解决贷款等多方面的问题，并宣传庄红卫自行创业、兴办净菜社的事迹。净菜社的形势越来越好，为了进一步的发展，庄妈妈净菜社和一家工厂谈妥，由他们注入资金，提供了几千平方米的场地，扩大规模，满足市场需求。

后来，上海出现了上百家净菜社。有竞争是好事，发展了一年，她要改变小作坊的模式，以做得更大一些、更正规一些，把净菜社扩大为净菜公司。为此，庄红卫招聘了几个懂电脑、懂营养学、懂管理的人员，以扩大经营、发展事业。在从事净菜社的经营中，庄红卫感受到：家政服务范围很广，净菜只是一小部分，机会太多了。

净菜事业的发展，使社里的姐妹们也看到了希望，找回了自信，觉得自己不再是可怜巴巴的"苦菜花"，而成为新兴行业的开拓者和自己命运的主人。

**事业是永存的**

但是，市场竞争是激烈的。由于市场变化和经营管理方面的问题，庄妈妈净菜社由创办到兴旺，由扩大为公司又到关闭。

虽然，创业、扩张、衰退、关闭是市场经济常见的事，但也给人们留下不少思考。崔永元主持的中央电视台"实话实说"栏目为此做了一期节目，谈其成功，谈其失败，谈其奋斗，谈其价值。坐在人们面前的庄红卫还是那样的安详、和善，从就业到下岗、从打工到创业，虽败犹荣的她仍然在考虑着未来的发展。有的学者说，仅仅"庄妈妈"品牌的知名度就值200万元。她和她的净菜社给我们展示的更大的价值是在市场经济下自主择业的精神和创业、发展的道路，是她那自强不息的奋斗精神。

资料来源  姚裕群，刘家珉，张项民. 职业生涯规划与管理 [M]. 4版. 北京：首都经济贸易大学出版社，2013.

# 5.1 就业基本分析

## 5.1.1 就业有关概念

### 1.就业

在经济学中，"就业"一词指生产要素进行配置、得到使用，包括物的就业和人的就业。但在通常意义上，就业是指人的就业，是人力资源与物质资料的结合，是社会求业人员走上工作岗位的过程与状态。在各国的经济统计中，对于就业者标准的具体掌握有所不同，在国际对比中就有一定的出入，主要是在就业者的年龄规定和从事劳动时间方面有不同之处。

按照国际劳工的统计标准，凡在规定年龄内属于下列情况者，均属于就业者：

（1）在规定期间内，正在从事有报酬或有收入的职业的人，这占据着就业者的主体。

（2）有固定职业，但因疾病、事故、休假、劳动争议、旷工，或因气候不良、机器设备故障等原因暂时停工的人。

（3）雇主或独立经营人员，以及协助他们工作的家庭成员，其劳动时间超过正规工作时间的1/3以上者。

### 2.失业

从一般意义上说，失业是有劳动能力和就业的意愿即就业要求，但未能获得劳动岗位。这些失业者需要马上走上就业岗位，是正在闲置的人力资源，是最直接的社会人力资源供给。对于失业者，要以"有就业要求"和"没有劳动岗位"这两个条件同时具备来认定。

（1）"有就业要求"条件

判定一个人是否具有就业要求，要看他是否正在积极地寻找工作，诸如到政府指定的失业登记地点进行登记，到招聘单位去求职、面谈，与招聘单位通电话联系准备应聘，托亲戚朋友帮助寻找工作，等等。

（2）"没有劳动岗位"条件

判定一个人是否没有就业岗位，要看他是否没有从事任何有收入的劳动。如果一个人在规定期间内从事了任何有收入的经济活动，无论是在某单位或某岗位正式任职、在某单位或某岗位短期工作，或者在一次性的活动中暂时"打工"，承包一项业务，抑或是个人或合伙从事一项事业等等，均不能属于"没有劳动岗位"的状态。

### 3.失业率

失业率，指失业人数在一定劳动力或人口基数中的比例。失业率是反映社会就业状况的指标，也是反映整个国民经济运行状况的重要指标。其计算公式为：

$$失业率 = \frac{失业人数}{在业人数 + 失业人数} \times 100\%$$

我国的现行失业率数据采取失业者自行到政府行政部门进行登记的"城镇登记失业率"指标。它只是城镇全部失业率的一部分，全面的、合理的城镇失业率则应当采取人口普查方法和人口劳动力抽样调查方法。

### 5.1.2 失业的类型

**1.总量性失业**

总量性失业，指人力资源供给数量大于社会对它的需求数量，即处于供过于求状态的失业。它也可以称为"需求不足性失业"。总量性失业的直接表现是大量求职人员找不到工作，一些已就业的人员被辞退；其间接表现则是就业人员过剩，人浮于事、开工不足、在职失业等。

当经济处于长期停滞和危机状态时，人力资源需求不足问题可能逐渐加剧，从而失业人数逐步增多，这也可以称为"增长性失业"。当经济周期波动明显，劳动力需求时涨时落，造成失业率上下周期性变动时，这种失业可以称为"周期性失业"。

**2.结构性失业**

结构性失业，是在人力资源供求总量平衡的条件下，由于其供给与社会对它的需求之间结构不对应、不统一所造成的失业。在现实经济生活中，结构性失业是失业中极其常见的现象，它的具体表现是"有的人没事干，有的事没人干"，但其根本原因是由于产业结构调整造成了失业。

**3.摩擦性失业**

摩擦性失业，是人力资源供给与需求在结合过程中出现的暂时或偶然失调所造成的失业。例如，一个人转换职业时新职业对他的随机性，以及就业供求信息不畅等。摩擦性失业实质上是人在就业或转换职业时进行必要的选择的时间代价。在经济、技术迅速发展和劳动者素质提高的条件下，这种失业会相应地增加。摩擦性失业既然是就业选择的代价，因而也被经济学家看作是正常性的失业。

**4.技能性失业**

技能性失业，即个人缺乏就业技能而处于失业状态。技能性失业者，有的是由学校毕业步入劳动市场就缺乏技能，有的是被先进技术与设备所淘汰。技能性失业也可以说是从个人角度看待的技术性失业。

**5.技术性失业**

技术性失业，是因为在生产中采用先进机器、先进设备、先进工艺、先进技术所造成的失业。与"技能性失业"的不同之处在于，技术性失业是从宏观角度看待的改进技术所引起的失业。技术进步是人类社会发展的重要特征，也是生产力水平特别是人类劳动水平大幅度提高的根本途径。技术的变动造成资本-劳动比例的改变，即资本的比例上升，劳动的比例下降，因此，必然会影响就业者，造成既定就业状态的改变，使一部分就业者被排挤出就业队伍。一个社会技术进步得越快，所排斥的就业者就可能越多。

对于"技术进步究竟有益还是有害"的问题，人们有着不同的看法和判断。有的人说技术进步对就业起积极作用，有的人说技术进步必然造成失业，有的人说技术进步是既扩大就业又造成失业的"双刃剑"。经济学家认为，改进技术所排斥出来的人找不到工作，应属于总量性失业或结构性失业，而不是技术进步所引起的。一些发达国家也对"技术进步是否造成失业"这一问题进行了研究，结果表明，技术进步从总体上不会造成失业，相反，它能从多方面促进经济的发展因而有利于就业。

### 6.选择性失业

选择性失业，是求业人员在社会上尚有一定的就业岗位时，不愿意到该岗位上去工作，而要等待更好的职业所形成的失业。西方经济学家指出，当工作选择考虑的是高工资时，因而不接受市场现有的职业而宁可失业的现象，叫作"自愿失业"，它被认为是一种正常性失业。换言之，这种失业的责任在于失业者自己，并且也不构成经济、社会问题。

选择性失业基于的原因是各不相同的。有的人仅仅是因为工资水平低而不去就业，这当然可以说是"自愿失业"。有的人由于自身能力水平大大高于即有的职业岗位素质要求，他们不到低等级岗位上就业（如博士失业后不去当推销员），而是等待适合自身条件的就业岗位，这显然有一定的合理性。因此，对二者应加以区分，不能一概而论。

## 5.1.3　失业的影响

就业是人力资源应有的状态，失业尤其是非自愿失业会产生诸多不良后果：

### 1.失业造成人力资源闲置浪费

就业是对人力资源的使用，是使这一资源发挥经济效用，失业则造成人力资源闲置。在闲置期间，人力资源不仅不能有所产出，而且还会增加一定的社会保障等方面的费用开支。

人力资源的闲置不仅造成其浪费，而且由于失业者脱离了社会劳动，其工作技能还会逐渐下降，因此，失业使人力资源造成"有形磨损"和"无形磨损"的损失，长期失业还会使其完全失效而"报废"。

### 2.失业导致劳动者的生活困难

就业不仅是社会经济正常运行的表现，也是劳动者正常生活的必要经济来源。在失业的情况下，人的收入大幅度下降以至丧失，正常的经济生活受到影响，因而处于困窘的境地。

失业者处于经济困难状况，其自身能力的再生产必然要受到较大影响。失业者家庭中未成年子女的教育和生活也不可避免地受到很大影响，这进一步限制了下一代劳动力的再生产。

### 3.失业使人受到多方面的损失

就业给人带来工资福利等经济收益，也给人带来一些非经济利益，失业则使人的多方面收益丧失。在失业的状态下，个人的身心健康也受到一定的影响，还要承担社会舆论的压力，这些都进一步给失业者带来消极影响。

### 4.失业导致各种社会问题

一个社会存在失业问题，意味着这个社会的福利有一部分被削弱，也意味着社会不公平程度的增加，并且会导致诸多的社会问题。从社会运行的角度看，失业会导致不安定因素出现与扩大：当一个社会失业量过大、失业率过高时，一方面许多人会聚众、请愿、游行，产生社会骚动；另一方面"饥寒起盗心"可能会出现闹事、偷盗等违法犯罪活动。上述问题都会影响社会的稳定，并可能危及政府的声誉和政局的安全。

## 5.2　就业目标

### 5.2.1　充分就业

"充分就业"是现代市场经济国家经常提出的口号。国际劳工组织在就业方面最重要的文件——1964年第122号《就业政策公约》中，提出了充分就业的目标。[①]"充分就业"一词含义丰富，它是一种综合的目标，不仅是经济目标，而且也是社会目标和政治目标。

**1.充分就业——经济政策目标之首**

经济学告诉我们，宏观经济政策四大目标是充分就业、物价稳定、经济增长和国际贸易收支平衡，充分就业居于第一的位置。

在市场经济国家长期的经济发展过程中，由于受到经济周期波动的影响，经常遇到失业问题的困扰，减缓失业就成为各国的重要经济目标。在西方市场经济国家的经济政策中，由于就业问题的综合性与影响的深远性，因而经常被看作各项经济政策之首。按照经济学家的经验数据估算，失业率在4%～5%以下时，即达到了充分就业。

**2.充分就业——政府社会政策的重要内容**

失业这一现象对社会危害极大。政府对于充分就业的重视，不仅在于充分就业是经济领域的核心政策，而且在于政府要对公民负责，要保障人们劳动权、就业权的实现，大面积减少失业，从而避免和解决多种社会问题。达到充分就业是减少困难群体的重要手段，因此，充分就业也构成政府社会政策的重要内容。

市场经济国家的政府有义务保证劳动人民的生活，保障公民就业权的实现。我国作为实行市场经济的社会主义国家，更应该从社会的角度维护人的充分就业权。在我国的经济改革中出现了失业，是经济发展的客观、自然现象，是对超过经济单位需求"容忍限度"的过多就业的排斥和释放。虽然我国长期以来形成的低效率与"铁饭碗、大锅饭、低工资、高就业"有着密切联系，虽然改革开放以来"就业岗位有风险"对于懒惰的就业者有一定的警示作用，但是把"增加失业、解雇员工"作为"提高效率"的手段甚至成为一种目标，不仅不是社会主义的原则，而且绝不是真正的市场经济思想。实际上，凡是人道的、进步的思想家都是关心劳动人民的，都是主张减少劳动人民失业痛苦的。现代经济发达国家，即使有比较完善的失业保障体制，政府也仍然把充分就业作为解决社会问题、保障公众利益的政策。

---

① 国际劳工组织的口号是实现充分的、生产性的和自由选择的就业。参见王家宠. 国际劳动公约概要[M]. 北京：中国劳动出版社，1991：74-75.

### 3.充分就业——具有政治内涵的目标

劳动权、就业权是应当保证的最基本人权，因为它是劳动者普遍追求的目标。充分就业作为国际劳工界追求的目标，实际上就具有了一定的政治目标色彩。不少国家把"达到充分就业"作为竞选口号和施政纲领，这更说明了充分就业的政治内涵。

国际劳工组织对于人的就业权给予了极高的关注。1919年，国际劳工组织建立之初发布了第2号公约即《失业公约》、第1号建议书即《失业建议书》。在《关于国际劳工组织的目标和宗旨的宣言》即《费城宣言》中指出，"（国际劳工）大会承认国际劳工组织的下列庄严义务在世界各国推进各种计划，以达到：（a）充分就业和提高生活标准……"国际劳工组织把充分就业作为基本目标（"义务"）和具体的实施目标（"计划"）。

1964年，国际劳工组织《就业政策公约》和《就业政策建议书》阐述了充分就业的目标，指出"每一个会员国都应当为了鼓励经济增长和发展、提高生活水平、满足对劳动力的需求以及克服失业与就业不足而宣布和执行一项积极的政策，促进充分的、生产性的和自由选择的就业，并把它作为一个重大的奋斗目标。"[①]

1995年，国际劳工大会对"全球充分就业的挑战"进行了阐述，回顾了工业化国家的充分就业和"超充分就业"的黄金时代，以及发展中国家"从世界范围的繁荣中受益"的状况，总结出"制度特征"。制度特征首要的一项就是"将高度优先重点放在充分就业的目标方面"。[②]

### 5.2.2 公平就业

"公平就业"一词有着丰富的内容。在中国加入WTO以后和大力推进社会现代化的形势下，全面塑造公平的市场环境更为重要，公平就业就是其中最重要的内容之一。

### 1.保证公平的就业机会

就业机会不仅仅是指一个"岗位"，而且体现在较多的方面。国际劳工组织指出，就业机会"包含得到职业培训的机会、得到就业的机会、得到在特殊职业就业的机会以及就业条件"。在国际劳工组织的第111号建议书中，对此专门做出说明。建议书提出，"所有的人都应当在以下方面不受歧视地享有机会均等和待遇平等。

- 得到职业指导和分配工作的服务；
- 有机会按照自己的选择得到培训和就业，只要他适合于这种培训或就业；
- 根据个人的特点、经验、能力和勤奋程度得到晋升；
- 就职期限的保障；
- 同工同酬；
- 劳动条件，包括工作时间、休息时间、工资照发的年假、职业安全和卫生措施以及同就业相联系的社会保障措施、各种福利和津贴。"[③]

① 王家宠. 国际劳动公约概要 [M]. 北京：中国劳动出版社，1991：74-75.
② 汉森. 促进就业 [R]. 第82届国际劳工大会局长报告，1995：74-82.
③ 王家宠. 国际劳动公约概要 [M]. 北京：中国劳动出版社，1991：64-66.

这样，各国政府都应当在大力发展经济、促进经济增长、扩大就业岗位的同时，直接干预社会的雇佣环节，反对和禁止其中一切不公平的做法。同时，政府作为人力资源市场配置的操作机构之一，也在社会政策上、公立职业介绍机构的服务上对"公平就业"予以重视，把它作为一种具体的政策目标。

**2.反对就业歧视**

按照国际劳工组织的看法，就业歧视是指"根据种族、肤色、性别、宗教、政治观点、民族血统或社会出身所做出的任何区别、排斥或优惠，其结果是取消或有损于在就业或职业上的机会均等或待遇平等"。[①]歧视是社会的不公正现象，就业歧视则使一部分社会成员减少应得的收入，丧失较好的工作机会，以致被剥夺生活权利，这是一种非常严重的社会问题。

政府是社会利益的协调者，是财政再分配的主持者。政府对社会中的"弱者"有关心、帮助的责任，也拥有完成这种职责的财力、行政权力和政策手段。从社会的角度看，不是因为个人的懒惰，而在市场中处于不利地位、需要扶助的特殊群体有：学校毕业后缺乏就业技能的青年；中老年无技能者；残疾人；妇女；落后地区的失业者；文化、技能条件较差者；其他处于不利地位的人（如有犯罪记录的人等）。

**3.反对不合理的解雇**

在人力资源市场上，从理论上说供求双方能够平等协商、平等交换，从而实现个人就业。但是，个人一旦进入劳动岗位，就要由雇主使用和管理，尽管有劳动合同，雇主也可能在不愿意使用某个人的情况下将其解雇。

解雇有着不同的原因，有些合情合理，有些则不合理。有些解雇不是因工作失职，不是因劳动契约到期，不是因企业经营不景气，而是一些雇主违反合同，出于个人恩怨，甚至是对雇员的不合理要求（如过度劳动、性骚扰）未能达到等原因而解雇，这是对劳动者的侵害和对人权的否定。因此，政府要做出规定，反对和禁止不合理的解雇。

### 5.2.3  多效就业

就业问题不仅是经济问题、政治问题，而且是重大的社会问题，这是一种世界性的重要认识。1995年，在联合国世界首脑大会之后召开的国际劳工大会上，国际劳工局局长米歇尔·汉森指出："在世界各地，所有国家，不论其发展程度如何，都将创造足够的新的就业机会的任务列为经济和社会政策的首要挑战，以便解决失业、就业不足和低报酬的问题。为什么要这样做，其理由一目了然。高失业率带来一系列的问题：不平等和社会排斥的扩大；以往的产出和未能利用的人力资源的浪费；经济不安定的加剧；以及失业者的人身痛苦。与此相反，高速与稳步地创造生产性就业，是公平的经济和社会发展的主动力。"[②]关注社会性，把就业问题作为社会问题，而且把搞好就业问题作为"公平的经济和社会发展的主动力"，这一思想非常深刻，值得我们在研究和处理就业问题时思考与遵循。

---

① 王家宠. 国际劳动公约概要 [M]. 北京：中国劳动出版社，1991：64-66.
② 汉森. 促进就业 [R]. 第82届国际劳工大会局长报告，1995：74-82.

### 1.就业的经济效益

就业的经济效益高，既包括微观的经济效率高，也包括宏观的社会总产值高、国民收入高、经济增长速度快，还包括社会劳动要素得到比较充分的利用，闲置和浪费较少。高效就业的数量目标，可以根据宏观、中观、微观的劳动生产率、全要素生产率和发展速度等指标确定。

### 2.就业的社会效益

就业的社会效益，是为了"人"，具体来说是指在就业领域达到社会平等、社会能够对困难群体进行帮助、通过就业使社会成员的福利增加（这包括减少失业者的痛苦）和整体社会福利的增加。在就业问题上，"平等"不仅仅是一般意义上的机会均等，更多的是体现在对劳动市场上弱者的帮助、向弱者的政策倾斜。

### 3.就业的政治效益

就业的政治效益，包括政治安定和社会安定，具体来说是保证和谐的社会秩序，消除失业导致的社会动乱，维系政权的稳定。从我国的现实情况出发，就业的政治效益指保持改革和发展的良好社会环境与政治局面、最大限度地保证改革中的劳动者利益。

在市场经济体制下，经济效益尤其是微观经济效益天然得到倾斜。而"市场经济不相信眼泪"，即市场经济的自发倾向是不考虑社会效益的，相反，微观经济活动的外部效应还往往会损害社会效益，政治效益和宏观经济效益也可能受到一定损害。因此，在我们推进市场经济的过程中，应当采取各种社会政策和经济政策，解决好各种特殊群体的问题、低收入劳动者的生活保障问题，以弥补社会效益、政治效益以及宏观经济效益方面的损失，意义重大。

### 5.2.4 积极就业

从现代社会的一般状态看，市场经济国家的就业中存在着公民的积极求职意愿不强的问题。这是造成自愿失业、扩大失业率和导致社会惰性的原因。

我国改革开放已经走过30多个年头，劳动市场、人才市场已经成为人力资源配置的主要手段，即市场就业已经成为就业的主渠道。1998年4月，在我国全面推进市场经济的形势下，提出要实行"在国家政策指导下，劳动者自主就业、市场调节就业、政府促进就业"的方针，这一方针正体现出"积极就业"思想在我国受到的高度重视。我国大力倡导创业、大力发展就业培训，以及鼓励非正规部门就业等，都是以实行积极的劳动市场政策、达到积极自主就业为目标的。

为了实现积极就业，不仅要解决社会求职人员的思想观念问题，而且要采取多种物质手段，在求职人员的技能素质、社会需求信息的传播、社会就业资源的支持等方面给予有效的解决，从而为人们的积极就业创造良好的条件。

## 5.3 就业政策

为了扩大就业和达到充分就业，各国采取了一系列的就业政策和相关的经济社会政策。这些经济社会政策可以概括为以下几个方面：

### 5.3.1　确立就业的中心地位

1995年，联合国社会发展问题世界首脑会议宣言中提出了"关于扩大生产性就业和减少失业行动纲领"。该纲领指出：要确定就业的中心地位，即把扩大生产性就业置于国家持续发展战略和经济社会政策的中心。具体来说，包括：

（1）促进积极就业的政策，以便实现充分的、生产性的、有适当报酬的和自由选择的就业；

（2）在进行财政政策调整时，把可以直接促进长期就业的计划放在优先考虑的地位；

（3）掌握、分析、宣传贸易和投资自由化对经济尤其是对就业的影响；

（4）建立适当的社会保障机制，减少结构性调整和改革措施对劳动力尤其是对弱者和失业者的不利影响，并通过教育培训创造条件使他们重新获得工作机会。

### 5.3.2　兼顾就业和经济发展

各国都注重把发展经济与解决就业结合，通过发展经济的各项措施达到大量吸纳社会劳动力就业的效果。为此，鼓励个人消费与团体消费及政府开支，大力刺激经济需求与劳动需求；从各种渠道吸引投资，大量兴办生产建设项目，使就业需求进一步扩大。

联合国主张，创造可以大量提高就业的经济增长模式，内容包括：

（1）鼓励在经济和社会设施发展中开发劳动密集型项目；

（2）鼓励发展可以刺激短期或长期就业增加的技术革新和产业政策；

（3）提高发展中国家选择合适的科学技术的能力；

（4）向处于经济转型期国家的在岗工人提供培训，以提高他们在向市场经济转变中的应变能力，减少大面积失业；

（5）促进农村的农业或非农业，如畜牧业、林业、渔业和农产品加工业的发展，以使农村地区的经济活动和生产性就业持续增长；

（6）消除中小企业面临的障碍，放松不利于私营企业发展的限制；

（7）向中小企业提供信贷、进入国内外市场、管理培训和获取技术信息方面的便利条件；等等。

### 5.3.3　控制失业水平

在任何国家，一旦失业率大增时，必然引起政府关注，有时甚至采取强制性措施限制失业率的进一步增长。有的国家实行反解雇政策，即限制雇主解雇人员。有的国家采取一定的财政补贴政策，维持一部分企业不致解雇人员和破产。在特殊情况下，尤其是经济恶化时，还要寻找高层次的对策。例如，在凯恩斯时代，一些国家实行了减免税收、通货膨胀、赤字财政、举办公共工程等重大措施，对于应对经济危机和保持社会稳定起了积极的作用。

中国在改革中已经大量释放出企事业机关单位的潜在的过剩人力资源。大学生就业难问题在21世纪初至今已经延续了10多年。从我国的失业率水平的角度看，城镇登记失业率从2002年达到4%以来，一直维持着此水平并有小量的攀升。在我国的农村人口数量庞大且增长量大的情况下，我国已经实行了控制生育、农业劳动力有序化进城和避免民工潮、发展乡镇企业、实施农村就业计划等多项政策。

### 5.3.4 强化教育培训

发展教育是提高人力资源就业素质和创业能力的一种手段，为此：

（1）把教育摆在重要位置，并对教育和培训系统进行有效投资，以扩大其促进就业的积极作用；

（2）加强针对新就业人员和被裁减工人的培训计划；

（3）采取多种办法帮助青年人、妇女和残疾人掌握就业所需技能；

（4）鼓励和支持职业教育，以提高劳动者的技术水平，强化其就业能力；

（5）在教育部门与政府劳动部门及工会间建立起新的伙伴关系，在政府与非政府组织间、私营部门、各社区、宗教组织间建立起伙伴关系，共同推进教育。

### 5.3.5 开展就业服务

政府通过自己的具体工作直接为求业人员就业提供多方面的服务，这就形成一套劳动就业服务工作体系。我国的就业服务体系的主要内容包括：进行失业登记；开展职业介绍；提供就业培训；组织生产自救；发放失业救济；开展职业技能鉴定；农村进城劳动力就业管理等。下面介绍其中四个主要方面：

1.职业介绍

职业介绍是就业服务体系中的核心与主要部分。我国政府劳动部门设立公立职业介绍所、劳动力市场等机构，政府人事部门设立人才交流中心、人才市场等机构，开展职业介绍的各项工作，为求业人员、转业人员寻找职业牵线搭桥，提供服务。

职业介绍不仅仅是解决"提供岗位"和组织"供需见面"的人力资源配置环节工作，还延伸到职业信息、职业指导、职业测试等内容。

2.提供就业培训

就业培训包括就业前培训、转岗训练和下岗后再就业培训。开展就业培训是各国解决失业问题的通行做法。20世纪80年代初期，我国实行"先培训后就业"的政策，劳动就业机构在各地设立就业培训中心，开办短期技能训练，帮助普通中学毕业生获得就业技能与就业资格。我国现行就业培训机构可以分为就业服务部门的培训机构、劳动保障部门与人事部门的培训机构、各类社会力量办学培训机构和近年兴办的再就业培训机构四种类型。

3.发放失业救济

失业救济是对失业人员在生活方面的救助，是政府对符合救济条件的失业者在一定期限内发放一定数额的救济款项，以维持他们的基本生活。我国实行的是失业保险制度，即对失业者采取了投保缴费、享受保险的做法。在我国，领取失业保险的对象是"就业以后失业",并且是已经投保缴费、符合给付条件者。

### 4.组织生产自救

生产自救是通过政策扶持和就业服务部门的直接组织,安排失业人员从事临时性的生产自救劳动,或者帮助失业者自己组织就业性企业,使失业者有一定的短期或长期的工作岗位。我国在20世纪50年代初就采取了生产自救、以工代赈的政策,80年代以来,我国发展了一大批劳动服务公司,组织生产自救,安置了大量待业人员。90年代后期以来,我国在下岗职工再就业方面也实行了发展就业服务企业、组织生产自救的措施。我国举办劳动服务企业的经验,也受到了国际专家的重视。

## 5.3.6　增强人力资源流动性

政府为提高初次就业人员与失业者的技能水平和职业适应能力,举办各种培训,并鼓励各方面力量(如教育界、企业界、社会团体)开展培训,使失业者提高素质,增加被录用的可能性。同时,增加人力资源的流动性,也有利于人们在新的地方重新得到就业岗位。为增加人力资源的流动性,政府采用相应的经济措施与行政措施,如人力资源缺乏地区的高工资政策、定期工作后可返回原地的政策等。

# 5.4　大学毕业生就业问题

## 5.4.1　大学毕业生就业体制

### 1.就业市场化改革

我国高等院校毕业生就业制度的改革源于20世纪80年代中期,是在我国的总体经济体制市场化进程、总体劳动市场推进和人才市场推进的形势下进行的。劳动市场体制的确立是大学生就业制度改革和走市场就业道路的制度依据及根本性环境范围。

1985年,中共中央《关于教育体制改革的决定》颁布,成为高等院校毕业生就业制度改革的开端。其后,一些高校试行了供需见面、双向选择。1989年3月,作为高等院校毕业生就业改革"中期方案"的《高等院校毕业生分配制度改革方案》出台,一些学校、部门和地区举办就业招聘会和洽谈会,"毕业生就业市场"的概念引入了就业工作中。1993年,中共中央、国务院颁布了《我国教育改革和发展纲要》,明确指出多数毕业生实行自主择业制度。

中国共产党十四届三中全会通过《关于建立社会主义市场经济体制若干问题的决定》后,我国开始了系统构建、全面推进市场经济体制的步伐。随着高校体制的转轨,大学毕业生的就业也已经由国家包工作分配的体制过渡到就业指导体制。

在高等院校,原主管毕业生分配的学生处、学生科经过转变为就业指导机构。高等院校就业指导机构的工作任务主要是:对大学生进行正确的择业观和生涯教育;沟通就业供求信息;了解学生的情况特点,根据就业市场需求情况进行择业指导;办理就业的有关手续;进行毕业生的跟踪调查访问等。现行的高等院校就业指导机构可以分为隶属于学生处、独立进制机构和就业–招生一体化三种模式。

2.**大学毕业生就业体制中的问题**

（1）市场就业制度尚未完全建成

从理论上看，就业市场应当是人力资源供求双方的一种全方位自主配置场所，通过自由的"双向选择"使供求双方合理、有效地结合，达到人力资源的优化配置。但是，我国目前在大学生就业环节方面，还受到接受单位的用人计划指标、城市户籍、人事档案等方面的限制，计划经济体制的管理方式在大批量的高层次人力资源配置——大学毕业生的就业中仍然发挥着作用。

（2）学校毕业生择业中的问题

从人力资源供给主体——毕业生的情况看，由于他们缺乏对社会的了解、缺乏必要的生涯设计和正确的择业观念，不能正确评价自己、认识社会和合理把握职业发展趋势，存在着盲目性和浮躁心理，对未来的就业预期过高，择业标准不现实，不适应市场的要求。一些过剩专业的毕业生在人才市场上处于不利的地位。

（3）毕业生就业机构方面的问题

我国的就业市场发展时间尚短，管理经验还不足，服务效率不高，跟不上市场变化的要求。在工作内容方面，以提供信息、办理手续为主，给予毕业生的就业指导开展得尚少。政府的大学生就业工作部门——属于地方人社厅（局）或者地方教委的大学生就业管理机构，存在衙门式的工作作风。学校的就业指导机构，存在重就业落实、轻职业指导的问题，没有从素质教育、能力培养、学业设计和生涯塑造的高度对学生开展工作。

### 5.4.2　大学毕业生就业形势

我国改革开放30多年来，国家的经济形势很好，保持了年平均近10%的高增长率，发展速度超过日本20世纪50—60年代的连续两个"国民收入倍增计划"，成为当今世界上经济发展最快的国家。20世纪最后20年至21世纪的头10多年，中国保持了年平均增速为10%左右的高经济增长。

2014年我国国内生产总值为636 463亿元，首次突破10万亿美元，稳居世界第二的位置，是第三名日本GDP的两倍多，是印度的5倍。我国经济的高速持续发展，为产业结构、就业结构的现代化提供了必要的前提，也对大规模的高等级人力资源提出需求。

但是，2014年以来我国的经济发展速度有一定减缓，进入"新常态"时期，而且经济结构调整和国有企业改革尚未完成，事业单位转制和政府机构精简及职能转变工作也还没有完成，在我国国内外经济竞争进一步加剧、各部门行业和用人单位重视节约人员的情况下，我国对于人力资源的需求数量不可能有较大的增长。

从人力资源供给的角度看，高等院校毕业生数量在20世纪90年代后期有较大增加。1999年大规模扩招以来的学生在2003年后已经进入毕业阶段，这必然使其供给大大增加，从而对大学生就业市场造成新的压力；研究生招生数量从90年代后期以来也大幅度增加，呈现跳跃式发展，2004年以后进入大量供给阶段。2014年，我国的大学毕业生总量已经达到700万人。改革开放后恢复高考的第一届毕业生只有20万人，30多年增加了30多倍。

上述大批量增量人力资源供给进入市场，需要配置，但社会需求岗位不可能增加如此之多的局面，必然导致大学生就业压力越来越大。

### 5.4.3　解决大学生就业问题的对策

#### 1.全面完成大学生就业制度的改革

要进行与大学生就业相关的全面人事劳动制度改革，就应在就业手续、干部身份、大城市户籍控制政策、人事档案管理、社会保障体系覆盖等多方面进行深化改革，以塑造全方位的市场就业环境，促进高质量人力资源供给的市场配置。教育部曾将体现计划分配毕业生工作的"派遣证"改为"报到证"，就是一种政策导向。许多大城市出于发展经济、促进科技进步的目的大力引进人才，为大学生就业提供了许多优惠政策。

#### 2.强化大学生就业指导工作

要完成大学生就业工作模式的转变，就要在短期内建立起比较完善的管理、服务、咨询相结合的就业工作体制和就业指导体制。[①]学生进行职业指导工作的出发点，是帮助他们进行职业生涯的设计和正确的就业选择。为此，必须大力加强各级就业机构的建设，加强对于就业指导工作人员的培训。

#### 3.提高毕业生的综合素质

加强对于毕业大学生的生涯教育、就业指导和综合素质教育，提高其规划生涯、正确择业、适应市场、获得发展的能力，提高其创业能力和从事科技创新的能力。

#### 4.帮助毕业生树立市场观念

要使毕业生正确认识就业问题，面对外部机会，从个人条件出发，在就业市场中寻找自己的最佳位置，树立市场观念，这包括自主就业观念、素质与竞争观念、创业观念、流动观念、发展观念、法制观念和市场道德观念，要培养职业道德精神、敬业精神、合作精神、互利精神、服务精神、学习精神，以适应变化着的市场和市场就业发展趋势。

## 5.5　农村劳动力转移问题

### 5.5.1　农村劳动力转移的道路

我国是"三农"（农业、农村、农民）庞大的国家。从人类历史的发展长河看，工业化、城市化和职业结构的现代化（农民转变为工人和服务业人员）是必然趋势。随着我国改革开放的进行，农村劳动力向城市转移的规模和速度都大大增加。从总体

---

① 瞿振元. 认清形势　转变观念　深化改革——在全国高校毕业生就业工作座谈会上的讲话 [J]. 我国大学生就业，2000（5）.

上看，我国农村劳动力转移的道路可以分为：

### 1.就地转移

从我国的情况看，农村剩余劳动力的转移是以就地转移、"离土不离乡"为主方向，在本村和本乡就业的占全部转移人数的60.1%，出本县、本省的仅占24.9%。①这与我国的城市劳动需求不足、长期实行的户籍控制制度、农民的低素质、转移人员的成本考虑以及中国人"故土难离"的文化传统都有一定的联系。

### 2.进入乡镇企业

进入乡镇企业是农村劳动力转移的另一条主要道路。改革开放以来，乡镇企业在国有经济的空白处迅速、大量地发展起来，其单位数从1978年的152万个增加到2000年的2 084万个，从业人员从1978年的2 827人增加到近年的上亿人。乡镇企业的发展，吸纳了大量人力资源，超过农村劳动力的1/4，对于缓解农村剩余劳动力压力起了巨大的作用。

应当看到，近年来乡镇企业发展的步子明显减慢，就业吸纳能力在下降。目前，传统产业的经济空白已被渐渐填满，新兴行业进入门槛又太高，大部分乡镇企业技术水平低、规模小，竞争激烈，并随着乡镇企业的结构调整其吸纳就业的能力大大下降，但它今后依然是转移农业富余劳动力的重要渠道。②

### 3.进入小城镇

在中国的城市结构中，小城镇是发展的重点方向，容纳农村转移劳动力就业的空间巨大。小城镇在经济发达地区，如广东、苏南，已经形成了城市经济群地带，成为著名的珠三角、长三角，不仅容纳了当地转移的农村劳动力，而且也吸纳了大量外地转移的劳动力。随着我国户口制度的改革，农民进入小城镇的门槛已经基本被铲除，它将会进一步大量容纳农村转移劳动力。

### 4.进入大中城市

大中城市的发展为吸纳农村进城劳动力提供了广阔的空间。我国的进城劳动力集中于餐饮、零售、保姆、清洁等服务业或建筑业、制造业。农村进城劳动力加入城市劳动大军，一方面填补了城市生活服务领域的许多空白，方便了城市居民的生活，做了许多城市人不愿做的工作，对城市的建设和飞速发展起到了不可低估的作用；另一方面，由于农民工文化层次和素质较低，政府难于管理，也给城市生活增加了治安、环境等方面的问题。

农民进城是一种历史趋势和规律。但我国在20世纪90年代前期出现了大规模盲目流入城市的"民工潮"，不仅给铁路交通运输和城市生活秩序造成压力和问题，而且大量农民也不能找到就业岗位因而无"工"而返。"民工潮"的压力在20世纪末的最后几年有了一定缓和。进入21世纪，由于各种因素，则几度出现了"民工荒"的现象。

---

① 劳动部农村劳动力就业与流动研究课题组. 中国农村劳动力就业与流动研究报告 [M]. 北京：中国劳动出版社，1999：232.
② 农业部副部长刘坚2000年1月14日在"农村就业促进政策高级研讨会"上的讲话《努力开创农村劳动力就业新局面》。

### 5.5.2　农村劳动力进城就业的作用

**1.填补城市经济要素空缺**

在城市的"就业岗位"问题上,农村进城劳动力进入的大多是城市人不愿意去的工作岗位,是对于这些岗位的劳动力供给短缺的积极填补。这些就业岗位具有工作环境差、职业声望低、工资收入少的特点,例如建筑工人、城市保洁员、非技术工人等,也有相当多的外来人口自己摆摊开店,从事商业、餐饮、服务、缝纫等"辛苦"的服务性劳动。这种"补缺"性就业对城市是有益的。

**2.低成本高效益**

农村进城劳动力在城市就业,往往工资低且能够吃苦耐劳,用人单位使用他们"物美价廉"、节约成本,有利于提高经济效益。

**3.参与城市就业岗位的竞争**

农村进城劳动力与城市本地的劳动者有着一定的竞争关系,能够促进本地劳动者努力工作,在一定意义上也能够促进创业。首先,从事体力性劳动的农村进城劳动力,在城市就业过程中通过从业实践和各种培训,成长为熟练工人,会与本地的技术工人队伍形成就业竞争。其次,大量从事服务业劳动的农村进城劳动力,也与城市的年龄偏大、技能陈旧的下岗职工之间存在着就业竞争。此外,农村进城劳动力中也有不少人具有一定的文化水平、专业职业技能和经营管理经验,部分素质较高的人与本地人才也形成一定的就业竞争。

**4.对城市多方面的影响**

农村劳动力在城市就业,对城市还会产生多方面的社会性影响。这表现为两个方面:

(1)正效应

农村劳动力进城就业的正效应,不仅在于可以为城市的建设提供随时可以投入的、丰富的人力资源,而且在于大量农村进城劳动力在城市消费引致了一定的城市流通和生产,对国民经济具有一定的推动作用。

(2)负效应

农村劳动力进城就业的负效应主要有:在城市劳动力过剩的情况下,外部进入的劳动力不可避免地要占据一部分就业岗位,可能使当地就业问题的压力加大;因农村进城劳动力增多而使城市公共设施紧张,城市管理成本增加,市容市貌受到一定损害;因外来人口增多而使城市治安管理难度加大,犯罪率上升;等等。

### 5.5.3　协调城乡就业关系

**1.解决转移人口的公平待遇问题**

促进农村劳动力进一步转移和协调好城乡就业关系,首要问题是解决好"人的城镇化",即给予农民工和各种从农村向城镇转移人口公平的、与城市人口一样的市民化待遇。这种公平待遇集中在他们能否获得城镇户籍上,真正实现市民化。我国的在城镇居住半年以上就被统计为城镇人口的农民工已有2.2亿之多,但是他们实际上大多数仍然是农村户籍，与现行有城市户籍的市民有着鸿沟般的差距，包括养老、医疗等社会保障，住房，子女受教育权等等一系列的制度安排。从用人单位行为的角度看，许多企业经营者采取尽可能利用事实劳动关系来实现劳动力成本最小化的行为模式，大部分农民工都没有与雇主之间建立稳定的劳动关系，因此农民工在劳动报酬、劳动安全卫生保障、休息、社会保险和福利、接受职业技能培训、提请劳动争议处理等方面都处于不平等的境地，难以主张其正当权利，也难以形成稳定的职业发展预期，从而对其在城镇定居形成重要的障碍。①

### 2.加强对农村进城劳动力的总量调控

对农村进城劳动力必须进行总量调控的原因在于：一方面，各个城市的资本、生产产能都是有限的，这使得其人力资源需求也是有限的，而农村过剩劳动力对城市处于大量供给以至"无限供给"的状态，因此，需要基于需求对转移的规模和速度进行一定的调控，以维持城市劳动供求的均衡。另一方面，各个城市居住、供水、交通、环境等消费资源的有限性，也使城市对人口的承载能力受到限制，这也必须对外来人口（这也往往体现在来自农村的人口）数量进行控制。

### 3.完善农民工流动的有序化

为实现农村进城劳动力的有序流动，在有关的管理方面需要做如下改进：

（1）促进农村进城劳动力来源的多样化

用人单位既可考虑在外地进行劳务基地建设，也可录用已经在本地居住或逗留的农村进城劳动力，还可以通过政府的地区和全国劳动力信息网络寻找合用的劳动力。选择哪一种方式，要视各用人单位的需求内容与特性、择员方式以及雇用成本的比较来确定。

（2）采取"管到个人"的方式

对农村进城劳动力的管理，应当由目前"管到企业"的间接管理方式变为"管到个人"的直接管理方式。可以借助现代化管理手段，如大数据技术，将每一个农村进城劳动力的个人情况、务工记录、工资、保险等资料输入数据库系统，供就业与社会保障部门以及各用人单位使用。

（3）把握影响流动的动机

要通过对农村劳动力进城就业成本与收益的分析，了解和把握其流动动机，通过有针对性的政策措施影响其进城就业的成本、收益，从而提高对农村进城劳动力流动调控的有效程度。

### 4.增强城市人力资源的竞争力

解决好城市就业问题的一个重要方面是处理好农村进城劳动供给和城市本地劳动供给的关系。在短期内对于城市劳动者进行一定的就业保护是有道理的，这是由城市的政治经济特点和城市劳动供给的具体状况所决定的。但解决这一问题的根本不在于靠控制农村劳动力进城，而在于不断增强城市自身人力资源的竞争力。

增强城市人力资源竞争力的方法主要有：进一步普及城市教育、提高教育水平；

---

①　华音. 城镇化的核心是人的城镇化［N］. 经济日报，2013-05-10.

大力开展职业技术教育与就业培训；大力培育城市劳动者的创业能力；努力转变城市人"高人一等"的贵族就业观念；对城市就业困难群体和准困难群体给予更多的就业扶助；等等。

## 本章小结

本章对"就业"这一关系着国民经济和社会发展的极其重大的人力资源投入使用问题进行了分析。本章首先阐述了就业的概念、失业的类型及影响，阐述了就业目标，并分析了就业政策。在此基础上，分析了大学生就业问题和农村劳动力转移问题。

通过本章的学习，可以使学生对就业这一重中之重的大问题有比较深入的理解。

## 主要概念

就业　失业　失业率　总量性失业　结构性失业　摩擦性失业　企业就业动机
充分就业　公平就业　就业歧视　就业政策　大学生就业　农村劳动力转移　市民化

## 复习思考题

1.什么是就业？如何看待就业的社会经济作用？如何看待就业对于人力资源的作用？

2.科学的失业率计算方法是什么？如何看待我国的失业率统计数字？

3.失业具有什么经济社会影响？失业对于人力资源有哪些影响？

4.试分析企业发展和吸纳社会就业的关系。

5.试分析就业的目标体系。

6.结合我国的情况，分析就业政策的内容。

7.阐述大学生资源对于经济社会发展的重要性。并分析我国大学生就业的形势与对策。

8.如何看待城乡人力资源的竞争？如何搞好城乡就业的协调？

9.如何看待户籍问题？如何促进农民工的市民化？

## 案例分析

### 7%的真实失业率与社会风险

**一、通过科学方法取得真实失业率数据**

取得失业数据的方法有多种，最常用的有两种：全面统计法和抽样调查法。

20世纪70年代末，出于国情和经济发展需要，我国对城镇待业率开始登记并发布，在80年代这一数据是比较准确的。80年代末90年代初以来，我国出现了城镇职工大规模下岗和农民大规模进城问题，政府发布的"登记失业率"统计中存在着口径有误、对象缺少等问题，不能正确反映社会失业的真实面貌。人们对我国的"真实失业率"水平方面一直存在争论，有着多种版本，许多估算是非常任意的，最悲观的估计是城镇失业率达到27%。

要取得合理的失业率数据，必须运用科学的方法。在难以进行全口径统计和大规模随机抽样调查的情况下，2000年我们采取了德尔菲法（Delphi）（即专家调查法）对城镇失业率进行了调查研究，得出了一些极有价值的结论。

### 二、2000年城镇真实失业率达到7%

德尔菲法调查结果表明，我国城镇当前的失业率已经达到7%（见表5-1）。这一数据和时任总理朱镕基提及的数字是一致的。进一步分析调查结果可以看出，官员组的回答对我国真实失业率的估计偏低（约6%），而学者组的回答对我国真实失业率的估计偏高（高于8%）。可以说，这种差别反映了两个调查群体的不同眼界和思维方式的差别，但二者的偏差不是很大，而对真实失业率水平都有着比较一致的判断。

表5-1                 专家估计的失业率

| 类型 | 失业率平均值 | 样本量比重 | 标准差 |
| --- | --- | --- | --- |
| 官员组 | 5.95% | 50% | 1.4740 |
| 学者组 | 8.18% | 50% | 2.2724 |
| 合计 | 7.07% | 100% | 2.1892 |

在城镇失业率的变化趋势方面，高达72.73%的专家认为近一两年内增加1~2个百分点的可能性最大。另外，13.63%的专家认为会与现在基本持平，只有9.09%的专家认为会增加3%~4%，4.54%的专家认为会增加5%以上。可见调查对象对我国的经济社会形势有较好的预期。

### 三、城镇失业率达到失业警戒线

#### 1.总体估计

德尔菲法调查结果表明，我国城镇失业率的警戒线应该为7.03%，在达到9.73%时，就会造成重大社会经济风险，必须采取紧急措施。按此法判断，我国目前的失业率水平正好进入失业预警区，如果不加以控制将导致巨大的社会风险。如上述，大部分专家估计我国的失业率在"近一两年内将增加1%~2%"，即正在接近"紧急措施线"，因此，目前已经需要开始考虑和采取一定的应对措施。

#### 2.组间差异

专家们对失业率的警戒线和采取紧急措施的底线方面仍然存在一定的差异。官员组认为，失业率的警戒线为6.05%，比学者组认为的警戒线（8.6%）低2.55个百分点；官员组认为采取紧急措施的失业率底线是8.6%，比学者组认为的底线（11.11%）低2.51个百分点。我们认为，在"失业警戒线"项目上的两组差距，更多地反映了两个专家群体的不同价值观和对"政策措施"内容的不同理解。

### 四、城镇失业造成的社会风险

#### 1."失业者生活贫困，贫富差距加大"的加权总分为177.26，是专家们一致认为的最大风险

在专家按照三项重要性排序回答的结果中，将其列为第一位和第二位的频数均为最多，比重分别为36.36%和31.82%。

2."失业者和公众对政府不满增加"的加权总分为145.45,是其次的风险

专家将其列在第一位的频数排第二(比重为18.18%),第二位频数并列排第一(比重为31.82%)。

3."犯罪和反社会行为增加"的加权总分为113.63,是第三位的风险

4."社会骚乱和动荡因素增加"排名第四,但与前面三个项目的差距较大

这反映了虽有一定的风险,风险度尚不高,但需要注意其发展动向。

资料来源 姚裕群,莫荣. 我国城镇失业率已进入风险区〔J〕. 中国青年政治学院学报,2002(5):41-45.

案例讨论:

1.搞好人力资源就业的重要性是什么?

2.存在失业的实质和危害是什么?应当如何克服?

3.对你所在地的失业状况和失业率的水平进行调查和研讨,据此探讨科学的失业率应当如何计算。

第5章拓展阅读

# 第6章 患寡也患不均——人力资源收入分配

## 学习目标

- ✓ 掌握工作、个人收入、人工成本的概念
- ✓ 了解人力资源收入的主要学说
- ✓ 掌握工资的市场决定论、工资谈判论、分享工资论
- ✓ 了解收入的初次分配与再分配的问题
- ✓ 掌握物价与工资的关系
- ✓ 掌握工资政策的内容
- ✓ 掌握收入政策的内容

**引例**

### 顾永松、堂哥与大伯

大雨倾盆而下。

23岁的顾永松在建行的取款机里领到了上个月的工资，1 520元。他把钱揣进衣兜时，一辆宝马车从路边呼啸而过，泥水溅了他一身。冲着远处早已模糊的宝马车，他骂了一句。雨雾里，一切都迅速模糊掉……亚热带的广东，所有事情和这天气一样变化无常。

还没进屋，裤兜里的手机响了起来。一接通，原来是广州的堂哥打过来的。下个礼拜天堂哥结婚，请他过去喝酒。堂哥在一家证券公司上班，年薪几十万，电话里说说笑笑。对堂哥，顾永松只有羡慕。作为广东南海一家汽车零部件公司的员工，从2009年5月进入工厂的第一天起，学生时代的无忧无虑便从此一去不复返，"钱挣得太少"成了顾永松的一块心病。

起初，他还一直想不明白，为什么他站在流水线旁辛辛苦苦干活，却总赶不上物价上涨的速度。终于有一天，在被剥削感驱使下，这个初出校门的年轻人参加了一场全国瞩目的要求加薪的停工运动。

不久，顾永松在另外一家民营汽车零部件厂找到了一份新差事，工资多了300多块钱。渐渐地，一种对现实的无力感取代了最初的愤怒。现在，顾永松没有选择地成为流水线上一颗有血有肉的螺丝钉。顾永松并不知道，一个叫作"收入分配改革计划"在2010年出台，并旨在促使像他一样的人收入出现向上的变化。

顾永松是地地道道的农家子弟，家在广东湛江郊区，工厂的同事、快餐店里的老板娘都喊他靓仔。这个年轻的打工仔最讨厌别人喊他农民工。在顾永松印象里，农民工是个带有污蔑意味的词。出生于广东湛江农村的顾永松，对于城乡差别的最初感受源于小时候的一次走亲戚。1999年，10岁的顾永松，第一次被父亲带到广州大伯家

走亲戚。在大伯家，顾永松第一次看到了以前只在电视里见到的电脑，大他6岁的堂哥帮他申请了有生以来的第一个QQ号。

多年前的一趟广州之行，让顾永松感受到了当公务员的大伯和在老家种田的父亲之间的巨大差别，城乡差别的烙印深深地印在了顾永松的心头。那一年，国家统计局统计数据显示，全国城镇居民收入是农村居民收入的两倍多。从那时起，顾永松便开始明白父亲为何一直教育他"好好读书，以后上大学进城坐办公室"的道理。

"这些年，家里三个孩子读书，都是靠父亲在广州打工养着。"顾永松说，家中的几亩水稻只够得上全家一年的口粮，种田早已不是收入的主要来源。

眼下，家里的两个姐姐分别在珠海和中山打工，而50多岁的父亲，仍然在广州一间小餐馆的后厨里掂勺，肩膀上搭着的一方毛巾终日为汗水所浸湿。

城乡的天壤之别，早在顾永松父亲那一代人中就已经存在。顾永松的父亲出生于20世纪50年代，当时正逢三年自然灾害，用奶奶的话说，父亲的那条命是捡来的。父亲读完初中不久就进入大队的生产队，成了一名挣工分的壮劳力。

1949年，当时中国为了发展工业，设立了城乡二元的管理制度，利用工农产品价差，从农村大量获取工业发展所需的廉价原材料。据不完全统计，仅1960年到1978年这19年间，通过统购统销，农村为城市工业奉献了3 400亿元人民币的价差。

而城乡差距在改革开放后出现了短暂的缩小之后，到了顾永松这一代，又进一步扩大了。

到了2009年，农民3年的收入才赶得上城镇居民1年的收入。因水稻卖不出好价钱，家里的水田面积从十多年前的20多亩，到现在只剩下不到5亩，剩下的都撂荒了。在顾永松父亲的眼里，过去十几年化肥种子价格都翻了好几番，可是政府的晚稻收购价还不到1块钱。

出于粮食安全的考虑，中国的粮、棉、油等主要农产品的价格至今仍处于政府严格调控之下。

城乡和地区差别扩大的同时，行业收入差距的扩大更为明显。

2010年，顾永松从湛江的一所职高毕业后，和村里大多数年轻人一样，成了一名打工仔；而大伯家的堂哥大学毕业后，去了广州一家证券公司上班。

在珠三角，顾永松所从事的制造业工人的年平均工资不超过3万元，而顾永松堂哥参加工作第一年，其所在的证券公司仅年终奖就发了9万多元，总收入是顾永松的6倍多。

改革开放之初，中国各行业收入水平最高是最低的1.8倍。据人力资源和社会保障部统计，2009年，电力、电信、金融、保险、烟草等行业职工以不到8%的职工人数，却占了全国职工工资总额的55%，高于社会平均工资10倍左右。

资料来源　程超泽. 中国成长的烦恼［M］. 北京：中国言实出版社，2012.

## 6.1 工资收入基本分析

### 6.1.1 工资收入主要概念

**1.工资**

所谓工资，是指劳动者被用人单位录用后，完成规定的劳动任务而作为劳动报酬领取的、由该用人单位支付的一定数额的货币。工资一般是劳动者的主要生活来源，也是劳动者实现其劳动的一项重要前提条件。

广义的工资是各种形式的货币劳动报酬的总称，其主要形式有计时工资、计件工资、奖金和津贴，还包括农民与其他自营劳动者的实物收入。

**2.个人收入**

工资，作为劳动者所获得的一种劳动报酬，是个人的一种经济收入。从宏观经济的角度看，社会经济中的劳动报酬构成个人收入的主要部分，而个人收入在国民经济核算体系中占据重要地位，在宏观经济运行中也具有重要作用。

（1）个人收入的概念

个人收入是一个国家一年内个人所得到的全部收入，它在国民经济核算体系中具有相当重要的作用，是包含了工资在内的社会成员各类收入的总和。

（2）个人收入的内容（如图6-1所示）

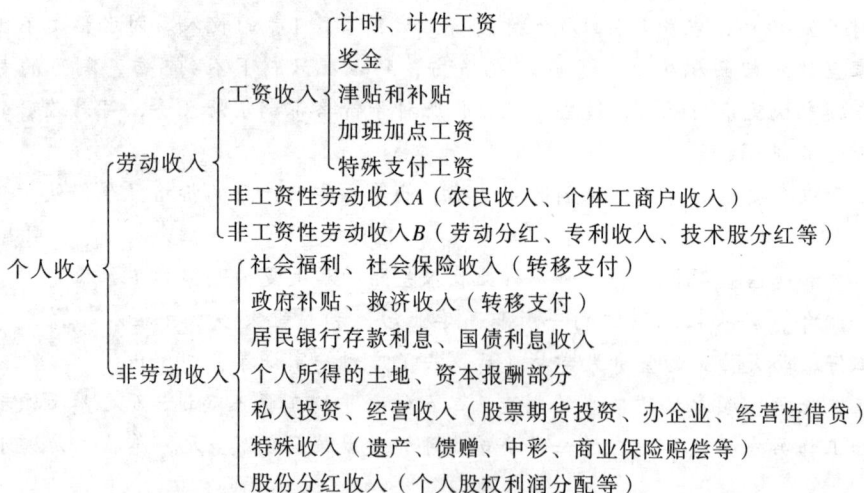

图6-1　个人收入项目结构

（3）个人收入公式

国民经济核算体系包括国民生产总值、国民生产净值、国民收入、个人收入、个人可支配收入五部分。个人收入与国民收入的关系为：

个人收入=国民收入-企业所得税-公司未分配利润+政府对居民转移支付+利息等

个人可支配收入=个人收入-个人所得税=消费+储蓄

应当指出，虽然劳动收入中的"非工资性劳动收入"部分和非劳动收入的各个部分一般来说比工资收入的数量少，但其对国民经济的影响是多方面的，而且影响可能是很大的，因而也成为宏观经济研究所关注的对象。

**3.人工成本**

（1）人工成本的含义

人工成本是指用人单位（或雇主）在从事生产经营性活动中，因聘雇劳动力而发生的所有费用。职工工资收入制度和企业支付的工资报酬总额通过人工成本的变动来影响企业的生存和发展，影响整个国家资金再生产和消费领域的分配比重，同时人工成本水平还决定了一国能否在国际贸易中保持低成本、低价格的竞争优势。

（2）人工成本的结构

我国的人工成本包括从业人员工资总额、社会保险费用、职工福利费用、职工教育费用、劳动保护费用、职工住房费用和其他人工成本七个部分。

①工资总额。工资总额是企业在一定时期内支付给全体职工的劳动报酬，劳动者的工资报酬是人工成本最大的组成部分，占人工成本的70%左右，是提取其他人工成本费用的基础。

②社会保险费用。社会保险费用是指企业按国家规定参加养老保险、医疗保险、失业保险、工伤保险和生育保险等强制性基本保险费用的支出，以及企业依法设立的各项补充保险费用支出。

③职工福利费用。职工福利费用是指在职工福利费用中列支并用于职工医药费、医护人员工资与经费、职工生活困难补助、职工集体福利设施内工作人员的工资以及其他按国家规定的福利性支出。

④职工教育费用。职工教育费用是指专用于在职职工学习先进技术和提高文化水平方面的支出。

⑤劳动保护费用。劳动保护费用是指企业购买劳动保护设备、其他个人只能在工作现场使用的特殊用品等项费用和职工可实际享用的劳动保护用品、食品、服装、现金补贴等。

⑥职工住房费用。职工住房费用是指企业在本单位职工住房方面发生的费用，主要包括以下8项：住房公积金；企业为职工支付的各种形式住房基金（储蓄）；企业自管、代管住房的维修和管理费用支出；由企业负担（或代职工支付）的购建租改住房或住房使用权的支出（含企业归还住房借款本息）；设立"企业住房基金"前企业自有职工住房的折旧；企业负担的出售住房净损失；企业为职工住房负担的各种税费；企业用于职工住房方面的其他支出。

⑦其他人工成本。

## 6.1.2　人力资源收入学说

**1.生存工资论**

最早的工资学说可以称为"生存工资论"。该理论认为，在工业化社会，工人的工资在经济的长期波动中趋向于维持生计的水平，因此，工资是"劳动的自然价格"。这种自然价格除包括工人本身能够维持生存部分的生活费外，还包括使工人人数总体上不增不减地延续后代所需要的生活费。实际上，这种生存工资性的"自然价格"就是人力资源的基本再生产费用，它相当于工资薪酬领域的最低工资。

## 2.工资基金论

早期的工资学说中还有一种"工资基金论"。英国经济学家穆勒认为，工资是资本的一部分，在总资本中包括固定资产折旧、扩大再生产投资、管理费用和工资。资本总额是一个固定的量，其中的工资总额也有着一定的固定份额，因此称为工资基金。工人所得到的工资受工资基金的限制，因而个人工资水平的高低取决于工资基金数量与人口数量之间的比例。由于全社会的工资总额是固定的，因此当工人数量增加时，个人工资就会下降。这实际上是短期的市场上人力资源供求与工资水平关系的问题。

其后，英国经济学家西尼尔对该理论做了修正，指出工资水平和工人的劳动生产率有一定关系，劳动生产率是使工资可能突破工资基金限制的主要力量。这种观点看到了人力资源创造财富的作用。

## 3.边际生产力论

英国经济学家杰文斯、法国经济学家瓦尔拉等人提出边际效用理论，在此基础上美国学者克拉克提出了边际生产力论。克拉克假定其他生产要素不变、劳动力数量逐渐增加时，所生产的产量或者价值随之增加。因受收益递减规律的支配，每增加一个单位的劳动力所生产的产量或者价值依次递减，直至为0，最后增加的一个单位劳动力所生产的产量或者价值，即劳动力的边际生产力。此学说的建立必须有以下两个前提：（1）在完全自由竞争之下，生产要素价格等于边际生产力；（2）生产要素的收益（利息、工资等）呈递减规律，见表6-1。

表6-1          边际生产力变动

| 劳动力序号 | 总收益 | 边际收益 |
| --- | --- | --- |
| 第14人 | 102 | — |
| 第15人 | 110 | 8 |
| 第16人 | 120 | 10 |
| 第17人 | 129 | 9 |
| 第18人 | 137 | 8 |

由表6-1可见，边际收益是新投入一个劳动力时所取得的总收益与未投入这一劳动力时的总收益之差。企业主在配置生产要素时，必然寻求边际生产力最高时的劳动力数量，单位工资成本才能最小。

该理论的经济学意义是，当追求最佳的边际收益时，相应就有最合理的工资成本，这也就是人力资源投入的理想目标。该理论还认为，劳动力愈多，工资愈低；资本愈多，利息愈低。这种说法的理论错误在于，把生产资料说成是创造价值的，并把劳动者的贫困归因于劳动力的边际生产力下降。

#### 4. 市场决定论

（1）均衡价格

在边际生产力论的基础上，英国著名经济学家马歇尔提出了均衡价格工资论，这实际上是工资市场决定论。均衡价格是指在商品的需求价格与供给价格达到一致时的价格。如果说边际生产力论只反映一种微观用人行为，那么工资市场决定论就反映了劳动供给、劳动需求、工资与市场均衡这样一种完全的市场机制。马歇尔指出，工资就是劳动供给与劳动需求二者均衡时的价格。这一均衡状况可以用图6-2表示。

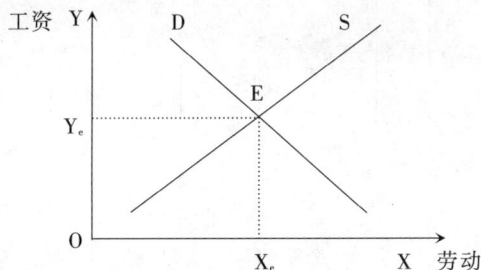

图6-2    工资的市场决定

（2）劳动供求与工资水平

其一，供给与工资的关系：工资水平越高，劳动供给数量越多；工资水平越低，劳动供给数量越少。这样，劳动供给曲线S就呈现出向右上方倾斜的状态。

其二，需求与工资的关系：工资水平越高，劳动需求数量越少；工资水平越低，劳动需求数量越多。这样，劳动需求曲线D就呈现出向右下方倾斜的状态。

其三，均衡价格工资点，即E点。它就是劳动供给与劳动需求两个方面共同认定的工资水平。换言之，无论是供给曲线S，还是需求曲线D，都不能单独决定工资。

工资是由市场上劳动供求双方的关系所决定。当工资偏离了均衡价格工资点时，供给和需求的自发力量会产生作用，使其仍然回到均衡点上。

在现实的国民经济运作中，工资市场决定论还受到资本-劳动替代关系和劳动供给弹性、就业结构差异的影响。

工资市场决定论是反映人力资源现实使用成本的状况，并为其开发利用与管理提供市场信号的学说。

#### 5. 工资谈判论

（1）两大势力集团的谈判

英国经济学家多布、美国经济学家邓洛普等人提出了工资谈判论。他们认为，劳动市场上的工资水平取决于市场上劳资双方的力量对比。从市场经济体制运行的角度看，劳动供求两大因素即劳资两方形成两大势力集团：工会和雇主协会。

过去的工人是分散的、无力量的，成立工会以后就具有了强大的影响市场工资的力量。工会提高工资水平的方法有：其一，限制劳动供给，如通过立法限制移民和外籍劳工，通过劳资谈判限制企业雇用非会员；其二，通过谈判，提高标准工资率；其三，与雇主协商建立工资保障制度，如最低工资保障制度、带薪休假制度、逐年加薪制度等。

工资谈判论反映了人力资源薪酬管理中的利益冲突与协调的运作问题。

（2）工资谈判区

在工资谈判中，劳资双方处于不同的立场，有着不同的工资水平区间，从而形成工资谈判交涉区。劳资双方所进行的工资谈判是在"实际交涉区"中实现的，如图6-3所示。

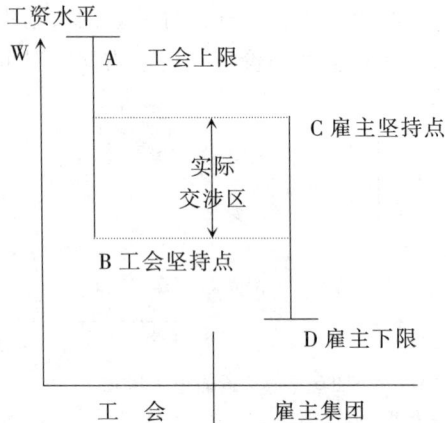

图6-3　工资谈判区

### 6.利益分享论

（1）利益分享的含义

所谓利益分享，是指员工的工资不是按工作时间确定固定的工资，而是与雇主共同分享企业经营的利益，即员工工资占企业经营收入的一定比例。美国经济学家马丁·魏茨曼主张，员工的报酬要采用"工资制"和"利益分享制"两种模式，就是要把员工的利益与企业的经营效益挂起钩来。

20世纪60年代中期以后，发达国家出现了经济长期滞胀局面，凯恩斯主义政策失灵，反滞胀成为经济学的首要任务。美国麻省理工学院经济学教授、世界银行和国际货币基金组织顾问马丁·魏茨曼针对这种经济恶化趋势，提出了一种劳资双方分享企业经营利益的原则。该学说成为经济学领域的创新理论。

（2）利益分享的作用

利益分享论认为，在传统的工资制度中，工人的工资与厂商的经济活动、经济效益无关，是一种固定成本。在产品市场不景气时，厂商只能减少生产和缩减用工数量而不能降低成本、降低产品价格以适应市场，因而导致市场收缩和失业。当社会为消灭这些失业而采取扩张性财政政策和货币政策时，又导致了通货膨胀。因此，工资问题成为造成整个宏观经济问题的根本性病因。要摆脱经济滞胀局面，需要对其根源——工资制度动大手术，要将这种"员工劳动报酬"式的工资制度改变为"工人与雇主共同关心劳动成本节约"的制度，使单位产品的劳动成本随就业的增加而下降。当一个国家的全部（或大多数）企业都实行利益分享制时，经济就会平衡扩张、顺利发展。

利益分享论为现代人力资源开发与管理提供了重要的思想方法，它在一定程度上承认了员工的主人地位，也提出了卓有成效的人力资源薪酬管理方法。经济学者用朴素语言将此描述为"馅饼做得大一点"，就能大家都分得多。要想"大家分得多"，基础是把"馅饼"做大，而"馅饼"做大的动力正在于员工们的自觉努力工作。

## 6.2　宏观经济中的工资

### 6.2.1　劳动生产率决定工资原理

一般来说，一个社会的经济发展、财富增加表现为社会劳动生产率的提高，这就为工资水平的提高奠定了坚实的物质基础。反过来看，社会劳动生产率水平又成了衡量社会工资水平以及控制社会工资水平的手段。

世界各国经济发展的基本经验表明，工资水平与劳动生产率水平的相互关系是：工资水平随着劳动生产率水平的增长而增长，工资水平的增长幅度小于劳动生产率的增长幅度。进一步来说，二者之间应保持一个适合的度。其基本准则为：

**1.工资增长速度要低于劳动生产率增长速度**

工资增长速度要低于劳动生产率增长速度的原因在于：

（1）社会生产部门扩大再生产要求投入更多的资金。如果工资水平的增长速度超过了劳动生产率的增长速度，必然导致积累率下降，影响扩大再生产，从而延缓生产发展的速度。

（2）非物质生产部门的工资水平也要提高。物质生产部门的消费品是通过国民收入初次分配实现的，非物质生产部门的个人消费品是通过国民收入再分配实现的，只有工资水平的增长速度低于劳动生产率的增长速度，才能保证非物质生产部门劳动者的劳动得到合理的补偿，他们的生活需求得到应有的满足。

**2.工资水平的增长速度不能过分低于劳动生产率增长速度**

工资水平的增长速度不能过分低于劳动生产率增长速度的原因在于：

（1）如果工资水平的增长速度过分低于劳动生产率的增长速度，就会使劳动者付出的劳动得不到相应的补偿，也影响社会劳动力的再生产。

（2）如果工资水平的增长速度过分低于劳动生产率的增长速度，劳动者工资水平过低，就会减少自身发展、人力资本的支出，不利于劳动者素质的提高。

（3）如果工资的增长速度过分低于劳动生产率的增长速度，会使社会需求萎缩，商品滞销、积压，不利于社会生产的发展和总体经济的运行。

### 6.2.2　收入的分配

收入的分配可以分为初次分配与再分配。

**1.初次分配**

初次分配指经济生产部门对自身创造的收入的分配。这种分配，首先把收入分为劳动者收入与剩余产品两部分，再把剩余产品分为企业纯利润和上缴政府税收两部分。劳动者的收入，即经济部门人力资源获得的工资。

### 2.再分配

再分配是在收入初次分配基础上进一步分配的过程。在初次分配基础上的国民收入再分配，包括两种主要途径：

（1）国家预算。政府通过税收等手段取得财政收入，并通过预算支出，转变为政府公共部门工作人员工资和社会保障费用，并有一部分转变为政府投资。

（2）物质部门劳动者、政府公共部门工资收入，在非物质生产部门进行消费，形成这些服务性部门的经济来源。其中，一部分转变为服务性部门劳动者的工资收入，一部分成为该部门的经营活动费用来源。

国民收入经过初次分配与再分配，最终形成积累基金与消费基金两大部分。

## 6.2.3　物价与工资

### 1.名义工资与实际工资

所谓名义工资是指劳动者在收入分配中所获得的、以货币形态出现的工资。名义工资的真实价值受到物价的影响。由于消费品价格上涨、房租和费税加重等原因，名义工资即使不变，甚至有所提高，实际工资也可能下降。在名义工资一定的情况下，物价水平越高，其真实价值就越低；物价水平越低，其真实价值就越高。

所谓实际工资，一般指在消除了消费品价格上涨、房租和费税加重等因素以后劳动者实际获得的工资。在名义工资一定的情况下，物价水平越低，实际工资就越高；物价水平越高，实际工资就越低。要保证劳动者真实收入水平的提高，就必须保持实际工资水平的提高。

### 2.提高实际工资水平的方法

从总体上看，提高劳动者的实际工资水平有两种方法：

其一，在物价不变的情况下提高名义工资即货币工资水平。这涉及了许多方面的问题，例如企业（等用人单位）的财务状况和支付能力、工资成本、政府的经济政策和社会政策导向、最低工资的提高、劳资关系、劳动者一方和工会在提高工资中的努力，等等。

其二，在物价上涨、世纪工资的含金量下降时给予各种补偿。当物价上涨、实际工资下降时，为了保证劳动者的生活水平不致下降，我国对劳动者进行的具体补偿办法通常有两种：第一项是"补贴"；第二项是"挂钩"。所谓补贴，是政府或者用人单位在物价上涨后以财政开支给予劳动者一定的经济补偿的措施；所谓挂钩，是工资发放者根据物价上涨状况给予工资领取者相应补偿的措施。进一步分析补贴和挂钩，二者又都有"明"的和"暗"的两种办法，即存在着明补、暗补、明挂、暗挂四种措施。

（1）明补。明补是在物价上涨的情况下，政府或用人单位公开地、有针对性地给劳动者发放一定的、等额的补贴。如食品补贴、交通补贴、住房补贴。

（2）暗补。暗补是政府把用于物价补贴的财政支出发放给生产者和经营者，使其不致因经营困难而涨价，从而维持物价的稳定，保证劳动者的实际工资水平不致下降或过分下降。

（3）明挂。明挂也称"工资指数化"，是在物价上涨的情况下，按照物价上涨的指数规定相应的工资增长指数。明挂又分为"全挂"和"半挂"两种做法：全挂是工资增长的幅度与物价上涨的指数完全挂钩，全面同步。例如，物价指数上涨了15%，工资就增加15%。半挂是工资增长与物价上涨部分挂钩，一般是将基本工资部分或生活费部分与物价指数挂钩。在一些发达国家的工资谈判中，劳方提高工资要求所依据的往往就是物价的涨幅。

（4）暗挂。暗挂是工资不直接按指数与物价挂钩，而是阶段性地提高各等级工资标准以提高实际工资水平的做法。

上述四种办法各有特点，在实际处理工资水平问题时，可酌情选用或搭配使用。

### 6.2.4 工资对宏观经济的影响

#### 1.工资对于消费的影响

（1）工资是完成消费的主要因素

消费在经济运行中极为关键。20世纪30年代，宏观经济学就是要解决过去宏观经济运行中"有效需求不足"的根本障碍，即要解决消费问题。

消费是使用社会产品（包括劳务）的活动，可以分为公共消费与个人消费。一般来说，个人消费比重大大高于公共消费的比重。因此，个人消费问题成为经济科学研究和经济政策制定的重点之一。刺激消费也是当今中国以至世界上许多国家的重要任务。

在个人消费者的各项经济来源中，即各项个人收入中，工资是占据主导地位的。因此说，工资是完成消费的主要因素。工资作为社会消费的最主要经济来源，其总量水平、在社会总产品中的比重、与社会消费品的数量关系以至自身的分配状况，都对社会消费有着重大影响。

（2）工资水平过低，消费萎缩，对经济循环不利

在传统的计划经济体制下，大多数国家都走的是大力发展重工业、压缩人民生活的经济道路，致使劳动者工资收入水平常年不能提高，其结果是社会总体消费萎缩。个人消费的压抑使得社会生产失去了应有的目标和动力，也使得劳动力这一生产要素的质量难以提高。加之，社会生产的指令性管理方式，使得各级生产者没有自发的动力，从而使社会经济不能形成良性循环，计划经济体制最终陷于困境，"低工资→低消费→低生产"是一种必然的结果。我国改革开放以前工资工作中的"低、平、乱、死"四大问题，"低"就是主要矛盾所在。

在市场经济体制下，从微观角度看，"工资-消费-生产"的关系一般是比较正常的；但从宏观的角度看，由于社会收入的差距，特别是分配不公，可能使得社会消费受到一定压抑。在这种情况下，较低收入阶层的工资水平很低，虽有消费愿望但无消费能力；较高收入阶层的工资收入数额、比重都很大，有强大的消费能力但实际消费大大不足，大部分转化为储蓄、奢侈性支出等。就社会总体看，消费能力被浪费，不利于形成良性经济循环。

（3）工资水平过高，推高企业成本，对社会生产不利

工资的用途是购买各种社会消费品，完成社会经济的循环。这种经济循环，要求价值上的等量交换，也要求有足够的物质基础做保证。工资水平过高，则会诱发通货膨胀，导致社会消费品不足。在由计划经济向市场经济转轨的国家中常见的一个问题是，在改革的过程中，企业与政府较大幅度地增加劳动者工资，不惜增加单位产品的人工成本，提高产品价格，从而诱发了通货膨胀；为了减少通货膨胀对劳动者生活的影响，又进一步提高工资、提高价格，结果是引发新的通货膨胀。这种循环往复的"工资-物价"螺旋上升，造成了极大的经济和社会问题。

在成熟的市场经济国家，社会成员的工资收入水平较高，社会产品一般来说也是丰富的。但是，由于人们的消费倾向下降（即工资收入水平越高，用于消费的比例就越小）规律的作用，导致严重的有效需求不足，也可能导致通货膨胀、开工不足，进而诱发经济危机。

**2.工资对于投资的影响**

（1）工资转化为投资

工资虽然是劳动者的个人收入，要用于消费，但是在通常情况下，人们还会有一定的工资结余。这个结余部分就可以转化为投资。一般来说，一个国家或地区的工资水平越高，劳动者越富裕，工资中用于消费的部分就可以越小，用于投资的部分就越大。在这里，关键的问题是如何调动人们的投资欲望，疏通和开辟居民投资渠道，使社会劳动者消费之外的财力转化为生产资本，为宏观经济运行服务，提高长期经济效益。

工资转化为投资的渠道有三条：一是在银行储蓄，通过银行集中资金进行投资；二是个人购买债券（如企业债券、政府债券、股票等），从而转化为经济建设资金；三是个人直接投资，举办个体、私营、合作企业等经济项目。工资与宏观经济联系的基本图示如图6-4所示。

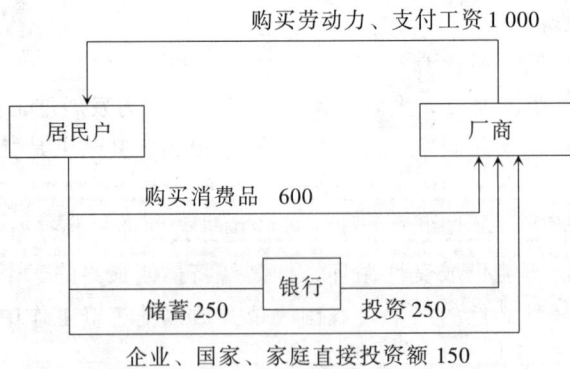

购买劳动力、支付工资 1 000

居民户          厂商

购买消费品  600

银行

储蓄250        投资250

企业、国家、家庭直接投资额 150

**图6-4  工资与宏观经济联系图**

（2）社会经济状况与预期的影响

在社会工资总水平一定的情况下，人们用于消费与积累（投资）的份额还会受社会经济状况及预期的影响。

当社会经济形势不好时，物价上涨，企业不景气以至破产，投资回报率下降，人们就增加消费，减少储蓄与投资；当社会经济顺利发展时，物价稳定，企业有较高的

成长性，投资回报率上升，人们就愿意扩大储蓄与投资，适当降低消费。

当人们对经济的中长期预期不好时，人们不仅不投资，还出于对未来收入下降的担忧而减少消费，只是进行消极性的储蓄。

（3）工资在收入分配中比例的影响

我们知道，总收入是由各个生产要素的总体作用而形成的，总收入的分配中包括了工资（劳动的报酬）、利息（借贷资本的报酬）、地租（土地的报酬）、利润（管理或企业家才能的报酬）四个部分。在利息、地租一定的条件下，总收入的分配表现为工资与利润的关系。尽管工资中具有一定的投资比重，利润中也有一定的消费比重，但从总体性质上看，工资与利润的比例还是可以反映"消费"与"生产"的比例的。这就是说，在经济单位的现实分配中，工资发放数量的大小对于生产单位的留利和扩大再生产有着一定的影响。在产值总额一定的情况下，工资发放得越多，所剩余的利润就越少，扩大再生产（尤其是本生产单位直接的扩大再生产）的资金就越少；工资发放得越少，所剩余的利润就越多，扩大再生产的资金就越多。

在市场经济国家，企业出于节约生产成本、获取最大利润的经济原则，必然要控制工资开支，努力减少工资和各种人工成本占总成本的份额。这自然会起到压缩消费、扩大生产的宏观功效。

在发达的市场经济国家，不少企业采取"利益分享"的措施，通过不降低或少量提高工资份额的做法，调动劳动者生产积极性，创造出更大的"蛋糕"（产品）在工人和企业之间进行分配，从而大大提高企业的利润水平。这种利益分享的措施，既有利于提高工资水平，又有利于提高利润水平，被人们看作是治疗经济病症的一剂良方。[①]

在经济转轨国家，当现代企业制度尚未全面建立的情况下，由于旧的产权制度、经营方式的影响，企业只有追求总产出的动力而没有节约成本的内在约束力。加之价格机制的不健全，一些行业和企业盲目扩大生产，甚至人为增加人工成本，不讲经济效益地提高工资。这不仅造成企业经济效益差，影响扩大再生产以至造成企业的亏损，也造成宏观消费基金的大大增加甚至失控，形成通货膨胀。

## 6.3　工资政策与收入政策

### 6.3.1　工资调控政策

**1. 工资的差距**

在社会经济存在着产业、地区、技术等级等方面差异的情况下，存在工资差距是有必然性的。工资差距的内容包括以下方面：

第一，产业部门差距。工资的产业部门差距由各个产业部门的劳动特点、该产业

---

① 参见前文"利益分享论"。

部门在国民经济中的重要性、该产业劳动力的供需等因素决定。

第二，地区差距。它由各个地区的经济发展水平、当地的产业特征、地区的自然地理因素和当地的消费习惯和水平所决定。

第三，职业差距。它由劳动的复杂程序和繁重程度、职业所需的教育和培训费用多少、职业的社会地位、职业责任大小和社会竞争程度所决定。

第四，教育程度差距。它由接受教育的年限所决定。一般来说，受教育年限越长，工资水平就越高；受教育年限越短，工资水平就越低。这一规律又是由接受教育的人力投资费用多少、机会成本的大小和受不同程度教育后所创造价值的大小所决定。

第五，年龄性别差距。在市场经济条件下，工资的年龄性别差距主要由不同年龄、不同性别在劳动力市场竞争中的有利程度所决定。一般来说，青年劳动力缺乏专业技能与劳动经验，老年劳动力知识技能陈旧难以适应工作内容的变化和岗位的转换，因而工资水平较低；壮年劳动力"年富力强"，劳动效能最佳，因而工资水平较高。女性劳动力与男性劳动力相比，工资水平往往偏低，造成这一差距的原因是多方面的：其一是劳动力市场上同等级劳动力如果男性短缺、女性过剩，可能造成女性处于不利地位；其二是由于歧视政策等原因，可能造成同工不同酬、女性职业岗位层次较男性劳动力低，或者女性劳动力总体上的受教育程度较男性劳动力低。显然，男女工资差距大多是不合理现象，也有的差距是合理的。

工资差距是一种客观存在，当其存在不合理成分时，往往需要调整工资政策。此外，工资是社会经济运行的一项内容，为了调节社会经济的运行，也可以运用工资手段或工资杠杆。广而言之，社会收入是范围更全面、更能反映社会经济运行的范畴，对收入差距进行调整，则更为重要。

在市场经济体制下，工资首先是一种微观行为，在各个不同的产业、部门、地区、职业、教育程度、年龄、性别的群体劳动者之间，工资收入会有着明显的差距。由于人力资源是一种活跃的生产要素，其流动性会在一定程度上矫正不合理的工资收入差距。政府为了限制和消除不合理的工资收入差距，达到较大的社会经济福利，达到社会平等的目标，也会考虑采取一定的收入政策。

### 2.工资同步政策

第一，是工资与物价的同步。政府关心人力资源所获得的实际工资，即重视物价水平变动对工资实际购买力的影响。不仅从宏观经济的角度看，要保持经济的健康、稳定发展，必须控制通货膨胀，而且从保障人力资源实际收入水平的角度，也要控制通货膨胀。

第二，是工资与宏观经济发展的协调。政府对于社会工资总量的调控是宏观经济调控的一个重要方面，为此可以采取不同的措施，如给予工资和补贴，或者征收工资税和消费税等。

社会工资总量构成消费资金的主要来源。在市场经济体制下，政府一般不直接干预企业的人工成本的支出，不管企业工资等级与发放状况，而是从国民经济运行总体上看社会工资总量、人均工资水平是否合理，从它们与经济稳定增长关系的角度进行宏观调控。

第三，是劳动者要分享经济发展的成果，也就是随着宏观和微观经济效益的获得，把一部分收益分配给劳动者。

### 3.工资保护政策

工资是劳动者的收入，为了保障劳动者的基本生活，需要在工资领域采取必要的保护政策。工资保护政策的内容有以下两个方面：

（1）最低工资政策

最低工资，是政府根据一定时期的社会收入水平、物价水平和最低生活消费水平，以及社会劳动者的抚养人口系数，所规定的保证劳动者基本生活需要的工资。这种最低工资具有法律效力，是劳动者的权益保护措施。最低工资水平要随着一个地区的物价水平以及基本生活消费水平的提高而进行调整。

最低工资的确定要考虑三个因素：①劳动者个人基本生活消费品费用；②劳动者接受社会生产必需的最低水平的教育培训费用；③劳动者平均赡养人口的基本生活消费品费用。

劳动者的基本生活需要费用在不同国家、不同时期有所差别。一般来说，经济发展水平越高，社会的文明程度越高，最低工资的水平也就越高。此外，作为劳动者利益代表的工会的努力也会在工资谈判中起到一定的作用，并一定程度上影响社会舆论，影响政府的政策制定，促使最低工资水平的提高。

（2）工资的行业保护政策

政府对于社会经济发展中所必需的，但盈利较少甚至为负数的行业，尤其是公共产品生产部门与企业，也要给予一定的保护和政策扶持。例如，对一些公用事业（公共汽车、水电供应等）、科研事业、军工行业，国家可以给予财政补贴；对农业提高农产品收购价格、实行保护价，以提高农民收入等。

### 4.工资导向政策

宏观经济政策的任务之一是对社会资源进行配置。对工资总量进行宏观调控时，必须注意其配置人力资源的功能。这一功能也具有对社会人力资源的从业方向的导向功能。

工资导向政策包括：①向国民经济重点行业、新兴产业倾斜的政策，支持其发展；②向经济发展重点地区倾斜的政策；③对社会需求大但人们不乐于从事的职业、工种给予扶持的政策，如清洁工、搬运工等脏累工种；④吸引人才、限制低素质劳动力的政策。

工资导向政策的宏观手段包括：①拨款、贷款；②税收减免；③工资补贴；④对一些特殊岗位，如科学家、企业家给予高工资待遇等。

## 6.3.2　收入政策

### 1.收入政策及其作用

（1）收入政策的含义

收入政策一词，有两种含义。一种是狭义的，仅仅是宏观经济调控的手段，用于控制货币工资与物价的增长，达到宏观经济的稳定。这是与财政政策、货币政策并列的三大政策之一。另一种是广义的，它不仅包括上述宏观经济调控手段，而且包括在一定社会总收入、一定工资总量的条件下，对以工资劳动者为主体的居民个人分配关系的调整政策，即人们常说的社会收入分配政策。本教材采用的是广义的收入政策。

（2）收入政策的作用

收入政策在社会经济中具有重要作用：

第一，有利于宏观经济的稳定。实行收入政策，可以在一定程度上抑制过度的消费基金增长，有助于消除工资-物价轮番上涨从而控制恶性通货膨胀。实行收入政策，还可以为其他经济政策的实行创造一个较好的经济环境。

第二，有利于资源的合理配置。劳动者一方具有人为推动工资增长的力量，企业一方有推动物价上涨的力量；在经济转轨期间，企业本身也有扩大人工成本的动力。这些都是对市场经济自由竞争机制的违背，从而破坏了资源的优化配置。实行收入政策，能够抑制来自劳动者与企业两个方面的干扰，从而改善市场资源的配置。

第三，有利于缩小不合理的收入差距，在一定程度上限制收入分配不公问题及其危害。在市场经济体制下，居民收入差距可以随着经济的发展而逐步扩大。收入差距的扩大有合理因素，也有不合理因素。实行收入政策，可以限制收入差距的过度扩大，有利于达到社会福利最大化的目标和维持社会的公平。

**2.收入差距的衡量指标——基尼系数**

在现代经济学中，对于收入差距的衡量指标最常用的是基尼系数，它具有方法简单（用一个数值即可表示社会收入差距程度）和可比性强的特点。基尼系数是意大利经济学家基尼依据洛伦茨曲线创制的用来判断某种收入分配平等程度的尺度，即社会居民或劳动者人数与其收入量对应关系的计量指标。图6-5中，横坐标为社会居民或劳动者人数的百分比，纵坐标为该数量的社会居民或劳动者人数所获得收入量的百分比。在统计分析中，社会居民或劳动者人数的百分比经常划分为5个20%进行分析比较，并进一步对收入最低5%人群和收入最高5%人群的收入差距进行分析比较。

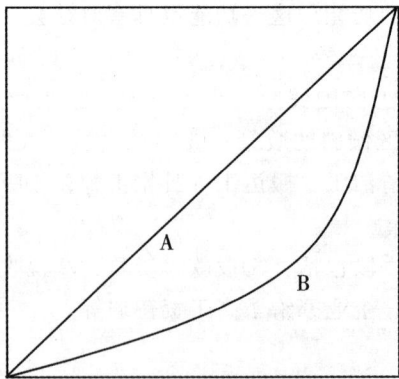

图6-5　洛伦茨曲线

基尼系数$=\dfrac{A}{A+B}$　如图6-5所示，如果收入分配比较平均，洛伦茨曲线就比较平直，偏向于对角线；如果收入分配差距比较大，洛伦茨曲线就比较弯曲，偏向于右下方位的90°直角。在极端的情况下，如果收入分配达到完全平均的状态，则洛伦茨曲线就构成45°角的直线；反之，如果全部收入都归一人的完全不平均，则洛伦茨曲线将构成正方形的底边和右边。基尼系数就是用对角线以下的总面积（图6-5中的A和B）去除曲线与对角线之间的面积（图6-5中的A），它的取值在0～1之间，用公式可以表示：

$$基尼系数 = \frac{A}{A+B}$$

当基尼系数接近0时，收入便接近于绝对平等；反之，当基尼系数接近1时，收入便接近于绝对不平等。基尼系数越大，表示收入越不平等。从世界各国情况来看，基尼系数小于0.2时，表示收入差距非常小；基尼系数在0.4以上，则表示收入差距比较大；通常的基尼系数在0.2～0.4之间。

**3.收入政策措施**

（1）调控收入与物价关系的措施

调控收入与物价的关系，控制工资收入增长过度诱发通货膨胀的措施有：第一，制定工资-物价指导线，作为微观经济单位——企业——增长工资的参照标准；第二，在物价和工资增长过快、影响宏观经济稳定的情况下，对物价和工资进行管制以至冻结；第三，实施以税收为基础的收入控制政策，约束企业的工资发放过度行为。

（2）收入平等化措施

收入平等化政策越来越受到经济政策制定者和经济学家的重视。现代经济学中的新剑桥学派的中心理论就是收入理论，认为社会各种问题的根源就在于收入不合理，政府只有实行收入均等化政策，才能解决各种社会、经济问题。

收入平等化的政策措施有：第一，实行个人收入所得税制度，并且在实施中采取累进税率制。在个人收入中，劳动收入税率较低，非劳动收入则税率较高。第二，对遗产、赠予、财产（即土地、房产等不动产）、高消费征税。第三，发展社会保障事业，解决失业保险、医疗保险、养老保险、未成年子女的家庭补贴、低于贫困线的家庭与个人的救济等方面的支出。这是财政的"转移支付"部分。第四，对失业者，特别是其中的贫困者，提供就业机会与就业培训。第五，发展教育事业，这有利于从根本上消除贫困，扩大社会平等。第六，改善居民住房条件，向低收入阶层提供廉价住房或住房补贴。

此外，新剑桥学派还提出三个促使收入平等化的措施：其一，政府用财政预算盈余购买公司股份，把私人公司的所有权转移到国家手中；其二，政府要尽量减少军事等方面的开支，将更多的财力用于民用服务设施建设、原材料生产和环境保护等；其三，实行进口管制，发展出口商品生产，增加出超，以提供较多的国内就业机会。

# 本章小结

工资和收入分配是人力资源使用的结果，也是人力资源再生产的条件，又是社会经济生活之中的重要内容。本章首先对工资和收入的三个基本概念进行了分析，阐述了生存工资论、工资基金论、边际生产力论、市场决定论、工资谈判论和分享工资论。进而，从宏观经济发展与工资关系的角度进行了分析，最后，对社会的工资政策和收入分配政策原理和方法进行了阐述。通过本章的学习，能够使学员从社会的角度全面理解工资和收入分配问题。

## 主要概念

工资　个人收入　人工成本　均衡价格工资　工资谈判论　利益分享论　初次分配　再分配　工资政策　收入政策　最低工资　收入差距　基尼系数　收入平等化

## 复习思考题

1.什么是工资？什么是个人收入？

2.个人收入包括哪些方面？如何看待"多种要素参与分配"的思想与实践？

3.人工成本的内容都包括哪些？强化人工成本的管理，对宏观经济发展有哪些作用？

4.运用基尼系数计算和分析你所在地区的收入差距问题。

5.如何看待我国改革中的社会收入分配不公问题？

6.分析收入政策的内容及措施。

## 案例分析

### 中国的收入差距缘何拉大

导致中国收入差距拉大的因素，在初次分配层面主要有：居民收入占GDP的比重相对下降，技术进步和资产收益率提高造成劳动报酬下滑，城乡、地区、行业和不同所有制企业收入差距拉大。其中，要重点关注城乡收入差距的拉大，因为它对基尼系数的"贡献度"高达40%。

按照经济学中的比较优势理论，随着全球化的推进和国际贸易的增加，发展中国家的劳动密集型产业会获益，从而缩小该国的贫富差距，但事实情况并非如此。发展中国家也有高技术的管理层和低技术的生产工人。而全球化的结果是，发达国家的企业往往选择与发展中国家的管理层及技术人员合作，而附加值最低的制造环节由生产工人执行。这样一来前者确实享受到全球化的好处，而后者的收入很难提高，于是贫富差距就被拉大了。

除了上述原因，一个不可忽视的因素是农民工的大量存在。农民工没有组织、缺乏谈判能力，因此经常有拖欠、压低该群体薪酬的事情发生。人口从农村流向城市，在一定阶段不但没能消灭城乡二元结构，反而产生了新的双重的二元结构。但需要指出的是，目前收入差距大只是阶段性现象，在未来将不可持续。当城市化、工业化发展到一定程度时，城乡收入差距拉大的现象可以扭转。研究表明，当城镇化率达到45%（2009年中国城镇化率已达到46.6%）时就是这样一个转折点，过了转折点后城乡收入差距会逐渐减小。那么，是什么因素导致这种转折？首先是城市地区的工业化已初步完成，各项商务成本趋向提高，资本和劳动力不再单向集中，而是在城乡之间双向流动。此外，第三产业的崛起也使得城市优势消失，在发展三产方面有时农村条件更加优厚，这会导致配置在乡村的资金收益率有可能比城市更高。

一个颇为奇怪的问题是，在中国贫富差距这么大，究竟钱都到哪里去了？中华全国总工会公布的数据表明，从1993年到2007年，中国居民劳动报酬占GDP比重下降了20%，但同期，资本报酬的比重却上升了20%。与资本回报急速上升相比，政府的财政收入也持续走高。大批财富向政府集中是导致居民收入分配差距过大的重要原因之一，政府税收和民众收入呈现出此消彼长的关系。

国家统计局发布的数据表明，2010年上半年，财政收入同比增长27.6%（预计全年将超过8万亿元），国内生产总值同比增长11.1%，城镇居民人均收入同比增长仅为10.2%。

耶鲁大学金融学教授陈志武研究发现，1951年时，我国民间的消费占当年GDP的68%，政府的消费仅为GDP的16.5%；而到了2007年，民间的消费降到了GDP的37.5%，政府的消费则上升到了GDP的28%。据陈志武的推算，在中国，超过76%的资产属于政府。政府收入膨胀不仅表现为税收和种种预算外收入的激增，更为隐匿的部分还体现在政府官员的灰色收入中。

中国改革基金会国民经济研究所副所长王小鲁向《中国新闻周刊》提供的数据显示，2009年，中国政府官员的灰色收入总额高达5.4万亿元，比2009年中央财政总收入还要多。庞大的灰色收入来源主要是围绕权力对公共资金和公共资源的分配而产生的腐败、寻租、侵占公共资金和他人收入、聚敛财富等行为，以及垄断性收入的不适当分配。

这种权钱结合的情形在房地产领域表现最为突出。国家统计局调查资料表明，2007年，中国居民户均60%的财产来自房屋。作为中国居民财产的主要构成部分，房地产也成为国内居民投资理财的首选。

2008年位于上海中心区徐家汇名为帝景苑的楼盘售罄数年后，由股东纠纷引发的举报显示，约400户业主中，50余户曾获得一成以上的折扣，其中22名买家折扣高达三至五成。折扣买家多出自房地产、规划、工商、公安等政府部门。

近年来，政府查处的官员腐败案显示，涉案官员大都是炒房高手：上海浦东新区原副区长康慧军案发时，这位"炒房局长"拥有27套住宅，市值超过6 000万元；温州经济技术开发区管委会原主任戴国森被"双规"时，办案人员从其家中搜查出10多本房产证。显然，权力在缺乏有效制约和监督的情况下，会自发趋向于追逐经济利益，导致对社会的侵占和掠夺，并引发日益严重的分配不公和社会冲突。

世界银行报告显示，美国是5%的人口掌握了60%的财富，而中国则是1%的家庭掌握了全国41.4%的财富，中国的财富集中度远远超过了美国，成为全球两极分化最严重的国家。从1997年到2007年，中国劳动者报酬占GDP的比重从53.4%下降到39.74%，企业盈余占GDP比重从21.23%上升到31.29%，而在发达国家，劳动者报酬占GDP的比重大多在50%以上。电力、电信、石油、金融、保险、水电气供应、烟草等国有行业的职工不足全国职工总数的8%，但工资和工资外收入总额却相当于全国职工工资总额的55%；中国城乡人均收入差距之比已从改革开放初期的1.8：1扩大到2007年的3.33：1。

另外，不能漏掉的原因是，由于制度漏洞，在国企改革、资本市场利益输送、银行等金融部门上市等问题也成为拉大收入差距的原因之一。这里出现两个问题：一是一些高管从上市前的年薪几万、十几万变为年薪一百多万甚至几百万，人还是那个人，本事还是那么大，一夜之间身价大增。一方面自己暴富，另一方面拉高了职工平均工资水平，让一般职工背个平均工资年年提高的"黑锅"。二是这种现象导致一些国有金融企业绞尽脑汁上市，上市目的是高管获得畸高薪酬，使得上市目的被大大扭曲。

在任何社会中，国家拥有最大的行政垄断权力，这是人类结成和维护社会必须付出的代价。因此，行政性的制度垄断是市场之外影响收入分配格局的最大因素。但是应当公正地指出，这种影响未必都是负面的。即便是像许多国家都有的对市场的部分直接干预，如对水、电、油、气及许多公用事业价格的垄断性干预，其目的也往往是维持社会稳定和保护弱势群体。但是，应当指出，中国至少有三项垄断性的制度安排，由于历史的原因和追求另外的政策目标，在全局规模上严重恶化了收入和财富的分配。

第一项是土地的制度垄断。中国在城市化过程中，一方面长期严格限制农民进城落户转为市民，禁止进城农民工在城市搭建住房，禁止城郊农民自行改变土地性质和用途，而由国家垄断控制农村土地的工业化、城市化使用。但在另一方面，农村土地的非农使用的目的和制度设计，又不是为了改善农民的境遇，不是为了已成为工业化主力军的农民工及其家庭进城后的安居乐业。巨量的财政收入和土地出让收入被密集投入在围绕城市户籍人口的基础设施和环境改善上，造成城市房地产价格持续飞涨，从而形成了全国范围内财富从农村居民向城市户籍居民以万亿为规模的持续转移。

第二项是垄断和封闭的城市户籍制度安排。改革开放以后，特别是20世纪90年代以来，农民工开始逐步成为中国工人阶级的主体，但城乡隔绝的户籍管理制度近年来除了对当地农村人口进入本地小城镇有所改变外，基本没有松动。随着这些年来农民工逐步成为中国工人阶级的主体，农民工变成了离家别子、居无定所的社会流动大军。当他们为中国的城市化和经济全球化提供了数万亿的惊人积累，以至全世界都为中国工人其实是农民工的勤劳和奉献所震撼的时候，他们却不得不游离于城市与农村的边缘地带而找不到自我。

第三项是居民储蓄存款利息的制度垄断。随着改革开放的深化，商品价格和劳动力价格迅速高度市场化，土地价格随拍卖而市场化，甚至股票价格也高度市场化了，但唯独最广大劳动者的最主要财产性收入即储蓄存款利息没有市场化。垄断性的利息制度通过人为压低公众的财产性收入，既为企业主要是大中型企业提供了廉价资金，也为银行提供了丰厚的息差和低风险的客户，作为这种制度安排基础的是广大储户变成了金融稳定的牺牲品。

总之，造成当今中国贫富分化局面的原因，既有制度安排的缺陷，权钱交易加剧的资源分配不公，也有行政权力和资本权力的滥用、贪婪和催肥，还有市场竞争内生垄断引起的马太效应。显然，无视这些多以万亿规模分配的财富和国民收入大格局，仅着眼于一些并不改变问题本质的枝节问题乃至虚构的矛盾，不可能真正缩小贫富差距。

　　资料来源　程超泽. 中国成长的烦恼［M］. 北京：中国求实出版社，2012.

案例讨论：

1.中国有"不患寡而患不均"的历史文化传统。改革开放以来，经济发展很快但收入差距巨大，这个问题的原因是什么？

2."三化"即全球化、工业化、城市化，对收入差距方面的影响有哪些？其影响的机制或途径是什么？

3.如何缩小社会收入差距？

第6章拓展阅读

# 第7章　免除后顾之忧——安全卫生与社会保险

## 学习目标

✔ 理解人力资源自然保护的范畴

✔ 了解职业病管理制度

✔ 了解意外事故的预防

✔ 了解工作压力及其克服的问题

✔ 掌握社会保障和社会保障制度的含义

✔ 了解社会保障制度的作用和意义

✔ 重点理解养老保险制度的意义

✔ 了解我国养老保险、医疗保险和失业保险的制度模式

**引例**　　　　　　　　　**不必为临时工缴纳社会保险吗?**

不少企业受利益驱动，或者错误地认为"招用临时工不需缴纳社会保险费"，工资又不高，比招用正式工成本低，"划得来"，或者干脆明知故犯地拒绝给临时工上社会保险，逃避企业应当履行的社会保险义务。这次招一批"临时工"干几个月就"打发走人"，下次再招一批新的临时工，接着这样干。一些劳动者则求职心切，往往只要领到工资，就心满意足，至于有没有社会保险则无所谓，这就让那些投机取巧的企业经营者钻了空子。

浙江省某市劳动监察大队近日接到举报，南方商贸公司以"招收临时工"为名，招收20多个营业员。这些招聘的营业员大多是来自外地的农民工，还有少数是本市下岗工人。企业招收这些营业员后，明确提出不与工人签订劳动合同，也不给工人缴纳社会保险费。这些工人怕失去工作，也就忍声吞气，接受了雇主的不合理要求。然而，这些营业员仍然逃不过被解雇的命运。

在雇用一段时间后，这家公司不管工人有无过错都将他们辞退。然后雇主再到劳动力市场上重新招用一批，"铁打的营盘流水的兵"，时间多则半年，少则3个月。

接到举报后，市劳动监察大队对此事进行了调查，发现情况属实，性质恶劣。一位叫张真的营业员对调查人员说，她是2个月前通过一家街头职业介绍所介绍来的，说好每月工资400元，不签劳动合同，不给上社会保险，其他什么待遇都没有。现在工作不好找，家里又困难，没有办法只得接受了这一苛刻条件。另一位营业员秦实在被公司招聘后，工作的时间已经超过半年了，但公司至今也没有与他签订劳动合同，工资比合同工低了七八百元钱，奖金只有固定工的一半，也没有给他缴纳养老保险费。小秦多次找人事科负责人，要求解决其劳动合同和工资待遇问题，但公司多次推

脱。人事科答复说："这是公司制度和惯例，是临时工与固定工的区别，很正常。"商贸公司的柴副总经理在接受社保部门调查时讲歪理讲得理直气壮，说什么"企业有用工自主权，应当由企业说了算"。"商贸公司的业务既然是有淡季，有旺季；营业员也就是有时要用，有时不用，有时用多，有时用少。不用当然就辞退。"他认为，这些营业员是以"完成一定工作任务为期限"的工人，与招合同工是有区别的，不必签订劳动合同，也没有必要给他们缴纳养老保险等费用。

市劳动监察大队调查不久后，秦实被解雇了，而且未得到任何补偿。经过咨询，小秦决定拿起法律武器维护自己的权益。2014年，小秦向某市法院提起诉讼，要求公司补偿自己应得的福利待遇。

法院调查发现，自2012年5月以来，秦实到该公司做营业员，公司既未与其签订劳动合同，也未给他缴纳养老保险，甚至在其加班后也未能得到应有的补偿。而公司则称，秦实诉请的经济补偿金不符合有关文件规定。法院对此诉讼案，依据国家法律与政府规章制度进行审理，做出如下判决：双方存在事实劳动关系，但公司未按《中华人民共和国劳动法》和《中华人民共和国劳动合同法》的规定给秦实按时、足额缴纳养老保险费，致使其不能享受保险待遇，应予以补偿。理，是有地方说的。

资料来源   佚名. 临时工要不要签合同和缴纳社会保险［EB/OL］.［2017-04-06］. http: //www.csai.cn/study/279832.html.

# 7.1  职业安全与卫生

## 7.1.1  人力资源的自然保护

所谓人力资源自然保护，是指对人力资源的自然生理条件方面的健康保护，尤指对劳动者的职业安全健康方面的保护，也称为劳动保护。人力资源自然保护的对象是从事社会经济活动的各种劳动者，包括对产业工人的保护，对各种蓝领、白领人员的保护和对各种其他劳动者的保护。

人力资源自然保护所涉及的内容一般是职业病的预防、意外事故的预防以及其他的安全健康内容，其具体内容范围包括防范普通的、传统的工作地的物理条件因素所致的身体疾病（职业性疾患），包括工伤事故等造成的身体的急性损伤，还包括人的精神与情感等内容，如工作压力。基于人力资源自然保护是一项复杂而重要的工作，这就需要许多领域的专门知识和科学手段，例如工业卫生、职业医学、安全工程学、环境科学、心理学和生态学等。

在此基础上，人力资源自然保护还扩大为对员工身体健康素质的提高和改善等，进而使这一资源的自然性能力得以维持和扩大，这涉及更广泛的质量内容，本节不赘述。

职业安全与卫生是一项重要的工作，它是保护人力资源健康和正常经济功能不可或缺的重要手段，是劳动者个人和社会、政府高度关心的，也是对企业等用人单位有着长期效益的重要的人力资源管理内容。

职业安全与卫生中的不良因素必然对人力资源造成危害，如图7-1所示。

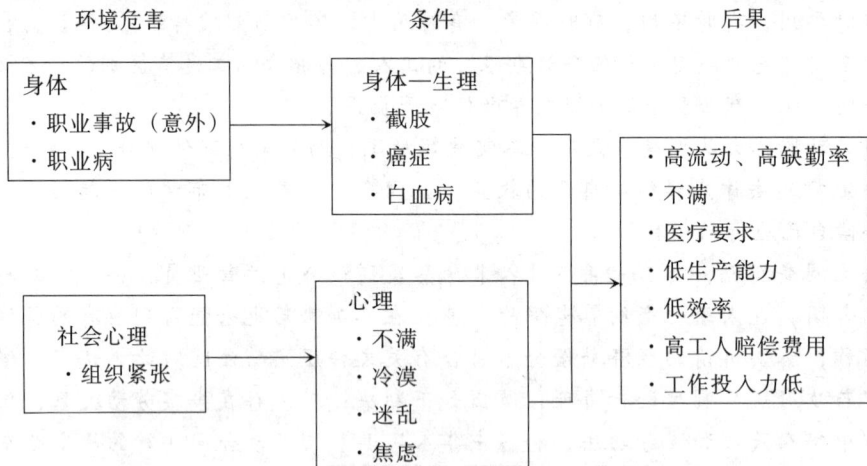

图7-1　职业安全与卫生基本因素及危害

## 7.1.2　职业病与预防

### 1.职业病的内容

职业安全与卫生是《中华人民共和国劳动法》（以下简称《劳动法》）等法律监管的内容，我国一直重视该方面的法律建设，2001年我国的《职业病防治法》出台，2011年进一步做出修订。与之配合的，是在具体的职业医疗卫生管理方面的法律制度和行政规定。2002年4月18日，原卫生部和原劳动保障部联合颁布了《职业病目录》，2013年12月23日国家卫生计生委、安全监管总局、人力资源社会保障部、全国总工会四单位联合颁布了新的《职业病目录》。

被列入职业病目录的病种大类有10大类132种。这10大类包括：

①职业性尘肺病及其他呼吸系统疾病；

②职业性皮肤病；

③职业性眼病；

④职业性耳鼻喉口腔疾病；

⑤职业性化学中毒；

⑥物理因素所致职业病；

⑦职业性放射性疾病；

⑧职业性传染病；

⑨职业性肿瘤；

⑩其他职业病。

预防职业病是一项系统工程，它要求采取各种综合措施，针对不同行业、不同工种的特点制定不同的预防办法。下面从法律制度、技术措施等方面加以阐述。

### 2.职业安全健康法律制度

我国法律法规中有关职业安全健康即劳动保护的内容，指国家为了保护劳动者在生产、工作过程中的健康，防止和消除职业危害而制定的各种法律和制度的总和，包括各种工业生产卫生、医疗预防、健康检查等技术和组织管理措施的规定。这些法律和制度规范体现了国家对员工身体健康的关心，用人单位应当自觉将其作为人力资源开发与管理工作的指南。

我国的职业安全健康法律和制度主要由《中华人民共和国职业病防治法》《中华人民共和国安全生产法》《中华人民共和国尘肺病防治条例》《危险化学品安全管理条例》《特种设备质量监督与安全监察规定》《劳动防护用品配备标准》《使用有毒物品作业场所劳动保护条例》等构成，其主要内容有：防止有毒、有害物质的危害；防止粉尘的危害；防止噪声和强光刺激；防暑降温和防冻取暖；通风和照明；个人防护用品和生产辅助设施；职业病防治等。在《劳动法》中，还规定了对女职工和未成年工实行特殊劳动保护。就此，各用人单位应建立单位内部的劳动安全卫生管理制度。与职业安全健康有关的法律和制度有：卫生责任制度、卫生技术措施、计划管理制度、卫生教育制度、卫生检查制度、劳动卫生监察制度、职业病的防治和处理制度。

### 3.职业安全健康技术措施

预防职业疾病因行业、工种、工作条件不同而要求采取不同的技术措施，主要有如下几个方面：

（1）防止粉尘的危害

许多工业生产都以石英或其他含游离二氧化硅的物质为劳动对象，如矿产开采、玻璃制品、耐火材料、砂轮制造、选矿、陶瓷、搪瓷机械制造的翻砂和喷砂等。在这些产品生产中，易造成游离二氧化硅的飞扬，使工作者吸入肺部而导致矽肺。这需要采取各种防护措施来解决。

（2）防止有害物质的危害

在某些产品的生产过程中会产生大量有害气体、流体，员工如果吸入或直接接触这些物质，轻则损害健康，重则引起中毒。因此，企业应采取相应的防护措施，加强通风排气，正确使用各种劳动防护用品，对废气、废液综合利用或净化处理，以免排入空气和河流中而使附近居民健康受损和生态遭到破坏。

（3）防止噪音和强光的刺激

在工业生产流程中，许多环节会产生强烈的噪音、强光等。如电焊、冶炼、锻压、纺织等作业，都会产业噪音或强光而损害工作者的视觉或听觉器官，因此，必须采取消音、防震、遮光等措施，使用保护耳膜和眼睛的防护用品。

（4）降低劳动操作对人体器官的伤害

如打字员长期工作造成对颈椎和手指关节的伤害，并对视力产生不良影响。首先从人力资源个体来说通过改进身体状况，加强锻炼，使身体更强壮，减少劳动操作对身体的伤害。其次组织部门制订各种身体健康计划，以促进身体状况的改善。

有时，工作中的社会心理环境的改善也可减少劳动对个体器官的伤害。有迹象表明，与工作组织和工作满意度相关的社会心理因素可减少伤痛。

（5）妥善处理危险品

危险品必须妥善存放、有效管理，并谨慎、合法地使用。用人单位在制定有关的管理措施时，必须明确说明在工作场所里要恰当、合理地使用所有危险品，同时，要对员工进行使用程序等方面的相关培训。

（6）其他措施

其他措施包括：改进工艺和采用新技术，尽量采用仪表控制，远距离操作，使有毒、有害因素与操作者隔离；建立安全检查制度，以预防为主，对患职业病职工及时治疗；提供本组织所有有害物质的手册和安全数据档案，手册的内容包括关于一般和特殊有害物质的危险程度、防护程序、正确的贮存和销毁方法。

### 7.1.3 意外事故的预防

用人单位的职业安全工作核心在于预防事故。为了保证一个单位的职业劳动安全，预防意外事故，需要建立健全以下几方面的制度：

**1.安全生产责任制度**

要将安全生产责任与完成一定数量和质量的经济责任联系起来，实行权、责、利的统一。建立健全安全保障网络，采取措施，建立安全专业管理组织与群众性组织。专业管理组织是各级政府部门中分别设置的负责安全保护、依法对企业的安全生产和劳动保护实行监督与检查的机构；群众性安全管理组织指各级工会和各企业的安全员网络。通过贯彻这一责任制度，规定组织的负责人、劳动保护专职管理机构和专职人员、组织的各职能部门直至每一个员工的安全责任与权利，把"安全为主""预防为主"的方针用制度固定下来，加以保证。

**2.安全生产教育制度**

安全生产教育是落实组织安全计划的思想基础。安全生产教育制度的主要内容是思想教育、劳动保护方针政策的教育、规章制度教育、劳动纪律教育、安全技术知识教育、典型经验和事故教训的教育等。通过制度化的建设，提高组织领导和工作人员对职业安全的认识，提高劳动保护的责任感和自觉性，才能使工作人员正确认识和掌握有关劳动保护的科学知识和解决安全问题的能力，使安全生产落到实处。

**3.安全生产检查制度**

安全检查的内容分为查思想、查现场、查隐患、查管理、查制度等几方面。安全检查的形式有定期检查、普遍检查和专业检查等。对安全检查中发现的问题，需要采取切实的措施加以解决。

**4.伤亡事故报告制度**

伤亡事故报告制度是在工作人员遭受伤亡事故后，进行报告、登记、处理和统计分析等具体工作程序的一种法定制度。这一制度可使有关管理部门和发生伤亡事故的组织及时了解和研究工作人员发生伤亡事故的原因，为改进安全措施、完善安全规章制度提供参考。实行这一制度，也意味着要对事故责任人进行追查，以督促管理者和员工树立安全责任意识，有效防止事故的发生。

### 7.1.4 过度劳动问题

"过度劳动"一词，是国内学者鲜少明确界定的概念。从过度劳动问题研究的发展史上来看，对过度劳动的研究是从对"过劳"的情况判断、科学定义和实证研究开始的。经济学者对此的看法是，"所谓过度劳动是指人力资源在较长时期内的过度使用，即就业者在较长时期内处于一种超出社会平均劳动时间和强度的就业状态"。从语义学的角度看，过度劳动是一个与"适度劳动"相对应的概念，是指劳动者在其职业生涯当中，在较长时期内，已经感知到肌体或精神的疲劳且这种长期疲劳已经影响劳动者的身体健康或工作生活质量，但出于各种因素的驱动仍然提供超时、超强度劳动的行为状态。

所谓"过劳"，基本上是医学领域的概念，是指人在一定的繁重、破坏生理条件的劳动过程中，正常的工作规律和生活规律遭到破坏，体内疲劳蓄积并向过劳状态转移，使血压升高、透支体力过度，使人的自然生理条件处于极度不健康的状态。由于过劳是因为劳动者常年超负荷工作而使体力、精力的持续高强度付出，严重破坏了人体的生理规律和节奏，体内能量入不敷出，可能引发慢性疲劳综合征。由于工作时间过长，劳动强度过大，加上心理压力过重和长期慢性疲劳，身陷精疲力竭的"亚健康"状态，还非常容易诱发身体潜藏的疾病突然恶化，甚至导致死亡，即"过劳死"。

过劳死是指劳动者较长时期内处于一种超出社会平均劳动时间和强度的工作状态，正常工作规律和生活规律遭到破坏，体内疲劳蓄积并向过劳状态转移，使血压升高、动脉硬化加剧，进而出现致命的状态。根据中国国情从法律角度定义过劳死，是指用人单位违反国家相关法律法规，强令或变相强令劳动者超出正常工作时间和劳动强度，从而导致劳动者死亡的状态。过劳死应该引起办公族的高度重视，并将其置于与其他疾病（如心脏病、癌症等）同等重要的位置上予以预防。人体持续工作越久或强度越大，疲劳的程度就越重，消除疲劳的时间也就愈长，主动休息不仅可以保护身体少受或不受疲劳之害，而且能大幅度提高工作效率。

"过劳"问题出现至今，大多是工作高负荷、大大超过人的自然生理条件所致。资本主义的利润动机与管理活动的严格、科学，进一步加重了人的体力方面的过劳程度，"血汗工厂制度"就是这一格局的反映。这种状况必须从法律、制度、医学科学和社会文明的角度建议制止。在产业结构已大大进步的现今，白领人员的过度工作负担，脑力劳动者过于疲劳，甚至脑力劳动者的过劳死已经很多见了。我国改革开放以来出现了许多著名知识分子重病早亡的现象，这种现象必须加以扭转。

### 7.1.5 工作压力问题

所谓工作压力，是指劳动者预见到工作中的身体或情感方面的危险而试图摆脱的高度心理紧张状态。一般来说，当工作环境的要求超出个人所能达到的限度时，就会产生对工作的压力感，进而使人力资源本身产生一定的疾病和伤害。工作压力在职员身上的表现形式有：迅速增长的旷工现象；频繁的跳槽；较低的生产率；工作中的错误等。过度的工作压力导致身体和精神方面的问题和疾病有：紧张和偏头痛；心脏病；高血压；胸部、脖颈和后背肌肉收缩；胃炎和消化道溃疡；便秘；支气管哮喘；风湿性关节炎；月经失调和性功能障碍等。从人的心理的角度看，过度、过长时间的工作压力反过来又会影响个人因素，如注意力、记忆、睡眠、食欲、动机、情绪和与他人的关系，导致精神障碍。

"工作压力"这一范畴，除了个人生理和心理方面的问题外，往往是和过劳、工作任务要求过重有关。工作焦虑就是一种特别的职业紧张，当人们无法控制自己工作的质量，而又认为自己应对该工作的成功或失败负责时，就会出现这种焦虑；也有人认为焦虑是长期的、持续的精神紧张，情绪紧张到顶点时的反映。它的主要特点是雇员的身体、精神、情绪衰竭到极点，从而无法满足工作的需求（无法工作）。焦虑往往呈现一种发展的状态，从感到不适发展到体力、心理功能恶化。易焦虑的人往往是过于投身工作、工作时间过长、过于紧张以及无法控制自己的生活。在人力资源从事的每一职业、每一个工作领域，都会发现这种现象。

改进工作以减少员工工作压力的方法有重新设计工作、明确期望、改善工作环境、培训职工等。

## 7.2 人力资源社会保障

### 7.2.1 社会保障基本分析

#### 1.社会保障的概念

所谓社会保障，是国家通过征税、收费、接受捐赠等手段筹集资金，以社会保险、社会救助、社会福利和社会优抚等方式为社会上的人们防范风险，并为丧失劳动能力和暂时无收入者提供基本生活来源，为贫困者提供最低生活救助，为军人提供特殊关照，从而为全体国民增进生活福利的社会经济制度。

进一步来看，"社会保障"一词有广义和狭义之分。狭义的社会保障仅仅是一些如救助的具体保障措施，是大的社会福利制度的一个部分，在有济贫传统的西欧和日本等国家多是此种，他们使用"社会福利制度"的概念来定义总体内容。广义的社会保障概念则是包罗各项内容和措施的总和，是包含社会保险、社会救助、社会福利等子项的一个大的体系。我国使用的即是广义的"社会保障"概念。

#### 2.社会保障的由来

社会保障古已有之。因为自古以来，总有一部分社会成员会因为各种原因而陷入生活困境，需要政府、社会或他人的帮助才能摆脱生存危机，但是受当时社会生存状况的限制，政府或社会只能采取救灾、济贫等临时性政策措施，解决这些人陷入生活困境的燃眉之急。直到1601年，英国伊丽莎白女王颁布划时代的《济贫法》，建立了世界上第一个正式的社会救济制度。19世纪80年代，德国为适应工业社会发展的需要，在世界上率先建立了与现代工业文明相适应的社会保险制度。"社会保障"的概念最早在1935年美国颁布的《社会保障法》中使用，是由英语"social security"翻译而来，之后，社会保障一词逐步被有关国际组织和多数国家接受，并逐渐成为以政府和社会为责任主体的福利保障的制度统称。

在当代，社会保障对世界各国来说已经不仅是一个范畴，更多的是作为一项重要法律制度的总称。

### 3.社会保障制度

所谓社会保障制度，是国家为了保持经济发展和社会稳定，对公民在年老、疾病、伤残、失业、生育、遭遇灾害、面临生活困难时，由政府和社会依法给予物质帮助，以保障公民的基本生活需要的制度。这一领域中，社会保障制度的责任主体应该是国家或是政府，也只有国家或者政府才有这个能力担当起"生存权"这项人的基本权利的总体责任，按照效率-公平兼顾的原则来满足公民的基本生活需求。

我国的社会保障基本制度包括社会保险、社会救济、社会福利和优抚安置四大部分，在这一体系中，社会保险是重点内容，是整个体系的支柱，其适用范围主要是城镇劳动者。因此可以说，社会保障制度是在社会层面有关人力资源再生产和养护的重要内容，集中到社会保险上，更完全是从社会层面对于人力资源的再生产和养护，这就成为我们关注的重要领域。

## 7.2.2  社会保障的项目

### 1.社会保险

社会保险是指国家依法建立社会保险基金，通过统筹互济，为参加保险的劳动者在丧失或暂时丧失劳动能力时提供经济帮助，确保其基本生活的制度。社会保险一般要求政府及参保的雇员、雇主缴费，三方共同负责建立社会保险基金，作为统筹互济再分配的基础。社会保险一般包括养老保险、医疗保险、失业保险、工伤保险和生育保险等。养老保险、医疗保险和失业保险这三方面的具体内容在本章的后面重点介绍。

社会保险是社会保障制度最核心的制度，这是因为：一是社会保险的对象是雇员或劳动者，他们是一国人口中最能创造财富的群体，并且占据社会保障对象的绝大部分；二是社会保险支出占整个社会保障支出的绝大部分，是社会保障制度最大的子项目。

社会保险有三大原则：一是强制性原则，即国家通过立法强制实施，受保人必须参加，承保人必须接受；二是互济性原则，即社会保险不以营利为目的，按照"大数法则"，在全社会的范围内统一筹集资金，统一调剂使用，依靠全社会的力量均衡负担和分散风险，以保障人们的基本生活，以从根本上安定社会秩序；三是社会性原则，即普遍性，社会保险应尽可能在全社会普遍实施，覆盖面尽可能涵盖所有劳动者以至全体社会成员。

### 2.社会福利

社会福利是指国家和社会通过各种福利服务、福利企业、福利津贴等方式，使全体社会成员在享受基本生存权利的基础上，随着社会经济的不断发展而提高生活水平的社会政策的总称。社会福利基金主要来源于税收和社会捐赠。

社会福利包括一般社会福利和特殊社会福利。一般社会福利是指国家和社会为全体社会成员提供的物质利益和服务，享受对象是全体社会成员，比如教育、医疗、各种社会服务和市政绿化设施等，因此也称为全民福利；特殊社会福利是指国家和社会为特殊人群提供的物质利益和服务，比如老年人福利、残疾人福利、妇女儿童福利等，因此也称为选择性福利。可以说，社会福利是社会保障制度中较高层次的、"锦上添花"的内容。

### 3.社会救助

社会救助又称社会救济，是指国家和社会针对由贫困人口与不幸者组成的社会脆弱群体，由政府为其提供物质和服务帮助，从而帮助他们摆脱生存危机的一种生活保障制度。社会救助的对象主要是低收入人群和受灾受困人群等社会最弱势群体，他们往往不能享受其他社会保障制度，只能被社会救助制度所覆盖，因此，社会救助通常被称为"最后的安全网"，是保证底线公平的基本制度安排之一，对促进社会公平与社会融合具有重大意义。

社会救助的内容主要有城市居民最低生活保障制度、各类灾害救助、医疗救助、住房救助等。社会救助由国家承担全部或主要财政责任，救助基金来源于国家税收。社会救助是最低层次的社会保障制度，同时也是历史最悠久的保障形式，大多数国家的社会救助制度都脱胎于历史上的济贫传统。

为了帮助弱者，一些社会上的好心人士、企业、社会组织进行捐赠，也成为社会救助的来源。人们把这种捐助看作是社会收入的"第三次分配"。

### 4.社会优抚

社会优抚是指国家通过立法对军人及其家属提供物质帮助和精神抚慰的社会保障制度。这一制度包括物质上的优抚和精神上的优抚两方面内容：物质上的优抚包括阵亡补偿费、伤残抚恤金、专业安置等；精神上的优抚包括英雄纪念碑和烈士陵园的建设和祭扫、阵亡伤残军人事迹的褒扬等。社会优抚具有直接的政治目的，基金主要来源于政府。社会优抚属于明显的特殊的社会保障制度。

### 5.补充保障

补充保障是在基本的社会保障制度之外，由非政府主导、非强制性为特征的各种社会化保障机制的统称。补充保障的主要内容包括企业年金、员工福利、商业保险等。补充保障一般是一些组织在内部举办的，或者是由专门机构进行商业运营的。

尽管这些补充保障是基于不同的出发点和目标所建立的，但它与基本的社会保障制度一起共同构成国民的生活保障系统，对社会发展和增进国民福利也起着不可低估的作用。

## 7.2.3  社会保障制度的功能

### 1.是促进社会公平的调节器和维系社会稳定的"安全网"

在市场经济条件下，初次分配中"多劳多得"、褒奖贡献大者的公平原则已经成为共识。由于收入分配机制与竞争机制相联系，必然存在收入分配方面的不均等，出现贫富差距现象。社会保障制度对社会成员的收入进行再分配，将高收入者的部分收入适当转移给收入较少的社会成员，在一定程度上缩小了贫富差距，缓和了社会矛盾，促进社会公平目标的实现。此外，社会保障制度对没有生活来源者、贫困人群、遭遇不幸者等给予救助，帮助陷入生活困境的社会成员从生存危机中解脱出来，保障其基本生活需要，维护了社会稳定，成为"社会安全网"和"减震器"，而且，帮助弱者也是现代社会应当有的一种文明。

**2.是推进市场经济体制的必然要求**

在市场经济条件下，竞争机制导致优胜劣汰，造成部分劳动者被迫退出劳动岗位，使其本人和家庭因收入减少而陷于生存危机。市场经济的建立和发展要求保护人力资源再生产和合理配置，社会保障的建立打破了劳动者自我保障或企业保障的局限，使劳动者在更换劳动岗位和迁徙时没有后顾之忧，促进了人力资源的合理流动与合理配置。如果一个国家缺少完备的社会保障体系，特别是缺少产业工人的社会保险，这个国家构建任何一种市场经济体制都是不可能的。

**3.对促进社会协调发展具有重要作用**

建立和完善社会保障体系，为人民群众提供适当水平的基本生活保障，保障他们安居乐业、老有所养、病有所医，是新世纪我国全面建设小康社会的必然要求。此外，具有完善的社会保障体系能够改善居民对改革的心理预期，有利于大力促进即时消费，在保证我国经济社会持续、稳定和健康发展方面发挥着重要作用。

应当注意的是，我国在进入新世纪时就已经迈入老龄化社会（60岁以上人口占总人口的10%以上），目前已经显露出"银色浪潮"（白发人数量众多、比例巨大）的趋势，这个人口老龄化的危机必须由完善的社会保障体系来化解。

**4.对人力资源再生产和养护具有重要作用**

首先，社会保障有利于人力资源个体自身风险的减小。"天有不测风云，人有旦夕祸福"，社会保障起源于人类通过一定的社会组织抵御风险，就是对人力资源本身进行自我保护的一种需要。社会保险、商业保险均可看作是人类对由不确定性造成的风险进行应战的手段，其中最能体现人类智慧的应战手段，当然是以大范围的集体共谋合作为基础，由国家出面举办的社会保险制度。从效率和政府责任角度来看，具有普遍性风险和与维持人力资源再生产基本需要有关的风险应当由政府来管，因为政府拥有国家机器及作为政权主体，无疑具有某些强制权力。这是任何商业性机构都不具备的权威和统筹兼顾、调节经济利益和经济关系的权力。政府的这种强制权意味着可以做私营机构做不到的事，从而可以在全社会范围内达到长期地、可靠地"分散风险"。因为，对于跨越几十年的长时期的社会保险关系（如养老保险从20岁开始缴费，可能到八、九十岁依然要领取）来说，信誉是至关重要的，再殷实有誉的商业性保险公司也没有国家和政府可靠。

其次，社会保险制度有助于减少劳动者家庭生活的风险，有利于人力资源的代际再生产，即保障下一代人力资源的正常生活条件。

最后，社会保障还有利于对特殊人力资源即弱势群体的保护，达到竞争条件下人力资源普遍性再生产的功能。

## 7.3　养老保险

### 7.3.1　养老保险基本分析

**1.养老保险的概念**

养老保险，亦称"老年保险"或"年金保险"，是指劳动者在达到国家规定的解除劳动义务的劳动年龄界限，或因年老丧失劳动能力的情况下，能够依法获得经济收入、物质帮助和生活服务的社会保险制度。

从养老保险的范围、水平、方式的不同，可分为基本养老保险、补充养老保险和个人储蓄性养老保险三个方面，国际社会通常称为养老保险的"第一支柱、第二支柱和第三支柱"。

（1）基本养老保险是由国家立法强制实行的政府行为，全体劳动者必须参加。本节后面主要阐述基本养老保险。

（2）补充养老保险是在国家法律、法规和政策的指导下，在企业和职工已经参加基本养老保险的前提下，由企业或单位与职工视企业经营状况，通过民主协商，自主确定是否参保和确定保险水平，自行选择经办机构。

（3）个人储蓄性养老保险完全是一种个人行为，公民和劳动者均可按照自己的意愿决定是否投保、投保的水平，以及选择经办机构。

**2.养老保险的作用**

养老保险制度的建立和健全是人类文明与社会进步的标志和成果。它的产生和发展同社会保障制度的发展历程一样，经历了自发互助和有组织的互助阶段，然后进入国家立法阶段，迄今已有100多年的历史。

养老保险制度是社会保险制度的重要组成部分，国家建立养老保险制度，通过社会统筹的方式筹集资金，参与国民收入的再分配，解决劳动者的养老问题，实现了国家、企业和劳动者原始收入的再分配，在均衡地区之间、企业之间的经济负担，调节劳动者之间的收入分配差距，实现互助互济，缩小贫富差距，保障劳动者的基本生活，促进社会稳定等方面发挥了积极作用。

**3.养老保险模式**

目前，已有160多个国家和地区建立了不同类型的养老保险制度。世界各国养老保险制度类型主要有传统型、福利型、国家保障型和公积金型。养老金一般是通过现收现付的方式，或者部分或者完全积累的方式来筹集的。享受养老保险待遇的条件，一般由年龄条件、投保年限（工作年限或工龄）、居住年限等构成。

（1）传统养老保险模式

传统型养老保险制度以美、德、法等发达市场经济国家为代表，贯彻"选择性"原则，即并不是完全覆盖到全体国民，而是选择一部分社会成员参加，强调待遇与工资收入及缴费或缴税相关联，也可称为"收入关联型养老保险"。此类保险制度的保险对象一般为工薪劳动者，费用由雇主和雇员共同负担。在待遇支付方面，传统型养老保险制度一般有利于有收入人群。

（2）高福利国家养老保险模式

福利型养老保险制度以日、英、澳、加等部分市场经济国家为代表，贯彻"普惠制"原则，基本养老保险体系覆盖全体国民，强调国民皆有年金，也称为"普惠制"养老保险。在日本，政府建立了"国民年金"；在英国和澳大利亚，称为"老年年金"；在加拿大，称为"普遍年金"。在这一制度下，所有退休国民或达到一定年龄（如70岁）的退休国民，均可无条件地从政府领取一定数额的养老金。这种养老金与公民的身份、职业、在职时的工资水平、缴费或缴税年限无关，所需资金完全来源于政府税收。这种普惠制的养老保险待遇，一般水平很低，不足以维持退休者的基本生活；退休者要维持自身的基本生活，必须同时加入到其他养老保险计划之中。

实行福利型养老保险制度的国家，除澳大利亚外，目前均被一种混合型制度所取代，即福利型养老保险与收入关联型养老保险同时并存，共同构成第一支柱的基本养老保险。在日本，政府建立了"厚生年金"；在英国，称为"附加养老金"；在加拿大，称为"收入关联年金"。这种收入关联型养老保险的待遇一般要高于普遍年金的待遇，资金主要来源于雇主和雇员的缴费以及基金的投资收益。

（3）国家统包养老保险模式

国家统包养老保险模式，即国家保障型养老保险制度，它曾经在大多数实行计划经济体制的国家流行，以苏联、东欧国家为代表。按照"国家统包"的原则，由用人单位缴费，国家统一组织实施，工人参与管理，待遇标准划一，保障水平较高。其弊端是：第一，随着养老保险费用的不断增加，国家财政的包袱日益沉重，成为经济转轨的障碍。第二，平均主义倾向日益严重。由于养老保险基金增长快于劳动报酬基金增长，在整个消费基金中按劳分配的比重逐步减少，严重影响了职工的积极性和主动性。

这种养老保险制度在历史上曾经发挥了积极作用，但与市场经济不能适应，不利于企业参与市场竞争，不利于劳动力的流动，不利于培养劳动者个人的自我保障意识。目前，这种养老保险制度类型已经或正在退出国际社会保障领域。

（4）公积金账户模式

公积金型养老保险制度在一批新兴市场经济国家流行，主要以新加坡、智利以及一些英联邦的成员国家为代表，强调自我保障的原则，实行完全积累的基金模式，建立了不同类型的个人养老保险账户或公积金账户。养老保险费用由雇主和雇员共同分担，在被保险人退休或有特殊需要时，将个人账户基金定期或一次性支付给个人。

公积金型养老保险制度有利于发挥个人的自我保障功能，体现多劳多得的原则，也能够保障劳动者退休后的基本生活。但这一制度无法充分发挥社会保障的互济互助功能，同时普遍面临着如何使基金保值增值的压力，在持续通货膨胀和面临金融危机时难以正常运行。目前这种养老保险制度正在发展过程中，具体走向和实效尚难以预料。一些欧洲国家，如瑞典、意大利也引进了个人账户制度，但基金实行"空账"运转。

由于人口老龄化问题日益突出等问题，比较通行的养老保险现收现付体制遇到困难，引发各国开始改革养老保险制度。越来越多的国家已经采取措施，将公共的现收现付体制转变为完全积累体制，允许员工和雇主为他们的退休生计选择储蓄积累模式，以防止危机出现。有很多国家已经推出强制性的储蓄方案，要求员工为他们的退休而储蓄。一些国家或者已对他们的公共养老金体制进行部分私有化，或者已设立私营管理的养老金计划。一些国家要求雇主在传统的社会保障款项之外为员工提供养老金。但是，实行完全积累式的改革，其前景和效果究竟如何，目前尚难以预料，因为这种模式同样隐含着巨大的金融风险。

### 7.3.2　我国的养老保险制度

1951年《中华人民共和国劳动保险条例》的颁布实施标志着中国城镇企业职工社会养老保险制度的建立，至今已有60多年，在此期间经历了发展、停滞、改革三个历史阶段。

1978年至今，是我国养老保险制度改革和完善的阶段。20世纪80年代，按照建立社会主义市场经济体制的要求，率先在企业进行改革，建立社会统筹与个人账户相结合的基本养老保险制度，实现了由单位保险向社会保险的根本转变。为适应统筹城乡发展的要求，于2009年、2011年先后开展新型农村社会养老保险和城镇居民社会养老保险试点，并在此基础上全面推开，2014年建立了统一的城乡居民基本养老保险制度。2014年10月1日起，实施机关事业单位工作人员基本养老保险制度改革。至此，我国覆盖城乡的养老保险制度体系全面建立。

#### 1.我国现行养老保险制度

（1）职工基本养老保险制度

我国职工基本养老保险制度分为企业职工基本养老保险、机关事业单位工作人员基本养老保险两项制度，基本制度模式一致。其中，企业职工基本养老保险覆盖了城镇各类企业、社会组织及其职工，城镇个体工商户及灵活就业人员；机关事业单位工作人员基本养老保险制度覆盖了机关事业单位及其工作人员。两项制度均采取社会统筹与个人账户相结合的方式。养老保险费用由国家、单位和职工个人三方负担。

基本养老金与个人在职时的缴费工资基数以及缴费年限长短挂钩，即缴费工资越高、缴费年限越长，个人账户积累越多，退休时基本养老金就会相应较高。按照现行制度规定，满足以下三个条件的，可以按月领取基本养老金：一是参加了职工基本养老保险；二是达到了国家法定退休年龄，即男年满60周岁，女干部年满55周岁，女工人年满50周岁；三是个人缴费满15年。达到法定退休年龄时，累计缴费不足15年的，有如下3种选择：一是可以延长缴费至满15年；二是可以申请转入户籍所在地城乡居民社会养老保险，享受相应的养老保险待遇；三是个人可以书面申请终止职工基本养老保险关系，个人账户储存额一次性支付给本人。

（2）年金制度——基本养老保险的补充

年金制度在我国已经实行30多年。最早的年金制度，原被称为"补充养老保险"。，从1991年开始，国家发了一系列文件，提倡、鼓励企业实行补充养老保险。

我国补充养老保险定位为缴费确定型模式，采用个人账户方式管理，投资风险由职工个人承担。2000年，国务院在完善城镇社会保障体系的试点方案中，将企业补充养老保险更名为"企业年金"，明确了企业缴费在工资总额4%以内的部分可以从成本中列支，并确立了基金实行市场化管理和运营的原则。

2013年，我国对社会保险制度进行机关事业单位与企业并轨的改革，这是为适应人力资源管理体制与措施进一步改革、达到全面市场化的要求。

年金制度是在国家政策指导下，由企业及其职工依据经济状况自主建立的一项养老保险制度，它是职工基本养老保险的重要补充，是多层次养老保险体系的一个重要组成部分。年金制度有以下特点：一是经办方式较为灵活，有大企业自办、小企业联办、委托社会中介机构或金融机构经办等多种形式；二是基金实行长期积累和市场化运营；三是政府不承担直接责任，但通过制定各项政策（特别是税收方面）予以鼓励或限制，并进行严格的监管。

（3）城乡居民基本养老保险

城乡居民基本养老保险覆盖范围是年满16周岁（不含16周岁以上在校学生）、非国家机关事业单位工作人员、不属于企业职工基本养老保险制度参保范围的城乡居民。参加城乡居民养老保险的人员，年满60周岁、缴费年限15年以上者且未享受国家规定的基本养老保障待遇的，可以享受城乡居民基本养老金。城乡居民基本养老金由基础养老金和个人账户养老金构成。基础养老金由政府全额支付，中央政府确定全国城乡居民基础养老金最低标准，地方政府根据实际可适当提高基础养老金标准。个人账户养老金的计发标准为个人账户储存额除以139。

**2. 面临的挑战**[①]

（1）人口老龄化加速

人口老龄化是21世纪的全球性难题。我国因为有以下特殊性，形势更为严峻和复杂：来得早——西方国家都是完成工业化后进入老龄化，而我国是"未富先老"；来得快——西方国家老龄化从5%上升为10%普遍用了40多年的时间，而我国只用了18年；持续长——由于人口基数大，预测我国在21世纪30年代进入老龄化高峰后，要有30~40年的高位保持期，初步测算，到2050年，抚养比将达到1.5∶1，养老负担极为沉重。

（2）城镇化

改革开放初期，我国的城镇化率不到20%，2010年已达到49.69%，"十二五"期间出现城镇人口多于农村人口的拐点，到2020年城市化率将超过60%。这种快速变化的形势对养老保险有三个突出的影响：其一，城镇每年新增1 000多万人口，必须尽快完善城镇社会保障制度，通过将他们纳入现代社会保障体系解决基本生活保障问题，防止出现"城市病"。其二，对大量在城乡之间流动的农民工，要有适合他们特点的过渡性社会保险办法。其三，大量青壮年劳动力由农村转移到城市从事第二、第三产业，留在农村的多是老弱妇孺，加剧了农村人口老龄化程度，传统的家庭保障和

---

① 胡晓义. 养老保险 [M]. 北京：中国劳动社会保障出版社，2011.

土地保障难以为继。

（3）市场化

劳动力市场的高度流动性，就业方式多样化等，是市场的自身规律。近年来，灵活的就业数量和比例不断上升，主要特征是劳动关系不确定，就业岗位不确定，工作时间不确定，工资收入不确定，传统的以单位为对象的养老保险制度不能适应这种分散化、流动性强的劳动力市场变化趋势。

## 7.4  医疗保险

### 7.4.1  医疗保险基本分析

#### 1.医疗保险的概念

医疗保险作为社会保险制度体系的一个重要组成部分，是指当劳动者生病或非因工负伤时，由国家和社会给予一定的经济补偿或医疗服务的社会保险制度。医疗保险具有社会保险的强制性、互济性、福利性、社会性等基本特征，其根本功能是使受到疾病侵害的人力资源的工作能力得到恢复。医疗保险作为社会收入再分配的方式，使人力资源在因为疾病暂时中断工作时获得经济上的帮助，从而保障他们的基本生活需要，免除其后顾之忧，对维护社会稳定和秩序也具有一定的作用。

医疗保险制度通常是由国家立法建立基金制度，并强制实施。保险费用由用人单位和个人共同缴纳。医疗保险基金由社会保险经办机构管理，当劳动者发生医疗费用时，社会保险经办机构按规定与医疗机构进行结算，通过公共基金这种互济方式补偿和化解劳动者因患病或非因工负伤给生活带来的经济风险。

#### 2.世界医疗保险模式及发展趋势

目前，世界各国的医疗保险模式大体可以分为：

（1）国家卫生服务模式

这一模式以英国为代表，是指政府直接举办医疗保险事业，通过税收形式筹措医疗保险基金，采取预算拨款给公立医疗机构的形式，向被保险者直接提供免费（或低收费）的医疗服务。

（2）社会医疗保险模式

社会医疗保险模式以德国、日本、韩国为代表，是国家立法强制推行的医疗服务制度。它是由雇主和雇员依法共同缴纳医疗保险费，政府通过社会保险为参加者提供基本卫生服务。

（3）商业医疗保险模式

商业医疗保险模式以美国为代表，按市场法则自由经营，医疗保险作为一种商品在市场上自愿买卖。

（4）储蓄医疗保险模式

储蓄医疗保险模式是根据法律规定，强制性地以家庭为单位筹资，以缓解患病时可能出现的经济风险。该模式以新加坡为代表。

医疗保险模式的选择，受各国政治、经济、历史、文化等诸多因素的影响，各种模式利弊共存。现在各国的医疗保险制度都在不断改革变化中，总的趋势是互相学习、互相融合，不断调整完善。

### 7.4.2　我国的医疗保险制度

#### 1. 我国医疗保险制度沿革

新中国成立后，我国先后建立了企业职工医疗保险制度和国家机关工作人员医疗保险制度，这较好地保障了城镇职工的医疗需求，但是它也带来了许多弊端，主要是浪费严重，并造成了城乡之间医疗机构布局的极不合理。由于它是计划经济条件下的产物，这种制度设计只能适应高度集中的计划经济体制条件，随着我国经济体制改革的逐步推进和深化，劳保医疗和公费医疗体制的改革就势在必行了。

党的十一届三中全会召开以后，我国的政治、经济形势发生了重大的变化。到20世纪80年代后期，全国陆续开展了大病医疗费用社会统筹和离退休人员的医疗费用社会统筹，医疗保险向社会化管理迈出了一大步。

1998年12月，国务院颁布了《关于建立城镇职工基本医疗保险制度的决定》（以下简称《决定》），这个《决定》是指导全国医疗保险制度改革的纲领性文件。《决定》明确指出我国医疗保险制度改革的主要任务是：建立城镇职工基本医疗保险制度，即适应社会主义市场经济要求，根据财政、企业和个人的承受能力，保障职工基本医疗需求的社会医疗保险制度。

2002年10月，中共中央、国务院提出：要"逐步建立以大病统筹为主的新型农村合作医疗制度"，2003年开始，试点和在全国实行多方筹资、农民自愿参加的新型农村合作医疗制度，即"新农合"。

在推行1998年的城镇职工基本医疗保险制度基础上，为实现建立覆盖城乡全体居民的医疗保障体系的目标，国务院决定，从2007年起开展城镇居民基本医疗保险试点，2008年扩大试点，2010年在全国全面推开，逐步覆盖全体城镇非从业居民。

2012年8月，国家发改委、卫生部、人社部、民政部等六部委《关于开展城乡居民大病保险工作的指导意见》发布，明确针对城镇居民医保、新农合参保（合）人大病负担重的情况，引入市场机制，建立大病保险制度，减轻城乡居民的大病负担，大病医保报销比例不低于50%。

2016年国务院发布《关于整合城乡居民基本医疗保险制度的意见》，整合城镇居民基本医疗保险（以下简称为"城镇居民医保"）和新型农村合作医疗（以下简称为"新农合"）两项制度，建立统一的城乡居民基本医疗保险（以下简称"城乡居民医保"）制度，以推进医药卫生体制改革，实现城乡居民公平享有基本医疗保险权益，促进社会公平正义，增进人民的福祉。

整合城乡居民基本医疗保险制度的内容包括：统一覆盖范围、统一筹资政策、统一保障待遇、统一医保目录、统一定点管理和统一基金管理。

### 2.我国的医疗保险制度改革

我国医疗保险制度改革的主要内容包括：

（1）保障职工基本医疗需求

"基本水平、广泛覆盖"，以保障职工基本医疗需求，是城镇职工基本医疗保险制度必须遵循的重要原则。

"基本水平"，是从我国还不富裕、一些地区和人群还比较贫困的国情出发，根据国家、企业和个人的实际承受能力，确定合理的基本医疗保险水平。具体地说，就是合理确定基本医疗保险的用药目录、诊疗项目、医疗服务和给付标准，而对于超出基本医疗服务的需求，则需要患者自己负担或通过其他方式解决，不能列入职工基本医疗保险范围。

"广泛覆盖"，是要求城镇所有用人单位及其职工都要参加基本医疗保险。《决定》要求，职工基本医疗保险制度要覆盖城镇所有用人单位及其职工，包括国有企业、集体企业、外商投资企业、私营企业和职工，以及机关、事业单位、社会团体、民办非企业单位及其职工；城镇个体经济组织业主及其从业人员也可以参加基本医疗保险。

（2）用人单位和个人共同负担

实行基本医疗保险费由单位和个人共同负担，形成新的筹资机制。改变过去由国家和企业全部包揽职工医疗保险费的做法，实行基本医疗保险费由用人单位和职工个人双方共同缴纳。

（3）社会统筹与个人账户相结合

基本医疗保险实行"社会统筹与个人账户相结合"的方针，即用人单位和职工缴纳的基本医疗保险费要分别建立统筹基金和个人账户。这是一项重要的制度创新。所谓社会统筹，就是对基本医疗保险基金实行统一筹集、统一管理、统一调剂、统一使用。建立基本医疗保险个人账户，就是要建立职工自我约束和储蓄积累机制，个人账户的资金，包括职工本人缴纳的基本医疗保险费，还包括用人单位缴费中30%左右的部分，归职工个人所有。个人账户主要支付小额医疗费用或门诊医疗费用，统筹基金主要支付大额医疗费用或住院医疗费用，要明确统筹基金和个人账户各自的支付范围，分别核算，不能互相挤占。

实行统筹基金与个人账户相结合的基本医疗保险制度，还必须明确统筹基金的起付标准和最高支付限额。起付标准是指按规定可以进入统筹基金支付的"门槛"；最高支付限额就是"封顶线"，超过"封顶线"以上的医疗费用可以通过商业医疗保险等途径解决。

（4）统筹范围和基金管理

要合理确定基本医疗保险的统筹范围，加强基金管理。基本医疗保险基金的统筹范围原则上以地级以上行政区（包括地、市、州、盟）为统筹单位，京、津、沪三个直辖市原则上在全市范围内实行统筹。城镇职工基本医疗保险实行属地管理，不搞行业统筹。

加强医疗保险基金管理的措施有：第一，所有医疗保险基金都要由社会保险经办机构负责筹集、管理和支付，并要建立健全预决算制度；第二，要加强医疗保险基金支出管理，严格按照统筹基金和个人账户支付范围，量入为出，以收定支；第三，医疗保险基金要纳入财政专户，实行收支两条线管理，做到专款专用；第四，要切实加强对基本医疗保险基金支付、使用的审计和监督；第五，社会保险经办机构和财政部门要增强服务意识，做到基金及时拨付和结算，提高工作效率。

（5）提高医疗服务质量和水平

要加快医疗机构改革，提高医疗服务质量和水平。医疗机构改革必须与职工医疗保险制度改革配套进行，要根据《中共中央、国务院关于卫生改革与发展的决定》做出的部署，调整医疗卫生服务结构，改革医疗机构，规范医疗行为，减员增效，提高卫生资源的利用效率和医疗服务水平。主要措施有：第一，确定基本医疗服务的范围和标准。要制定基本医疗保险药品目录、诊疗项目和医疗服务设施标准以及相应的管理办法，使有限的医疗保险基金真正用于职工基本的医疗需求。第二，对提供基本医疗服务的医疗机构和药店实行定点管理，引进竞争机制，职工可以在定点医疗机构就医、购药，也可以在定点药店购药。第三，在对医疗机构调整改革、分流富余人员并进行成本核算的基础上，合理提高医疗技术收费价格，体现医术劳务费价值。第四，实行医、药分开核算，分别管理。第五，积极发展社区卫生服务，将社区卫生服务中的一些服务项目纳入基本医疗保险范围。

**3.我国医疗保险问题分析**

我国的医疗保险制度改革虽然已经取得了一定的成绩，但也和其他国家一样，面临许多亟待解决的矛盾。这主要有以下几个方面：

（1）医疗资源供给有限性与需求无限性的矛盾

医疗资源供给的有限性，主要表现为医疗保险基金的有限性，即在一定的时间和范围内，医疗保险基金的筹集是有限的；医疗资源需求的无限性，则表现为医疗消费是一种弹性很大的、医患之间信息不对称的"非理性消费"。如果没有有效的制约措施，医疗保险基金极易出现赤字。

（2）医疗消费中的公平性

医疗消费中公平性的程度高低直接影响着医疗资源的使用效率及社会效果。公平程度高，医疗资源的使用效率就高，社会效果就比较好；反之，公平程度低，医疗资源的使用效率就低，社会效果就比较差。我国医疗消费中的不公平体现为应当享受同样医疗的人，却因为各地的医疗设施不同、缴费水平不同、城乡医疗制度的差异等原因，在实际的医疗消费中差异很大，存在明显的不公平状况，在不少地方存在"看病难"和"看病贵"的问题，一些农村地区甚至有不少因病致贫、因病返贫的现象。

此外，医疗消费中的不公平不仅使上述"医疗资源供给有限性与需求无限性的矛盾"加剧，而且会浪费很多稀缺、珍贵的高档医疗资源。

（3）医药科技发展与医疗保险基金的矛盾

医药科技作为自然科学的一部分，其发展可以说是日新月异；但医疗保险基金的增长则相对比较缓慢。因此，医疗技术、药品科学的飞速发展也使人们的需求大大增加，给医疗保险基金带来了更大的挑战。

# 7.5 \ 失业保险

## 7.5.1 失业保险基本分析

### 1.失业保险的概念

失业是现代经济运行不可避免的一种社会现象，普遍存在于各个市场经济国家。失业保险是国家和社会为保证劳动者在等待重新就业期间的基本生活而给予物质帮助的社会保险制度。

建立失业保险的目的是通过建立失业保险基金，使劳动者在职业中断期间从国家和社会得到必要的经济帮助，并通过转业培训、生产自救、职业介绍等途径为其重新实现就业创造条件，使遭受经济风险的人力资源得到保护与再配置。失业保险作为社会保险制度的重要组成部分，对维护社会稳定，促进就业和实现再就业，都有着重要意义。

### 2.世界各国失业保险模式

目前，世界上已实行失业保险制度或类似失业保险制度的国家，大致可以分为以下类型：

其一，强制性失业保险模式（如美国、日本、法国、中国等国家），指国家立法强制实施的失业保险制度，主要体现在国家立法强制雇主、雇员缴纳失业保险金，并享受相关待遇。

其二，非强制性失业保险模式（如丹麦、冰岛等国家），指是否参加失业保险是"非强制性"的，而且参加了失业保险，就必须根据失业保险的法律规定接受管理，承担相应的义务，享受相应的权利。

其三，失业补助制度模式（如澳大利亚、新西兰等国家），指由国家单方出资，领取失业救济必须经过收入调查后，经过有关机构批准，再对贫困的失业者进行救济的制度。

其四，双重失业保险模式，指强制性、非强制性或与其他保险形式相结合的失业保险制度。

## 7.5.2 我国的失业保险制度

### 1.我国失业保险制度沿革

新中国成立后，我国长期以来在"左"的思想的影响下，否认社会主义国家存在失业的可能性，因此，失业保险理论和实践基本上是空白。改革开放以后，为了配合劳动制度改革和企业破产法的实施，国务院于1986年7月颁布《国营企业职工待业保险暂行规定》，实际上是承认了失业并初建了失业保险。1993年4月，国务院颁布《国有企业职工待业保险规定》，对保险对象、保险水平、保险项目、保险费来源、给付条件等做了详细规定。在此基础上，1999年，国务院颁布《中华人民共和国失业保险条例》，标志着失业保险制度在我国正式建立。失业保险制度的建立，对保障失业职工的基本生活，促进劳动者重新就业，深化劳动体制改革，维护社会稳定，都有重要意义。

**2.现行失业保险待遇**

我国享受失业保险待遇必须符合以下三个条件：（1）按照规定参加失业保险，所在单位和本人已按照规定履行缴税（费）满一年的；（2）非本人意愿中断就业的；（3）已办理失业登记并有求职要求的。

我国失业保险的给付期限与标准，与缴费期限、工作年限挂钩，从累计缴费时间满1年至满10年以上，分别享受不同水平的失业保险待遇，失业保险最长领取期限为24个月。

失业保险金的标准，按照低于当地最低工资标准、高于城市居民最低生活保障标准的水平确定。

**3.失业保险面临的问题与解决**

由于建立和推行的时间较短，我国失业保险制度在运行中还存在不少问题，主要体现为：

（1）地区间发展不平衡。由于失业保险实行分级管理，受不同区域经济社会发展状况等因素的影响，各地工作进度存在明显差距，效果也不一样。

（2）保险统筹层次低，互济性较差。除直辖市外，其他设区的市，基金统筹不到位，实际统筹层次偏低。其原因在于，设区的市和所辖区、县财政各自独立，基金不敷使用时，各级财政给予补贴的具体责任在政策上不明确。

（3）基金支出结构不合理，管理费支出居高不下。

（4）失业保险的社会功能较弱，促进就业方面的作用还不明显。

对于上述问题，解决方法是：加强失业保险立法；进一步拓展失业保险实施的空间和范围；提高统筹层次，扩大失业保险的调剂能力；调整基金支出结构，提高基金使用效益；加强失业保险基金的财务和预算管理；完善失业保险的社会化功能。

进而言之，完善我国失业保险制度，还必须对失业保险模式的选择、失业保险和失业保险津贴水平的确定、享受失业保险的资格、建立三方负担和社会统筹机制等方面进行思考和把握。

其一，关于失业保险模式的选择，西方发达国家有逐渐向多层次保险发展的趋势，目前失业保险有"援助型"（失业保险加特殊失业补助）、"衔接型"（失业保险加市场救济）、"补充型"（失业保险加企业补充失业津贴）。我国失业保险制度的模式也应当考虑借鉴和选择复合式保险结构。

其二，关于失业保险和失业津贴的水平。考虑到我国目前还处于社会主义初级阶段，经济发展水平还不高，因此我国的失业保险和失业津贴水平必须控制在较低水平，否则财政、企业会背上沉重负担。

# 本章小结

本章分为两大部分。第一部分首先对职业安全与职业卫生两个范畴的基本内容进行了阐述，并对过度劳动、过劳死和工作压力问题做了进一步分析。第二部分内容丰富，首先对社会保障范畴做了简要概述，阐述了社会保障制度基本内容，指出社会保险是其重点，并着重对社会保障的现实作用进行了分析。进而，对养老保险、医疗保险、失业保险这三大保险的概念和作用、基本模式、发展趋势分别进行了阐述，并对我国三大保险制度的改革和应当进一步解决的问题分别进行了分析。

## 主要概念

职业病　过度劳动　工作压力　社会保障　社会保障制度　社会保险　社会救助　社会福利　补充保障　养老保险　企业年金　医疗保险　失业保险

## 复习思考题

1. 职业安全卫生的功能是什么？
2. 如何解决过度劳动问题？如何减少工作压力？
3. 社会保障制度的概念是什么？基本内容是什么？
4. 世界各国的养老保险制度对我国有哪些启发？
5. 对我国养老保险制度的沿革和现行制度特征进行讨论。
6. 中国养老保险制度存在什么问题？如何塑造好我国的养老保险制度？
7. 我国医疗保险的发展趋势如何？
8. 如何借鉴世界经验建立适合中国国情的失业保险制度？

## 案例分析

### 中国推进社保制度的当务之急
#### ——基本解决制度缺失问题

据中国政府网消息，国务院日前批转人力资源和社会保障部、发展改革委、民政部、财政部、卫生部、社保基金会联合制定的《社会保障"十二五"规划纲要》，并下发通知要求贯彻执行。纲要指出，将大力推进社会保障制度建设，基本解决制度缺失问题。

具体从以下几个方面实现：

（1）加快健全养老保险制度。实现新农保制度全覆盖，提高基础养老金水平。完善企业职工基本养老保险制度。建立城镇居民社会养老保险制度，在试点的基础上全面实施。研究制定因病或非因工死亡参保人员遗属领取丧葬补助金和抚恤金办法，以及因病或非因工致残完全丧失劳动力参保人员领取病残津贴办法。在试点的基础上，积极稳妥地推动机关事业单位养老保险制度改革。

（2）加快完善医疗、工伤、失业、生育保险制度体系。进一步完善职工基本医疗保险、城镇居民基本医疗保险、新农合制度，积极推进门诊统筹。加强工伤预防工作，深入推进以职业康复为重点的工伤康复工作，预防工伤和职业病的发生，努力让更多工伤职工重返工作岗位。注重强化失业风险防范功能，继续推进规范失业保险基金支出范围政策实施，建立预防失业、促进就业的长效机制。研究探索建立生育保障制度体系。

（3）实施应对人口老龄化的社会保障政策。实行有利于促进就业的社会保障政策，建立社会保障待遇水平与缴费情况相挂钩的参保缴费激励约束机制。立足当前，着眼长远，继续做实企业职工基本养老保险个人账户，研究弹性延迟领取养老金年龄的政策。积极稳妥推进养老保险基金投资运营，实现基金保值增值。继续通过中央财政预算拨款、划拨国有资产、扩大彩票发行等渠道充实全国社会保障基金，为应对人口老龄化高峰做好准备。

（4）建立健全家庭养老支持政策。完善农村计划生育家庭奖励扶助制度和计划生育家庭特别扶助制度，完善和落实城镇独生子女父母老年奖励政策，建立奖励扶助金动态调整机制，鼓励有条件的地区在基本养老保险基础上，积极探索为独生子女父母、无子女和失能老人提供必要的养老服务补贴和老年护理补贴。

（5）健全残疾人社会保障制度。完善残疾人社会保障体系，将残疾人纳入覆盖城乡居民的社会保障体系并予以重点保障和特殊扶助，研究制定针对残疾人特殊困难和需求的社会保障政策措施，扩大残疾人社会保障覆盖面，提高残疾人社会保障待遇。建立贫困残疾人生活补助和重度残疾人护理补贴制度。

（6）大力发展补充保险。在建立健全各项基本社会保险制度的基础上，针对人们不同的社会保障需求，落实和完善税收支持政策，积极稳妥发展多层次社会保障体系。发展企业年金和职业年金，鼓励用人单位为劳动者建立补充养老保险；鼓励个人建立储蓄性养老保险；统筹考虑各类人群的补充医疗保险政策，逐步建立适合不同群体、分不同档次的补充医疗保险制度；鼓励发挥商业保险补充性作用。

（7）进一步健全社会救助制度。完善城乡最低生活保障制度，规范管理，实现应保尽保。合理确定低保标准和补助水平。进一步完善临时救助制度，帮助缓解低收入家庭突发性、临时性生活困难。完善城乡医疗救助制度，做好与基本医疗保险制度的衔接。

资料来源　佚名.中国将推进社保制度建设　基本解决制度缺失问题［EB/OL］.［2017-01-05］.http://www.chinanews.com/gn/2012/06-27/3991364.shtml.

案例讨论：

1.为什么要大力推进社会保障制度建设，基本解决制度缺失的问题？

2.在社会保障制度方面，重点和目前急需解决的问题是什么？

3.基本解决制度的问题，与企业等用人单位的人力资源开发与管理有什么联系？

第7章拓展阅读

# 第8章 公婆都有理——社会劳动关系

## 学习目标

✓ 了解我国劳动关系领域的主要问题
✓ 理解市场经济下三方格局的机理
✓ 理解促进我国劳动关系和谐的重要性和手段
✓ 理解劳动合同的功用
✓ 掌握劳动合同的订立原则
✓ 掌握劳动合同的具体内容结构
✓ 了解劳动合同的法律效力及劳动合同的管理内容
✓ 理解劳动争议的概念与处理原则
✓ 熟悉劳动争议处理程序

**引例** "好"老板与伤司机

### "好"老板

小林离开飞云运输三厂，凭着一身高超的驾驶本领，被一家外企录用，做了老板的专职司机。小林的工作挺让人羡慕：开着崭新的桑塔纳，工作很有规律，不再没日没夜地跑长途，有不少闲下来的时间，可以读读书。试着干了两个月后，公司给他提薪到 1 200 元，比原来运输厂的 800 元多了一半，他决定留下来长期干。小林人很努力，工作干得很顺，老板对他也不错，让他留心多学习，以后有机会可能送出去培训，改做业务。小林心里喜滋滋的。

不过，女友阿芳没有那么乐观："外企好是好，但大家都知道员工的流动性很大，不知何时就被炒了鱿鱼。况且，公司还没有和你签订劳动合同呢。"小林不以为然，说道："不必想太多，老板还说以后让我做业务，怎么会辞退我呢？再说，这时找公司要求签合同，反倒不好，影响前途。放心吧，我靠劳动挣工资，如果这里辞退了我，还能找一家更好的单位。"

### 伤司机

工作了半年以后，小林在公司装修办公室、帮助搬家具的时候，不慎在有积水的楼梯上摔倒滑下，昏迷不醒，被送入医院急救。经检查，小林脑颅出血，需马上进行手术治疗。结果，手术、住院治疗花费了 2 万元。

两个月后，小林出院，在家休养。阿芳到公司报销医疗费，办公室主任却说："小林是自己不小心摔倒的，又不是出车时受的伤，属于自己的责任，与公司无关。再说，他只是临时工，不享受医疗保险。我们在他住院期间发给他工资，也没有让他出摔坏家具的修理费，就已经是照顾了。"阿芳还听小林的同事说，老板得知小林有脑震荡后遗症后，准备辞退他。

阿芳气不过，找到律师咨询。律师说："小林没有和公司签订劳动合同，无法按合同的条款告公司，很多事无法认定。不过，你可以到劳动仲裁委员会申诉，讨个说法。"

经过劳动仲裁的裁定：小林与贸易公司有事实劳动关系，小林的伤系从事公司的工作所引起，属于工伤，公司对小林的摔伤负有责任。由于该公司没有加入工伤保险，也没有为小林缴纳医疗保险，所以小林不能从社会保险部门获得工伤保险和医疗保险。公司方面须承担小林的医疗费用，为小林支付医疗费、护理费和营养费。此外，公司也不得在小林的工伤医疗期内辞退他，即应当照付工资。国家的劳动仲裁制度为小林讨回了公道。

不过，仲裁员告诉小林和阿芳，如果有劳动合同，在工伤治愈、劳动合同未到期的情况下，公司还应当给小林安排力所能及的工作。没有合同，没有法律契约，显然企业就没有义务给小林安排工作，小林就只能另谋出路了。

资料来源　姚裕群. 人力资源开发与管理［M］. 4版. 北京：中国人民大学出版社，2015：149-150.

## 8.1　人力资源关系基本分析

### 8.1.1　劳动关系问题

人力资源的劳动是重要的社会性活动，用人单位的运营也是重要的社会行为（尤其是它们要运营人力资源要素）。在人力资源与雇用者之间存在一系列劳动关系问题，包括雇用、工资、劳动条件、合同、劳动者人身权利、劳动争议与仲裁、罢工、工会活动范围等等，这些问题都构成重大的社会问题。上述问题处理不当，会带来社会的失业问题、社会成员的贫困问题和贫富差距扩大以至冲突问题，造成重大的危害，故上述问题成为当代国际社会高度关注的问题。

1995年3月，人类历史上最高规格的会议之一——联合国世界首脑大会——召开，180多个国家和地区的首脑参加，该会议致力于协调的三大问题，正是"失业"、"贫困"和"社会冲突"。

美国学者C.A.摩尔根指出，随着工业化的进程，出现了若干劳资关系问题（工资、工时、工作条件），并进一步出现了劳动者的经济无保障问题。这时，劳动市场体制产生，形成了工会与雇主集团之间的集体交涉与各自的政治活动、立法活动和公共关系活动。集体交涉和各种活动逐渐地增加。

### 8.1.2　"三方"格局与政府

政府，是社会运行的决策者和控制者。在市场经济存在劳动关系和劳动冲突的情况下，就需要政府从维系社会稳定的角度，解决有关劳动关系的一系列体制问题。具体来说，政府通过立法、司法和行政措施，在劳动政策、劳动标准、劳工检查、劳动就业服务、最低工资、劳动者保障、劳动者团体与雇用者集团的合法权利等方面，进行一定的管理。劳动关系也称"劳使关系"，即劳动者和使用者之间的关系。因此，政府作为居于"劳"和"使"双方当事人之间的"中间人"，具有评判和调停的作用，是双方关系的协调者和具有权威性的管理机构，而且担负"制定游戏规则"的任务，有着多方面的职能。对此，不可避免地使得国家作为"第三种劳动体制"（因素）出现，进行各个专项劳动立法和为协调解决劳资冲突的劳动关系立法。①

劳动者团体和雇用者集团为了谋求各自的权益，分别与政府有关权威部门打交道，从而形成了"劳政"关系、"使政"关系。由此，包含两方的"劳使关系"就演变成为涵盖"劳""使""政"的三方关系。应当指出，这种三方关系已不再局限于对两个群体利益关系的协调，其还构成现代社会运行的一种重要体制，详见图8-1。

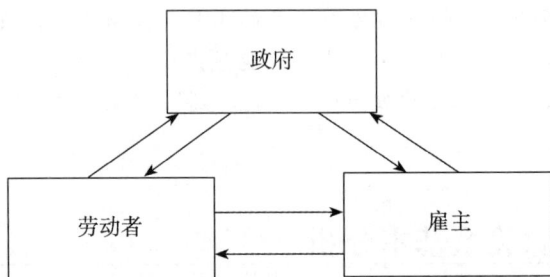

图8-1　"劳""使""政"三方关系

### 8.1.3　促进我国劳动关系的和谐

**1.强化法制建设**

对于广大劳动者的权益，需要从制度规范的角度加以保证。国际劳工组织的大量公约与建议书，给我们提供了劳动关系法制建设的目标。20世纪30年代世界性经济危机爆发之时，罗斯福新政出台，其给予劳工权益比较大的保证，通过了"工业复兴法""劳工关系法（瓦格纳法）""公平劳动标准法"，颁布了有关取缔童工、最低工资、加班工资和最高工时的条款，确定了劳工组织与集体谈判的权利，保证了工会组织的发展，保护了劳工的合法权益。②这对我们塑造市场经济劳动法制关系具有一定的借鉴意义。

1995年，我国颁布了《中华人民共和国劳动法》，这是从根本上保障劳动者与用人单位双方合法权益的国家部门大法。

为了协调好劳动关系，我国政府从多方面对雇佣、工资、保险等问题进行研究，制定了有关的政策、方针、制度、法律。2000年11月，国家劳动和社会保障部发布了《工资集体协商试行办法》，这是塑造现代产业社会劳动关系的一个重要举措。它规定了工资集体协商的内容、工资集体协商中双方的代表、工资协商双方享有权

① 摩尔根.劳动经济学［M］.杨炳章，陈锡龄，曹贞敏，等，译.北京：工人出版社，1984.
② 刘绪贻.当代美国总统与社会——现代美国社会发展简史［M］.武汉：湖北人民出版社，1987.

利等。

2001年5月1日，即新世纪第一个"五一劳动节"，最高人民法院公布实施《关于审理劳动争议案件适用法律若干问题的解释》，对劳动争议案件的受理、举证责任、仲裁效力等方面做了明确的规定。该法律解释体现了《中华人民共和国劳动法》保护劳动关系中的弱势群体——劳动者的立法精神和保障用人单位正当权益的思想。[①]2007至2008年之际，我国出台了著名的"劳动三法"。2007年出台的《劳动合同法》《就业促进法》，于2008年1月1日即新年第一天正式实行。2008年的"五一"劳动节，劳动者们又迎来一部新的劳动法——《劳动争议调解仲裁法》。

### 2.搞好公有制劳动关系重塑

从公有制单位的角度看，在传统体制下劳动者居于不合理的片面服从状态，在用人单位中存在严重的"人治"现象。改革开放以来，国家对国有企业放权，但由于产权结构不明晰，企业经营者在缺乏约束和责任的情况下掌握了多方面的大权，包括劳动人事权，从而形成"内部人控制"的局面。这不仅会侵害劳动者合法权益，也造成部分职工的贫困并导致社会的不安定。

目前，我国的国有企业正在大面积地进行转轨，"老三会"正在让位于"新三会"。在这样的条件下，应当解决好公有制单位中的劳动关系重塑，解决好工会组织的定位，使劳动者的权益得到保障。

### 3.加强非公有制单位劳动者权益保护

从非公有制经济单位的角度看，尽管外资企业、合资企业、私营企业、招用人员的个体工商户、民营企业、乡镇企业、个人独资企业等经济类型组织的行业、规模、技术结构等大相径庭，其管理文化南辕北辙，但是其劳动关系基本特征是共同的，即都是非常自由的雇佣关系。我国非公有制经济的发展非常迅速，但劳动法制建设相对落后，有些地方重经济发展、轻社会效益，劳动者权益和合理的劳动关系被抛到"遗忘的角落"。

众所周知，在一些外资企业、私营企业、民办企业和其他经济成分单位中，合法的雇佣关系、劳动安全卫生条件、合法的工作时间、最低工资、社会保险等不能保证，劳资矛盾问题突出。在相当多的非公有制单位中还没有建立工会，或者有工会没活动。这些问题都需要加以扭转。

保障非公有制单位劳动者的合法权益，是关系着在我国经济发展中减少资本原始积累痛苦、增加现代文明内涵、塑造先进文化的大事，是我国当前亟待解决的重要问题。实际上，对于现代组织而言，注重劳动关系和保障劳动者权益的重要性是不言而喻的，因为这有利于促进组织文化的建设，有利于组织保持较好的形象，有利于吸引人才和调动员工的积极性，是组织与员工得到双赢的途径。

### 4.加强工会建设

市场经济体制迅速在我国推进，改革和发展的势头迅猛。在市场经济体制下，劳动者的权益大量地体现为员工们的共同性利益，集体谈判就成为现代劳动关系的重要

---

[①]　吴兢. 最高人民法院公布实施劳动争议司法解释 [EB/OL]. [2017-01-07]. http：//news.sina.com.cn/c/243766.html.

内容。工会作为代表劳动者权益的组织，其作用重大、责任重大。

为此，必须从市场经济发展的需要，尤其是劳动者需要的角度，确定新形势下工会工作的领域、方向和内容。要把国有单位中计划体制下相当于企业科室的"福利工会"塑造为代表和维护广大员工权益的组织，要在非国有单位中普遍建立工会组织，使工会组织保持旺盛的生命力，以适应经济社会发展的大趋势，开拓工会工作的新局面。

### 5.推行现代管理手段

在长期的经营管理实践中，许多企业积累了行之有效的管理方法，例如全面质量管理、员工建议制度、发明奖励制度、目标管理制度等等。一般来说，这些管理方法实行的主旨，是对员工才能和地位给予认可，是主张员工与组织合作。这些方法是我们走向现代化的过程中应当学习的。

在充分认可员工的基础上，许多企业进一步实行了员工参与管理制度，包括对公司计划的参与、对解决问题的参与、对组织变革的参与、对工作任务的参与，以至对财务的参与。一些组织还实行了员工持股计划（ESOPs）。员工参与管理和员工持股计划这两项制度的实行，可以使组织中的员工大大提高主人翁意识，从而与组织保持默契的配合。

## 8.2　劳动合同

在市场经济体制下，雇佣关系的建立，是通过签订劳动合同、人事合同之类的人力资源雇佣合同而形成的。按照国际惯例，这种人力资源使用合同可以是书面的，也可以不是书面的。我国处于市场经济体制初建的阶段，故要求劳动合同采取书面的形式。1986年国务院颁布了《关于实行劳动合同制的四项暂行规定》，1995年颁布了《中华人民共和国劳动法》，其对我国劳动合同的内容、订立与管理等方面做出了规定。2007年颁布、2008年开始实施的《劳动合同法》，及已经进一步出台的该法的《实施条例》，对劳动合同的内容与管理各环节做出了全面、细致的法律规定。

### 8.2.1　劳动合同订立

#### 1.劳动合同订立原则

劳动合同，是用人组织雇用员工和个人进入某个组织就业时双方订立的协议或契约。

按照《中华人民共和国劳动法》的规定，劳动合同双方在订立以及变更合同时应当遵循合法、公平、平等自愿、协商一致、诚实信用五个原则。劳动合同订立的这些原则，是劳动合同订立的指导方针，应当贯穿于劳动合同订立的全过程，具有普遍约束力，其也是衡量当事人双方订立的劳动合同是否具有合法性与有效性的依据。有关该原则，这里着重阐述三个方面：

（1）合法原则

"合法"是达到劳动合同有效性，并使劳动合同能够受到法律保护的前提，是把劳动关系纳入法制轨道的根本途径。合法原则体现在五个方面：

第一，订立劳动合同的目的必须合法。当事人不得以订立劳动合同的合法形式掩盖不法意图和不法行为，达到不良企图的目的，例如有的犯罪分子利用"雇合同工交押金"等来诈骗钱财。

第二，订立劳动合同的主体必须合法。当事人双方必须具有法律、法规规定的主体资格。从业者一方必须达到法定劳动年龄，具有劳动权利能力和劳动行为能力。用人单位一方必须具备法人资格或者具有公民资格，并具备承担劳动合同义务的能力。订立劳动合同时，用人单位要由法人代表或者他所指定的人签字。

第三，订立劳动合同的内容必须合法。当事人双方在合同中设定的权利义务条款，必须符合我国宪法、《中华人民共和国劳动法》等法律，必须符合中央和地方政府的有关法规，必须符合国务院、国家人力资源和社会保障部、国家人事部、有关部委和各级政府关于劳动管理、人事管理方面的有关政策和行政规定。

第四，订立劳动合同的程序、形式必须合法，要经过双方协商认可，要形成书面合同即合同文本，要由双方当事人或者其代表"签字画押"。劳动合同采取书面形式，有利于双方当事人履行合同，也有利于政府劳动管理部门的监督，在发生纠纷后也有据可查，便于处理。劳动合同签订后，双方当事人必须各持一份。

第五，订立劳动合同的行为必须合法，不得有强迫和欺骗行为。

（2）平等自愿原则

"平等自愿"作为订立劳动合同的核心原则，是指在订立劳动合同的时候，双方当事人之间地位完全平等。地位平等，表现在订立劳动合同的双方当事人都是以劳动关系主体资格出现，互不隶属，各自独立，且订立劳动合同的内容要依照法律的规定，一方不能强迫另一方接受自己的条件。自愿，是指订立劳动合同的双方当事人，以各自的起初意志表示自己的意愿。

（3）协商一致原则

"协商一致"即从业者个人和用人单位双方互相协商各项内容，在双方达到一致意见的情况下，确定合同的各项条款。我国正在推行集体合同制度，从业者在利益一致、对于劳动合同内容要求一致的情况下，由工会负责人或者其他人作为其代表，与用人单位方面进行集体协商。

**2.劳动合同的条款**

劳动合同应当包括以下条款：

（1）当事人双方的基本信息

用人单位一方的信息包括：单位的名称、住所和法定代表人或者主要负责人；

劳动者一方的信息包括：姓名、住址和居民身份证或者其他有效身份证件号码。

（2）劳动合同的必备条款

除此之外，用人单位可以与劳动者约定试用期、培训、保守秘密、补充保险和福利待遇等其他事项。同时，应在法律责任中规定：用人单位自用工之日起超过一个月但不满一年未与劳动者订立书面劳动合同的，应当每月向劳动者支付两倍的工资。

按照我国的劳动合同法，劳动合同的必备条款有9条，它们是：

- 劳动合同的期限，包括试用期的期限；
- 工作内容；
- 工作地点；
- 工作时间和休息、休假；
- 劳动条件和劳动保护措施；
- 劳动报酬；
- 社会保险；
- 劳动保护、劳动条件和职业危害防护；
- 法律法规规定应当纳入劳动合同的其他事项。

（3）劳动合同的约定条款

个人与用人单位一方或双方认为应当协商签订的其他方面内容，可以作为约定条款纳入劳动合同，例如用人单位一方可以规定"保守用人单位商业秘密××年"的有关事项，以保护用人单位的合法权益。

约定条款的内容具体包括：试用期、培训、保守秘密、补充保险和福利待遇等。

### 3.条款"不明确"的问题

劳动合同对劳动报酬和劳动条件等标准约定不明确，引发争议的，用人单位与劳动者可以重新协商；协商不成的，适用集体合同规定；没有集体合同或者集体合同未规定劳动报酬的，实行同工同酬；没有集体合同或者集体合同未规定劳动条件等标准的，适用国家有关规定。

### 4.劳动合同的期限

从时间节点的角度看，劳动合同期限分为三种类型：

（1）固定期限劳动合同

固定期限劳动合同是订立的劳动合同明确了具体的期限，如一年、三年、五年等，这种合同直接、明确地规定了合同的终止时间。合同终止之日就是合同期限届满之日。

（2）无固定期限劳动合同

无固定期限劳动合同，是订立合同当事人在合同书上只写明起始日期，而没有写明终止日期的合同。合同的期限不固定，故根据双方当事人的意愿，可长可短。

在用人单位与劳动者协商一致时，就可以订立无固定期限劳动合同。劳动者提出或者同意续订劳动合同，企业应当订立无固定期限劳动合同的情况包括：

①劳动者在该用人单位连续工作满十年的；

②用人单位初次实行劳动合同制度或者国有企业改制重新订立劳动合同时，劳动者在该用人单位连续工作满十年且距法定退休年龄不足十年的；

③连续订立两次固定期限劳动合同，且劳动者无被证明不符合录用条件或患病不能从事原工作，续订劳动合同的。

用人单位自用工之日起满一年不与劳动者订立书面劳动合同的，视为用人单位与劳动者已订立无固定期限劳动合同。同时，在法律责任中规定：用人单位违反本法规定不与劳动者订立无固定期限劳动合同的，自应当订立无固定期限劳动合同之日起向劳动者每月支付两倍的工资。

（3）以完成一定工作任务为条件的劳动合同

这是把"完成某项工作"这种任务，作为起始和终止条件的劳动合同。这项工作开始即是合同生效之日，这项工作完成即是合同的终止之日。这种合同，可以看作有期限劳动合同的变相表现形式。

### 8.2.2 劳动合同的法律效力

**1.劳动合同的生效**

劳动合同依法订立后，即具有法律约束力。从订立之日起，劳动合同就对当事人双方具有了法律效力，当事人必须履行合同所规定的义务。

**2.无效的劳动合同**

在社会现实生活中，有的劳动合同虽然是当事人双方所订立的，但所订立的劳动合同违反了国家的法律、法规，因此不具有法律效力。无效的劳动合同包括：

①以欺诈、胁迫的手段或者乘人之危，使对方在违背真实意思的情况下订立或者变更劳动合同的；

②用人单位免除自己的法定责任、排除劳动者权利的；

③违反法律、行政法规强制性规定的。

对劳动合同的无效或者部分无效有争议的，由劳动争议仲裁机构或者人民法院确认。

还应当指出，即使一个劳动合同有无效的内容，但如果其无效不影响其余部分的效力，则其余部分仍然有效。

### 8.2.3 劳动合同管理

**1.劳动合同到期**

劳动合同的期限，是由从业者和用人单位双方协商而确定的。劳动合同得到顺利履行后，合同期满，即行终止。

而在用人单位的生产、工作仍然需要该人员时，在双方同意的条件下，可以续订合同。

**2.劳动合同解除**

劳动合同解除，是指劳动合同在未履行完毕之前，由于某种因素导致当事人提前终止合同的法律行为。劳动合同解除，可以分为法定解除和协商解除两种情况。法定解除是指出现违反国家法律、法规或合同规定的情况（如合同已经到期）时，不需要双方一致同意，合同都可以自然或由单方提出提前终止。协商解除是指合同双方当事人因某种原因，经自愿协商，一致同意解除劳动合同。

劳动合同的解除包括双方协商解除、劳动者单方面解除和用人单位单方面解除三种情况，分别对应不同的法律规定。

（1）双方协商解除劳动合同

用人单位与劳动者协商一致，可以解除劳动合同，但是解除劳动合同需要劳动者履行预通知义务，即劳动者应当提前三十日以书面形式通知用人单位。

在试用期间的劳动者，提前三日通知用人单位的，可以解除劳动合同。

（2）劳动者单方解除劳动合同

《劳动合同法》规定，用人单位有下列情形之一的，劳动者可以单方解除劳动合同：

①未按照劳动合同约定提供劳动保护或者劳动条件的；

②未及时足额支付劳动报酬的；

③未依法为劳动者缴纳社会保险费的；

④用人单位的规章制度违反法律、法规的规定，损害劳动者合法权益的；

⑤在违背劳动者真实意思的情况下订立或者变更劳动合同致使合同无效的；

⑥法律、行政法规规定劳动者可以解除劳动合同的其他情形。

用人单位以暴力、威胁或者非法限制人身自由的手段强迫劳动者劳动的，或者用人单位违章指挥、强令冒险作业危及劳动者人身安全的，劳动者可以立即解除劳动合同，不需事先告知用人单位。

（3）用人单位单方解除劳动合同

《劳动合同法》规定，劳动者有下列情形之一的，用人单位可以单方解除劳动合同：

①在试用期间被证明不符合录用条件的；

②严重违反用人单位的规章制度的；

③严重失职，营私舞弊，给用人单位造成重大损害的；

④劳动者同时与其他用人单位建立劳动关系，对完成本单位的工作任务造成了严重影响，或者经用人单位提出，拒不改正的；

⑤在违背真实意思的情况下订立或者变更劳动合同致使合同无效的；

⑥被依法追究刑事责任的。

此外，具有下列情形之一的，用人单位提前三十日以书面形式通知劳动者本人或者额外支付劳动者一个月工资后，也可以解除劳动合同：

①劳动者患病或者非因工负伤，在规定的医疗期满后不能从事原工作，也不能从事由用人单位另行安排的工作的；

②劳动者不能胜任工作，经过培训或者调整工作岗位，仍不能胜任工作的；

③劳动合同订立时所依据的客观情况发生重大变化，致使劳动合同无法履行，经用人单位与劳动者协商，未能就变更劳动合同内容达成协议的。

（4）用人单位不能解除的劳动合同

在出现下列任一情况时，用人单位不得以上面的两大类9种情况为由解除劳动合同：

①从事接触职业病危害作业的劳动者未进行离岗前职业健康检查，或者疑似职业病病人在诊断或者医学观察期间的；

②在本单位患职业病或者因工负伤并被确认丧失或者部分丧失劳动能力的；

③患病或者非因工负伤，在规定的医疗期内的；

④女职工在孕期、产期、哺乳期的；

⑤在本单位连续工作满十五年，且距法定退休年龄不足五年的；

⑥法律、行政法规规定的其他情形。

# 8.3 \ 劳动争议

## 8.3.1 劳动争议的产生

劳动纠纷，是社会人力资源雇用关系不协调或不平衡的状态，它对社会安定、经济发展以至社会进步都会造成不良影响。劳动纠纷产生的原因有多方面，在不同体制、不同国家和不同单位产生纠纷的原因也有所不同，但根本原因是劳动关系双方存在利益差异和冲突。从一般的角度看，一个企业获取的利润，主要用于资本积累和给付工资薪酬。但这两个方面不是统一协调的，而是顾此失彼的，某一方利益的获得就意味着另外一方利益的丧失。因此，劳动关系双方存在着冲突的客观基础。在劳资关系不和谐、产生问题以至劳动纠纷的情况下，劳动争议这一事物就出现了。

处理好劳动争议，促进劳动关系的和谐，对于经济和社会发展，对于组织的经营管理，都是具有重大意义的。具体来说，造成劳动争议的原因，主要有以下几点：

（1）劳动关系双方在某些权益问题上不能达成一致意见，就可能导致劳动纠纷产生，进而发展成为争议。

（2）劳动关系作为一种社会事物，会随着客观条件的变化而发生变化。例如：先进技术的应用提高了劳动生产率，导致工作定额的提高；企业讲求经济效益，尤其是面对的竞争压力巨大，因此要对现有员工进行调整以至裁员；在通货膨胀的条件下，工人要求增加工资；等等。这些都会引发劳动关系双方利益的冲突。

（3）由于双方立场不同，出发点不同，对劳动法规或劳动合同的理解和解释有可能不同，从而在执行过程中，可能产生劳动纠纷以至争议。

（4）组织的信息沟通不良，妨碍问题的解决，积累起来会形成劳动纠纷和劳动争议。

（5）管理者的官僚主义和不公正处理问题，激化了双方的矛盾，导致劳动纠纷和劳动争议。

## 8.3.2 劳动争议基本分析

### 1.劳动争议概念

劳动争议，是基于劳动关系的一种矛盾，又称为劳动纠纷或劳资纠纷。劳动关系产生的过程即是生产资料与劳动者结合的过程，也就是雇用的实现。劳动关系的主体是用人单位和劳动者，双方的根本利益是不一致的，甚至是对立的，这就决定了劳动争议的不可避免性。

具体来说，劳动争议概念具有以下要点：

第一，劳动争议的主体可以是个人或团体。进一步来说，可以是单个劳动者或多个劳动者与单个单位或单位团体，而不局限于某一用人单位和某个劳动者。

第二，争议的内容应当处于《劳动法》调整范围。否则，就不是劳动争议，而属于其他关系，包括其他法律关系，如老板殴打员工、雇员伤害雇主就不是劳动纠纷。

第三，争议的焦点是劳动权利和义务。不是由劳动权利受侵犯或劳动义务不发生所导致的争议，也不是劳动争议。

**2.劳动争议的范围**

劳动争议的范围，在不同的国家有不同的规定。根据我国《企业劳动争议处理条例》第二条的规定，劳动争议的范围是：因企业除名、辞退职工和职工辞职、自动离职发生的争议；因执行国家有关工资保险福利培训劳动保护的规定发生的争议；因履行劳动合同发生的争议；法律、法规规定应当依照本条例处理的其他劳动争议。

判定是否属于劳动争议，有两个衡量标准：一是看是否是劳动法意义上的主体；二是看是否是关于劳动权利和义务的争议。

**3.劳动争议分类**

根据发生劳动争议的人数和组织形式，可以划分为两类：

（1）个别劳动争议

个别劳动争议是指职工一方为单个劳动者时与用人单位的争议。

（2）集体劳动争议

集体劳动争议是指职工一方达到法定的集体争议人数，争议的标的相同，并以集体选出代表提出申诉的劳动争议。发生集体争议时，劳动者一方通常由工会作为代表，如果没有工会，则由员工推举代表。

### 8.3.3 劳动争议处理

**1.劳动争议处理原则**

我国《劳动法》第七十八条规定："解决劳动争议，应当根据合法、公正、及时处理的原则，依法维护劳动争议当事人的合法权益。"我国《劳动争议调解仲裁法》对劳动争议处理的原则，也做了相应的规定。其具体包括：

（1）合法原则

劳动争议处理的合法原则，即在处理劳动争议过程中，承担处理职责的机构，必须坚持以事实为依据，以法律为准绳，对争议案件进行审查和处理。对当事人双方在适用法律上一律平等、一视同仁，对任何一方都不偏袒、不歧视，对被侵权或受害的任何一方都同样予以保护。

（2）公正原则

在劳动争议中要坚持公正原则，即要求劳动争议处理机构在处理劳动争议时，秉公执法，一切依据客观实际做出判断和裁决。为实现公正原则，劳动争议处理实行回避制度。

（3）及时原则

劳动争议发生后，当事人双方应及时进行协商，协商不成的应当及时向劳动争议处理机构申请处理。劳动争议处理机构应当依据法律、法规所规定的时限及时受理，抓紧审查和做出处理决定，按时结案；当事人不认同决定的，要及时进行解决，以保证案件的顺利处理和处理结果的最终落实。

（4）着重调解原则

我国《劳动法》规定："在用人单位内，可以设立劳动争议调解委员会。"还规定："调解原则适用于仲裁和诉讼程序。"为了减少当事人解决纠纷的成本，2008年出台的《劳动争议调解仲裁法》把调解作为劳动争议处理的一个原则做了规定。发生劳动争议时，当事人可以选择企业劳动争议调解委员会依法设立的基层人民调解组织，或其在乡镇、街道设立的具有劳动争议调解职能的组织申请调解。

《劳动争议调解仲裁法》在坚持企业内部调解的基础上，比以往的《企业劳动争议处理条例》增设了两项新规定：一是赋予基层人民调解组织调解劳动争议的职能；二是明确了区域性劳动争议调解组织的地位及职责。

**2.劳动争议处理程序**

我国处理劳动争议的机构是有关调解组织、劳动争议调解仲裁委员会和人民法院，处理的程序包括协商、调解、仲裁和诉讼。下面分别阐述协商、调解、仲裁。

（1）劳动争议协商

劳动争议协商是指由劳动关系双方采取自治的方法解决纠纷，是由工会代表和雇主代表出面，根据双方集体协议，组成一个争议处理委员会，就工资、工时、劳动条件等工人提出的争议内容，双方相互协商，达成协议，以和平手段解决争议。

（2）劳动争议调解

劳动争议调解是指劳动争议调解组织对用人单位与劳动者的纠纷，在查明事实、分清是非、明确责任的基础上，依据法律或合同约定，推动双方互相谅解以解决争议的方式。

发生劳动争议，当事人可以到下列调解组织申请调解：

①企业劳动争议调解委员会；

②依法设立的基层人民调解组织；

③在乡镇、街道设立的具有劳动争议调解职能的组织。

企业劳动争议调解委员会由职工代表和企业代表组成。职工代表由工会成员担任或者由全体职工推举产生，企业代表由企业负责人指定。企业劳动争议调解委员会主任由工会成员或者双方推举的人员担任。

劳动争议调解组织的调解员应当由公道正派、联系群众、热心调解工作，并具有一定法律知识、政策水平和文化水平的成年公民担任。

劳动争议调解组织进行调解时，其过程是受理、调查、调解。受理是在劳动争议发生后，由争议双方或一方提出书面或者口头的调解申请。调解环节一般包括调解准备、调解开始、调解实施、调解终止几个阶段，但无绝对的、严格的程序要求。

在调解组织收到调解申请的十五天期限内未达成调解协议的，当事人可以依法申请仲裁。

（3）劳动争议仲裁

仲裁也称公断，是一个公正的第三方对双方当事人之间的争议做出评断。其特点是专业性较强，又较司法程序简便、及时。它是劳动争议处理程序的中间环节，也是司法诉讼的前一程序。

劳动争议仲裁机构是国家授权、依法独立处理劳动争议的组织，它是省、直辖市、自治区政府劳动行政部门在省级及下属县、市、区设立的劳动争议仲裁委员会，由劳动行政部门代表、工会代表、企业方面代表三方人员组成，委员会中的人数为单数。

劳动争议仲裁委员会应当设仲裁员名册，仲裁员应当由公道正派并符合下列条件之一的人担任：

①曾任审判员的；

②从事法律研究、教学工作并具有中级以上职称的；

③具有法律知识、从事人力资源管理或者工会等专业工作满五年的；

④律师执业满三年的。

劳动争议仲裁委员会主管的案件包括：发生争议后直接向仲裁委员会申请仲裁的劳动争议；调解不成，或经过调解委员会的调解十五天未达成协议，当事人可以依法申请仲裁的劳动争议。

在正常情况下，仲裁的提请有时效的限制。劳动争议申请仲裁的时效期间为一年。仲裁时效期间从当事人知道或者应当知道其权利被侵害之日起计算。劳动者申请仲裁不受本条第一款规定的仲裁时效期间的限制，但是，劳动关系终止的，应当自劳动关系终止之日起一年内提出。

我国《劳动法》规定："提出仲裁要求的一方应当自劳动争议发生之日起六十日内向劳动争议仲裁委员会提出书面申请。"如果超过六十天，则视为丧失申诉权，劳动仲裁委员会对其仲裁申请不予受理。特殊情况下，当事人因不可抗力或其他正当理由超过时效的，劳动仲裁委员会应当受理。

劳动仲裁有时效限制。我国《劳动争议调解仲裁法》规定："劳动者对仲裁裁决不服的，自收到裁决书之日起十五日内，可以向人民法院起诉。"用人单位有证据证明存在《劳动争议调解仲裁法》规定的情形，可以自收到仲裁裁决书之日起三十日内向劳动争议仲裁委员会所在地的中级人民法院申请撤销裁决。

对于劳动仲裁的决定，一方当事人如果期满不起诉，又不执行，另一方当事人可以向人民法院申请强制执行。

**3.劳动争议处理的法律地位**

《劳动争议调解仲裁法》对调解协议书的效力作了规定，明确劳动争议调解协议书对双方当事人具有约束力，当事人应当履行，即此调解协议具有法律效力。

尤为重要的是，《劳动争议调解仲裁法》对于有给付内容的调解协议书的履行，特别规定了劳动者申请支付令的程序，规定"因支付拖欠劳动报酬、工伤医疗费、经济补偿或者赔偿金事项达成调解协议，用人单位在协议约定期限内不履行的，劳动者可以持调解协议书依法向人民法院申请支付令。"

当然，以劳动争议仲裁书形式出现的劳动争议仲裁结果，更具有法律效力。

## 本章小结

劳动关系是市场配置资源在人力资源领域的反映。本章对作为劳动者的人力资源与组织、政府的三方格局进行了分析，对促进劳动的和谐途径和手段进行了阐述，并分析了劳动合同、劳动争议两大问题。劳动合同是人力资源管理的规范性制度，本章阐述了劳动合同订立的原则、内容、法律效力和管理问题，进而介绍了劳动争议的产生原因、处理原则和处理程序。

通过本章的学习，学生能够深入认识宏观层面的人力资源关系，了解和掌握作为社会机制的劳动合同与劳动争议的内容。

## 主要概念

三方格局　和谐劳动关系　工会建设　现代管理手段　员工参与管理　劳动合同　劳动合同订立原则　必备条款　劳动合同解除　集体合同　劳动争议　劳动争议调解　劳动争议仲裁　劳动争议诉讼

## 复习思考题

1.如何理解人力资源关系的实质？

2.如何看待市场经济条件下劳动关系的性质？我国改革中劳动关系已经发生了哪些变化？还会发生哪些变化？

3.根据中国的社会现实，分析国有单位和私营单位的劳动关系的差别究竟在哪里。

4.如何促进我国劳动关系的和谐？

5.撰写一份劳动合同，并思考：签订劳动合同时需要注意哪些问题？

6.劳动争议处理的原则和程序是什么？

7.搜集和分析一个劳动争议案例，并进行讨论。

## 案例分析

### 关爱员工、建设员工温馨之家的苏宁

遵循"做百年苏宁，国家、企业、员工利益共享；树家庭氛围，沟通、指导、协助、责任共当"的价值观，苏宁坚持"制度重于权力、同事重于亲朋"的管理理念，致力于改善员工关系，构建和谐用人环境；通过苏宁之夏、运动会、民俗与仪式、节日团聚等制度化的活动，营造良好的团队氛围，强化各体系之间和员工之间的沟通和交流，增强企业的凝聚力和向心力，构建有苏宁特色的企业文化。关爱员工、建设员工温馨之家，是苏宁获得成功和持续发展的动力。

**1.健全工会组织建设，开展员工参与公司的民主管理**

保障员工的知情权、参与权、表达权和监督权，切实维护员工的民主权利，积

极、稳妥地处理员工各种诉求是工会的使命。前总书记胡锦涛曾指出，工会应当"把维护职工群众具体利益同维护全国人民根本利益紧密结合起来，把服务职工、维护职工合法权益同组织职工、教育引导职工紧密结合起来，不断提高为职工、群众服务的能力和水平"。

2004年3月，苏宁成立了集团工会，截至目前已拥有185个工会组织，工会会员有10万人。工会积极推进集体合同、工资集体协商、安全培训、女职工权益保护等各项工作，促进了企业内部劳动关系的和谐发展。

根据公司发展和法规调整的需要，在广泛征求员工意见的基础上，组织人事、工会等部门参与公司制度建设，修订公司各项涉及员工利益的管理规章，进一步梳理、规范公司用人管理流程规定，完善公司规范性文件，并经2011年职代会审议通过一批修订的基本管理制度。

2014年，苏宁工会将进一步加强组织建设，强化各级工会干部的培训与考核，促进工会在参与制度建设、民主管理、保障员工权益、落实员工关爱等方面发挥更大的作用。

**2.维护基本权益、保障员工的合理待遇**

维护员工基本权益是构建和谐劳动关系的前提，企业应依据《劳动合同法》与员工签订劳动合同，为员工缴纳社会保险，确保劳动合同签订率与社保覆盖率达到100%。同时，还应与员工签订集体合同，当经营活动出现重大变化时，及时告知员工并处理好相关事宜。尊重和维护中国政府签署的国际人权公约和劳工标准，严禁和抵制任何形式的雇用童工，杜绝强制劳动和歧视现象的发生。

苏宁十分注重员工的各项社会保障，100%地实现包括外来务工人员在内的基本统筹保险全覆盖，与此同时，全面贯彻《劳动合同法》及相关法律法规，与员工签订集体合同，与女性员工签订《女职工特殊保护专项集体合同》，杜绝使用童工和强迫劳动。2006年，苏宁受到了国家劳动保障部、全国总工会、全国工商联的表彰，被授予"全国就业与社会保障先进民营企业"。

在员工劳动合同上，主张合同长期化和合同无固定化，保障员工就业稳定，让员工从容规划职业生涯；在员工试用期上，员工的试用期较短，且侧重的是对员工培训后的基本能力和人品的考察，比如签订5年合同，试用期只有1~3个月而不是5~6个月。另外，还发布了高于国家标准的女职工假期待遇标准和额外福利待遇标准等。

重视员工职业健康和安全，根据国家有关法律及自身实际情况，制定了《安全作业操作规范》，严格执行国家劳动安全、卫生标准。每一位员工在入职前都安排体检，重视员工饮食卫生，加强消防安全管理和应急演练。实行严格的上岗"资格认证"制度，持续开展安全月活动，排查安全隐患，加大安全宣传，强化员工安全意识。组织健康知识讲座，对员工开展身心健康和个人素养提升方面的培训。

**3.畅通沟通机制，建立劳动争议内部调节机制**

建立系统化的企业沟通机制既是企业实现民主化管理的体现，也是企业构建和谐文化、营造家庭式氛围、提升团队凝聚力和团队绩效的有效手段。

苏宁重视沟通机制的建设，通过党建工作、工会建设、管理干部下终端、员工合理化建议、内部刊物、终端广播、人力资源员工自助平台、举办员工座谈会、设立劳动争议内部调解委员会，以及强化绩效沟通反馈等方式，建立了系统的沟通机制。通过定期召开员工座谈会，了解员工动态，及时发现工作中存在的问题，了解员工所面临的困难，将规范管理、科学管理与人文关怀结合起来。

苏宁鼓励各级经理学会绩效管理与绩效沟通的方法，积极引导员工创造高绩效并为此营造良好的工作氛围。同时，鼓励各级干部学会当"政委"，学会做员工的思想工作，传播文化。在这种氛围下，员工能够更清晰地理解企业的组织目标，并有相应渠道了解日常工作及绩效目标，以及自身对企业整体成功的贡献程度。

此外，苏宁设立了覆盖全国的劳动争议调解委员会，并完成了总部、大区、地区三级劳动争议预防调解委员会的设立工作。劳动争议预防调解委员会明显起到了缓和、协调的作用，受到员工的认可。企业处分、解除合同等均需通过工会的审核复议流程，提高了员工的满意度。

苏宁有一项特色经验，就是正式上线了内部的人力资源网。员工可在人力资源咨询平台上通过自助服务、F&Q（常见问题）等方式对国家/公司人事法规政策、个人基础资料、薪资福利、考勤明细等进行自助查找和互动沟通，从而快速找到答案。经理人网页里面会有"智慧经理人"和"经理人论坛"板块，可以帮助部门经理及时了解部门员工的基本信息、工作绩效、成长与发展的情况。人力资源网逐步成为员工与集团人力资源管理部门之间的一座沟通桥梁，助力员工和经理人的成长和发展。

良好的沟通机制体现了企业对员工的重视，其可以及时化解潜在的劳动争议和已经发生的劳资冲突，提高员工对企业的认同度。目前，苏宁员工的流失率及劳动争议发生率都远低于行业平均值。2012年9月，集团获得了"江苏省厂务公开民主管理先进单位"荣誉称号。

另外，苏宁还致力于为员工营造舒适的工作环境，配备了员工活动中心、员工餐厅、停车位，以及员工公寓，提供完善的工作与生活配套设施，在家一般温馨的企业氛围中，员工实现了从认知苏宁到融入苏宁的跨越和心灵升华。

为进一步传递企业爱的语言，深入表达对员工的关爱，在过去各项关爱举措的基础上，苏宁工会推出了"职业女性美丽形象工程"活动，帮助女员工更好地塑造职业形象；开展的"阳光健康课堂"将为员工的健康生活导航，让员工快乐工作、健康生活；开展丰富的员工活动，使员工活动常态化；借助集团资源，帮助户口在外地或集体户口的年轻干部解决子女入学难的问题；集团还进一步加大了"阳光1+1"即对企业内部困难员工的帮扶救助工作的力度，积极为员工办实事、解难事。

深入开展企业文化建设，用实际行动真正落实对员工关爱，将进一步激发员工的主人翁责任感。在企业文化的熏陶下，18万名苏宁员工来自不同的地区，工作在不同的岗位上，他们热爱企业、热爱团队，遵循着共同的价值理念，拥有共同的行为准则和思维模式，耕耘着志同道合的事业理想。

资料来源  姚裕群. 人力资源管理与劳动保障案例集［M］. 北京：清华大学出版社，2015：239-241.

案例讨论：

1.为什么苏宁这类优秀的民营企业非常重视劳动关系，注意关爱员工？

2.如果你是苏宁的员工，你的感受是什么？从苏宁的案例中，你看到了人力资源管理的哪些亮点？

3.你觉得苏宁的劳动关系性质是什么？为什么？

第8章拓展阅读

# 第9章 睡狮已醒来——宏观人力资源战略

## 学习目标

✓ 理解战略的含义和宏观人力资源战略的地位
✓ 了解我国宏观人力资源战略的演变与当前的大环境
✓ 认识政府的人力资源开发管理职责
✓ 理解我国人力资源数量均衡战略
✓ 掌握人力资源质量提高战略的内容和若干方法
✓ 了解人力资源就业战略的基本思想
✓ 掌握促进就业的主要内容
✓ 理解人才资源开发与管理战略的时代意义
✓ 掌握开发人才和科学使用人才的方法

引例

### 李克强谈"人口红利"转变为"人才红利"

2016年年初和近几个月，中国经济一些指标出现小幅波动，但经济运行仍处于合理区间。有波动是难免的，类似波动在去年也发生过，其他国家的增长也不是一条直线。我们提出中国经济运行要保持在合理区间，今年增长的预期目标是7.5%左右。请朋友们注意，这里有个"左右"。也就是说，只要就业比较充分、物价比较稳定、居民收入同步增长、生态环保取得积极成果，经济增速比7.5%高一点或者低一点，都是可以接受的。对于中国政府来说，最关注的还是就业。今年以来，虽然经济增速有所放缓，但就业不降反增。1~9月，城镇新增就业超过1 000万人，与2015年同期相比多增了十几万人，31个大城市调查失业率保持在5%左右。

经济发展不是短跑，而是没有终点的长跑，要有一定的速度，但更重要的是耐力和后劲。中国经济增长的质量效益在提升，这是我们希望看到的。服务业比重继续上升，电子商务、物流快递等新兴业态快速发展，高技术产业和装备制造业增长快于整个工业，产业结构调整优化"跨了栏"。节能减排也交出一份好的成绩单，2016年上半年单位GDP能耗同比下降4.2%，碳排放强度下降5%左右，是多年来最大的降幅。我们的居民收入持续增加，消费需求平稳增长，特别是大众消费快速上升，人民群众得到了实实在在的好处。

中国经济能有这样的表现，主要靠的是改革创新。面对经济下行压力，我们没有实行"大水漫灌"式的强刺激，没有放松银根和扩大赤字，而是强力推改革，在加快行政、财税、金融、投资等重点领域改革的同时，改革和创新宏观调控方式，实施结构性调控，也就是在区间调控的基础上进行定向调控。改革对经济也是一种刺激，能够再造微观基础，优化宏观环境，激发巨大市场活力和社会创造力。我们推出一系列激活力、补短板、强实体的改革措施，就是要释放改革这一发展的巨大红利。

2016年以来，中国政府继续带头自我革命，大幅度简政放权，推进市场化改革，让更多的人、更多的企业展现创造、创新的活力。2016年3月，全面推行了工商登记制度改革，半年多来新设立的市场主体"井喷式"增长，同比增幅超过60%。这些新设立的企业大多属于小微企业和服务业，带动了上千万人就业，而且成长性强，是中国经济增长新的支撑力量。我们不仅降低市场准入门槛，采取"雪中送炭"的政策支持这些新设企业，还加强事中、事后监管，创造公平竞争的市场环境，织密社会保障安全网，让创业、创新者无后顾之忧，培植企业健康成长的沃土。

谈到这个话题，我想起歌德曾经说过，"你若喜爱自己的价值，就得给世界创造价值"。创新、创造是人类共同的理念和追求。我们采取这些改革创新举措，就是要让市场新生力量站稳脚跟、发展起来，也让更多的人看到希望、敢于跟进，在中国大地形成大众创业、万众创新的热潮。掀起这股热潮，让每个人都有机会实现成就事业、精彩人生的梦想，这可以把我们的"人口红利"转为"人才红利"，也可以完善收入分配，促进社会公平，更好地实现经济可持续增长，及人的全面发展。

资料来源　佚名. 李克强在中欧论坛汉堡峰会第六届会议上的主旨演讲［EB/OL］.［2017-01-05］. http：//news.xinhuanet.com/politics/2014-10/12/c_1112787647.htm.

# 9.1　人力资源战略基本分析

## 9.1.1　宏观人力资源战略范畴

### 1.战略的含义

"战略"一词，来源于军事用语，它是指战争之中高层次的、大格局的选择，并带有对战争目标与结局长期性的考虑。战略在层次上，高于"战斗""战役"，而近似于"战争"，搞好战略问题极其重要，它事关一项事物、一个领域的根本前途。

具体进行分析，"战略"一词包括以下含义：

（1）战略是对一事物总体全局性的宏观把握；

（2）战略的选择和实施，是对一事物长期发展的引导和调节，或者是对一事物未来状态的设计与干预；

（3）战略是对一事物基本要素、重要方面、主要部分与高层次问题的调节；

（4）战略对事物的一般因素、次要方面和低层次问题有决定性的作用；

（5）战略要有一定的发展方向和目标，甚至是数量指标；

（6）战略要有一定的技术手段作保证，即要有与总目标相适应的方针、政策和措施。

改革开放30多年，我国保持了每年8%以上的高增长率，顺利实现了"2000年翻两番"的战略目标，人力资源的开发与管理对此有着重要的作用。在这一基础上，进入21世纪的10多年来，我国正在为2020年再翻两番和在21世纪中叶达到世界中等发达国家的水平而努力，这也需要人力资源开发与管理进一步做出贡献。

**2.宏观人力资源战略的地位**

宏观人力资源战略，即宏观人力资源开发与管理战略，是对于一个国家或地区人力资源状况及其发展，进行总体上的规划和调节。宏观人力资源战略不仅是经济、社会发展总体战略的重要组成部分，而且是制约经济、社会发展的一项极其重要的基础性战略。人们说，"人口众多、经济不发达"是我国的基本国情。实际上，人口众多在一定意义上是人口过剩，这会导致人力资源过剩，经济不发达则反映人力资源的经济效能差，二者实质上都构成人力资源问题。我国现在对人力资源已经相当重视，这说明我国已经认识到人力资源是推进经济发展的动力和维系社会稳定、促进社会安定的因素。

任何一个国家要搞好经济社会发展，都必然致力于搞好人力资源问题，因为人力资源不仅是经济发展的资源和动力，更是社会发展的目标和目的。当今世界进入知识经济时代，各国都把人力资源问题作为战略性问题来考虑，制定和实施有关的人力资源政策，实行各种相关的经济政策、社会政策和技术政策，以谋求人力资源的大力开发与合理利用。

**3.影响宏观人力资源战略的因素**

影响、制约和决定人力资源战略的主要因素有：

（1）国家或地区人力资源供给与需求状况；

（2）国家或地区人力资源与物质资源、资本的配比关系；

（3）国家或地区经济发展战略及目标；

（4）国家或地区产业政策、投资方向、技术政策；

（5）社会制度与社会政策；

（6）社会文化环境；

（7）决策者（决策机构与决策人）的指导思想与管理水平等。

## 9.1.2  我国宏观人力资源战略的演变

一定的历史时期、一定的经济条件和社会条件，会产生一定的人力资源战略。时间变化、条件变化，人力资源战略也会发生变化。

新中国成立初期，我国面临的两大基本任务是，尽快恢复国民经济并建立工业体系和解决旧中国遗留下来的大量失业问题。为此，我们选择了人力资源"统包统配"的行政配置方式，这在当时不失为一种合理和可行的做法，它为尽快安置就业、稳定社会秩序和保证经济的迅速恢复和发展做出了贡献，也符合社会主义"人人有饭吃、人人有工作、劳动人民当家做主"的政治理想。其后，在经济改造、生产资料所有制不断升级和指令性计划管理方式覆盖全局的形势下，其逐渐演变成"城市计划分配、农村自然就业、城乡隔绝"的模式。

这种配置战略有着明显的时代局限性，随着社会经济生活的发展，它不能促进，反而阻碍了人力资源的优化配置和使用，20世纪60年代以后，终于越发走向僵化，直至改革。

我国从新中国成立至20世纪70年代的经济建设历程，基本上实行的是以生产为目的、以重工业为中心、集中投资、外延式扩大生产和闭关自守的经济战略。这条战略基本上保证了我国独立工业基础的建立，避免了许多发展中国家存在的发展缓慢、依附外国资本、失业严重、收入差距悬殊等问题。但是，该战略对于农业、对于人民生活重视不够，忽略经济效益，未能充分调动企业和劳动者自身的积极性，缺乏对外经济联系。①由于经济总体战略的决定性作用，并由于在人力资源要素供过于求局面下侧重于政治方面的考虑，新中国成立以来的前30年，人力资源战略存在着以下问题："重重轻轻"和"重工轻农轻服务"，重投入数量、轻投入质量，重物轻人，重人力资源投入本身、轻对人力资源的使用，重短期安置、轻长期效果分析及再配置环节，重社会安定、轻经济效益，等等。

上述问题既影响了国民经济的发展，也影响了人力资源自身问题的解决。人力资源的过度投入，使企业内部人力闲置，既不利于提高劳动生产率，也不利于企业降低生产成本与提高技术，反而由于人浮于事使人们产生极大的惰性，大大影响了经济效益。从宏观的角度看，缺乏对于高质量人力资源的需要，且社会处于低消费状态，使得人口再生产费用低，人力资源质量也受到影响。经济工作的盲目性导致就业的盲目性，积累到一定程度就会形成就业问题的爆发（如20世纪70年代初的"城乡劳动力大对流"）。可以说，我国在计划经济体制下，经济发展和人力资源的开发与管理都处于一种恶性的循环中。

十一届三中全会以来，我国的经济战略发生了根本变化，这包括：由过去的片面追求总产值转变为注重满足市场需要；由追求高速度转变为以提高经济效益为中心；由强调不平衡发展转变为抓重点、促平衡；由重视物质技术基础建设、不注重人力因素转变为物质资源与人力资源并重；由闭关自守转变为自力更生为主并积极实行对外开放，以至目前的大力开放、全面加入国际经济。这一战略必然导致经济结构的调整和经济体制的改革，使我国顺利完成到20世纪末"翻两番"的目标。上述战略也制约和决定了人力资源的开发与管理战略和各项政策。

20世纪90年代中期，中国共产党十四届五中全会提出到2010年的15年"国民经济和社会发展"目标，并要为之完成经济增长方式和经济管理体制的"两个根本转变"，不仅考虑了科技进步和提高劳动者素质并把之作为战略举措，而且把"人口和就业"纳入国家的发展规划目标中。这就是说，人力资源战略已经被提高到国家战略的层次。21世纪以来，我国从宏观层次上进一步关注人力资源问题，这对我们的人力资源开发与管理战略有着积极的影响。

要实现21世纪中叶我国赶上中等发达国家水平的总体战略目标，需要进行多方面的研究和规划，也要求人力资源战略能够适应并起到积极的保证作用。

---

① 刘国光.中国经济发展战略问题研究［M］.上海：上海人民出版社，1983.

### 9.1.3　政府的人力资源开发管理职责

政府作为社会利益的代表，作为社会的管理者，无疑应当对人力资源开发与管理进行一定的调控，以至进行一定的管理和干预。但是，这不是过去"按国家计划分配人力资源，规定工资水平，确定招工人数"等方式，而是要坚持市场导向，制定市场条件下个人与企业的行为规则以至法律，并要执法、监督；要合理选择经济手段和行政手段对人力资源供求双方进行宏观引导、调控，为作为人力资源供给方的公民个人和作为人力资源需求方的用人单位服务。

改革开放以来，我国在人力资源方面的基本思路和举措主要有：以法律的形式明确人力资源与用人单位的市场主体权力，界定双方权利义务，保障人力资源的合法权益；制定教育和人才培养战略；组织各种人力资源和人才交流机构，收集和发布人力资源供求信息，促进人力资源的配置；消除部门、地区、单位所有制对于人力资源流动的阻碍，促进人力资源的再配置；为实行中西部大开发战略配置人力资源；推进对于人的社会保障制度；调动人的创业积极性；等等。

这些我国目前正在着手解决的人力资源战略与政策内容以及其他相关的经济政策、社会政策，反映了我国基本上处于"中级职能"的塑造阶段（如国家目前对行业垄断问题已经开始重视和准备着手解决，建立城市广覆盖的社会保险体制等），也涉及发展"积极职能"（如大力吸引人才、支持高新技术创业的"集中措施"），但"基本职能"仍有许多没有到位，是我们改革中应当建立、重塑和完善的（如劳动人事法规的建设、产权制度的改造、公共医疗的重塑）。此内容参见本书的第9章。

## 9.2　人力资源生产战略

虽然我国处于"新常态"的经济格局，即我国在未来一二十年内仍然能够保持持续、稳定的经济增长，但由于我们处于人口与人力资源数量巨大，而社会就业岗位增长有限的国情，我们在相当长时期内，仍然将处于人力资源数量供过于求的局面。面对庞大的人力资源供给数量和巨大的城乡就业压力，搞好我国人力资源开发与管理的前提性原则，就是要调控好人力资源的生产与供给数量，并尽力扩大社会对人力资源的需求，力求尽快达到人力资源供求的平衡。

### 9.2.1　应对好人口老化问题

据预测，21世纪30年代，我国老年人口占总人口的比重将达到27%的高水平。随着我国老龄化的发展，我国人力资源年龄结构也有老化趋势，即50岁以上年龄的人力资源比重将相应加大。鉴于我国多年人口出生率维持较低，近年来人口年龄老化和人力资源年龄结构老化严重，国家已经放开"全面二孩"的政策。

对于这一未来可能比较大的问题，要通过提高人力资源的产出率、实行技术替代劳动等方针，来弱化人力资源年龄结构老化的不利影响。要特别注意加快青少年人力资源的开发，并大力发展针对中老年人力资源的继续教育事业。当然，我国已开始着手延长退休年龄，这也是应对人口老化问题重要的有效措施。

### 9.2.2　大力增加人力资本投资

#### 1.多渠道增加人力资本投资

首先，国家和地方政府要进一步增加财政支出，增加国民教育开支占财政支出的比重，以保证基础教育和公立部门培训等各方面的人力投资费用比较充裕。

其次，要广开财源，吸收企业、民间、国外投资、家庭、基金等多种来源的资金。需要注意的是，对于个人和家庭人力投资的增加，不仅仅是靠"提高学费"等增加教育成本的措施来达到，而更应该通过提高人力资源回报率的途径来调动。

最后，还应当研究和实行各种有利于促进人力资本投资的经济政策和社会政策。

#### 2.抓住人力投资重点

要在下述方面注意加大人力投资：

（1）大力进行对企业家、科技人员、管理人员等人才资源的教育培训及再教育事业，以适应经济社会不断发展的需要；

（2）配合我国的经济社会发展战略和各种产业政策、区域政策，调动各方面力量，开发现有人力资源潜力，减少人力资源浪费，改善人力资源质量、结构方面的人力投资；

（3）大力塑造创新和创业的经济环境和社会文化，努力增加提高创业者素质的人力投资；

（4）大力增加农村人力资本投资，以大幅度提高农村人力资源的综合素质，促进农村现代化的进程和保证未来转移进入城市的人力资源的素质。

### 9.2.3　进一步发展教育事业

教育和培训是开发人力资源、提高人力资源质量的基本手段。我国人力资源总量丰富但质量偏低的状况，说明我们需要在教育和培训上花极大的力气。

#### 1.进一步强化国民教育

要进一步增加教育经费投入，要尽快达到在全国城乡普及九年义务教育的目标和扫除青壮年文盲的目标，实现基础教育的全面覆盖；要根据社会需要，搞好对高等专业教育培养方向的引导；要大力提高教育质量，使新一代人力资源具有知识经济时代的高素质。

为此，要强化教师的选拔、培训和国际交流，以大大提高师资水平；要改善课程的设置，强调教材、教法、教学内容的时代性；要进一步放宽政策，大力发展社会多种力量办学；大力推进高等教育体制的改革，解决好专业招生体制与市场用人需求之间的矛盾；要采取多种措施，解决好已经延续多年的大学生就业难问题和教育投入更大、就业要求更高的研究生就业难问题。

#### 2.进一步强化职业技术教育

要进一步强化职业技术教育培训，力求达到职业技术教育培训的优质化和实用化，使职业技术教育在人力资源开发与管理方面发挥更大的作用。

职业技术教育的发展，要坚持市场为导向，注重针对性和时效性。要进一步发展和完善作为"就业门槛"的职业技能资格鉴定工作和职业资格证书制度。

在近年结构调整、深化改革和城市经济迅速发展的情况下，要特别注重搞好对下岗人员、企业富余人员和进城务工人员的职业技能培训。

**3.进一步强化就业后继续教育**

为了进一步提高人力资源的效能，必须大力加强在岗人力资源的继续教育，使人力资源个体们能够普遍接受终身教育。从社会的角度看，"工作–学习循环"是极为必要的，这不仅能够使人力资源不致因技术的迅速发展而变得陈旧和被废弃，而且使人力资源的知识不断更新、技能不断增强、综合素质不断提高。

进一步来说，大力发展终身教育，对我们延缓未来的人力资源老化和数量减少的问题，具有相当积极的作用。

### 9.2.4　提高人的精神素质

要普及市场经济知识，推动作为人力资源载体的人们转变观念，使其树立竞争、创新、开拓的市场经济主体意识，并加强道德观念教育，弘扬中华民族的优秀文化，提高全社会人力资源的精神素质水平。具体来说，"市场观念"包括以下方面：

**1.市场经济规范观念**

（1）法制观念

法制在市场经济社会，具有非常重要的作用，它能协调人力资源个人与使用单位（者）双方的关系，维护双方的合法权益。中国在发展市场经济的过程中，重视劳动、人事立法以及有关的监督监察、调解、仲裁等。人们具有法制观念，作为雇员的人可以有效地保护自己的合法权益，作为雇主的人也会尊重所使用的人力资源的合法权益。

（2）道德观念

市场经济要求从事经济活动的主体在经济活动中遵守公平、信用、真实等信条，有必要的商业道德。作为人力资源个体的人也要有必要的道德精神，包括敬业精神、勤奋精神、合作精神、互利精神、信用精神等，例如在职业流动方面的竞业避止。

**2.市场经济主体观念**

（1）竞争观念

在市场经济体制下，作为社会生活细胞的人在"市场"中的能动性非常重要。对于每一个人力资源个体而言，在劳动市场、人才市场上存在着就业竞争，在各个工作单位内部也存在晋升机会的竞争。这都要求人们有一种比较强的成就动机，并有相应的能力、素质来实现成就动机。在市场经济社会，竞争不仅是与他人的竞争，在一定意义上也是与自己的竞争，是对自己的实力和心态的挑战。正因为如此，改革开放以来，读书、学习、进修、考试就成为人们主动追求的生活内容。

（2）创业观念

在市场配置资源的模式下，政府不再给人力资源个体发"铁饭碗"，人们要有自我创业、开拓事业、开拓人生的观念。自我创业，不仅有利于人力资源个体在就业压力大、职业需求少的情况下就业，而且使其能够找到合乎自身能力、意愿的职业，还能够使其在创业过程中发挥才干、陶冶情操，促进"人"的完善。

### 3.市场经济人本观念

市场经济下的人本观念是社会进步的反映，从经济活动主导思想的角度看，"人力"这一要素或资源由以往单纯的"labour""manpower"向"人"的色彩更多的"human"方向发展。从浅层次上看，人本观念是作为经济和社会生活主体的人，权利受到承认和重视，利益得到认可和满足。从深层次上看，人本观念是以人为中心、注重人的个体发展的观念。每一个人力资源个体发展的总和即职业生涯的发展和成功。因此，在给人的发展提供了机遇的市场经济条件下，人们规划职业、塑造生涯，在职业变换中获得最佳发展。这一点，不仅为人力资源个体们深刻地领悟并使其付诸行动，而且正在为政府和现代组织所重视。

## 9.3　人力资源就业战略

### 9.3.1　努力开拓就业岗位

从一定意义上讲，失业问题的存在是社会就业岗位短缺的反映，开拓就业岗位是解决就业问题的根本。

首先，在进行产业结构调整的过程中，大力培育增长性行业，发掘优势产业吸纳人力资源的潜力，从多途径增加就业岗位，大规模扩大我国经济社会发展对于人力资源的需求。

其次，大力寻找、培育新的经济增长点和就业增长点，大力开拓新的就业岗位，这不仅是目前深化改革、结构调整和国际经济竞争激烈形势下保持良好就业局面的途径，也是在我国能够实现长期充分就业的根本。

最后，要根据我国国情，大力发展各种"用人密集型"行业，包括劳动密集型行业，员工数量较多且质量较高的知识密集型、技术密集型行业，第三产业（尤其是各类商务服务业、公共服务业和社会服务业），发展可以在同样资金投入条件下吸收相对较多人就业的"基于劳动力密集型的技术"①。

### 9.3.2　多方面挖掘就业需求

按照经济学原理，为人的就业提供岗位的人力资源需求来自于社会消费。充分调动消费需求，鼓励社会创业机制，从而调动就业岗位需求，是解决就业问题的根本。我国近年来进行了促进消费的多方面努力，诸如降低利率，提倡消费信贷、假日经济，以至高校扩招等，取得了一定的成效。但是，目前我国城乡居民存款依然在攀

① "基于劳动力密集型的技术"是国际劳工组织在南亚等地区开展促进就业项目获得的经验。

升，数额高达几十万亿元，这意味着我国的消费需求和就业岗位需求仍然是大有潜力的。

我们要面向正在持续增长的中国经济，面向庞大的国内市场，有预见地开发就业岗位，把其纳入宏观经济政策中。在国民经济的"三驾马车"中，国内的消费已经居于第一位，消费升级正给我们带来巨大的新市场，从而可能引致巨大的就业需求。

目前，我国的经济呈现稳步发展的局面，我国与世界经济的联系越来越紧密，随着我国高铁出口、核电出口、一路一带建设等步伐的加快，中国对外经济活动将有进一步发展的巨大空间。这也将给予我国的长期就业以较大的跨边界的引致需求，"21世纪是中国的世纪"，中国成为"世界工厂"的格局有待向"中国设计""中国经营"格局转变，我国的对外投资也在方兴未艾，这些都为我国的扩大就业提供了非常好的国际性机遇。就此，我们必须研究和解决好多方面的政策问题。

### 9.3.3  进一步深化国有企业改革

**1.努力搞好国有企业的转制**

从根本上看，经营管理水平取决于体制，因此必须尽快完成国有企业的现代企业制度改造。发展非公经济，不仅具有促进国民经济增长的巨大作用，而且具有为国有企业树立经营模式样板和逼迫其改革的双重功效。因此，混合所有制正是解决国有企业管理体制、内在动力、垄断经营等多方面问题的重要途径。

**2.解决好国有企业管理层的问题**

关系着经营管理水平的另一个重大因素是国有企业的领导班子状况。要搞好国企领导班子的选拔、任用、监督、激励，建立企业家市场，实行年薪制和期权制，使企业领导者的权责利相一致，充分调动其搞好企业的积极性，同时大力加强对企业领导者的约束。

**3.加强经济政策和产业政策的引导**

此外，国家要通过经济政策、行会活动的行政干预，协助国有企业解决产品定位、市场开拓、技术研发和融资等问题，帮助国有企业迅速提高竞争力，走上新路。

要加强国家在产业政策方面对国有企业的指导和协调，减少和消除重复的建设项目，以发挥其增加长期、稳定性就业岗位的作用。

### 9.3.4  进一步促进民间创业

随着我国改革的进程，非公有制企业在大量兴办。据统计，2000年，我国城镇人口在私营企业与个体经济单位从业的人数达到3 404万人，占城镇从业人员总数的22.7%。这与"文化大革命"结束不久的1978年末15万人的水平（仅占0.0037%）相比，增加了3 389万人，是其226.9倍。到2013年末，我国城镇人口在私营企业与个体经济单位从业的人数已经高达14 567万人，与1978年末相比，增加了14 552万人，是其971.1倍；与2000年末的水平相比增加了11 163万人，是其4.28倍。此外，统计中的"股份公司、有限责任公司、联营单位"之中，也有大量非公有制人员。私营企业与个体经济单位，是一批立足于市场的民间人士创办的，他们对吸纳社会就业、解决中国的就业问题起到了极其重要的作用。从近年的情况看，国有单位和集体单位的数量总体上处于下降趋势，而就业总量还在增长，这说明了民间创业在解决我国就业问题方面的极大功用。

改革开放以来，我国采取了很多调动民间创业力量的举措，例如"三结合就业方针"、发展劳动就业服务企业、鼓励外商投资、促进中小企业发展等。为了进一步调动民间创业力量，我们还需要做出更多的努力。①

### 9.3.5　鼓励非正规部门就业

市场经济的特点是经济单位的多样化。从就业的角度看，非正规部门主要依靠劳动者自身的努力创造大量的就业岗位，这不仅是对制度化就业的补充，而且是一种自动缓解失业压力、稳定就业局面的力量。按照国际劳工组织的观点，在非正规部门就业中"独立服务者"占据主体地位，包括家庭帮手、街头小贩、清洁工、街头理发师、擦鞋童等。独立服务者也被称为"随意劳动者"，其特点是职业的具体性质不断变化、女性比例大、具有季节性、技能水平较低。②非正规部门就业具有创造大量就业岗位、减轻城市贫困和满足多样化社会需求的作用，独立服务者往往是在人权得不到尊重、多方面经济条件受限和受到歧视的社会环境中生存，但其却显示了强大的生命力，而且还蕴含着巨大的增加就业岗位和提高收入水平的潜力。③因此，国际劳工组织和许多国家的政府都对非正规部门就业持宽容和支持态度。

在我国改革以来出现的企业富余人员、下岗职工、困难职工中，有相当一部分人正在从事各种有收入的制度外劳动，如摆摊、推销、在某处打工、无底薪兼职、个人经营或合伙经营等。显然，他们实际上处于非正规部门就业的状态。这种非正规部门就业，是在基本生活保障水平较低的情况下从事不稳定、低收入、填补市场空白、不用政府投入的劳动。我国有的地方政府对之持宽容态度，有的地方政府则出于"非法经营""妨碍市容""未交税""人员庞杂"等缘由，对非正规部门就业大加限制以至打击。电影《漂亮妈妈》中家有残疾孩子的下岗女工见到工商局来查抄就望风而逃的场景，反映的是社会有非正规部门就业的需求和供给，但政府持否定和打击态度。大相径庭的态度和政策，对于局部就业形势的影响很大。

总之，我国必须大力发展非正规部门就业，并注意使其合法化、规范化以至制度化，以大大减轻政府的就业负担，并利于缓解我国严峻的就业形势。

### 9.3.6　实行就业扶助

市场经济不相信眼泪，但市场经济会产生眼泪。政府作为公众集体利益的代表，作为社会利益的协调者和财政再分配的主持者，就有着消除社会痛苦、对弱者进行扶助的责任。

在市场经济中，不是因为个人的懒惰而在劳动市场中处于不利地位的特殊群体，

---

① 参见：钟朋荣.谁为中国人造饭碗 [M]. 北京：中国经济出版社，1999.
② 国际劳工局.世界就业报告1998—1999年 [M]. 中华人民共和国劳动和社会保障部国际劳工与信息研究所，译.北京：中国劳动社会保障出版社，2000：141.
③ 刘燕斌.面向新世纪的全球就业 [M]. 北京：中国劳动社会保障出版社，2000.

诸如从学校毕业后缺乏就业技能的青年、中老年无技能者、残疾人、妇女、落后地区的失业者、文化技能条件较差者、其他处于不利地位的人（如有犯罪记录者、少数民族等），就是需要社会救助特别是政府扶助的对象。

塑造社会保障制度是我国经济改革深化的需要，也是我国社会走向现代化的需要。实行就业扶助是建立社会保障制度的一项重要内容。为此，应当解决以下几个方面的问题：

（1）努力抓好企业困难职工的解困和再就业扶助工作。应当看到，这是关系着我国社会稳定的一个重大问题。

（2）扶助低文化、低技能层次的女性就业。在市场经济讲求效率、用人单位具有自主权的情况下，可以采取强化技能培训、加强就业指导、创造适合岗位和在必要条件下实行类似残疾人的按比例就业的政策。

（3）对于无技能的青年失业者给予以技能培训为中心的就业扶助。

（4）对于中老年失业者和不规范下岗者，给予必要的生活保障和提供有针对性的就业岗位。

（5）继续搞好和进一步深化残疾人就业扶助的各项工作。

（6）建立对于失业人员的社会工作制度，以减少失业者所遭受的社会痛苦，并达到维持社会稳定的效果。

## 9.4　人才资源开发与管理战略

### 9.4.1　创造优异的人才资源生产条件

**1.进一步增加教育投资**

要努力调动国家、用人单位、个人三方面主体进行人才投资的积极性。首先，国家必须大力增加用于教育的财政开支，国家要把教育投资水平、教育成果实绩等有关指标纳入各级政府工作的目标责任制内容中。其次，各企业、事业、机关单位要从提高自身经济效益和工作绩效的角度着眼，认识人才投资的积极作用，从而大幅度增加投资。当然，政府要通过一定的政策与行政措施予以导向指引。最后，个人与家庭，要从增强自身实力、改善职业生涯、促进个人发展、未来获得高收益的角度出发，大力增加教育投资。

此外，还要注意吸收社会各方面的投资。为此，应当大力吸引外资用于教育、科技、文化事业的发展，特别是允许国外投资兴办高等教育和基础教育。近年来，国外投资办学实行模拟公立学校办学的模式，教育办学权由国家教育部门审批，教学内容依据公立学校教学大纲来组织。在条件具备的情况下，应当考虑实行外资自由办学的模式。

**2.进行教育政策调整和教育改革**

教育部门是人才资源生产的主要部门。我国的教育目前存在着很大的问题，与

21世纪的要求相比，存在非常大的差距。这些问题要靠教育政策的调整和进一步的教育改革来解决，从而形成良好的教育环境。

经济发达国家对教育事业普遍高度重视。可以说，"重视教育"与"经济发达"形成了良性循环。重视教育，也体现在深刻反思、进行政策调整和教育改革上。20世纪中期，苏联的卫星上天，美国举国震动，引发了大规模教育改革。进入21世纪之时，作为世界头号经济强国和教育大国的美国，颁布了《美国2000年教育战略》，再一次彻底改革教育模式，为明日的学生创办新一代的学校，使美国真正变成"全民皆学"的国家。无疑，我国的教育要面向世界、面向现代化、面向未来，就必须进行深刻的反思，进行政策调整和改革。

具体来看，在我国的教育发展中存在以下重大问题，需要在新的历史时期加以解决：

（1）现行的教育体制缺乏有效的预测和规划、调节机制，缺乏市场优化配置教育资源的功能，办学分散、重复，类似于多年存在的经济方面的低水平重复建设，不仅不能适应社会需求，也降低了教育投资的边际产出量和教育产品的质量。20世纪末，我国专业招生目录缩减和高校大规模扩招后，一些专业有过热的趋势。而实行多年的高等院校合并重组对于扩大高等院校规模、向国外大学看齐方面有一定作用，但专业系科的盲目举办问题未能解决。

（2）我国高等教育中存在着知识和理论陈旧、专业面较窄、轻应用技能教育、基础欠缺等问题，这使得所培养的人才资源不能较好地满足社会需要，也降低了人才资源个体发展、职业生涯顺利与成功和取得应有成就的概率。

（3）资金投入绝对量和相对量都很大的高等教育，其招生专业方向（教育部门的生产计划）与毕业生就业去向（教育产品的销售）之间存在着很大的结构差距，高等教育专业设置甚至院校设置一调再调，但所培养的专业人才与社会需求岗位不对口的问题依然较大，由此使得宝贵的教育投资应当产生的经济效益、社会效益和促进人力资源个人发展的效益都大打折扣。

（4）我国的基础教育也缺乏必要的、实用的社会生产与生活知识内容，既不利于保证未来人才的基本素质，也不利于教育自身的发展和获得社会的支持、市场的承认。

（5）中国处于社会的大变革之中，传统的思想政治教育内容与方式不能适应社会需要，甚至与社会存在一定的冲突，高等教育、人才教育在塑造市场经济新道德、新观念、新行为模式和进行公民教育、爱国主义教育、创造教育和人文教育方面，还有着巨大的空白。

上述诸方面的问题，要靠教育政策调整和教育体制的进一步改革来解决。如何进行教育政策调整和教育改革，还需要通过进一步的研究来确定。

### 9.4.2　大力发掘人才和吸引人才

人才资源的重要性人所共知，扩大人才的来源也是人们所共同寻求的。从现实的角度看，在发掘人才、吸引人才方面，应当实行以下政策：

（1）进一步深化人事制度改革，全方位地实行竞争机制，打破一切成才、用才的障碍。

（2）深入调查和研究现有的人才资源状况，研究和发掘现有人才的潜力，进行必要的政策调整，充分发挥其积极作用。

（3）采取与外界"联姻"的措施。各个地区和用人单位要与人才蕴藏量丰富的地区和单位（如北京、上海，科研机构、大学、外企等）建立多元的、频繁的交流、联系；政府与产业界、大财团联合开发人才；实行国内流动研究、客座教授等聘请客卿的制度；邀请国外专家来华工作；等等。通过上述措施，从更广阔的空间发掘人才、使用人才。

（4）树立人才是资本、回报巨大的意识，注意解决人才培养过程中的各种具体问题，为人才培养提供良好的环境和充分的机会。

（5）进一步强化人才资源流动，增加对国家、地区、产业和用人单位的人力资源流动（吸引人才）的投资，解决好人才流动的社会保障问题和各种实际问题，解除其后顾之忧。

### 9.4.3　优化人才资源的社会环境

#### 1.解决好人才资源的价值定位

尽管近年我国在社会收入分配方面的"脑体倒挂"问题有所缓解，但人才资源在许多方面所应当得到的收入，仍然低于其社会价值。我们认为，应当核定人才资源价值，这是承认和兑付其价值的前提。尤其是政府机关和人才集聚的事业单位，更应当解决好"高薪养廉"和"高薪养才"的问题。具体来说，人才资源价值应当包括以下五个部分：

（1）人才的生产成本。人才的生产成本包括一定时期一定地区的基本生活费、抚养系数、个人教育投资偿还与再投入费用、个人支付的其他人力投资款项。人才资源显然比普通人力资源成本高，高出来的部分主要是教育投资及相关的费用（如在外地上学期间生活费支出较多）。舒尔兹理论中的"放弃收入"也是一种机会成本，构成人力资本即特殊形态的人才生产成本。

（2）人才所创造的价值水平。从一般意义上看，"按劳付酬"是制定工资水平的基本依据。由于人才资源的劳动会创造出比普通人力资源劳动更大的价值，使用人单位与社会获得更多的效益，因此人才应当得到更高的工资报酬。在我国的改革中，经营者的年薪制和技术人才的知识入股、技术入股就是体现其创造价值水平的形式。

（3）市场上人才的供求关系。一般情况下，市场上哪类人才短缺，其市场价格就高；市场上哪类人才过剩，其市场价格就低。这种由人才关系所调节的人才价格，反过来又会对人才资源的供求关系产生调节作用。

（4）社会收入的比价关系。社会收入的比价关系包括人才较为集中的政府机关、事业单位与其他经济部门同等层次员工的收入关系，不同教育程度的劳动者收入关系，不同岗位职务、不同劳动复杂程度的劳动者收入关系，等等。

（5）对人才的激励与吸引因素。一些用人单位注重对人才的激励和吸引，而给予人才高工资，进行经济上的鼓励。这有利于用人单位吸引人才、奖掖人才，有利于给人才赋予较大的工作动力，也有利于使社会形成尊重知识、尊重人才的风气，有利于使人们为了成才而刻苦努力。

### 2.提高人才资源的经济地位

要从政府的财政投入上和企事业单位的分配政策上，解决行政官员、专业技术人才等的工资待遇提高问题，以便能够留住人才和吸引人才。他们的工资水平应当以竞争性行业的同等层次人才的收入为依据，进行计算和兑付。

要做到"高薪养廉"和"高薪养才"，使经济社会发展所需的人才岗位成为热门职业，成为令人钦佩的职业，让人才成为社会上倍受欢迎、令人尊敬的人。

要在提高人才工资收入水平的基础上，从多方面改善和进一步优化人才的生活环境。

## 9.4.4　提高人才资源的使用效率

人才资源是投资较大、收益较高的人力资源，人才的浪费是最大的浪费。为了提高人才的使用效率，必须通过多种途径，制定多方面的有关政策，采取各种措施手段。

### 1.努力达到人才资源的充分就业

要立足于国家以及各地区、部门和用人单位的发展战略，创造一大批好岗位以吸引人才、安置人才，努力达到人才层次的充分就业，避免人才的闲置、错配和低效能使用。各层次的人才资源使用主体都应当认识到，重用人才和发挥人才的巨大潜能与发展自身的实力完全是一回事，而且，"得人才者得天下"。

### 2.加强对人才资源使用的经济调控

要进行人才使用状况的经济分析，采用经济杠杆督促各用人单位节约使用人才，例如征收超额人才累进税和稀缺人才使用税。人力资源理论的代表人物、美国著名经济学家舒尔茨在其论述人力投资的文章中所写的"政策性结论"的第一条，就是人力资本的税收问题。

### 3.提高人才资源的社会产出

要鼓励人才资源兼职和从事各种业余劳动，使其尽可能多地为社会发挥效用。各用人单位可以通过长期或短期聘用、协作与交流、举办学术报告会和训练班、请外部人才指导与诊断本单位工作等方式，挖掘社会人才，利用"外脑"为自己服务。从社会的角度看，这会大大降低人才资源的闲置率，提高人才资源产出率。

## 9.4.5　构筑人才资源高地

### 1.进一步发挥高新技术产业集约人才资源的作用

我国近年高新技术发展势头迅猛，对于高新技术的研究相当广泛，质量在不断提高，高新技术转化为生产力的比例也在逐步提高，一些领域正在赶超国际先进水平。高新技术产业的发展集约了大量的人才资源，包括吸引了大量出国留学人员和外国专家。

高新技术代表了经济社会发展的趋势，具有全球化的趋向，也具有改造传统产业的巨大效能和重要职责。我们要看到自己现行的差距和发展中的不利条件，例如同为发展中人口大国的印度在软件业方面已经取得优势地位，未来有望成为世界第一软件大国，我国则相差甚远。为了进一步促进高新技术的发展和发挥高新技术集约人才资源的能力，要在高新技术发展战略的选择、对高新技术的投入、高等教育和相应的高等技工教育的发展、新型人才管理体制的塑造、人才开发利用社会环境的塑造等多方面，做出更多的和更大的努力。

**2.大力发挥大城市集约人才资源的作用**

城市是经济社会发展布局中的重点，是人才的重要集散地，是人才生产、人才开发、人才配置、人才使用的主要场所。要充分发挥大城市，特别是中心城市在集约人才、生产人才和开发人才方面的巨大作用。城市都有自身的总体发展战略规划，它是人才战略规划的出发点和目标。一般来说，发展大都市的同时，也就大大增加了对于人才资源的需求。

我国的首都北京，经济和金融中心上海，直辖市天津和重庆，改革开放的前哨深圳，大区域中心的广州、西安、武汉等，改革以来迅速崛起的苏州、青岛、大连等，都是集约人才资源的重要地点，而且在直接推动国民经济全局发展、带动其他地区和农村的发展方面都有重大作用。以广州为例，它是我国的主要城市之一，也是中国南方最重要的大都市，从其历史、现实和未来国内、国际格局的角度看，广州应当成为集经贸金融中心、若干产业中心、科学研究中心、文化中心、旅游中心为一体的国际化、现代化特大型都市。有了这样的格局，未来广州的人才就有了一个极其光明的前景。

大都市的大格局，要有重头的发展规划，要有先进的产业建设项目，要有核心竞争力。大城市有了高目标，就要有集约人才、培养人才的大手笔，要吸引、培养人才，形成一大批自然科学与技术专家、经济专家、经营管理专家、人文社会科学专家、政府行政管理专家，形成"谈笑有鸿儒"人才兴旺的局面。

### 9.4.6　发挥政府的重要作用

面向现代化、面向21世纪，意味着我们面临着巨大的发展机遇和严峻的全球性挑战。2001年3月，朱镕基总理在21世纪的第一次全国人民代表大会上的政府工作报告中指出，要落实科教兴国战略，把培养、吸引和用好人才作为一项重大任务。2012年，温家宝总理在全国人民代表大会上的政府工作报告中，进一步强调了实行人才强国战略。2013年8月，李克强总理在国家科技教育领导小组第一次会议上指出，打造中国经济升级版，促进社会进步，建设现代化国家，实现中华民族伟大复兴的中国梦，除继续用好"人口红利"，更加注重依靠"人才红利"。

在这一形势下，政府应当在以下方面做出更大的努力：

（1）加强人才战略规划。政府要把人才规划与整个人力资源的规划作为经济社会发展的中心任务之一和战略性问题来抓。

（2）加强人才预测，建立人才信息库，以作为开发、利用和管理人才资源的依据。

（3）制定保障人才合法权益、鼓励生产与开发人力资源的法规制度，并加强有关的监督和执法，以此保证人才政策的落实。

（4）建立政府的"猎头公司"，直接参与国有企事业机关单位高级优秀人才的搜寻与配置。

总之，我国要在人力资源用人体制和管理方法方面全面与国际接轨，发挥好具有高度聪明才智的中国人才资源的优势，实现中国经济的进一步腾飞和中国人民福利的增长，实现中国社会现代化的进一步推进，使21世纪真正成为"中国世纪"，为人类的进步做出中国人民的贡献。

## 本章小结

本章对人力资源开发与管理战略进行了基本分析，首先分析了战略范畴，进而说明了人力资源开发与管理战略的地位、影响因素及在我国的演变历程，并进一步阐述了人力资源开发与管理的战略内容，包括如何在我国实施人力资源数量均衡战略、人力资源质量提高战略、人力资源就业战略、人才资源开发与管理战略。

通过本章的学习，学生将对我国的人力资源战略和人才使用机制全面与国际接轨方面产生更深的认识。

## 主要概念

战略   人力资源战略   政府职责   解决市场失灵   促进社会公平   市场经济规范观念   非正规部门就业   就业扶助   人才战略   人才资源价值   人才高地

## 复习思考题

1. 影响人力资源开发与管理战略的因素有哪些？
2. 试述我国人力资源开发与管理战略的演变进程。
3. 我国人力资源数量均衡战略是什么？
4. 人力资源质量提高战略的内容是什么？
5. 试述人力资源就业战略。
6. 为什么要实施人才资源开发与管理战略？如何实施？

## 案例分析

### 新常态下的中国宏观人力资源何处去

究竟什么是新常态？其主要特征是什么？应怎样正确看待新常态？该如何适应新常态？

"这次，恐怕是回不去了！"国家统计局中国经济景气监测中心副主任潘建成指着电脑上的一幅经济增速曲线图说。这条波动起伏的曲线显示，中国改革开放30多年来，GDP增速只有3次连续2~3年低于8%：第一次是1979—1981年，第二次是1989—1990年，第三次是1998—1999年。这3次回落主要是受到外部短期因素的干扰，每次过后又回到了高速增长的轨道上。这次，也就是第四次正在出现：2012年、2013年，我国GDP均增长7.7%，2014年预期目标是7.5%，上半年为7.4%。"这次不是经济循环周期的下行区间，而是经济增长阶段的根本性转换，中国经济可能要告别过去的高速度了。"潘建成说。

中国经济的这一变化，带来了"新常态"这个名词。

**新常态，新特征**

何谓"新常态"？新常态意味着中国经济已进入一个与过去30多年高速增长期不同的新阶段，实质上就是进入高效率、低成本、可持续的中高速增长阶段。

多数专家认为，新常态主要有四个特征：

（1）中高速。

"从速度层面看，经济增速换挡回落，从过去10%左右的高速增长转为7%～8%的中高速增长是新常态的最基本特征。"国家发改委副秘书长王一鸣说。

"不少国家的经济增速都是从8%以上的'高速挡'直接切换到4%左右的'中速挡'，而中国经济有望在7%～8%的'中高速挡'运行一段时间。"国家信息中心首席经济师范剑平分析。这是因为中国是一个发展很不平衡的大国，各个经济单元能接续发力、绵延不绝，导致发展能量巨大而持久。"比如，当服务业在东部地区崛起时，退出的制造业不会消失，而是转移到西部地区，推动西部经济快速增长。"

（2）优结构。

从结构层面看，新常态下，经济结构发生全面、深刻的变化，不断优化升级。

产业结构方面，第三产业逐步成为产业主体。2013年，我国第三产业（服务业）增加值占GDP比重达46.1%，首次超过第二产业。"美国等发达国家服务业已占GDP的80%以上，新常态下，我国服务业比重上升将是长期趋势。"王一鸣说。

需求结构方面，消费需求逐步成为需求主体。2012年，消费对经济增长贡献率自2006年以来首次超过投资。

城乡区域结构方面，城乡区域差距将逐步缩小。2011年末，我国城镇人口比重达51.27%，数量首次超过农村人口。随着国家新型城镇化战略的实施，城镇化速度将不断加快，城乡二元结构逐渐被打破，区域差距也将逐渐缩小。

收入分配结构方面，居民收入占比上升，分享更多改革发展成果。改革开放30多年来，我国GDP年均增长9.8%，国家财政收入年均增长14.6%，而城镇居民人均可支配收入和农村居民人均纯收入年均增长率仅分别为7.4%和7.5%。在新常态下，这种情况将发生改变。

在这些结构变迁中，先进生产力不断产生、扩张，落后生产力不断萎缩、退出，既涌现一系列新的增长点，也使一些行业付出产能过剩等沉重代价。

（3）新动力。

从动力层面看，新常态下，中国经济将从要素驱动、投资驱动转向创新驱动。

1998年至2008年，全国规模以上工业企业利润总额年均增速高达35.6%，而到2013年降至12.2%，2014年1至5月仅为5.8%。"制造业的持续艰难表明，随着劳动力、资源、土地等价格上扬，过去依靠低要素成本驱动的经济发展方式已难以为继，必须把发展动力转换到科技创新上来。"国务院发展研究中心对外经济研究部部长赵晋平说。

（4）多挑战。

从风险层面看，新常态下面临新的挑战，一些不确定性风险显性化，如楼市风险、地方债风险、金融风险等潜在风险渐渐浮出水面。这些风险因素相互关联，有时一个点的爆发也可能引起连锁反应。

**新常态，新因素**

中国经济"做不到""受不了"像过去那样高速增长，谈到新常态的成因，就不得不提到一个经济学概念——潜在增长率。未来一段时间，我国潜在增长率下降将成必然趋势。

这是因为，潜在增长率主要由劳动投入、资本投入和全要素生产率等因素决定。从劳动投入看，2012年，我国15～59岁劳动年龄人口第一次出现绝对下降，专家预测从2010年至2020年，劳动年龄人口将减少2 900多万人，这意味着全社会劳动投入增长将逐步放缓。从资本投入看，劳动年龄人口减少的另一面是被抚养人口增加，抚养支出上升。过去我国人口负担轻，可以维持高储蓄率，从而带来高投资，今后随着储蓄率的下降，可用于投资的资本增长也将放缓，而代表效率的全要素生产率也难以大幅提高。更何况，当一个经济体成长起来后，总量和基数变大，GDP每增长一个百分点，其绝对值要比过去大很多，所以维持"永动机"式的长期高速增长是不可能的。

说清了潜在增长率，也就明白了新常态因何而生。

从速度层面看，由于潜在增长率下降、资源环境压力加大，中国经济"做不到""受不了"像过去那样高速增长，必然会换挡回落。

从结构层面看，随着资本、土地等生产要素供给下降，资源环境约束强化，耗费资本、土地等要素较多，能耗较高，污染较大的一二产业比重将下降，较少依赖资本、土地等要素，消耗较低的服务业将驶入发展快车道，从而带来产业结构的优化。

由于劳动力、资源等制造业成本上涨，出口竞争力将减弱，由于劳动年龄人口减少和储蓄率降低，投资能力也将降低，而随着居民收入水平的提高和社会保障的完善，消费需求将持续较快增长，从而带来需求结构的优化。

"当东部土地稀缺、劳动力匮乏后，相关产业会转移到中西部地区，最终实现区域协调发展、优化区域结构。"范剑平说。而城镇化提速、大量农业转移人口市民化，有利于缩小城乡差距、优化城乡结构。

随着劳动力供给的减少，劳动者在就业市场上逐渐成为"稀缺品"，而在服务业占主导的经济结构中，人力资源更为重要，这些因素都将推动劳动工资提高、收入分配结构优化。

从动力层面看，过去，低廉的生产要素价格成为驱动中国这一"世界工厂"快速运转的重要动力，时至今日，这些要素价格都发生了质的变化，倒逼中国经济转向创新驱动。

从风险层面看，风险显性化并非经济本身出了问题，而是因为随着经济增速放缓，很多原来在高速增长期被掩盖的风险开始暴露出来，比如，经济下行压力加大会削弱人们的投资信心，过去积累的楼市泡沫和风险就凸显了出来；由此，房地产商会暂停购买新的土地，导致以土地财政为重要来源的地方财政紧张，地方债风险就会显现；房地产市场不景气，银行贷款就会埋下金融风险的隐患。

**新常态，新风景**

"我就想知道新常态后，咱老百姓的日子过得咋样，能不能比以前更舒坦？"上海退休职工张文进坦言。可以让张文进欣慰的是，新常态将有利于民生改善：

（1）就业将更充分。服务业吸纳就业能力高于制造业，2012年，第二产业每亿元GDP吸纳就业980人左右，而第三产业可达1 200人。新常态下，服务业占比上升，GDP总量增加，就业状况也将明显改善。

（2）收入将更均衡。就业充分，劳动者收入提升也就有了保障。另外，新常态下，要扩大消费就应增加居民收入，特别是增加边际消费倾向更明显的低收入者的收入，收入分配将渐趋合理。

（3）社保将更完善。新常态下，要消除居民消费的后顾之忧，就应精心编织世界上最大的社会保障网。

新常态也将有利于经济发展：

（1）增长将更平稳。"旧常态"下，经济增长更多依赖投资和出口，出口需求受外部环境影响会经常变化，投资需求也会随着经济周期出现过热过冷的波动。而新常态下，更多依赖消费拉动的经济增长将相对稳定，周期性波动的波幅会明显缩小。

（2）物价将更稳定。经济平稳增长带来的后果之一就是物价相对稳定。比如，物价在2012年和2013年仅上涨2.6%，2014年上半年更是仅为2.3%。

（3）质量将更提升。新常态下，随着资源环境约束强化、中国经济转向创新驱动，经济增长的质量和效益将成为企业和社会追求的更高目标。

总体看，新常态对中国经济社会发展的影响是正面、积极的，有利于中国经济加快转变发展方式，跨越"中等收入陷阱"，继续保持较长时期的中高速增长。

资料来源　田俊荣，吴秋余.新常态，新在哪？［J］.西部大开发，2014（12）.

案例讨论：

1.什么是中国经济的新常态？其增长速度算不算慢？

2.新常态的中国经济对人力资源的结构有哪些要求？

3.在新常态的发展格局下，中国的经济、社会、科技对人才素质有哪些要求？

第9章拓展阅读

# 第10章　用才先布局——人力资源规划

## 学习目标

✓ 掌握人力资源规划的含义
✓ 理解人力资源规划的原则
✓ 熟练掌握人力资源规划流程
✓ 了解人力资源规划的主要项目
✓ 掌握并能熟练运用相关方法进行人力资源规划
✓ 掌握人力资源规划的落实方法

**引例**　　　　　　　　　　**解决人员短缺困惑的招数**

近年来，金海公司人员空缺，特别是经理层的人选空缺常使得公司陷入被动的局面。为此，金海公司进行了人力资源规划。

首先，由四名人事部的管理人员负责收集和分析目前公司对生产部、市场与销售部、财务部、人事部四个职能部门的管理人员和专业人员的需求情况以及劳动力市场的供给情况，并估计在预测年度，各职能部门内部可能出现的关键职位空缺数量。

上述结果用来作为公司人力资源规划的基础，同时也作为直线管理人员制订行动方案的基础。但是，在这四个职能部门里制订和实施行动方案的过程（如决定技术培训方案、实行工作轮换等）是比较复杂的，因为这一过程会涉及不同的部门，需要各部门的通力合作。例如，生产部经理为制订将本部门A员工的工作轮换到市场与销售部的方案，则需要市场与销售部提供合适的职位，人事部做好相应的人事服务（如财务结算、资金调拨等）。职能部门制订和实施行动方案过程的复杂性也给人事部门进行人力资源规划增添了难度。

金海公司的四名人事管理人员克服种种困难，对经理层的管理人员的职位空缺做出了较准确的预测，制订了详细的人力资源规划，使得该层次上的人员空缺减少了50%，跨地区的人员调动也大大减少。另外，从内部选拔任职者的时间也减少了50%，并且保证了人选的质量，使合格人员的漏选率大大降低，使人员配备过程得到了改进。人力资源规划还使得公司的招聘、培训、员工职业生涯计划与发展等各项业务得到改进，节约了人力成本。

人力资源规划制订后，下一步当然是组织实施，这一过程中金海公司重点抓检查评价环节。在每个季度，高管会同人事咨询专家对上述四名人事管理人员的工作进行分析指导。这一过程按照标准方式进行，即这四名人事管理人员均要在以下13个方面做出书面报告：各职能部门现有人员；人员状况；主要职位空缺及候选人；其他职位空缺及候选人；多余人员的数量；自然减员；人员调入；人员调出；内部变动率；招聘人数；劳动力其他来源；工作中的问题与难点；组织问题及其他方面（如预算情况、职业生涯考察、方针政策的贯彻执行等）。同时，他们必须指出上述13个方面与预测（规划）的差距，并讨论可能的纠正措施。

讨论结束后，这四名人事管理人员则对他们分管的职能部门进行检查。在此过程中，直线经理重新检查重点工作，并根据需要与人事管理人员共同制订行动方案。

## 10.1　人力资源规划基本分析

### 10.1.1　人力资源规划的含义

人力资源规划，也称人力资源计划，英文为 human resource planning（HRP）。人力资源规划是人力资源开发与管理过程的初始环节，是人力资源开发与管理各项活动的起点。搞好人力资源规划，对于搞好人力资源整体管理，取得人力资源效益和组织多种效益，都具有重要作用。

人力资源规划有狭义的和广义的两个角度，这里分别进行阐述。

#### 1.狭义人力资源规划

狭义的人力资源规划，是指组织从自身的发展目标出发，根据其内外部环境的变化，预测组织未来发展对人力资源的需求，以及为满足这种需求提供人力资源的活动过程。简单地说，狭义的人力资源规划是进行人力资源供需预测并使之平衡的过程。我们可以把它看作组织对各类人员的补充规划。

#### 2.广义人力资源规划

广义的人力资源规划的内容很多，可以分为组织的人力资源目标规划、组织变革与组织发展规划、人力资源管理制度变革与调整规划、人力资源开发规划、人力资源供给与需求平衡计划、劳动生产率发展计划、人事调配晋升计划、员工绩效考评与职业生涯规划、员工薪酬福利保险与激励计划、定编定岗定员与劳动定额计划等。广义人力资源规划的内容详见表10-1。

表10-1　　　　　　　　　　　广义人力资源规划的内容[①]

| 规划或计划分类 | 目标 | 政策或办法、制度 | 步骤 | 预算 |
|---|---|---|---|---|
| 总体规划 | 总目标：人员的层次、年龄、素质结构，人员总量及分类，绩效目标，战略性人才培养目标等 | 基本政策（扩员或收缩政策、人才培养政策、改革稳定政策、管理方式及职责等） | 总安排（3年或5年或10年，如何达到上述目标） | 总预算 |

---

① 石金涛.现代人力资源开发与管理［M］.上海：上海交通大学出版社，1999：76.

| 规划或计划分类 | 目标 | 政策或办法、制度 | 步骤 | 预算 |
|---|---|---|---|---|
| 人员补充计划 | 类型与数量、结构、绩效 | 人员来源，人员的任职要求、基本待遇 | 补充的基本要求与文件拟定、广告、报名、考试、面谈、录用 | 招聘、选拔的费用 |
| 人员配备和使用计划 | 各部门定岗定员的标准、绩效考评目标、轮岗制度目标 | 任职资格考核办法、聘用制度、轮岗考核制度、解聘方法 | 按左列内容列出时间表 | 工资、福利、奖酬预算 |
| 老职工安排计划 | 降低老龄化程度，提高业务水平，降低劳动力成本，发挥老专业人才的帮教作用 | 老职工退休政策、解聘程序，聘用担任顾问、调研员、督导员的政策办法 | 按左列内容列出时间表 | 安置费、人员重置费、聘用老职工任新职的津贴等 |
| 员工职业开发与职业发展计划 | 提高员工的业务水平，降低离职跳槽率，激励与提高满意度 | 事业开发政策、员工发展的终身教育计划、"长处"发展措施 | 按左列内容列出时间表 | 教育培养费、考察调研费 |
| 绩效评估及激励计划 | 降低离职与跳槽率，提出绩效评估目标，提高士气与信心 | 激励政策、奖酬政策、工资政策、评估考核体系与办法 | 按左列内容列出时间表 | 增资预算、奖金预算 |
| 劳动关系及员工参与、团队建设计划 | 改善管理者与员工的关系，提高员工主人翁意识与工作满意感，倡导团队目标导向 | 参与管理的政策与办法，"合理化建议"奖励方法，团队建设的政策与措施 | 按左列内容列出时间表 | 群众性团组活动的经费支持，奖励基金 |
| 教育培训计划 | 长期培训计划目标：素质提高与层次提高。短期培训计划目标：技能提高、新观念的培育等 | 培训时间、效果、考核的方法与对培训获证的资格认定程序与办法 | 按左列内容列出时间表 | 培训费及间接误工费 |

### 10.1.2　人力资源规划与组织目标

**1.人力资源规划与组织目标的基本关系**

人力资源规划是组织中的重要工作，要围绕着组织目标运行。它与组织目标的基本关系如图10-1所示：

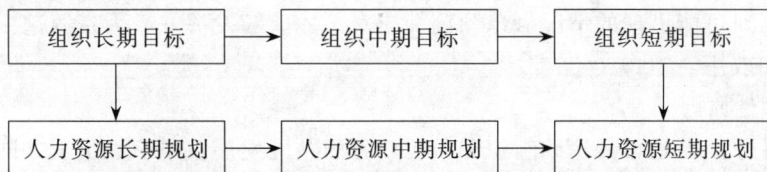

```
┌──────────┐     ┌──────────┐     ┌──────────┐
│ 组织长期目标 │ ──> │ 组织中期目标 │ ──> │ 组织短期目标 │
└──────────┘     └──────────┘     └──────────┘
      │                                  │
      ↓                                  ↓
┌──────────┐     ┌──────────────┐  ┌──────────────┐
│人力资源长期规划│ ──> │人力资源中期规划  │──>│人力资源短期规划  │
└──────────┘     └──────────────┘  └──────────────┘
```

**图10-1　人力资源规划与组织目标**

就组织的总体经营活动而言，组织目标可以分为长期目标、中期目标和短期目标。其中，长期目标可以看作组织的战略目标，时间一般为3~5年以至更长；中期目标可以看作组织的战役目标，时间一般为1~3年；而短期目标则可以看作组织的战术目标，其时间一般是1年以及本年度之内。

相应地，人力资源规划也可以分为长期规划、中期规划和短期规划。它们既由同期的组织经营目标决定，也由较长时期的人力资源规划决定。由此，人力资源规划在长期、中期及短期就有着不同的任务和不同的工作思路。因此，我们需要根据组织具体的工作任务和时间要求，来确定人力资源规划的内容和方法。

**2.人力资源规划追求的组织目标**

制订人力资源规划的目的，是确保组织能够实现以下目标：

第一，取得并保持本组织所需要的、具有一定数量和质量的人力资源；

第二，预测和分析本组织中存在着的人力资源过剩和潜在过剩问题；

第三，预测和分析本组织中存在着的人力资源不足问题；

第四，充分利用本组织现有的人力资源；

第五，在保证组织目标实现的前提下，满足员工个人的利益和需求；

第六，促进本组织人力资源素质的提高，以增强组织对未来环境变动的适应能力；

第七，减少本组织对外部人力资源供给的依赖性。

### 10.1.3　人力资源规划的原则

组织在制订人力资源规划时，应该注意以下原则：

**1.目标性原则**

目标性原则，即人力资源规划的制订和实施要与组织的发展目标相统一。人力资源规划的应用范围很广，既可以运用于整个组织，也可以局限于某一部门或某个工作集体。不管哪一种规划，都必须与组织的整体发展目标相统一，这样，才能确保组织各项资源的协调，使人力资源的规划具有准确性和有效性。

**2.动态性原则**

动态性原则，即充分考虑环境的变化，积极主动适应环境的变化。世界是变化的，事物是运动的，未来总是充满许多不确定的因素，包括内部和外部不确定因素。组织内部的变化，涉及业务的变化（尤其是销售额的波动和产品的更新）、发展目标的更替、组织结构的变化和组织雇员的更换等；组织外部的变化，涉及市场的变化、政府政策的变化、人力资源供求格局的变化和竞争对手的变化等。

为了更好地适应这些变化，作为面向未来、对组织绩效起着重大作用的人力资源规划，应当对可能出现的情况做出预测和应对，才能够发挥好人力资源这一最重要资源的价值和效用。

### 3.兼顾性原则

兼顾性原则，是尽量达到组织和员工双方的共同发展。组织和员工共同发展，是现代管理的一项理念，也是人力资源开发与管理的基本理念，因此，进行人力资源规划，不仅要为组织服务，而且要能促进员工的发展。在知识经济时代，随着人力资源素质的提高，员工越来越重视自身的发展前途，组织的发展也越来越离不开员工的贡献，两者是相互依托、相互促进的。在人力资源规划中，应当使组织和员工的利益都得到保证，从而达到组织和员工共同发展的结果。

## 10.1.4　人力资源规划流程

人力资源规划的流程如图10-2所示：

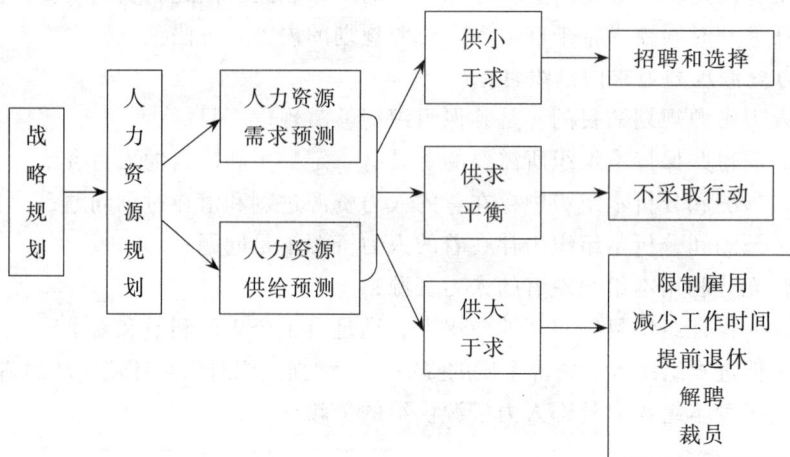

**图10-2　人力资源规划的流程图**

人力资源规划过程的起点是企业的战略规划。它是高层管理者用于确定企业总目标及其实现途径的过程。而人力资源规划应该与企业战略相联系。制订出企业的战略规划后，就可以将战略规划转化成具体的定量和定性的人力资源需求。人力资源需求预测就是根据能力水平和岗位要求确定所需员工的数量和类型。这些预测将反映各种因素，如生产计划和生产率的改变。为预测供给，既要注意内部资源（现有员工），也要注意外部资源（人力资源市场）。在分析了人员需求和供给之后，企业就可以确定它属于劳动力剩余，还是劳动力短缺。如果预测出劳动力剩余，则必须设法减少员工数。这些办法包括限制雇用、减少工作时间、提前退休和解聘等。如果预测出劳动力不足，企业就必须从外部获得一定数量和质量的人员，即需要招聘和选择。

由于企业发展和外部人力资源市场的变化很快，所以人力资源规划过程必须是连续的。各种条件的改变可能会影响整个企业，因此需要通过预测对原规划加以修正。总的规划使经理人员能够事先预计到条件的改变并有所准备，使企业在发生人力资源供需矛盾时能把矛盾降到最低程度。

## 10.2　人力资源规划的内容

人力资源规划，是在组织的总体发展目标和人力资源目标确定后，具体实施的人力资源管理工作的第一步，其目的是为组织配备足够的人力资源。

人力资源规划的主要内容有组织内部调配、由组织内部晋升、从组织外部补充和对员工培训四个方面，下面分别进行阐述。

### 10.2.1　人力资源内部规划

#### 1.人力资源调配规划

资源的配置是一个动态的过程。有时组织要对自身的人力资源进行提高效益的再配置，有时组织要对自身的机构进行调整，一些组织也注重工作扩大化和员工的发展，因此，组织就会对现行的人力资源进行内部调配。此外，组织内部人员"未来职位"的分配，也需要通过组织内部的人力资源跨部门流动来实现。

#### 2.人力资源晋升规划

晋升规划是组织晋升政策的体现。对组织来说，提升有能力的人员是为了满足岗位职务的客观要求，是组织的一项重要工作。从员工个人角度来看，职务的提升会满足员工多方面的需求。晋升规划一般用指标来表示，例如晋升到上一级职务的平均年限和晋升比例。在早期的人力资源管理实践中，出现了"职位晋升阶梯网络"性质的规划，它是立足于组织方面单一需要的规划。在现行的人力资源人本化情况下，内部晋升已经发展成为职业生涯规划，成为立足于员工的发展、达到组织与员工"双赢"的规划。

### 10.2.2　人力资源外部规划

人力资源的外部规划即由外部补充自身短缺的人力资源的规划，其目的是合理填补组织长期内可能产生的职位空缺。

人力资源外部补充规划，与人力资源内部晋升规划、人力资源培训规划是密切相关的。由于内部晋升规划的影响，组织内的职位空缺逐级向下移动，积累在较低层次的人员需求比例就较大。这说明，人员的吸收录用必须考虑若干年后的使用问题和相应的培训开发问题。对于一些稀缺性的岗位，对于新出现的职位，对于人员进出流动频繁的高新技术行业，其较高层次的人力资源往往需要从外部补充。

### 10.2.3　人力资源培训规划

人力资源培训规划的目的，是为组织在中长期需弥补的职位空缺准备合格的人力资源来源，以及为短期人力资源急需品种进行应急性填补。

可以说，从人力资源开发与管理功能的角度看，人力资源培训规划是人力资源内部规划和外部规划的补充，也是使人力资源质量和工作效能提高的必要手段；从人力资源开发与管理工作流程的角度看，人力资源培训规划是人力资源内部规划和外部规划的延续，是生产出合格人力资源要素以进行合理配置的环节。

如果缺乏有计划的培训规划，虽然组织进行一定的培训开发活动，员工自己也会培养自己，但是效果未必理想，也不一定符合组织的具体要求，更难以与组织发展目标和战略相一致，难以形成组织的合力，反而可能成为组织的"有害物质"。因此，对于人力资源的培训，必须站在组织发展战略的高度进行规划。

从人力资源培训工作的具体角度看，对其进行规划也有着重要的功能。当人力资源培训规划与组织的人力资源晋升规划、补充规划、调配规划等联系在一起的时候，培训的目的明确，培训的效果也能够明显提高。

## 10.3　人力资源规划方法

### 10.3.1　人力资源需求预测法

在预测组织人力资源需求量方面，有主观法和客观法这两种基本方法，它们也可以分别被称作统计法和推断法。

#### 1.统计法

统计法是通过对过去某一时期的数据资料进行统计分析，寻找、确定与组织人力资源需求相关的因素，确定二者的相关关系，建立起数学公式或模型，从而对组织未来的人力资源需求进行预测的方法。统计法是以过去的事实为依据的预测方法，包括多种分析方法，其中常用的是趋势分析法、比率分析法和回归分析法等。

（1）趋势分析法

趋势分析法是根据过去一定时间的人力资源需求趋势来预测未来需求情况的方法。作为人力资源预测的一种工具，趋势分析法是很有价值的，但仅仅使用该方法还是不够的，因为一个组织的人力资源使用水平很少只由过去的状况决定，其他因素（例如，销售额、生产率变化等）也会影响到组织未来的人力资源需求。因此，采用该方法得出的结果，可以作为一种趋势来参考，而不能认为是完全准确的而机械地加以应用。

（2）比率分析法

比率分析法是通过计算某种组织活动因素和该组织所需人力资源数量之间的比率来确定未来人力资源需求的数量与类型的方法。例如，教育部门的师生比、销售数量和销售人员数量比、单位食堂炊事人员与就餐人员比，等等。一些大企业有着严格的劳动定员管理标准，这些标准也可以用于比率分析法。

长期从事员工管理工作、具有实际经验的组织领导者，脑子里会储存该方面的判断标准信息。当一个组织的工作任务与条件有所改变、需要对人员数量进行增减或者对员工进行再配置时，这些标准就会在领导者的脑海里出现，他们把类似环境下类似组织的一些数据拿来作为参考，从而对本组织的人力资源需求量做出修正。一些岗位的资深人员也能够就此提出比较准确的估测值。

（3）回归分析法

回归分析法是通过绘制散点图寻找、确定某事物（自变量）与另一事物（因变量）之间的相关关系，来预测组织未来人力资源需求数量的方法。如果两者是相关的，那么一旦组织能预测出其业务活动量，就能预测出自身的人员需求量。当自变量只有一个时，为一元回归；当自变量有多个时，称多元回归。

（4）劳动生产率分析法

这是一种通过分析和预测劳动生产率，进而根据目标生产/服务量预测人力资源需求量的方法。因此，这种方法的关键部分是如何预测劳动生产率。如果劳动生产率的增长比较稳定，那么预测就比较方便，其效果也较好。这种方法适用于短期预测。

**2.推断法**

推断法是通过专家和管理人员运用自身知识、经验以至直觉，对未来的人力资源需求数量做出推测、判断的方法。常用的推断法有自上而下法、自下而上法和德尔菲法。

（1）自上而下法

自上而下法主要依赖组织的高层领导者做出判断，这就要求领导者对组织的发展方向、各方面的情况、组织发展目标和运行情况有明确和清醒的认识。

（2）自下而上法

与自上而下法相对应的是自下而上法，它依赖各部门和各层次的直线经理，靠其经验和判断对未来人力资源需求做出预测。这种方法一般用于简单的预测，只需清楚地了解当前的具体需要项目，而不必反映未来的和整个组织全局的目标。

上述"自上而下法"和"自下而上法"两种方法，往往被同时使用，以提高预测的精度。

（3）德尔菲法

德尔菲法是一种依靠管理者主观判断的预测方法。"德尔菲"一词，是古希腊神话中可预知未来的阿波罗神殿的所在地名。美国兰德公司在20世纪40年代以"德尔菲"为代号，研究如何通过有控制的反馈更为可靠地搜集专家意见，德尔菲调查法因而得名。

德尔菲法的具体做法是：专家们背靠背，分别提出各自的预测；调查组织者综合专家们的上述意见，并再次提供给专家（可以是另外一些专家）；如此反复，直到形成可行的、一致的预测结果。在人力资源需求预测方面，德尔菲法具有方便、可信，能够在缺少资料、其他方法难以完成的情况下成功进行预测的优点。

## 10.3.2　人力资源供给预测法

### 1.内部人力资源供给预测法

由于组织经营活动规模的扩大和内容的增加，或由于本单位员工队伍的自然减员，组织必须补充或扩充必要的人力资源。

组织内部人力资源的供给预测，即对未来年代本组织管理人员和技术人员可接续部分的计算。从总体上看，预测期组织的人力资源内部供给数量，是现有各类岗位的人力资源数量减去晋升、调动、流出、退休的人员数量，并加上由本组织内部变更（下级晋升和平级调动）而来的人员数量。

具体来说，人力资源内部供给预测的过程是：

（1）确定人员预测的范围；

（2）估算各岗位未来年代的实际存留人数；

（3）评价和确定每一关键职位的接替人选；

（4）确定专业发展需要，并将员工个人目标与组织目标相结合；

（5）挖掘现有人力资源的潜力。

对于本组织的人力资源向外流动，尤其是人才流动，要分析他们流动即损耗的原因，并采取有针对性的政策措施给予解决。从总体上看，人力资源流动的原因可以分为外界的吸力和内部的推力两部分，具体来说，主要有组织用人状况、工资竞争力、个人发展机会、组织文化、管理制度、人际关系、工作氛围等原因。

### 2.外部人力资源供给预测法

根据组织的人力资源需求预测和组织人力资源内部供给预测的结果，可以计算出本组织在一定时期对人力资源需求的缺口。这一缺口要靠外部人力资源供给来满足。

为此，组织就要对外部人力资源供给状况进行预测和规划，以获取自己所需的人力资源。组织进行外部人力资源供给预测，要考虑人力资源市场的状况和变动，对员工的资料进行收集和分析，并要考虑诸多的经济、社会、文化因素对人力资源市场的影响，预测未来组织之间的竞争和合作的状况，以决定组织未来的招聘方式和吸引人才的政策和方法。

此外，人力资源管理部门还必须对人力资源市场进行及时的观察和把握，以防在补充人力资源时陷于被动。

影响外部人力资源市场供给的因素主要有：

（1）社会新成长劳动力（新进入人力资源队伍的学校毕业生）数量与质量情况；

（2）人力资源市场上本组织所需专业和职业的人力资源状况；

（3）本组织的工资竞争力、工作环境、公共关系形象等；

（4）社会上同类型组织的数量与综合竞争力；

（5）国家有关法律和政府的劳动法规；

（6）社会失业率与行业失业率；

（7）政府和行业的培训计划。

## 10.4　人力资源规划的落实

人力资源规划的目的，是要通过搞好人力资源的开发和利用来满足组织的需求。在完成了人力资源的需求与供给预测后，就可以根据供求关系来估算组织的人力资源基本态势，从而决定人力资源的调节数量。从总体上看，组织的人力资源调节可以分为人力资源短缺的解决法和人力资源过剩的处理法两类，在人力资源过剩的情况下，还可以采取不辞退、不解雇的积极方法。

### 10.4.1　人力资源短缺的解决

在人力资源数量短缺的情况下，组织可以从三个方面提高生产能力：其一是增加工作设备或改进工作设备，对人力资源实现替代；其二是通过各种方式提高现有人力资源的工作能力；其三是增加人力资源投入。显然，后两个方面是应当采取的。其主要方法为：

（1）挖掘现有岗位的有关潜力，增加工作负荷与设备产出率，提高绩效水平。这可以起到"不投入即产出"的功效。

（2）结合部门机构调整，对员工结构也进行调整，将人员配置到空缺岗位上。

（3）培训员工，以提高其工作能力，尤其是对新设置岗位或技术更新后岗位的从业者，应给予大力度的培训。

（4）招收员工。为了使组织具有用工弹性，可以实行灵活的用工形式，包括正式职工、临时工和兼职人员。

（5）工作外包，交给其他单位完成。

（6）加班加点，延长工作时间。这只能是权宜之计。

### 10.4.2　人力资源过剩的处理

对于任何组织而言，都会存在自己所使用的人力资源过剩，需要加以处理的问题。在当前世界经济不景气和企业进行大规模兼并、重组和再造的形势下，在我国产业结构调整和国有企业转轨、转制的情况下，这一局面更为明显。在组织人力资源总量过剩及员工结构失调的情况下，就需要采用减少人员的政策。其主要方法有：

**1.裁员**

裁员，也称削减规模。与企业增长相反，它是指组织一次性削减所雇用的员工数量。实践证明，裁员往往很难达到企业所预期的目标，其原因在于，裁员不能从根本上解决企业面临的问题，如果企业没有制定出适当的发展战略，而只是一味强调降低成本的话，这种裁员是不可能改变企业的现存生产状况的。尽管如此，自20世纪80年代以来，世界范围内广泛采用裁员方法，进入21世纪，经济变动剧烈，许多著名企业也在大规模裁员。

### 2.变相裁员

变相裁员可以在一定程度上缓解裁员的矛盾。尤其是我国处于体制转轨时期，社会保障还不健全，采取变相裁员的办法比典型的裁员能更顺利地解决问题。变相裁员的主要方法有：

（1）鼓励员工辞职，鼓励停薪留职。为此，可以买断工龄或给予其他的补偿。

（2）对富余人员实行下岗的政策，交再就业服务中心和人才交流中心等机构安排。

### 3.内部创业

一个组织的人力资源在过剩的情况下，是需要排出的，但是裁员、减员不仅会使企业增加员工支出，即存在着裁员的经济成本问题，还很有可能导致其他的问题。有时候，反而是对组织有价值的员工要辞职离开。在这样的情况下，采取内部创业的方式，可以节省成本、保留人才，还可能具有拓展企业相关业务的成效。

### 4.降低员工待遇

降低现有员工的工资待遇，减少福利，可以解企业的一时之急，但这只能是临时性的措施。

## 10.4.3　现有人力资源的维系

当供求对比表明将出现劳动力过剩时，限制雇用、减少工作时间、提前退休和解聘是制止这种状况必要的做法，而最终的办法可能是裁员，但解决这种问题重要的方法是谋求组织的大发展。

### 1.限制雇用

当一个用人单位实行限制雇用的政策时，将通过不再补充已离开员工的做法减少劳动力，只有在组织的整体工作可能受到影响时才会录用新人。

### 2.减少工作时间

市场需求下降带来的反应也可能是减少工作时间。管理层可能决定将原来每位员工每周40小时的工作时间削减为每周30小时，实行部分工作时间制和临时归休制。

### 3.提前退休

让现有的部分员工提前退休是减少工人数量的另一种途径。有些员工很愿意提前退休，但有些员工则不然。如果退休条件有足够的吸引力，则后者可能愿意接受提前退休。尤其是对年纪较大者来说，提前退休或实行内退的办法很具吸引力。

### 4.暂时解雇

有时，一个组织除了暂时解雇部分员工外别无选择。在企业成立了工会的情况下，暂时解雇过程通常在劳资协议中阐述得很清楚。一般来说，资历最浅的员工最先被暂时解雇。如果企业没有工会，暂时解雇可能由多种因素决定，如职位高低和生产率水平等。在解雇管理人员和其他专业技术人员时，主要考虑其工作能力、业绩等方面的因素。暂时解雇意味着未来组织有人力资源需求的时候，还要回雇这些员工。

## 本章小结

人力资源规划是人力资源开发与管理的初始步骤。本章阐述了人力资源规划的含义、目标和原则，阐述了人力资源规划的主要内容，包括组织内部规划、从组织外部补充和对员工培训三个方面，进而阐述了人力资源规划的需求预测、供给预测方法，最后从人力资源供求调节和维系的角度阐述了落实人力资源规划的用人思路。通过本章的学习，学生可以全面了解组织人力资源工作中具有提纲挈领作用的原理与方法。

## 主要概念

狭义的人力资源规划　统计法　趋势分析法　比率分析法　回归分析法　推断法　德尔菲法　裁员　变相裁员　内部创业　暂时解雇

## 复习思考题

1.当今世界组织机构的发展趋势是什么？这种趋势对人力资源开发与管理而言有哪些机遇与压力？

2.人力资源战略在组织中的地位是什么？

3.人力资源规划的原则有哪些方面？其流程有哪几个环节？

4.进行人力资源规划的常用方法有哪些？

5.用什么方法解决组织中的人力资源短缺和过剩问题？

6.如何维系好组织中的人力资源？

## 案例分析

### 优秀人才的出路在组织周边
#### ——松下公司的员工内部创业

如何在经济不景气中让"沉滞呆重"的组织恢复活力？把埋没在公司里的有创新精神的优秀人才发掘出来，不失为一个有效的途径。松下的PSUF计划就是这方面的一个很好范例。

美国学者吉福特·平肖详细考察了3M、杜邦、IBM等大公司的内部创业实践，提出了"内部创业者"的概念。不久，日本松下等公司也开始推行。松下在2000年底就开始建立鼓励员工创业的支援和激励举措——PSUF计划（Panasonic Spin Up Fund）。公司为此设立了金额高达100亿日元的创业基金，专门用于培养创业人才，力图通过这一措施，既为立志于创业的松下员工提供自我发展的空间，也为企业开拓更广泛的事业领域，为松下今后的发展增添活力。

松下公司除了设立创业基金以示支持外，还为立志创业的员工准备了一个较长时间的培训计划，以消除创业者存在的"我有创业点子，但我真的能成为企业家吗"的顾虑。松下为有创业意愿的员工安排了半年以上的准备期，对候选人成为经营者提供最起码的基础知识学习。候选人必须进行连续3个星期的包括经营学、会计学、企业案例等内容的名为"顶尖MBA训练"课程的进修，随后进行一个月的名为"Brush-up"的创业计划修炼作业活动。

为了有效推动内部创业，降低参加者的风险，公司实行了"安全网制度"，为从事创业的员工提供"有路可退"的保障。由于松下公司是一家待遇优厚的跨国公司，许多有想法的年轻人考虑到创业失败后面临的失业危险，在创业的诱惑前望而却步。为彻底解除他们的后顾之忧，松下公司建立了Safetynet（安全网）制度，即员工创建新公司以后，可以仍是松下公司员工的身份，领取基本工资等待遇都不变，5年后根据自身事业的发展，如果本人提出希望，仍可恢复成为松下公司的正式员工，这就为创业的员工万一失败留下了退路——大不了今后仍是一个松下的普通员工。

为培养出出色的创业者，松下公司还注意利用社会的专业力量。从报名员工的资格审查到"顶尖MBA训练""Brush-up"活动，整个过程都有日本权威的智囊组织"日本综合研究所"资深专家协助，最后还邀请多名风险企业经营人士以风险经营者的眼光严格审视候选人经过不断修改完成的创业计划。

资料来源　汪红萍.松下的内部创业管理［J］.商界评论，2008（7）.

案例讨论：

1.松下公司创业基金的设立是基于什么形势和理念？它对于解决人力资源过剩问题有哪些作用？

2.如何理解松下公司PSUF计划的战略意义？

3.PSUF计划为什么可以鼓励员工学习和不断创新？

4.松下公司在员工的内部创业中能够获得什么？

第10章拓展阅读

# 第11章 扎扎实实做起——工作分析与工作设计

## 学习目标

✓ 掌握工作分析的有关概念
✓ 了解工作分析的各步骤内容
✓ 掌握收集工作分析信息的方法
✓ 学会编写工作说明书
✓ 了解现代工作再设计的各种内容

### 引例 机械公司需要什么样的员工？

大陆机械公司人力资源部招聘专员李刚找到三车间主任、高级技师韩青林，对他说："我已经给你提供了4位面试人选，他们好像都满足工作说明中规定的要求，但你一个也没有录用。你们车间到底要什么样的人？我们按照你们增员的计划，干了好多工作，都是白搭呀。"

"什么工作说明？"韩青林主任很不高兴地回答，"我要找的是几个能胜任工作的人，但你给我提供的人都无法胜任，他们开不了机器！而且，我从来就没有见过什么'工作说明'。"

李刚递给韩青林一份职务说明书，一二三四五，内容还不少。韩青林一面看，一面和李刚一起逐条分析讨论起来。结果他们发现，要么是工作说明中的一些条款与现场的工作不相符，要么是规定以后，实际工作又有了很大变化，一年前编的职务说明书中还是老式钻床的使用方法，但现在车间已经使用新型数控机床了。为了有效地使用这种新机器，工人们必须掌握更多的数学和自动化知识。

听韩青林讲了"数控机床操作员必须具备的条件和应当履行的职责"的内容，招聘专员李刚说："现在，我们应当写一份准确的工作说明，以其为向导，我们就能找到适合这项工作的人了。"李刚停了停，又说："而且，公司里再搞招聘或者调岗之前，咱们一定要把握准确及时的岗位信息"。

资料来源 姚裕群.人力资源开发与管理［M］.4版.北京：中国人民大学出版社，2015：93-94.

## 11.1 工作分析基本内容

### 11.1.1 工作分析的含义

工作分析，也称职务分析或岗位分析，是系统、全面对一项具体工作或具体职务的内容和活动进行了解，并确定完成这项工作所需知识、技能和担负责任的方法。

组织进行工作分析时，要细化到某项工作或职务的工作内容、目的、主体、时间、地点、关系和方法七个方面。国外学者把这些要查明的问题，归纳为6W1H，即做什么（what）、为什么做（why）、谁来做（who）、何时做（when）、在哪里做（where）、为谁而做（for whom）和如何做（how）。也有人认为进行工作分析是为了解决以下6个问题：

（1）完成工作需要什么样的体力和脑力活动？

（2）工作将在什么时候完成？

（3）工作将在哪里完成？

（4）将如何完成此项工作？

（5）为什么要完成此项工作？

（6）完成工作需要哪些条件？

### 11.1.2　工作分析的步骤

工作分析的过程，因组织类型、结构和所要分析的各种工作的不同等，而有一定的差异。一般来说，它可以分为制订计划、工作分析设计、信息收集与分析、分析完成和结果运用五个阶段。

**1.计划阶段**

在工作分析的计划阶段，其主要解决以下六个问题：

（1）明确工作分析的目的

制订工作分析计划，首先需要确定其分析的结果是用于人力资源管理的哪个方面，以及解决什么管理问题。只有明确工作分析的目的，才能有针对性地制订工作分析计划，才可能使工作分析达到预期的效果。

（2）选择和限定收集资料方法

工作分析计划的第二步是限定收集资料的类别以及收集的方法，这样有助于节约收集资料的时间、精力和费用。

（3）选择被分析的工作

为保证工作分析结果的有效性，在工作分析中应选择具有代表性和典型性的工作作为样本进行分析，之后可以以此作为参考进行其他岗位的分析工作。

（4）建立工作分析小组

在自身的权限内，应建立专门或特别的工作分析小组，合理分配工作分析各项工作的权限和职责，以保证整个工作的协调一致。

（5）制定工作分析的规范

工作分析的规范不完全统一，主要包括工作分析的规范用语、工作分析工作的时间规划、工作分析工作的活动层次、工作分析活动的经费等。制定工作分析规范可以使工作分析的内容更全面和更有效。

（6）做好前期准备

在组织领导层次达成一致意见以后，需要广泛地宣传工作分析的目的，以促成工作信息提供者的合作，获得真实、可靠的工作分析信息。

随着组织的发展，在进行人力资源决策时需要更为详细的有关工作的整体信息，加之工作分析的工作量也越来越大，所以工作分析中的计划阶段也越来越重要。做好工作分析计划阶段的工作，可以在进行工作分析时达到事半功倍的效果，实现工作的高效率。

**2. 设计阶段**

工作分析设计阶段主要解决如何进行工作分析的问题，其一般包括以下三个方面内容：

（1）选择工作分析的信息来源

选择工作分析的信息来源时，应注意不同层次的信息提供者所提供的信息存在不同程度的差异，工作分析人员应站在客观公正的角度听取不同的信息，避免偏听偏信。同时，在工作分析中，应结合组织的实际情况进行分析，杜绝照抄照搬现象。信息来源主要有工作执行者、管理监督者、顾客、工作分析人员、《职业岗位分类词典》（高等教育出版社）、《国际标准职业分类》（劳动人事出版社）等。

（2）选择工作分析人员

工作分析人员应具备一定的与被分析工作相关的工作经验和一定的学历，在进行工作分析时应保持独立性，避免受其他因素的干扰从而降低工作分析结果的信度和效度。

（3）选择收集有关信息的方法和系统

工作分析人员要根据在上一阶段所确定的工作分析的目的，选择不同的信息收集方法和分析信息适用的系统。具体的方法和系统在后面进行详细的介绍。

**3. 信息收集与分析阶段**

（1）信息收集

信息收集是指对工作分析信息的收集、整理与综合，是整个工作分析活动的核心阶段，包括：按选定的方法、系统、程序收集信息；研究各种有关工作因素的分析活动，主要有信息描述、信息分类和信息评价等；解释、转换和编辑所获得的分类信息，使这些资料成为可以使用的条文等。

一般而言，工作分析所需要的基本数据的类型和范围取决于工作分析的目的、工作分析的时间约束和预算约束等因素。

工作分析者可以通过多种多样的来源收集与工作相关的信息。这些来源可大致分为三种类型：产业来源、公司文件、人员来源。产业来源是指普通的工作描述、职业资料以及政府出版物中包含的信息；公司文件是指政策、参考手册、先前的工作描述、与工会签订的合同以及其他书面文件；人员来源是指在职者、合作者、监督者、顾客及与工作相关的人力资源。

在大多数情况下，信息收集由工作分析专职人员完成，也可以由在职者、监督者以及其他具备这方面能力的人完成。

（2）信息分析

收集信息之后，要进一步对工作信息的内容进行分析，可以把它划分为工作名称分析、工作描述分析、工作环境分析、任职者条件分析四个方面。

①工作名称分析。工作名称分析是要使工作名称达到标准化，以便通过工作的名称就能使人了解工作的性质和内容。一般要求工作的名称准确，同时做到名称的美化。

②工作描述分析。通过对工作描述的分析，人们可以全面地认识工作的整体。工作描述分析通常包括以下四个方面的具体分析：

其一，工作任务分析。工作任务分析明确规定了工作的行为，如工作的核心任务、工作内容、工作的独立性和多样化程度、完成工作所需要的方法和步骤等。

其二，工作责任分析。工作责任分析的主要目的是通过对工作在组织中相对重要性的了解来为工作配置相应的权限，以保证工作的责任与权力相互对应，同时应尽量使用定量的方法来确定工作的责任与权力。

其三，工作关系分析。工作关系分析是了解、明确该项工作的协作关系，主要包括：该工作在组织中制约哪些工作；该工作受哪些工作的制约；相关工作的协调、合作关系；在哪些工作范围内可以进行人员的升迁或调换活动等。

其四，劳动强度分析。劳动强度分析是为了确定某项工作合理的标准活动量。劳动强度可以用此项工作活动中劳动强度指数最高的几项操作来表示，如劳动的定额、工作折算基准、产品不合格率、工作循环周期等。

③工作环境分析。工作环境分析是对工作所处的物理环境、社会环境所进行的分析。主要包括以下三个方面的内容：

第一，工作的物理环境分析。工作的物理环境分析是对工作场所的温度、湿度、噪音、粉尘、照明度、震动等以及工作人员每日与这些因素接触的时间所进行的分析。

第二，工作的安全环境分析。工作的安全环境包括该项工作的危险性、可能发生的事故、事故的原因以及对工作人员身体所造成的危害及危害的程度、劳动安全卫生条件、从事该项活动易患的职业病以及危害的程度等。

第三，工作的社会环境分析。工作的社会环境包括工作所在地的生活方便程度、工作环境的孤立程度、直接主管的领导风格、同事之间的人际关系等方面的内容。

④任职者条件分析。对工作人员的必备条件进行分析，主要目的是确认工作的执行人员在有效地履行职责时应该具备的最低资格条件。它一般包括以下五个方面的内容：

第一，必备知识分析。任职者必备知识要求一般包括任职者的学历最低要求，对使用机器设备、工艺过程、操作规程及操作方法、安全技术、企业管理知识等有关技术理论的最低要求，管理人员对有关政策、法规、工作准则以及有关规定的了解的最低要求等。

第二，必备经验分析。任职者必备经验分析是对工作人员为完成工作任务所必须具备的操作能力和实际经验的分析。

第三，必备操作能力分析。任职者必备操作能力分析是指通过典型的操作来分析任职者从事该项工作所需的决策能力、创造能力、组织能力、适应性、判断力、智力以及操作熟练的程度等。

第四，必备基本能力分析。任职者必备基本能力主要是指工作人员为有效完成特定的工作应具备的行走、跑步、跳高、站立、旋转、平衡、弯腰、下蹲、推力、拉力、耐力、听力、视力、手眼配合、感觉辨别能力等。

第五，必备心理素质分析。任职者必备心理素质分析，是根据工作的特点确定工作人员应当具备的一些心理素质并对其进行分析。主要指工作人员应具备的主动性、责任感、支配性、情绪稳定性等气质倾向。

信息分析的内容，应根据组织发展的特点、工作分析目的的不同，适当地加以调整，实现对信息资源的有效使用。

### 4.分析完成阶段

在工作分析完成阶段，主要是解决如何用书面文件的形式表达分析结果的问题。工作分析的结果表达形式可分为工作描述和工作规范两类。通过对从书面材料、现场观察、与基层管理者及任职人员的谈话中获得的信息进行分析、归类，就可以写出一份综合性的工作说明书。

这一阶段的工作相当繁杂，需要大量的时间对材料进行分析和研究，必要时还需要用到适当的分析工具与手段。此外，工作分析者在遇到问题时，还应随时寻求基层管理者的帮助。

### 5.结果运用阶段

在工作分析结果运用阶段，主要解决如何促进工作分析结果使用的问题。其具体活动主要是制定各种具体应用的文件，如提供甄选录用的条件、考核标准、需进行培训的内容等。同时，培训工作分析结果的使用者应努力提高整体管理活动的科学性和规范性，合理有效运用工作分析的结果。

## 11.2  工作分析的方法

获取工作分析信息的方法有多种。常见的方法有观察法、现场访谈法、问卷调查法、典型事例法、工作日志法和利用计算机工作分析系统，组织可以根据情况选择使用某种方法或将几种方法结合使用。

### 11.2.1  观察法

采用观察方法时，经理人员、工作分析人员或工程技术人员须对一个正在工作的员工进行观察，并将该员工正在从事的任务和职责一一记录下来。对一项职务之工作的观察，可以采取较长时间内连续不断的方式，也可采用断续的间或访察的方式。具体采取哪种方式，应根据该职务工作的特点而定。

观察法一般只适用于重复性较强的工作，可与其他方法结合使用。

### 11.2.2  现场访谈法

现场访谈法要求经理或人力资源专家访问各个工作场所，并与承担各项工作的员工交谈。在进行现场访谈时，访谈者通常采用一种标准化的访谈表来记录有关信息。在大多数情况下，员工及其直线经理都被列为访谈对象，以便全面彻底地了解一项工作的任务和职责。

现场访谈法一般耗费时间长，尤其是当访谈者与两三个从事不同工作的员工交谈时，就更是如此。专业性和管理性的工作一般更为复杂和较难分析，从而需要更长的时间。因此，现场访谈主要是用作问卷调查的后续措施。作为后续措施，现场访谈的主要目的是要求员工和有关负责人协助澄清问卷调查中的某些信息问题；同时，分析人员也可借机澄清问卷中的某些术语方面的问题。

### 11.2.3　问卷调查法

一份典型的工作分析调查问卷，通常包括以下11个方面的问题：

（1）该工作的各种职责以及花费在每种职责上的时间比例；

（2）非经常性的特殊职责；

（3）外部和内部交往；

（4）工作协调和监管责任；

（5）所用物质资料和仪器设备；

（6）所做出的各种决定和所拥有的斟酌决定权；

（7）所准备的记录和报告；

（8）所运用的知识、技能和各种能力；

（9）所需培训；

（10）体力活动及特点；

（11）工作条件。

问卷调查法的主要优点是可以在较短的时间内，以较少的费用获得大量与工作有关的信息，不过，其后续的观察和访谈往往是必要的。

### 11.2.4　典型事例法

典型事例法是对实际工作中具有代表性的工作人员的工作行为进行描述。下面介绍的是一个典型的事例："2月14日，顾客请饭店服务员李小姐介绍一瓶不出名的葡萄酒，李小姐当即介绍起酒的产地、商标上符号的意义以及葡萄酒的特点。"把大量这类有着真实工作场景的实例收集起来，对其进行归纳分类，就能够对整个工作有概括性的了解。

典型事例法直接描述人们在工作中的具体活动，因而可以揭示工作的动态性。由于所研究的行为可以观察和衡量，所以采用典型事例法进行信息收集所获得的资料适用于大多数工作的分析。但是，收集、归纳事例并且把它们分类会耗费大量的时间。此外，该方法描述的往往是特别有效或特别无效的工作行为，可能会漏掉一些不显著的工作行为，所以不易于对工作形成结构真正完整和内容真正全面的认识。

### 11.2.5　工作日志法

工作日志法就是按照时间的顺序记录工作过程，然后经过归纳、整理、提炼，取出所需工作信息的一种工作信息提取方法。这种方法的优点在于信息的可靠性很高，适合于确定有关工作职责、工作内容、工作关系、劳动强度等方面的信息，所需要投入的费用也比较低。

但是，工作日志法可以使用的范围较为狭窄，只适合工作循环周期较短、工作状态稳定无较大起伏的职位，而且信息整理工作量很大，费时费力。同时，工作人员填写工作日志，会影响其正常的工作，往往还会遗漏很多工作内容。如果由工作分析者来填写工作日志，其又因工作量大不适于处理大量的工作。这些都限制了工作日志法的应用范围。

## 11.3　工作说明书

### 11.3.1　工作说明书的作用

工作说明书或职务说明书是工作分析的结果，在人力资源开发与管理中具有以下作用：

其一，工作说明书可以为员工的正确选聘提供依据。此外，作为对工作所需资格和技能的反映，工作说明书也有利于正确设置培训目标、取得较好的培训效果。

其二，工作说明书提供了详细的基本工作信息，构成组织人力资源开发与管理工作的基础，可以用于薪酬管理、员工的岗位工作技能开发、人员配置与调整、工作考核、绩效管理、劳动关系管理等人力资源开发与管理的各个方面。

其三，工作说明书对组织的工作流程安排、管理控制、激励计划制订等多项人力资源工作有很大的帮助。

其四，运用工作说明书可以为组织设定工作标准和分配责任，还可以为管理者的某些重要决策提供参考，帮助各层次管理人员认识自己的职责。

其五，工作说明书还可以帮助任职人员了解自身的工作，明确其责任范围。

### 11.3.2　工作说明书的内容

一般的工作说明书通常包括以下四个部分的内容：

**1.工作定位**

第一部分是工作定位。它包括工作岗位的名称、隶属关系、所在部门、所在地点及工作分析的日期。

**2.工作概述**

第二部分是工作概述，即工作的基本职责。这一部分简明扼要地归纳了该项工作的责任和工作内容。通常认为，应该用30个或更少的字描述工作的特点。进而，应当将工作职责细化为若干点。

### 3.工作具体内容

工作说明书的第三部分要将基本工作职能细化，列出各项职责的具体内容。这一部分应当清晰精炼、准确无误地表述出该项工作的全部内容。这一内容类似岗位责任制的具体条款。

### 4.对工作者的要求

工作说明书的第四部分列出了合格地从事该工作所需具备的各种条件。一般包括：知识、技能和能力；教育程度和工作经历；体质要求及工作条件方面的规定。

在人力资源开发与管理中，人们往往把前三个方面结合为一体，这样工作说明书就成为"工作岗位内容"与"工作者条件"两大部分。

## 11.3.3　工作说明书编写要求

一份好的工作说明书应当具备以下特点：

### 1.清晰

在工作说明书中，对工作的描述清晰透彻，任职人员读过以后，可以明白其工作，无须再询问他人或查看其他说明材料。避免使用原则性的评价，对专业词汇须解释清楚。

### 2.具体

在措辞上，应尽量选用一些具体的动词，如"安装""加工""传递""分析""设计"等；指出工作的种类、复杂程度，需任职者具备的具体技能、技巧，应承担的具体责任范围等。一般来说，由于基层工人的工作更为具体，其工作说明书中的描述也更具体详细。

### 3.简明

工作说明书的语言应尽力简单明确，避免使用冗长的词句。

### 4.客观

为建立一个组织的工作分析系统，须由企业高层领导、典型工作代表、人力资源管理部门代表、外聘的工作分析专家与顾问共同组成工作小组或委员会，协同工作，完成此任。

表11-1是一份工作说明书的实例。

表11-1　　　　　　　　　　　　办公室主任的工作说明书

资料编号：A1-1

一、基本资料

| 1.职务名称 办公室主任 | 2.直接上级职位 总经理 | 3.所属部门 办公室 |
|---|---|---|
| 4.工资等级　7 | 5.工资水平 680~840点 | 6.分析日期＿＿＿ |
| 7.辖员人数 4~6人 | 8.定员人数　1 | 9.工作性质 公务管理 |
| 10.分析人员＿＿＿ | 11.批准人＿＿＿ | |

二、工作概要

1.工作摘要

　　综合管理公司的人事、行政和总务工作，协调各部门的关系，对公司经营状况进行常规分析，主持各种计划与规章制度的编制并负责监督实施，同时负有管理、指导和培训本部门职工的责任

　2.职务说明（逐项说明工作任务）

| 编号 | 工作任务的内容 | 权限 | 工作规范号 | 消耗时间（%） |
|---|---|---|---|---|
| 1 | 综合处理公司各种文件、资料 | | 01-101 | |
| 2 | 公共关系 | | 01-102 | |
| 3 | 人员招聘与录用 | | 01-201 | |
| 4 | 职工考核 | | 01-203 | |
| 5 | 劳动合同与劳动争议管理 | | 01-204 | |
| 6 | 职工保险与福利管理 | | 01-205 | |
| 7 | 工资管理 | | 01-206 | |
| 8 | 公司发展规划、年度计划的拟订 | | 01-402 | |
| 9 | 公司规章制度的制定、实施、修改 | | 01-401 | |
| 10 | 公司经营状况的常规分析 | | 01-403 | |
| 11 | 财务报表审核 | | | |

　三、任职资格

| 所需最低学历 | 小学毕业　　初中毕业　　高中毕业 | | 专业 | |
|---|---|---|---|---|
| | 职业高中 | | | |
| | 中等专科 | | | |
| | 大学专科　√ | | | 行政管理与企业管理专业 |
| | 大学本科 | | | |
| | 其他 | | 说明 | |
| 所需技能培训 | 不需要 | | 熟练期 | 月 |
| | 3个月以下 | | 培训科目 | 1.秘书学 |
| | 3~6个月 | | | 2.领导科学 |
| | 6个月~1年　√ | | | 3.公共关系学 |
| | 1~2年 | | | 4.法律及财会知识 |
| | 2年以上 | | | |

| 年龄与性别特征： | | | | 适应年龄： | | | | 适应性别： | | | | | | | |

| 经验 | 1.从事秘书工作两年<br>2.从事一般法律事务工作两年　　4.从事总务、后勤工作两年<br>3.从事劳资工作两年　　　　　　5.有3年管理经验 |

| 一般能力 | 项目 | 激励能力 | 计划能力 | 人际关系 | 协调能力 | 实施能力 | 信息管理 | 公共关系 | 冲突管理 | 组织人事 | 指导能力 | 领导能力 | | | | |
|---|---|---|---|---|---|---|---|---|---|---|---|---|---|---|---|---|
| | 需求程度 | 4 | 4 | 4 | 4 | 4 | 3 | 3 | 3 | 3 | 3 | 3 | | | | |

| 兴趣爱好 | 项目 | | | | | | | | | | | | | | | |
|---|---|---|---|---|---|---|---|---|---|---|---|---|---|---|---|---|
| | 需求程度 | | | | | | | | | | | | | | | |

| 个性特征 | 项目 | 责任心 | 情绪稳定 | 支配性 | | | | | | | | | | | | |
|---|---|---|---|---|---|---|---|---|---|---|---|---|---|---|---|---|
| | 需求程度 | 5 | 4 | 4 | | | | | | | | | | | | |

| 职位关系 | 可直接升迁的职位 | 副总经理 |
|---|---|---|
| | 可相互转换的职位 | 总经理助理 |
| | 可升迁至此的职位 | 总务管理员、办公室主任助理 |

四、工作执行

| 职责 | 指导 | 监督 | 考核 | 培训 | 工作分配 | 公司行政 | 公司总务 | 公司人事 | 制度制定 | 制度实施 | 经营分析 | 部门协调 | 分配制度 | 信息管理 | | | |
|---|---|---|---|---|---|---|---|---|---|---|---|---|---|---|---|---|---|

| 技术领域 | 1.人事<br>2.行政<br>3.总务<br>4.经营管理 |
|---|---|
| 设备运用 | 电话、计算器、复印机、电脑 |

| 管理领域 | 1.人事行政决策及人事制度制定实施<br>2.行政总务管理<br>3.信息管理<br>4.协助总经理行使公司管理职权 |
|---|---|
| 工作结果 | 1.建立、健全规章制度，并监督实施，效果良好<br>2.人、车调配以满足公司需要<br>3.随时掌握并汇报公司经营状况和发展动态<br>4.后勤、行政服务，保证公司业务顺利进行<br>5.无责任性失误<br>6.协调各部门关系 |

五、体能需求

| 工作姿势 | 站立15% | 走动25% | 坐60% |
|---|---|---|---|

| | 范　围 | 小_1　2　3　4　5_大 |
|---|---|---|
| 视觉 | 集中程度 | 0%　　　　50%　　　　100% |
| | 说　明 | |
| 精力 | 紧张程度 | 不紧张_1　2　3　4　5_非常紧张 |
| | 发生频率 | 低_1　2　3　4　5_高 |
| | 体力消耗 | 小_1　2　3　4　5_大 |

六、工作场所

| 工作场所 | 室内80% | 室外20% | 特殊场所 |
|---|---|---|---|

| | 危害程度 | 具有危险性外出 | | |
|---|---|---|---|---|
| 危险性 | 发生频率 | 极少 | | |
| | 其　他 | | | |
| 职业病 | 名称 | | 说　明 | |
| | | | | |
| | | | | |
| 工作时间 | 一般工作时间 | 稳定_1　2　3　4　5_经常变动 | | |
| | 主要工作时间 | 白天 | 备注 | 加班时间少 |
| | | 晚上 | | |
| | | 不确定 | | |
| 工作均衡性 | 均衡_1　2　3　4　5_不均衡 | | | |
| 环境 | 舒适愉快_1　2　3　4　5_极不舒适愉快 | | | |

## 11.4 \ 工作设计与再设计

工作分析与工作设计之间有着密切而直接的关系。工作分析的目的是明确所要完成的工作以及完成这些工作所需要的人的特点。工作设计是明确工作的内容与方法，说明工作应该如何安排才能最大限度地提高组织效率，同时促进员工的个人成长。

### 11.4.1　工作设计

工作设计（job design）是指将任务组合构成一套完整的工作方案，也就是确定工作的内容和流程安排。[①]最初，工作设计几乎是工作专门化（job specification）或工作简单化（job simplification）的同义语。1776年，亚当·斯密在《国富论》（Wealth of Nations）一书中指出，把工作划分为一系列小部分，让每个人重复执行其中的一小部分，这样可以减少工作转化浪费的时间，并提高熟练程度和技能，从而提高生产率，这就是所谓的分工效益。

管理科学创始人泰勒提出的科学管理（scientific management）原则，主张用科学方法确定工作中的每一个要素，减少动作和时间上的浪费，提高生产率，这实际上就是一种工作设计。从经济的角度看，这种方法的确效率很高，但这种设计使工作更加机械化，忽视人在工作中的地位，结果使人更加厌倦枯燥的工作，导致怠工、旷工、离职甚至罢工等恶性事件。这提醒人们：人不是机器，不是流水线上的部件，而是有血有肉、有需求的。工作设计必须考虑人性的因素。

### 11.4.2　工作再设计

在现代的经济管理中，有着对工作进行的大量的再设计。其突出的特点是充分考虑了人性的因素，体现了以人为本的管理思想。下面主要介绍常见的四种形式：

**1. 工作轮换**

工作轮换（job rotation）是让员工在能力要求相似的工作之间不断调换，以减少枯燥单调感。这是早期为减少工作重复而最先使用的方法。这种方法的优点不仅在于能减少厌烦情绪，而且使员工能学到更多的工作技能，进而也使管理当局在安排工作、应付变化、人事调动上更具弹性。

工作轮换的缺点，是使训练员工的成本增加，而且员工在转换工作的最初时期效率较低，可能给组织的经济效益带来损失。

**2. 工作扩大化**

工作扩大化（job enlargement）是指在横向水平上增加工作任务的数目或变化性，使工作内容多样化。然而，工作扩大化只是增加了工作的种类，并没有改善工作的特性。正如有的员工所说："我本来只有一件令人讨厌的工作，工作扩大化后，变

---

① 王垒.组织管理心理学［M］.北京：北京大学出版社，1993：142.

成了三项无聊的任务。"这促使人们开始考虑如何将工作本身丰富化。

### 3.工作丰富化

工作丰富化（job enrichment）是指从纵向上赋予员工更复杂、更系列化的工作，使工作内容多样化。工作丰富化能够使员工有更大的控制权，使其参与工作规则的制定、执行和评估，从而使员工有更大的自由度、自主权，尤其是使一般员工具有管理人员的职能。

### 4.自主工作团队

自主工作团队（autonomous work teams）是工作丰富化在团体上的应用。自主工作团队对例行工作有很高的自主管理权，包括集体控制工作速度、任务分派、休息时间、工作效果的检查方式等，甚至可以有人事挑选权，团队中成员之间互相评价绩效。概括说来，自主工作团队有三个特性：成员间工作相互关联，整个团队最终对产品负责；成员们拥有各种技能，从而能执行所有或绝大部分任务；绩效的反馈与评价是以整个团队为对象的。

## 本章小结

工作分析与设计是涉及各项人力资源管理职能的一项基础性的工作。一个企业要有效地进行人力资源开发与管理工作，就必须了解每一种工作的特点以及能胜任各种工作的人员特点和要求，然后确定工作的内容和流程，这就是工作分析和工作设计。本章对工作分析的基本范畴、步骤流程和主要方法进行了介绍，并进一步阐述和分析了工作设计与工作再设计的内容。

通过本章的学习，学员能够对工作分析的理论与方法有一个系统的认识，从而有利于对人力资源管理内容的学习，并为以后从事管理工作奠定较好的微观技术基础。

## 主要概念

工作分析　工作岗位　岗位分类　工作说明书　工作规范书　工作再设计　工作扩大化　工作丰富化　自主工作团队

## 复习思考题

1.什么是工作分析？如何使用工作分析所提供的信息？

2.说明你将如何进行一项工作分析。

3.什么是工作说明书？其主要项目有哪些？

4.试编写一份常见岗位的工作说明书。

5. 工作再设计有哪些形式？

6.结合一家公司的现状实例，讨论工作再设计的作用是什么。

## 案例分析

### 公司的工作分析应当怎样着手

下午1：00，在刚刚结束午休的时候，小张和人力资源部经理被叫到了公司会议室——管理顾问临时召见。这是小张来公司的第二天，一切才刚刚开始变得有点亲切，包括人力资源部经理，年过六旬、社会阅历颇丰、人格魅力很强的许经理和将要给她们开会的管理顾问——刚刚留美归国的何思哲。

何顾问：小张，很高兴你加盟我们公司。为了让你有机会展示自己的才能，我和许经理决定由你来系统地做一下公司每个岗位的工作分析。你有什么困难可以提出来，我们会尽量提供帮助。

许经理：我们公司已通过了ISO9001质量认证，你可以参照一下ISO体系文件，会有所启发。

小张：（先沉默了一下，因为她感觉事情并不简单）好吧，我先试着去做，有问题随时请求你们的帮助。

……

任务就这样下来了，对于小张——去年刚从某大学人力资源管理专业毕业——来说，真的有点难度，"我根本就不怎么了解公司情况啊，而且工作分析说起来简单，要做好恐怕不容易呀"。

为了完成来到公司的第一项工作任务，小张开始竭尽所能地收集资料。首先，弄清楚新的组织架构图中出现的每一个名词的含义，搞清楚公司的人员安排，即所谓的定岗定编。然后，利用互联网查询与每个职位有关的信息，对照自己公司的情况进行取舍。当然，"工作说明书"被无数次地搜索过。为此，购书中心留下了她的脚印。虽然大学期间，"工作分析"被列为重点专业课之一，她用了一个学期来学，可是当初好像没学到什么，现在能记起来的更是寥寥无几，况且理论与实践的差距太大了。

经过各种途径的资料搜集，当然她也多次向许经理和管理顾问请教，小张的工作说明书有了雏形。

由于各种原因，在准备做工作分析的过程中，小张并没有请教各部门经理，也没有做过任何调查问卷，可以说小张的工作说明书是凭她自己的理解做的，所以内容的准确性值得考虑，工作分析的进行过程也是个问号。当然，她认真看了ISO体系文件，所写的工作说明书也不是没有依据自行编造的。

对于小张的这套工作分析书，何顾问、许经理，还有公司的李总裁会怎么看？

资料来源　佚名.工作分析能否这样做［EB/OL］.［2017-04-06］.http://www.doc88.com/p-793226702654.html.

案例讨论：

1.企业在什么情况下要进行系统的工作分析，明确岗位职责？工作分析对于企业的人力资源管理来说有什么具体的作用呢？怎样利用工作分析来提高企业整个人力资源管理的水平？

2.工作分析究竟该怎样进行，岗位调查问卷是必经途径吗？能否像小张那样在不经过调查的情况下进行工作分析？

3.小张在准备做工作分析的过程中，没有请教各部门经理，她这样做对吗？存在什么问题？工作分析到底应由谁来做，是人力资源部一手操办的吗？

4.在工作分析进行的过程中，组织管理者充当什么样的角色？难道其仅仅是任务的布置者，或者是旁观者？

第11章拓展阅读

# 第12章 揭开神秘面纱——人力资源测评

## 学习目标

✔ 理解人力资源测评的作用
✔ 理解人力资源测评原则
✔ 掌握人力资源测评分类
✔ 掌握并能熟练操作人力资源测评
✔ 熟练运用人力资源测评方法进行人力资源测评

**引例** 测评诊断定职业

王娜娜，29岁，已大学毕业且已工作数年，怀着困惑与期望，来到了"思未来"心理咨询工作室。下面是她做心理测评的经过记录。

"我是某大学医学院的本科毕业生，经过数年的苦读我终于可以在医院开始真正的工作了。虽然工资不低，但我并不快乐，因为医院的工作又苦又累又枯燥。看到很多跟我一同毕业的同学都做了医药销售工作，且薪资可观，我羡慕不已，但我不知道自己是否适合这份工作。带着能否做医药销售工作和如何让自己更胜任医院工作这两个问题，我走进了一家咨询公司。

在做了一个半小时的测试题之后，咨询师与我进行了深入访谈。测试结果是我并不适合做销售工作，因为我是一个具有书卷气的女孩子，内心充满幻想，不太适合做竞争激烈的工作，而且我的人际关系处理能力并不是很强。咨询师的建议是，我比较适合做医生。他建议多向医院的著名大夫学习，单位需要的是成熟的社会人，所以希望我能表现出成熟的一面，这并不是从打扮上来说，而是希望我能有责任心和恒心。

咨询师最后再三强调，他只是给我建议而并不是帮我做决定，但我觉得他的建议还是比较中肯的，而且和我自己以及别人对我的认识差不多，所以现在我决定做好这份工作，而且要做得比以前更认真。对于曾经羡慕过的医药销售工作，现在我已决定放弃了。"

资料来源 佚名. 职场闲话：人才测评能测出什么［EB/OL］.［2017-04-06］. http://www. wangxiao.cn/hr/3041281226.html.

# 12.1 \ 人力资源测评原理

## 12.1.1 人力资源测评概念

### 1.人力资源测评的定义

进行人力资源的各项管理工作，应当通过对人的合理配置达到对其的高效率利用。这必须建立在对人力资源素质进行有效测评的基础上。

人力资源测评，是综合利用心理学、管理学、统计学、社会学以及计算机科学等多方面学科知识，对组织的人力资源状况，尤其是个体状况进行科学、系统、客观、标准化的测量、诊断和综合评价，为人力资源的开发、配置、管理提供参考依据。

### 2.人力资源测评的内容

人力资源测评的内容主要包括以下几个方面：

（1）知识技能测评

知识是以概念及其关系的方式存储和积累下来的经验系统，不同的岗位要求不同的知识，这些知识是岗位的最基本的素质要求。技能是以操作、动作活动的方式凝聚的经验系统，也是岗位要求的具体的操作活动，技能通过现场的操作可以进行测试。

（2）能力测评

从心理学角度来看，能力是指顺利完成某种行为活动的心理条件。例如，观察力、注意力、记忆力、想象力、语言能力、创造力、思维能力等都是基本能力范畴；高级管理人员的计划、组织、协调、沟通、变革等能力则属于管理能力范畴。能力测验是最早被用于人力资源测评的，能力测验对于人员的招聘和选拔具有很好的预测效度。

（3）个性测评

心理学家的研究表明，有些工作更适合具有某种类型性格的人来承担，有些人更适合与具有某种个性特征的人共同工作。合理的人事安排可以带来更高的工作效率。例如，一个性格内向、不善言辞、不喜欢过多地与他人打交道的人，应尽量避免从事产品推销或公关一类的工作。因此，将人才的情绪、气质、人格的测验应用到人员招聘与选拔的工作中，有利于提高选聘工作的有效性。

（4）职业适应性测评

它主要从个体的需求、动机、兴趣等方面考察人与岗位工作之间的匹配关系。由于这一类测评主要了解个体的生活目的、追求或愿望，反映个体对工作的期望，因此它对于选拔人员、激励设计等方面很有参考价值。

（5）综合素质测评

在现实工作中，有些岗位（职务）所要求的工作能力上的素质并不是某种单纯的素质，而是多种素质的综合，这些素质很难被分解，我们称之为综合素质。例如，高级管理者常常需要具备计划、组织、预测、决策、沟通等综合管理能力，还需要对多方面管理业务的整合能力等。虽然对这些具有复杂的构造成分的素质进行相应的测评、评价的难度比较大，但现有的测评手段也可以在一定程度上解决这一问题。

### 12.1.2　人力资源测评的作用

人力资源测评在人力资源管理工作中具有以下方面的重要作用：

**1.为人力资源获取提供依据**

根据人职匹配的原理，企业在获取人力资源时必须明确：①招聘职位对任职者的素质要求；②招聘对象是否具有该职位所要求的基本素质。这两方面都需要人力资源测评发挥作用，提供依据。

就前一方面而言，除了做好工作分析以外，还需要对该职位的现有任职者进行测评，以确定工作分析所确定的该职位的素质要求是否正确、合理；就后一方面而言，人力资源测评的意义是显而易见的，尽管求职者可能会在测评过程中进行伪装，但这是需要在测评中防范的问题，而不是要不要进行测评的问题。

**2.为人力资源使用提供指导**

人力资源在使用过程中，其素质也会发生变化。因此，人力资源测评不可能一劳永逸，而需要在人力资源的使用过程中对其做进一步的测评。人力资源使用过程中的测评具有以下几方面的作用：

（1）为职位升降提供指导

对于人力资源个体的职位升降，单凭业绩水平来决定是不科学的，必须同时参照素质水平。从逻辑上看，人力资源个体的业绩水平与素质水平之间应存在强正相关关系，但也有相关度不高，甚至背离的现象，因此必须综合考虑素质水平与业绩水平两方面的因素。

（2）为岗位竞争提供参照

当企业内部形成一种公平合理的岗位竞争环境时，人力资源的使用效率会大为提高。为做到岗位竞争的公平、公正，一是要对各岗位的任职资格进行严格、科学的设定，二是要对各竞争者的素质及绩效水平进行客观的测评及评价。

（3）为员工制订职业发展规划提供参考

对自己有一个客观、正确的评价是企业员工制订职业生涯发展规划的基础。人力资源测评可以帮助企业员工正确地认识自己。相关的测评技术，比如各种能力测验、16PF人格测验、气质测验、职业技能测试等都可以使员工更好地了解自己，找准职业方向，制订合理的职业生涯规划。

**3.培训计划的依据和效果分析**

随着企业生存环境日趋复杂多变，对员工的培训越来越受到用人单位的重视。但是，许多组织的人力资源开发和培训活动的效率都是不理想的，培训并没有给受训者或公司带来真正的好处，有近一半公司的培训成本成了沉没成本。从规范化的人力资源管理来看，安排培训首先要进行培训需求分析，即要在事前对员工进行测评，使培训活动做到"有的放矢"。在培训之后进行测评，能够得到员工对培训效果的反馈，从而进一步改进培训与开发工作。

### 12.1.3　人力资源测评原则

**1.整体性原则**

人是一种复杂的客体，人的素质则是一个由许多方面构成的内容非常丰富、结构相当复杂的客体。因此，对人的素质测试必须有整体性，要从全局出发，并分析清楚素质的结构，既把握主要方面，又不遗漏虽然相对次要，但在生涯的设计和调整中仍然有着一定影响的方面。

**2.目标性原则**

素质测试是对人的素质的了解和把握，这种测试具有一定的目的，是基于用人单位以及员工个人的实际需要的。对于用人单位而言，有安排培训计划、选择提拔目标、招聘择员等需要；对于个人而言，有选择所学习的专业、设计人生道路、选择工作岗位、考虑职业变动的需要。因此，素质测试要根据目标，即具体的测试需要确定测试的具体项目，再据此选择合适的测试工具和方法。

**3.鉴别性原则**

测试是要观测一个人的具体情况，因此必须达到较好的测试鉴别性。从心理测量学的角度看，鉴别性好，就是要达到比较高的信度与效度。高的信度，是指测试结果真实、可信，即可靠性高，能够正确地反映被测试客体的情况；高的效度，是指测试结果区分度高，准确性高，能够很好地反映出被测试的客体与一般客体、其他客体的差异。满意的鉴别性依赖于测试工具的可靠性和测试方法的科学性。

**4.预测性原则**

测试，除了能正确地反映被测试者的现行状况外，还应当能够对其素质（总体和某些主要方面）的发展做出判断，从而为个人的生涯设计与调整和用人单位的人力资源管理活动服务。

**5.易行性原则**

科学不是越复杂越好，往往是越简单、越明了越好。素质测试是为了观察、分析人，好的测试恰恰是应用比较简便易行的工具和方法得到正确、满意的测试结果。

### 12.1.4　人力资源测评类别

这里从心理测量学的角度，对人力资源测评进行划分。

**1.从测试材料的角度分**

从测试材料的角度，人力资源测评可以分为文字测试和非文字测试。

文字测试所使用的测试材料是文字，被测试者用文字、语言或者数字回答。文字测试主要采取测试量表的形式，这是一种相对简便易行的测试方法。

非文字测试所使用的测试材料是图片、实物、工具、模型、器械等。非文字测试在实施上往往受到测试材料尤其是专门工具、器械的限制。

**2.从测试对象范围的角度分**

从测试对象范围的角度，人力资源测评可以分为个体测试、团体测试和自我测试

（自测）。

　　个体测试是一个主持人对一个被测者进行测试，其测试比较精细，但所花费的时间与成本均比较大。它适用于心理咨询、选聘人员、职业指导和心理治疗等领域。

　　团体测试是一个主持人对一批被测者进行测试，其优点是测试的范围可以很大，例如一个班50个学生，它可以用于大面积的职业指导、人员筛选以及人文科学的研究。

　　自我测试是个人使用现成的测试方法对自己进行心理测试。自测方法的优点是简便易行，测试者的目的明确、态度认真；其缺点是一般人的心理学知识不足，由于自测量表鱼龙混杂，测试者难于选择，且只能依赖测试材料所提供的结果，因此对测试结果难以进行准确的解释分析和深入的把握。

　　**3.从被测试者特点的角度分**

　　从被测试者特点的角度，人力资源测评可以按年龄分为婴幼儿测试、青少年测试、成年人测试、老年人测试，也可以按人的身份分为在校学生测试、求职人员测试、在业人员测试。

　　**4.其他划分**

　　按测试方法划分还有谈话法、（活动）观察法、作品分析法、行为分析法等。

## 12.2　人力资源测评方法

### 12.2.1　心理测验法

**1.测验法及其分类**

　　所谓测验，是对行为样本的客观和标准化的测量。通俗地讲，测验是指通过观察人的少数有代表性的行为，对于贯穿在人的活动中的心理或其他方面的特征，依据确定的原则进行推论和数量化分析的科学手段。

　　测验，在人力资源开发与管理中通常指心理测验。按照心理测验中所测量的目标，心理测验可分为五类：①智力测验，测量被试者的一般能力水平（G因素）。②特殊能力测验，测量被试者具有的某种特殊才能（S因素），以及了解其适合的有潜力的发展方向。③成就测验，测量被试者经过某种努力所达到的水平。知识，即人在某领域的成就的反映，因而知识测验也可以纳入心理测验。④技能测验，即对被试者熟练从事某种活动的能力的测试。⑤人格测验，测量被试者的情绪、兴趣、态度等个性心理特征。

　　上述类别中的智力测验、特殊能力测验统称为能力测验，从组织实际应用的角度看，技能与之类似，也可以归入能力的范畴。因此，可将心理测验分为能力测验、成就测验和人格测验三大类。在组织中测评人力资源时，最普遍运用的测验方法即知识测验和能力测验，对一些人员也采用人格测验方法。在社会职业大量分化、各种职业能力的差别越来越大的情况下，职业能力测验也成为组织测评人员的重要方法。

**2.心理测验的要求**

（1）合理选择样本

心理测验以行为样本为基础。样本可以是一套试卷，也可以是精心设计的一个情景，等等。样本设计必须保证能测出被试者之间的差异性。比如，知识测验的试卷设计要求被试者的成绩呈正态分布，否则，该试卷（样本）的设计就是不合理的。

（2）过程标准化

心理测验在测验编制、实施、计分和测验分数解释等方面要保证一致性，亦即要保证对于所有的被试者来说测验的条件都相同。这样，不同的被试结果才具有可比性。常模是比较测验分数的标准。常模的可靠性取决于其赖以建立的样本的大小及群体特征，如果样本没有足够的数量以及样本的群体特征与被试群体的特征差异大，样本的可靠性就会降低。

（3）测验的客观性

它是指心理测验要剔除主试者的主观影响。一是在测验的编制上要在能反映出被试者的一般水平的基础上充分体现个体间的差距，标准过高或过低都不可取；二是在测验的过程中要避免主试者的主观影响，要将被试者放在平等的地位进行比较。

（4）测验的信度

信度是指测验分数的一致性和稳定性，亦即可靠性程度。测验的信度可以通过再测信度、复本信度、一致性信度等来反映。[①]再测信度是指个人在同一测验下数次测量结果的一致程度。当然，绝对的一致是没有的，只要达到一定的相关程度即可认为可信。复本信度是指相似的测验所反映出的结果的一致性。一致性信度是指相同素质测评项目分数间的一致性程度。按逻辑如果被试者在第一个项目上得分高，那么在第二、第三个项目上得分也应较高；在第一个项目上得分低，那么在第二、第三个项目上得分也应较低。如果测验结果确实如此，该测验的可信度就较高。

（5）测验的效度

效度是指测评结果对所测素质反映的真实程度。具体表现在三个方面：一是实际上测试的内容与想要测试的内容是否一致，亦即想要测试的素质内容与实际所测的素质内容是否一致；二是根据样本所推测出来的素质水平是否真正反映了被试者素质的实际水平；三是测试结果与某种相关标准的一致性，比如对道德水平的测试，测试中表现好，工作中是否也表现好。

**3.能力测验**

（1）智力测验

近百年来，学术界对智力的概念众说纷纭。现有的智力测验一般是对认知能力的测验。企业招聘中最常用的智力测验有以下几种：

---

① 萧鸣政.人员测评理论与方法［M］.北京：中国劳动出版社，1997：196-200.

①奥斯特的心理能力自我测验。该测验以集体的方式进行，所花的时间短，适用于筛选不需要很高智力的职位的应聘者。

②韦斯曼人员分类测验。该测验也是一种集体测验，时间30分钟左右。测验包含语言部分及数字部分，并提供了推销员、生产监工等的常模。

③韦克斯勒成人智力测验。该测验主要用于高级人员的挑选工作，包括语文与作业两个量表，共有测试题311道，费时较长。

④瑟斯通个别智力测验。瑟斯通认为，智力存在言语理解、言语流畅性、归纳推理、空间知觉、数字、记忆和知觉速度等七种互不相关的因素，并对每种因素都设计了测验。①

⑤瑞文推理测验。"高级瑞文推理测验"是广泛使用的非文字性能力测验，可用于个别及团队测试。

如前所述，20世纪90年代以来情绪智力颇受学术界及社会的关注，但到目前为止，情绪智力还是一个有较大争议的概念，也没有公认的量表。参见第2章。

（2）能力倾向测验

在人力资源测评中，能力倾向测验的应用较为广泛。能力倾向与智力不同，后者是一般能力，前者是个体在某一方面所表现出来的潜在能力或特殊能力。能力倾向测验也不同于成就测验，前者测评的是某种潜在的能力，后者测评的是经过开发的结果。

普通能力倾向成套测验，简称GATB，是美国劳工部职业安全局自1934年起用了10多年时间研制而成的，这套测验在许多国家得到广泛应用。该方法对人的9种能力进行测定，然后将几种主导性的能力进行组合，从而判定某个人在32个职业群体中属于哪一类。GATB方法由15种分测验构成，如工具匹配、名词比较、计算、组装、分解等。

其他能力倾向测验有：文书倾向测验、运动技能倾向测验、机械倾向测验、音乐能力测验等。

### 4.人格测验

人格测验是对人的兴趣态度、价值观、情绪、气质、性格等方面的测验。应用人格测验的目的是考察人格特点与工作行为之间的关系。不同的职位对人格的要求有一定的差异，进行人格测验有利于企业提高人力资源的获取、使用及开发效率。人格测验的方法有问卷调查量表法、投射法、情景测验法。

卡特尔16因素（16PF）问卷法是最常用的方法。该问卷有187个问题，每一种因素有10~13个测试的问题，每个问题后附有a、b、c三个选项。卡特尔16因素问卷法有着较高的信度与效度，国内外均有在人力资源测评方面的运用。例如，国外学者尝试通过16PF来测量管理人员的情绪智力。②

① 彭聃龄.普通心理学 [M].北京：北京师范大学出版社，1988：545.
② DULEWICZ V，HIGGS M. Emotional intelligence—a review and evaluation study [J]. Journal of Managerial Psychology，2000，15（4）：1-26.

## 12.2.2  知识测验法

知识测验是在组织中应用极为普遍的测验，最常用的形式是笔试。例如，用于对操作工人应知应会的测验、对员工培训后的测验等。知识测验一般包括记忆、理解及应用三个方面的内容。

### 1.记忆

企业中的成员，无论是操作工人、技术人员，还是管理人员，都需要进行大量的与工作相关的知识的记忆。对于操作工人来说，需要记忆的有操作规程、设备性能、安全条例、工作纪律等；对于技术人员来说，则有本专业基础知识、发展动态等；对于企业管理人员来说，则有管理理论知识，本企业的基本经济指标、技术指标，企业生存环境的基本概况等。总的说来，企业人力资源的总体素质是与企业员工的知识量直接相关的。因此，企业有必要对员工的知识记忆进行测验。

### 2.理解

记忆是理解的基础，理解是应用的桥梁。在现实中，知识没有得到很好的理解仍是一个值得关注的现象。就企业管理人员培训而言，其基本内容往往是相关的理论知识，有研究表明管理人员对理论知识的理解仍是不充分的。对知识的理解包括：一是对知识点本身的理解；二是对知识系统的理解，亦即融会贯通；三是迁移理解，亦即对知识在材料内容不同、关系结构不同的情境中的理解。

### 3.应用

知识应用是运用理论知识解决现实问题的活动。在应用层次上测试知识水平，一是看是否具有自觉地运用理论知识的意识；二是看能否分辨具体问题，灵活地运用知识，而不是机械地套用；三是看能否掌握理论的实质，并加以创造性地发挥。

企业对员工知识水平的测验应形成一种制度，每年至少进行一次。每年测验内容的侧重点可根据具体情况而定。对于企业管理人员培训而言，现实中的知识测验存在形式化的弊端，这与企业管理人员开发的目标是不吻合的。

## 12.2.3  评价中心法

### 1.评价中心的含义

评价中心是指采用多种方法对管理人员的素质进行测评的一系列活动。评价中心是一种测评方式，是一种程序，而不是一个单位，也不是一个地方，在评价过程中针对特定的目的与标准采用测验、情景模拟测评、面试等多种评价技术在集中的几天时间内对管理人员的各种能力进行评价。

也有观点认为评价中心既是一种评价活动，也是一种开发活动。客观地看，可以认为素质评价是素质开发活动的重要组成部分，评价具有开发功能，但评价中心毕竟是以素质评价为直接目的的，而不是以素质开发为目的，因此，将评价中心定义为评价活动是合理的，将其定义为评价与开发活动则会引起概念上的混淆。

### 2.评价中心的特点

第一，评价技术的多样性。评价中心往往采用问卷、量表、测验、投射、面试、小组讨论、公文处理、角色扮演等多种测评技术对管理人员的素质进行评价，而不是仅仅采用一种技术进行评价。

第二，评价中心对管理人员的评价是在团体中进行的，由多个评价人员对一组管理人员同时进行评价。这与管理工作的性质是相近的，管理工作总是通过人与人之间的相互作用来完成的。每个小组的人员一般为 6～12 人。

第三，对管理人员从多个方面进行评价。评价的素质项目一般有领导能力、决策水平、人际关系能力、合作意识、创新意识、灵活性、现实性、动机和智力等。

第四，评价程序的标准化。评价内容、测评方式以及评价标准等都是以工作分析为基础而精心设计的，具有一致性。评价活动中每个小组成员都有平等的竞争机会。

第五，时间较长，费用较高。一般来说，评价中心需要 3～6 天时间才能完成对管理人员的评价。评价时间长，评价费用相对较高，但评价结果的质量也相对较高，具有较高的信度与效度。

**3.评价中心的主要评价方法**

（1）心理测验

心理测验主要包括智力测验、人格测验、各种操作能力和能力倾向测验。测试者在对测验结果进行解释时，应注意常模与被试者情况之间的差异性，因为有些常模的建立时间较长，并且不是针对管理人员的。管理人员作为一个特殊的群体，其心理特征与一般社会大众具有一定的差异。

（2）公文处理

公文处理方法，是以书面材料的形式提供给被试者若干需要解决的问题以及相关的背景资料，让其在较短的时间内进行处理，以考察其分析问题及解决问题的能力的一种评价方法。该方法也称为公文筐、文件筐方法。公文处理方法可以有效地测试被试者利用信息的能力、系统思维的能力以及决策能力，具有较高的信度及效度。

（3）小组讨论

小组讨论的方法是给被测试的小组一个待解决的问题，由他们展开讨论以解决问题，评价者则通过对该过程的观察来对被试者的人际交往能力，在群体里分析、解决问题的能力以及领导方式等进行评价。小组讨论有多种形式，如无领导小组讨论、有领导小组讨论、不指定角色小组讨论、指定角色小组讨论等。

（4）管理游戏

管理游戏是指设计一定的情景，分给被试小组一定的任务由他们共同完成，如购买、搬运等，或者在几个小组之间进行模拟竞争，以评价被试者的合作精神、领导能力、计划能力、决策能力等多种能力的一种评价方法。管理游戏一般具有较强的趣味性，但设计的工作量大。管理游戏一般具有较高的信度及效度。

（5）角色扮演

角色扮演是在一个精心设计的管理情景中，让被试者扮演其中的角色以评价其胜任能力的模拟活动。要提高评价的准确性，管理情景的设计是关键，情景中的人际矛盾与冲突必须具有一定的复杂性，使得被试者只能按其习惯方式采取行动，从而降低伪装的可能性。

### 12.2.4　其他方法

人力资源测评方法除以上几种方法外，在企业中应用较多的还有观察评定法、申请表法、民意测验法、履历分析法、笔迹分析法、行为模拟与观察法、人机对话法等。

**1.观察评定法**

观察评定法是借助一定的量表，在观察的基础上对人的素质进行评价的一种测评活动。观察评定具有以下几种基本类型：日常观察评定、现场观察评定、间接观察评定等。其优点是客观、方便；缺点是可控性差，观察结果难以记录及处理。

**2.申请表法**

申请表法是通过对求职者在申请表上所提供的信息进行分析，对其素质进行判断、预测的一种测评方法。申请表法是素质测评中最常用的方法之一。对于求职量特别大的企业来说，该方法可以提高筛选的效率。

**3.民意测验法**

民意测验对敬业精神、合作意识、工作态度、领导方式等素质项目的测评具有较好的效果。主要原因是在其他测评方法中上述素质要素被试者易于伪装，民意测验法则能有效地消除伪装的影响。

**4.履历分析法**

履历分析法是指根据档案记载的事实，了解一个人的成长历程和工作业绩，从而对其素质状况进行推测的一种评价方法。该方法可靠性高，成本低，但也存在档案记载不详而无法全面深入了解的弊端。

**5.笔迹分析法**

笔迹分析法是通过分析书写字迹预测求职者能力、个性及未来业绩的一种方法。运用笔迹分析法的专家认为笔迹能显示一个人的潜力和能力。在国外，有素养、有经验的笔迹学家所做的分析通常被客户评价为极为准确。目前在西欧，笔迹分析法被运用得最广泛。

**6.行为模拟与观察法**

行为模拟与观察法可以尽可能接近和观察被测者的各种行为或反应，是一种有效的测评方法。一般来说，对处于某种情境下个体的真实行为的观察最能反映个体的综合素质。这种方法可以有效地测评被试者的素质和潜能，同时察觉被试者的欠缺之处。行为模拟与观察法的技术核心是行为观察法，它是通过安排一定的情境，在其中观察特定个体（或群体）的特定行为，从中分析所要考察者的内在素质或特征。行为观察法又可以分为自然观察法、设计观察法和自我观察法。

**7.人机对话法**

人机对话是引入计算机后所进行的一种测评方法。人机对话也称系统仿真测评、人工智能专家系统等，一般要求被试者置身于由计算机技术构成的近似于实际系统的动态模型之中，让其扮演特定的角色，用人机对话的方式进行测试；计算机根据其在规定时间内的全部答案或"工作实绩"来预测其各种潜能。人机对话为测评数据的综合分析提供了很大的便利。需要说明的是，一般的标准化纸笔测试都可采用人机对话法进行，只是需要将纸笔测评的计分系统、解释系统、常模等用计算机技术整合在人机对话中。

## 12.3 人力资源测评过程

### 12.3.1 明确测评目标

确定测评目标是设计测评方案的前提及基础。一般来说，人力资源测评有以下三个方面的目标：①作为人力资源获取的依据；②为人力资源的配置和使用提供参考；③明确培训需求，检验培训效果。就某一具体的测评项目而言，还需结合现实，将测评目的细化，明确测评应该达到什么样的效果。

就人力资源获取而言，需要明确以下方面：其一，测评在招聘的哪些环节发挥作用、发挥什么样的作用；其二，测评结果在招聘决策中占多大的比重；其三，测评应该具有多大的信度及效度；等等。

### 12.3.2 确定测评内容

在国际上具有权威性的加拿大《职业岗位分类词典》，对于各种职业从业者的条件提出了需要把握的一般性内容，这也就是人员测评的一般性内容。测评项目全面的内容包括能向（能力）、普通教育程度（GED）、专门职业培训（SVP）、环境条件（EC）、体力活动（PA）、工作职能（DPT）等诸项基本条件和兴趣、性格等参考条件。上述各项条件按照各自程度和水平分别打分，区分为不同的等级。

所谓"能向"，即人们能力的特性与方向。在加拿大《职业岗位分类词典》的"资格检测表"体系中，能向的各个要素包括：①一般能力，即智力要素，用G来表示。②特殊能力，其要素分别为：V——言语表达能力，N——数学计算能力，S——空间感觉能力，P——形体感觉能力，Q——文书事务办公能力，K——动作协调能力，F——手指的灵活性，M——手的灵巧性，E——眼-手-脚配合的能力，C——辨色能力。每一种具体的职业，都有不同的职业能力要求，这就要求从事某一种职业的人具有特定的职业能力。人要走好自己的职业生涯之路，就必须选择适合自身特点的职业，即要达到人的各项条件与职业的要求相互适应。

职业资格检测表的结构示例见表12-1、表12-2：

表12-1　　　　　　　　　　职业资格检测表一（能向水平）

| 职业名称 | G | V | N | S | P | Q | K | F | M | E | C |
|---|---|---|---|---|---|---|---|---|---|---|---|
| 矿物地质学家 | 1 | 1 | 1 | 2 | 2 | 3 | 3 | 3 | 3 | 4 | 3 |
| 行政官员 | 2 | 2 | 2 | 3 | 3 | 3 | 4 | 4 | 4 | 4 | 5 |
| 室内设计师 | 2 | 2 | 3 | 2 | 2 | 4 | 2 | 2 | 3 | 5 | 2 |

注：表中数字下面画线的是强制性标准。

表12-2　　　　　　　　　　　职业资格检测表二（其他项目水平）

| 职业名称 | PA | EC | GED | SVP | 兴趣 | 性格 |
|---|---|---|---|---|---|---|
| 矿物地质学家 | L23467 | B26 | 6 | 8 | 781 | 09Y41 |
| 行政官员 | L47 | 16 | 6 | 8 | 781 | 0Y914 |
| 室内设计师 | s-L4567 | 1 | 5 | 8 | 86 | X9 |

### 12.3.3　把握测评重点

测评内容即需要测评的素质要素。测评内容要根据测评的目的而定，应尽最大努力使之具体、明确，切忌抽象、空洞。测评内容只有方向明确、项目具体，才易于掌握和付诸实施。要根据需求岗位的工作内容和被测评群体的特点，做出有针对性的测评项目。

以对大学毕业生的测评重点为例，组织对将要毕业的在校学生进行测试时，内容根据所在学校、专业的不同而不同。在测评中一般侧重的共性内容是：

第一，职业适应性及特殊才能方向；

第二，职业兴趣方向；

第三，价值观和成就动机；

第四，人际交往能力、处事能力；

第五，责任感与职业道德；

第六，自信心、进取心、意志等；

第七，一般心理健康的内容，如情绪稳定性、情感问题、应付挫折的能力等。

### 12.3.4　设计测评指标

一般而言，素质测评需要针对每一素质要素编制评价项目，进而形成评价的指标体系，并给出评定标准。评价指标体系的科学与否，对测评的信度及效度具有重要影响。评价标准的确定应力求客观、明确。对每一评价等级应有相对清晰的评价标准，不同的评价等级之间应能明确地区分开来。若只是给出评价等级，如仅设立优、良、中、差、不合格五个等级，而没有明确的数量标准，或相应的代表性行为的描述，其评价效果肯定不佳。

如果是知识测验，则需精心组织命题，并给出评分标准。命题者对测评的目的及要求应有充分的认识，对知识本身也要有全面的理解。在命题时，应当遵循以下原则：①代表性原则，即题目要具有代表性，能代表知识总体；②难易适度原则，过于简单及复杂都不易区分被测评者间的差异；③迁移原则，在试题中对知识迁移的考察要占较大的比重，即注重考察对知识的学以致用；④表述简明原则，即试题本身及答题指导语要简明。

### 12.3.5　选择测评方法

**1.测评方法的比较**

选择测评方法是指对素质要素的测评方法进行比较、选择。某一素质要素可能有数种测评方法，这就需要对各种方法进行深入分析、比较，认真选择。在选择测评方法时，切忌简单化或复杂化。比如，对心理健康水平的测评，可采用量表进行测试，也可采用面试的方法。倘若测试是针对企业管理者的，仅采取面试的方法就显得过于简单；若是针对一般员工的招募，采用量表进行测试则可能过于复杂。

**2.多评价主体**

对某些素质要素的测评可能要选择多个评价主体。例如，对人的能力或工作态度的测评，往往需要由上级、同事、下级等多个评价主体来进行评价。

此时，应注意各个评价主体权重的分配。

**3.成功的测评方法的引入**

需要注意，在其他地方成功的测评方法在本企业、本地区不一定是有效的，在引入新的方法时要对其进行验证，以确定其适用性。

### 12.3.6　组织测评实施

对测评的全过程进行过程管理，对提高测评工作的效率具有重要作用。过程管理的内容包括测评由哪个部门负责、具体的项目由谁负责、过程中由谁进行协调、主试的选择与培训、表格设计、时间安排、数据的传递和处理程序等。测评的组织者应对测评的每一个环节、每一个方面都精心设计，认真组织实施。鉴于人力资源测评在人力资源开发与管理中的重要性，企业应加强对人力资源测评工作的认识，加强对人力资源测评过程的组织与管理，以充分发挥人力资源测评的积极作用。

测评的设计者及组织者应对各类人员的素质构成以及各素质要素间的相互关系有深入的研究及认识，否则，测试过程将是低效率的。比如，对于企业管理人员，人们可以轻松地列举出十多种素质要素，但这些要素中，哪些是核心要素，各要素间的相互关系如何，哪些是名不同而实质上高度相关的要素？对于这些都要进行深入的研究分析。测评的设计者及组织者应注重对人员素质理论以及素质测评理论、技术的研究，成为这方面的专家，以便充分发挥人力资源测评的功能。

## 本章小结

作为一种资源，人力资源应该和其他资源一样是可以客观地测量的。但是人力资源又是不同于其他资源的一种特殊资源，它的主体是人。因此，人力资源测评的方法又比其他资源的测评方法要复杂得多。本章介绍了人力资源测评的功用、原则和内容，阐述了常用的心理测量、知识测验和评价中心方法以及其他方法，进而阐述了人力资源测评的流程。

通过本章的学习，学生可以比较系统地掌握人力资源测评这样重要的工具。

## 主要概念

人力资源测评　心理测验　信度　效度　能向　知识测验　技能测验　智力测验　能力倾向测验　人格测验　评价中心　公文筐　笔迹分析

## 复习思考题

1.结合实际，讨论人力资源测评包括哪些内容，有什么功用，并分析怎样发挥人力资源测评的基础作用。

2.人力资源测评过程有哪些环节？

3.什么是测评的效度及信度？它们之间的差别是什么？

4.怎样提高人力资源测评过程的效率？

5.如何才能使人力资源测评工作不流于形式？

6.人力资源素质测评的诸方法各自适合什么对象？使用中应当注意哪些方面？结合实际进行讨论。

## 案例分析

### 比一比哪位候选人更合适

山西省某企业，一年多来，只有两个副总经理，没有总经理，并且未明确由哪位副总经理主持工作。结果企业管理混乱，内耗严重，人心涣散，经营亏损，直至发不出工资。该企业上级领导曾多次研究班子配备问题，但终因意见不一致而未能做出决定。最终，他们决定在全省范围内公开招聘总经理，并请人才测评公司运用科学的测评方法帮助选定总经理。人才测评公司确立了如下选人标准：

● 有很强的内部组织管理控制能力，注重运用企业制度与规则进行管理，规范企业行为。

● 能够敏锐而准确地发现企业现存问题，思路开阔，考虑问题深刻而务实。

● 有较强的处理人际关系问题的技能技巧，善于驾驭错综复杂的内部关系与人际冲突。

● 经营意识较强，经营观念与经营策略正确，能够对市场做出冷静的分析判断，准确把握企业经营方向。有一定市场开拓能力者尤佳。

● 有较强的大局观和社会责任感。

具体评价方法包括：

● 纸笔测验——"企业管理人才测评系统"的四项测验和"管理者角色认知测验"，用来考察应聘者的基本能力素质和发展潜力，及其作为管理者所必备的心理素质、管理行为风格和在日常管理活动中的角色偏向等。

● 评价中心技术——组织无领导小组讨论，用于考察其分析、处理问题的能力，口头表达能力，人际沟通意识与能力等。

● 结构化面谈——考察其经营观念和组织管理意识，并深入考察其人际沟通意识与能力。

整个测试分为三个单元，用两天时间。经过筛选，从7名候选人中确立5名进行结构化面谈，历时一天。

在选拔报告中，专家指出，以选人标准来衡量，7位候选人均存在不同程度的差距，其优势和不足均较为明显，没有哪一位候选人能够妥善解决全部问题。不同的选择将有助于解决该企业不同方面的问题，同时也难免形成新的经营管理问题。在7位候选人中，以下2人相对具备更强的岗位胜任能力：

G先生，有良好的经营管理意识和能力，分析判断问题视野较宽，关注工作任务的完成，原则性较强。对企业组织管理有一定的认识，但深度不够，基本停留在经验水平上。言语表达和沟通说服能力较弱，人际关系处理技能稍有欠缺，经营决策能力与职位要求尚有距离。

L先生，有较强的市场经营意识，分析判断问题视野较宽，不受条条框框的约束，关注各种机会和可能，有较强的成就动力。缺少实际企业经营和组织管理经验。思考问题不够专注和严谨，在人际关系方面分散精力过多，而在具体事务的处理方面持久性不够，对基础性工作重视不足，管理决策能力与岗位要求有距离。

资料来源　佚名.企业需要什么样的总经理［EB/OL］.［2017-04-06］. http://www.docin.com/p-775240435.html.

案例讨论：

1. 你认为测评公司的设计思路和实施方法是否完善？如何改进？

2. 在最后的两位候选人中，你认为哪位候选人更合适？

3. 在领导班子问题上，你认为如何才能更好地解决企业的问题？

第12章拓展阅读

# 第13章 今日之伯乐——招聘与人力资源获取

## 学习目标

- 了解招聘的含义及依据
- 掌握招募的渠道及各渠道的优缺点
- 理解人力资源甄选的原则
- 掌握简历的筛选方法
- 了解人力资源甄选程序
- 理解面试的含义和特点
- 了解面试的主要类型
- 掌握面试的步骤
- 了解网络招聘的主要内容
- 掌握网络招聘的常用方法

**引例**

### 宝洁公司如何进行校园招聘

良好的薪金制度和巨大的发展空间，让宝洁成为大学生心目中向往的公司。而同时，宝洁完善的选拔制度也得到商界人士的首肯。让我们看看它的招聘流程：

1.前期的广告宣传

2.邀请大学生参加招聘会

3.网上申请

4.笔试

笔试主要包括3个部分：解难能力测试、英文测试、专业技能测试。

（1）解难能力测试。这是宝洁对人才素质考察最基本的一关。

整套题主要考核申请者以下素质：自信心；效率；思维灵活性；承压能力；能否迅速进入状态；成功率。

（2）英文测试。

（3）专业技能测试。

5.面试

宝洁的面试分两轮。第一轮为初试。

（1）宝洁的面试过程主要可以分为4个部分。

面试中的核心部分是第二部分。一般面试官会按照既定的8个问题提问，要求每一位应试者对他们所提出的问题做出一个实例的分析，而实例必须是过去自己亲身经历过的。

（2）宝洁的面试评价体系。宝洁公司在中国高校招聘采用的面试评价测试方法主要是经历背景面谈法，即根据一些既定的考察方面和问题来收集应聘者所提供的事例，从而来考核该应聘者的综合素质和能力。

宝洁的面试由8个核心问题组成。根据这8个问题，面试时每一位面试官当场在各自的"面试评估表"上打分。具体项目评分包括说服力／毅力评分、组织／计划能力评分、群体合作能力评分等项目评分。

6.公司发出录用通知书给本人及学校

通常，宝洁在校园的招聘时间大约持续两周左右，而应聘者从参加校园招聘会到最后被通知录用的时间大约有1个月。

资料来源　佚名．宝洁公司面试流程的四大部分面试技巧［EB/OL］．［2017-04-06］．http：//www.yjbys.com/qiuzhizhinan/show-100889.html.

# 13.1　人力资源招聘基本分析

## 13.1.1　招聘的概念

### 1.招聘定义

所谓招聘，是用人单位寻找合格员工的可能来源，吸引他们到本组织应聘并加以录用的过程。招聘可以分为"招募"和"甄选"两个阶段。所谓招募，是通过各种途径从社会上以及本组织中寻找可供选用的人力资源人选，这是招聘的前期阶段；所谓甄选，是对已经可供任用的人选进行进一步的甄别、比较，从而确定本单位最后录用的人员，它是后一阶段，也是最终完成招聘工作任务的阶段。

人力资源招聘，是组织人力资源开发利用与管理的重要工作内容，由此就有了组织对所招用人员的任职。招聘与任职构成人力资源开发与管理操作体系之中的初始环节，即第一部分。

### 2.组织进行招聘的依据

对于一个组织来说，究竟要招聘多少人力资源和招聘什么样的人力资源，是有着客观依据的。一般来说，招聘的依据主要有：

（1）组织发展战略和相应的人力资源规划；

（2）组织近期的人力资源补充需求；

（3）组织的人力资源观、人才观和招聘理念；

（4）工作岗位的需要，这主要体现在职务说明书或工作说明书上；

（5）一定工作岗位的任职条件，这也体现在职务说明书或工作说明书上；

（6）外部人力资源市场的人力资源供给状况及有竞争力的人力资源需求单位。

## 13.1.2　招聘的原则

为了把甄选工作做好，真正选用组织所需的人员，必须按人力资源开发与管理的客观规律办事，遵循反映这些客观规律的科学原则去开展工作。具体来说，甄选的原则有：

### 1.因需择人原则

所谓因需择人，就是以组织运行与发展的需要、岗位的空缺为出发点，根据岗位对人员的资格要求来选用人员。坚持因事择人的原则，从实际的"事"（工作岗位）的需要出发去选用合适的人员，才能实现事得其人、人适其事，使人与事科学结合起来。相反，如果先盲目地录用人，然后再找岗位进行安排，就很难做到事得其人、人适其事，不是大材小用，就是小材大用，甚至出现用非所学现象。如果因人设事，为了安排人而增设不必要的岗位，就会造成岗位虚设、机构臃肿、人浮于事、工作绩效下降、用人成本增加的后果。可见，贯彻因事择人原则是合理进行甄选的首要前提。

### 2.人职匹配原则

每个职业岗位都有特定的工作内容、岗位规范和对从业者的素质要求，每个求职者也都有自己的从业条件和个人意愿。组织在招聘人力资源时要尽量达到二者之间的匹配，这对其后的人力资源个性化管理也是至关重要的。

招聘的职位与求职者个人条件的匹配，需要对比图13-1中的项目。

| 招聘岗位 | | 个人条件 |
|---|---|---|
| 文 化 素 质 水 平 | —— | 学 历 等 级 |
| 职 业 种 类 | —— | 专业工种类别 |
| 工 作 内 容 | —— | 生理、心理特点 |
| 技 能 经 验 | —— | 培训和经历 |

**图13-1　招聘岗位与个人条件的匹配**

### 3.用人所长原则

人力资源开发与管理把人才开发作为自己的重要目标，它重视"用人所长"，其内涵相当丰富：其一，是注重员工现有能力的有效利用，因事择人，适才适所，不埋没人才；其二，是注重人的潜在能力的发掘，在人才选用中，要通过人员素质测评与能力性向的测验，来判断应聘者的能力优势与发展的潜能，据此把他（她）安置在相应的岗位上；其三，是在员工的日常管理中注重发现人之所长，及时进行岗位调整，为人才的潜能发挥提供舞台。

坚持用人所长的原则，在人员选用中要注意克服求全责备的思想，树立"多看人的长处、优点"的观念。世上本无完人，因此，在人力资源选拔中就不该"求全"。为了寻觅一个完美无缺的人来任职，选来找去找不到合适的人选而采用"平安"和"保险"的办法，最终难免找出一个既无大错也无胜任岗位能力的"老好人"。这种"宁用无瑕之石，也不用有瑕之玉"的做法，是用人之大忌，在历史上也有不少教训。在美国南北战争时期，林肯曾起用三四个无重大缺点又没有专长的将领，结果北军人力、物力虽占优势，却败于南军有缺点但有所长的将领们之手，使战局长期不能扭转。后来，林肯总结经验教训，认识到用人应该用人之长，于是任命了有"好酒贪杯"缺点的格兰特为北军总司令。对此不少人都反对，怕格兰特贪杯误事。林肯不以为然，坚持用其善于指挥、勇敢善战之所长，结果赢得了战争的胜利。

### 4.德才兼备原则

"德才兼备"是历来的用人标准。综观古今中外人事管理的实践就会发现，任何时代、任何阶段的用人标准都是有德才两个方面要求的。即使是主张"唯才是举"的历史人物曹操，在用人上也不是没有德的要求：所用之人必须能为曹操"治国平天下"，这正是当时"德"的要求。当今世界，西方经济发达国家用人，在能力考核之后也要进行背景调查，应征者品行端正、声誉良好，才能被录用。

德和才既是两个不同的概念，又是一个不可分割的统一体。才的核心是能力问题，德的核心是能否努力服务的问题。德决定着才的发挥方向和目的，才又是德的运用，使德得到体现和具有实际意义。在甄选工作中，如果只看应聘者一技之长而不看其德，往往是很危险的。在一定条件下，由于"德"的缺陷，一个人的才能越大，对组织所造成的危害也越大。因此，在甄选工作中，必须坚持德才兼备的选人标准。

## 13.2 \ 招聘的渠道

### 13.2.1  招聘渠道初析

组织为了获取人力资源所进行的招聘，可以分为内部搜寻和外部征聘两种途径。一般来说，在招聘时应当首先考虑内部搜寻，即从本组织内部的员工中晋升或调职。

内部搜寻和外部征聘又可以进一步分为不同的途径与方法，各种招募人才的方法各有利弊，应当根据各用人单位招聘的数量、类型以及社会的人力资源供求状况，采用不同的方法。

下面对内部搜寻和外部征聘途径分别进行阐述。

### 13.2.2  内部搜寻分析

#### 1.内部搜寻的优缺点

（1）内部搜寻的优点

内部搜寻是在组织中搜寻合格人才，通过晋升或调职来满足空缺岗位人力资源需求的活动。这种获取方式的优点是：

①能够对员工产生激励作用。对于获得晋升的员工来说，由于自己的能力和表现被组织肯定，因此其士气大增，绩效和忠诚度都会有很大的提高。对于大多数员工来说，由于组织为大家提供晋升机会，使大家感到升迁有望，其工作会更加努力，也能

够增加员工对组织的忠诚度和归属感，从而有助于稳定员工队伍。

②所获得人员的素质比较可靠。因为组织对晋升者以前的素质和表现都有比较深入的了解，所以在任用时能减少用人方面的失误。

③节约新员工适应与磨合时间。由于晋升或调职者在组织内已工作一段时间，对组织目标和组织结构有所了解，对内部情况与工作环境熟悉，因此在接手新工作的过程中较节约时间，而且不需要一般性的职前培训。

④可以节约招聘工作费用。由于内部晋升或调职不必支付广告和甄选费用，因此招聘成本很低。

（2）内部搜寻的缺点

①采用内部搜寻方法所得到的人才往往与上级一脉相承，甚至"近亲繁殖"，因而在观念、思维方式和眼界方面可能狭窄，缺乏创新与活力，以至因循守旧。

②在甄选过程中容易引起员工之间的竞争，可能产生一定的内耗。提出申请而未能升迁的员工会感到心理不平衡，晋升者对原来的同级员工也往往难以建立声望和有效地进行管理。

**2.内部搜寻常用方法**

内部搜寻常用方法主要有：

（1）查阅人事档案资料

人力资源管理部门可以通过查阅人事资料（档案）库和"人才库"中的资料，来搜寻合格人才。例如，IBM公司的"IBM甄募资讯系统"就可以用来搜寻公司内部的合格人才以填补岗位空缺。此外，还可以通过查阅专门详细记载具有特殊才能的现职人才的"人才库"，来搜寻所需人才。

（2）发布内部招募公告

在组织内部发布招募公告，也是内部搜寻的方法之一。它是通过组织内部报刊或宣传橱窗等，将空缺的岗位公布于众，让员工们了解这一晋升或转调机会。公告的内容包括空缺岗位名称、工作说明、工资待遇、所需条件等。然后，由员工自愿申请，经人力资源部门审核后按程序决定晋升或转调，最后将这一结果公布于众。

如果空缺属于主管级的岗位，除了用"招募公告"方法外，也可以由组织决策层在管理人员中物色合适的人选，并做出具体的培养计划。

## 13.2.3  外部征聘分析

**1.外部征聘的优缺点**

（1）外部征聘的优点

①外部征聘有利于因事求才，广招贤人。由于从社会中征聘选才的途径很多、视野开阔，因而可能从众多的求职者中筛选出符合岗位要求的优秀人才。

②具有工作经历的外聘人才，往往能带来别的组织的工作经验和理念，其中的一些可能正是本组织所缺乏的。在这样的情况下，他们就如同新鲜血液，为组织增强活力。

（2）外部征聘的缺点

①外聘人才与用人单位员工之间因缺乏相互了解，往往会存在沟通和配合上的困难，其适应工作的时间较长。

②任用外聘人才担任管理职务，可能使组织内部员工感到升迁无望，从而挫伤许多人的工作积极性。

③该形式比通过内部搜寻人才费用更高、工作量更大。

**2.外部征聘的途径**

外部征聘的途径很多，包括就业市场、招聘广告、校园招聘、猎头公司、他人推荐等。

（1）就业市场

在市场经济体制下，组织通常通过就业市场机构获得人力资源。就业市场机构可以分为"市"与"场"两种类型。所谓"市"，即参加各种人才招聘会，用人单位在招聘会上设立摊位，这类似于集市。在这种招聘会上，用人单位可以收集大量有求职意向人员的信息，对其筛选，进行面试和录用。所谓"场"，即到就业服务机构的常设办公地点去查询人力资源供给情况，这类似于商场。实际上，"市"的途径也往往是由就业服务机构举办的。

从总体上看，就业市场服务机构有三种基本类型：其一，政府公立职业介绍机构，包括人才交流中心和职业介绍所；其二，非营利性职业介绍单位，如我国不少行业部门的人才交流机构、工青妇组织的职业介绍所、经济发达国家专业性团体设的职业介绍组织等；其三，私立收费性职业介绍所。一般来说，就业市场是用人单位对普通的初级、中级人力资源进行外部招聘的主要渠道。

由于就业市场服务机构是专业性工作机构，它们收集和储备大量的人力资源并加以鉴别、分类，因此它们可以为用人单位从事招聘代理的工作，能够将经过筛选的特定人力资源提供给有需求的用人单位，这可以减少该组织的招募和甄选时间。用人单位采用招聘代理法时，应当注意有时会出现被推荐者并不符合工作岗位要求的情况，从而造成高流动率或效率低下等现象。

为了避免上述现象的发生，有关专家建议：

第一，用人单位要向就业市场机构提供准确完整的职务说明书和工作规范，使其对岗位工作的性质有深入的了解，对所需人员的资格条件有清楚的认识，从而选择、推荐合格的应征者。

第二，用人单位向就业市场机构详细说明应该采取的筛选手段，如测验、面谈等，并了解就业市场机构实际采取了哪些筛选手段，以判断其人才评价和推荐的可靠性。

第三，用人单位可通过选择与一两家职业介绍机构建立长期合作关系，并指派一名专职人员作为组织与职业介绍机构之间的联系人。

（2）招聘广告

广告是传递职位空缺信息、吸引求职者的一种打破时间、空间局限的范围非常广泛的招聘信息发布法。需要人力资源的单位，在报纸、杂志或专业刊物上刊登广告，或用张贴街头告示的办法，就可以使大量求职者接触到其岗位空缺的信息，从而得到大量的人力资源外部供给。

为了使招聘广告产生良好的效果，应注意下面三点：

其一，选择合适的媒体。

媒体的选择取决于空缺岗位工作的类型。一般来说，征求较低层次人员的广告，刊登在地方性报纸上即可。征求某类专业人员的广告，刊登在商业性或专业性的报刊上为宜。特殊重要岗位任职者的征聘广告，可以刊登在发行量大的全国性报刊上。此外，还可以通过广播电视媒体和互联网发布广告，广招贤才。

其二，发布合理的内容。

招聘广告的内容，一般为广告标题、单位简况（该项目不是必要内容）、审批机关、招聘岗位与数量、招聘条件和联系方式等。制作招聘广告，应当遵守真实、合法与简洁的基本原则。

其三，力求明显的效果。

要使招聘广告达到较高的水平，应当遵循以下原则：第一，形式上引人注目，如用不同大小的字体和图形来吸引读者，适当的空白也会产生良好的对比效果。第二，内容上引人入胜。如把所招聘的工作内容、工作的某些特点等描述清楚，以引起人们的兴趣。第三，广告要使读者产生欲望。招聘广告要针对应聘者的需求，把本单位所提供的条件列举出来，例如工资待遇、发展前途、特殊学习机会等。第四，广告能促进阅读者付诸行动，如在广告的末尾附上一句"请在一周内与我们电话联系""请到××处领取详细资料"等。

（3）校园招聘

所谓校园招聘，是从学校直接招聘专业技术人员和管理人员，它是现代大公司招聘工作的主要形式。大学是人才荟萃的地方，许多用人单位招聘专业技术人员和管理人员，基本上都从学校直接招聘。通过校园招聘，用人单位往往能够获得公共关系宣传和扩大自身影响的良好效果，能做到"百里挑一"地精选外聘人员，还能够对未来员工进行组织文化的渗透，从多方面产生人力资源管理功效。

人力资源管理部门去学校招聘的基本任务有两项：

其一是初选应聘对象。校园招聘可以分为大小两种。大型校园招聘的程序，一般是招聘单位到目标学校举行报告会，向该校的数百名毕业生介绍组织的基本情况、招聘岗位、招聘条件等方面的内容，然后发放求职登记表，在收回后进行筛选。小的校园招聘，一般是由一两名招聘人员前往学校就业工作机构和有关专业院系，由就业工作机构和院系帮助提供招聘对象即毕业生名单，以供见面。筛选之后，再进行初次面谈。面谈时要态度诚恳、尊重学生，要把组织的情况清楚地向学生做介绍，努力把优秀毕业生吸引到组织中来。

初选的考虑因素包括求职者专业、学业情况、工作意向和言谈举止所反映的人格特征等。

其二是精选人才。初选名单确定以后，通常要对其进行第二次精选。这种精选，可能是在校园中进行面试、心理测试、专业能力选拔、综合素质测试等；也可能是发出在单位进一步面试的通知。这是精选人才的重要环节。如决定录用，最好将决定当面告诉学生，以便及时签约，避免本组织预定录用的对象在有其他工作机会时另做打算。

在通常情况下，招聘单位要与学校就业指导部门合作，学校就业指导部门能够为其提供多方面协助，如通知学生、安排面谈、提供场所和学生履历表等。

（4）猎头公司

"猎头"一词英文名为 Head Hunter，"猎头公司"作为高级人才招聘公司的俗称，是指专门替用人单位搜寻和推荐高层管理人才和专业人才的公司。在发达国家，虽然猎头公司为企业提供的人才数量不大，但极为重要的主管和专业技术人才大都由这些公司提供。

猎头公司有极为宽广的联络网，而且特别擅长接触那些正在工作而且还没有流动意向的人才，其被人们称为"挖墙脚"的公司。它们秘密物色人选，接触目标人才时也为用人单位保密，直到目标人才"进入情况"为止。它们的工作为用人单位节约不少广告征才和筛选大批应征者所花的时间、费用和精力，搜寻工作通常60天以内即可完成。猎头公司是工商企业在人才竞争中的得力助手。

猎头公司招聘求才方式，也存在一些不足和问题，主要有收费相当昂贵和搜寻能力有限等问题。

（5）他人推荐

他人推荐也是用人单位外部招聘的一条可行道路。处于择业阶段的青年人的长辈或亲友，往往会对他们的职业生涯提供各种帮助，为其谋职出主意、想办法，甚至四处奔走亲自做"工作岗位"的安排等。这种途径不仅在传统体制下大量存在，而且仍然是现代社会中人力资源就业的重要途径。

从发达国家的情况看，通过推荐途径获取人力资源，可以节约招聘广告费用和职业介绍费用，用人单位还能获得较高水平的工作应征者；此外，在技术竞争和员工流动频繁的情况下，用人单位采取亲友介绍就业的方法，能够使新老雇员稳定和尽责地工作。这显然不同于我们一些单位招聘中不负责任的"走后门"现象，而是约束新老员工，使他们都努力工作、对公司效益负责的制度。

# 13.3　人力资源甄选

## 13.3.1　甄选的意义

所谓甄选，是指用人单位根据用人条件和用人标准，运用适当的方法手段，对应聘者进行审查、比较和选择的过程。甄选在组织的人力资源工作中，具有十分重要的地位。按员工管理程序的角度，人力资源工作可分为人的"进、管、出"三大环节："进"是指员工的招募甄选和任用；"管"是指对员工在履行其职责过程中进行的组织、指挥、控制、协调、监督等活动；"出"则是办理员工退出员工队伍的活动。

进、管、出三大环节紧密相连，相互依存，构成了人力资源开发与管理活动的有机过程。甄选属于"进"的环节，它在现代人力资源开发利用与管理活动中占有极其重要的地位。

进一步来说，搞好甄选工作，对于搞好人力资源开发利用与管理也有着多方面的重要影响：其一，可以保证所吸纳的员工素质优良；其二，有利于事得其人，人尽其才，从而实现人与事的科学结合，避免大材小用、小材大用和用非所学等问题；其三，有利于降低员工的流失率，从而节约招募甄选及岗前培训等费用；其四，有利于形成员工队伍的合理结构，从而实现组织成员的密切配合，达到互补和整体的优化；其五，有利于员工聘用后的一系列人力资源管理活动，诸如考核、激励、培训、升降、工资等的顺利进行。

### 13.3.2　各类人员的甄选要点

甄选不同的人员，必然有不同的甄选侧重点。这里从一般的角度，对技术、管理、生产性、服务性人员的甄选要点阐述如下：

**1.技术人员的甄选要点**

对于从事科技工作的人员来说，甄选的重点是：

（1）智力水平，尤其是思维能力；

（2）创造力；

（3）与自己专业有关的特殊能力，例如对工程师应测试机械设计能力；

（4）成就动机、意志、毅力等。

**2.管理人员的甄选要点**

对于从事管理工作的人员来说，甄选的重点是：

（1）智力水平；

（2）言语能力；

（3）责任心、意志；

（4）人际交往能力；

（5）个人修养、包容力；

（6）竞争素质；

（7）健康状况等。

**3.生产性人员的甄选要点**

对于生产性人员来说，甄选的重点是：

（1）与工作内容密切相关的智力因素，如观察力、注意力；

（2）与工作内容密切相关的特殊技能，如操作能力、空间想象能力；

（3）责任感；

（4）工作之中的交往沟通能力；

（5）身体素质等。

**4.服务性人员的甄选要点**

对于服务性人员来说，甄选的重点是：

（1）与工作内容密切相关的智力因素，如观察力、注意力；

（2）与工作内容密切相关的特殊技能，如言语能力、操作能力；

（3）责任感、个人修养；

（4）人际交往、沟通能力；

（5）职业道德等。

### 13.3.3　简历的筛选

#### 1.简历筛选的作用

简历是求职者用来提供其背景资料的一般方法，也是人力资源部门进行应聘人员初步筛选的常用材料之一。经过面试、测评后，应聘候选人已不多，到底录用哪一个，将主要由招聘主管来决定。招聘主管可能会认真审核面试或测评的结果以帮助其做出录用决策，而往往忽视了对简历的利用。其实，再次审视简历，往往会获得意想不到的信息。同时，还可利用简历对应聘者的背景资料进行调查。

简历通常是由应聘者个人制作的，因而往往会包括一些烦琐的内容，有些粗心的应聘者在制作简历时还会遗漏一些对公司而言相对重要的信息。当面对众多简历时，学会如何有效地筛选简历显得尤为重要。

#### 2.简历的结构

简历的结构在很大程度上反映了应聘者的组织能力和沟通能力。简历由以下信息构成：

（1）个人基本资料：姓名、性别、籍贯、近照、出生年月、身高、体重、婚姻状况、健康状况、联系地址及电话等。

（2）教育背景：本人受教育水平、主修专业科目、大学成绩等。

（3）能力资格：专业训练级别、证书、语言沟通能力、文字处理能力等。

（4）工作经历：以往工作公司名称、工作年限、职务与工作性质、离职原因、离职前月薪等。

（5）自我描述：个人性格、自我评价、社会关系、未来规划、兴趣爱好、自信心等。

（6）其他：期望待遇、对工作环境的期望、应聘动机等。

#### 3.简历的审定筛查

（1）重点看客观内容

客观内容主要指个人信息、受教育经历、工作经历和个人成绩等。审查应聘者的专业资格和经历是否与空缺职位相关并符合要求，如工作的要求是什么，工作成功的必要条件是什么等关键信息。此外，也要考虑应聘者离开过去的工作岗位有多久，及其和这次申请的岗位的相似程度。例如要招聘计算机人才，那么求职者最好有相关工作经验或最起码具备相关专业学位，有这方面的知识储备。

（2）审查简历的逻辑性

在工作经历和个人成绩方面，要注意简历的描述是否有条理，是否符合逻辑。比如应聘者在描述工作经历时，包括一些著名的公司和一些高级职位，而他所应聘的却是一个普通职位。又比如应聘者在简历中称,自己在许多领域取得了诸多成绩,获得了很多的认证,但是从他的工作职位分析,他很难有这样的条件和机会。对这样的简历需要引起注意。

(3) 判断是否符合职位要求

判断应聘者的专业资格和经历是否与空缺岗位相关并符合要求。

在审阅简历的客观内容时,要注意个人信息和受教育水平等方面的详细内容,尤其是技术、技能水平和职位方面的相关经验这两个方面。如果这两项不符合岗位要求,就没有必要再浏览其他的内容,直接就可以筛选掉。

(4) 鉴别简历信息的真伪

在招聘活动中,用人的部门经理往往最先面对的就是个人简历。它是一份变化的,且因个人编制常常带有误导性的资料。就连最精明的经理人在阅读个人简历时,也不免遇到麻烦。这时可以通过开展周边调查、背景调查和再次联系应聘者让其解释清楚等方法来提高鉴别简历中虚假信息的能力。

(5) 得出对简历的整体印象

不要想当然地或匆忙地得出结论,不能以偏概全,主观臆断。求职者为了得到求职单位的面谈机会,篡改简历、编造信息已经成为一种普遍现象。要标出简历中不可信的地方,以及感兴趣的地方,以便面试时询问。

### 13.3.4　招聘甄选的程序

一般而言,面向社会征聘员工的甄选程序,包括接见申请人、填写申请表、初步面谈、测验、深入面谈、审查背景和资格、有关主管决定录用、体格检查、试用和正式任用9个步骤。这种甄选程序属于"淘汰法"的性质。所谓"淘汰法",是指在上述甄选全过程中,只要一个程序或关卡没有通过,申请人就会被淘汰掉。

具体来看,淘汰法甄选程序的9个步骤,如图13-2中的框图所示。在各个步骤框图右侧的文字,是常见的淘汰原因。

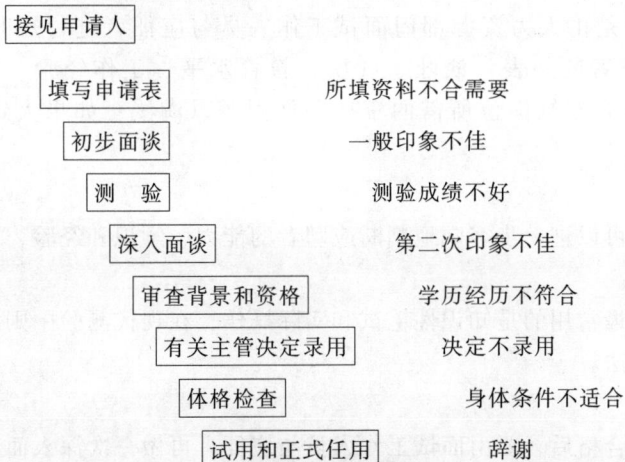

| | |
|---|---|
| 接见申请人 | |
| 填写申请表 | 所填资料不合需要 |
| 初步面谈 | 一般印象不佳 |
| 测 验 | 测验成绩不好 |
| 深入面谈 | 第二次印象不佳 |
| 审查背景和资格 | 学历经历不符合 |
| 有关主管决定录用 | 决定不录用 |
| 体格检查 | 身体条件不适合 |
| 试用和正式任用 | 辞谢 |

**图13-2　甄选的程序**

这里对人力资源甄选程序的9个步骤具体进行阐述:

**1.接见申请人**

若申请人基本符合应征空缺岗位的资格条件，就予以登记，并发给岗位申请表。

**2.填写申请表**

（1）申请表的内容

为了取得应征者的有关资料，应要求应征者填写申请表。申请表所列内容包括：

①申请岗位名称。

②个人基本情况，包括姓名、性别、住址、电话、出生年月、籍贯、婚姻状况、家庭人口、住房情况等。

③学历及专业培训，包括读书和专业培训的学校名称、毕业时间、主修专业、证书或学位等。

④就业记录，包括就业单位名称、地址、就业岗位、工资待遇、任期、职责摘要、离职原因等。

⑤证明人，包括证明人姓名、工作单位、电话等。

（2）申请表填写要求

对申请表所列内容的要求是：

第一，必须是能测试应征者未来工作表现的有关内容。例如，在一般情况下，已婚者多比未婚者的工作表现好，而且已婚者、拥有住房者和年龄较大者更具有工作稳定性。赛思猎头咨询公司前总经理高伟在谈到人才流动特点时曾指出，在"下海"的人才中，28岁以下未婚人员最为活跃，他们的平均跳槽周期不足一年。可见，年龄、婚姻状况等内容应该作为重要的甄选指标。

第二，应当尽量避免一些与工作无关的私人问题。比如，美国公平就业法规定，用人政策不能因种族、宗教、性别、肤色、出生国等而有差别待遇。因此，岗位申请表中所列内容及招聘决策要避开上述问题或谨慎处理，以淡化差异，以免有歧视嫌疑。

**3.初步面谈**

这一步一般是由人力资源部门面试工作人员与应征者进行短时间的面谈，以观察和了解应征者的外表、谈吐、气质、教育水平、工作经验、技能和兴趣等。如果应征者不符合空缺岗位所需的资格条件则予以淘汰；如果大致符合，则通知其进行下一步骤。

**4.测验**

通过测验，可以进一步客观地判断应聘者的能力、学识和经验，为正确地做出招聘决策提供依据。

传统的测验最常用的是知识性笔试和实际操作，在现代测验中则主要采取人员素质测评的有关方法。

**5.深入面谈**

应征者测验合格后，要由面试工作人员与应征者再做一次深入面谈，以观察和了解应征者的态度、进取心、适应能力、人际交往能力、应变能力以及领导能力等。如果上一步"测验"中已采用人员素质测评技术，则本步骤可省略。

### 6.审查背景和资格

对上述程序筛选合格的应征者，要进一步进行背景及资格的审查。这种审查的具体内容包括应征者的品行、学历和工作经验等。审查的方法是对学历和资历的证明文件，如毕业证书、职业资格证书、专业职务资格（职称）证书等进行审核，也可以查阅人事档案，或向应征者以前的学习或工作单位进行调查。

### 7.有关主管决定录用

一般情况下，人力资源部门在完成上述初选程序后，就把候选人名单送交具体用人的部门，由该部门主管考虑、定夺是否录用。这时，人力资源部门可以对用人部门的选择决策提供具体资料和提出参考意见。

### 8.体格检查

在用人部门决定录用某应征者以后，要对其进行体检，通过体检判断应征者在体能方面是否符合岗位工作的要求。对体格检查合格者，则正式发出录用通知书。

体检程序之所以放在最后，是因为在大批不合格者被淘汰之后，只对少数录用者进行体检，可以大大节约费用。

### 9.试用和正式任用

经过上述程序，被录用者报到后，就安置在相应的空缺岗位上。为观察新进员工与岗位的适应程度，组织对新员工都规定一定的试用期，试用期长短视工作性质和工作复杂程度而定。试用期满，经考核合格，用人单位对新进员工的工作满意，则正式给予转正和任用。

应当指出，上述程序不是绝对的。由于各组织的规模不同，招聘岗位的要求不同，所采用的甄选程序也会不同。组织规模小、空缺岗位工作简单的员工甄选，就不一定采用笔试，仅采用填写岗位申请表和面谈等步骤即可。

## 13.3.5　背景调查工作

### 1.背景调查的作用

跟踪应聘者的信息是对其工作相关背景信息进行查证，以确定其应聘资料的可信度。采用这一方法，招聘部门可以通过背景调查对应聘者的简历、面试与测试结果做进一步的分析，为是否录用提供重要依据。

求职者在工作经验方面往往夸夸其谈，如把做过几天保健品直销的经历夸大为具有丰富的市场销售经验，把出纳经历发挥为熟悉财务部运作，把协助开展某个项目演变成主管某个项目，以满足应聘职位的要求。美国的一项资料显示，有3 000万人曾经因为伪造简历被录用。背景调查是拒假于门外的有力武器，放弃它意味着公司失去了招聘的基本免疫力。

简单的背景调查，可以在发布面试名单之前进行。详细一些的背景调查最好安排在面试结束与决定录用之间，因为此时，大部分不合格人选已经被淘汰，对这些人员自然没有调查的意义。较为优秀的应聘者数量已经较少，进行背景调查的工作量相对少一些，并且根据测试和面试的结果，对他们的资料已经比较熟悉。此时调查，在调查项目的设计上更有针对性。结合调查结果，决定是否录用，以免在上岗后再调查出问题，令公司和人力资源部进退两难。

### 2.背景调查的方法

一般的背景调查主要采取以下方法：

（1）电话咨询

打电话可以附带收集关于求职者过去的职责和成绩的信息，例如，求职者一年以内跳槽两次，原因是什么？求职者有半年的工作间断，这半年他究竟干了什么？是休假还是上学？

（2）问卷调查

招聘人员可以与人力资源部一起或由其委托中介公司进行问卷调查。通过这种方式可以客观真实地了解应聘者的背景。

（3）面对面访谈

招聘人员可以给应聘者一个面对面谈话的机会，应聘者可以提有关公司以及所提供工作岗位方面的问题。这时，动机特别强烈的和有才能的应聘者总能提出许多好的问题。

## 13.4 招聘的重要方法——面试

### 13.4.1 面试基本分析

#### 1.面试的含义

面试，是一种在特定场景下以面对面的交谈与观察为主要手段的甄选技术方法，是由表及里地测评应试者有关素质的方式，它在人力资源招聘中被大量使用。具体来说，"面试"一词具有以下含义：

第一，面试不是一般性的交谈或谈话，而是经过专门设计的；

第二，面试不是在自然情景下对应试者做日常的观察和考察，而是在特定场景下进行的，考场是按一定要求设置的；

第三，面试不像一般的口试只强调口头语言的测评，它包括对非口头语言行为的综合分析和判断，通过"问、听、察、觉、析、判"等多种方式对应试者的能力水平进行测评；

第四，面试并不是万能的，它不是测评一个人的所有素质，而是根据招聘职位的特点有选择地针对其中一些必要的素质进行测评，比如体态、仪表、举止、口头表达能力、反应能力、应变能力、敏感性、情绪稳定性，以及知识的广度与深度、实践经验与专长、工作态度与求职动机、兴趣爱好与活力等。

#### 2.面试的特点

面试作为现代人力资源测评中的一种重要方法，有着其他测评形式不可替代的特点。面试的特点包括：

（1）对象的单一性

在面试中，无论采用个别面试还是集体面试，由于面试考题一般因人而异，测评的内容主要侧重于个别特征，因此主考官一般是逐个提问、逐个测评。即使是在面试中引入一定的讨论，评委们也是对应试者们逐个提问和观察的。

（2）内容的灵活性

由于不同空缺岗位的任职资格要求不同，每个应试者的经历、背景和资格条件等也不同，因此，面试不是向所有应试者都提同样的问题、按统一的步骤进行。面试中所提出的问题可多可少，视所获得的信息是否足够而定；同一问题可深可浅，视主试人的需要而定；所提的问题可异可同，视应试者情况与面试要求而定。一般而言，所提的问题以10个左右为宜，面试时间大约30分钟。

（3）信息的复合性

研究表明，素质表现的总信息量中，言辞占7%，声音占38%，体态占55%。而面试是通过主试人对应试者的问（口）、察（眼与脑）、听（耳）、析（脑）、觉（第六感官）综合进行的。也就是说，对于同一素质的测评，既注意收集它的语言形式信息，又注意收集它的非语言形式信息。因此，以面试形式测评素质，所收集的信息量可以达到100%。而且，这种信息的复合性还增强了面试的可信度。

（4）交流的直接性

面试中主试人与应试者的接触、交谈、观察是面对面直接进行的，也是相互的，是主客体之间的信息交流与反馈。面试的这种直接性增强了主试人与应试者之间相互沟通的效果与面试的真实性，同时还能了解到许多在笔试中了解不到的信息。

（5）判断的直觉性

面试不仅仅依赖主试人严谨的逻辑推理，还往往有着很强的印象性、情感性与第六感官特点，这就可能使面试带有一定的主观色彩。

## 13.4.2　面试的类型

### 1.定型式面试

在定型式面试中，主试人员是遵循事先规划出来的一系列问题向应试者提问的。采用这种面试一般是先根据空缺岗位的工作性质准备相应的问题，再把这些问题制成表格。该类表格以美国学者罗伯特·N.麦克姆利（Robert N. McMurry）所设计的最有名。主试人按照表格向应试者发问，并把应试者的反应记录在适当的空白处。在表的空白处下方还有提醒主试人注意的重点问题，例如，向应试者询问的问题中有一项是"您应聘本工作的目的是什么？"，在答案的空白处下方就写有这样的文字："是否基于职位、安全感或收入的理由？"

在表格上的问题全部询问完毕后，主试人员要根据应试者的答案对其能力、工作态度、人际关系、耐力、自信心和工作热情做出评价和建议。

### 2.结构性面试

结构性面试与定型式面试相似，所提出的问题是一系列事先准备好的题目。二者的区别在于，结构性面试所提的问题在内容上还有与岗位工作有关的问题，这些问题是经过工作分析后提出的，并且已事先设计出应试者可能给出的各种答案，其标准化程度更高、系统性更强。主试人根据应试者的回答，在表格上圈选"不理想"、"一般"、"良好"或"优异"即可。最后，综合主试人员的集体意见，做出评价。

### 3.非定型式面试

非定型式面试亦称非引导式面试。在运用这种面试工具时，主试人手边也许有一份工作规范作为指引，但所提出的问题并不遵循什么既定的路线，而是具有很大的随机性，往往是根据应试者的反应提出不同方面的问题。因此，双方的对话往往呈现出各种方向。这种面试灵活且自然，可以广泛地发掘应试者的兴趣所在。当然，这种面试要求主试人对空缺岗位的工作相当熟悉，所提出的问题应当以空缺岗位的工作规范（或岗位说明书）为依据。

### 4.系列式面试

系列式面试亦称循序式面试，它是由几个主试人，如公司各个层次的管理者陆续对应试者进行面试。在这种情况下，经常采用非引导式面试，即各主试人根据自己的看法对应试者提出不同的问题，然后将自己的评价意见写在一张标准化的评估表上。最后，要组织所有的主试人讨论和比较评价结果，以达成共识。

### 5.陪审团式面试

陪审团式面试亦称小组面试，它是由一群主试人同时对应试者进行面试。与系列式面试相比，陪审团式面试的优点在于，各位主试人员同时参加面试，应试者可以一次性陈述基本情况，可以在共同的场合回答不同主试人提出的问题，不仅可以避免时间上的浪费，还可以使主试人员了解更多的情况。

### 6.压力性面试

压力性面试是以穷追不舍的方式针对空缺岗位工作中的某一事项发问，逐步深入，详细而彻底，直至应试者无法回答为止。这除了可以深入了解应试者的岗位知识技能外，真正注重的是测试应试者应付工作压力的机智程度、应变能力、心理承受能力和自我控制能力。采取这种面试方法，要求主试人必须熟悉空缺岗位的工作，并具备较高水平的面谈控制能力，使面试中所施予应试者的压力真正是空缺岗位的工作所需要的。

## 13.4.3　面试的步骤

无论采用何种类型的面试，其一般都包括如下五个步骤：

### 1.面试准备

面试前首要的准备工作是培训主试人员。培训的内容主要有两项：一是工作作风培训，要求主试人员做到大公无私，坚持原则，办事公道，认真负责；二是面试方法培训，包括组织主试人员学习掌握面试表格的使用方法、面试技巧和评分标准，熟悉空缺岗位的职务说明书，了解空缺岗位的工作内容、工作职责和所需任职人员的资格条件，查阅应试者的报名表和简历，记下含糊不清的问题，以便在面试时提出并澄清。

安排面试场所也是一项重要的准备工作。考场要求隐秘安静，不装电话，尽可能减少各种干扰。

### 2.制造轻松气氛

制造轻松的面试气氛目的有两个：一是缓解应试者的紧张情绪，使其心情放松、态度安详，产生平和恬静的情绪，从而言谈比较开放，愿意打开心扉，在面试中能发挥正常水平；二是无论应试者能否被录取，轻松的面试气氛都给人留下良好的印象，从而有助于维护用人单位的声誉。

为此，要求考场环境洁静大方；面试前对应试者的接待要热情、友好、自然，面试一开始要找一些让人感到轻松、自在的话题，例如谈谈当日的天气和交通状况等；面试中主试人员要以平等、关心的态度进行对话，并设法控制音调和谈话的速度，努力创造一种轻松和谐的气氛。

### 3.面试进行

面试类型有许多种，上面已经就主要类型做了介绍，用人单位可以根据实际情况选定。在进行面试时，应当注意的问题有以下几点：

其一，要尽量避免只回答"是"或"不是"的问题，而要提出需要仔细回答和发挥的"开放性"（或"开口型"）问题，以便启发应试者的思路，考察其真实水平。如"你在大学读书期间，当过干部吗？""你频繁调动工作，是否因为在原工作单位难以施展自己的才能？"与"你在上大学期间，承担过哪些社会工作？""什么原因促使您在两年间调换了三次工作？"就是两组截然不同的提问方式，显然后者的问题更好。

其二，要先易后难，循序渐进地提问。面试中所准备提问的问题一般都是根据重点内容的需求拟定的。在提问中应该将那些应试者熟悉的容易回答的问题先行提出，当应试者进入角色后，再逐步加大提问难度，这样有利于应试者逐渐适应，树立信心，发挥正常水平。

其三，面试中不要有任何提示或认可，否则应试者的回答将因主试人员的观点而转移。主试人员提出问题后，要仔细"倾听"应试者的陈述，其间主试人员的反应可以是沉默不语，也可以是不时点点头，或是"唔唔"发出鼻音，不含任何评价之意，只是鼓励应试者做完整的表达。当然，主试人员也不是只提出问题就一听到底，可以适当插话交流，以活跃面试的气氛。

其四，及时做好面试记录，以便最后对应试者进行全面评价。

### 4.结束面试

在面试结束之前，应当留有时间让应试者提出问题，也可以将有关工作的详细情况告诉应试者。结束面试时，要以诚恳的态度告诉应试者：如果被录用，大约在何时可获得录用通知。

### 5.评估面试结果

应试者离去之后，主试人员应立即仔细检视一遍面试记录，认真回顾面试印象，并把相关资料和评估意见填入面试表格中。

## 13.5　网络招聘

在信息技术迅速发展、全面进入人们生活的今天，可以说大部分人都选择了网络招聘的渠道。网络工具，为应聘者和用人单位提供了一个空间巨大、信息繁多、快捷方便的非常好的双向选择平台。在淘宝、易购、京东等网站已经发展为巨大的"空中百货商场"的同时，很多招聘的门户网站已经发展成为庞大的人才库和招聘信息与交易重要平台。网络招聘是一种已经得到迅猛发展，并且日益扩展与提升的重要招聘渠道与方法。

### 13.5.1　网络招聘总析

**1.网络招聘的两个主体**

（1）企业招聘的宣传

企业在建设自己的网站时，应该考虑将企业人才需求信息作为网站的一个常设栏目。为了吸引更多的应聘者，除了刊登必要的岗位信息以外，还应重点介绍一下企业的用人政策和企业的文化信息。

由于企业网站招聘宣传是网站的一个必要内容，所以不必支付额外的招聘费用，成本低是网站招聘的最大优点。但是，由于其是企业网站，访问人数有很大的限制。

（2）招聘网站的平台

招聘网站就是专业从事招聘服务的网站。由于其定位明晰，加之宣传力度大，求职人员会经常访问招聘网站。招聘网站一般都拥有自己的职位信息库。依托广泛的服务网站和先进的技术保证，求职信息及企业信息可以涉及信息技术、电子、金融、化工、物流、广告等各种行业。

客户可以自己在线发布招聘信息，也可以将信息提供给网站，由网站代为发布，还可以在招聘网站中发布列名广告。招聘网站还可以根据企业的形象专门设计相关招聘页面，同时放置企业其他人事相关信息，还可以让客户使用网络化招聘管理系统。

**2.网络招聘的优劣势分析**

（1）网络招聘的优势

网络招聘的优势，体现在为求职者和用人单位双方提供更加便捷的互动交流平台。

对于要招聘的用人单位来说，通过这些网站发布对人员的需求，就会收到大批申请某一职位的个人简历。企业只需将这些个人简历下载打印即可，非常方便、快捷。这种形式一般被常年招聘的单位采纳。但是，这种渠道不能控制应聘者的质量和数量，各种垃圾邮件、病毒邮件等会加大招聘工作的压力，在信息化不充分的地区效果差。

对于求职者来说，网络求职五方面的优势也是其他求职方式难以企及的，具体为：

- 容量巨大，更新很快；
- 突破时空的限制；
- 信息获取和使用公平；
- 成本低廉；
- 机会找上门。

对用人单位来说，网络招聘的优势十分明显，如发布的招聘信息可以让不同地域的更多求职者阅读，从而提高找到理想人才的命中率；接收在线简历，可以更方便地对简历进行保存、分类，建立企业的人才数据库；在网站上发布的招聘信息不受篇幅限制，企业可以提供除职位信息以外的企业介绍、发展历程等丰富内容。

从总体上看，网络招聘不仅有利于组织的人力资源招聘工作，而且在一定意义上能够促进组织的人力资源管理工作的提高与升级。

（2）网络招聘的劣势

任何事物总是有利有弊。网络招聘的劣势，更多地来自于互联网平台的先天之痛。网络招聘的劣势主要有以下几点：

- 信息难辨真伪；
- 信息过时；
- 简历过多不受重视；
- 个人信息有被泄漏之忧。

很多求职者在网上输入个人信息时，心里难免有这样的担心：个人信息是否会被泄漏，从而被他人所用？这种担心并非空穴来风。一般来说招聘网站不会泄漏求职者简历，但也不能避免有人将公开的求职者个人信息挪作他用。

用人单位一方同样有困扰，在招聘信息发布后，回收的简历不是太多就是太少。太多了人员纷杂，给简历筛选带来压力；太少了则不能提供企业实际需要的人才。

尽管有着上述的质疑，网络招聘也确实未能摆脱信任危机，但由于其非常突出的优点，还是得到了迅速的发展。

## 13.5.2  网络招聘的实施

### 1.发布招聘信息

网络招聘信息的发布直接关系到企业招聘的效果，如何根据企业的实际情况选择适当的信息发布渠道就显得尤为重要。

（1）招聘网站发布职位需求

这是企业最为广泛采用的一种招聘方式。企业通过这种形式，可以在人才网站上发布招聘信息，利用招聘网站提供的在线系统收集求职者简历。由于人才网站上资料库大，日访问量大，加上人才网站收费相对较低，所以很多公司往往会同时在几家网站注册。

（2）大型网站刊登招聘广告

出于吸引求职者和宣传企业雇主品牌的双重目的，企业往往选择在大型网站上登招聘广告的方式，既可以选择招聘网站（例如前程无忧、中华英才网、智联招聘等），也可以选择行业性的专业网站（例如CSDN、存储在线等），甚至是大型的综合门户网站（例如新浪、搜狐等）。

上述渠道相比较，招聘网站在求职者中具备一定的知名度，但是信息传递面局限在近期主动求职的人群，对在职的中高端专业人群的吸引力有限；专业网站对吸收某一特定专业的人才效果良好，但是由于专业网站鱼龙混杂，需要花费大量精力予以鉴别，且信息传递方向较为单一，所以造成广告成本相对较高；相对而言，大型门户网站的浏览量很大，受众面最广，但是成本最高，往往是品牌推广的效果大于招聘的效果。

（3）利用BBS发布

BBS是英语"Bulletin Board System"的缩写，中文称为电子布告栏，它是互联网上热门的服务项目之一，你只要通过远端登录的方式，就可享有在远端主机上张贴布告、网上交谈、传送信息等功能。采用这种方式发布信息的成本几乎为零，但影响力有限，也不利于宣传公司的形象。

（4）企业主页发布招聘信息

如果企业有实力可以依托自己的网站建立自己的招聘主页，这样企业可以在自己的网站上发布招聘信息，同时将企业文化、人力资源政策以及更多的能让求职者了解的信息发布在主页上。这样既可达到宣传目的，又能吸引来访问的求职人员，使其在了解企业的实际状况后，有针对性地选择应聘岗位，所以招聘人员的质量比较高。企业还可以将在线填简历应用其中，这样就可以很方便地建立自己的人才储备库，方便查询。从行业分布来看，全球500强中，保健行业、运输行业、经营批发业在企业主页发布招聘信息达到100%，制造业98%，消费品行业97%，高科技行业92%，自然资源和公用事业行业91%，金融行业90%。

企业不仅可以利用互联网向外发布招聘信息，还可以利用企业内部的局域网对内发布空缺的职位信息，从企业内部选拔人才。这不仅最大限度地节约了成本，还有利于提高员工的满意度、工作热情。这种通过局域网的招聘方式对一些跨地区的企业更为有利，通过内部的网络其可以在第一时间知道企业的人力资源状况，合理配置人力资源，从而促进组织的发展。

**2.收集反馈进行挑选**

招聘信息发布以后，组织就会从众多的应聘者中挑选出符合条件的求职者，以便准备安排面试的工作。

企业在招聘网站注册后可以利用这些招聘网站的在线系统收集求职者主动投递的简历，同样可以利用招聘网站的人才简历库进行搜索，即通过定制查询条件，搜索符合要求的应聘者的联系方式，主动与之接洽。一方面，企业接收的简历往往良莠不齐，重复投递的现象非常严重，导致企业内部招聘工作人员的精力大量浪费在简历的筛选中；另一方面，企业主动从数据库中搜索出来的候选人往往对企业的主动"追求"兴趣不高，导致成功率较低。所以在简历的收集和整理方面，我们有必要借助招聘系统，比如屏蔽掉不符合企业要求的候选人，并用电子邮件的方式礼貌地拒绝，然后分类储存那些符合企业要求的求职者的简历，保持一定频率的沟通。这样才能节约企业招聘工作者的大量时间，提高招聘效率。

**3.安排面试**

当招聘部门挑选出符合条件的求职者后，就可以安排面试了。

安排面试最为常规的方式，是利用网络方式便捷地通知候选人相关的面试信息。由于网络招聘无地域限制，在不同地理位置的招聘者、求职者可以利用互联网完成异地面试。面试人员即使不在一起也可以通过互联网合作，利用网络会议软件同时对应聘者进行考察。根据不同的求职者安排好面试人员后就可以通知求职者进行电子面试，互联网的发展使得我们可以有多种选择来进行电子面试。

### 13.5.3　电子面试

招聘信息的发布与收集整理仅仅是网络招聘的初步应用，电子面试更能体现网络招聘的互动性、无地域限制性，电子面试的应用才是网络招聘重要的组成部分。但目前由于网络技术等各种原因，电子面试在企业招聘中的应用还比较少。

**1.利用电子邮件面试**

电子邮件（E-mail）是网络上应用最多的通信方式，它具有快捷、方便、低成本等优点，越来越多的人远离了传统的邮寄方式，利用电子邮件交流。招聘者与求职者利用电子邮件交流，可以省掉大量的时间，进而提高招聘的效率。招聘者还可以通过求职者的 E-mail 来了解他们的文字表达能力，为是否录用提供依据。利用电子邮件的局限在于书面表达方面，一般只能运用在面试前后的信息联络和沟通上。

**2.利用聊天工具面试**

公司可以利用一些聊天软件或者招聘网站提供的聊天室与求职者交流，招聘的单位可以一家占用一个聊天室，在聊天室里进行面试。就像现实中一样，单位可以借此全面了解求职者，也可以顺便考察求职者的一些技能，比如电脑常识、打字速度、网络知识等。求职者也可以向单位就职业问题提问，实现真正的互动交流。但是，通过这种文字的交流还是有一定的局限。一方面，它反映不出求职者的反应速度、思维的灵敏程度；另一方面，求职者也可能请人代替他进行面试，在虚拟的网络世界里，企业无法识别求职者的真伪。为了能够在第一时间得到应聘者的回答，用人单位还可以在语音聊天室利用语音聊天与求职者交流，这样既可以见到求职者的文字表述，又可以听到求职者的声音。

**3.视频面试**

声音的传送已经无法满足现代人沟通的需求，即时、互动的影像更能真实地传送信息，在这里，运用多媒体的工具是非常重要的。

"视频会议系统"（Video conferencing）是一种常见的好方法，它也被称为"电视会议系统"。视频会议系统是指两个或两个以上不同地方的个人或群体，通过传输线路及多媒体设备，将声音、影像及文件资料互传，达到即时、互动的沟通。与在聊天室进行面试相比，利用视频面试不仅能够听见声音还可以看到应聘者的容貌，避免了聊天室面试的缺点，具有直观性强、信息量大等特点。因此，网络招聘比传统招聘方式更具优势。随着一些公司国际化人才梯队的建设，很多候选人都通过视频面试的方式与雇主进行远程交流。这一技术手段的应用，既节省了面试差旅费用，也免去了应聘者的车马劳顿之苦，还大大提高了招聘单位的工作效率，一举而多得。

**4.在线测评**

随着人力资源素质测评日益受到企业的重视，一些网站已经将素质测评作为自己的服务项目之一。网络招聘是一种虚拟的招聘方式，在面试之前招聘者只能从简历中了解应聘者的情况，而简历很少能够直接告诉用人单位其所关心的应聘者的素质。特别是那些从网上下载的简历，因为求职者只能按照招聘网站提供的统一的格式填写，信息量有限，所以在决定是否约见一个人面试之前，通过简历往往不容易获得所需要的甄别信息。而素质测评的应用可以为用人单位解决这一难题。

求职者可以在测评频道中参加招聘单位制定的测试，回答问题、填写表格，填完以后提交即可。这时能够"提交"上去，说明系统已经认可了该求职者所填写的内容，并且这些内容是符合用人单位筛查设定的项目基本要求的，然后，系统会自动生成一份测评报告。测评项目填写不完整的，是不能进入系统、提交给招聘单位的。求职者提交后，招聘者就有了这份报告，就可以在花费大量宝贵的面试时间之前，洞悉每一个应聘者的整体素质。这样可以为他们节省大量的时间，从而进一步提高招聘的效率。

## 本章小结

本章对招聘基本范畴进行了分析，进而对招聘的两种渠道——内部搜寻和外部征聘——的优缺点进行了比较，详细分析了外部征聘的五种渠道，阐述了甄选的原则和程序，并阐述了简历筛选这一重要环节。面试是人力资源招聘中大量应用的手段，本章对面试的主要类型和步骤也进行了阐述。

通过本章的学习，学生可以对招聘这一组织人力资源管理非常重要的工作有比较系统的了解，并对面试的功能、类型和方法有较好的掌握。

## 主要概念

招聘　内部搜寻　外部招聘　校园招聘　甄选　甄选程序　简历　简历筛选　面试　结构性面试　陪审团式面试　小组面试　压力性面试　网络招聘　视频招聘　在线测评

## 复习思考题

1.试阐述人力资源招聘的基本原则。

2.什么是甄选？其原则是什么？甄选的程序有哪几步？

3.内部招聘和外部招聘各有什么利弊？

4.在招聘工作中，人力资源甄选的原则和主要方法是什么？

5.什么是简历？如何鉴别简历内容的真伪？

6.面试提问有哪些技巧？

7.班里组织一次模拟面试，模拟面试后，老师对"考官"和"求职者"的表现进行点评。

8.网络招聘的价值是什么？

9.如何进行网络面试？

## 案例分析

### 选择接班人：雷同还是锐进？

人力资源的获取，是关系组织经济效益的大事。对任何员工的征聘、选拔和任用，都要基于大局的考虑，采取精细的技术手段。而企业最高首领的选拔和获取，更是关系着组织的生死存亡。

心理学家研究表明：企业领导只提拔那些与自己类似的人，乃人之常情，无可厚非，但这可能只会在相对稳定的环境条件下减少震荡，保持企业发展的连续性。在环境多变的今天，选择"同类人"作为下一任领导人的做法已经暴露出很多问题，IBM公司在20世纪80年代的滑坡就是一个实例。

IBM的领导人沃森选择了与自己理念和行事风格相符的"典型的IBM的领导人"约翰·阿克斯。和沃森一样，阿克斯坚信IBM一定会持续地增长，他做事谨慎，认为新产品风险太高，所以一直坚持以看家法宝——大型机作为主打产品。高级经理们也没有提出什么问题，危机掩盖在"歌舞升平"之中。过去的成功使他们相信，IBM有能力解决一切问题，IBM现有的一切都是最好的。一位记者问阿克斯："公司是否从外部招聘有创新意识的经理才是更明智的？"阿克斯大为震怒："IBM有最好的招聘体系，而且比任何别的公司都花费了更多的培训费用，公司已经雇用了世界上最好的人才。"这种傲慢情绪感染着每一个人，致使IBM对新的市场变化和商机视而不见，进而使"蓝色巨人"走向崩溃。

通用电气公司的前任首席执行官琼斯，则表现出了一位卓越企业领导人的智慧和胸怀。琼斯做事一丝不苟，他是一位擅长科学管理的实业家，他在8年的任期内为通用电气建立了完备的财务审计制度，企业业绩在美国企业中稳居前十名。而且琼斯对环境的变化与公司的潜在危机也有清醒认识，他是当时最受人尊敬的总裁。

琼斯认定，公司需要一位能够锐意改革的领导人。人们无从知道琼斯当时的想法，但琼斯最终决定选择在性格与管理方式上几乎与自己是两个极端的韦尔奇时，想到的是通用电气公司的长远未来。他也能想到，改革的前提首先是"否定现在"，他知道选择韦尔奇对他个人意味着什么，但他还是这样决定了。今天，全世界企业界都在大谈"韦尔奇神话"的时候，人们更应当为琼斯对企业的忠诚和宽广的心胸而感动。

资料来源 边文霞.员工招聘实务［M］.北京：机械工业出版社，2011.

案例讨论：

1.基于本案例的材料，分析组织招聘的重要性是什么。

2.对高层领导人的选拔应当持什么样的理念？要落实到什么样的选拔标准上？

3.一个组织选拔中高层管理人员的途径有哪些？

第13章拓展阅读

# 第14章　入模与锻造——培训与人力资源开发

## 学习目标

✓ 掌握培训与人力资源开发的含义
✓ 掌握培训的一般流程
✓ 掌握培训需求分析的内容和方法
✓ 了解培训评估的内容和方法
✓ 了解培训的类别
✓ 掌握培训的技术和方法

引例

### IBM公司的制胜法宝

IBM公司历来非常重视对企业员工的培训，认为这是企业在激烈的竞争中击败对手的法宝。其中，最具特色、最有成效的则是"自助餐式培训"项目。所谓"自助餐式培训"，是指由员工自选培训项目，具体为：年初，员工通过做工作计划和个人发展计划，提出继续深入现有岗位工作或是变换岗位的计划和职业生涯发展计划。如果决定继续留在现有岗位，员工可以提出自己还需要参加哪些内容的培训，想参与哪个项目，也可以要求有一个师傅继续带自己。如果提出变换岗位，要说明现有素质能力及如何适应新的岗位。

IBM向员工提供管理和专业两种成长渠道，让员工有多种机会和广阔的空间去发展自己的职业生涯，实现个人的职业理想。如果员工在自己的职业生涯发展规划中提出想做经理，在管理方面发展，公司则要考察该员工是否有这个潜力。考察结果若认为有发展潜力，则把该员工存入经理人才储备库，并列入经理培训计划中，在适当时候使其接受3个月的经理人员培训。经理人员培训内容包括学习管理技巧、训练领导才能、扩大视野、熟悉跨部门的关系网络。另外，还给学员一个具体项目做，使其体会作为团队领导的责任、义务。课程合格者，遇有经理职位空缺时，可以立即上岗。

如果员工想做技术人员，在专业方面发展，IBM也提供了广阔的发展空间，使其可以一级一级地向上发展。当发展到一定级别，并且具备三个条件——做过一定项目、带过新员工、在公司培训中教过一定课程，就可以参加公司专门组织的考试，并进行答辩。答辩合格者，给予相当于高级职称的级别，这个级别和管理职位的总监平级。

IBM建立了网上大学，给员工的自选培训提供了更多的便利。网上开设了几千门课程，并向员工提供资金账号，供学员根据自己的时间随时安排学习，解决了学习、培训与工作冲突的问题。课程形式既有教材学习，也有真实或虚拟项目训练，具有较强的实用性。每个员工可以提出自己需要参加哪些内容培训，只要与工作有关，公司一般都会同意。IBM公司还欢迎员工主动和经理讨论自己的学习计划，以保证学习计划与个人业务发展、公司的业务环境相符合。

资料来源　佚名．IBM：自助餐式培训成就企业发展［EB/OL］．［2017-01-05］．http://www.yjbys.com/news/283296.html.

## 14.1 培训与开发基本分析

### 14.1.1 培训与开发的内涵

#### 1.培训与开发的概念

所谓培训，一般指组织对成员进行旨在提高工作绩效的知识传授、技能训练和行为引导活动。在人力资源领域中，"开发"一词是指对员工或者工作能力的开发，该词往往与"培训"一词连用或混用。实际上，开发并不等同于培训，但又离不开培训。它可以是一种战略性培训，也可以是对企业的市场竞争力和长期发展都具有决定性影响的一种高端培训，旨在期望员工获得持续学习的能力，不断运用新知识、新技术自觉地、积极能动地进行创造性工作，并能与其他成员共享知识、精诚合作，最大化实现组织绩效和发展目标。

也有人将两者合称作"培训与开发"，其内涵是：企业从组织战略的角度出发，通过有计划的、系统的努力，使员工获得或改进与工作有关的知识、技能、动机、态度和行为，以有利于提高员工的绩效以及员工对企业目标的贡献，实现企业与员工的共同成长。

#### 2.培训与开发的区别

培训与开发作为两个不同的词，它们之间也有很大的区别，主要体现在以下几点：

其一，培训主要着眼于获取目前工作所需的知识技能，而开发则着眼于组织长期战略性目标。这是培训与开发最本质的区别。

其二，培训的阶段性比较清晰，而开发的阶段性比较模糊，可以说基本无法区分其阶段性，因为开发连续不断地在进行。

其三，培训的时间较短，而开发的时间比较长，甚至可以说贯穿员工的整个职业生涯，工作不止，学习不止。

其四，培训更多考虑的是组织的利益，而开发在考虑组织利益的同时，十分关注员工个人的发展，更能体现"以人为本"的精神。

其五，培训的内涵较窄，而开发的内涵则比较宽，包含的内容更多，形式也更多样。人力资源开发（HRD）已经成为相当大的一个范畴。

### 14.1.2　培训工作的环节

培训，是人力资源工作中的具体内容，也往往由专门的工作部门执行。本章以培训作为重点。

"流程"一词，英文为process，是对事物运动内容与环节的概括，其经典解释是"一系列连续有规律的行动或操作（operation）"[①]。流程设计，是现代管理学的一个重要方法。进行组织的培训规划与管理，其工作起点就是进行培训流程的设计。人力资源培训的具体工作环节包括准确的培训需求分析、精细的培训方案设计、严密的培训组织实施和全面深入的培训活动评估4个方面，它们还形成了反馈循环，如图14-1所示。

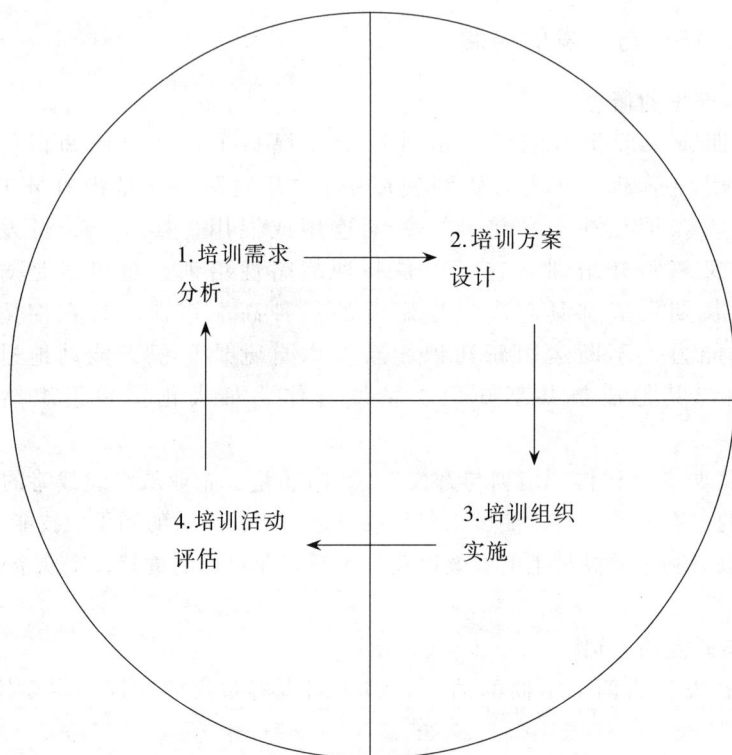

**图14-1　培训流程的循环**

进一步来说，在前面的培训流程循环的大框架下，还有着更具体的内容，如图14-2所示。

人力资源培训与开发的总体，是人力资源开发与管理操作体系的一个重要组成部分。

---

① 佩帕德，罗兰.业务流程再造［M］.高俊山，译.北京：中信出版社，1999.

```
                    培训需求分析 ◀────────────────────┐
                        │                            │
            ┌───────────┴───────────┐                │
            │                       │                │
         需求动意                 需求确认              │
            │                       │                │
            └───────────┬───────────┘                │
                        │                            │
                    制订培训计划 ◀───────────────────┤
                        │                            │
    ┌──────────┬────────┼──────────┬──────────┐      │
    │          │        │          │          │      │
 设计培训    选择培训   准备培训   确定培训    选定培训 │
 课程        方法       设施       师资       主管    │
    │          │        │          │          │      │
    └──────────┴────────┼──────────┴──────────┘      │
                        │                            │
                    实施培训计划 ◀───────────────────┤
                        │                            │
    ┌──────────┬────────┼──────────┬──────────┐      │
    │          │        │          │          │      │
 确定时间    确定地点   核定费用   准备教材             │
    │          │        │          │                 │
    └──────────┴────────┼──────────┴─────────────────┤
                        │                            │
                    评估培训效果 ◀───────────────────┤
                        │                            │
    ┌───────────────────┼───────────────────┐        │
    │                   │                   │        │
 培训教师考评         应用反馈           培训组织管理考评 │
    │                   │                   │        │
    └───────────────────┼───────────────────┘        │
                        │                            │
                培训总结、资料归档 ──────────────────┘
```

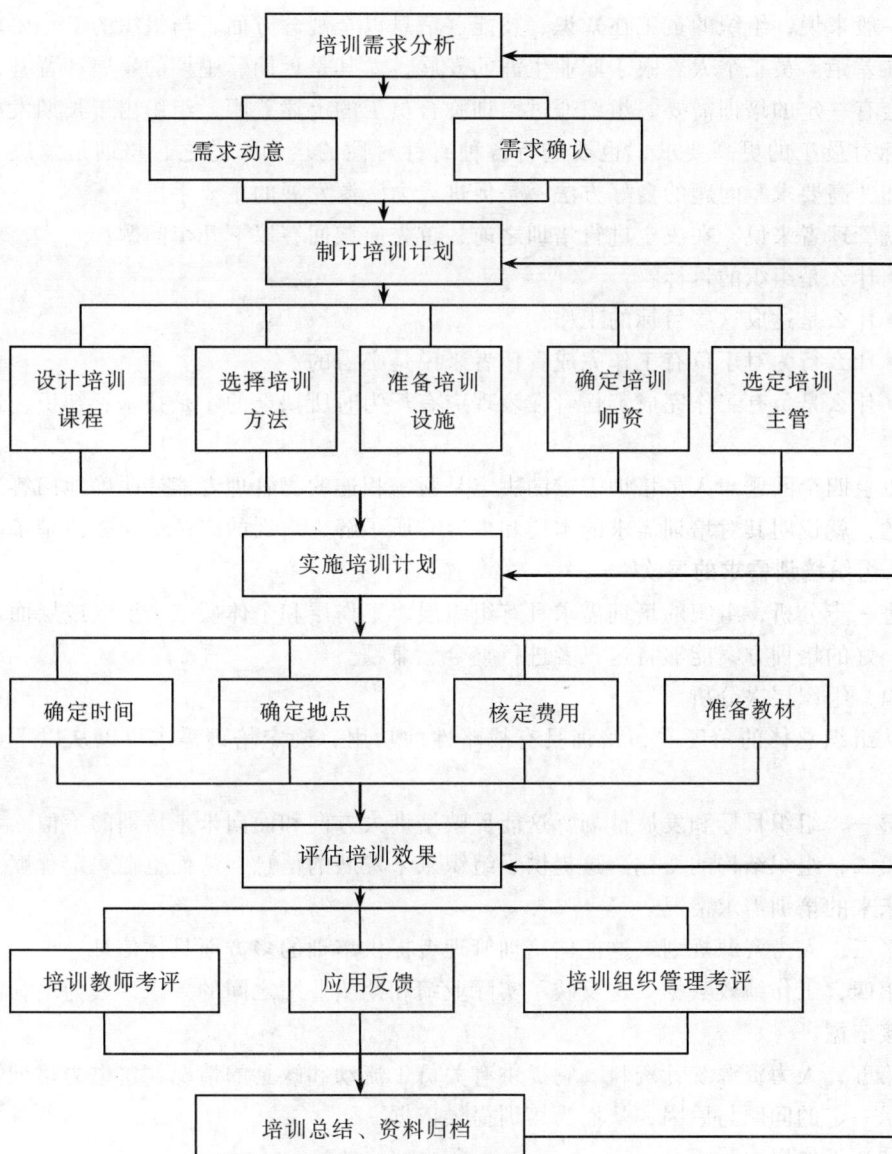

图 14-2  培训流程的具体内容

# 14.2 \ 培训工作流程

## 14.2.1  培训需求分析

### 1.培训需求的来源

培训流程的首要步骤是培训需求的确定。为此，要进行培训需求的分析
（Training Need Analysis，TNA）。

一般来说，组织的员工在知识、技能、信息以至观念方面，与组织的工作要求之间存在差距。员工个人着眼于职业生涯的发展，尤其是近期、中期的发展和晋升，因此都会有一定的培训需要。组织通过培训弥合员工的上述差距，组织出于长期发展战略目标对员工的更高要求，也要进行各种有针对性的培训。总之，培训是解决"差距"和"高要求"问题的良好方法，是促进人力资源发展的主要手段。

就管理者来说，在决定进行培训之前，首先应该回答以下几个问题：

● 什么是组织的目标？

● 什么是达成这些目标的工作？

● 什么行为对于负有工作完成责任者来说是必需的？

● 什么是负有工作完成责任者在表现应有行为时所缺乏的？是技术、知识，还是态度？

以上四个问题与人员培训需求的决定是紧密相连的。管理者能够明确地回答这四个问题，就说明其对培训需求的本质和内容有所了解，培训的定位就比较清楚了。

**2.组织培训需求的层次**

进一步分析，组织的培训需求具有组织层、工作层和个体层三个层次或层面。可以说，好的培训方案能够将这三者进行整合、兼顾。

（1）组织层次分析

从组织总体的角度看，培训具有战略性的功用，确定培训需求可以从以下渠道把握：

第一，组织目标和发展计划。这能反映培训大方向和面向未来培训的价值。

第二，组织结构的变化。这提供了组织未来发展的信息，从而也在一定程度上展示了未来的培训需求情况。

第三，人力资源规划。这能向培训管理者提供培训的多方面具体信息。

第四，工作绩效数据。这反映了实际业绩和期望业绩之间的差距，成为培训需求的直接依据。

第五，人力资源统计资料。它提供有关员工流动和缺勤的情况，这也为培训管理者显示一定的问题与原因，从而为培训提供依据。

（2）工作层次分析

工作层次分析亦即职务分析，这有助于确认针对日常工作的、更加具体的培训需求。在进行工作层次分析时，有不少方法可以使用，包括对照职务说明书进行内容的考察、专门性调查、考察手头的任务、工作日志等。员工的自我考察也是确定工作层次培训需求的一种有效方法。

（3）个体层次分析

任何工作都是由一个个员工完成的，对员工个人层次的分析是培训对象和培训目标的真正落实。对于该层次的分析，除了可以采取"工作层次分析"的有关方法，还应当对人力资源有关统计材料进行细致的分析，并配以对员工的调查等方法。具体包括：

①个人考核绩效记录。这主要包括员工的工作能力、平时表现（请假、怠工、抱

怨）、意外事件、参加培训的记录、离（调）职访谈记录等。

②员工的自我评量。以员工的工作清单为基础，由员工针对每一单元的工作成就、相关知识和相关技能真实地进行自我评量。

③知识技能测验。以实际操作或笔试的方式测验工作人员真实的工作表现。

④员工态度评量。员工对工作的态度不仅影响其知识技能的学习和发挥，还影响与同事间的人际关系，影响与顾客或客户的关系，这些又直接影响其工作表现。因此，运用定向测验或态度量表，就可帮助了解员工的工作态度。

### 3.员工的个人培训需求

现代组织的培训目标，实际上包括组织的目标和员工的目标两个方面。员工个人除了因完成工作任务、提高工作绩效和适应组织发展与机构变动而应当接受培训外，还有源于个人特长、个人兴趣的培训需求。这些都应当在培训需求分析中予以重视，并在一定程度上纳入培训规划。

### 4.确定培训需求的方法

确定培训需求的方法有两种：

（1）工作任务分析法

工作任务分析法是指对工作的内容进行详细研究，以确定工作中需要哪些特殊技能，并根据一定工作任务所需要的技能制订培训计划。例如，装配工人的工作需要焊接技能，"面试"技术是人力资源管理工作人员的技能等。任务分析法主要适用于新员工的培训。

由于职务说明书中记载着各岗位的职责和工作所需的资格条件，因此，它可以成为工作任务分析法的主要方法。此外，工作任务分析还可以采用"任务分析记录表"和"工作盘点法"的方法。任务分析记录表主要是列出工作中的主要任务和子任务及其所对应的技能或知识，然后据此决定培训需求。工作盘点法是列出岗位任职者所应从事的各项工作活动，以及各项工作活动的重要性程度和执行时所需花费的时间，然后据此排出培训活动的优先次序。

（2）绩效分析法

对于培训需求的绩效分析，是首先通过检查工作进行绩效评估，确认有绩效偏差存在，然后进行原因分析，最后确定采用培训或其他相应方式去矫正绩效偏差。绩效分析法主要适用于决定现职员工的培训需求。

绩效分析方法包括8个主要步骤，如图14-3所示。

步骤1是确认绩效偏差。例如，通过检查工作，进行绩效考核，发现3号装配线的次品率是容许标准的2倍。这一步可以称为"找出问题"。

步骤2是成本/价值分析。就是权衡一下，花费时间和努力去解决上述问题是否值得，因为在某些场合让问题存在比进行培训要合算。如果值得解决，就进入下一步，这一步可以称为"要不要解决问题"。

步骤3是绩效偏差的原因分析。在这一步，要认定究竟是"能不能"的问题还是"肯不肯"的问题，即分析绩效偏差的原因是员工"不能做"还是"不肯做"。如果员工不了解岗位工作的内容和绩效标准，或者员工肯尽心竭力地工作，但也不

```
┌─────────────────────────────┐
│   步骤1：确认绩效偏差        │
└─────────────────────────────┘
              │
              ▼
┌─────────────────────────────┐
│   步骤2：成本/价值分析       │
└─────────────────────────────┘
              │
              ▼
┌───────────────────────────────────────┐
│ 步骤3：绩效偏差的原因分析              │
│ ①知道该做些什么吗？                   │
│ ②如果肯做的话，能够做吗？            │
│ ③肯尽心尽力吗？                       │
└───────────────────────────────────────┘
        │                        │
        ▼                        ▼
┌─────────────────┐    ┌─────────────────┐
│ 步骤5：明确标准 │    │ 步骤4：激励员工 │
└─────────────────┘    └─────────────────┘
        │
        ▼
┌─────────────────┐
│ 步骤6：消除障碍 │
└─────────────────┘
        │
        ▼
┌─────────────────┐
│ 步骤7：培 训    │
└─────────────────┘
        │
        ▼
┌─────────────────┐
│ 步骤8：调职或解雇 │
└─────────────────┘
```

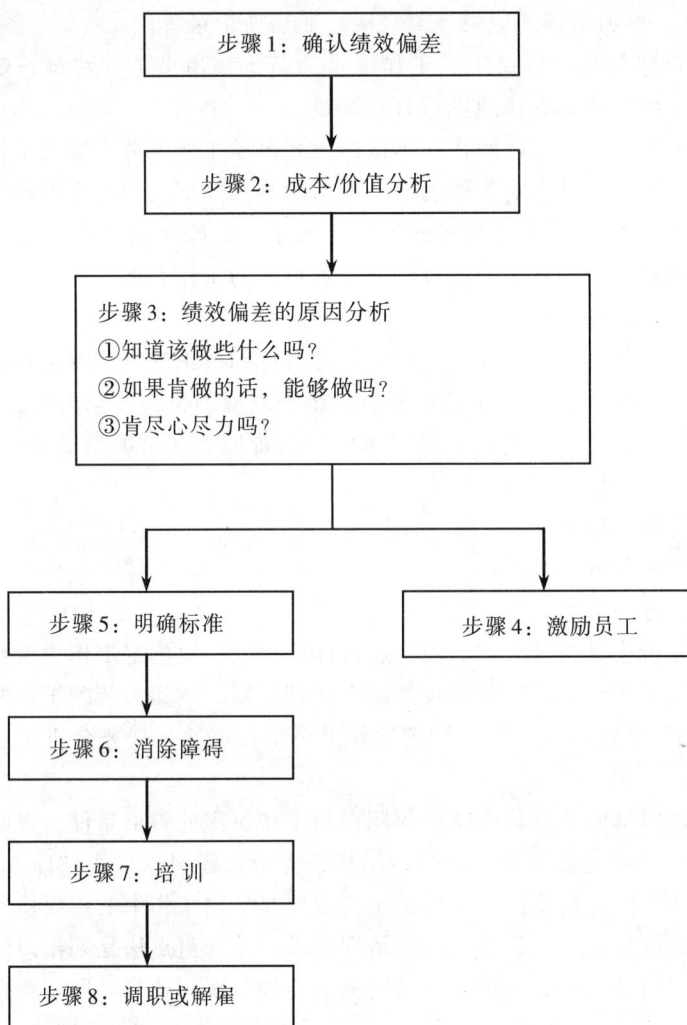

**图14-3　培训需求的绩效分析法**

能做好工作，说明绩效差的原因是员工"不能做"；如果员工知道岗位工作的内容和绩效标准，也有能力做好工作，但是不肯尽心竭力去做，说明绩效差的原因是员工"不肯做"。

步骤4是激励员工。这是解决员工"不肯做"的问题。在一般条件下，员工不肯做常常是由于企业没有有效地运用激励手段，没有及时地表扬和批评、奖励和惩罚所致。因此，"不肯做"的问题可以通过运用激励手段来解决。

步骤5是明确标准。从步骤5开始，要解决"不能做"的问题。对"不能做"的问题，并非都要通过培训来解决，因为培训不一定是最好的办法，有时还可能是成本最高的解决办法。例如，装配线工人根本不了解"次品率不得超过10%"的绩效标准，而且也不了解自己的次品率高。这样的问题就可以通过明确绩效标准和强调产品质量来解决。例如，把质量标准及显示每小时次品率的图表贴在工作现场，问题可能很快得到解决。这一办法省时省力，节约成本，不用培训。

步骤6是消除障碍。步骤3所述"员工肯尽心竭力地工作，但也不能做好工作"的问题，也并非都由培训来解决，因为在这里，影响员工绩效的因素主要有两个：一个是员工的自身能力；另一个是工作的客观环境。如果是客观环境造成的障碍，就应当设法消除障碍，以提高员工的绩效。例如，该装配线次品率高，是由物件经常不能及时送到装配现场致使工人在物件送到后进行突击造成的。在这里，就可以通过解决物件运送不及时的问题，来排除影响装配工人绩效的障碍。

步骤7是培训。如果影响员工绩效的因素是员工自身的能力问题，如装配工人的焊接技术不过关，这显然需要通过训练来解决。至此，可以确定培训需求的所在，并着手进行培训。

步骤8是调职或解雇。培训后仍不能达到满意绩效者，则可考虑变换工作内容、调职直至按合同规定解除劳动关系。

## 14.2.2　培训规划设计

培训规划包括长期计划和短期计划两种。长期计划是人力资源规划的组成部分，它是以组织的长期经营战略规划为基础制订的；短期计划即培训实施计划，它以长期培训计划为依据，并从现实中的培训需求出发和结合有关条件具体制订，以提高培训的针对性和有效性。

这里所讲的培训规划是指拟订培训实施计划，即短期计划，包括培训什么、培训谁、何时培训、在哪里培训、谁从事培训和怎样培训等方面内容。

### 1.明确培训内容和目标

培训计划要明确培训内容和目标。培训内容包括思想教育、文化知识教育、业务技能培训、经营管理知识培训等。培训目标在于指出培训对象在接受培训以后应达到的工作行为标准或应具有的工作表现。目标要力求具体，要能够观察、可以衡量，能够成为人们评估培训效果的依据。

### 2.确定培训对象

培训计划要先确定培训对象，然后再确定培训内容、期限、场所、师资和方法等。培训对象有纵向或横向的划分。纵向可以按级别分，如三级岗位、中级技工等；横向可以按岗类、岗群、岗系分，如营销岗系干部、财务岗系干部等。

### 3.确定培训时间

培训的时间可根据培训的目的、场所、师资和培训对象的素质水平、上班时间等因素来确定。新员工可实施1周至10天，甚至1~2个月的岗前培训。一般员工则可根据培训对象的能力、经验来确定培训期限。培训时间的选定，以尽可能不过分影响工作为宜。

### 4.安排培训场所

培训场所要根据培训内容与手段的需要而定。一般可分为本单位内部培训基地与外部培训机构两种。培训场所要提供必要的设备。

### 5.确定师资队伍

从事培训工作的师资包括本组织自有的师资和从外部聘请的师资两部分。要提高培训质量，必须建立一支实力雄厚的师资队伍。教师必须具有精深的专业知识和丰富的经验，还应具有卓越的训练技巧和对教育培训工作的执着、耐心和敬业精神。

**6.选定培训教材和方法**

组织要根据不同的培训内容和培训对象等来选定不同的课程和教材，并根据自身的规模、经费、技术性质、培训对象、人数、目的等实际情况选定适合的培训方法。总的来说，应采用适合成人学习的方法和现代化手段，采用互动式教学方式，集教学、小组讨论于一体，将理论讲授、角色扮演、管理游戏相结合，使学员有更多的参与机会，真正做到教员与学员、学员与学员之间的经验共享，切实做到理论联系实际。同时，在培训过程中，辅之以电化教育、计算机模拟等现代化手段，使培训更加形象、生动。

### 14.2.3　培训工作实施

培训工作从受训者身份的角度看可以分为在职培训和非在职培训两大类别，从操作模式上看也有不同的培训方法。下面分别进行阐述。

**1.培训课程的实施管理**

培训课程的实施是将课程计划付诸实践的过程，它是达到预期的课程目标的基本途径，是整个培训过程中的实质性内容。

（1）实施前的准备工作

在新的培训项目即将实施之前做好各方面的准备工作，是培训成功实施的关键。准备工作包括以下几个方面：确认并通知参加培训的学员；培训后勤准备；确认培训时间；准备教材；确认理想的讲师。

（2）培训课程实施阶段

做好课堂教学服务工作；做好培训器材的维护、保管。

（3）培训课程实施的控制

对于培训实施的控制步骤如下：收集培训相关资料；比较目标与现状之间的差距；分析实现目标的培训计划，设计培训计划检讨工具；对培训计划进行检讨，发现偏差并纠偏；公布培训计划，跟进培训计划的落实。

**2.培训内容与方法的选择**

培训内容是应当赋予受训者的知识、技能与思想理念材料，培训方法是为了有效地实现培训目标而挑选出的手段和技法。培训的内容与方法必须与教育培训需求、培训课程、培训目标相适应，同时必须考虑培训对象的特点。选择培训的内容与方法要考虑以下几方面的要求：

（1）针对具体的工作任务

要想为学员指定适合于某项工作的培训方法，就需要一种机制来分析特殊的培训要求，这就是任务分析。通过任务分析，可以明确某项工作对培训内容与方法的要求，即一系列相互联系的问题。这包括：此项工作需要哪些技能？这些技能在何种条件下运用？它们是否有某些特征利于或不利于学习？学员的特征是有利于还是不利于学习？选择培训方法时必须考虑这些问题。

任务分析的主要方法有两种：一种方法是列出工作人员在工作中的实际表现，进而对他们进行分类，并分析他们的技术构成；另一种方法是列出工作人员在工作中的心理活动，然后进行分类和分析其技术构成。在这两种方法中，设计者既可靠主观分析，又可靠客观定量分析。究竟采用哪种方式，要由费用、时间等因素来决定。

（2）与受训者群体特征相适应

企业培训针对不同的受训者制定相应的培训目标，划定培训的领域。在这些领域中有效地开展培训活动时，要想为某项工作的任职者指定合适的培训方法，就需要分析受训者特殊的培训要求和培训条件。分析受训者群体特征时，可使用以下参数：

①学员构成。在目标参数条件既定的条件下，学员构成这一条件通过学员的职务特征、技术心理成熟度与学员个性特征三方面来影响培训方式的选择。

②工作可离度。所谓工作可离度，是指任职者工作或岗位的可替代性。如果学员工作可离度低，进行集中培训会影响其业务的开展。当学员工作可离度低时，企业可以根据其他条件对培训方式进行选择。

③工作压力。当企业中员工的工作压力很大，内外部竞争激烈时，即使企业不组织集中正式培训，员工也会为了提高自己的竞争实力而去自学，此时适合采用控制力较弱的学习方式。当企业中员工的工作压力较小时，由于其控制力弱，员工的学习惰性往往会导致培训的失败，因而此时适合正式的培训。有的企业在制度中对员工的职业资格、素质标准做出硬性规定，通过对员工施加制度压力的方式来促进企业内学习风气的养成。

## 14.2.4　培训工作评估

对于培训工作的评估，目的在于了解培训目标是否达成，进而肯定成绩、找出差距，以改进培训工作，提高培训工作的水平。

**1.培训评估的对象**

培训评估的对象包括绩效评估和责任评估两项。绩效评估是以培训成果为对象进行评估，包括接受培训者的个人学习成果和他在培训后对组织的贡献，它是培训评估的重点。责任评估是对负责培训的部门或培训者的责任的评估，目的是进一步明确培训工作方向，改进培训工作。

**2.培训评估的指标**

（1）培训责任的指标

培训责任的指标，即培训的工作状况指标。它包括以下内容：

其一，培训计划评估指标，包括：培训计划是否以企业长期经营规划为基础；培训有无必要，有无客观需求；培训目标是否正确；培训时间是否适当。

其二，培训设施评估指标，包括：环境是否良好、安静；教室和训练场地是否适用；设备是否充足；辅教器材是否运用得当。

其三，培训师资评估指标，包括：专业知识是否充分；语言是否清晰流畅；表达能力是否令人满意；教材准备是否充分；教学方法是否合适。

其四，培训教材评估指标，包括：内容是否符合培训目标，切合受训者的程度；教材编写是否自成体系，并突出重点；内容是否深入浅出、针对性和实用性强。

其五，培训成果评估指标，包括：受训者对所学原理、技能、态度的掌握程度如何；培训结果对受训者工作绩效的影响如何；受训者对培训工作的意见如何；接受受训者的意见，改善了哪些工作；培训与人力资源管理措施的结合程度如何（如晋升、调职、加薪等）。

（2）培训绩效的指标

培训绩效的指标，即培训工作进行以后的影响状况指标。它包括以下内容：

其一，反应指标，即测定受训者对培训计划的反应，包括培训计划是否针对客观的培训需求，计划的内容是否合理和适用等。

其二，学习指标，即测定受训者对所学原理、技能、态度的理解和掌握的程度。

其三，行为指标，即测定受训者经过培训后在实际岗位工作中行为的改变，以判断所学知识对实际工作的影响效果，例如受训者的生产质量提高、工作态度改进等。

其四，成果指标，即测定受训者在培训后对企业经营成果的贡献，例如次品率降低、产量提高、缺勤率和离职率降低等。

### 3.培训评估方法

（1）培训绩效的评估方法

进行培训绩效的评估，可以分别运用问卷法、测试法、绩效考核法和现场成果测定法进行评估。

其一，问卷法。用问卷法收集受训者的意见，然后由培训负责人和专家等组成的评估小组，对反映的意见进行分析与评估。

其二，测试法。用测试法测定受训者的学习成果，包括口试、笔试和工作现场的实际操作等形式。

其三，绩效考核法。用绩效考核法测定受训者接受培训之后在岗位工作中的行为变化。这种考核应当由对受训者的工作情况最为熟悉的上级、下级、同事和本人发表看法，进行分析和评估。

其四，现场成果测定法。用这种方法测定经过培训后受训者对经营成果的具体而直接的贡献，如次品率降低、产量提高、缺勤率和离职率降低、士气提高等。

（2）培训责任的评估方法

培训责任评估工作，主要由负责培训的部门及其责任者进行自我总结和评估，以便肯定成绩，找出差距，改进培训工作。采用的方法有问卷法、追踪法、现场验证法及对照法等。

### 4.培训投资效果分析

一般来说，对组织内培训投资的分析，可以使用"成本-收益分析"的方法测定投资的效果。

（1）培训成本

培训成本可以分为直接成本和间接成本两个方面。直接成本包括组织所支付的讲课费，外请教师的食宿、交通费，图书文具费，受训者的津贴等的实际金额。间接成本包括受训者在培训期间损失的工作量、返回工作岗位后的生疏感和工作的迟缓，以及因离开工作岗位而引起的人际关系疏远等因素所带来的成本。

（2）培训收益

培训收益也可分为直接效果和间接效果两个方面。培训收益的直接效果，是指受训人劳动生产率的提高，因为培训能使受训人提高工作能力、改善工作态度。培训收益的间接效果，是指培训使受训者提高工作能力和增加晋升可能性，以及增强竞争意识和向上精神，提高士气，进而提高绩效。

## 14.3  培训的类别与内容

### 14.3.1  培训的类别

培训是指一定组织出于开展业务及培育人才的需要，采用各种方式对员工进行有目的、有计划的培养和训练的管理活动，其目标是使员工不断地更新知识，增长技能，改进员工的动机、态度和行为，使其适应新的要求，更好地胜任现职工作或担负更高级别的职务，从而促进组织效率的提高和组织目标的实现。

**1.在职培训**

在职培训指在职员工不脱离工作岗位而接受培训，一般是采用聘请有经验的技术人员、管理人员或资深员工以及专职教师对工作内容进行培训的方式。在职培训是一种历史悠久、应用最普遍的培训方式，也是一种比较经济的方式。在职培训不仅可使员工获得完成工作所需要的技能，还可以传授给员工其他的技能，诸如如何解决问题、如何与其他员工沟通、学会倾听、学习处理人际关系等。

在职培训是企业员工培训的一种基本办学形式和工作重点，强调紧密结合职业，实行按需施教、急用先学的原则，按职务岗位需要进行培训，以确保劳动者上岗任职的资格和能力为出发点，使其达到本岗位要求，其实质是提高从业人员总体素质。

**2.脱产培训**

脱产培训指有选择地让部分员工在一段时间内离开原工作岗位进行专门的业务学习与提高的培训方式。其形式有：举办技术训练班，开办员工业余学校，选送员工到正规院校或国外进修等。脱产培训花费较高。随着企业人力资本投资比例的增加，组织对员工工作效率的日益重视，脱产培训在一些实力雄厚的大型企业和组织严密的机关事业单位被普遍采用。

**3.入职培训**

入职培训指的是企业在新员工进入企业时所从事的提高其价值的人力资源管理活动。入职培训的主要目的是让员工尽快熟悉企业、适应环境和形势。

入职培训的特点如下：

（1）基础性培训

入职培训的目的是使任职者具备一名合格员工的基本条件。作为企业的一员，任职者必须具有该企业产品的知识，熟悉企业的规章制度。因此，入职培训又被称为上岗引导活动。

（2）适应性培训

在被录用的员工中，有相关工作经验者一般占相当大的比重，许多企业只聘用有一定工作经验的求职者。这些人尽管有一定工作经验，但由于企业和具体工作的特点，仍须接受培训，其除了要了解这个企业的概况、规章制度等外，还必须熟悉这个企业的产品和技术开发的管理制度。

（3）非个性化培训

入职培训的内容和目标是以企业的要求、岗位的任职条件为依据的。也就是说，这种培训是为了使新员工能够达到工作的要求，而较少考虑他们之间的具体差异。根据每一个员工的具体需要进行培训是在岗培训的基本任务。

**4.资格培训**

所谓资格培训，是指职业资格培训，这是提高员工职业适应性的重要内容。一个组织的性质决定了其员工要具备解决那些生产经营实际问题所需要的知识与技能。因此，许多职业或岗位员工需要通过考试取得相应资格证才能上岗，而且资格证一般几年内有效，例如电工师傅的"本子"、职业司机的驾照，等等。资格证到期时，员工需接受培训并再次参加资格考试。

要求上岗者须具备资格证的岗位的分类：一是国家有关部门规定的岗位；二是企业规定的岗位。针对第一类岗位的资格培训一般由有关部门授权的机构组织，针对第二类岗位的资格培训由企业、单位自己组织。

### 14.3.2 培训内容分析

**1.管理能力培训**

管理能力培训是一种计划和管理过程的总称，是组织为了提高其生产力和赢利能力，确定和持续追踪高潜能员工，帮助组织内经理成长和提高的项目。管理能力培训不仅是正式的培训项目和教育，它还包括与组织内部和经理人员有关的许多政策和惯例，如在职培训、绩效评估、工作轮换、职业轨迹、管理继任和高潜能人员确认系统、特别项目以及职业发展咨询活动。管理能力开发是一个持续不断的过程，它从上至下渗透到整个组织，对组织发展来讲，是一项战略性的任务。

一个有效的管理开发项目可以不断地提供称职和经过良好训练的各级管理人才，并使新任经理人员接受组织的价值观和准则，具体来说，其作用在于：

第一，通过帮助经理人员掌握管理技能和技术，增强他们的自信，提升他们帮助下属提高的能力，改进他们在现任岗位上的生产力和有效性；

第二，帮助组织确认将来的领导人，并加速他们的成长，以确保领导的连续性；

第三，能为组织培养大量的经理人，以满足组织成长的需要；

第四，鼓励经理人员的自我成长，提升经理人员的能力，使他们能承担更多责任，发挥所有潜能；

第五，为高级管理人员和经理提供可能对组织有影响的企业理论和实践方面的创新或新技术；

第六，鼓励建立一种参与管理的氛围，组织和个人可以共同建立业绩目标和评估方法。

### 2.专业技能培训

专业技能培训指对财务人员、工程技术人员等，围绕其业务范围进行本专业的知识技能的培训。在现代组织中，团队工作方式日益普遍，如果各类专业人员局限于自己的专业领域，彼此之间缺乏沟通与协调，必将妨碍团队的工作。培训的目的，首先是让他们了解别人的工作，使他们能从组织整体出发开展工作；其次是使其及时了解各自领域内的最新动态和最新知识，不断更新专业知识。

### 3.骨干员工技能培训

骨干员工的技能培训主要依据工作说明书和工作规范的要求，明确职业分工、操作规程、权责范围，使其掌握必要的工作技能，培养与组织相适应的工作态度与行为习惯，使之有效地完成本职工作。它有以下三个要求：

（1）强调培训的专业性，即针对不同职能部门人员进行不同类型的知识、技能培训；

（2）强调专业知识和技能的层次，即对同一职能部门相同专业的不同员工分别提出不同的专业技能要求，以适应不同职务不同岗位的需要；

（3）强调培训的适应性和前瞻性，即根据变化了的外部环境和人员结构，以及预期的未来组织生存状况，适时地开展某些专业的培训，以调整组织内员工素质结构，使其适应外部形势，或为未来储备必要的人才。

## 14.4  培训的方法

培训与发展的目的和特性形成培训和发展目标。在具体实施培训活动时要划定培训的领域。在这些领域中有效地开展教育培训活动时，要选择恰当的技巧和方法，以达到培训目标。

### 14.4.1  直接传授法

直接传授法，是指培训者通过一定途径直接向培训对象发送培训中的信息。这种方法的主要特征是信息交流的单向性和培训对象的被动性。它适宜于知识类的培训，应用范围极广。其具体形式主要有：

#### 1.讲授法

讲授法即教师按照准备好的讲稿系统地向受训者传授知识。它是最基本的培训方法。讲课教师是讲授法实施成败的关键因素。它适用于各类学员对学科知识、前沿理论的系统了解。主要有灌输式讲授、启发式讲授、画龙点睛式讲授三种方式。

### 2.专题讲座法

专题讲座法在形式上和讲授法基本相同，但在内容上有所差异。讲授法下的课堂教学一般是系统知识的传授，每节课涉及一个专题，接连多次授课；专题讲座是针对某一个专题知识，一般只安排一次培训。它适用于为管理人员或技术人员了解专业技术发展方向或当前热点问题等方面知识而进行的传授。

### 3.研讨法

研讨法即是在教师引导下，学员围绕某一个或几个主题进行交流，相互启发的培训方法。它是适宜各类学员围绕特定的任务或过程独立思考、判断评价问题的能力及表达能力的培训。它主要有集体讨论、分组讨论、对立式讨论三种研讨形式。

## 14.4.2 实践法

实践法是通过让学员在实际工作岗位或真实的工作环境中，亲身操作、体验，掌握工作所需的知识、技能的培训方法，在员工培训中应用最为普遍。其主要优点是：①经济：受训者边干边学，一般无须特别准备教室等培训设施。②实用、有效：受训者通过实干来学习，使培训的内容与受训者将要从事的工作紧密结合，而且受训者在"干"的过程中，能迅速得到关于他们工作行为的反馈和评价。

### 1.工作指导法

该方法也称教练法、实习法，这种方法是由一位有经验的工人或直接主管人员在工作岗位上对受训者进行培训。负责指导的教练的任务是教给受训者如何做，提出如何做好的建议，并对受训者进行激励。这种方法应用广泛，适用于基层生产工人或各级管理人员的培训。

### 2.工作轮换

这种方法是让受训者在预定时期内变换工作岗位，使其获得不同岗位的工作经验。以利用工作轮换进行管理培训为例，其具体做法是让受训者有计划地到各个部门学习，如生产、销售、财务等部门，在每个部门工作几个月。实际参与所在部门的工作，或仅仅作为观察者，以便了解所在部门的业务，增进受训者对整个企业各环节工作的了解。

### 3.行动学习

这是让受训者将全部时间用于分析、解决其他部门而非本部门问题的一种课题研究法。受训者4~5人组成一个小组，定期开会，就研究进展和结果进行讨论。这种方法为受训者提供了解决实际问题的真实经验，可提高他们分析、解决问题以及制订计划的能力。

### 4.个别指导法

这种指导制度和我国以前的"师傅带徒弟"或"学徒工制度"相类似。目前，我国仍有很多企业在实行这种帮带式培训方式，其主要特点在于通过资历较深的员工的指导，使新员工能够迅速掌握岗位技能。

### 14.4.3　参与式培训法

参与式培训是调动培训对象的积极性，让其在培训者与培训对象双方互动中学习的方法。这类方法的主要特征是：每个培训对象积极参与培训活动，从亲身参与中获得知识、技能和正确的行为方式，开拓思维，转变观念。主要方法有：

**1.自学**

自学适用于知识、技能、观念、思维、心态等多方面的学习。自学既适用于岗前培训，又适用于在岗培训，而且新员工和老员工都可以通过自学掌握必备的知识和技能。其具体形式有：①指定与培训项目、培训要求相匹配的学习材料让员工学习；②网上学习；③电视教育。

**2.案例研究法**

案例研究法是一种信息双向性交流的培训方式，它将知识传授和能力提高两者融合到一起，是一种非常有特色的培训方法。可分为案例分析法和事件处理法两种。

（1）案例分析法

它是围绕一定的培训目的，把实际中真实的场景加以典型化处理，形成供学员思考分析和决断的案例，通过独立研究和相互讨论的方式，来提高学员的分析及解决问题的能力的一种培训方法。案例教学应满足以下三个要求：内容真实；案例中应包含一定的管理问题；案例必须有明确的目的。

（2）事件处理法

这种方法让学员自行收集亲身经历的案例，将这些案例作为个案，利用案例分析法进行分析讨论，并用讨论结果来警戒日常工作中可能出现的问题。通过自编案例及交流分析，了解工作中相互倾听、相互商量、不断思考的重要性；提高学员理论联系实际的能力、分析解决问题的能力以及表达、交流能力；可使企业内部信息得到充分利用和共享，培养员工间良好的人际关系，同时有利于形成一个和谐、合作的工作环境。

**3.头脑风暴法**

也有人将头脑风暴法称为"研讨会法"、"讨论培训法"或"管理加值训练法"等。头脑风暴法的特点是培训对象在培训活动中相互启迪思想、激发创造性思维，它能最大限度地发挥每个参加者的创造能力，提供解决问题的更多、更佳的方案。

**4.模拟法**

模拟法是以工作中的实际情况为基础，将实际工作中可利用的资源、约束条件和工作过程模型化，学员在假定的工作情境中参与活动，学习从事特定工作的行为和技能，提高其处理问题的能力。基本形式有：①由人和机器共同参与模拟活动；②人与计算机共同参与模拟活动。

**5.敏感性训练法**

敏感性训练法又称T小组法，简称ST（sensitivity training）法。敏感性训练要求学员在小组中就参加者的个人情感、态度及行为进行坦率、公正的讨论，相互交流对各自行为的看法，并说明其引起的情绪反应。其目的是要提高学员对自己的行为和他人的行为的洞察力，了解自己在他人心目中的"形象"，感受与周围人群的相互关系和相互作用，学习与他人沟通的方式，提高在各种情况下的应变能力，在群体活动中采取建设性行为。

### 6.管理者训练

管理者训练（manager training plan）简称MTP法，是产业界最为普及的管理人员培训方法。这种方法旨在使学员系统地学习、深刻地理解管理的基本原理和知识，从而提高他们的管理能力。适用于培训中低层管理人员掌握管理的基本原理、知识，提高管理的能力。一般采用专家授课、学员间研讨的培训方式。企业可进行大型的集中训练，以脱产方式进行。

### 14.4.4　塑造人的培训法

#### 1.角色扮演法

角色扮演法是在一个模拟真实的工作情境中，让参加者身处模拟的日常工作环境之中，并按照他在实际工作中应有的权责来担当与实际工作类似的角色，模拟性地处理工作事务，从而提高处理各种问题的能力。适宜对各类员工开展以有效开发角色的行为能力为目标的训练。使员工的行为符合各特定职业、岗位的行为规范要求，提高其行为能力。培训内容根据具体的培训对象确定，如客户关系处理、销售技术、业务会谈等行为能力的学习和提高。

#### 2.行为模仿法

行为模仿是通过向学员展示特定行为的范本，由学员在模拟的环境中进行角色扮演，并由指导者对其行为提供反馈的训练方法。适用于对中层管理人员、基层管理人员、一般员工的培训。

#### 3.拓展训练

拓展训练应用于管理训练和心理训练等方面，用于提高人的自信心，培养其把握机遇、抵御风险的心理素质，使其保持积极进取的态度，培养团队精神等。它以外化型体能训练为主，学员被置于各种艰难的情境中，在面对挑战、克服困难和解决问题的过程中，使人的心理素质得到改善。具体形式包括：拓展体验、挑战自我课程、回归自然活动。

## 本章小结

本章主要阐述人力资源培训系统的内容，概括地介绍了其基本概念，并对培训流程的四环节内容进行了详细阐述，包括员工培训的需求分析、培训的主要层次和内容、培训的组织与实施、培训效果的评估。进而，介绍了培训的形式和内容，阐述了培训的四方面方法。

通过本章的学习，使学生掌握相关的原理和知识，并获得在实践中可应用的有关技能。

## 🔍 主要概念

培训　开发　培训流程　培训需求分析　绩效分析法　培训规划设计　培训评估
培训收益　新员工入职培训　在职培训　参与式培训　管理能力培训　案例研究法
敏感性训练　角色扮演法　拓展训练

## 🔍 复习思考题

1.简述培训的一般流程及其内容。

2.什么是培训需求分析？它有哪些方法？

3.简述培训效果评估的层次和内容。

4.如何进行管理人员的培训与发展？

5.常见的培训方法有哪几种？其适用性如何？

6.培训绩效的指标是什么？评估方法有哪些？

7.培训评估的指标是什么？

## 🔍 案例分析

### "培训学堂"惠普的全方位体系

著名的信息产业公司惠普，被同行看作是本领域的"培训学校"，因为它塑造和"免费输出"大量的信息产业高级经营管理人才，让诸多的同行业公司受益。作为一家跨国公司，惠普有着完善的360度全方位培训体系。惠普公司的培训以实战经验为主，进了惠普，就等于进了一所"没有围墙的大学"。360度的培训体系能够让员工在知识、技能等方面不断提升，从而为客户提供满意的产品与服务，也帮助员工实现了职业生涯的发展，同时也提升了他们对企业的忠诚度。

这套全方位的培训体系具体内容包括九大方面：

**一、人员分阶梯培训**

（1）新员工的培训：尽快融入企业

惠普的"新员工"不仅仅是刚刚进入企业的员工，更被界定为"入职两年以下"的员工。因此，员工在进入惠普后，除了接受入职培训之外，还需要学习很多其他课程。

惠普的新员工培训一直坚持的传统是所有的新员工入职培训时，必须有公司高管的参与。总裁亲自出面讲课，为新员工介绍企业文化与公司发展；副总裁参与企业的职能介绍，为新员工讲述公司的规章制度、部门的组织结构及工作流程。通过这种方式，体现了惠普对员工的关心与重视，让他们了解惠普是一家什么样的公司，希望员工在工作中怎样要求自己，使员工对公司产生亲切感，帮助他们尽快地融入企业。

（2）老员工培训：培养员工情商

惠普有一个非常重要的理念：帮别人也就是帮自己，你帮助别人越多，别人帮助你也就越多。老员工培训的目的正是培养员工的情商，让他们明白，想要获得好的发展，必须学会帮助别人，赢得大家的尊敬。换句话说，你的地位、你的升迁，不仅是因为上司的看重，还要通过自己的努力来获取，要赢得同事的尊重与好感。

每一个员工都有自己的特长，老员工培训可以帮助他们了解自身优势，亲身体验到自己擅长什么，有哪些潜力，往哪个方向发展更合适，使他们有了奋斗目标，并通过学习知道如何与同事合作，如何向新员工传授经验，以知识分享来提升自己的水平。

(3) 新经理培训：理解角色转变

新老经理的区分方式与员工一样，都以两年为限。新经理培训需要跨越的最大障碍是理解自身角色的转型。这是一个观念上的转变。许多员工在成为管理者之后，由于自身的优秀，变得不能容忍下属的平庸，因为他仍然采用以前的标准来评价自己与下属，下属当然没有他出色。这时，就需要通过培训让他意识到："正是因为下属不如你，所以你才是他的上司。"而作为领导，"你有义务做下属的教练，去提升他的业绩。"

为此，惠普提出了"向日葵计划"，开通了一系列课程，帮助新经理转换角色，明确正确的角色定位，强化这些管理者的行为，让新经理们顺利实现从 "民"到"官"的过渡。

(4) 老经理培训：成为综合型人才

从新经理到老经理，最明显的体现就是新经理往往都是一线经理人员，而老经理则是二线或更高层的管理者。此时培训的目的，是要为公司培养高层次领导者，使老经理能够站在公司更高层面上，思考如何使公司健康发展。因此，预算、授权与监控则成为老经理的工作重点，而理解"管理'管理者'与管理'普通员工'的不同"则是其中的难点。公司为此专门开设了管理流程、领导艺术等课程来帮助老经理实现从管理员工到管理经理的转变。

管理普通员工你可以事无巨细地盯着他，手把手地教他；但是当你成为二线经理，你的下属也都成为管理者时，你就不能什么事都插手了，作为老经理要学会有节制地放权，明白什么该管，什么不该管，在这个阶段要让老经理把握好分寸。

如果你想要继续发展，成为惠普的高级管理人员，那么让自己成为综合型人才是唯一的办法。以市场总监为例，一个市场总监除了要具备其本职的专业能力之外，还必须懂得一定的财务知识，了解质量管理，掌握采购流程，等等，只有这样才能更好地理解其他部门的工作，更好地与同事配合，从关心团队发展转变为关心企业，学会站在企业的立场上看问题。

(5) 高管培训：造就卓越领导者

高管培训通常由公司决策层主导实施，参与者都是具有总监级别的高级管理者。其中，最为典型的就是"ADP"计划，即加速成长计划。每年，惠普总公司会在全球范围内选择30人加入这个计划，每人一年的培训费用为300万美元。参加培训的人员的价值观必须与公司相吻合，如果某个人的价值观念与公司理念不符，那么即使他再有能力也不会让他加入。同时，通过一系列测试来进行心理上的考评与能力上的检验。在这个过程中，18位心理学家对所有受训人员进行一对一的服务，分析他一段时间内的行为并将其上升到理论高度，告诉他最适合做哪一类工作，最终帮助他进行职业生涯设计。

**二、内容分类别培训**

（1）公共培训：提高员工素质

公共培训是公司所有员工均可参加的培训，培训的重点侧重于基本常识和技能。课程包括：如何做演讲、着装与礼仪、如何参与质量管理、如何谈判、如何使客户满意等。

惠普希望通过这些课程的学习来提高员工的素质，通过公共培训使员工树立全员营销的理念，使每个人在客户面前都自觉维护惠普的形象，同时给客户留下较好的印象。

（2）专业培训：掌握专业技能

所谓专业，是按照员工从事的工作领域来界定的。专业培训的根本目的就是让员工具备相应的技能，打造国际标准的人才。

惠普针对企业内部各种专业人员，开设了许多课程来满足其需求。以市场人员和销售人员为例，市场人员需要学习如何了解客户需求、如何做好市场调查、如何做好竞争分析、如何选定目标市场等课程；而销售人员则需要接受销售流程、销售漏斗管理、大客户管理、顾问式销售及客户权力核心分析等课程的培训。这样在与客户交往时，员工就能够处处体现出"专业"，为客户提供相关的咨询建议，成为客户心目中的"内行"。

除了开设不同专业的课程，惠普还将课程分为不同等级，如销售课程有初级班、中级班与高级班。高级班的学员毕业时的最后一项课程，是去五星级酒店吃一顿法国大餐。让他们学会就餐礼仪，知道今后与客户应如何相处，提高其品位与层次。

（3）技术培训：掌握技术知识

技术培训在高科技企业很普遍，而惠普进行技术培训目的也就是让员工有一定的技术知识，更好地与客户沟通。这点对销售人员尤为重要。知己知彼，百战百胜。让员工了解，我们的企业跟竞争对手在技术上有什么差异，与竞争对手相比好在哪里。

因此，惠普每年都举行一次大规模的技术培训，有的时候在中国香港举行亚太区培训，有的时候在美国举行全球范围的培训。培训时会有几十个分会场，所有区域各个分部销售与市场人员，可以根据自己所属的行业和领域，选择自己感兴趣的课程来熟悉公司的产品和技术，让所有的销售与市场人员掌握最基本的技术支持和技术动向，成为技术型的业务人员，这样到了客户面前才能言之有物，从而赢得客户的尊重。

（4）产品培训：了解企业产品

产品培训就是了解产品，让员工熟悉并喜欢公司的产品。

产品培训涉及所有的产品门类，员工必须一项一项地通过，如果不能完成，则会失去晋升的资格。惠普对员工的产品培训十分重视，通常都是由专人负责人员培训，定期检查培训效果，并由技术专家和上级领导参与考评，了解员工对产品的认知程度。

资料来源　高建华．惠普360度培训提升组织智商［EB/OL］．［2017-01-05］．http：//www.trainingmag.com.cn/article/articledetails.aspx？ArtId=207956338025.

案例讨论：

1.惠普公司培训体系的精髓是什么？

2.谈谈搞好专业培训的基本要求和主要方法。

3.如何提高新经理的素质？需要设计哪些培训内容？

第14章拓展阅读

## 第15章

兴建幸福港湾——人力资源使用与激励

## 学习目标

✔ 了解组织的类型
✔ 了解员工的类型及各类员工的特点
✔ 掌握现代员工关系的特点及形式
✔ 了解工作满意感的内容
✔ 理解激励对于组织和人力资源管理工作的重要性
✔ 掌握主要的激励理论与常用方法

**引例**　　　　　　　　　　**员工的家，企业的根**

有人说，《劳动合同法》只保护员工，因增大企业用工成本而对企业不利。但是，在汇源看来，《劳动合同法》也在保护着企业，对守法企业来说是一种福音。北京汇源饮料食品集团有限公司常务副总裁赵金林认为，《劳动合同法》的实施并没有增加企业的用工成本，相反从某些方面看还降低了成本。人力资源部副经理说，在《劳动合同法》实施以前，有些企业一旦出现"特殊岗位"职工与企业解除劳动合同的情况，就会存在职工在补偿金上随意要价，开口就是几十万元、上百万元的现象，而《劳动法》中并没有规定解除劳动合同补偿的具体标准，结果法院往往会支持职工的诉求，所以完全胜诉的天平几乎总是向职工一边倒。现在《劳动合同法》中对经济补偿金的使用范围、补偿金计算标准有了明确的规定。企业更容易操作。《劳动合同法》主要是加大了违法企业的用工成本。比如，规定用人单位超过一个月不满一年未与劳动者订立书面劳动合同，或者不依法与劳动者订立无固定期限劳动合同，要向劳动者每月支付两倍的工资；不按法律规定支付劳动报酬、加班工资或经济补偿金，要按50%以上100%以下加付赔偿金；用人单位违法解除或终止劳动合同的，要按经济补偿标准的二倍向劳动者支付赔偿金。

汇源充分认识到，通过法律维系企业与员工和谐劳动关系的关键是要倾情打造关爱员工的良好环境，给职工造就一个"家"的感觉。26岁的员工陈德霞自2001年1月从山东聊城师范学院毕业以后来到落户在顺义北小营镇的北京汇源饮料食品集团有限公司工作。用了5年时间，她从车间工人干到管理岗位的商超业务专员。后来，受到外界的吸引，在合同没到期时她就辞职应聘到了另一家公司，并在不久后晋升为省级销售主任。但是，收入和成就感都增加了的她还是在8个月后重新回到了原来的"家"——北京汇源公司。她眼眶湿润地说道："金钱、地位甚至合同都不能带给一个人真正的归属感，'汇源'15年的历史营造出了亲和力、企业胸怀、培养人才体系，这是在别的地方感受不到的，所以我又回家了。"

一个有如此强的凝聚力、员工流失率几乎为零的汇源，由于主动承担了比《劳动合同法》更多内容的社会责任，而留住了企业向前发展的根！

资料来源　佚名. 汇源:《劳动合同法》对守法企业是一种保护［EB/OL］.［2017-01-05］. https：//www.gxhrss.gov.cn/xxgk/zdzt/ldhtf/200811/t20081127_58054.html.

## 15.1　人力资源的使用

### 15.1.1　组织的类型

组织是人力资源存在和发挥作用的场所，组织机构的状况对人力资源的使用有着重大影响。这里首先对组织的类型进行阐述。一般来说，组织类型可分为以下5种①：

**1.大型生产机构**

大型生产机构往往是行业出色或者领军的著名大公司，一般是有组织、有效率的，但管理严格、缺乏人性关怀。由于它的工作非常专业化，因此专业技能训练很重要。

在这类机构中，规章制度众多，人们之间的信息交流和决策行为细密、复杂，于是，专业化分工的组织网络形成，各部门均由精于其部门业务的经理担任领导。如果没有精干的经理，这种机构将出现混乱和瓦解。经理们势必全神贯注于控制，要想办法避免出现不安全的情况。

虽然这种生产型机构有高效率，但也有潜在的冲突和问题。位于低层的员工会觉得规章制度不符合人性；高级管理人员所能做的，常常只是减轻或压抑这种潜在的问题，他们觉得，要把具有人性的环境引进机械化的体系里是不大可能的。

在这类生产型机构，尽管人员庞杂、等级阶层分明，但一切又都按部就班。这种机构中的职业岗位，对喜欢公式化、标准化和有规律的员工和技术性员工有吸引力，对有"自由"和"权利"要求的员工则很不适宜。

**2.简单结构型**

简单结构型的组织，一般是在某个领导明显干预之下生存的小型企业或是危机中的大中型企业。该类型的组织缺乏正规的结构，而呈现权力集中，甚至"老板为王"的一言堂特征。

在这样的小型机构中，人力资源一般只有"领导人"和"跟随者"两种。领导者有机会获得高度的物质报酬，掌握实在的权力，有个人主义色彩并略显刚愎自用。而跟随者的发展却大受限制。

由于这种组织的机构结构简单，工作接触面较广，在该类组织中的员工可以领略做各种工作的乐趣，并感觉与组织的中心接近，因此他们可能比大机构的人员更

---

① 希尔. 经营你的一生［M］. 李伟，译. 北京:台海出版社，2001：308-315.

能够感受到工作的意义和自己的贡献。当然，这种贡献是需要组织和领导者认可的。

### 3.事业性机构

事业性机构也是社会上常见的组织，如大学、医院、会计事务所等。这类组织的特点是：需要受过高度训练的人才以满足来自客户的复杂需求；对从业人员的选拔要求严格；组织对成员缺乏强力的控制。

事业性机构员工的职业生涯起点，即要求具备相当水平的训练和教育；进而，他们的专业技术和经验还需要长年累积和定期补充学习。在此类机构中，行政管理人员扮演的是"推动协调者"的角色，权力也大多分散，领导风格多为劝服型而不是专制型。

这种事业性的专业机构，常可以给从业者提供深度满足的事业机会，但是由于它缺乏强力的中心组织，许多决定都是由个人做的，因此，组织成员有创意的想法常常得不到实现。

### 4.分散型机构

在社会组织之中，存在着许多大机构下面的具有独立分工又向上负责的分支机构。在这种分散机构中，有大量专家角色的人员和辅助性人员。

分散机构中的事业吸引寻求"地位"和"权力、影响"的人，特别吸引那些不希望过于冒险、又寻求包办事务的人。因为分散机构经理的职务工作特点是：(1)资金由总部分配，不会成为经理个人的责任；(2)经营严格管理的单位，可以使自己发展许多管理技巧。

在分散机构中工作的中层管理人员，有相当大的工作自主性，而且比生产机构少受规章制度的约束。但因为单位很小，很难体验到组织的全面运作。

在分散机构中工作的专业人员，一般都有较高的专业才能，在分散机构中可能获得"群龙之首"的地位。

### 5.有机型机构

在新的开拓性工作领域，尤其是研究与开发组织（R&D），则应采取有机型的机构。例如，要研制新一代电脑，前面的四种组织就不宜采用，有弹性的小组才适合。有机型的机构，具有创意和弹性，且工作的成果莫测。

有机型机构的复杂而紊乱，但这是其维持创新活力所不可或缺的。这类组织的成员，尤其是其领导者，可形成"处理混乱状态"的才能，最终可以成为协调和资源调度的专家。该类组织高层管理人员的主要角色，在于聚积资源、选派专家去适应眼前的需要，并花费许多时间去鉴定策略性选择、理清大目标，在极复杂的争议中做选择，他们往往是拥有专精技术的人。

## 15.1.2　员工的类型

从个人在组织之中的角色角度，一般可以把员工分为五大类型[1]：

---

① 希尔.经营你的一生［M］.李伟，译.北京：台海出版社，2001：306-308.

### 1.操作人员

操作人员是一般单位员工中数量最大的部分，他们从事操作机器、运用工具、看管设备、驾驶车辆之类的工作。他们有的需要高超的技术，如光学镜片的技师；有的则不大需要高超的技术，如食品店里的清洁人员。"蓝领工人"是他们的代表。

从整体而言，操作人员在组织中的层级地位较低、创造价值的职能偏低，因而报酬也低；同时，其不少工作由于技术进步而正在逐渐被机器所代替。

### 2.管理人员

凡有人群在一起共同工作，就必然有管理活动存在，这种管理的职能包括制定目标、控制进度、协调活动、拟订计划和采取应对行动等。

一般来说，管理工作很琐碎，责任以及要求很多，这要求从事者具备足够的智力，要情绪愉快，能冷静地寻求更好的做事方法。

### 3.技术专家

在大型生产机构中，其生产经营工作相当复杂，因此需要由专业性人员来设计有效的工作程序，以便能够控制住庞大和复杂的局面，维持组织的正常运转。例如研制和生产新的电脑或组织大型歌舞晚会都是很困难的事，只有运用技术训练和科学管理技术，才能完成这种庞大、复杂的任务。分析师在组织之中也兼具顾问的角色，这是因为较高的专业技术水平赋予了其较大的影响力。产品设计师、系统分析师、会计理财师、心理测评师等都属于这一类。

### 4.辅助工作人员

在任何单位，都不可能把员工全部用于生产、经营技术工作，而必须使用打字、保洁、运输、餐饮等"打杂"性的辅助工作人员。担任辅助工作的人员，大都职位比较低，工作升迁机会比较小，他们常只讲自己"有工作"，而不说"干某种职业"。在现代科技越来越发达的情况下，他们可能变成高科技、机械化的牺牲品。

### 5.高管层、领导者

任何一个组织，都需要好的带头人和核心领导群体来统筹大局，把本组织带向成功。最有代表性的就是"职业经理人"。在各种组织之中，总裁、首席执行官、职业经理人、局长、校长、团长、院长等都具有高度权威，其角色通常是负责拟定整体经营战略，进行指挥并在组织发展方面做决策。

## 15.1.3　现代组织的员工关系

### 1.常见的劳资合作模式

在劳资双方以合作取代对抗的国际大趋势下，劳资合作的模式也有很多形式。劳资合作是一种策略的选择，其最主要的目标在于提高企业组织整体营运绩效，使劳资双方的需求得到进一步满足，从而使劳资双方都能专心致力于把本企业的"蛋糕"做大。下面介绍几种主要的劳资合作模式：

（1）员工分红与入股

这种劳资合作模式包括"分红"、"入股"和"分红入股"三种方式。分红是在年终结算有盈余时，给予员工奖金或分配红利。入股是股份有限公司给予员工一定的股权，使其成为股东之一，常称为"员工持股计划"（参见下文）。

员工得到所持的股份，是由一定的价格计量的，通常员工的股份价格比该公司股份的社会价格有一定的优惠。而在该股权获得的途径上，可以分为现金购买、利润分红折算和公司奖励。

分红入股是把分红和入股制度相连，将一部分公司红利改为股票给予员工，使员工既得到红利又得到了股权。

（2）利润分享方案

在利润分享方案中比较普及的是斯堪龙计划，当总劳动成本除以产品销售或市价的比值有改善时，即给予红利。这个计划可以给组织带来很多效益，例如，团队的沟通协调、成本的降低、对市场竞争的适应能力的增强、劳资关系管理更有弹性、工会作用更显著。总之，它对生产效率的提升有显著的促进作用。

（3）提高工作生活质量

"工作生活质量"是员工在工作中得到的个人需要的满足，其基本思路在前文已经讲述，这里不再赘述。其目标可以分为工会一方的目标、组织与管理阶层的目标和双方共同的目标。提高工作生活质量可以带来不少好的成效，包括工作吸引力的提升、人员配置有弹性、通过激励使品质有所改善、产出率增加、员工技能提升以及决策能力提高等等。

（4）劳资协商会议

这是一种劳资双方在平等的地位上共同协商和探讨企业发展的协商性组织，其优点在于，使双方拥有良好的沟通渠道，增加劳资双方的相互信任、理解和合作。通过劳资的协商，可进行组织的合理决策，确定双方认同的工作目标，帮助员工改进工作，为员工改善劳动环境和创造更好的工作氛围。

此外，还包括劳动安全卫生组织、全面质量管理（TQM）以及员工福利组织等形式，这些都有利于促进劳资双方的良性合作。

**2.员工参与方法**

员工参与是指发挥员工的能力，鼓励员工对组织的成功做出更多努力的一种管理方式，它使员工有机会参与组织的决策和日常管理，使其有可能规划自己的职业生涯，大大提高员工的忠诚度和工作积极性。

员工参与一般来说有四种形式，包括参与式管理、代表参与、质量圈和员工持股计划。

（1）参与式管理

参与式管理是指员工在很大程度上分享其上级的决策权。员工参与管理，包括对公司计划的参与、解决问题的参与、组织变革的参与、工作任务的参与，以至财务的参与。当然，这种管理形式需要合理的组织形式，需要充足的参与时间，而且要由比较有素质的员工来从事。从另一个角度来看，管理者对下级（尤其是一般员工）的授权，也具有同样功效。

（2）代表参与

这是指由一小部分工人代表参与组织的决策，在组织内重新分配权利，使员工能与管理层及股东之间有平等的地位和共享的利益。其主要的两种形式是组成员工-经理工作委员会和员工代表参加董事会。对于全体员工而言，几个代表参与的力量显然是比较薄弱的。

（3）质量圈

这是由若干个员工和监管者组成一个共同承担责任的工作群体。他们承担着解决质量问题的责任，对工作进行反馈并对反馈进行评价。为此，他们讨论质量问题及其原因，并提出解决问题的方法。

（4）员工持股计划

一些组织还实行了员工持股计划。员工持股可以提高员工的工作满意度，可以使组织中的员工大大提高主人翁意识，从而带来更高的绩效和工作创新的动力。

### 15.1.4 员工的归属感

#### 1.员工归属感的内容

员工归属感，即员工对于组织的归属感，也称组织认同感[①]，是员工对所在组织的认同、义务、奉献和忠诚度，它导致员工对于组织长期的、全面的、自觉的工作积极性。[②]

员工对组织的归属感，直接来自组织对员工需要的满足并对其提供保护，但更重要的是员工对组织目标与价值观的尊崇与接受。前者产生的激励是因组织的外在牵动，体现的是组织与员工的交换性；后者的激励则是组织价值内在化而生成的内在驱动，体现的是道德性和自觉性。

高组织归属感，对于搞好人力资源开发与管理、发挥人力资源效能具有重要作用：

第一，大量的利组织行为：工作热情积极，主动尽责，奉献与牺牲，不计报酬。

第二，组织价值观的内在化：高度的忠诚，使命感与责任感。

第三，对组织的感情依恋及对组织成员身份的珍视。

余凯成教授根据管理学理论和对中国管理现实的研究，提出了员工的组织归属感模型，如图15-1所示。

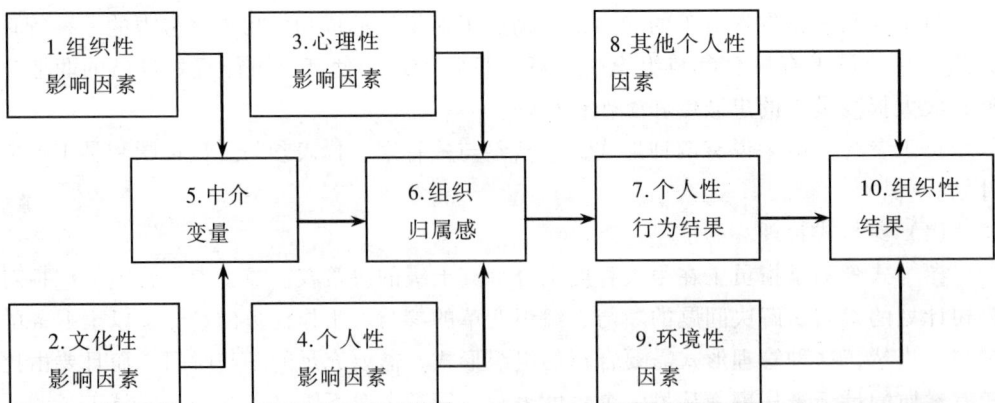

图15-1 组织归属感模型

① 马希斯，杰克逊.人力资源管理培训教程［M］.李小平，译.北京：机械工业出版社，1999：41.
② 余凯成.人力资源开发与管理［M］.北京：企业管理出版社，1997：166-169.

**2.影响归属感的因素**

影响员工归属感的因素包括以下几个方面：

第一，组织性因素：其又分为管理性因素、组织的结构性因素、工作本身因素和组织的经济性因素四个亚类。

第二，文化性因素：主要指价值与信念，既包括社会意义的文化，也包括处于亚文化层次的组织文化。它具体体现在是否以人为中心、群体性、敬业精神、提倡实效、鼓励互惠等。

第三，心理性因素：主要包括员工对工作生活质量的满意感，以及组织内的分配公平感等。

第四，个人性因素：包括人力资源本身状况、个性和其他个人特征，如对自己在组织中前程的预计等。

培养员工的高组织归属感，是管理者的根本性任务，它比对个别员工进行激励的意义要大得多。

## 15.2 ＼ 工作满意度

### 15.2.1　工作满意度的基本内容

**1.工作满意度的含义**

在员工的职业生涯过程中，一般意义上的工作满意度，通常是指某个人在组织内进行工作的过程中，对工作本身及其有关方面（包括工作环境、工作状态、工作方式、工作压力、挑战性、工作中的人际关系等）有良性感受的心理状态。

例如，一个人做清洁工，工作辛苦、工资很低并且被别人轻视，这样，他对自己现在的工作肯定很不满意，希望得到更好的工作，这时他的工作满意度就很低；另一个人在图书馆从事管理工作，有着明亮的办公室、和善又有文化的同事、稳定又较高的工资、优厚的福利待遇等，他觉得这份工作比较可心，比较惬意，这时他的工作满意度较高。

**2.工作满意度与人的职业生涯**

从组织的角度看，个人工作满意度的高低，不仅是影响组织业绩的重要因素，而且是影响人才是否流动的重要因素，因而也是影响个人职业生涯发展路径的重要因素。美国俄亥俄州立大学的研究表明，员工的流动与工作满意度之间存在着紧密的反向联系，而与抓工作、绩效之间的关系则较小。在我国，这方面的问题很明显，因此，组织应当抓住"其中的关键，那就是必须改变传统的以工作为中心的领导方式，辅之以对人的价值的思考"。[①]工作满意度与职业流动即生涯变动的关系见图15-2。

---

① 孙彤，许玉林. 组织行为管理学［M］. 北京：红旗出版社，1993：174-175.

| 　 | | 工作构成导向 | |
|---|---|---|---|
| 　 | | 高 | 低 |
| 关心人的关系导向 | 高 | 高绩效<br>满意<br>低流动 | 低绩效<br>满意<br>低流动 |
| | 低 | 高绩效<br>不满意<br>高流动 | 低绩效<br>不满意<br>高流动 |

**图15-2　工作满意度与流动的关系**

### 15.2.2　影响工作满意度的因素

**1.决定工作满意度的根本因素**

工作满意度受到主观和客观多方面因素的影响，例如职位、工资、荣誉、与上下级和同事的关系、组织中的文化、工作氛围等。在分析人的工作满意度时，非常重要的就是一个人是否能得到自己希望得到的东西。也就是说，决定着一个人的工作满意感的根本因素，是人们的各种需要和价值观。

例如，我们看到有时员工并不追求工资的高低，什么是比工资还重要的东西呢？如果一个人希望从工作中学到更多的知识、技能和实践经验，抑或是以自己暂时的"忍让"换取未来更好的利益和高职位，他就不会苛求工资的一时高低。显然，晋升可能、学习机会、职位安稳等等影响和决定人们职业生涯的因素都是很重要的，这比一时的工资对于人的价值更大。

美国心理学家戴维·坎贝尔指出：工作的差别、工作对人的意义的"三个重要方面"包括：一是"工作本身的内容"；二是"合作共事的有哪种人"；三是"工作所提供的独特报酬"[1]。他认为，在这三个方面中，第一个方面是内在因素，第二、第三方面是背景性因素，这三个方面都是"工作满意度的激发点"。[2]

**2.工作五核心因素**

哈克曼、劳勒等学者在大量进行工作分析的基础上，提出了工作由"技巧多样性、任务完整性、任务重要性、工作自主权和工作结果反馈"五个核心因素构成的学说。其具体内容为：[3]

（1）技巧的多样性

技巧的多样性是指要求从事某种工作职务的工作人员以多种技巧和能力来完成。

（2）任务的完整性

任务的完整性是指要求工作人员完成可以辨认的一项完整的任务的程度，也就是把一个任务从开头一直干到末尾，使工作达到"看得见结果"的程度。

（3）任务的重要性

任务的重要性是指工作职务能对本单位的人或更大范围的人的生活造成实在的并

---

① 坎贝尔.人生道路的选择［M］.陈望衡，译.长沙：湖南人民出版社，1987：83-84.
② 沙因.沙因组织心理学［M］.马红宇，等，译.北京：中国人民大学出版社，2009.
③ 沙因.沙因组织心理学［M］.马红宇，等，译.北京：中国人民大学出版社，2009.

可以感知的影响。

上述三个核心因素，形成员工对自己所从事工作（职位）"意义"的认识。

（4）工作自主权

自主权是指工作者在安排工作进度的快慢及确定工作将怎样进行方面的自由、独立和自主权的大小。这一核心方面，使得员工对工作具有了责任感。

（5）工作结果反馈

反馈是指员工从工作本身（例如自己进行质量检验），或者从上级、同事、质量检验员以及其他员工那里，得到自己"工作情况好坏"的信息。这使得员工对自己的工作成果状况有所了解。

上述五项因素还要受到"工作人员的能力与技术、个人成长需要的强烈程度和背景条件的满足"三项调节因素的影响，才能够取得激励的效果，见表15-1。

表15-1                                   工作核心因素、心理状态和结果的关系

| 工作的核心方面 | 员工心理状态 | 产生的结果 |
| --- | --- | --- |
| 1.技巧的多样性<br>2.任务的完整性<br>3.任务的重要性 | 体验到工作的意义 | 高度的内在工作激励<br>高质量的工作绩效 |
| 4.工作自主权 | 体验到对工作结果的责任 | 对工作的高度满意度 |
| 5.工作结果反馈 | 了解到工作活动的真正结果 | 低缺勤率与离职率 |
| | 调 节 因 素 | |
| | 工作人员的能力与技术 | |
| | 工作人员个人成长需要的强烈程度 | |
| | 背景条件的满足 | |

### 15.2.3  工作满意度的管理功用

在组织之中，管理层了解员工的工作满意度信息，对于搞好人力资源开发与管理具有如下重要的意义：

#### 1.监控组织状况

工作满意度是管理层把握组织发展状态的重要工具。通过工作满意度的调查，可以了解组织员工的总体满意度水平，也能找出满意或不满意的具体领域（如对员工的服务不够）并反映具体的员工群体（如市场销售部门或即将退休的员工）。换句话说，员工满意度调查可以反映员工对自己的工作感受如何、这些感受集中在工作的哪些方面、哪些部门明显地受到了影响、涉及哪些人的态度（如主管、一般员工或专业人员）。这是改进组织管理的重要依据，也为人力资源开发与管理工作提供了具体的内容和对象。

#### 2.改进组织管理

通过对员工工作满意度的调查，可以看到员工对上级的看法，如在分派工作、给予指导、领导作风等方面的意见，这有利于从多种角度改进人力资源开发与管理。

通过对员工工作满意度的调查，还可以改善组织中的沟通。一般来说，人们搞活

动都可能增加组织的沟通，在进行员工的工作满意度调查时，这种沟通作用更为明显。

### 3.调动员工积极性

从一般的角度看，员工满意度调查的直接结果，可能使人们郁积的一些意见和情绪得到宣泄，使人们感到轻松，减少组织中的问题。从积极的角度看，进行工作满意度的调查，可使员工感受到自己在组织中受关心，因而能够促进组织凝聚力的增加，从而大大调动员工的工作积极性。

### 4.促进员工的发展

通过工作满意度的调查，可以进一步发现组织的问题和员工的潜力，从而可以有针对性地安排员工的培训规划，并为员工的职业生涯规划与管理提供依据。

### 5.监控组织改革方案

在组织改革的过程中，通过工作满意度的调查，可以了解组织改革的进展、遇到的困难和取得的效果。这些信息可以帮助管理者改进工作，使组织发展处于比较正确、合理与可行的状态，有时，还可以对组织变革新方案的制订提供参考。

## 15.3 \ 员工激励

### 15.3.1 激励范畴分析

#### 1.激励的含义

所谓激励，是指激发动机、鼓励行为，是为了形成人的动力，也就是人们常说的调动积极性。

激励可以看作是需要获得满足的过程。心理学家指出，人类的行为基本上都是动机性的行为，也就是说，人的行为都是有一定目的和目标的。而这种动机又起源于人的需要、欲望。有需要、欲望，就产生动机，有动机，就有行为。当需要未被满足时就会产生紧张，造成人的身体或心理失去平衡而感到不舒服，进而激发个体的内驱力，这种内驱力将导致做出寻求特定目标的行为。例如，饥饿时大脑会支配人去寻找食物，口渴时大脑会支配人去寻找水源。这种大脑指挥人去行动的心理过程就是动机。如果最终目标实现，则需要得以满足，紧张得以消除。在这里，行为是为消除不舒服和紧张而达到目标的一种手段。当目标达到之后，原有的需要和动机也就消失了。

因此，一个激励过程就是人的需要满足过程，它以未能得到满足的需要开始，以需要得到满足而告终（解除了紧张），如图15-3所示。

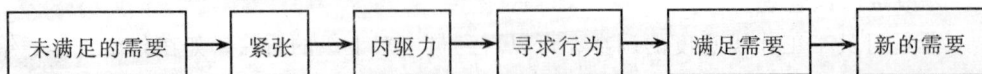

未满足的需要 → 紧张 → 内驱力 → 寻求行为 → 满足需要 → 新的需要

图 15-3　激励过程

从组织的角度看，激励是指通过高水平的努力实现组织的目标，而这种努力以能够满足个体的某些需要为条件。因此，在激励过程中起作用的关键因素有个人的需要、个人的努力和组织目标三个方面，这就成为人力资源管理的重要内容，也成为人力资源开发与管理操作系统之中的一个部分。

**2.激励的划分**

不同的激励类型对行为过程会产生不同程度的影响，因此激励类型的选择是做好激励工作的一个前提条件。激励有多种类型，可以从不同角度进行划分：

（1）从内容上划分

从激励内容的角度，可以分为物质激励与精神激励两种类型：①物质激励是从满足人的物质需要出发，对物质利益关系进行调节，从而激发人的向上动机并控制其行为的趋向。物质激励多以加薪、减薪、奖金、罚款等形式出现。②精神激励是从满足人的精神需要出发，对人的心理施加必要的影响，从而产生激励，影响人的行为。精神激励多以表扬、批评、记功、评先进、授予先进模范称号或处分等形式出现。物质激励和精神激励二者目标是共同的，但它们作用的着力点是不同的：前者主要作用于人的物质需要的满足；后者则着眼于人的心理，是对人的精神需要的满足。

（2）从性质上划分

从激励性质的角度，可以把激励分为正激励和负激励两种类型：

①正激励是当一个人的行为符合组织的需要时，通过奖励的方式来鼓励这种行为，以达到保持这种行为的目的。正激励的手段如奖金、奖品、表扬、树立先进典型等。

②负激励是当一个人的行为不符合组织需要时，通过制裁的方式来抑制这种行为，以达到消除这种行为的目的。负激励的手段可以是物质方面的，如降低工资级别、罚款等；也可以是精神方面的，如批评、通报、处分、记过等。

正激励与负激励都以对人的行为进行强化为目的，但二者的取向相反。正激励起正强化的作用，是对行为的肯定；负激励起负强化的作用，是对行为的否定。

（3）从对象上划分

从激励作用对象的角度，可以把激励分为内激励和外激励两种类型。

①内激励。内激励源于人员对工作活动本身及任务完成的满足感。它是通过工作设计（使员工对工作感兴趣）和启发诱导（使员工感到工作的重要性和意义）来激发员工的主动精神，使人们的工作热情建立在高度自觉的基础上，以发挥内在的潜力。

②外激励。外激励是运用环境条件来制约人们的动机，以此来强化或削弱相关行为，进而提高其工作意愿。它多以行为规范或对工作活动和完成任务付给适当报酬的形式出现，来限制或鼓励某些行为的产生，如建立岗位责任制，以对失职行为进行限制；设立合理化建议奖，用以激发工作人员的创造性和革新精神。

### 15.3.2　激励理论

半个世纪以来，管理学家、心理学家和社会学家从不同的角度研究了应当怎样激励人的问题，提出了许多激励理论。这些理论基本上可以分为四类。下面分别进行阐述：

### 1.内容型激励理论

内容型激励理论侧重研究激发动机的因素。由于这类理论的内容都围绕着如何满足需要进行研究，因此也称为需要理论。它主要包括：马斯洛的"需求层次论"、赫茨伯格的"双因素理论"、麦克利兰的"成就需要激励理论"和奥德弗的"生存-相关-成长"（ERG）理论等。

马斯洛的需求层次论启示管理者们，在工作中找出有关的激励因素，采取相应的组织措施，来满足不同层次的需要，以引导员工们的行为，实现组织目标。针对各个层次的需要，管理者们应注意以下几点：

（1）满足员工们的基本需要

如果员工们还在为生理的需要而奔波，他们就无法专心，只要能谋生，任何一种工作都能接受。在现代的组织环境中，管理者可以通过增加工资、改善劳动条件和生活条件，给予更多的业余时间和更长的工休时间等办法来激励员工、调动积极性，并把满足安全需要作为激励的动力，为员工提供安全、有保障、能长期从事的职业，使员工不致因技术进步而失业。

（2）满足和谐人际关系的需要

一些能够为人们提供社会交往机会的职业能产生较大的吸引力。当领导者和管理人员发现员工们追求的是这一需要时，应强调同事的共同利益，开展一些有组织的体育活动、联欢活动等，来增进相互间的感情，逐步形成集体公认的行为规范。通过这种激励，可使员工产生较高的满意度和对组织的忠诚度。不过，这也可能导致生产绩效的降低，因为员工的注意力可能从工作转移到社交上去。

（3）满足尊重需要，提高工作的自豪感

当员工们做出成绩时，对他们进行公开的奖励和表扬、发给荣誉奖章、设立光荣榜，并提供更多的独立自主地从事工作的机会，来提高员工们对工作的满足感和效率。

（4）促进员工创新和发挥潜能

有着"自我实现"需要的人，会把他们的创造性和建设性技能贡献于工作中。领导者和管理人员应很好地利用人们的创新心理和能力，吸引更多的组织优秀成员参与决策，注重民主管理，倾听员工的意见，给技术精、水平高、能力强的人安排重要工作，让他们充分认识到自身价值。同时，在设计工作程序、规定制度与执行计划时，也应当给予员工施展才华的机会。

马斯洛的需要层次论是经典理论，但其有一定的局限。管理学家们在实践中又提出了新的需要激励理论。

### 2.过程型激励理论

过程型激励理论着重研究从动机的产生到采取具体行为的心理过程。这类理论试图弄清人们对付出劳动、功效要求、薪酬奖励价值的认识，以达到激励的目的。它主要包括弗隆姆的"期望理论"、亚当斯的"公平理论"等。

（1）期望理论

按照期望理论，个体动机行为的活动过程为："个人努力→个人成绩→组织报酬

→个人目标"。该理论核心是"期望值"。一个人积极性被调动的程度取决于各种目标的价值大小和期望概率的乘积。用公式表示即：激励力量=目标价值×期望值。这一理论说明，激励对象对目标价值看得越重，估计实现的可能性越大，激发的力量也就越大；期望值的大小则取决于目标的价值大小和目标实现的可能性两因素，为此，应当在人力资源使用和管理中，解决努力与绩效的关系、绩效与报酬的关系、报酬与满足个人需要的关系。

（2）公平理论

公平理论是指个人将自己的投入–报酬关系与他人进行比较后会得到一定的感受，这种感受的反馈会影响下一步的努力。公平理论对管理实践有很重要的价值。首先，公平理论强调组织公平对待员工的重要性，管理人员应该让员工们充分感受到他们受到了公平对待。其次，公平理论还提出在以人为中心的管理中，不仅要注意组织中各个人的状况，还要特别注意组织内外的人与人之间比较的影响，防止人的"社会比较"所引起的行为的负效应。

### 3.行为改造型激励理论

行为改造型激励理论，着眼于行为的结果，认为当行为的结果有利于个人时，行为会重复出现；反之，行为则会削弱和消退。这类理论以斯金纳的操作性条件反射为基础，侧重研究对被管理者行为的改造修正。它主要有"强化论"、"归因论"、"力场论"和挫折理论等。

斯金纳的强化理论，又称行为修正理论，它是指行为与影响行为的环境之间的关系，即通过不断改变环境的刺激因素来达到增强、减弱或使某种行为消失的过程。对行为的强化类型包括正强化和负强化，用以鼓励或者反对和改变一定的行为，从而达到组织的预期目标。

### 4.综合型激励理论

激励是一个十分复杂的问题，涵盖众多因素。学者们一直试图开发出包含与激励有关的所有主要因素的复杂激励理论和模型。在上述三类激励理论的基础上，一些学者提出了综合型激励理论，波特–劳勒模型是其中一种具有代表性的模型。

波特–劳勒模型是以弗鲁姆的期望模型为框架的，弗鲁姆认为一定的激励会产生一定的努力，并导致相应的工作绩效；通过达到一定绩效，可以获得所期望的外在性与内在性奖酬，这两种奖酬才是工作者的真正目标。波特和劳勒对期望模型做了重要补充，增加了一定的影响因素和认知因素。

## 15.3.3　激励的应用

### 1.对一般员工的激励

（1）以绩效为中心

要把工作绩效以及对企业的奉献与个人的报酬收入紧密结合起来。例如，在实行岗位责任制和劳动合同制的基础上实行结构工资制，将员工的实际收入与岗位责任、工作的数量和质量挂钩，体现能者多劳、多劳多得、优质优酬的原则。一般来说，在结构工资中，岗位职务工资是工资构成中的不变部分，其比例应当在70%以下；业绩工资为工资构成中的可变部分，应当占30%以上。许继电气公司董事长王纪年提出，一个企业的活工资低于15%时，就到了"死亡线"。实际上，美国企业的工资"死活"比例为30∶70；日本企业的"死活"比例为50∶50；许继电气公司的工资"死活"比例为40∶60，其激励性是比较大的。此外，该企业还可从利润中提取一部分作为奖励基金，重奖为企业做出突出贡献的员工。

（2）采取弹性奖励的手段

弹性奖励则是根据员工的需要，有针对性地选择奖励的时间和地点。这是因为有人希望得到奖金，有人可能需要休假的时间长一点，另一些人则渴望获得晋升，还有人更珍惜进修学习的机会。采用弹性奖励办法，代替僵化的奖励办法，会起到较好的激励作用。

（3）对不同员工激励的权变

对不同的员工要有不同的激励办法。这里把员工分为四类：

第一类员工，是善于听命执行的守成者。他们负责任，守纪律，但不愿冒险。对于这种特质的员工，要定期表扬，侧重于有形奖励。

第二类员工，是喜欢迎接挑战的叛逆者。他们喜欢行动，不重理论，追求自由，对于这类人要把新任务交给他们，奖励办法是让他们去学习和组建新团队。

第三类员工，是有远见卓识的策略者。他们善于思考和分析复杂问题，不仅看眼前，也重视未来。对其授权，或实行弹性工作时间，对这类人很有激励作用。

第四类员工，是追求环境和谐者。他们重视和谐人际关系，追求公平，因而结合他们的优点，公开表扬他们对同事的友情及工作中的合作精神，会起到一定的激励效果。

（4）达到激励的公平

公平，是激励的基本原则。在中国这样一个注重平等的国家，更应当注意公平。拉开奖励的档次，是打破大锅饭、增加激励力度的重要措施，但这可能会使不少员工在心理上感到不平衡。最好的办法是提高员工参与度，增加分配的透明度，让员工相信分配是公平的、差距是合理的，否则，组织付出得再多也没有多大效果。

**2.对管理人员的激励**

拥有懂技术、善经营、高素质的管理层，是组织成功不可缺少的条件。要建立和完善企业激励制度，必须对管理层实施有效的激励。

（1）引入竞争机制

管理层是经营决策者联系普通员工的桥梁，是上情下达和下情上达的主要沟通渠道，是能动性地发挥人力资源价值的一个重要环节。建立开放、流动的用人机制，实行管理岗位竞争上岗，使能者上、庸者下甚至平者下，形成能升能降的制度，有利于选拔优秀人才和保证组织经营管理决策的顺利实施。一些企业实行的"末位淘汰制"，是一种有效的竞争激励措施。

（2）适度授权

授权，可以增强各层次管理人员的工作责任感和积极性，能提高其管理能力，使管理者获得相应的培训和发展机会，这也有利于组织培养未来的领导者。此外，授权还有利于组织打破严格等级观念，让更多的中低层管理者参与组织的经营决策，有利于集思广益，提高决策的科学性和有效性。

授权是一种很好的激励方式，它既能够满足管理者的权力需要，也可以使管理者真正有效地从事工作。但必须注意适度授权，有效监督，防止滥用职权。因为凭借权力的控制力和影响力，组织的管理者在招聘、解聘、任命、奖惩、剥夺下属员工的某些权利以至开除方面，有着很大的个人作用。因此，在授权的情况下，必须建立员工意见申诉和监督处理机制，使授权沿着合理的轨道运行。

（3）用好薪酬杠杆

确定合理的薪资水平，将管理者的个人报酬与其工作业绩直接挂钩，有利于激励的实现。实行目标管理，是运用薪酬杠杆进行激励的有效手段。

从现代管理的角度看，高层管理人员物质奖励的常见方式是年薪制和期权制度，这两种方式的优点是，将企业经营业绩与经营者个人收入直接挂钩。经营者与产权所有者以签订合同的方式，把个人收入与企业的经济效益直接联系起来。经营效益好，经营者就能拿到较高的年薪，还可能获得其他奖励，尤其是随着经营活动效果和组织市场价值的大幅度提升，经营者可以得到巨额的回报；如果企业效益差，经营者只能拿到基本工资，甚至可能被解职。这既有利于从经济利益方面对经营者进行激励，也有利于对其进行有效的约束。

（4）强调精神激励

在市场经济条件下，精神激励并不过时。需要理论告诉我们，高层次人员往往有着更高层次的需要，他们要求发挥自己的聪明才智，追求自我价值的实现，而且往往具有很强的自我实现欲望。反映在管理工作中，即他们具有最大限度地发挥自己的才能与利用组织资源的需要。突出他们的经营思想、创新精神，承认他们的工作努力和绩效，往往比物质鼓励更具有效果。

管理人员的眼界宽、需求高，对于他们的精神激励，要注意针对性，不能停留在发奖状、开表彰会这些一般性的内容上，而要注重为他们提供良好的工作条件和环境，使他们有充分施展才花的空间，让他们从职务工作中获得最大的心理满足，体验工作成就及挑战所带来的乐趣。这样的精神激励是会比较有效的。

## 本章小结

对于人力资源的使用是组织存在与运行的重要条件，激励则是提高组织绩效以至塑造更优秀组织的行为。本章对组织的类型、员工的类型和微观层面的劳动关系进行了介绍和分析，进而对反映员工关系状况的员工归属感与工作满意度进行具体阐述，最后系统阐述了员工激励的理论与方法。

通过本章的学习，可以使学员系统掌握现代组织对人力资源的使用和其中的员工关系内容，以及员工激励的有关问题。

## 主要概念

　　组织的类型　有机型组织　员工的类型　员工关系　劳资合作模式　员工持股计划　利润分享　工作生活质量　员工参与　参与式管理　归属感　工作满意度　工作核心因素　员工激励　正激励　负激励　过程激励　工作核心因素

## 复习思考题

　　1.员工关系和劳动关系的异同有哪些？如何理解员工关系的实质？

　　2.如何看待市场经济条件下员工关系的性质和特点？

　　3.结合某企业的实际，分析员工关系的改善问题。

　　4.工作组织分为几种类型？它们的用人特征各是什么？

　　5.组织中的员工包括几种类型？对他们应当进行什么样的管理？

　　6.什么是激励？常见的激励方法有哪些？

　　7.什么是工作满意度？如何进行测量？

　　8.工作是由哪几个核心因素构成的？试举例说明。

## 案例分析

### 万科员工的沟通与申诉权利

**一、12条沟通渠道**

1.（上级经理）门户开放

公司倡议所有经理人员"门户开放"，欢迎职员直接提出想法和疑问，同时也要求经理人员主动关注下属的想法和情绪。

2.吹风会

高层管理人员面向基层，关注一线，让职员及时了解公司业务发展方向及动态，并现场解答职员关心的问题。

3.员工关系专员

公司设员工关系专员岗，接受和处理职员表达的想法、意见和建议，保证在正常工作日36小时内给予答复，并为职员的身份保密。

4.我与总经理有个约会

如职员需要与公司高层管理人员单独面谈，可以通过员工关系专员提出申请，员工关系专员保证在正常工作日36小时内给予答复。

5.员工委员会

员工委员会是代表全体职员利益并为之服务的机构，它的基本职能是参与、沟通、监督。如果职员有意见和想法，可以向职委会委员反映。有关职委会的介绍请参阅《员工组织》。

6.工作面谈

新职员转正，职员调薪或岗位变动，进行工作评估、职业发展规划，以及职员提出辞职等情形下，职员上司都将与职员进行面谈，了解情况，听取意见。

7.工作讨论和会议

公司提倡团队工作模式，团队必须拥有共同的工作目标和价值观。公司的绩效管理体系倡导管理者在制定目标的时候通过工作讨论和会议倾听团队的意见，共同分享愿景。

8.E-MAIL给任何人

当面对面的交流不适合时，职员可以给任何人发送邮件，以迅速反映问题或解决工作中的疑惑。电子邮件应简洁明了，并只发给真正需要联系的人员。

9.网上论坛

如职员有任何意见和建议，或希望能与其他同事进行观点交流、分享，均可通过内部网论坛直接发表。

10.职员申诉通道

当职员认为个人利益受到不应有的侵犯，或需要检举揭发其他职员违反《职员职务行为准则》的行为时，可以通过申诉通道进行投诉和检举揭发（参阅"二、申诉程序"）。

11.员工满意度调查

公司通过定期的不记名意见调查向职员征询对公司业务、管理等方面的意见，了解职员对工作环境的整体满意程度，职员可按照自己的真实想法反馈而无须有任何顾虑。

12.公司的信息发布渠道

公司有网站、周刊、业务简报、公告板等多种形式的信息发布渠道，职员可以方便、快捷地了解业界动态、公司业务发展动态和重要事件、通知。

二、申诉程序

1.原则上，职员的各层管理人员直至集团人力资源部、员工委员会甚至集团总经理或董事长均是申诉对象。

2.当职员认为个人利益受到不应有的侵犯，或对公司的经营管理措施有不同意见，或发现有违反公司各项规定的行为时，可选择适当的申诉渠道向公司申诉：

（1）公司鼓励职员逐级反映情况，或者直接向部门负责人或所在公司总经理申诉；

（2）当职员认为不方便通过申诉渠道（1）申诉时，也可通过职委会申诉；

（3）从解决问题的角度考虑，公司不提倡任何事情都直接向集团总经理或董事长申诉，但当职员坚持认为有必要时，仍可直接向集团总经理或董事长申诉。

3.申诉方式可选用面谈和书面两种形式；如选用书面方式，申诉书必须具名，否则不予受理。

4.各级责任人或责任部门在接到职员申诉后，将在申诉事件涉及的相关当事人中进行调查，并根据调查结果尽快做出处理决定。处理决定将通过书面或电子邮件的形式通报给申诉者、公司总经理及集团人力资源部，职员如果对处理决定不满意，可继续向更高一级经理或部门申诉。

资料来源　佚名.员工关系与沟通规定［EB/OL］.［2017-04-06］.http://www.fdcew.com/hypx/xtrs/86317.html.

案例讨论：

1.什么是"好单位"？它在开发和使用人力资源问题上有什么特征？

2.优秀企业应当如何处理员工与组织的沟通问题？

3.如何看待员工的申诉？

第15章拓展阅读

# 第 16 章　事业的舞台——职业生涯规划与管理

## 学习目标

- ✔ 掌握职业和职业生涯的概念
- ✔ 了解职业生涯的分期
- ✔ 掌握职业生涯的三个关键点
- ✔ 了解组织的职业生涯管理平台
- ✔ 了解组织的职业生涯阶梯与通道
- ✔ 掌握职业生涯规划的实施
- ✔ 了解日常的职业生涯工作

**引例**　　　　　　　　　**为了员工明天的西门子**

西门子公司秉承视员工为"企业内部的企业家"的理念，开发员工的潜质。在这个过程中，经理人员充当人力资源教练角色，为自己部门的员工进行合理的目标定位、引导实施，同时给予他们足够的施展空间，并及时鼓励。为此，西门子公司建立了 CPD（Comprehensive Personnel Development）机制，推广在企业内部进行持续不断的沟通与交流。

CPD 流程由"CPD 圆桌会议"和"CPD 员工对话"两部分组成。

**圆桌会议**

圆桌会议每年举行一次，参加人员包括公司中高级经理和人力资源管理顾问。圆桌会议上，参与者对公司团队和重点员工的潜能进行预测；回顾过去一年的业绩；提出改进后的与业绩挂钩的薪酬体系；制定具体的管理本地化和全球化有效融合的措施等。

西门子公司结合圆桌会议为员工提供了一条发展渠道——充分挖掘潜能的培育计划。该计划包含青年管理项目、技术培训、管理培训以及与之相协调的工作轮调、项目任命、薪酬调整等。

在制定员工最关心的新的薪酬体系时，西门子公司严格根据业绩表现"按劳取酬"：进行薪酬福利调查，体察市场变化，使新的薪酬计划具有市场竞争力；对各个岗位进行科学评估，维持岗位之间的公平性，即内部薪酬体系的一致性；进行充分而必要的沟通，通过简捷的程序让所有的员工对新的薪酬体系有统一的认识。

**员工对话**

员工对话在一年之中随时进行，由经理人员和员工直接开展，并在年终填写"CPD 员工对话表格"。这些表格经过汇总成为圆桌会议的重要参考。

员工对话的内容涉及：员工职能及责任范围；业绩回顾及未达到预期结果的原因分析；潜能预测；未来任务及目标设定；员工完成目前职能要求及未来任务的能力评估；员工本人对职业发展的看法；双方共同商定的发展措施。西门子（中国）公司人力资源经理谢克海先生在分析公司员工综合发展计划时认为，这一整套方案的原则是：对公司外派人员和本地员工应用统一系统；系统覆盖所有级别的员工；在CPD圆桌会议上对有关员工发展的所有方面（潜能、薪酬管理、学习培训等）做出明确决定——所有的决定和计划保持一致性，即不分国界、级别、部门的沟通。做到这些需要高层支持、经理承诺、员工主动、人力管理部门及时到位。

资料来源　邵荣华. 西门子视员工为企业内部的企业家［N］. 北京人才市场报，2002-05-11.

## 16.1　职业生涯基本分析

### 16.1.1　职业的概念

#### 1.职业的定义

所谓职业，是指人们从事的相对稳定的、有收入的、专门类别的工作。职业一词，"职"字的含义是指职责、权力和工作的位置，"业"字的含义是指事情、技术和工作本身。进一步来说，职业是对人们的生活方式、经济状况、文化水平、行为模式及思想情操的综合性反映，是一个人的权利、义务、权力与职责，进而是一个人社会地位的一般性表征。由此，也可以说，职业是人的社会角色的一个极为重要的方面。

美国著名哲学家、教育家杜威认为，职业是人们从中可以得到利益的一种生活活动。

美国学者泰勒（Lee Taylor）则指出："职业的社会学概念，可以解释为一套成为模式的与特殊工作经验有关的人群关系。这种成为模式的工作关系的整合，促进了职业结构的发展和职业意识形态的显现。"[①]

现代管理学的发展趋势是，越来越讲求组织运行中的社会层和文化内容，这使得组织成员"人"的地位的逐步回归。在现代管理活动中，组织也就日益注意员工个人的职业问题，而不仅仅是从"组织分工"的单一角度出发进行人力资源的开发与管理，在最具有现代理念的组织中，甚至是从员工的个人意愿和生涯出发进行人力资源的开发与管理。

#### 2.职业的特点

美国社会学家塞尔兹认为，职业是一个人为了不断取得个人收入而连续从事的具有市场价值的特殊活动。这种活动决定着从业者的社会地位。塞尔兹还指出，构成

① 泰勒. 职业社会学［M］. 张逢沛，译. 台北：复兴书局，1972.

"职业"范畴的有三要点，即技术性、经济性和社会性。

日本劳动问题专家保谷六郎认为，职业是有劳动能力的人为了生活所得而发挥个人能力，向社会做贡献的连续活动，职业具有五个特性：其一，经济性，即从中取得收入；其二，技术性，即某种职业的独特的技术含量，可以发挥个人才能与专长；其三，社会性，即承担社会的生产任务（社会分工），履行公民义务；其四，伦理性，即符合社会需要，为社会提供有用的服务；其五，连续性，即所从事的劳动相对稳定，是非中断性的。

### 16.1.2　职业生涯基本范畴

#### 1.职业生涯概念

生涯（career）一词，有人生经历、生活道路和职业、专业、事业的含义。在人的一生中，需要经历少年、成年、老年几个阶段，成年阶段无疑是最重要的时期。这一时期之所以重要，是因为这是人们从事职业生活的时期，是人生全部生活的主体。因此，人的一生在职业方面的发展历程就是职业生涯。

人的职业生涯，有着种种可能：有的人从事这种职业，有的人从事那种职业；有的人一生变换多种职业，有的人一辈子委身于一个岗位；有的人不断追求，事业成功，有的人穷困潦倒，无所作为；有的人以职业为荣，以职业为乐，有的人以职业为耻，以职业为苦……

麦克法兰（McFarland）指出：生涯是指一个人依据心中的长期目标所形成的一系列工作选择及相关的教育或训练活动，是有计划的职业发展历程。

美国著名职业问题专家萨帕（Super）指出：生涯是生活中各种事件的演进方向和历程，是整合人一生中的各种职业和生活角色，由此表现出个人独特的自我发展组型；生涯也是人自青春期开始直至退休之后，一连串有酬或无酬职位的综合，甚至包括了副业、家庭和公民的角色。

#### 2.职业生涯的性质

职业生涯具有以下性质：

（1）独特性

独特性是指每个人都有自己的职业条件，有自己的职业理想，有自己的职业选择，有自己为实现职业目标所做的种种努力。从而，每个人就会有着自己与别人相区别的、独特的生涯历程。

（2）发展性

发展性是指每一个人的职业生涯，都是一种发展、演进的动态过程。解决好个人职业生涯发展中的各种条件和因素，促进其顺利、健康发展，就有着重要的意义。这是人力资源开发与管理的重要任务。

（3）阶段性

阶段性是指每个人的职业生涯发展过程都有着不同的阶段，可以分为不同的时期。就人力资源生涯各个阶段的状况，进行有针对性的、不同任务及不同手段的开发与管理，至关重要。

（4）终生性

人力资源职业生涯各个阶段的总和，构成了其终生性。终生性是指每个人的职业生涯作为一种动态发展的历程，根据个人在不同阶段的需求而不断蜕变与成长，直至终身。

（5）整合性

整合性是指由于个人所从事的工作或职业往往会决定他的生活形态，而且职业与生活两者之间又很难区别，因此职业生涯应具有整合性，涵盖人生整体发展的各个层面，而非仅仅局限于工作或职位。

（6）互动性

人的职业生涯，都是个人与他人、个人与环境、个人与社会、个人与组织互动的结果。人的"自我"观念，人的主观能动性，个人所掌握的社会职业信息和职业决策技术，对于其生涯有着重要的影响。作为使用人力资源的用人单位，对个人的职业生涯有着即时的和长期的重大影响，应当在互动中做好人力资源开发与管理，包括从组织化的阶段开展对员工职业生涯的规划。

**3.职业生涯分期**

（1）职业准备期

职业准备期是一个人就业前从事专业、职业技能学习的时期。这是职业生涯的起点，也是素质形成的主要时期。但是，对于这个生涯起点，许多人是盲目的，甚至是由别人（主要是父母）代替而走过的。

（2）职业选择期

在职业选择期，人要根据社会需要及个人的素质与意愿，做出职业选择，走上工作岗位。这是职业生涯的关键步骤，也是个人的职业素质与社会"见面"、碰撞和获得承认的时期。如果这时的选择行为失误，会带来生涯的不顺利，前途的不光明，抑或以后浪费光阴的再次选择，还可能丢掉别的好机会而"后悔莫及"。

（3）职业适应期

人们走上职业岗位从事劳动，是对人的素质的实际检验。在这一时期，基本具备工作岗位要求的人，能够顺利适应某一职业；素质较差者、素质特点与职业要求相异者，可能需要通过教育、培训来达到职业适应；自身的职业能力、人格特点与工作岗位的要求差距较大者，难于达到职业适应，可能重新进行其他类别职业的选择；而个人素质超过岗位要求很多者，可能重新进行高层次职业的选择。

（4）职业稳定期

职业稳定期是人的职业生涯的主体，从时间上看也占据职业生活期的绝大部分，一般是在人的成年、壮年时期。这一时期不仅是人们劳动效果最好的时期，也是人们养儿育女、担负繁重家庭责任的时期，因此，成年人在该时期往往稳定在某种职业，甚至某一特定岗位上。在职业稳定时期，如果从业者的素质能够得到发挥和提高，潜力得以体现，稳扎稳打，就可能抓住机会，逐步取得成果，获得生涯的成功和成就。

在职业稳定期，经过长期的职业活动，还能够使自己的素质状况有较大的提高，成为在某一领域的行家里手、专家权威,得到晋升,获得巨大的成就,进而达到成功的巅峰。

（5）职业衰退期

职业衰退期是人们进入老年的时期。由于人的生理条件的变化,职业能力发生了缓慢的、不可逆转的减退,因而心理上趋向于求稳妥,其生涯则一般是维持现状。

有一些老年人,在此时期其智力并没有明显的减退,而知识、经验还有着越来越多的积累,有的学者称之为"晶态智力"。这种晶态智力的发挥,能够使他们的素质进一步提高,出现第二次创造高峰,再一次获得成功。这些人往往是职业、专业方面的行家里手和出色人才。

（6）职业退出期

职业退出期是指由于年老或其他原因,结束职业生活历程的短暂的过渡时期。

### 4.工作三阶段

在人生漫长职业生涯的各个时期中,从人在工作岗位的角度,又可以分为早期、中期、后期三个时期,它们基本上与上面的"职业适应期、职业稳定期、职业衰退期"相同。这三个时期,人们的职业生涯有着不同的、特定的任务,见表16-1。

表16-1                                   各个工作时期的工作把握

| 阶 段 | 所 关 心 的 问 题 | 应 开 发 的 工 作 |
|---|---|---|
| 早 期 职 业 生 涯 | 1.首先是要得到工作<br>2.学会如何处理和调整日常工作中所遇到的各种麻烦<br>3.要为成功地完成所分派的任务而承担责任<br>4.要做出改变职业和调换工作单位的决定 | 1.了解和评价职业和工作单位的信息<br>2.了解工作和职位的任务、职责<br>3.了解如何与上级、同事和其他人搞好（工作方面的）关系<br>4.开发某一方面或更多方面的专门知识 |
| 中 期 职 业 生 涯 | 1.选择专业和决定承担义务的程度<br>2.确定从事的专业,并落实到工作单位<br>3.确定生涯发展的行程和目标等<br>4.在几种可供选择的生涯方案中,做出选择（如技术工作还是管理职位） | 1.开辟更宽的职业出路<br>2.了解如何自我评价的信息（例如工作的成绩效果）<br>3.了解如何正确解决工作、家庭和其他利益之间的矛盾 |
| 后 期 职 业 生 涯 | 1.承担更大的责任或缩减在某一点上所承担的责任<br>2.培养关键性的下属和接班人<br>3.退休 | 1.扩大个人对工作的兴趣,扩大所掌握技术的广度<br>2.了解工作和单位的其他综合性成果<br>3.了解合理安排生活之道,避免完全被工作所控制 |

## 16.2 个人职业生涯的关键点

### 16.2.1 完成职业适应

**1.完成职业岗位的适应**

一个人走上工作岗位从事某一项职业的劳动，要通过一定的试用期，对自己所任职的岗位逐步熟悉，最后达到胜任的状态。

职业适应的内容，以所在工作岗位的职务说明书或者职业环境为依据，要达到职务说明书所规定的各项内容的要求。其包括：本职业岗位的工作技能、本职业所需的业务知识、一定的专业背景知识和理论（自己已掌握的知识、理论还需实践化，缺乏的应给予有针对性的补充）、对组织中的各方面工作联系的了解、对组织的各项管理制度的了解等诸多方面。职业适应最基本、最突出的体现是工作技能的熟练程度。

上述职业适应方面内容的要求，需要通过自身的学习、模仿和工作单位对于自己的入职教育、实习安排、工作实践、"师傅"指导、上岗培训以及技能训练等途径来达到。

**2.完成组织文化的适应**

文化问题涉及经济社会发展道路与模式，是当代许多学科高度关注的重大研究领域。组织文化也已成为当代管理学高度重视的问题。

一个人走上一个职业岗位，就是加入到一个组织，他（她）就要受到组织的约束和指挥，得到组织的引导和塑造。每一个组织都有自己的文化，这种文化是组织的价值观，其表现是组织做事的风格、模式，也大量表现在人与人的关系上。

人在一个组织中从业，必然要被组织"社会化"，即被组织所认同、被组织中的成员们所认同。要想达到个人的行为、需求、个性心理特征与组织文化的适应，就要对自己的行为和思想进行一定的调整和改造，才能达到组织的要求和期望，得到组织成员的接纳。

**3.完成职业心理的转换**

青年人第一次进入工作岗位，自食其力，挣得工资，真正成为在社会中生存的独立的人。这是彻底完成心理断乳的人生阶段，它意味着人的社会心理的巨大转变。即使是有了一定的职业生涯履历的青年人和成年人，在转换工作、走上新岗位时，不论是转换职业种类、级别还是工作地区迁移，或是仅仅变动工作单位，都有面对新情境而进行心理转换和适应的问题。

### 16.2.2 建立心理契约

所谓心理契约，是指员工个人与用人单位对双方彼此权利与义务的一种主观认同和承诺。作为组织员工的个人会认为，如果企业承诺将对自己的贡献给予某种形式的回报，那么只要自己为企业做出贡献，企业就有义务兑现自己的承诺；而企业认为，如果企业给予员工相应的报酬和发展机会，员工也就应该为企业做出贡献。[①]员工和企业双方在这个问题上就达成了默契。虽然这种心理契约不是正式的、有形的，没有体现为文本，但它是比一般的工作合同契约更加重要的契约，因为这对双方来说都是自觉的。

在人力资源个体与用人的组织之间形成心理契约的情况下，往往会出现员工对组织的认同，包括与组织在情感方面的认同、对组织依存的认同和对组织规范的认同。[②]

在现代高科技企业，员工大多数都是人力资本含量高的知识型员工，他们更加注重并遵守与企业的这种心理契约。但是，如果企业违背了双方的这种默契，导致心理契约被破坏，这些知识型员工的反应就会比较强烈，轻则降低工作积极性，重则愤而离职。很多高科技企业的员工流失率居高不下的原因，就是因为这些企业没有意识到心理契约的重要性，因而也没有采取对员工负责任的做法，甚至不兑现已经承诺的事情。

### 16.2.3　认定终身职业

#### 1. 职业生涯归宿——系留点

薛恩的职业生涯系留点理论，是职业生涯发展理论中的重要内容。该理论反映人们在有了相当丰富的工作阅历以后，真正乐于从事某种职业，并把它作为自己终身职业归宿的思想原因。或者说，某种因素把人"系"在一种职业上。在经过长期的职业实践后，人们对个人的"需要与动机"、"才能"、"价值观"有了真正的认识，即寻找到了职业方面的"自我"与适合自我的职业，这就形成人们终身所认定的、假定的再一次职业选择时最不肯舍弃的因素，即"职业生涯系留点"（career anchor）。[③]我国学者又把这一理论称为"职业锚"理论，亦即人们选中了一种职业，就此"抛锚"、安身。

该理论是薛恩等人对麻省理工学院的一批管理系毕业生进行了长达十几年的追踪研究，进行了大量采访、面谈和态度测量，并根据这些资料进行研究分析得出的。薛恩指出，作为"自我概念"中最重要的内容，"人对自身才能的感知"是真正有了职业经历、工作体验后，才能够正确、清楚地估测出来的。

#### 2. 管理人才系留点

薛恩把麻省理工学院管理系毕业生的系留点划分为五种类别：

（1）技术性能力

这种人的整个职业生涯核心，是追求自己擅长的技术才能和职能方面的工作能力的发挥。其价值观是愿意从事以某种特殊技能为核心的挑战性工作。这批校友最后从事的是技术性工作、职能部门管理等各种职业。

（2）管理能力

这种人的整个职业生涯核心，是追求某一单位中的高职位。他们沿着一个单位的权力阶梯逐步攀升，直到全面执掌权力的高位。这种管理能力体现为分析问题、与人们周旋应付和在不确定情况下做出难度大的决策。他们追求的目标为总裁、常务副总裁等。

---

①　Rousseau. Psychological contracts in organizations [M]. Thousand Oaks, CA: Sage Publications, Inc., 1995: 7.
②　马希斯，杰克逊. 人力资源管理培训教程 [M]. 李小平，译. 北京：机械工业出版社，1999: 41.
③　职业生涯系留点也被翻译为"职业锚""职业着眼点"。

（3）创造力

这种人的整个职业生涯核心，是围绕着某种创造性努力而组织的。这种努力的结果是他们创造了新产品、新的服务业务，或者搞出什么发明，或者开拓建立了自己的某项事业。这批校友中，有的人在所奋斗的事业、创造、发明中已经成功，有的人仍然在奋斗和探索着。

（4）安全与稳定

这种人的整个职业生涯核心，是寻求一个组织机构中安稳的职位。这种职位能保证长期的就业，有稳定的前途，能够使个人达到一定的经济地位从而充裕地供养家庭。

（5）自主性

这种人的整个职业生涯核心，是寻求"自由"和自主地工作。具体来说，是能够自己安排时间，能够按照自己的意愿安排工作方式和生活方式。他们最可能离开常规性的公司、企业，但是其活动与工商企业活动及管理工作仍然保持着一定的联系。他们从事的理想职业包括：教师、搞咨询、写作或经营一家店铺等。

**3.其他职业生涯系留点**

薛恩的上述研究结论是对名牌大学管理专业毕业生的研究，其结论的适应性有着一定的范围。鉴于社会职业的广泛性，薛恩还提出了四种不同于名牌大学管理系科毕业生的社会从业人员可能具有的职业生涯系留点，包括：其一，基本认同，其含义是在一些社会阶层较低的职业层面，一个人的头衔、制服和其他职务标记可以成为"自我"定义的基本根据，例如哈佛大学的校工不说自己是校工职业而强调自己"在哈佛工作"的身份；其二，服务，亦即劳务；其三，权力欲及扩展；其四，工作中的多样性追求。

# 16.3 组织中的职业生涯通道

## 16.3.1 职业生涯通道基本分析

**1.职业生涯通道的内涵**

职业生涯发展阶梯是组织为内部员工设计的自我认知、成长和晋升的管理方案。职业生涯发展阶梯在帮助员工了解自我的同时使组织掌握员工的职业需要，以便排除障碍，帮助员工满足需要。另外，职业生涯发展阶梯通过帮助员工胜任工作，确立组织内晋升的不同条件和程序，对员工职业生涯发展施加影响，使员工的职业生涯发展目标和规划有利于满足组织的需要。职业生涯发展阶梯的主要内容有：职业生涯通道模式、职业生涯通道设置，以及职业策划与工作进展辅助活动等。其中，职业生涯通道模式与职业生涯通道设计是职业生涯通道设计的核心内容，在这里专门进行阐述，主要介绍职业生涯通道的特征及职业策划与工作进展辅助活动的有关内容。

对于组织员工的职业生涯发展阶梯规划管理，是现代人力资源管理的关键内容之一。组织有为维持其效益、生存和成长而招聘和使用员工的需要；雇员有在自己完整的职业生命周期中，寻求具有安全、挑战和自我发展的机会和工作情境的需要。二者的结合，落实在为员工建立科学合理的职业生涯发展阶梯上，这对于增加员工对组织的忠诚度，调动员工的积极性与创造性，维持组织的长期可持续发展动力，具有非常重要的意义。因此，组织的人力资源管理工作就要善于有效地把组织的目标与员工个人的职业发展目标和职位晋升结合起来，努力为他们确立一条有所依循的、可感知的、充满成就感的职业生涯发展通路。

职业生涯通道是决定组织内部人员晋升的不同条件、方式和程序的政策组合。职业生涯通道可以显示出组织雇员晋升的方式，晋升机会的多少，如何争取晋升等，从而为那些渴望获得内部晋升的员工指明努力方向，提供平等竞争的机制。

职业生涯通道范畴，存在着以下三个"度"：

（1）职业生涯通道的宽度

根据组织类型和工作需要的不同，职业生涯通道可宽可窄。要求员工在多个职能部门、多个工作环境轮换工作的职业生涯通道是宽职业生涯通道，它适应对员工高度综合能力的要求；要求员工在有限的职能部门和工作环境中工作的职业生涯通道是窄职业生涯通道，它适应只要求员工具备有限专业经验和能力。

（2）职业生涯通道的速度

根据员工能力和业绩的不同，职业生涯通道的设置可以有快慢之分，即快速梯和慢速梯。正常晋升和破格提升都应做到有政策依据。设置快速梯的前提是公司不会长久地将具备较高素质和能力的员工安排在同其条件不相称的工作岗位上。事实上，大量的大学毕业生的第一份工作都是基础性工作。显然，组织有意日后安排更复杂困难的工作给他们，可是由于背离了前提，新毕业生的流动率比别的职业人群要高。因此，职业生涯通道的建立可能导致招聘和晋升中的差别对待的障碍。

（3）职业生涯通道的长度

根据组织规模和工作复杂程度的需要不同，职业生涯通道可长可短。职业生涯某一个通道中数量等级在4级及以下的可称为短阶梯、易成长通道；在10级以上的可称为长阶梯，难发展通道；在5~10级之间的可称为中等长度、一般难度的职业生涯通道。组织职业生涯通道的长短对雇员的发展和潜力的发挥具有重要影响。

**2.职业生涯通道的分类**

根据当前国内外不同组织职业生涯通道设置的实践，可以发现，目前职业生涯通道模式主要分三类：单阶梯模式、双通道模式和多通道模式。单阶梯模式，是一种出现时间最早的、最基础的模式，这里首先进行介绍。双通道模式和多通道模式内容较多，后续章节将专门进行阐述。

传统的组织或企业的职业生涯发展阶梯只有行政管理职位一种，其职业生涯通道一般为：科员、副科长、科长、副处长、处长、副局长、局长等。为了提高技术人员的工作积极性，必须为其提供有效的激励措施，在这种情况下，许多在本专业做出了突出业绩的技术人员被提升到管理职位上。尽管许多技术人员被提升后在管理岗位上取得了良好的业绩，但由于工作内容与环境的差异，以及能力要求的不同，也出现了许多适得其反的效果，对企业的高效运作和长远发展产生了不利影响。

由于自身的限制，目前单通道模式只在一些性质比较单一的组织中实行。

### 3.关键工作——职业策划

职业策划是指组织在员工进行个人评估和确定未来职业发展策略时给予他们有效的援助，帮助员工确认自身的能力、价值、目标和优劣势，并协助他们制定相应的职业生涯开发策略及规划职业发展路线。职业策划一般由组织中具有专业知识的人力资源部门提供正规的帮助服务，以确保员工评估在形式、时间、内容范围上的一致性和一定的准确性。组织可以利用收集到的职业策划结果，有针对性地安排雇员的职业生涯活动。通过职业策划，可以同时满足员工和组织的需要。当然，这也是组织帮助员工做出职业生涯通道的定位、进行职业阶梯晋升条件的准备和从事其他相关工作的依据。

职业策划时，组织使用的指导表格参见表16-2。

表16-2 　　　　　　　　　　　　　　组织职业策划安排指导①

1.请圈出，我对现职工作的满意程度是：

很低　较低　中等　较高　很高

2.我想在工作中通过___取得进一步的提高（可选择多项）

A.在现任工作岗位上争取进一步的业绩和成果

B.努力争取达到胜任比现任工作岗位更高一级工作的资格和能力

C.努力达到胜任组织内另一部门其他类型工作的资格和能力

D.争取能够胜任高于现任工作的若干职务

3.我认为自己最适合于做___工作（可选择多项）

A.监督管理

B.生产操作

C.技术与产品开发

D.其他（请写明）

4.职业生涯目标：

对我而言，一个切实可行的工作目标是_____

5.限制条件（任职资格、条件）：

立足于现有工作，评价自身的限制条件和要达到工作目标需要什么？_____

6.我的全面平衡发展规划：

A.我的优势在于___

B.我喜欢做的工作类型，如___

C.我的局限因素在于___

D.我不喜欢做的工作类型，如___

7.职业生涯发展：

如果我想在现有工作或别的工作方面取得发展，我需要：

A.在___方面更多的工作知识

B.我想从事___工作

C.对___更为完善的态度和视野

8.实现工作目标的行动计划：

列出为实现职业目标，你如何提高知识水平、工作技能水平和个人能力

---

① 胡君辰，郑绍濂.人力资源开发与管理［M］.上海：复旦大学出版社，1999：174-175.

#### 4.工作进展辅助活动

工作进展辅助活动是组织为帮助员工胜任现职工作，顺利完成各项工作任务而提供的各种旨在提高员工工作能力的辅助行为。工作进展辅助活动的方式灵活多样，具体可根据组织内部的工作性质、个人条件的不同而采取不同的方式。总体来说，工作进展辅助活动是以协助员工在工作中成功积累工作经验和提高工作能力为目的。

按照学者的分析，实施工作进展辅助活动的主要途径有三个（胡君辰，等，1999）：

（1）满足员工特定的职业价值观或职业目标的需要；

（2）激发员工的某些潜在能力和优势；

（3）改善或弥补员工在职业策划中反映出来的弱点或不足。

科学、清晰的职业生涯通道设置和规划可以满足雇员长期职业生涯发展的需求，同时还可以满足组织高层次工作清晰化、专业化的需要。组织可以借此通过适当的招聘政策吸引和留用更多高素质的人才，使组织发展有稳定可靠的人员保障。

### 16.3.2　职业生涯通道的双通道模式

#### 1.双通道模式的特点

职业生涯发展的双通道模式，是在目前各类经营管理组织的职业生涯规划工作中使用最多的职业阶梯模式。

为摆脱传统组织职业生涯发展单通道即单一行政职位系列的弊端，大量企业和组织为员工们提供了两种职业生涯路线和阶梯：

其一，管理人员生涯通道，沿着这条道路可以通达高级管理职位。

其二，专业技术人员生涯通道，沿着这条道路可以通达高级技术职位。

如海尔集团分别设置了管理职务和技术职务的培训和升迁轨道。在实行双通道模式的组织或企业中，雇员可以自由选择在专业技术阶梯或是在管理阶梯上得到发展。两个阶梯同一等级的管理人员和技术人员在地位上是平等的。

#### 2.双通道模式实例

这里介绍一些采用双通道模式企业的实际措施方法。

（1）微软公司的职业生涯通道

微软公司采用的是技术人员与管理人员的双通道职业生涯发展阶梯模式。作为科技型公司，微软公司非常重视技术人员的职业生涯通道设置。

微软公司技术人员的职业生涯通道共分15级，低级向高级晋升，必须基于上级主管对该员工的考评，考评每年有两次，一次主要确定能否晋级，另一次确定当前年度该员工奖金与股票的多寡。考评的主要内容是开发人员完成所承担项目的量与质，如软件编程的错误率多少，由高一级主管分1～5分评定。一般连续二次评定为4分以上可考虑晋级，而连续两次评定为3分或3分以下的员工，被视为"没有进取心的""没有前途"的员工，很可能被公司淘汰。获取5分的员工也很少，表明微软对人才的高标准要求。一般的硕士、博士毕业生可获得7～8级的职称，能够升至15级的员工不多，一般要到临近退休时才可能实现。[①]

微软的技术职称等级体系，主要针对从事产品研究与开发人员（软件工程师）、产品测试人员和技术支持与服务人员。这种研究开发人员的职业生涯通道模式，使员工工作压力很大，因此，微软的研发人员是美国公司中最勤奋的一群，由于考评对晋级与辞退，特别是股票持有的数量有着直接的影响，因此，研发人员工作的积极性很高。

微软公司的管理人员职称分为12级。技术人员与管理人员的双轨转换不十分明显，这与微软公司强技术背景有关。

（2）贝尔-阿尔卡特移动通信有限公司的职业生涯通道

贝尔-阿尔卡特移动通信有限公司的职业生涯通道是典型的双通道模式，公司设计出行政管理职位系列和专业技术职位系列，这一并行的职位系列制度，可以充分调动不同工作性质员工的积极性，为他们提供公平合理的发展机遇，以激发其创造潜力。[②]

贝尔-阿尔卡特公司行政管理系列设7个级别：由低级到高级依次为初级职员、中级职员、高级职员、主任职员、三级经理、二级经理、一级经理。每一级的行政管理职位享受相应的待遇，如初级职员享受1~3级工资待遇、1级住房补贴待遇；而一级经理享受10级工资待遇、7级住房补贴待遇。申请行政管理职位的员工主要包括：各级经理人员、市场研究人员、销售人员、财务人员、物资采购人员、质量监督人员、行政管理及支持人员等。各级人员在行政管理职位人员中所占的比重大约为：初级职员为8%~10%，中级职员占13%~15%，高级职员为28%~32%，主任职员为26%~34%，三级经理以上人员比例由公司根据发展战略确定。公司每年在年终考核结束后，根据公司总体规划并按一定的比例，确定主任职员及其以下各级行政管理职位晋升比例和名额。三级经理由二级经理提议晋升，二级经理由总经理根据公司实际需要直接提名，报董事会批准后任命。

贝尔-阿尔卡特公司技术职位系列分为6个级别，由低级到高级依次为：职业技师、助理职业工程师、三级职业工程师、二级职业工程师、一级职业工程师及专家。各级专业技术职位也享受相应的待遇。如职业技师享受1~3级工资待遇、1级住房补贴，而专家享受8~9级工资待遇、6级住房补贴。申请专业技术职位的人员主要为：工程部门技术人员、研究和发展部门技术人员以及其他部门的技术人员。各级专业技术职位人员所占的比重为：职业技师占8%~10%，助理职业工程师占13%~15%，三级职业工程师占28%~32%，二级职业工程师占26%~34%，一级职业工程师和专家的比例由公司根据发展战略确定。公司每年在年终考核后，根据公司总战略和一定比例，确定各级专业技术职位人员晋升比例和名额。

每年年末，部门经理在部门员工个人申请的基础上，根据员工年终考核结果，结合各级职位的基本要求，提议晋升各级职位的人选，报公司设立的"职位评审委员会"评审通过。公司对新聘用的应届毕业生在实习结束期后根据有关标准和条件定职。对新聘用的、有工作经验的行政管理或专业技术人员在试用期满后，根据具体情

---

① 陈劲，徐笑君．研究开发人员职业发展轨道与职称评定研究［J］．科研管理，1999（3）．
② 杨永康，等．双通道制度［J］．中国人力资源开发，2000（10）．

况和参照职位标准，确定其职位级别。

（3）波音公司的职业生涯通道模式

波音公司为科研人员提供了双通道职业生涯发展模式，其职业生涯通道分别为：技术专家阶梯与技术管理阶梯。其中，技术专家阶梯的职位分为高级主管工程师和科学家、技术副研究员、技术研究员；技术管理阶梯的职位分为技术督察、项目经理和技术执行主管。值得注意的是，这种双通道模式是在技术人员进入高层时才进行的，大学毕业生、初级和中级水平的技术人员暂无阶梯升迁可言。

波音公司技术专家阶梯的主要特色是设置了技术研究员制度，高级技术人员分为三级：高级主管工程师、技术副研究员和技术研究员，为广大工程师提供了有吸引力的职业发展轨道。技术研究员选择的标准是：

①技术知识与判断力（15%）、技术行为或决策的效果（15%）；

②创造性和创新精神（15%）、技术管理和计划能力（10%）；

③研究与完成项目能力（10%）、技术领导能力（10%）；

④技术传授和辅导能力（15%）、建议和咨询能力（5%）；

⑤沟通能力（5%）。

每级的晋升都有明确的要求。其中，高级主管工程师在评分中必须达到55分以上，并在波音公司工作3年以上，比例为工程师总数的25%；技术副研究员的评分为70分以上，在波音有5年的工作经验；评分在85分以上的技术副研究员可以考虑升为技术研究员。

### 16.3.3　职业生涯通道的多通道模式

**1.多通道模式的特点**

由于社会上的经营组织诸多，双通道的模式对专业技术人员职业生涯通道的划分有时仍然偏狭窄了，为此，可以对双通道中的某一个通道进行分解（如将一个技术阶梯分成多个技术轨道），或者增加其他性质的通道（如增加营销类的、行政类的、服务类的通道等），这样做，可以使组织结构进一步精细化，工作职能和人员设置更专业化。这时的双通道职业生涯发展模式，也就变成了多通道职业生涯发展模式。

多通道的模式，不仅解决了公司的管理需要问题，同时也为专业技术等人员的职业发展提供了更大的空间。例如，美国一家化工厂将技术轨道分成三种：研究轨道、技术服务和开发轨道、工艺工程轨道。深圳某高技术公司将技术人员的职业发展轨道分成六种：软件轨道、系统轨道、硬件轨道、测试轨道、工艺轨道与管理轨道，不同的轨道又分成8~10种不同的等级。

**2.多通道模式的实例**

下面以美国两家公司为具体实例，介绍一下职业生涯多通道模式。

（1）西部电子公司的职业生涯通道模式

西部电子公司为拓展专业技术人员的发展空间，为员工设计了三类职业生涯发展阶梯：技术人员阶梯、技术带头人阶梯与技术管理人员阶梯，这是一种典型的职业生涯多通道模式。

　　在西部电子公司的职业生涯通道模式中，技术带头人是指有较强技术基础，能管理项目的员工，他们进行项目资源的计划、协调与控制，并有预算能力，设立技术开发策略与产品开发方向，他们主要对技术人员的技术要求进行把关，而无直接管理技术人员的权力；而技术管理人员主要对项目的预算、人员的调动、升迁及考评负责。在技术三轨制中，技术人员分5个等级（技术一级、技术二级、技术三级、高级技术一级、高级技术二级），技术带头人分成4个等级（一般技术带头人、高级技术带头人、技术主任、技术执行主管），技术管理人员也分4个等级（一般管理人员、高级管理人员、管理主任、管理执行主管）。

　　从西部电子公司的职业生涯通道安排来看，技术带头人等级与技术管理人员等级要高于技术人员等级，技术人员一般要到4级（高级技术一级）才有可能进入技术带头人和管理人员等级，而且这种职业的迁移要取决于公司的内在需要和该员工所拥有的才能。

　　（2）ESCA公司职业生涯通道模式

　　ESCA公司的主要特点是通过对科研人员核心能力的考核，进行职业升迁和发展。人员核心能力包括公司价值、战略性组织管理技能、人际技能、思考与解决问题能力、沟通能力、执行能力、自我管理能力及关键的管理技能。

　　ESCA公司的职业生涯发展阶梯分为四种类型：技术人员阶梯、技术专家阶梯、行政管理人员阶梯和经理阶梯。其中，技术人员分6个等级，技术专家分7个等级，行政管理人员分7个等级，经理分3个等级。3级工程师的报酬等级与7级技术专家、4级行政管理人员、1级经理相当，4级工程师的报酬等级与2级经理相当，5级工程师的报酬等级与3级经理相当，见16-3。企业主要从工作的复杂性、领导能力、决策能力、产业知识、公司知识和教育程度六方面对员工进行考评，并根据考评结果决定其技术和管理的等级。

表16-3　　　　　　　　ESCA公司技术人员职业阶梯模式与报酬等级表

| 报酬等级 | 技术人员 | 技术专家 | 行政管理人员 | 经理 |
|---|---|---|---|---|
| 工作范围 | 设计核心技术、系统软件和工业应用 | 针对各种各样的消费者，对产品、系统和服务进行定位、加强和供给 | 为企业经营运作收集、分析、沟通和管理信息与测量 | 管理对公司产生重要影响的领域，并提供领导 |
| 10 | 公司工程师 | | | 经理IV |
| 9 | 工程师V | | | 经理III |
| 8 | 工程师IV | | | 经理II |
| 7 | 工程师III | 技术专家VII | 行政管理员IV | 经理I |
| 6 | 工程师II | 技术专家VI | 行政管理员III | |
| 5 | 工程师I | 技术专家V | 行政管理员II | |
| 4 | | 技术专家IV | 行政管理员I | |
| 3 | | 技术专家III | 行政管理助理III | |
| 2 | | 技术专家II | 行政管理助理II | |
| 1 | | 技术专家I | 行政管理助理I | |

　　资料来源　陈劲，徐笑君.研究开发人员职业发展轨道与职称评定研究［J］.科研管理，1999（3）.

# 16.4 \ 组织职业生涯规划基本内容

### 16.4.1　组织职业生涯规划的视角

当今世界，正在出现经济全球化的趋势。这也意味着科技进步高速化、信息交流瞬息化、组织模式多元化、劳动形式多样化和经济关系的重大变革，组织之中的雇佣关系、分配关系以至产权关系由此也正在发生着根本性的变革，雇主与雇员的身份出现混合化、模糊化现象，这使得组织的人力资源管理理念也产生着进一步的变化。从根本上看，当今的组织人力资源理念把人放在中心，把人作为立足点，而且把人的职业生涯规划与管理作为人力资源开发与管理工作和整个管理工作必不可少的内容，甚至是作为吸引人才、造就人才、成就组织大业的重要手段。这在现代组织中已经成为一种趋势。

每个组织都有自己的运转目标，每个组织都有自己的组织结构，每个组织也都有自己的用人需要。组织为了顺利达到自身的目标，必须基于成员们的能力、人格、需要、动机，使用本组织的人力资源，这就要对员工进行规划。

近年来，发达国家的经济组织对于员工的规划，已经进入到"职业生涯规划（career planning）"阶段。其立意已经不仅是把"对员工的发展提供帮助"作为员工激励的手段，而且也成为组织管理工作的新思路，其"新"处在于组织发展与员工发展的一致化和互相促进。因此，职业生涯规划成为现代组织的用人和长期发展的战略性任务。从人力资源开发与管理的角度看，组织的职业生涯规划也构成现代人力资源管理的重要内容。

组织的职业生涯规划和个人的职业生涯规划的对比，见表16-4[①]。

表16-4                       职业生涯规划的不同视角

| 组织职业生涯规划的视角 | 个人职业生涯规划的视角 |
| --- | --- |
| • 确定组织未来的人员需要 | • 确认个人的能力与兴趣 |
| • 安排职业阶梯 | • 计划生活和工作目标 |
| • 评估每个员工的潜能与培训需要 | • 评估组织内外可供选择的路径 |
| • 在严密检查的基础上，为组织建立一个职业生涯规划体系 | • 关注随着职业与生命阶段的变化，在兴趣和目标方面的变化 |

### 16.4.2　职业生涯规划的人力资源工作平台

从组织职业生涯规划的角度来看，人力资源的开发与管理工作所提供的平台主要涉及以下方面：

**1.工作岗位——组织对人力资源的需求**

工作岗位，是一个人职业生活的落实地点。人到一个劳动岗位上就业，就开始了

---

[①]　马希斯，杰克逊. 人力资源管理培训教程［M］. 李小平，译. 北京：机械工业出版社，1999：162.

自身职业生涯历史的书写。

工作岗位，也是组织对人力资源进行管理的起点。这体现在"工作说明书"或"职务说明书"上。首先，组织根据自身的发展目标，进行机构的设置和岗位的设计——包括不同的职位种类和每种职位的数量；其次，就是对各个岗位的工作进行分析，然后制定出工作说明书或职务说明书；最后，组织进行招聘，各种职位招聘的条件以工作说明书的要求为依据。

### 2.职务安排——组织对人力资源的任用

当组织招聘人员并对所招收的人员进行入职教育培训以后，就要对其任用了。组织对人员的任用，要基于工作需要、目标导向、比较选优及人职匹配等原则进行。个人走上某个职业岗位时所感受的组织文化，对其在组织中的行为会有一定的影响。尤其对新就业人员来说，其初次任职不仅是人生的一步，而且是人生的一大阶梯。

从组织的角度看，重要人物、特殊性成员的任职往往要采取一定的仪式，它具有组织目标、组织纲领宣言性的象征性意义，"表现为个体状况的重要变化"[①]。例如总统就职、名誉教授授衔、公司总裁上任等。这种象征性仪式"不仅涉及外部的安排，更重要的是个人内心对自己的感觉的变化"[②]。

对于普通的成员，也可以举行一定的任职仪式，因为这使得个人在进入组织的形式上有了严肃性，甚至是庄严感、神圣感。这如同入党入团宣誓、举行成人仪式的功用，是组织对人的熏陶，而且这种气氛也有利于组织对成员未来的塑造。

### 3.日常工作——组织对人力资源的使用

组织对于人力资源的使用，从表面上看就是"任职"，实际上它还有着相当丰富的内容——进行日常的工作管理。其具体内容包括：工作内容的分配安排、工作环境的提供、工作条件的配备、工作流程的控制、工作节奏的调节、工作关系的维持、工作动机的调动、工作绩效的评价、工资薪酬的计发、工作能力的培训以及工作潜能的开发等。这些都是人们日日时时从事的职业工作，是人们年年月月走过的生涯道路。

进一步来说，在对人力资源的使用中，还有着组织本身与人力资源的关系问题，这包括：雇佣关系或劳资关系、劳动合同或人事合同关系、"顶头上司"等管理者与组织成员的管理关系、员工在产权方面的身份与权利（如员工的持股、管理者的期权）、社会保障关系等。

## 16.4.3  组织职业生涯规划的目标

### 1.员工的组织化

（1）基本目标——组织人

一般来说，员工的组织化即员工在一个组织中完成其社会化，并成为合格员工的过程。人力资源管理学者对于个人初入单位被接纳与塑造成为合格员工的过程即组织

---

①  韦恩，杰克逊. 组织行为学［M］. 北京：中信出版社，西蒙与舒斯特国际出版公司，1998：164.
②  韦恩，杰克逊. 组织行为学［M］. 北京：中信出版社，西蒙与舒斯特国际出版公司，1998：164.

化过程，给予了高度的重视。在这一过程中，个人要实现对职业岗位的适应、组织文化的适应和职业心理的转换，组织则要把没有职业阅历或者有其他单位职业经历的新招聘人员，塑造成为基本符合本单位需要的员工，即在本组织中被认同，能够完成组织工作，具有与老成员类似特征的人。

学者们对此有着不少进一步的认识。

（2）有价值的文化人

于中宁指出，发达国家是经过"机器人""经济人"的理念，到承认人的社会性，满足员工的成就感、提升要求等，使员工成为服从组织的"社会人"，20世纪90年代进一步发展为承认人的教育和文化背景、承认人的不同观点和思考方式，即把员工看作有价值的"文化人"。

（3）合理自利的企业人

戴昌钧则把组织中的人的转变，定位为"企业人"，提出了"有限工作欲望假设""有限理性假设"和"合理自利假设"，并分析了工作的内容与性质、工作的目的、人员素质状况与工作适应性关系三个方面的内容，还阐述了"将企业目标、社会规范内化到员工的价值体系中，引导员工自觉地在合理的范围内去追求其自身利益，从而使个人利益与企业目标达到和谐统一的更高境界"。

（4）完成社会化的全面人

吴国存除了认定个人进入组织后"学会工作、担任好角色、理解组织文化、融入组织"的特定社会化过程，而且强调把工作人看作"全面人"，组织对员工的职业生涯以及其他个人生活问题也应当给予关心。

**2.协调组织与员工的关系**

任何组织，都是由从上到下各层级的一个个员工所组成，组织与员工之间的协调至关重要。协调组织和员工的关系，即承认员工个人的利益和目标，使员工的个人能力和潜能得到较大的发挥，使他们努力为组织完成生产经营任务，达到"双赢"的目标。推行职业生涯规划，正是协调组织与员工关系，对员工产生巨大的激励作用并使组织目标和员工目标达到统一的重要途径。

**3.为员工提供发展机会**

人力资源是一种能动性的资源，发挥其能力与潜能至关重要。通过职业生涯规划，可以使组织更加了解员工的能力，从而恰当地使用这一资源。尊重人、尊重员工，也是现代管理的理念。在组织正常发展的情况下，实行职业生涯规划和管理措施，尽量考虑员工的个人意愿，为员工提供发展机会，也是组织发挥员工主动精神的重要手段。

**4.促进组织事业的发展**

实行职业生涯规划的目的，还有利于大大提高员工的综合素质，进而提高组织的效益和对外部变化的应变能力。从根本上说，是要促进组织事业的发展，要做到这一点，必须靠组织之中各方面人员的努力：

（1）好的领导者

高层管理人员要以领导者的真知灼见规划组织的未来，并制订方案去实现。实行职业生涯规划本身，也有利于从现有组织成员中选拔出最优秀的领导者。

（2）各层次的管理者

通过职业生涯规划，各层次的管理者有了明晰的升迁渠道、路径，也有了较多的培训和其他个人能力发展机会，因而他们会以非常负责任的态度和创造性的精神去从事管理活动，解决各种问题，这有利于保证组织工作的有效运行。

（3）每一个员工的团结协作

对广大员工开展职业生涯规划与管理，有利于一般员工主人翁精神的形成，有利于他们执行组织决策，积极工作，自觉地为组织的目标努力。

## 16.5　组织的职业生涯规划操作

### 16.5.1　职业生涯规划的实施

**1.制定职业生涯规划表**

职业生涯规划表，是组织对于员工实施职业生涯规划与管理的主要方法之一，也是设计、实施和观察职业生涯规划与管理的重要工具。

职业生涯规划表可以有不同的内容和多种模式，要根据一个组织的具体情况和职业生涯规划与管理需要选择和制定。马士斌基于职业类别、生涯目标体系内容和生涯通道的综合考虑，对"人生""长期""中期""短期"各个规划时期的目标与实施内容列项，设计了生涯计划表。该表格可在一个组织内部广泛、统一使用。表16-5是职业生涯规划表的内容示例[①]。

**2.员工自我分析**

员工首先应对自己的基本情况（包括个人的优势、弱点、经验、绩效及喜恶等）有较为清醒的认识，然后在本人价值观的指导下，确定自己近期与长期的发展目标，并进而拟订具体的职业发展计划。此计划应有一定的灵活性，以便根据自己的实际情况进行调整。

进行正确的自我分析和自我评价并不是一件简单的事情，要经过较长时期的自我观察、自我体验和自我剖析。其中员工自我评价就是通过对一系列问题的回答分析自己的能力、兴趣和爱好等的方法，见表16-6。

**3.组织对员工的评估**

组织评估是组织指导员工制订职业计划的关键。它对组织合理地使用、开发人才和员工职业计划目标的实现都有重要影响。组织评估的渠道主要有三种：

（1）从选择员工的过程中收集有关的信息资料（包括能力测试，员工做出评估填写的有关教育、工作经历的表格以及人才信息库中的有关资料）做出评估；

（2）收集员工在目前工作岗位上表现的信息资料（包括工作绩效评估资料，有关

---

① 马士斌.生涯管理［M］.北京：人民日报出版社，2001：60-63.

晋升、推荐或工资提级等方面的情况）做出评估；

表16-5 　　　　　　　　　**职业生涯规划表**

第 　 次生涯计划，上次计划时间： 　 年 　 月 　 日

| 姓 名 | | 员工编号 | |
|---|---|---|---|
| 年 龄 | | 性 别 | |
| 所学专业 | | 学 历 | |
| 目前任职岗位 | | 岗位编号 | |
| 目前所在部门 | | 部门编号 | |
| 计划制订时间 | 年 月 日 | 部门负责人 | |

**职 业 类 型**

（在选定种类的题号上画钩，可选择两个或以上）

1.管理　2.技术　3.营销　4.操作　5.辅助

如选择的职业类别更具体、细化，请进一步说明：

**人 生 目 标**

人生目标结构：

1.岗位目标：

2.技术等级目标：

3.收入目标：

4.社会影响目标：

5.重大成果目标：

6.其他目标：

人生通道：

（1）图示（简略）：

（2）简要文字说明：

实现人生目标的战略要点：

**长 期 目 标（通常在10年以上）（略）**

长期目标结构：

长期通道：

实现长期目标的战略要点：

**中 期 目 标（通常在3年以上）（略）**

中期目标结构：

中期通道：

实现中期目标的战略要点：

**短 期 目 标（通常在1年以上）（略）**

短期目标结构：

短期通道：

实现短期目标的战略要点：

表16-6                  员工的自我评价

1.从下述第三条所列项目中选出你近期最感兴趣的项目

2.从下述第三条所列项目中选出你近期最不感兴趣的项目

3.填写出下列表中未列出，而你又最感兴趣或最想干的工作

| | |
|---|---|
| ①有自由支配时间的工作 | ②具有权力性的工作 |
| ③工资福利待遇高的工作 | ④具有独立自主性的工作 |
| ⑤有趣味性的工作 | ⑥有安全性的工作 |
| ⑦有专业地位的工作 | ⑧具有挑战性的工作 |
| ⑨无忧无虑的工作 | ⑩具有广泛接触、能广交朋友性的工作 |
| ⑪具有声誉性的工作 | ⑫能表现自己且能让别人看得见的工作 |
| ⑬具有地区选择性的工作 | ⑭有娱乐活动性的工作 |
| ⑮环境气氛和谐的工作 | ⑯有教育设施和机会性的工作 |
| ⑰领导性的工作 | ⑱具有专家性的工作 |
| ⑲带有旅行性的工作 | ⑳可与家人有更多时间在一起的工作 |

4.你目前从事哪一类的工作？它能满足你下一步的要求吗？说说理由

5.你希望你接着从事的工作能满足你的要求吗？如希望的话，如何进行或计划；如果不希望的话，请说明理由

6.请具体描述你下一步最希望从事的工作

7.根据你的实际爱好和能力，说明你最希望从事的工作的各种具体活动或内容，不要描述工作的头衔，而要说明其具体的工作活动和内容。说明你将如何去实现自己的愿望。例如，具体列出你目前可以干的五种工作。如：我可分析财务报表，我可以进行某产品的市场销售预测，我可以编写广告等

8.为了从事你下一步从事的工作，你是否需要接受培训或通过自学等形式学习和掌握新的知识或技能？如果需要的话，请详细说明，并说明学习或获得这方面知识和技能的途径或方法

9.你的这些要求是否可以从你目前从事的工作以外的方面得到满足？如果可能的话，你是否希望发展可晋升到更重要一级的岗位上？

10.概述你自己希望并可以干什么工作以满足你的需要

（3）通过心理测试和评价中心的方法做出评估。这两种方法目前在两方面已得到广泛的应用，西方国家的许多大企业组织都设有评价中心，有经过特别培训的测评人员。通过员工自我评估以及评价中心的测评，能较确切地测评出员工的能力和潜质，对员工制订自己切实可行的职业计划具有重要的指导作用。

**4.提供职业岗位信息**

一个员工进入一个企业后，要想制订一个切实可行的、符合企业需要的个人职业发展计划，就必须获得企业内有关职业选择、职业变动和空缺岗位等方面的信息。同样，从企业的角度说，为了使员工的个人职业计划制订得实际并有助于目标的实现，就必须将有关员工职业发展方向、职业发展途径以及有关职位候选人在技能、知识等

方面的要求及时地利用企业内部报刊、公告或口头传达等形式传递给广大员工，以便使那些对该职位感兴趣又符合自己职业发展方向的员工参与公平的竞争。企业组织还要创造更多的岗位或新的职位，以使更多员工的职业计划目标得到实现。

**5.进行职业生涯发展咨询**

在制定职业生涯发展规划时，员工往往有下列问题，需要咨询帮助：

（1）我现在掌握了哪些技能？我的技能水平如何？我如何去发展和学习新的技能？发展与学习哪些方面的新技能最为可行？

（2）我在目前工作岗位上真正的需要是什么？如何才能在目前的工作岗位上既达到使上司满意，又使自己满意的程度？

（3）根据我目前的知识与技能，我是否可以或有可能从事更高一级的工作？

（4）我下一步朝哪个职位（或工作）发展为好？如何去实现这个目标？

（5）我的计划目标是否符合本组织的情况？如我要在本组织实现我的职业计划目标，应接受哪些方面的培训？

企业的人力资源开发与管理部门及各级管理人员应协助员工回答上述问题。要搞好咨询或指导，就要从各方面的信息资料分析中，对员工的能力和潜能做出正确评价，并根据本企业的实际情况，协助员工制订出切实可行的职业计划，并对其职业计划目标的实现和途径进行具体指导和必要支持。

## 16.5.2  职业生涯发展渠道的提供

为员工提供职业生涯发展渠道，是组织的重要责任。一般来说，组织在为员工提供生涯发展渠道方面需要注意的问题有以下几个方面：

**1.组织的前途**

员工的职业发展远景是基于组织的前途的。可持续发展，尤其是近期能够快速成长的单位，能够给员工提供较多的发展机会，"短命公司"则不能够有所作为。为此，组织、决策者和广大员工要非常紧密地团结和努力，解决好组织的发展和壮大，从而使"职位"和机会大大增加。

**2.职业路径的明晰**

组织要全面展示自己的机构、职业阶梯、任职条件、竞争情况和成长概率，使每一个员工都清楚地了解本组织的职业生涯路径。在有条件的情况下，还应当帮助每一个员工进行个性化的生涯发展设计。安徽江淮汽车集团公司实行"员工成长路径"的职业生涯规划与管理方法，进行人力资源整合改革，把员工在组织中的发展路径分为技术、管理、生产三类，各有不同的档次等级，员工的晋升有培训、年限和业绩的条件。[①]

**3.工作与职业的弹性化**

职业生涯规划的目的之一，是促进员工的全面发展。为此，组织要积极推动工作再设计，要采取多通道的职业生涯管理，而且要一定程度上打通各通道，使员工的职业生涯发展有更多的选择余地。安徽江淮汽车集团公司的员工成长路径，理念是"让

---

① 哈晓斯.天生我才必有用——安徽江淮汽车集团公司建立员工成长路径记事［J］.中国劳动，2002（5）.

每个人有机会成全自己"，员工在不同的职业成长路径之间有着选择的余地和转换的可能，这为普通员工创造了许多脱颖而出的机会。就管理类职务而言，在某职位（例如部门经理）有需求的时候，面向集团公司招考。上述方法，使仓库保管成为搞综合计划的职员，使装配工成为销售员，又竞聘成为副经理。[①]

### 16.5.3　职业生涯规划年度评价

年度评价，是职业生涯规划与管理的一项重要手段。从基本意义上说，年度评价是周期性地对组织职业生涯规划与管理进行"盘点"，它有利于组织检查职业生涯规划与管理工作的效果，发现存在的问题，根据组织及环境的变化及时调整职业生涯规划工作，而且还可以使职业生涯规划与管理的对象了解情况，积极参与并及时做出调整。

职业生涯规划年度评价的具体方法，包括自我评价、直线经理评估和全员评估几种。一般来说，自我评估是自主和自觉的评估，也是能够取得实效的评估；直线经理评估比较详细，能够与组织的工作有机地结合，而且容易跟进组织的职业生涯管理措施；全员评估类似于人力资源绩效评价中的360度考核，评估结果比较全面和客观。

在年度评价之后，往往要进行职业生涯年度会谈，并采取职业生涯规划调整措施。这里不赘述，可参见程社明《你的职业——职业生涯开发与管理》一书。

### 16.5.4　职业生涯面谈

职业生涯面谈，一般是由人力资源部门的职业生涯专职管理人员或者由员工的精神导师对员工实施。其作用是：其一，有利于职业生涯规划与管理的深入；其二，有利于弥补直线经理在职业生涯规划与管理方面的不足；其三，有利于发现员工在职业生涯中的问题，并帮助其解决。

从员工个人的角度看，职业生涯规划与发展主要存在以下问题：其一，人生目标选择不当，包括人生目标的层次定位不当（定得太高或太低），目标的侧重点定得不合理；其二，生涯通道设计不当，与别人撞车，轮岗时间太长或太短，轮岗顺序不合理等；其三，生涯规划不够周密，长期计划缺乏生涯战略，短期计划制订不详细，没有与轮岗、培训工作结合起来；其四，培训不足，在实现职业规划目标的过程中，特别是在岗位变换之后，常常感到力不从心。[②]

不论是职业生涯专职管理人员，还是员工的精神导师，都要学习和掌握面谈技术和一定的心理咨询与诊治知识，才能达到较好的职业生涯面谈效果。

### 16.5.5　日常的职业生涯工作

#### 1.招聘

在一个组织中进行职业生涯管理，对于选拔合格人才是极为重要的。为此，用人单位在招聘方面，要对组织政策进行调整。这包括在两个主要方面：其一，在招聘过

---

① 哈晓斯. 天生我才必有用——安徽江淮汽车集团公司建立员工成长路径记事 [J]. 中国劳动，2002（5）.
② 马士斌. 生涯管理 [M]. 北京：人民日报出版社，2001.

程中，突出对应聘者价值观、人性和潜力的选择，要选拔具有"自我实现人"特征和与组织文化、价值观相同的求职者；其二，生涯导向的招聘对象，定位在"初级岗位补充空缺"。因为组织的中高级岗位需要留给员工发展之用。

**2.职务调配**

晋升和调配，是人力资源管理中的经常性工作，这些工作大量涉及员工的个人前途与发展，因而应当在职业生涯规划与管理中给予高度关注。传统的人事管理，以组织需要为出发点对员工进行调配，对员工的考虑很少。在现代人力资源管理中，员工工作岗位的调配应当是具有职业生涯导向的，它强调根据员工的职业生涯发展需要进行。除了职业岗位的晋升外，在同一层次、不同职业或职务岗位上的横向移动，也具有工作再设计的功能，它能够对员工起到增加第二岗位以至第三、第四岗位的工作能力，增强职业适应能力，增加信息和开阔眼界，建立比较广泛的联系的作用。其结果，不仅为以后的晋升积累一定的条件和创造一定的机遇，而且也拓宽了员工的职业生涯发展道路，为成功地进入不同的职业通道创造条件。

**3.培训**

培训工作是组织人力资源管理的重要内容。在组织从事职业生涯规划与管理的情况下，培训工作不仅目标明确、具体，而且很容易和员工的需求相结合，从而取得较好的培训效果。在该方面应当注意的是，培训要有超前意识，并要与职业生涯规划有机地结合。

职业生涯培训，可以分为内部培训和外部培训。一般来说，内部培训和日常工作结合较紧，对职业生涯规划工作的支持面也大；外部培训则与未来的生涯晋升联系更加密切，尽管其投入较大，但其激励效果更好。这两种方法应根据具体情况选择使用。

**4.绩效考评**

人力资源管理中的绩效考评，主要目的在于帮助员工寻找绩效方面的问题及其原因，进而采取改进绩效的行动。在推行职业生涯规划的情况下，绩效考评既可以帮助员工改进绩效，达到修正生涯发展偏差的作用，也是修改或调整生涯计划的重要依据。

## 本章小结

职业是人为了取得收入而从事的具有市场价值的活动，人的职业发展历程就是职业生涯。本章介绍了职业和职业生涯的基本范畴，分析了个人职业生涯发展中的几个主要的关键点，包括完成职业适应、与用人单位形成心理契约、形成职业生涯系留点（职业锚）。人力资源开发与管理工作大量涉及人的职业，职业生涯规划是现代人力资源开发与管理的重要内容，本章阐述了人在组织中的职业生涯通道，阐述了职业生涯规划的视角、工作平台、搞好目标管理等基本内容，并对组织中职业生涯规划操作的五个方面具体内容进行了阐述。

通过本章的学习，可以使学员对组织的职业生涯规划工作有一个比较清晰和全面的认识，对职业生涯规划的常用方法有所掌握。

## 主要概念

职业　职业生涯　职业适应期　职业稳定期　职业生涯规划　职业适应　心理契

约　职业生涯系留点　职业锚　管理人才系留点　三维道路　组织化　职业生涯通道　单通道　双通道　多通道　职业生涯规划表　年度评价　职业生涯面谈

## 复习思考题

1.职业生涯的含义是什么？为什么组织应当对员工的职业生涯进行管理？

2.人的工作三阶段的内容包括什么？如何在职业生涯发展中处理好这三个阶段？

3.职业生涯通道包括哪几种？试分析一家公司的职业生涯通道。

4.如何处理个人发展与组织目标、组织前景的关系？

5.组织在人力资源管理中进行职业生涯规划的原则和方法是什么？

6.假定你是一家跨国公司人力资源管理专业人才，你对你公司的经理层、技术人员、业务工作人员和一线操作人员如何进行职业生涯规划？设计一套工作方案。

## 案例分析

### 潜力人才的寻找与塑造
#### ——万科和GM的可信赖培养方式

管理学大师彼得·德鲁克在《管理的实践》一书中指出，企业在选拔来自外部的管理者的时候，大约3个中有1个是准确的。半个多世纪过去了，这个数据用在今天的企业身上依然有效，实际上中国企业的平均成绩尚未达到德鲁克讲的这个水准，即使在管理水平较为领先的西方企业那里，选拔外部管理者的准确率也始终在50%上下徘徊。

**通用汽车和万科的秘诀**

在寻找最可信赖的方式之前，让我们先来看两个人才管理的"最佳实践"。德鲁克曾在通用汽车（GM）公司内部研究管理课题。通过考察，他发现了通用汽车拥有众多人才的秘诀：慎重其事。斯隆本人几乎把大半的时间用于人事问题，在他的记事本上，有某一年份143个人事决策的备忘录，没有其他任何事情在他的时间表里占到这么大的分量。斯隆虽然在高管会议上积极参与策略讨论，却总把主导权交给专家们，但是一谈到人事的问题，主导的一定是他本人。通用汽车的高管会议多半时间也是花在人事问题的讨论上，而非公司政策的研究。有一次，会议针对基层员工工作和职务分派的问题讨论了好几个小时，令德鲁克颇为不解。对此，斯隆的解释是："公司给我这么优厚的待遇，就是要我做重大决策，而且不要发生失误。请你告诉我，哪些决策比人的管理更重要呢？"

万科是房地产企业。房地产项目周期非常长，一般需要5年左右，因此人才队伍很难像其他行业如制造业那样迅速复制和膨胀，而万科不仅满足了自身的人才需求，还在客观上成为同行的人才"黄埔军校"。是什么原因使得万科在如此高速的发展中，职业的管理者源源不断地涌现？

万科的秘诀可以用"50"和"500"两个数字来概括。每年，在集团人力资源部的牵头下，根据员工的业绩和上级主管的推荐和人力资源部的审核，万科会从一线挑选出一个具有上升潜质的管理后备队伍，这个队伍包括两部分，一部分是从基层上升到中层的大概500人，另一部分是从中层上升到高层的大概50人。

对于500人，万科采取问卷评估与反馈、职业发展对话等方式，对员工的能力有一定的了解，并制订针对性的发展计划，如轮岗、双向交流等。对于50人，万科通过360度访谈、领导力发展中心以及其他培养方式等，在对其能力加以了解的同时，也发展了其能力。在领导力发展中心实施期间，公司总经理、主管人力资源的副总经理等都会到现场，考查这些管理者的特点、能力所长、需要改进的地方等。

更为重要的是，在这些潜力人员晋升到更高的岗位之前，公司有较多的时间来考查他们，员工也能得到大量的实践机会，因此，公司很容易找出那些业绩一贯优异，且确有管理能力的人选，在公司用人之际，予以重用。通过"50"和"500"两个数字的持续滚动，万科实现了管理人才梯队的延续和扩张。

**"最可信赖的方式"**

通用汽车和万科的做法告诉我们，主管人员选拔最可信赖的方式，或许就是在实践中发现、培养未来的管理者。这种方法或许没有像招聘面试中的那样需要当机立断，也没有什么神来之笔，相反，它需要漫长、持续、稳定、艰苦的努力，但是由于它依赖的是一贯的业绩和可靠的行为，因此是最值得信赖的。

不仅是通用汽车和万科，在无数优秀企业，我们都看到了类似的情况。如宝洁公司，公司总裁在每个周末都会在自家的后花园与公司的人力资源负责人就全球的经理人队伍进行详细的探讨。海尔公司"赛马不相马，人人是人才"的机制也在业内广为流传，这种培养管理者的机制使海尔获得了无可比拟的人才优势。

是不是说外部招聘就不可取了呢？实际上，任何快速发展的公司都需要在内部培养相当数量的管理者，以满足业务增长对管理人才的需求，同样，任何公司在特定时期都需要招聘"空降兵"，以满足其特定需要并改善人员结构。因此，在招聘中准确识人的能力和在实践中考查人的方式，都是不可或缺的，任何企业都应该同时善用这些方式，而不能顾此失彼，否则就会造成长短不兼顾的局面。但是，从获得长远的人才竞争优势而言，显然前者更为重要。因为过于依赖空降兵，往往是公司灾难的开始。

资料来源　佚名．通用与万科：管理人员最佳选拔方式［EB/OL］．［2017-01-05］．http：//www.360doc.com/content/14/0203/07/13674993_349589411.shtml.

案例讨论：

1.该案例告诉我们，主管人员选拔最可信赖的方式是什么？

2.试讨论通用公司和万科公司在主管人员选拔中的可取之处。

3.根据案例，是否能说外部招聘就不可取了呢？试说明理由。

第16章拓展阅读

# 第17章 做一次盘点——人力资源考核

## 学习目标

✔了解考核的概念
✔掌握常见的考核类别
✔掌握考核的框架和原则
✔了解考核的流程
✔掌握并能够熟练应用常用的考核方法

**引例** **GE公司的考核制度与后续措施**

GE公司的考核是经常性、制度性的，对于公司的各个员工阶层都有相应的考核。新年伊始，公司里包括总经理在内的所有人都要制订工作计划，确定工作任务和具体工作步骤。这个计划经主管经理审批并与本人协商确定后予以执行。每三个月进行一次小结，核查执行情况，并由经理审查并提出改进要求。每年的年底做一次总的考核，先由本人填写总结表，按公司统一考核标准衡量自己一年来的工作完成情况，先评出自己应得的考评等级数，再交主管经理评审。主管经理根据职员表现确定其等级，对那些被评为杰出的人物还要附上其贡献和成果报告，并对他们的目标与方向提出建议；对业绩较差的职员也要有专门的报告和使用建议。职员的评价报告要经本人复阅签字，然后交由上一级经理审批。中层以上经理的考评要由上一级人事部门经理和集团副总经理审批。

职务的提高和晋升都要根据工作考核的结果进行。经考核后，GE将员工分为五个等级。第三到第五级的人员将获得职务或工资上的提升，第五级的职员要受到越级提拔。对待第一和第二级的落后人员，公司的处理也是很宽松的，不是简单地辞退了事，而是给予他们再工作六个月的机会，找出问题的所在，帮助他们改进自己的工作。在改进工作的六个月内，对他们提出很具体的工作数量定额和质量要求。要求他们每周向其上司口头汇报工作情况；每个月要向管理部门写出工作有无改进的书面报告；六个月后要写出全面的工作总结。对于经过各种帮助后还是不能改善其工作质量的员工，公司才考虑辞退。

除了晋升和提高工资外，奖金也是GE经常采用的一种奖励手段。GE的奖金是和部门的经济效益相联系的，每年的奖金按级别不同而有所差异。一般技术人员、工人及秘书等职员都是没有奖金的，除非工作表现出色，在获得荣誉称号的同时，可以得到一次性奖励。在鼓励的同时，GE公司制定了非常严格的惩罚条例来约束公司职员的言行。违反公司规定的人轻则罚款，重则解雇，而因为违反公司纪律而被解雇的职员，将很难再找到满意的工作，所以这种情况很少出现。

资料来源　陈江淮. GE的人力资源管理［EB/OL］. ［2017-04-06］. http：//www.globrand.com/2009/190244.shtml.

# 17.1　考核基本分析

## 17.1.1　考核的概念与绩效考核的含义

### 1.考核的概念

"考核"一词，其基本含义是组织对员工的工作业绩及其他情况进行核查、评价与评估，是一定的考核主体对被考核对象的工作状况进行检查、打分、衡量与评价。

进一步来看，广义的考核不仅仅是对员工工作绩效的考核，还包括对员工的个人素质状况及其是否适合从事某项工作进行把握。亦即一个组织不仅考核与评价"员工干得怎么样、是否干得好"，也要核查"员工或未来员工能否干得好"。人员素质测评的内容，在本教材第20章的人力资源测评内容中已经讲述，本章不赘述。

也就是说，考核的含义是对员工在工作过程中表现出来的工作业绩（包括工作的数量、质量、所带来的效益或创造的价值等）进行核查与评价，分析其工作和结果的状况，以及对相关的员工工作能力、工作态度以及个人品德等进行核查与评价，用之判断该员工与工作岗位的要求是否相称。

### 2.绩效考核的含义

"绩效考核"是近年来为诸多组织所普遍应用的方法，它把考核的内容限定为绩效，即工作的情况和工作的结果。绩效考核作为人力资源开发与管理中非常重要的范畴，构成人力资源开发与管理操作体系之中的一个重要部分，也是许多管理工作中大量应用的手段。

绩效考核的目的是，确认员工的工作成绩，改进员工的工作方式，保证组织任务的完成，提高组织的工作效率和经营效益。

## 17.1.2　考核的分类

绩效考核的方法、手段很多，又有不同的角度。从人力资源管理操作的角度看，它可以有很多划分①，这里阐述如下：

### 1.按考核性质划分

按照考核性质划分，绩效考核可以划分为定性和定量两大类。

（1）定性考核。定性考核是由评估人在充分观察和征询意见的基础上对员工绩效所做的较为笼统的评价。定性考核的优点是简单易行，缺点是主观性较强，容易受心理因素的影响。

---

① 戴昌钧. 人力资源管理［M］. 天津：南开大学出版社，2001.

（2）定量考核。定量考核是指按照标准化、系统化的指标体系来进行考评。其优点是比较客观、随意性较小，缺点是由于"工作"包含众多方面，难于把所有方面都给予量化，因而影响了定量考核的使用范围。

因此，将定性考核与定量考核方式相结合的做法是比较常见的好方法。

**2. 按考核主体划分**

按照考核主体，绩效考核可以划分为：

（1）上级考核，即直接领导者对自己下属员工的考核。这种方式是最大量应用的考核方式。

（2）专业机构人员考核，即人力资源部门对员工进行考核。该方式能够达到考核的高水平，也比较客观。

（3）专门小组考核，即由有经验的资深员工、管理人员和人力资源部门人员三结合，组成小组来实施考核的方式。

（4）下级考核，即员工对自己的直接上级进行的考核。这充分体现了组织的民主性体制。

（5）自我评价，即事先制定好一系列的标准，然后由被评估人自己对照有关的标准对自己的工作做出评价。这种方法能够充分调动被评价者的积极作用。

（6）相互评估，即被考核的员工间相互评价的方式。这种方式使考核的眼界更宽，反映的情况和问题更加全面和深入。

（7）外部评价，即由组织外部的有关人员或工作对象所做的评价，如经销商对市场营销部经理的评价、乘机者对空乘人员的评价等。外部评价具有客观性和更多层面的看法，是组织内部考核的有益补充。

**3. 按考核形式划分**

按绩效考核的工作组织形式划分，可以分为：

（1）口头考核与书面考核。

（2）直接考核和间接考核，这是以考核者与被考核人是否面对面为划分标准的考核形式。

（3）个别考核与集体考核，即对个别人的考核和对整个集体中每个成员的考核。

**4. 按考核方法划分**

绩效考核的方法众多，有排序法、配对比较法、要素评定法、目标管理法等。其具体内容将在本章后面专门介绍。

**5. 按考核时间划分**

按绩效考核的时间长度划分，可以分为：

（1）日常考核，如每天、每周进行的例行产量、营销数量考核，就属于日常考核；

（2）定期考核，每间隔一定的时间就进行一次的考核。最常见的做法是按月记载上交的考勤和每年一次的绩效考评；

（3）长期考核，如对管理干部任期业绩的考核；

（4）不定期考核，如为选拔人才而进行的考核、培训前后进行的考核就属于不定期考核。

# 17.2 考核的内容

## 17.2.1 考核的总体框架

### 1.确定考核的大项目[①]

从"绩效考核"一词的字面上，可以看出对人力资源的考核是以工作的成效为中心的，是注重人们劳动成果的。但是，仅仅看"绩效"是不全面的，基于功绩制的原则，许多考核把员工的工作态度和行为，也作为考核的重点内容。在国内外不少企业中，考核项目则分为"个人特征"（包括技能、能力、需要、素质）、"工作行为"和"工作结果"三大方面。

我国从20世纪80年代开始对绩效考核进行研究，尤其是对干部、公务员的绩效研究，将"德、能、勤、绩"四个方面确定为人员的考核项目内容。德、能是业绩的基础，勤、绩是工作成果的具体表现，而以绩为考核中心。也可以说，绩是德、能、勤的综合体现。这种思路与企业、事业等单位的人力资源绩效考核原理是完全相同的。具体来说，"德、能、勤、绩"四方面的内容是：

（1）德

"德"是人的精神境界、道德品质和思想追求的综合体现。德决定了一个人的行为方向——为什么而做；行为的强弱——做的努力程度；行为的方式——采取何种手段达到目的。德的标准不是抽象、一成不变的。不同时代、行业、层级对德有不同的标准。近年来，我国大力加强廉政建设，对公务员的考核中，"廉"的内容独立出来作为专门项目来考核。

（2）能

"能"是指人的能力素质，即认识世界和改造世界的能力。能力不是静态、孤立存在的。因此，对能力的评价应在素质考查的基础上，结合其在实际工作中的具体表现来判断。一般来说，一个人的能力主要包括动手操作能力、认识能力、思维能力、表达能力、研究能力、组织指挥能力、协调能力及决策能力等。对不同职位，其能力的要求也各有侧重，进行评价时，应加以区别对待。

（3）勤

"勤"是指工作的态度，它主要体现在员工日常工作表现上，如工作的积极性、主动性、创造性、努力程度以及出勤率等方面。对勤的考察不仅要有量的衡量，如出勤率，更要有质的评价，即是否以满腔的热情，积极、主动地投入到工作中去。

（4）绩

"绩"是指员工的工作业绩，包括完成工作的数量、质量、经济效益、影响和作用。在一个组织中岗位、责任不同的人，其工作业绩的评价重点也有所侧重。此外，

---

① 孙柏英，祁光华. 公共部门人力资源管理［M］. 北京：中国人民大学出版社，1999.

在评价员工工作业绩时，不仅要考查员工的工作数量、质量，更要考查其工作为企业所带来的经济效益。对效益的考查是对员工绩效评价的核心。

与之相关的，在绩效考核中还可能包括对员工个性的考查，包括员工的性格、兴趣、嗜好等内容，因为合理安排工作，有时必须考虑员工的性格（内向、外向、风度）、兴趣、习惯和嗜好对该工作是否有利。

**2.落实到具体指标**

进行绩效考核，仅有几大方面的项目显然是不够的。为了使绩效考核具有可操作性，还必须对考核的内容做进一步的细化，细化为若干详细指标并把详细指标具体到考核标准中，要在对员工工作分析的基础上，根据考核和整个人力资源开发与管理工作需要，把要考核的要素内容（如"德、能、勤、绩"四大内容）分解为体现工作性质及相关方面具体内容的一批项目，进而要规定出真正用于考核的各项项目的详细指标，对各项指标的评判选择、打分还要通过具体的定性、定量标准作为给出考核结果的依据，这样对各个项目的考核工作，才是有理有据的。

这里以公务员的年度考核为例，说明考核指标细化后各项目的指标，见表17-1。

表17-1　　　　　　　　　　　　**公务员年度考核项目指标**

| 考核项目 | 德 | 能 | 勤 | 绩 |
|---|---|---|---|---|
| 涵盖目标 | 思想政治表现<br>职业道德<br>社会公德<br>组织纪律性<br>廉洁奉公 | 政策理论水平<br>业务水平、开创能力<br>表达能力、分析能力<br>组织实施能力 | 出勤率<br>工作效率<br>工作态度 | 工作数量<br>工作质量<br>工作贡献 |
| 具体考核内容 | ●思想政治上的心理与行为表现：对党的基本路线、方针、政策的态度；全心全意为人民服务的思想<br>●对职业的态度和行为表现：敬业精神、廉政勤政<br>●遵守社会道德规范，在公众中的形象，对同事、家人、邻居的态度和行为<br>●对待上级、组织的态度和行为：执行组织决议和领导指示，遵守政府及单位的各项纪律规定等 | ●掌握业务知识的程序和处理业务问题的能力：掌握有关专业的理论知识、管理知识的程度；处理业务工作的熟练程度和实际水平等<br>●运用马克思主义基本理论分析和解决实际问题的能力。认识和理解党的路线、方针、政策的自觉性、坚定性和正确性<br>●工作中表现出的改革、开拓精神和进取心<br>●工作中的口头、文字表达水平，能够撰写抓住重点、有说服力的文章<br>●对事物的分析、判断等综合能力，提出指导性的建议<br>●工作中的计划、管理、组织、控制等能力。组织落实、知人善任、关系协调等 | ●按照职位和工作制度要求的出勤情况<br>●完成工作的速度和质量。能否按时高质量地完成行政任务<br>●对待工作的认识，表现出的认真负责的态度、责任心、努力程度和忠于职守的精神 | ●完成工作的项目件数的多少<br>●完成任务或具体工作结果的质量情况<br>●取得的成果、业绩对政府和社会产生的经济效益和社会效益 |

对于企事业单位，可以在项目上进行适当的调整。例如，在"德"的因素方面，不是设置一般的政治思想表现和组织纪律性指标，而更多的是设置对组织的忠诚度和对组织文化的贯彻方面指标；又如，在"绩"的因素方面，更加注重考核计量数据的精确性。

### 3.建立各指标的分值

在列出考核的各项具体指标以后，考核管理部门就根据考核的重点，对每个指标分别给予加权及赋分。这一过程体现了某一指标在整个考核体系中的位置与重要性。例如，假定公务员全部考核的总分为100分，其中"德、能"两项占25%～30%的分值，"勤、绩"两项占70%～75%的分值；在"勤"和"绩"中，"勤"可以根据岗位的不同情况占20%～40%的比例，"绩"则占60%～80%的比例，由此，突出表明"绩"在考核中的地位。在考核中，公务员得分的总和即他本年度工作情况的量化结果。

应当指出的是，加权和赋分过程十分关键，对某一因素的加权、赋分不同，会导致公务员考核结果的完全不同。同时，它具有政策导向的作用，还会引导公务员的行为。

### 4.设定各指标的打分标准

在每一个考核项目分别给予赋分以后，要对每一项目的得分给出打分依据。例如，国家公务员考核中的"德"总分为10分，其中的"对职业的态度和行为表现"项目为4分，其具体要求为"敬业精神、廉政勤政"。对于这个项目，要根据被考核者的情况划分为不同的等级，如"非常敬业，高度廉政勤政"为4分，"达到敬业精神、廉政、勤政"为3分，"基本上能做到敬业、廉政、勤政"为2分，"在敬业、廉政、勤政方面有一些疏忽和缺点"为1分，"存在明显的不敬业、不廉政、不勤政问题"为0分。为了使打分科学、准确，还应当对得分进行更加细致和量化的规定。例如，3分的"达到敬业精神、廉政、勤政"要有"工作很认真，自觉加班，拒绝收礼"等具体考核标准。

又如，某公司营销员的考核项目设置和赋分见表17-2。

表17-2　　　　　　　　　　　　某公司营销员考核表

| 考核项目 | | 考核指标 | 分数 |
|---|---|---|---|
| 工作能力 | 总分 | | 20 |
| | 1.专业产品知识 | 对行业的了解、对产品深入全面了解 | 6 |
| | 2.服务和计算能力 | 技术熟练 | 7 |
| | 3.语言与人际能力 | 语言流畅、有说服能力 | 7 |
| 业绩情况 | 总分 | | 55 |
| | 1.营业数量、金额 | 达到基本定额、完成销售额 | 35 |
| | 2.市场开拓情况 | 有进展 | 5 |
| | 3.退货率 | 退货率低 | 2 |
| | 4.上门服务情况 | 上门服务及时、解决问题快 | 3 |
| | 5.主管评价 | 对综合情况及关键事件评价 | 10 |
| 品行 | 总分 | | 10 |
| | 1.遵守法律制度 | 遵守国家法律法规、公司规章制度 | 6 |
| | 2.有职业道德 | 对公司负责 | 4 |
| 工作态度 | 总分 | | 15 |
| | 1.工作热情 | 努力工作、对客户热心 | 7 |
| | 2.顾客反映 | 顾客口头、书面反映、投诉等 | 5 |
| | 3.出勤率 | 出勤数据 | 3 |

#### 5.完成绩效考核的指标体系

在前面分析各指标的作用基础上，对各指标根据它们在组织中的单位与功用，以及在不同岗位上的重要性、价值贡献和特点等因素，分别给予一定的权重。

进一步，把各个具有不同权重的指标进行整合，就能够形成一整套比较合理的考核指标体系了。这种从项目的"内容"，落实到"指标"和"标准"，进而形成"体系"的方法，是绩效考核的正确思维模式。

### 17.2.2　考核工作的原则

#### 1.公平公正原则

"公平"是建立考核制度和实施考核工作的前提。考核之中存在不公平，就会使考核工作失去意义，甚至对组织带来很大的负面影响。考核公平合理，才能使考核结果符合被考核人的真实情况，从而给人事工作的各项主要环节提供确切的科学依据，得到公正的结果。

#### 2.客观准确原则

考核必须客观、准确。考核结果如果不能真实地反映情况，会挫伤工作人员的工作积极性，还会造成人际关系的紧张。在绩效考核过程中，应当把工作分析、工作标准同绩效考核的内容联系起来。

为了达到考核的客观准确性，要注意以下四个方面：

第一，标准明确，即考核要素的划分和设置要明确，打分标准要清晰，同类同级工作人员的考核标准要统一。

第二，制度严格。要制定严密的考核规章制度和实施条例，包括考核的时间、种类、项目、方法等，并严格加以执行。

第三，方法科学。考核方法很多，应当根据考核对象和考核内容的特点进行选择。对诸多方法可以综合运用，但要注意有所侧重。在考核方法的选择上应当注意，无论使用什么方法，其宗旨都在于达到考核的客观性、正确性和鉴别性。

第四，态度认真。考核者的工作态度必须严肃认真，不得马马虎虎、不负责任地随意对待，更不能从个人好恶恩怨以及"印象"出发。

#### 3.敏感性原则

敏感性原则也称区分性原则，是指考核的结果应当能够有效地对员工的工作效率高低予以区分。如果考核体系不能有效区分绩效不同的情况，优者、劣者不能区分，无疑会使懒惰怠工者受到纵容，这必然会挫伤员工的工作积极性。

#### 4.一致性原则

不同的考核主体按照同样的考核标准和程序对同一员工进行考核时，他们的考核结果应该是相同的，至少是相近的，这反映了考核体系和考核程序设计的客观统一性。另一方面，同一个考核主体对相同（或相近）岗位上的不同员工考核，应当运用相同的评估标准，避免"因人而异"的随意性和"有亲有疏"的态度。

#### 5.立体性原则

所谓立体考核，也叫多面考核或全方位考核。它是指运用多种方式，多层次、多角度、全方位进行考核。考核的形式，既有定性考核，又有定量考核；既有集中考核，又有分散考核，还有集中分散相结合的考核；既有上级考核，又有下级考核；既有同级考核，又有自我考核；既有本单位人员的考核，又有外单位人员的考核等。360度考核就是的一种流行的立体考核方式。

实行立体考核的目的，是为了使考核尽可能地客观和全面，以防止主观片面性。当然，在多主体进行多角度考核时，由于各方面的考核者对被考核人的了解程度不同、看问题的角度不同，因而需要对他们评价结果的重要程度进行不同权重的处理。

### 6. 可行性原则

"可行性"包含两方面含义：一是考核工作能够组织和实施，考核成本控制在可接受的范围内；二是考核标准、考核程序以及考核主体能得到被考核者的认可。可行性原则往往被人们所忽视，在实际的人力资源管理中，总是有一定的经费限额的，不可能离开这个限制条件去追求尽善尽美的考核方式。另外，如果缺乏员工的支持和理解，考评的目的也很难达到。

### 7. 公开性原则

考核的内容、标准和考核结果，都应当向本人公开，特别是要进行考核面谈，这是保证考核民主性的重要手段。绩效考核的公开性，具有三项优点：其一，有助于减少员工对管理部门的敌对感，增加员工对组织的信任感和归属感；其二，可以防止考核中可能出现的主观偏见等误差，保证考核过程及结果的公平与合理；其三，可以使被考核者了解自己的优缺点，以改正缺点、发扬优点，达到考核的目的。

### 8. 及时反馈原则

在现代人力资源管理系统中，缺少反馈的绩效考核必然使得考核目的无法顺利达到，激励机制无法运行。考核结论向本人公开，反馈给员工个人后，被考核者如有不同意见，可以保留，也可要求复议，考核组织则应在一定期限内做出答复。被考核者个人也可以向上级主管机关申诉。

### 9. 多样化原则

在条件许可的情况下，应尽可能选用二至三种不同的考核方法结合进行。因为不同的考核方法各有优缺点，各自的适用性和区分性也有差异，将不同方法结合应用有助于消除单一方法可能导致的误差，提高考核结果的准确性和敏感性。

### 10. 动态性原则

世上万事万物都处在不断发展变化之中，应当用发展的观点看问题。在绩效考核问题上，不能只注重档案中的死材料或只进行静态的考核，而应当用发展的思路看待考核指标、考核得分水平，要注重现实表现，尤其是注重动态的变化，要看被考核者的态度行为、达到的业绩和个人素质的变化趋势。

## 17.3　考核的流程

绩效考核与绩效管理的流程通常按照制订考核计划、进行技术准备、选拔考核人员、收集信息资料、考核分析评价等环节进行，此后，还要将考核结果对被考核者进行反馈和进一步的管理运用。

### 17.3.1　制订绩效考核计划

为了保证绩效考核顺利进行，人力资源部门应当事先制订考核工作计划。

首先，明确考核的目的和对象。不同的考核目的，有不同的考核对象。例如，为评职称而进行的考核，对象是专业技术人员；评选先进、决定提薪奖励的考核，则往往在全体员工的范围中进行。

其次，选择考核内容和方法。根据不同的考核目的和对象，重点考核的内容也不同。例如，为发放奖金，应以考核绩效为主，奖励员工提高绩效，着眼点是当前行为；而提升职务，既要考核被考核对象的工作成绩，更要注意其品德及能力，着眼点是发展潜力。考核的方法与考核的内容是相互关联的，应根据不同的考核内容确定有效的考核方法。有关绩效考核的方法将在17.3.3中介绍。

最后，要根据不同的考核目的、对象和内容，确定考核时间。例如，思想品德及工作能力，是不会迅速改变的，因此，考核间隔期可长一些，一般是一年一次；工作态度及工作业绩则变化较快，间隔期应短些，生产、销售人员的勤、绩可每月考核，而专业技术人员、管理人员的工作短期内不易见效，一年考核一次为好。

### 17.3.2　进行技术准备工作

绩效考核是一项技术性很强的工作。技术准备主要包括确定考核标准、选择或设计考核方法、培训考核人员。

**1.确定考核标准**

考核标准包括绩效标准、行为标准及任职资格标准，任职资格标准也称职务规范或岗位规范。确定考核标准与前述考核体系设置是类似的或者是具体化的。

（1）绩效标准。例如，对生产人员的定额要求、对独立核算单位的利税指标等。

（2）行为标准。例如，要求服务员热情待客，不得与顾客争吵；采购员不得收受回扣等。

（3）任职资格标准。例如，某装饰公司设有设计部经理岗位，其任职资格，见表17-3。

表17-3　　　　　　　　　　　　　设计部经理任职资格

| 条件 | 最　低　要　求 |
|---|---|
| 学历方面 | 装饰设计专业本科以上学历，或具有实际设计经验的同等学力 |
| 知识方面 | 必须具备从事经理业务的良好知识；非常熟悉公司的政策；必须理解并接受公司的目标、标准 |
| 能力方面 | 强有力的领导品质；有分析、解决问题的能力；良好的沟通及人际交往能力，勤奋实干，综合素质高 |
| 经验方面 | 有2~3年以上的设计部管理经验 |

**2.选择或设计考核方法**

在选择、设计考核方法环节，要解决的问题包括：考核目的确定需要哪些信息，从何处获取这些信息，采用何种方法收集这些信息。常用的收集、记录考核信息方法有：考核记录、工作日志、生产报表、备忘录、现场视察记录、事故报告及交接班记录等，以及搜集各种统计账目和有关的会计核算资料。

### 17.3.3　选拔培训工作人员

选拔考核人员是关系着考核成败的大事。在选择考核工作人员时，应考虑两方面的因素：（1）能够全方位地对员工的工作表现进行观察；（2）有助于消除或者减小个人偏见。

在挑选考核人员时，按照上述两方面要求，通常考虑下面的人选：

**1.直接主管**

员工的直接主管对于员工每天的工作表现能够全面了解，因此这些人通常是最好的考核人员。不利之处在于，可能会因他们的个人偏见、与员工的矛盾或者私人交情等，影响评价的客观性。

**2.高层管理者**

在不少组织的考核工作中，由一名高级管理者对员工直接主管的考核进行检查和补充，这可以抵消某些直接主管的偏见。

**3.相关部门管理者**

组织中的某个员工有时要接受几个部门的管理，例如，车间会计核算人员既受车间主任的领导，也受财务部的领导。因此，有时需要将几个与员工联系密切的部门管理者组成一个考核小组，对员工进行考核。这种考核有消除个人考核偏见的优点，如果采用小组会议的形式，还可以增加考核的信息量。

**4.同事**

同事的评价是对上述考核的补充。作为员工的同事，他们与被考核者朝夕相处，因此，同事评价具有较高的信度。[1]需要注意的是，同事之间的友情、敌意等因素常常影响到他们的评价，而且容易在员工之间造成利益的冲突，影响考核的效果。

**5.下级人员**

在考核工作中，可以组织被考核者的下属员工来评价他们的上级，考核其在信息沟通、工作任务委派、资源配置、信息传递、协调下属矛盾以及公正地处理与员工之间关系等方面的能力。下属评价要与其他评价的信息结合使用。

**6.自我考核**

自我考核可以使员工对自己的工作行为及时进行控制。首先，员工寻找各自存在的问题，并制定有针对性的解决问题的措施；其次，制定某一阶段的目标，这些目标要与个人的每日计划相联系，以达到实现目标的功用；最后，采取一系列能够实现的奖惩措施，对自己进行督促，保证工作目标的实现。自我评价可以提供有效的信息。

---

① 张一弛.人力资源管理教程［M］.北京：北京大学出版社，1999：171.

在组织员工进行自我绩效评价时，应注意对员工正确的自我评价进行激励；让员工按照相对标准（如平均以下、平均、平均以上）来进行评价，而不是让其按照绝对标准（如优秀、××分、不合格等）来评价；对员工进行绩效反馈；对评定结果保密，直到自我评价结果的偏差得到解决。

**7.客户**

对与组织外部的客户和社会公众大量接触的服务性职务，客户的评价十分重要。由于客户对职务的性质及组织的目标并没有充分的了解和认识，因此，评价的结果往往是不全面的，但在某些方面的参考价值较大。

**8.专家**

外部人力资源考核、测评专家具有专业水平高、客观公正的优点，但也有费用高、时间不能保证以及了解情况浅和片面的缺点。

在确定了考核工作人员以后，还需要对照考核任务的具体要求，比较、衡量考核工作人员的差距，对这种差距进行必要的培训。通过培训，可以使考核人员掌握考核原则，熟悉考核标准，掌握考核方法，减少常见的考核误差。

### 17.3.4 收集数据资料信息

作为考核基础的信息，必须做到真实、可靠、有效。收集资料信息要建立一套与考核指标体系有关的制度，并采取各种有效的方法来达到。以生产企业为例，成套的收集信息的方法有：

**1.生产记录法**

对生产、加工、销售、运输、服务的数量、质量及成本等数据填写原始记录并统计。

**2.定期抽查法**

定期抽查生产、服务、管理工作的数量、质量，以代表整个期间的情况。

**3.考勤记录法**

对出勤、缺勤及原因进行记录。

**4.项目评定法**

采用问卷调查形式对员工逐项评定。

**5.减分抽查法**

按职务（岗位）要求规定应遵守的项目，制定出违反规定扣分的办法，并进行登记。

**6.限度事例法**

抽查在平均线以上的优秀行为或在平均线以下的不良行为，对特别好以及特别不好的事例进行记录。

**7.指导记录法**

不仅记录员工的所有行为，而且将主管的意见及员工的反应也记录下来。[①]

---

① 白嘉. 企业人力资源主管 [M]. 北京：经济管理出版社，1999.

### 17.3.5　考核结果汇总分析

这一阶段的任务，是对员工个人的德、能、勤、绩各方面考核结果做出汇总，并进行综合性的考核评价。分析评价是由定性到定量再到定性的过程，其过程为：

**1.确定单项的等级和分值**

确定等级，是对单一考核项目的量化。一般来说，对员工某一个评价项目评定等级划分，常用的有 10 等级、9 等级、7 等级、5 等级四种。例如，5 等级法可以分为：优、良、中、及格和不及格；7 等级法可以分为：非常优秀、优秀、比较优秀、合格、较差、差和非常差。在划分等级后，还要赋予不同等级以不同的数值，作为考核评价的数量依据。

五等级划分法，见表 17-4。

表 17-4　　　　　　　　　　　　五等级划分法

| | 优秀 | 良好 | 合格 | 较差 | 不合格 |
|---|---|---|---|---|---|
| 表现 | 非常出色 | 比组织期望的水平高 | 达到组织期望的基本要求 | 比组织期望水平低，但不妨碍业务 | 水平低，已妨碍业务 |
| 以出勤为例 | 全年无迟到 | 个别月份有过迟到 | 偶尔迟到，平均每月不超过 1 次 | 迟到较多，每月迟到 2～3 次 | 迟到频繁，每月 4 次以上 |
| 以业绩为例 | 完成业绩 120% 以上 | 完成业绩 100%～120% 之间 | 完成业绩 | 未完成业绩任务，但在 80% 以上 | 完成业绩不足 80% |

为了能把不同性质的项目综合在一起，就必须对每个考核项目进行量化，即赋予不同考核等级以不同数值，用以反映实际特征。

赋值有不同的方法，以最常见的五等级为例，可以把优等定为 10 分，良好定为 8 分，合格定为 6 分，稍差定为 4 分，不合格定为 2 分，见表 17-5。

表 17-5　　　　　　　　　　　　5 等级考核的赋值法

| 等级 | 优 | 良 | 合格 | 稍差 | 不合格 |
|---|---|---|---|---|---|
| 单向等差赋值 A | 5 | 4 | 3 | 2 | 1 |
| 单向等差赋值 B | 10 | 8 | 6 | 4 | 2 |
| 单向非等差赋值 | 10 | 6 | 3 | 1 | 0 |
| 双向对称赋值 | 4 | 2 | 0 | -2 | -4 |
| 累进对称赋值 | 3 | 1 | 0 | -1 | -3 |
| 不对称非等差赋值 | 2 | 1 | 0 | -2 | -4 |

**2.对同一项目各考核来源的结果综合**

通常同一项目由若干人对某一员工进行考核，所得出的结果是不相同的。为综合这些考核意见，可采用算术平均法或加权平均法。如假定上级评定 5 分，下级评定为 2 分，相关的两个部门评定为 2 分与 3 分，按算术平均综合，其工作能力得分为（5+

2＋2＋3）÷4＝3分。

若考虑到上级意见更为重要，权数为2，相关部门权数为1.5，下级权数为1，则加权平均综合为（5×2＋2×1＋2×1.5＋3×1.5）÷5＝3.9分，结论就与前述有所不同。

**3.对不同项目考核结果的综合**

评价一个人的能力时，要将其知识、学历、判断能力、人际交往能力等综合起来考虑。这时需要根据考核的主要目的确定各考核项目的权数值，见表17-6。

表17-6　　　　　　　　　　　　推荐提薪晋级因素权数表　　　　　　　　单位：%

| 因素 | | 管理层 | 中间指导层 | 操作层 |
|---|---|---|---|---|
| 成绩 | 工作质量 | 30 | 20 | 25 |
| | 工作数量 | 20 | 10 | 35 |
| | 小计 | 50 | 30 | 60 |
| 态度 | 纪律性 | — | 8 | 5 |
| | 协作性 | — | 8 | 5 |
| | 积极性 | 10 | 12 | 5 |
| | 责任性 | 10 | 12 | 5 |
| | 小计 | 20 | 40 | 20 |
| 能力 | 工作知识技能 | 4 | 8 | 10 |
| | 判断分析能力 | 6 | 5 | 10 |
| | 人际关系能力 | 5 | 5 | — |
| | 领导能力 | 5 | 5 | — |
| | 决策能力 | 10 | 7 | — |
| | 小计 | 30 | 30 | 20 |
| 合计 | | 100 | 100 | 100 |

## 17.4 绩效考核基本方法

### 17.4.1 排序法

**1.排序法的含义**

排序法也称序列法或序列评定法，即对一批考核对象按照一定标准以自然数序列排序，亦即简单排序的方法。例如，把销售部门所有业务员按销售某种产品的数量或金额进行排队，最高的为第一位，最低的排在最后。该方法的优点是简便易行，具有一定的可信性，可以完全避免趋中倾向或宽严误差。缺点是考核的人数不能过多，以5~15人为宜，而且只适用于考核同类职务的人员，对从事不同职务工作的人员则因无法比较，因此大大限制了应用范围，不适合在跨部门人事调整方面应用。

**2.排序法的操作**

第一步，拟定考核的项目。项目的数量和内容，应当根据所考核职务的具体状况进行设计。例如，对管理人员考核的项目设计"工作业绩状况、团队精神、业务知识经验、决策能力、开拓能力、责任心、创新性"等10个项目；又如，对研究开发人员的考核项目应当注重"研究开发项目方案评价、项目进展状况、创新能力、沟通状况、协作状况、学习交流情况"；再如，对办公室主任的考核项目应当注重"协调能力、敬业精神、执行能力"。

第二步，评定小组就每项内容对被考核人进行评定，并排出序列。第一名排序为1，第二名排序为2，以此类推。

第三步，把每个人各自考核项目的序数相加，得出各自的排序总分数，以总序数最小者为成绩最好，即总体情况的第一名。排序的结果，又分为简单排序和分级排序两种做法。前者是根据序数的多少，从小到大排成从第一名到最末一个的排名序列；后者是按序数得分的多少划分为几个等级，如总序数15以内的等级属于优，16~30的等级为良，31~45的等级为中，46~60的等级为及格，60以上的等级为差。见表17-7。

表17-7　　　　　　　　　　　　　某公司中层经理序列评定法

| 评定项目\被考核人 | 工作业绩状况 | 团队精神 | 业务知识经验 | 开拓能力 | 工作责任心 | 创新性 | 组织能力 | 决策能力 | 指导说服能力 | 协调能力 | 排序总分数 | 评定分类 |
|---|---|---|---|---|---|---|---|---|---|---|---|---|
| 张建华 | 1 | 1 | 1 | 2 | 1 | 2 | 2 | 1 | 1 | 1 | 13 | 优 |
| 赵立 | 2 | 2 | 3 | 1 | 2 | 1 | 3 | 2 | 4 | 2 | 22 | 良 |
| 孙明明 | 4 | 4 | 2 | 3 | 3 | 3 | 1 | 3 | 3 | 4 | 30 | 良 |
| 李刚 | 3 | 5 | 4 | 4 | 5 | 4 | 5 | 4 | 2 | 3 | 39 | 中 |
| 周昭云 | 5 | 3 | 5 | 6 | 4 | 6 | 4 | 5 | 5 | 6 | 49 | 及格 |
| 吴小林 | 7 | 7 | 6 | 5 | 6 | 5 | 7 | 6 | 6 | 5 | 61 | 差 |
| 郑牧 | 6 | 6 | 7 | 7 | 7 | 7 | 6 | 6 | 7 | 7 | 66 | 差 |

需要指出的是，上述方法是各个项目的简单相加。由于各个项目有着不同的重要性，更好的做法是为不同的项目确定不同的权重，然后进行加权计算。

### 17.4.2　强制分配法

#### 1.强制分配法的含义

强制分配法，也称硬性分布法，是按预先规定的比例将被评价者分配到各个绩效类别上的方法。这种方法根据统计学的正态分布原理进行，其特点是两边的最高分、最低分者很少，处于中间者居多。评价者按预先确定的概率，把考核对象分为五个类型，如优秀的占5%，良好占15%，合格占60%，较差占15%，不合格占5%。

#### 2.强制分配法的适用性

采用强制分布法，可以防止滥评优秀人数或被评价者得分十分接近的结果，有效地减少了趋中倾向和宽严误差，它可以用于对员工的不同奖金的发放上（例如，区分出一等奖、二等奖、三等奖、没有奖励等）。该方法的问题是，它基于"各部门中都有相同的绩效类别分布"的假设，因而难于区分各部门的好坏差异，也很难把小样本单位（例如一个只有5个人的研发小组）强制分配到五个绩效类别中。

　　严格地说，强制分布法并不是一种评价方法，而是一种限制考核分数的方法。这种"正态分布"的绩效假设不一定符合实际情况，所有部门中不同类型员工的概率完全一致是不可能的，如果一个部门中全部是优秀工人，则评价者可能难以决定应该把谁放在最差的那一组。如果在考核评价中人们的相互不信任感强，又涉及重大的人事决策时，则应当慎用强制分配法。因此，该种方法通常是和其他方法结合而不是单独使用的。

### 17.4.3　配对比较法

#### 1.配对比较法的含义

　　配对比较法也称相对比较法，该方法是对若干被考核者的同一考核内容采用"两两比较"的方法确定其优劣，即在被考核者们之间分别比较，从每一对被考核者中比较出孰优孰劣，最后汇总并计算出整体的比较考核结果。

　　比较，是一种鉴别事物的方法，但事物比较复杂、要比较的个体较多时如何进行？两两比较就是一个好方法。由此，配对比较法就成为一项绩效考核的基本方法。

　　配对比较法的特点是需要进行多次的比较。如果被考核的对象人数有n个，根据排列组合公式，就需要进行n（n-1）/2次比较。例如被考核人数是5人，就要做n（n-1）/2=5（5-1）/2=10次比较；被考核人数是10人，就有n（n-1）/2=10（10-1）/2=45次的比较；被考核人数是20人，就有n（n-1）/2=20（20-1）/2=190次的比较。

　　配对比较法的优点是，由于考核者在考核过程中很难判断每个被考核者的最终成绩，因而能克服考核者的主观影响，准确性较高；其缺点是考核的手续烦琐，工作量比前述的序列法大很多。

#### 2.配对比较法的实施方法

　　配对比较法的具体方法为：第一步，根据同一个考核内容，如考核"开拓能力"项目，把5个考核对象的10对姓名分别填写在10张卡片上；第二步，对每张卡片上的两个人"开拓能力"进行比较，评出优劣，优者为1分、劣者为0分；第三步，将每一对比较结果计入计算表格，在表格中填评比结果时，用字母行与数字行比，当字母行的项目比横行项目优时记1分，字母行比数字行劣时记0分；第四步，累加字母行被考核者的得优次数，计入考核表的最右边"得分总数"一栏，得优次数最多，即得分最高者就是成绩最好者，相反为最差者。示例见表17-8。

表17-8　　　　　　　　　　　　　　　　配对比较法

| | 1.张建华 | 2.孙明明 | 3.李　刚 | 4.陈　华 | 5.吴小林 | 得分总数 | 比较结果 |
|---|---|---|---|---|---|---|---|
| A.张建华 | — | 1 | 0 | 1 | 1 | 3 | 第二 |
| B.孙明明 | 0 | — | 0 | 0 | 1 | 1 | 第四 |
| C.李　刚 | 1 | 1 | — | 1 | 1 | 4 | 第一 |
| D.陈　华 | 0 | 1 | 0 | — | 1 | 2 | 第三 |
| E.吴小强 | 0 | 0 | 0 | 0 | — | 0 | 第五 |

在本例中，张建华、孙明明、李刚、陈华、吴小强5人的获优次数分别为3、1、4、2、0。可见，李刚的得分最高、成绩最好，共获优4次；吴小强的成绩最差，每一次的比较得分都是0。由此从优到劣，依次排队，这5个考核对象的配对比较法结果为李刚、张建华、陈华、孙明明、吴小强的顺序。

对于需要考核的其他项目，也依此法逐次进行两两比较，分别得出结果。最后，综合各个项目的结果，填写在汇总表格中，从而得出最终的成绩。

同序列法一样，由于各个项目有着不同的重要性，还可以为不同的项目确定不同的权重，然后进行加权计算，以得出更加合理的结果。

### 17.4.4　要素评定法

#### 1.要素评定法的含义

要素评定法也称功能测评法或测评量表法，它是把定性考核和定量考核结合起来的方法。

该方法的优点，一是内容全面；二是定性考核和定量考核相结合；三是能体现多角度、立体考核的原则；四是使用计算机处理测评结果，手段先进。通过定量考核和对定性考核结果的数值化的处理，可以形成绩效量化结构，从而对每个员工的绩效状况进行定位，而且可以在员工之间，以及针对不同时期的绩效状况进行比较。

该方法的缺点，一是烦琐复杂，二是考核标准说明是定性语言，高度概括，较难掌握，因而在实践中可能出现打分中间化倾向或其他考核误差。因此，此方法还待进一步完善。

#### 2.要素评定法的操作

（1）首先，确定考核项目，将考核项目再划分为若干要素（即指标）。所考核的项目和要素指标，因考核对象的职业领域或职务层次的不同而不同。

（2）将每个要素（指标）按优劣程度划分为若干等级，一般为3~5级。3级为"好、一般、差"；4级为"好、较好、一般、差"；5级为"优秀、良好、一般、较差、差"。然后，给每个等级打相应的分数，并以定性语言、简洁的文字写出每一等级的标准说明，供考核者掌握。在此基础上，制定出统一的考核标准表和测评量表。

（3）对考核人员进行培训，使其掌握考核标准，熟悉操作方法。

（4）开始进行考核活动，把测评量表发给考核者打分。考核一般包括上级领导者考核、同级同事考核、下级考核和本人的自我考核四个方面。

（5）对所取得的考核原始资料分析、调整和汇总。调整有着两方面的原因，其一是由于参加考核的各方面人员对被考核者的了解程度不同，因此他们所打分数的重要性程度也不同；其二是每个考核要素在整个指标体系中的重要程度也不同。为此，需要制定第二套权数折算量表。具体方法是，按有关要素的重要程度分别规定其比重（即加权），然后把每个被考核者各个要素的数据输入计算机，由计算机程序对数据加以处理，计算每个要素加权后的分数，最后，汇总得出每个被考核者的总评分。

表17-9是某公司对员工进行绩效考核所使用的量表示例。

表17-9         **公司员工绩效考核表**

| 姓名：<br>部门：<br>本次考核性质（请在适当空格处画"√"号）<br>□试用期满　　　　　□晋升<br>□续订聘用合同　　　□奖励<br>□临时/定期提薪　　　□公司内部调动<br>□其他（请简要说明）_____<br>本次考核日期：_____<br>上次考核日期：_____ | 填表说明：<br>1.本表第一部分由员工填写，其余部分由该员工主管填报<br>2.请填报人用钢笔或碳素笔清楚填报表中各项内容<br>3.填报人应客观、公正评价员工工作表现<br>4.本表将作为员工转正、聘用合同续订、职位变更、提薪及其他人事变动的主要参考资料。本表完成后由行政部统一归档<br>5.填表人对表中项目如有疑问，请向行政部咨询 |
|---|---|

第一部分：自我评价

| 自　我　评　价 | 1.对过去半年在公司的表现感到：□很满意　□还可以<br>2.你对与同事及上司间关系感到：□很满意　□满意　□还可以　□不满意<br>3.你对于目前工作感到：□还有能力担当更困难的工作<br>　　　　　　　　　　　　□正适合本身能力<br>　　　　　　　　　　　　□能力稍感不足<br>　　　　　　　　　　　　□能力明显不足<br>4.对目前的工作量感到：□太大　□适中　□太少<br>5.对目前工作环境感到：□很好　□好　　□尚可　□差<br>6.对目前工作时间感到：□太长　□稍长　□刚好<br>7.对目前的待遇感到：□很好　□合适　□稍差　□太差<br>8.对所担任职务希望：□继续担任现职<br>　　　　　　　　　　□如可能变更至___部门<br>　　　　　　　　　　□如可能调至同部门___职务<br>　　　　　　　　　　□对本公司工作职务不适合<br>9.希望主管如何帮助你，使你未来工作更好<br>10.何种培训你较感兴趣并对你现职有所帮助<br>11.有机会希望从事何种工作 |
|---|---|
| 过去半年对公司的贡献 | |
| 过去建议主管或公司处理问题的情况 | |
| 对主管的建议 | |
| 对公司的建议（管理、制度、营运环境等） | 员工签字<br><br>年　　月　　日 |

第二部分：考核

（一）业绩考核

1.半年（1年）业绩评估

| 项目名称 | 评　价 | | | 备　注 |
|---|---|---|---|---|
| 工作质量 | □出色　□满意　□尚可　□较差　□差 | | | |
| 改革创新 | □出色　□满意　□尚可　□较差　□差 | | | |
| 目标完成度 | 计　划 | 实际完成 | 完成计划% | |
| （1）总产值（万元） | | | | |
| （2）利润（万元） | | | | |
| （3）奖金回报率（%） | | | | |
| （4）费用水平（%） | | | | |
| 其中人工费用水平（%） | | | | |

评语：

考核人：　　　　　　　　　　年　　月　　日

2.主要项目业绩评估

| 项目名称 | | | | |
|---|---|---|---|---|
| 项目目标 | | | | |
| 简要说明 | | | | |
| 目标完成状况 | □达成 | | □未达成 | |
| 目标完成度 | 计　划 | 实际完成（%） | 计划完成（%） | 备　注 |
| （1）总产值（万元） | | | | |
| （2）利润（万元） | | | | |
| （3）奖金回报率（%） | | | | |
| （4）费用水平（%） | | | | |
| 其中人工费用水平（%） | | | | |

（二）素质考核

| | | | | | | | |
|---|---|---|---|---|---|---|---|
| 态度考核 | 作风纪律 | 记事： | □出色 | □满意 | □尚可 | □较差 | □差 |
| | 积极性 | 记事： | □出色 | □满意 | □尚可 | □较差 | □差 |
| | 责任感 | 记事： | □出色 | □满意 | □尚可 | □较差 | □差 |
| | 协作性 | 记事： | □出色 | □满意 | □尚可 | □较差 | □差 |
| | 周全性 | 记事： | □出色 | □满意 | □尚可 | □较差 | □差 |
| 能力考核 | 基本能力　基础知识 | 记事： | □出色 | □满意 | □尚可 | □较差 | □差 |
| | 专门知识 | 记事： | □出色 | □满意 | □尚可 | □较差 | □差 |
| | 专门技能 | 记事： | □出色 | □满意 | □尚可 | □较差 | □差 |
| | 体　力 | 记事： | □出色 | □满意 | □尚可 | □较差 | □差 |
| | 工作能力　理解判断力 | 记事： | □出色 | □满意 | □尚可 | □较差 | □差 |
| | 计划力 | 记事： | □出色 | □满意 | □尚可 | □较差 | □差 |
| | 交际协调力 | 记事： | □出色 | □满意 | □尚可 | □较差 | □差 |
| | 开发创造力 | 记事： | □出色 | □满意 | □尚可 | □较差 | □差 |
| | 指导参谋力 | 记事： | □出色 | □满意 | □尚可 | □较差 | □差 |
| | 统率管理力 | 记事： | □出色 | □满意 | □尚可 | □较差 | □差 |

评语：

考核人：　　　　　　　　　　年　　月　　日

第三部分：评价

（一）总评成绩

□优秀　□良好　□合格　□不合格　□低劣

（二）总评语

（1）简述该员工优点及对公司的突出贡献

_____

_____

（2）简述该员工最突出的弱点或缺点

_____

_____

（3）简述该员工工作表现及行为上应注意、改善或发扬光大之处

_____

_____

（4）其他补充意见

_____

_____

（5）总评结论（请在适当空格处画"√"）

| 建议提升 | 工作表现良好 | 有进步 | 适合现职 | 不可能有大进展 | 不适合现职位 | 工作表现退步 |
|---|---|---|---|---|---|---|
|  |  |  |  |  |  |  |

考核者签字：_____　日期：_____

_____

部门（子公司）经理评语：

_____

_____

签字：_____　日期：_____

人力资源部评定：

评语：_____

_____

_____

第四部分：结论：

依本次考核，特决定该员工：

□转正　在____任____期　　　□调职至____任____

□续签劳动合同____自____至　□降职为_____

□提薪/降薪为_____　□辞退

□晋升为_____　　□其他

人力资源部经理签字：_____　日期：_____

_____

总经理批示：

_____

签字：_____　日期：_____

### 17.4.5    工作记录法

工作记录法，也称生产记录法或劳动定额法，一般用于对生产工人操作性工作的考核。在一般的企业，对生产性工作有明确的技术规范并下达劳动定额，工作结果有客观标准衡量，因而可以用工作记录法进行考核。该方法是先设置考核指标，指标通常为产品数量、质量、时间进度、原材料消耗和工时利用状况等，然后制定生产记录考核表，由班组长每天在班后按工人的实际情况填写，经每个工人核对无误后签字，交基层统计人员按月统计，作为每月考核的主要依据。

该方法的优点在于参照标准较为明确，评价结果易于得出；其缺点在于标准制定，特别是针对管理层的工作标准制定难度较大，缺乏可量化衡量的指标。此外，工作标准法只考虑工作结果，对那些影响工作结果的因素不加反映，如由于上级决策失误而造成的业绩下滑，由于生产流水线某些环节出现问题而导致的减产等，因而其结果较为片面。目前，在绩效评价中工作标准法常常与其他方法一起使用。详见表17-10。

表17-10                            员工生产记录考核表

车间：            班组：            时间：            组长：

| 姓名 | 合格品数量 | 残次品数量 | 废品数量 | 实际工时数 | 出勤状况 | 备注 | 个人签字 |
|---|---|---|---|---|---|---|---|
|  |  |  |  |  |  |  |  |
|  |  |  |  |  |  |  |  |
|  |  |  |  |  |  |  |  |
|  |  |  |  |  |  |  |  |
|  |  |  |  |  |  |  |  |
|  |  |  |  |  |  |  |  |
|  |  |  |  |  |  |  |  |

### 17.4.6    标尺定位法

#### 1.标尺定位法的含义

标尺定位法是使用一定的衡量尺度，对被考核者的工作情况、业绩以及个人品质进行考查。标尺定位法的基本特点是，注重从事工作的员工本人情况，它主要用于非管理型工作，有时也用于中层管理职位。该方法之所以称为"标尺定位"，是因为它根据工作类别选定员工共有的品质或特性，再运用5个或7个点的等分尺度来对员工打分，如图17-1所示。对于从事具体操作的员工，考核的内容有学习能力、主动性、合作能力、专业知识及技术水平等；对于管理者，考核的内容有创造力、计划能力、领导能力及表达力等。

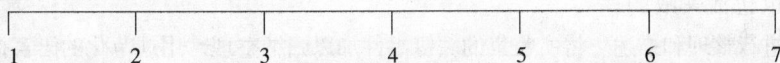

图17-1    标尺定位法

在实行标尺定位法时，对考核的品质特性名称一定要明确，并应当对其进行简要的书面描述，以达到运用的一致性。标尺定位法中的尺度可以是连续的，也可以是不连续的，位于标尺上的点则指示出相应的分值。考核者将被考核者个人情况与这些特性标准相对比，在这一标尺上认为合适的点上画圈打分。对所有的特性打分完毕，也就能计算出总分来了。由于标尺定位法的方法论依据是"个人与工作标准进行比较"，因而它可以用于对同一单位不同职业类别的员工比较。

### 2.标尺定位法的适用性

标尺定位法的优点是：使用者易于理解和掌握；尺度的建立相对容易；如果考核附有注释，可减少考核误差。

标尺定位法的局限是：针对"品质"因素方面的项目要求，评价者必须具有心理学和行为学的知识；管理者必须接受一定的培训才能使用该方法；该方法不能完全消除考核者的主观成分。

## 17.4.7 行为锚定法

### 1.行为锚定法的含义

行为锚定法（behaviourally anchored rating scale，BARS）。行为锚定法实际上是运用量表评分的方法对关键事件进行考核打分，因此，该方法也可以称为关键事件法。

具体来说，行为锚定法是将某一职务工作可能发生的各种典型行为进行评分度量，建立一个锚定评分表，表中有一些典型的行为描述性说明词与量表上的一定刻度即评分标准相对应和联系（这就是"锚定"的含义），以此为依据，对员工工作中的实际行为进行测评打分。

在锚定评分表中，有代表着从最劣到最佳的典型绩效的、有具体行为描述的说明词，不但使被考评者能较深刻而信服地了解自身的现状，还可找到具体的改进目标。由于锚定评分表中典型行为的说明词数量有限（一般不大会多于10条），不可能涵盖千变万化的员工实际行为，被考核者的实际表现很少恰好与给定的描述性说明词完全吻合，但有了量表上的这些典型行为锚定点，考核者在打分时便有了一定的分寸感，使打分的大致水平定位不会出错。

### 2.行为锚定表的建立

行为锚定法的制定，通常是由公司领导、直接考核人员（一般是直线经理）、人力资源管理专业人员及被考核者的员工代表共同研究，经民主协商后完成。

行为锚定法考核的关键，在于锚定评分表的合理性。为此，必须确定好该表的项目和标准。具体来说，该考核标准表的制定过程有以下步骤：

（1）记录关键事件。一般应当由工作执行者或者直接主管采用《记录日志》的方式，随时记载那些突出的、与该员工工作效果直接相关的重要事件。这种事件既包括成功的，也包括失败的。

（2）进行整理和描述。将所收集的关键事件加以归纳整理，用规范化的语言描述出来。

（3）进行系统处理、全面比较。对已经加以规范表述的典型事件确定评价等级，作为打分依据。

（4）进行形式设计，绘出锚定评分表。

图17-2是某百货商场售货员考核中"对待顾客投诉的处理"项目的考核示例。

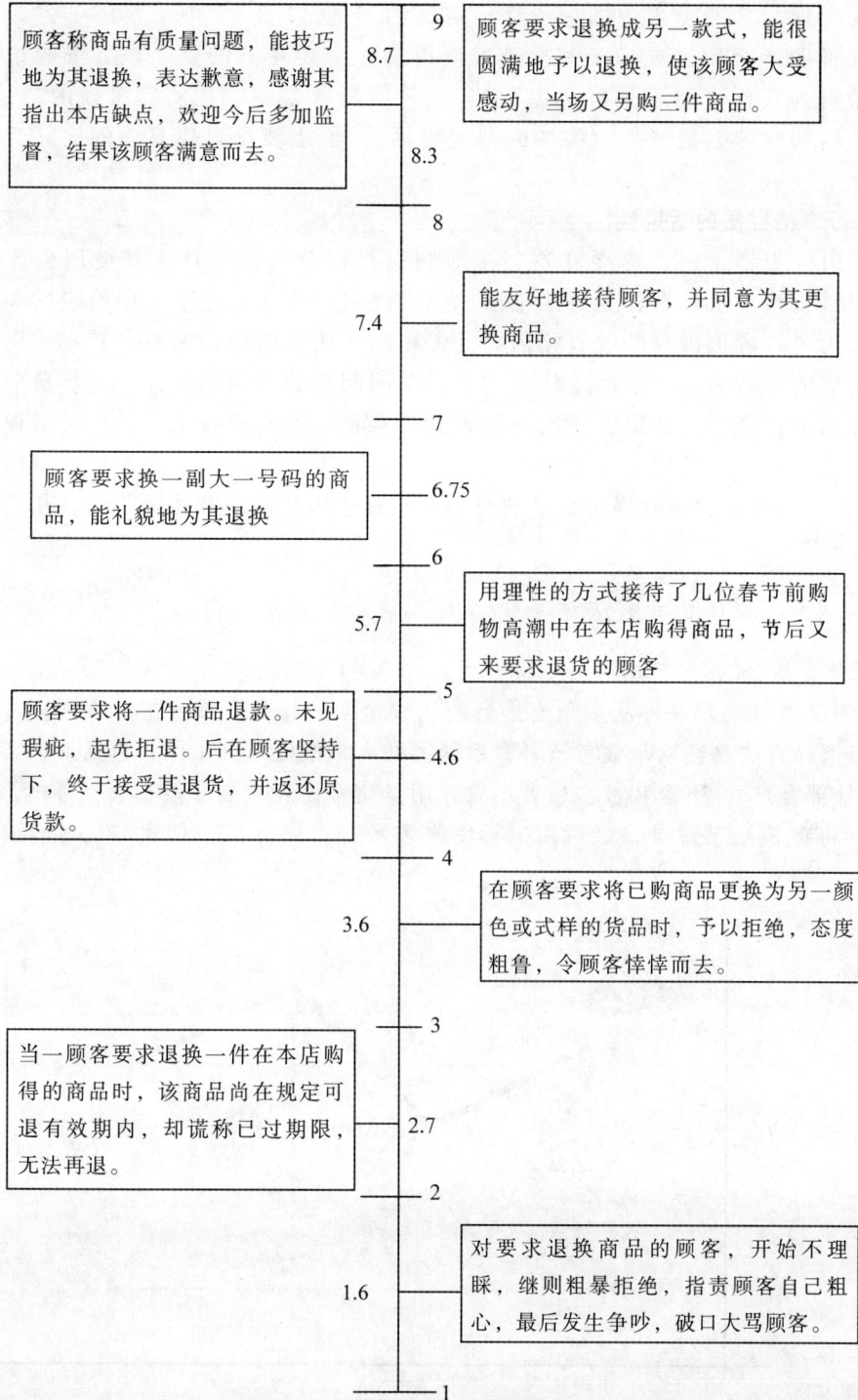

顾客称商品有质量问题，能技巧地为其退换，表达歉意，感谢其指出本店缺点，欢迎今后多加监督，结果该顾客满意而去。

顾客要求退换成另一款式，能很圆满地予以退换，使该顾客大受感动，当场又另购三件商品。

能友好地接待顾客，并同意为其更换商品。

顾客要求换一副大一号码的商品，能礼貌地为其退换

用理性的方式接待了几位春节前购物高潮中在本店购得商品，节后又来要求退货的顾客

顾客要求将一件商品退款。未见瑕疵，起先拒退。后在顾客坚持下，终于接受其退货，并返还原货款。

在顾客要求将已购商品更换为另一颜色或式样的货品时，予以拒绝，态度粗鲁，令顾客悻悻而去。

当一顾客要求退换一件在本店购得的商品时，该商品尚在规定可退有效期内，却谎称已过期限，无法再退。

对要求退换商品的顾客，开始不理睬，继则粗暴拒绝，指责顾客自己粗心，最后发生争吵，破口大骂顾客。

刻度：9, 8.7, 8.3, 8, 7.4, 7, 6.75, 6, 5.7, 5, 4.6, 4, 3.6, 3, 2.7, 2, 1.6, 1

**图17-2 售货员行为锚定评分表[①]**

① 余凯成. 人力资源开发与管理 [M]. 北京：经济管理出版社，1997：133.

从图17-2可见，这些锚定说明词都是对某一特定情景下某种具体工作行为的描绘，这与普通量表中的一般性、空泛的"优""良""中""差""劣"之类的等级说明词相比，要易于掌握且准确得多。需要注意的是，该方法的说明词必须是行为实例，而不是对"优""劣"等的简单判断，在实施考核的描述中，虽不必用精确的数值（如"92%的精度"等），但也要尽量用具体的实际行为去说明。

### 3.行为锚定法的适用性

使用行为锚定法，需要花费较多时间进行评分表的设计，其使用也比较复杂。但是，该方法具有其他方法难以比拟的优点：首先，由于表中给定的关键事件可以为考核者提供判断的直接依据，考核结果比较明确、客观；其次，由关键事件构成的"行为锚"是由工作者与上级共同制定的，因而在评价时容易取得共识，从而取得合理的结果；再次，该方法具有良好的沟通效果，减少了考评打分理由不明确而引起的纠纷，减少了员工对考核结果的异议；最后，员工可以对照"行为锚"上的关键事件评价自己的行为，有利于考核反馈和改进工作，从而提高绩效。

## 17.4.8　360度考核法

### 1.什么是360度考核法

360度考核法是一种从多角度进行的比较全面的绩效考核方法，也称全方位评价法。这种方法是选取与被考核者联系紧密的人来担任考核工作，包括上级、同事（以及外部客户）、下级和被考核者本人，用量化考核表对被考核者进行考核，采用五分制将考核结果记录，最后用坐标图来表示，以供分析，如图17-3和表17-11所示。

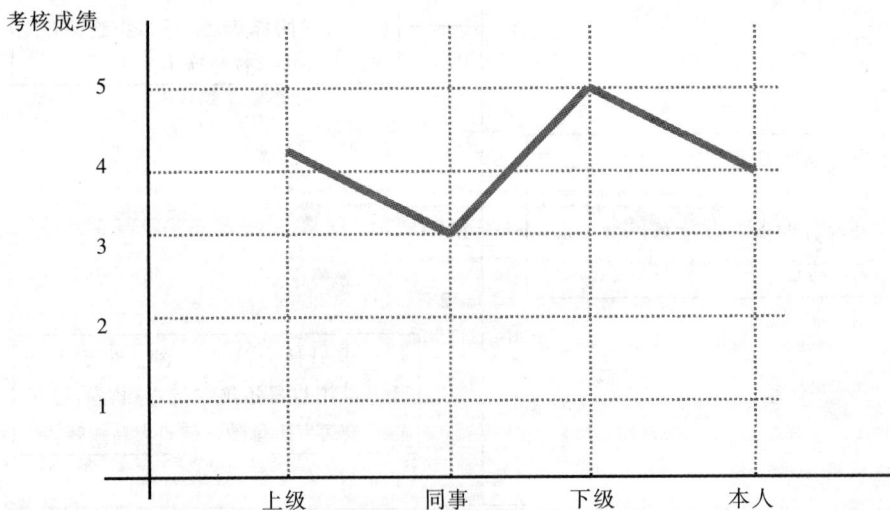

图17-3　360度考核结果

表17-11                                    360度考核表

| 考核者 | 上级 | 同事 | 下级 | 本人 |
|--------|------|------|------|------|
| 考核成绩 | 4 | 3 | 5 | 4 |

**2.360度考核法的方法**

首先，考核主持者要听取被考核者的3～6名同事和3～6名下属的意见，并让被考核者进行自我评价。听取意见和自我评价的方法，是填写调查表。

然后，考核者根据这些调查表对被考核者的工作表现做出评价，评价的标准包括概念思维、分析能力、主动性、决策能力、专业知识、合作精神、领导才能、人际交往及发展潜力等。上述方法是对各个考核者的打分进行平均的简单例子，实际上，根据考核项目的不同对各个考核者得分规定不同的系数权重，是更合理的方法。

评价结果出来后，考核者要将所有同事和下属的评价调查表全部销毁，而后，考核者与被考核者见面，将评价报告拿出来与被考核者一起讨论。在分析讨论考核结果的基础上，双方一起讨论，定出被考核者下年度的绩效目标、评价标准和发展计划。

**3.360度考核法的优缺点**

360度考核法的优点在于，能够使上级更好地了解下级，鼓励员工参与管理自己的职业生涯，同时也促使上级帮助下属发展，培养员工的责任心和改善团队合作状态。

360度考核法的缺点是花费时间太多，一般只适用于管理者而不适用于普通的员工。

此外，这种方法的实施受组织文化的影响非常大，我国实施这种方法，可能会遇到保密性、同事之间的竞争、人际关系的影响、缺少发展机会等方面的困难。

## 本章小结

考核是人力资源管理中的重要环节，也是多种人力资源开发与管理活动所需要的客观依据。本章分析了考核的基本概念、项目内容与原则，阐述了考核的流程，并介绍了组织常用的考核方法，如序列法、比较法、因素判定法、工作记录法、360度考核法等。

通过本章的学习，可以让学员了解考核工作的概貌，并比较好地掌握考核的各种常用方法。

## 主要概念

考核  考核项目  考核原则  序列法  强制分配法  要素评定法  工作记录法
行为锚定法  360度考核法

## 复习思考题

1.什么是考核？影响考核的因素有哪些？

2.考核的大项目框架结构是什么？具体应包括哪些项目？

3.考核的原则有哪些？你认为，进行考核时应该坚持的最重要原则是什么？

4.你认为本章介绍的各种考核方法的优缺点分别是什么？并对它们的适用范围做出评价。

5.组织的考核工作中通常可能存在哪些问题？

6.以某个单位为对象，设计一套工作人员考核的方案。

7.考核对组织的绩效有什么影响？

## 案例分析

### 一家民营企业考核体系的升级

盛元公司，是一家由生产电动车电池起家的大型民营集团公司，公司雄心勃勃，目标锁定海外上市。随着公司多元化、跨地域、集团化的发展，原有的考核体系遇到了多方面巨大的挑战：

一方面，公司的待遇和考核方式无法被外来人才所接受。随着公司业务的快速发展，对人才的需求也在迅速上升，必须要引进外来人才。但是，一旦和相中的人才谈及公司待遇与考核方式，许多人才立即打消了加盟公司的念头，公司的待遇和考核方式阻碍了外来人才的加盟；另一方面，公司创始人对多元化业务单位的经营状况及高管的努力程度失去了准确的判断。早期的考核，公司创始人霍总对公司经营状况以及高管的努力程度有着很好的判断，依此判断而给公司高管发放的红包基本上能够与其努力程度相符，能体现出其工作价值，激励效果非常有效，高管团队基本上保持了稳定状态。但是，公司走上多元化道路以后，霍总对多元化业务单位的经营状况及高管的努力程度的判断准确性越来越低。经常出现这样的情况：有人反映子业务单位出现了这样和那样的问题，但是公司派出人员去稽查以后，结果却是什么问题都没发现。之前那种根据自我判断以发红包形式进行激励的方法失去了作用，导致一些子业务单位的高管层的工作积极性受挫。

为了顺利上市，在策略投资者的帮助下，公司把业务分割为两大块：一是电池相关业务，这是公司的核心业务；二是酒店、房地产等电池非相关业务，即公司的非核心业务。公司把核心业务装进了上市平台，而把非核心业务剥离了出去。为了扭转考核工作中不利的局面，大力吸引外来人才，激发公司和子公司高管层的积极性和提高组织的经济效益，公司决定对目前的考核方式进行改革。

在考核内容上，公司选取了四个考核指标：销售额、利润、应收账款和库存，这四个指标均为财务指标。销售额和利润是最主要的两个指标，直接影响着公司经营目标的完成情况。选取应收账款和库存两个指标的原因，是公司定位于制造型企业，这两个指标对制造型企业发展的影响至关重要：前者影响着业务单位的真实利润，后者则影响着业务单位的资产质量。

在考核方式上，公司采取的是经营目标基准制。公司年底制定各业务单位的经营目标，这个经营目标包括销售额和利润两个部分，形成了业务单位要完成的两个基本的、直接的目标。同时，根据各业务单位的不同性质，确定各自的应收账款坏账比例和库存品折旧比例，二者不是业务单位要完成的直接目标，但是影响着业务单位基本目标的完成情况。到第二年年底，业务单位的账面销售就是企业实际完成的销售，但是实际完成的利润则是业务单位的账面利润扣除坏账和库存折旧后的利润。

新考核方法实施以后，有了一定的成效，但又发现了一些不足。

公司的主业电池行业是一个竞争异常激烈的行业，新产品研发能力对公司的发展至关重要，公司以前就是靠开发新产品而一举成功的，公司从技术开发中获取了巨大的收益，公司创始人历来就非常重视技术开发工作。但是技术开发指标却在对业务单位的考核体系中没有体现出来。此外，还有对不同的业务单位的考核指标均为单一财务指标，缺乏对其他方面的考核指标等问题，需要调整和增添、补充。如强化新产品开发、生产安全等指标。以新产品开发为发展驱动力的盛元，如果对业务单位的技术开发工作忽视，将会严重影响公司的市场竞争力。而且，对于什么样的指标应该纳入到考核体系中去，不同的人有不同的看法，制定了不同的指标体系，缺乏科学、合理的评判标准。

基于以上原因，公司进一步对于绩效考核体系进行改造。

为此，公司把整个考核指标体系分为两大类：

- 统计指标，占80%权重；
- 评议指标，占20%权重。

其中，统计指标是指可以通过数据收集来计算的定量指标；评议指标是指无法通过数据收集来计算，但可以通过赋值的方式来进行人为判断的指标。

统计指标包含四个维度：

- 财务类：包括销售额、利润、期间费用、应收账款周转率等。
- 客户类：包括老客户保持率、新客户开发率等。
- 内部运营类：包括新产品推出数量、退换货率、存货周转率、年度安全事故数及人均销售额等。
- 学习成长类：包括人才流失率、员工满意度等。

评议指标包括六个：

- 领导者基本素质；
- 团队建设情况；
- 基础管理水平；
- 技术创新能力；
- 企业文化建设；
- 人才培养情况。

其中，一些指标需要根据企业业务的不同做出调整，因此不同业务单位的考核指标会稍微有些差异。以镍氢电池公司为例，其考核指标体系、权重与考核目标见表17-12。

表17-12　　　　　　　　镍氢电池公司的考核指标体系、权重与考核目标

| 大类指标 | 分类指标 | 个类指标 | 考核下限 | 考核上限 |
|---|---|---|---|---|
| 统计类 80% | 财务类 30% | 销售额30% | | 6 000（万元） |
| | | 利润30% | | 420（万元） |
| | | 期间费用20% | 600（万元） | 500（万元） |
| | | 应收账款周转率20% | 20 | 35 |
| | 客户类 10% | 老客户保持率30% | 80% | 95% |
| | | 新客户开发率50% | 20% | 40% |
| | | 重要客户满意度20% | 95% | 85% |
| | 内部运营类 50% | 新产品推出数量10% | 5 | 15 |
| | | 人均销售额10% | 180（万元） | 220（万元） |
| | | 存货周转率20% | 15 | 20 |
| | | 退换货率40% | 5% | 3% |
| | | 年安全事故数20% | 发生一次得0分 | |
| | 学习成长类 10% | 人才流失率60% | 10% | 5% |
| | | 员工满意度40% | 80% | 95% |
| 评议类 20% | | 领导者基本素质20% | 良好 | 优秀 |
| | | 团队建设情况15% | 良好 | 优秀 |
| | | 基础管理水平20% | 良好 | 优秀 |
| | | 技术创新能力20% | 良好 | 优秀 |
| | | 企业文化建设10% | 良好 | 优秀 |
| | | 人才培养情况15% | 良好 | 优秀 |

考核结果的计算：

统计类指标考核结果量化方式：

| 考核结果 | 实际值≤考核下限 | 考核下限＜实际值＜考核上限 | 实际值≥考核上限 |
|---|---|---|---|
| 赋值 | 0 | 按照插值法计算实际分数 | 1.0 |

评议类指标考核结果量化方式：

| 考核结果 | 很差 | 差 | 一般 | 良好 | 优秀 |
|---|---|---|---|---|---|
| 赋值 | 0.2 | 0.4 | 0.6 | 0.8 | 1.0 |

综合得分 $=\sum$ 统计指标$_i$×权重$_i$×0.8$+\sum$ 评议指标$_i$×权重$_i$×0.2

考核结果的定性评价：

| 综合得分 | 分值＜0.3 | 0.3≤分值＜0.5 | 0.5≤分值＜0.7 | 0.7≤分值＜0.9 | 分值≥0.9 |
|---|---|---|---|---|---|
| 评价结果 | 很差 | 差 | 一般 | 良好 | 优秀 |

考核结果的应用方法：

业务单位高管层的收入＝基本工资＋利润提成×考核系数（即综合得分）

　　此外，公司还制定了业务单位利润提成方式，统一了财务核算口径，公布了奖金兑现办法等，从多个方面来完善新的组织考核与绩效管理制度。同时，公司还强化了绩效管理部门，把投资管理部升格为投资管理中心，加强了人员的配置，以此为新制度的实施提供多方位的保证。

　　案例讨论：

　　1.结合盛元公司的实例，谈谈考核工作在公司的日常管理与公司长期发展中的地位。

　　2.盛元公司为什么要把考核指标体系分为统计指标与评议指标两大类？这两类的权重划分和计算的比例应当依据什么？

　　3.请用有关理论和知识分析盛元公司的四维度、六指标的设置原理和具体的操作方法。

　　4.对"领导者基本素质"和"技术创新能力"各自包含的小项目（结构）和具体内容进行更具体的研讨，总结出考核的具体标准、指标和打分方法。

第17章拓展阅读

# 第18章 多劳应多得——薪酬与福利管理

## 学习目标

✓ 理解薪酬管理的主要学说
✓ 掌握影响薪酬水平的外部因素和内部因素
✓ 了解薪酬福利的结构
✓ 了解薪酬福利制度的三大目标
✓ 掌握薪酬制度的设计流程并能够据此设计出薪酬制度
✓ 理解薪酬管理的原则
✓ 了解薪酬制度的类型
✓ 掌握总报酬理论
✓ 了解福利和内在薪酬的内容

### 引例

#### 朱经理的难题
——高待遇为什么留不住人才

上任一年的红桥饭店总经理朱明认为，要调动员工的积极性，提高服务质量，必须建立一套公平合理的薪酬制度。

朱明总经理上任的头三个月，便要求人力资源部针对红桥饭店的所有职务（岗位）进行分析，每一项职务都编制了职务说明书，对职务的性质、任务、职责等进行了详尽的描述。同时，朱总运用各种手段，进行工资调查，从而获得了同类饭店各类员工的报酬水平的有关资料，并参考这些资料制定了本单位的工资标准。此外，还建立了比较全面的福利制度，包括：正式职工在工作一年之后，饭店将提供每年一周的假期，在此期间工资照付；员工的继续服务年限达到十年以上，就可享受医疗保险、住房补贴、退休金计划等福利。这些福利在其他饭店是不给提供的。但是，红桥饭店的员工对这些福利措施似乎并不在意。

一年来，朱明总经理遇到了好几个问题。其一，基层管理者流动率高，朱总上任的一年中，就有五个领班辞职。他不明白领班们为何要辞职。面谈时，每个领班都给他同样的答案：他们在红桥工作愉快而且人际关系很好，不过是该辞职的时候了；其二，行政文秘人员抱怨他们的工资和保安的一样，而保安则抱怨他们的工资少于厨师。企业内部抱怨不断增加，朱总陷入困惑之中，为什么红桥提供的报酬水平不低，尤其是有较全的福利政策，但抱怨依旧。他只好去请教薪酬管理顾问。

据薪酬管理顾问分析，红桥饭店的问题是：企业工资制度为了实现外部公平，就要进行同行工资调查；为了实现内部公平，就应进行岗位工作评价。红桥饭店在工资制度设计中，把最核心的问题——员工的"劳"是否在"得"中体现这一点忽略了。

# 18.1 薪酬与福利基本范畴

## 18.1.1 薪酬与福利有关概念

### 1.薪酬

薪酬（compensation），是指用人单位以现金或现金等值品等 任何方式付出的报酬，包括员工从事劳动所得到的工资、奖金、提成、津贴以及其他形式的各项利益回报的总和。所谓"薪"，原意为草柴，是具有一定的使用价值的物品，在经济活动中，"薪"则特指一定的组织雇佣劳动的代价，它一般是金钱形式的，如薪水、薪金（salary）；所谓"酬"，则是指组织给予劳动者的回报，它具有一定的褒义色彩。"薪""酬"二字放在一起，就有组织对于员工的劳动给予承认和褒奖的含义。

薪酬一词有广义和狭义之分。狭义的薪酬是与"劳动"直接联系的部分，"工资"一词"因工作而获得的钱财"的字义正好反映了狭义薪酬的内涵。广义的薪酬则是指与雇佣关系有关的组织的各项付出或员工得到的酬劳，包括用人单位的福利和各种其他的待遇。进一步，还有其他使员工获得利益和承认、满足个人需求的内容，例如在工作中参与决策等，但这些内容往往不涉及组织的经济支出，因而可以看作"报酬"，但不能把它们列入薪酬的范畴。

薪酬包括诸多的内容，从经济学的角度，一般称之为"工资"。人们的生活语言和管理工作的习惯用语中，薪酬也经常被称为"工资"或"工资收入"。总之，二者有很大的相关性和同一性，有时可以混用，有时又各有所指。

从组织的人力资源管理角度看，工资薪酬是工薪劳动者的主要经济来源，员工自然对工资、薪酬非常关注，因此，工资薪酬也就成为组织人力资源开发与管理的重要内容，是人力资源生产与养护手段，是重要的激励手段。

### 2.工资

工资，是指人力资源个体被某用人单位雇用后，完成规定的工作任务而作为劳动付出所换取的，由该用人单位支付的货币报酬。在一般情况下，工资构成了薪酬的主体部分。

工资作为各种形式的劳动报酬的总称，从计量依据的角度看，其主要形式有：

（1）计时工资

计时工资是指按照劳动者的技术熟练程度、劳动繁重程度，以一定的工作时间长短来衡量而支付的工资。计时工资的数额由工资标准和工作时间规定。计时工资的标准，一般体现在某个系列和等级的员工的工资级别上，例如，汽车制造厂的六级钳工、经贸公司的二级营销员等。

（2）计件工资

计件工资是用人单位按照员工生产合格产品的数量或完成合格工作任务的数量

（如推销的件数或销售额），以预先规定的计件单价为标准支付工资的形式。从一定意义上讲，它是计时工资的转化形式。

（3）奖金

奖金的性质是超额劳动的报酬，其类型多种多样。奖金是一种灵活、有效的常用工资形式，在人力资源薪酬管理方面有着非常大的实用价值，其激励作用往往能够带来巨大的经济效益。

（4）津贴

津贴是员工工资的补充形式，是按工作岗位的具体条件（如处于噪音、粉尘、辐射场所）、劳动的特殊内容（如出差）以及其他因素（如物价变动）给予的补贴。

从工资（薪酬）的功能角度看，又可以分为基础性工资（薪酬）、短期激励性工资（薪酬）、长期激励性工资（薪酬）。

### 3.福利

福利，是用人单位为改善与提高员工的生活水平，提高员工的生活便利度而对员工予以免费给付的经济待遇。福利包括货币性和实物性两种形式。其具体内容可以分为居中待遇、休养娱乐待遇、生活设施待遇和其他关怀性待遇四种类型。[1]

福利在组织的薪酬管理中，也具有重要的作用。实际上，福利是一个内容广泛、性质多元并具有一定强制性的范畴。首先，它是对员工生活方面的一种平均的、满足需要性的照顾；其次，它有着一定的社会保险和职业安全保护的强制性内容；进而，它在一些项目上实行差别性的发放，因而跳出了其基本特性，而发展成为具有一部分激励性的薪酬色彩，并因为一些高福利的项目而成为吸引人才和留住人才的重要手段[2]，例如一些富裕企业实行的良好住房待遇。

由于人的需求多样，因此，组织在给付个人的福利报酬时，可以实行灵活的福利计划，采取员工自愿选择项目的方式。

### 4.人工成本

人工成本是用人单位在用人方面所有有关费用的总和。节约人工成本、提高经济效益是人力资源开发与管理工作的重要目标。人工成本包括三个方面的内容：

（1）员工个人所得的工资薪酬和福利等各项内容；

（2）用人单位支付的社会保险费用、培训费用、住房开支等用于员工的各项开支；

（3）从事人力资源开发与管理的各项工作成本，例如人力资源部门工作成本、招募成本等。

### 5.个人收入

所谓"个人收入"，是指一个国家一年内个人所得到的全部收入，它是包含了工资在内的社会成员各类收入的总和。个人收入的项目诸多，所涉及的人力资源雇佣关系不同、所获得的形式与渠道不同，其中一些项目对人力资源开发与管理有重大影响，如社会保险收入、股权收入。工资，作为劳动者所获得的一种劳动报酬，是员工

① 严诚忠.企业人力资源管理——理论与实务［M］.上海：立信会计出版社，1999：220-221.
② 罗旭华.实用人力资源管理技巧［M］.北京：经济科学出版社，1998：231-237.

个人的主要经济收入。从宏观的角度看，社会经济活动带来的劳动报酬，构成了个人收入的主要部分。"个人收入"在国民经济中占据重要地位，对微观的人力资源开发与管理也有一定的影响。

个人收入的内容结构如图18-1所示。

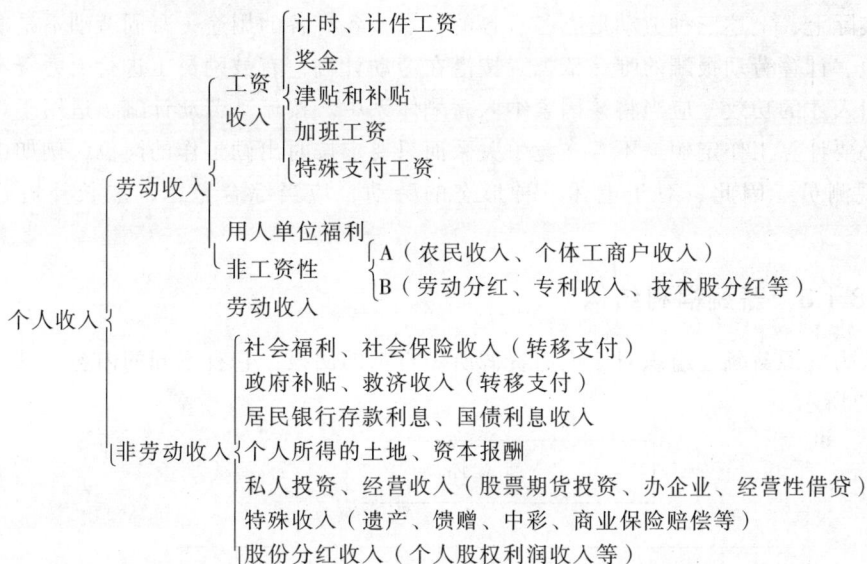

```
                    ┌ 计时、计件工资
                    │ 奖金
            工资    │
            收入    ┤ 津贴和补贴
                    │ 加班工资
                    └ 特殊支付工资
     劳动收入
                     用人单位福利
            非工资性 ┌ A（农民收入、个体工商户收入）
            劳动收入 └ B（劳动分红、专利收入、技术股分红等）
个人收入
            ┌ 社会福利、社会保险收入（转移支付）
            │ 政府补贴、救济收入（转移支付）
            │ 居民银行存款利息、国债利息收入
     非劳动收入 个人所得的土地、资本报酬
            │ 私人投资、经营收入（股票期货投资、办企业、经营性借贷）
            │ 特殊收入（遗产、馈赠、中彩、商业保险赔偿等）
            └ 股份分红收入（个人股权利润收入等）
```

**图18-1　个人收入结构**

## 18.1.2　薪酬分配的基础——劳动计量

劳动是取得报酬的原因，因为它为组织创造了价值。人力资源薪酬的分配，构成组织价值分配的一个部分。但是，劳动的形态是复杂的，因而薪酬分配的方法也是复杂的，对各种不同形态的劳动来说，都要经过计量和换算，然后对劳动的贡献和付出进行比较。

**1.潜在劳动——可能的贡献**

潜在劳动是指人的劳动能力，是招聘和任职时对人力资源个体的预期效益进行估算的依据。应当指出，把潜在劳动作为组织对劳动成果进行价值分配的依据是不恰当的，其缺点在于它是尚未使用、尚未创造价值的事物，因此，应当在对之运用并形成劳动成果以后，再进行成果与预付价值的"结算"。

**2.流动劳动——现实的付出**

流动劳动是人力资源个体在工作岗位上的活动，它是指已经付出的劳动，以之作为发放劳动报酬的依据，显然比潜在劳动要合理。但是，虽然一个人付出了劳动，也有可能由于个人、组织或市场的原因最终不能实现价值。因而把流动劳动作为价值分配的依据也有一定的局限性，不能作为根本的衡量标准。

**3.凝固劳动——实现的价值**

凝固劳动是指完成劳动后的成果，如产量的多少、销售额的多少等，这是劳动创造价值的具体表现，因而是劳动价值衡量的最好方式。在大部分组织和工作岗位，都针对凝固劳动进行计量，发放工资薪酬。但是，当一些员工的工作难以与业绩直接对应、合理挂钩（例如消防队员、学校的班主任），以及难以进行工作评价时（例如新产品研究开发人员），是无法使用这种方法的。

**4.综合运用**

实际上，上述三种劳动形态各有各的特点，各有各的用途，凝固劳动不是衡量劳动价值、计算劳动报酬的唯一依据。按潜在劳动计酬，有鼓励员工进行人力资本投资和吸引人才的功效，应当将该因素纳入薪酬体系中。按流动劳动计酬，适用于难计算或不必要计算工作定额、不存在竞争关系而只要求按时出勤工作的岗位，例如山区气象站观测员。因此，对于上述三种形态的劳动，应当综合考虑，取长补短，配合使用。

### 18.1.3　薪酬福利结构

人力资源薪酬是组织对于人力资源所做贡献的回报，它有不同的内容。其结构如图18-2所示。

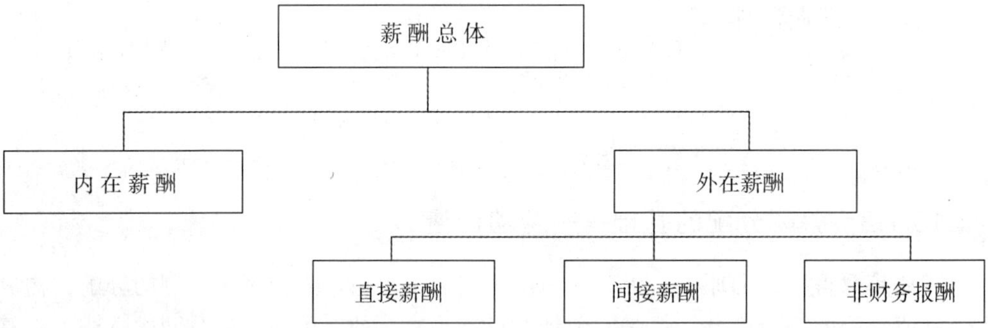

图18-2　薪酬福利的结构图

**1.内在薪酬**

如前所述，狭义的薪酬是与"劳动"直接联系的部分，广义的薪酬有着广泛的内容，包括劳动付出所得的酬劳、福利待遇和满足个人心理需求的内容。心理需求方面不是"经济性"的内容，而是非物质性的、无形的报酬。具体来说，其内容包括：工作中参与决策；较大的工作自由度；较大的责任；个人有兴趣的工作；成长的机会；活动的多元化。内在薪酬是所从事"工作"的本身给员工带来的酬劳，可以说，它是相当有效的激励手段。

**2.外在薪酬**

与内在薪酬相比，外在薪酬属于经济性待遇，它包括直接薪酬、间接薪酬和非财务报酬。

（1）直接薪酬

直接薪酬是指一般意义上的工资薪酬收入，是人力资源报酬的主体。它包括基本薪酬（计时工资或计件工资）、奖金、工资性津贴、加班工资、业绩工资（如营销员底薪之外的销售提成）、分红、利润分享及股权期权等。津贴的种类较多，有的是低差异、高刚性，如地区津贴、班主任费；有的则是高差异、低刚性，如技术津贴、出差补贴。

在直接薪酬中，根本问题之一是"死"工资与"活"工资的比例，这关系着组织文化和对员工的激励力度。

（2）间接薪酬

间接薪酬包括组织的福利开支、人力资源养护费用（如医疗保险、养老保险等）和非工作时间（节假日和病假）的经济给付。组织的福利项目诸多，如带薪休假、住房补贴、免费午餐、员工食堂或伙食补助、交通接送或交通补贴、培训教育资助、家庭困难补助、集体组织旅游、节日生日礼物及优惠实物分配等。

组织的福利对于员工而言，是有享用权利差异的：有的福利项目是所有职工享有的全员福利；有的福利项目是专门福利，如对高层人员的轿车、飞机乘坐待遇；有的福利项目属于困难补助，针对生活有困难的员工家庭；有的福利项目带有一定的激励性质。由于人们的需求众多、差异很大，组织可以实行由员工选择项目内容的自助、弹性福利计划。自助弹性福利计划有三种类型：

①附加型，是指在现有的福利计划之外，提供若干其他福利措施，供员工选择；

②"核心"加"选择"型，是指核心福利部分是每个员工享有的基本福利，弹性选择福利部分则附有价格供员工任意选择；

③套餐型，是指组织推出项目内容和优惠水准各不相同的若干种"福利组合"，由员工们从中选择其一。

（3）非财务报酬

非财务报酬是指个人不领取款项、但需要组织给予一定经济付出的待遇。例如，较舒适的办公室环节和设施、特定的餐厅和停车位、配备个人秘书，以及动听的头衔等。

# 18.2  薪酬与福利有关学说

## 18.2.1  边际生产力学说

工资薪酬是一种重要的经济行为。英国经济学家杰文斯、法国经济学家瓦尔拉等人提出边际效用理论。在此基础上，美国学者克拉克提出了边际生产力学说。克拉克假定其他生产要素不变、劳动力数量逐渐增加时，所生产的产量或者价值随之增加。因受收益递减律的支配，每增加一个单位的劳动力所生产的产量或者价值依次递减，直至为0，最后增加的一个单位劳动力所生产的产量或者价值，即劳动力的边际生产力。此学说建立在以下两个前提下：（1）在完全自由竞争之下，生产要素价格等于边际生产力；（2）生产要素的收益（利息、工资等）呈递减律。

由表18-1可知，边际收益是新增加投入一个劳动力时所取得的总收益与未投入这一劳动力的总收益之差。企业主在配置生产要素时，必然寻求边际生产力最高时的劳动力数量，单位工资成本才能最小。

表18-1 边际生产力变动

| 劳动力序号 | 总收益 | 边际收益 |
|---|---|---|
| 第14人 | 102 | …… |
| 第15人 | 110 | 8 |
| 第16人 | 120 | 10 |
| 第17人 | 129 | 9 |
| 第18人 | 137 | 8 |

该理论的经济学意义是，当追求最佳的边际收益时，相应就有最合理的工资成本，这也就是人力资源投入的理想目标。该理论还认为，劳动力愈多，工资愈低；资本愈多，利息愈低。这种说法的理论错误在于，把生产资料说成是创造价值的，并把劳动者的贫困归因于劳动力的边际生产力下降。

### 18.2.2 工资的市场决定论

#### 1.均衡价格

在边际生产力论的基础上，英国著名经济学家马歇尔提出了均衡价格工资论，这实际上是工资市场决定理论。均衡价格是指在商品的需求价格与供给价格达到一致时的价格。如果说边际生产力论只反映一种微观用人行为，那么工资的市场决定论就反映了劳动供给、劳动需求、工资的市场均衡这样一种完全的市场机制。马歇尔指出，工资就是劳动供给与劳动需求二者均衡时的价格。这一均衡状况可以用图18-3表示。

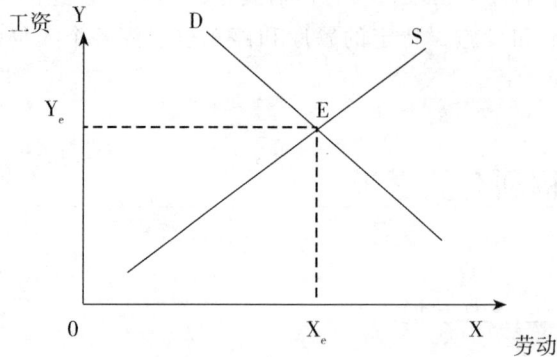

图18-3 工资的市场决定

#### 2.劳动供求与工资水平

其一，供给与工资的关系：工资水平越高，劳动供给数量越多；工资水平越低，劳动供给数量越少。这样，劳动供给曲线S就呈现出向右上方倾斜的状态。

其二，需求与工资的关系：工资水平越高，劳动需求数量越少；工资水平越低，劳动需求数量越多。这样，劳动需求曲线D就呈现出向右下方倾斜的状态。

其三，均衡价格工资点，即E点。它就是劳动供给与劳动需求两个方面共同认定的工资水平。换言之，无论是供给曲线S，还是需求曲线D，都不能单独决定工资。

工资是由市场上劳动供求双方的关系所决定。当工资偏离了均衡工资点时,供给和需求的自发力量会产生作用,使其仍然回到均衡点上。

在现实的国民经济运作中,工资的市场决定还受到资本-劳动替代关系和劳动供给弹性、就业结构差异的影响。

工资的市场决定论,是反映人力资源现实使用成本的状况,并为其开发与管理提供市场信号的学说。

### 18.2.3 工资谈判论

#### 1.两大势力集团的谈判

英国经济学家多布、美国经济学家邓洛普等人提出了工资谈判论,他们认为,劳动市场上的工资水平,取决市场上劳资双方的力量对比。从市场经济体制运行的角度看,劳动供求两大因素即劳资两方形成两大势力集团:工会和雇主协会。

过去的工人是分散的、无力量的,建立工会以后就具有了强大的影响市场工资的力量。工会提高工资水平的方法有:其一,限制劳动供给,如通过立法限制移民和外籍劳工,通过劳资谈判限制企业雇用非会员;其二,通过谈判,提高标准工资率;其三,与雇主协商建立工资保障制度,如最低工资保障制度、带薪休假制度、逐年加薪制度等。

工资谈判理论反映了人力资源薪酬管理中的利益冲突与协调的运作问题。

#### 2.工资谈判区

在工资谈判中,劳资双方处于不同的立场,有着不同的工资水平区间,从而形成工资谈判交涉区。劳资双方所进行的工资谈判,是在"实际交涉区"中实现的,如图18-4所示。

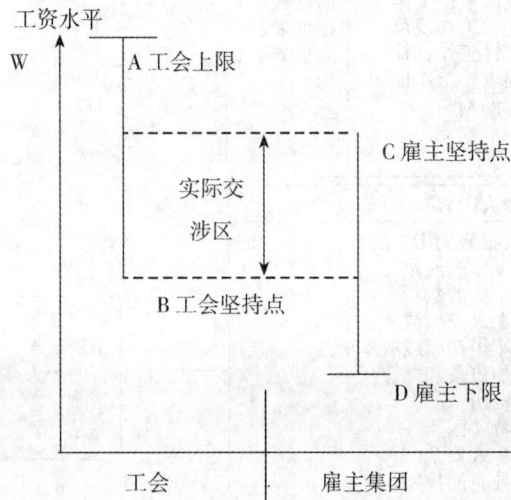

图18-4 工资谈判区

### 18.2.4　公平理论

公平理论由美国学者斯达西·亚当斯提出。该理论指出，当一个人察觉到自己在工作上的努力（投入）对由此所得到的报酬（所获结果）的比，与其他人的投入对结果的比相等时，就认为是公平的。这说明人们在判断分配是否公平时，并不是比较所获结果的绝对量多少，而是比较付出与所得的比值。该公式为：

$$\frac{自己所得}{自己付出} = \frac{他人所得}{他人付出}$$

在确定一个单位的工资水平和工资政策时，公平性是重要的出发点。实际上，组织必须顾及两个方面的公平性：内部的公平性和外部的公平性。内部公平性指企业内部的职工感受，即是否做到了劳酬相符。进一步来说，内部公平是把报酬基点建立在科学的职务分析上，以及个人劳动得到了恰当的承认和补偿的"个人公平"方面。外部公平性则是指企业的工资水平必须以市场工资率为基准，进一步来说，是要在与同行业的竞争中有利于吸引和留住人才，如图18-5所示。

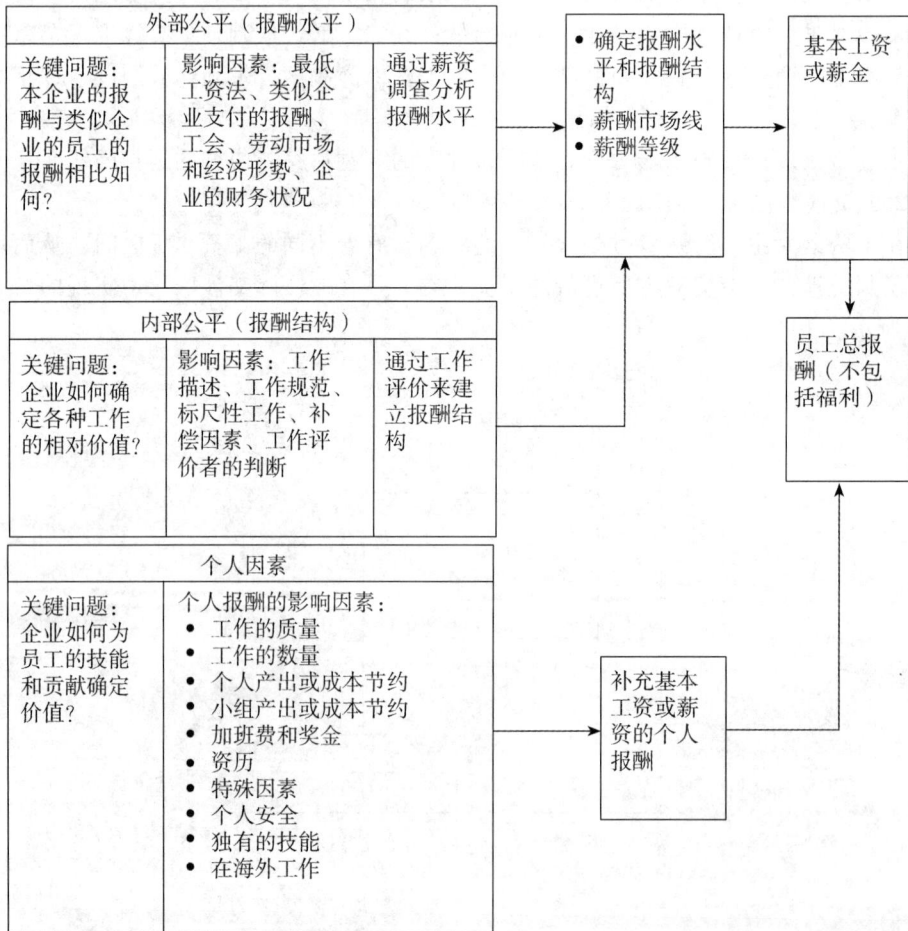

图18-5　公平理论的作用

## 18.3 \ 薪酬制度设计

### 18.3.1  确定薪酬制度目标

**1.分析薪酬与福利制度的功用**

薪酬管理在人力资源开发与管理中居于非常重要的地位，它既是日常管理工作的最主要的内容，也是战略性的工作，构成人力资源开发与管理操作体系中的一个非常重要的部分。具体来说，一个组织的薪酬管理，要落实到组织的薪酬福利制度上。从一般的角度看，组织的薪酬福利制度的目标，包括以下三个方面：

（1）维系组织的发展

薪酬制度的设计与实行，要保证组织生产经营活动的完成，要协调好组织的人际关系，提高员工的组织凝聚力，进而达到维系和促进组织发展的作用。这就要求组织的工资水平在社会比较中定位合理以至较高，工资的内部分配结构发放合理，以达到薪酬的两个公平。

（2）强化激励作用

在组织的薪酬分配中，要注重薪酬制度的设计对员工的激励作用，以发挥员工的积极性、创造性并增强员工的责任感，促进经济效益的提高。这就要求管理者注意加强工资核算，加强人力资源管理各环节的工作水平，精心研究和制订工资薪酬分配方案。组织的工资模式，包括能力工资、绩效工资、年功工资等。对于经营性单位而言，一般采取绩效工资模式，贯彻"业绩优先"的原则。为此，要在工资结构中加强效益工资和"活"工资的比重，加强其调节的力度。

（3）开发和吸引人才

薪酬福利制度的建立，有利于调动管理人员、技术人员的积极性，有利于开发和吸引人才。在许多现代组织中，人力资源被看作最重要的财富，在人力资源中，人才是最为珍贵的、创造效益极大的（因为人力投资回报极大）和非常稀缺的资源。这就要求用人单位应更加仔细地研究管理人员、技术人员的工资方案，并及时反馈，及时进行调整。

**2.制定本组织的薪酬福利制度**

根据一个组织的基本特点及组织所处的特定时期，联系和落实组织的经营战略与方向任务，以及预定的业绩目标、人工成本状况与组织分配思路、既有的薪酬福利制度及水平、员工的状况与心理反应等，设定一个科学、合理、可行的薪酬福利制度目标。

### 18.3.2  分析影响薪酬水平的因素

**1.组织外部因素**

（1）人力资源市场供求状况

在人力资源市场上，工资作为一种价格信号，是由市场机制决定的，即由人力资源供求变化所决定。当人力资源供给大于需求时，市场工资率就会降低；当人力资源供给小于需求时，市场工资率就会提高。组织的工资水平，就是以市场工资率为基准和参照系的。

（2）国家法律和政策

在市场经济条件下，政府作为社会经济的管理者，不直接干预企业工资水平的确定过程，而主要运用法律手段和经济手段，必要时也会采用行政手段来调控市场工资率以及社会的收入分配关系。

首先，国家制定相关的法律法规，规定社会最低工资。进而，政府通过工资政策、税收政策，以及采用行政手段（如冻结工资），对企业的工资水平进行调控。为了给企业合理确定工资水平提供依据，给求职者准确地了解人力资源市场价格提供依据，以及为企业与员工进行工资协商和谈判提供依据，政府还发布各职业工种的工资指导线。

（3）物价水平与补偿要求

消费品物价上涨会导致生活费用的增加。为了维持员工的工资购买力，组织必须根据消费品物价指数对工资水平做出相应的调整和补偿。

当物价上涨、实际工资下降时，通常的补偿办法有两种："补贴"和"挂钩"。参见第11章人力资源收入分配的内容。

**2.组织内部因素**

（1）组织的生产经营状况

一般来说，一个组织的生产经营状况从根本上决定了其员工的工资薪酬水平。生产率水平高、有稳定市场的单位，其财力雄厚，员工往往有高工资；反之，员工的工资就低。生产经营持续发展，为员工的工资水平的提高奠定了物质基础。

组织的生产经营状况受到多方面的影响，例如税率的高低、税收的减免、产品的利润率、竞争对手的措施等，这些都对组织的薪酬水平有所影响。

（2）组织理念与薪酬政策

一个组织的管理理念和薪酬政策，是决定该组织薪酬水平的直接因素。出于外部竞争、内部激励的考虑和组织的用人政策，组织的决策层在薪酬方面会产生成为同行业"领导者"或"追随者"的意向，相应地，人力资源部门就制定出自身的高于市场工资水平的政策或持平的政策。例如，某高科技公司要大力吸引人才，就实行高薪政策；某工厂生产率低而产品的人工成本高，就实行工资持平政策并强化管理。

（3）组织工资管理制度

组织工资薪酬制度的选择，也是影响员工工资薪酬相对水平和绝对数量的因素。例如，是选择加大等级差距和"活工资"的激励性制度，还是实行高固定工资的比较稳妥的制度。

员工的劳动可以分为潜在劳动、流动劳动和凝固劳动三种形态，这是实行不同的工资薪酬制度与同一制度内不同报酬结构的基本出发点。

（4）员工绩效状况

一般来说，工资薪酬是与个人的劳动贡献紧密挂钩的。一个员工的劳动贡献大，往往是由于其劳动能力强、劳动付出多并形成了有效劳动，这时他的工资薪酬水平就高；反之，一个人的能力差，劳动付出少且不能形成有效劳动时，薪酬水平肯定就低。

### 18.3.3　进行岗位工作评价

#### 1.岗位工作评价的目的

为了使工资薪酬达到公平性和科学性，用人单位在确立自己的工资水平时，要在组织内部进行岗位工作评价，以实现劳酬相符；还要对外部的同行单位的工资状况进行调查，把握和比较本组织工资水平与市场工资水平的关系，使自己具有合理的薪酬策略。这是一个组织进行薪酬管理的基础和出发点。

岗位工作评价与岗位分析、工作分析和职务分析属于同一范畴，这里使用"岗位工作"的概念，是侧重对员工在某职务或岗位的工作中所支出的劳动量的衡量过程，即以某个职务分析结果——职务说明书为依据，衡量、判断该工作岗位与其他岗位相比应当提供多少薪酬，这就使组织工资薪酬具有了客观依据，从而达到薪酬分配的内部公平性。

#### 2.岗位相对关系的确定

为了达到薪酬分配的内部公平性，必须解决好组织内部各个岗位的相对关系。要从组织的职务说明书出发，并考虑工作中的劳动定额及其他因素（如工作角色的重要性、劳动环境等），确定工作岗位的等级或职级。岗位的相对关系，可以分为"纵""横"两个方面。

从纵向的角度看，同类型的一系列工作岗位中，有高低不同的等级，例如技术员、助理工程师、工程师、总工程师等级。一般来说，工作量付出多的岗位，就评为较高的岗位等级或职级；工作量付出少的岗位，就评为较低的岗位等级或职级。因此，反映工作付出和劳动贡献的岗位等级（或职级）能够直接与工资报酬挂钩。等级较高的岗位支付相对较高金额的工资，等级较低的岗位支付相对较低金额的工资，这就实现了组织内部职工所付出的劳动量与所获取报酬的比值大体相当的格局，即达到了薪酬的内部公平。

从横向的角度看，在各个组织中都有不同的工作类型或工作系列，例如公司中有生产、营销、技术、管理及后勤等系列，大学中有教师、资料、教务管理及后勤服务等系列。不同的工作系列但处于同一岗位等级的岗位，应当支付大致相等的工资量，这也体现着薪酬的内部公平。

岗位评价方法及职务分析的步骤方法，本书第19章将介绍，这里不赘述。

### 18.3.4　进行市场薪资的调查

岗位工作评价是对本组织的岗位工作所支出的劳动量进行衡量评价，组织根据岗位工作评价结果制定自己的基本工资标准，确定本组织的工资水平。这一标准是否符合同行业的工资行情（市值）、是否符合同行业的市场工资率，有赖于工资调查。

对同行业进行工资调查的方式，主要有以下几种：

### 1.非正式调查方式

（1）电话询问

对于调查小部分岗位的工资，电话询问是收集资料的好方法。在市场竞争激烈的情况下，组织往往对自身的工资资料保密，但有时可以通过电话询问的方式得到一定的信息。例如，在某公司招聘会计时，可以打电话询问其会计岗位的工资报酬情况，从而取得这一岗位的工资资料。

（2）非正式讨论方式

在各种有关的专业会议上，可以通过会下交流方式询问同一产业、同类型单位的工资薪酬情况。

（3）应聘人员

通过询问前来应聘的人员和新录用的员工，可以收集到他们原供职单位的工资福利资料。

（4）其他方式

从一些单位的招聘广告中，以及流出员工方面也可以获得外部工资福利的有关资料。

### 2.正式调查方式

正式调查方式包括通过问卷和访问方式收集有关资料。该调查方式的优点在于它可以调查得很详细；缺点是所花费的时间较长，而且许多单位出于保密的原因，拒绝回答问题，造成访问不能顺利进行和问卷回收率低。采用这一方式时，要注意做好以下工作：

（1）确定调查范围

调查的范围一般应选择同一地区、同一行业、同种规模的企业，以求工资结构大致相同。

（2）选择调查对象

调查对象应选择具有可比性的工作岗位，即所调查的岗位同本企业的相关岗位在工作性质、工作职责、工作条件，以及所需资格条件等方面应基本一致。简言之，所调查的岗位应该是本行业具有代表性、典型性的岗位。

（3）确定调查内容

一般来说，调查的内容包括基本工资、附加工资、奖金、福利、分红、保险和企业的工资结构等。

（4）进行调查

在调查前，要努力争取被调查单位的支持与合作，最好的方式是签订资源共享协议。这里的资源共享，是指对方提供有关信息和资料，要把调查汇总结果提供给对方。在提供的汇总材料上，不要出现各个被调查企业的名称，而应使用企业代号。

### 3.统计部门或专业机构提供

组织可以从政府统计部门或专业研究机构每年发布的调查报告和统计资料中，获得有关行业、系统各有关职业及其级别的工资资料。例如，我国的劳动保障部门发布的"劳动力市场价位"、各地人才市场的工资信息等。

在市场薪资调查之后，要把所得到的各种数据进行整理，然后汇总成表，以供制订本组织的工资薪酬方案之用，见表18-2。

表18-2　　　　　　　　　　　　　某企业对工程经理的薪资调查

职位名称：工程经理（14）

汇报对象：生产技术总监

控制范围：电气、动力、土建等工程技术主管

责任：负责厂房、设备的安装、调试与维修方面的总体管理

学历：工程类相关专业本科

资历：6~8年相关工作经历

样本数（Sample Size）：10

| | 低水平 | 1/4低水平 | 中等水平 | 1/4高水平 | 高水平 | 平均水平 | 样本总数 | 本样本数（%） |
|---|---|---|---|---|---|---|---|---|
| 本年总收入（元） | 117 450 | 127 812 | 150 515 | 194 722 | 223 180 | 160 040 | 10 | 100.0 |
| 每月固定收入（元） | 8 100 | 9 419 | 9 802 | 13 653 | 15 965 | 11 198 | 10 | 100.0 |
| 基本工资（元） | 6 967 | 8 595 | 9 284 | 12 800 | 15 000 | 10 484 | 10 | 100.0 |
| 津贴总额（元） | 2 400 | 2 516 | 4 555 | 36 032 | 41 480 | 15 257 | 6 | 60.0 |
| 年固定收入（元） | 113 400 | 121 547 | 132 037 | 177 489 | 220 680 | 150 471 | 10 | 100.0 |
| 绩效资金（元） | 2 500 | 3 759 | 10 641 | 20 498 | 37 400 | 14 240 | 6 | 60.0 |
| 利润分红（元） | 2 506 | — | — | — | 7 750 | 5 128 | 2 | 20.0 |
| 年龄（岁） | 25 | 34 | 39 | 49 | 56 | 41 | 9 | 90.0 |
| 相关职位工作年限（年） | 5 | 10 | 19 | 27 | 29 | 18 | 9 | 90.0 |
| 学历 | 4 | 5 | 5 | 5 | 6 | 5 | 9 | 90.0 |
| 每周工作时间（小时） | 40 | 40 | 40 | 40 | 40 | 40 | 10 | 100.0 |

学历代码：1小学，2初中，3高中、中专、技校，4大专，5大学，6硕士，7博士。

### 18.3.5　做出薪酬水平定位

这里的薪酬水平定位，是指通过本组织的薪酬水平与社会同行业的薪酬水平的比较，进行薪酬水平的社会定位。

**1.薪酬政策**

（1）趋同政策

如果本组织的薪酬政策是要趋同于社会同行业的薪酬水平，该组织就要根据同行业工资水平来确定自己的工资水平。从理论上讲，对低于市值的岗位，要增加工资以

达到市场水平；对高于市值的岗位，则应相应降低现行工资以符合市场水平。

但是在现实生活中，如果调低员工的工资，会极大地挫伤员工的积极性。为了避免这一问题的出现，一般的做法有三种：其一，暂时冻结增资或减缓日后的增资幅度，使偏高的工资在一段时间后回落到市值水平；其二，在可行的情况下，增加员工的岗位工作量，提高员工的工作效率，使其劳动贡献与工资待遇相符合；其三，对具备资格条件的员工予以调职或晋升。

（2）高工资政策

在组织具有经济能力的情况下，也可以实行高于市场薪酬水平的政策。应当注意的是，如果组织的工资水平增加过多，则会增加人工成本、缩小利润空间，使产品失去竞争力。

在实行高工资政策的情况下，如果员工因获得较高工资而受到激励提高了工作效率，则可能是另一情况：工资虽然偏高，但提高了利润，从而获得经济效益。同时，高工资能吸引外界优秀人才和保留内部优秀人才，可能取得极好的经济效益。

（3）低工资政策

如果组织的规模小、财力有限，并且经营不善，则只能采用低工资政策。需注意，工资水平过低，是无法吸引优秀人才的，原有的人才也会逐渐"跳槽"、另谋高就。

**2. 工资差距的处理**

在某一工资系列中，每个工资等级都有起薪点和顶薪点，二者之间还有增薪点（即工资等级）若干个。一般来说，工资等级越高，两个工资之间的级差就越大。

确定工资差距时，应当注意如下两点：

（1）适当控制工资等级数目

工资等级的数目无惯例可循，但不可过少或过多。如果等级过少，员工难有晋升机会，会导致工资的激励效果减弱；反之，如果等级过多，又增加复杂程度和管理费用。为了解决这一矛盾，往往采用扩展工资幅度和提高工资顶薪点的办法，设立更多的工资等级。不过，当员工经过若干年后达到了顶薪点时，因再次增薪无望、晋升机会渺茫，仍然会影响士气。

（2）两相邻职务的工资重叠部分不可太多

上下两个相邻职务的工资重叠部分太多，表明两个相邻职务的等级或岗位的职责重复，分不清楚。同时，员工职务晋升时，往往只能按上一级职务的较高工资等级定薪，否则就会造成"升职反而减薪"的问题。

### 18.3.6 绘制薪酬等级表

设计组织薪酬制度，比较简便易行的方法是，根据组织岗位工作评价的结果绘制反映现行薪酬水平的工资等级表。

**1. 设计职务工资类型**

根据员工担任的岗位职务支付的工资，即职务工资。职务工资有单一型和范围型两种类型。

单一型是一职一薪，一个职务（或岗位）等级内设一个工资额。如，7个职务等级有7个工资额或7个岗等有7个工资额。

范围型是一职多薪即一个职务（岗位）等级内设若干工资等级或薪阶，从而一个职务等级内具有若干工资额。实行职务工资制的组织，多采用范围型。美国联邦政府的薪俸表和我国公务员的工资等级表都属于一职多薪的类型。

从范围型职务工资来看，由于一职多薪，使每一个职务等级即工资等级都有一个最高点（顶薪点）和最低点（起薪点）工资额，它们之间的差额叫作工资幅度（或薪幅），这个幅度表示每个工资等级可能支付的范围。由于范围型工资设定了工资幅度，因而具有以下两个优点：

（1）具有灵活性。组织可以根据劳动市场的变化，适当地对工资待遇进行调整。为了吸引人才，组织还可以选择某个职务等级内的较高级别工资待遇。

（2）在同一职务（岗位）等级内，组织可以根据员工的绩效优劣和工龄长短等不同情况给予差别待遇。这可以成为对人力资源进行长期管理的手段。

**2.确定职务工资级差**

范围型职务工资在工资级差设计中有两种类型：无覆盖式和覆盖式。

（1）无覆盖式

无覆盖式即上一个职务等级（或岗等）的最低一级工资大于或等于下一个职务等级（或岗等）的最高一级工资，如图18-6所示。

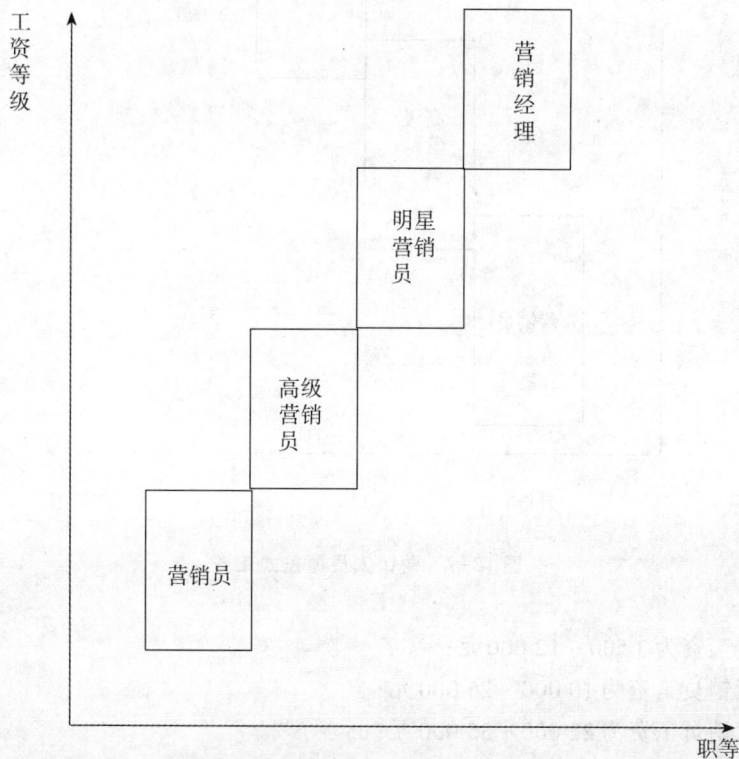

图18-6　营销人员无覆盖式工资

例如：

营销员工资为 3 500 ~ 10 000 元；

高级营销员工资为 10 001 ~ 20 000 元；

明星营销员工资为 20 001 ~ 30 000 元；

营销经理工资为 30 001 ~ 50 000 元。

（2）覆盖式

覆盖式即上一个职务等级的最低一级工资等于下一职务等级的中间级工资。也就是说，在两个相邻职务等级之间工资有部分重叠，如图 18-7 所示。与无覆盖式工资相比，覆盖式工资成本低，具有较强的灵活性，而且使那些职责程度差别不太大的岗位工资差距不致过分悬殊。

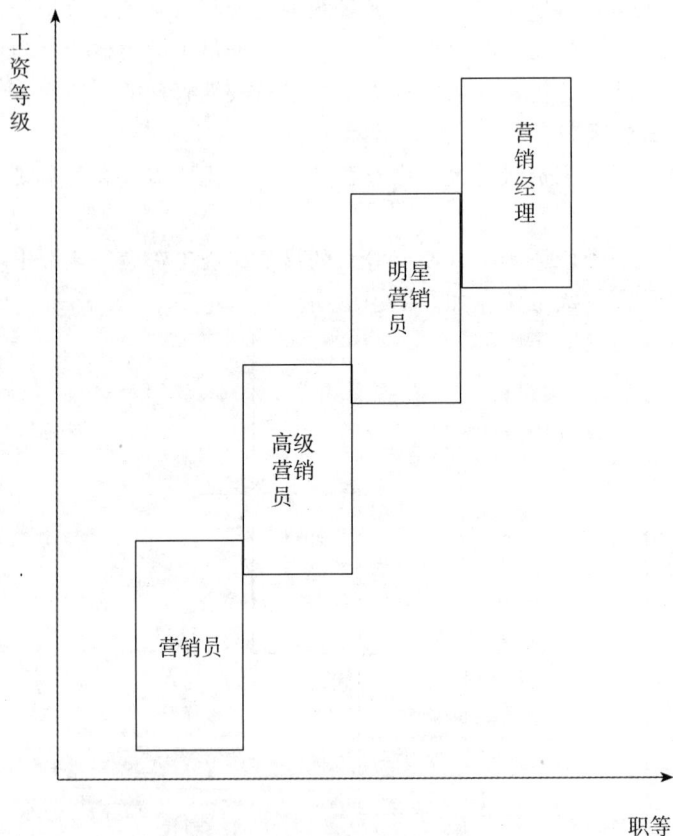

图 18-7　营销人员覆盖式工资

例如：

营销员工资为 3 500 ~ 12 000 元；

高级营销员工资为 10 000 ~ 25 000 元；

明星营销员工资为 22 000 ~ 35 000 元；

营销经理工资为 30 000 ~ 50 000 元。

### 3.绘制工资等级表

在明确了职务工资类型与级差方式以后，就可以制作规定一个组织各种工资水平的完整的工资等级表了。

通过岗位工作评价，各个岗位间都取得了相对价值，每个岗位也都具有了分值。在此基础上，要根据工作量的相近程度统一划分岗等。例如，200分以下的岗位为第一岗等，200～400分的岗位为第二岗等，400～600分的岗位为第三岗等，600～800分的岗位为第四岗等，800～1 000分的岗位为第五岗等，1 000～1 200分的岗位为第六岗等……一个岗等就是一个工资等级，也是一个职务等级。工资等级表根据岗位工作评价的结果绘制。

### 4.协调不同职务类型之间的关系

将本组织的工资等级表与对社会薪资调查的结果比较，可以发现二者在对应的职务等级工资之间的差别。

如果二者大致拟合，或者处于差别不大且可以解释，抑或有理由存在相当差异的情况下，就可以参照社会水平制定或修订自己的各个系列、各个等级的工资数额，最后形成本组织的等级表。

如果二者偏离太大，就需要进行分析，对差异明显的需修改工资等级曲线的工资数额进行调整。

## 18.4　薪酬管理的实施

### 18.4.1　薪酬管理原则

#### 1.薪绩一致

薪绩一致，是现代薪酬管理的基本理念和首要原则。薪绩一致，也体现在"奖罚有据"上。为了达到这一原则，要求组织的薪酬制度比较完善，在日常管理中加强工作考核，以此为依据来计算和发放工资。

#### 2.业绩优先

在组织的薪酬制度中，要贯彻"业绩优先"的原则。业绩优先，就是要注重工资的激励作用。

（1）对于结构工资，应加强其中效益工资的比重，以加强效益工资的调节力度；

（2）对于计件工资或类似的销售工资，应认真核定计件单价，并采取业绩系数递增制；

（3）对有重大贡献者要给予重奖；

（4）对工资水平固定的计时工资，在工作者圆满地完成了工作任务后，应给予一定的奖励。

#### 3.分享利益

随着组织的发展和经济效益的提高，员工应当分享企业发展的部分利益。这体现为奖金发放、年底分红、工资升级等方面。优异地完成了经营目标任务、对组织做出杰出贡献的高级经营管理人员，更应当获得一定的利润分享。应当认识到，这种"分享"的支出，会换取员工很大的工作动力，因而可能带来相当高的经济回报。利益分享的形式与水平，要经过董事会审核、批准。

**4. 目标管理**

目标管理主要体现在高层经营管理人员的年薪制业绩目标和分部门经营管理者的工作任务承包上。其实质，是管理人员对于企业生产经营的全面承包，并得到合理的经济回报。年薪制既可以给予经营承包人比较稳定的高工资，承认其企业家的角色，又能根据其业绩给予相当的回报，较好地实现按劳付酬，从而调动经营者创造效益的才能，达到激励和约束的作用。

**5. 合乎法律**

这包括国家劳动法、地方劳动法规、劳动行政部门颁布的管理规定等。

### 18.4.2 工资薪酬基本类型

从组织的层次来看，我国现行的薪酬模式可以分为以下四个基本类型：

**1. 绩效型工资制**

绩效工资制度是主要根据员工的动态业绩来决定支付报酬数量的制度。绩效工资的前身是计件工资，计件工资制是一种依据工人生产合格产品数量或工作量按预定单价标准计算支付劳动报酬的最常见形式。需要注意的是，不要把绩效工资简单地理解为工资与产品数量挂钩的工资形式，它实际上是建立在科学工资标准和管理程序基础上的工资体系，其基本特征是将员工的薪酬收入与个人业绩挂钩。

绩效型薪酬制度的优点是，有利于员工薪酬与可变化的个人业绩挂钩，将激励机制融于企业目标和个人业绩关系之中；有利于薪酬向业绩优秀者倾斜，提高企业效率和节省人力成本，有利于突出团队精神和企业形象，增大激励力度和员工的凝聚力。其缺点，是容易导致员工短期行为，同时也不利于员工综合素质的提高和开发职工的潜能。

**2. 技能型工资制**

技能工资制是以劳动技能等级为依据，以劳动者实际劳动质量和数量确定报酬的多元组合的工资类型。企业定出员工工作的技术等级及考核标准，要求员工具有一技之长，并按其已显现出来的能力确定其薪酬等级，支付相应报酬。如果员工具备了更高的能力，可以向企业提出升级的请求，而高职位是有限的，人人都要努力争取，经过优胜劣汰后能上升一级。因此，技能型工资制度有利于员工的自觉进步。

技能工资制度也有不足之处，即有些工作比较艰苦，与绩效计量也不直接挂钩，这容易造成企业的一些岗位留不住人才的问题。

**3. 资历型工资制**

资历型工资制度是以职工个人的年龄、工龄、学历、本专业工作年限等因素为依据的薪酬制度，是劳动积累工资。这种工资制度起源于第二次世界大战，20世纪50年代在日本颇为流行，它与终身雇佣制一起，构成了独具特色的日本企业的薪酬管理制度。

这种工资制度的显著优点是最大限度地稳定了企业员工，增强员工对企业的认同感和归属感。但随着社会的进步和经济的发展，这种强调资历、不直接与绩效挂钩的工资制度的弊端日益显露，带来的后果是员工年龄结构老化、企业工资成本急剧增加、企业负担加重等。

**4.结构工资制**

结构工资制是一种复合型的工资制度，是将职工工作的职务与绩效，同其技能、资历等因素复合后作为构成薪酬的不同组成部分来加以考虑的一种薪酬制度。把职工的工资分解成哪几个部分，目前尚不统一，一般分解为固定工资（基础工资、年功工资）和变动工资（技能工资、岗位或职务工资、超额工资）两大部分。

结构工资制度较好地体现了工资的几种不同功能：工龄、学历、职务，主要反映了劳动的潜在形态；劳动工作态度、劳动条件，主要反映劳动的流动形态；劳动成果、贡献（积累贡献）主要反映劳动的凝固形态；而员工的最低工资则保障了劳动者的基本生活需要。结构工资不仅全面地反映了这些因素，而且还有利于克服工资分配中的平均主义。实行结构工资制需要特别注意的是，要把握好各部分工资占工资总量的比例关系。

### 18.4.3 常见的员工薪酬类型

**1.薪点工资制**

薪点工资制是在岗位劳动评价"四要素"（岗位责任、岗位技能、工作强度、工作条件）的基础上，对员工的点数通过一系列量化考核指标来确定，点值与企业和部门效益挂钩，从而确定工资水平的方法。其主要特点是：工资标准不是以金额表示，而是以薪点数表示，点值取决于经济效益。

薪点工资制是我国企业在工资制度改革实践中创造出的一种工资模式，它的内涵和基本操作过程类似于岗位工资，但在实际操作过程中更为灵活。

**2.等级工资制**

（1）岗位等级工资制

岗位等级工资制，简称岗位工资制，是按照员工在生产中的工作岗位确定工资等级和工资标准的一种工资制度。岗位工资制与职务等级工资制的性质基本相同，区别在于我国主要将前者应用于企业工人，后者应用于行政管理人员和专业技术人员。

岗位等级工资制是根据工作职务或岗位对任职人员在知识、技能和体力等方面的要求及劳动环境因素来确定员工的工作报酬。员工工资与岗位和职务要求挂钩，不考虑超出岗位要求之外的个人能力。岗位等级工资制主要有一岗一薪制、一岗数薪制和复合岗薪制三种形式。

（2）职能等级工资制

职能等级工资制是根据职工所具备的与完成某一特定职位等级工作所要求的工作能力等级确定工资等级的一种工资制度。其特点是：职位与工资并不直接挂钩，决定个人工资等级的最主要因素是个人相关技能和工作能力；职能等级及与其相应的工资等级数目较少；要有严格的考核制度配套；人员调整灵活，有很强的适应性。

按照每一职能等级内是否再细分档次，职能等级工资制可以分为一级一薪制、一级数薪制和复合岗薪制三种形式；按员工工资是否主要由职能工资决定，可以分为单一型职能工资和多元化职能工资两种形式。

### 3. 宽带薪酬

这是一种新型的薪酬管理制度，正逐渐被引入中国的一些企业。所谓"宽带薪酬"，就是企业将原来众多的薪酬等级压缩成简单的几个级别，同时将每一个薪酬级别所对应的薪酬浮动范围拉大，从而形成一种新的薪酬管理系统及操作流程。在这种薪酬体系设计中，员工不是沿着公司中唯一的薪酬等级层次垂直往上走，相反，有的时间里他们可能都只是处于同一个薪酬宽带之中，他们在企业中的流动是横向的，员工即使是被安排到低层次的岗位上工作，也一样有机会获得较高的报酬。

### 4. 提成工资制

提成工资制是企业实际销售收入减去成本开支和应缴纳的各种税费以后，剩余部分在企业和职工之间按不同比例分成。它有创值提成、除本分成、"保本开支，见利分成"等形式，在饮食服务业多有采用。实行此制度的三要素是：确定适当的提成指标；确定恰当的提成方式，主要有全额提成和超额提成两种形式；确定合理的提成比例，有固定提成比例和分档累进或累退的提成率两种比例方式。

## 18.4.4　经营者薪酬制度

### 1. 经营者年薪制

年薪制是以年度为单位决定工资薪金的制度，经营者年薪制是指企业以年度为单位确定经营者的报酬，并视其经营成果发放风险收入的工资制度。其特点表现在：以企业一个生产经营周期（一年）为单位发放；年薪与经营者工作责任、决策奉献、经济效益相联系；在构成上，固定收入与浮动收入相结合，前者水平取决于"经营者市场"形成的市场工资率，后者取决于本企业的经营状况。

经营者年薪制具体由5个方面构成：

（1）薪水

薪水为固定收入，主要是根据市场工资率、经营规模等因素而定。

（2）激励工资

它是工资中随经营者工作努力程度和经营成果的变化而变化的部分。包括用奖金对经营者经营业绩的短期（1~2年）的激励和以股票期权对经营者经营业绩的长期（3~5年）激励。

（3）成就工资

成就工资不同于激励工资，首先，它是对经营者过去经营成就的追认，不是以现时的工作表现而激励；其次，成就工资是加入固定收入中的永久收入，而不是一次或短期增加的工资。成就工资的增加会提升经营者的薪水。

（4）福利

经营者除享有所有员工所具有的福利外，还有特殊福利，如无偿使用交通工具、免费停车位、娱乐费、高额离职补偿、公司提供无息或低息贷款等。

（5）津贴

津贴主要体现为提供良好的工作与生活条件等。

**2.经营者股权激励**

股权激励就是让经营者持有股票或股票期权，使之成为企业股东，将经营者的个人利益与企业利益联系在一起，以激发经营者通过提升企业长期价值来增加自己的财富，是一种经营者长期激励方式。

经营者股权激励的类型，按其性质，经营者股权激励方式可以分为股票购买、股票奖励、后配股、虚拟股票及业绩单位5种类型。每种类型的股权激励方式又可划分为若干种股权激励方式。

**3.经营者股票期权**

股票期权就是给予经营者在未来一段时间内按预定的价格（行权价）购买一定数量本公司股票的权力。股票期权并不是股票，其特征如下：

（1）股票期权是一种权力而非义务。股票期权的受益人在规定时间内，可以买也可以不买公司股票。若受益人决定购买股票，则公司必须卖给他们；若他们决定不购买股票，则公司或其他人不能强迫他们购买。

（2）股票期权只有在行权价低于行权时本公司股票的市场价时才有价值。若行权价格为10元，公司股票的市场价为8元，则该股票期权一文不值；若公司股票的市场价为18元，则受益人行使期权的每股收益为市场价与行权价的差额即每股收益为8元。

（3）股票期权是公司无偿赠予经营者的。经营者获得股票期权是免费的，但实施股票期权时，必须按行权价购买股票。

## 18.4.5　薪酬的支付

**1.薪酬支付的三种方式**

（1）现金支付

互联网在银行和金融系统普遍使用之前，工资通常是以现金形式由会计人员直接发放给员工。每个月有固定的一天或几天可以领取工资。这段时间是会计办公室最繁忙的日子，员工手里拿着钱一遍一遍地数，互相笑着询问对方拿了多少。拿得少的暗自抱怨，拿得多的心满意足。如果有人认为自己工资的数目和自己的工作绩效有差异，还可以当场核对账目。

（2）工资卡支付

互联网在社会生活各个领域广泛应用后，员工不用到会计办公室领取工资，而是各自拥有一张属于自己的工资卡，每个月的薪酬直接划拨到员工的账户上。

（3）红包薪酬

与上面两种方式并存的是工资的隐秘发放。一些私营企业的薪酬支付方式是老板以红包形式偷偷地发放给员工，理由是为了防止内部员工之间高薪和低薪的感情上的对立以及内部员工心理上的失衡。

### 2.薪酬支付过程中的激励

由以上分析可知，企业中现有的薪酬支付方式只注重内容激励而忽视过程激励。所谓内容激励是指根据人的生理安全需要设计薪酬激励具体项目的激励方式。采用这种激励方式的企业把具有吸引力的高额薪酬直接支付给员工以求激励员工，却不强调薪酬在支付程序进行中对员工心理需要的满足，因此又可称作结果激励。

所谓过程激励是指这样一种薪酬支付方式，它把薪酬的支付过程作为激励员工的一个环节，使员工在领取工资的行为进行中感受到心理上的满足。

薪酬支付过程的激励，具有以下的作用：

（1）有利于满足员工的心理需求

现代企业的竞争其实是人才的竞争，如何最大化地调动人才的积极性、主动性和创造性是企业成败的关键之举。因而在管理过程中要强调以人为本，处处以员工的需要为工作的重心。

对于员工来说，薪酬除了满足其生理生活需求以外，还在一定程度上体现员工自身价值、个人能力和品行。员工在为企业辛勤劳作之后，有要求自身价值得到别人赏识、尊重、关心、重视和高度评价的欲望。员工对于薪酬的"喜怒哀乐"情感，只有在领取薪酬的过程中才能得到适当的释放。企业若想真正树立以人为本的管理理念，就要尽力并善于给员工的发泄创造尽可能的机会。

（2）有利于树立人性化薪酬理念

目前企业普遍的薪酬方式是结果激励，它的弊端显而易见。企业要在市场竞争中立于不败之地，只有在方方面面树立人性化的管理理念，为员工创造最适合作为生物人和作为社会人生存的环境，薪酬领域也不例外。企业在薪酬设计中不仅要考虑员工的生理需要，还要考虑员工的心理需要。

（3）有利于企业薪酬制度的公开性、透明性

企业薪酬制度的公正与否，只有在支付过程公开的情况下才是最彻底的公正。它一方面可以让员工知道企业薪酬制度的设计程序和支付方式，另一方面还可有利于本企业薪酬制度的自我完善，同时也有利于员工对管理层的监督。

### 3.薪酬支付过程激励的实施

（1）保证薪酬制度的"三公"

要使薪酬过程达到激励效果，基本的前提是薪酬制度的公正与公开。在企业人性化管理过程中，要进一步重视员工参与管理的积极作用，制定薪酬制度时多关注员工的要求，鼓励员工参与薪酬的设计。定期向员工公布企业生产经营状况，使员工在企业中对于企业的薪酬制度有知情权、建议权和监督权。不仅要做到薪酬的分配公正，而且要做到薪酬的程序公平，管理者需要考虑分配的政策过程应公开化。薪酬制度的公开化、公正化有利于组织内部的顺畅沟通，使员工有可能以积极的态度看待上司和组织的决定。

（2）完善薪酬的支付环节

薪酬以现金方式支付给员工，但不是前面提到的原始式的现金支付。这里提倡的

现金支付方式是在原始现金支付方式基础上，通过一定程序的运用，使员工在领取薪金的过程得到心理上的满足。

第一步，培养财会人员的服务意识，要求他们在工作中以员工的满意为自己的职责，并把员工的满意度作为衡量其工作绩效的标准之一。

第二步，把基本工资和奖金等分开，在确保员工薪酬数额准确的情况下，让员工自己计算自己的薪酬总额，而不是笼统地支付。这样既可以让他们清楚了解自己对企业的贡献，又可以让他们在计算过程中得到满足。

第三步，把领薪酬的时间定在某一固定的日子。在领薪酬时期，任由薪酬低的员工把心底的不满发泄出来，任由薪酬高的员工把喜悦的心情表现出来。在薪酬制度公正的情况下，薪酬低的员工在发泄不满时很有可能是在暗自鼓励自己向薪酬高的员工看齐，未必真是对薪酬制度不满；薪酬高的员工则会因为他们对组织做出的贡献大，他们的自身价值、个人能力、良好品行和美好的发展前景而得到别人的认可、赞美。

第四步，还应安排专职人员专门回答员工提出的关于薪酬方面的问题。现代企业无论在任何方面都要把员工当作"人"来管理，如果在薪酬支付过程中忽略了人的特定心理需要，那么薪酬只具有工具性，只能刺激员工为了金钱去努力工作，而不能符合人性化管理要求。

（3）完善薪酬激励机制

要注意完善薪酬模式，使它更多地从人的心理需要出发而不是从人的生理需要出发。只有真正从人的心理需要出发制定的薪酬管理制度才是最有效的薪酬管理制度，也最能真正调动员工的积极性与创造性，从而体现出以人为本的管理理念。

企业要通过薪酬支付的过程激励达到提高员工积极性、创造性的目的，必须确保有公正、公开的薪酬制度为保障。没有公正的薪酬制度作保障，过程激励只能起负面作用，因为过程激励是通过员工对本企业薪酬系统分配机制和人才价值取向的一种感受来进行激励的。如果薪酬制度不公开、不公正，那么过程激励只能加剧企业内部员工的离心力。此外，进行过程激励要求管理者的高素质，要求管理者能设计出积极的适应员工心理需要的薪酬模式，并要求管理者有坚强的毅力坚持把它推行下去。不同的薪酬结构、管理机制以及不同的支付方式对员工的激励效果是不同的。建立良好的薪酬文化，实现薪酬激励效能的最大化是成功薪酬制度的基础，也是一个值得管理者思考和处理的问题。

（4）注意薪酬激励效果的扩展

定期召开工作业绩表彰会（例如开公司年会），表扬薪酬高的员工，让他们介绍自己获得高薪酬的过程、感想和对未来的期望。在此过程中员工的自尊和受他人尊重的两方面需求都得到满足，从而产生一种自信的感觉，觉得自己有能力、有贡献、被认可、被赞誉，说明自己在这个世界上是有价值的。这样做，使薪酬高的员工起到先锋模范作用，也使其他员工想到自己只要努力工作以后也有机会受到表彰，从而明确自己的奋斗目标。

# 18.5 \ 福利与内在薪酬

### 18.5.1  总报酬模型——薪酬理论的拓展

美国薪酬协会分析和整合了有关概念与项目，在 2006 年提出了一个全面的"总报酬"模型（total reward model），也称"全面报酬模型"。它是对薪酬理论与实践发展的较好总结，如图 18-8 所示。

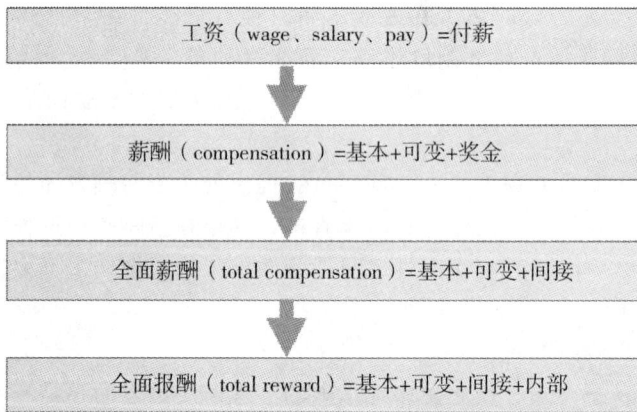

图 18-8  总报酬范畴的概念发展

这个总报酬模型重新审视了组织与组织中的人的价值，将多种激励手段有机整合在一起，明确定义总报酬为用于吸纳、保留和激励员工的各种手段的整合，任何员工认为有价值的东西都有可能成为总报酬的组成部分。该理论认为，总报酬的构成如图 18-9 所示。总报酬中的薪酬，显然是管理中最常见和本章最主要、最大量的内容。

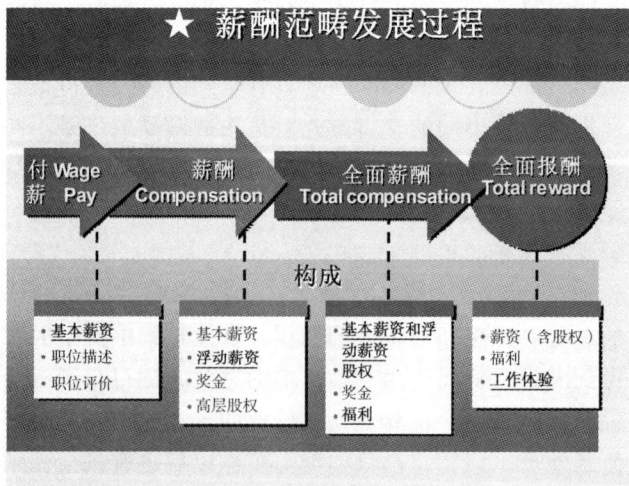

图 18-9  总报酬范畴各概念的项目

总报酬理论的发展，是与人力资源管理工作的眼界扩大联系的，即站在组织战略和经营管理绩效的角度看待薪酬问题的，如图18-10所示。

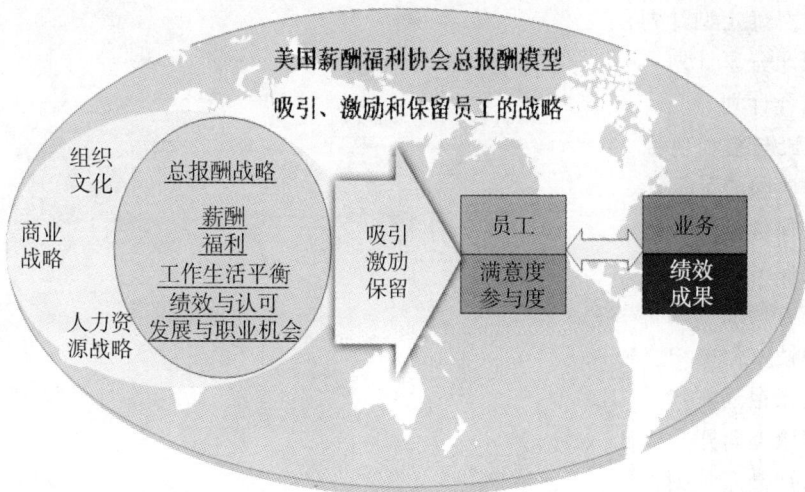

图18-10   总报酬与企业经营战略

## 18.5.2   福利的内容

如前所述，福利是用人单位为改善与提高员工的生活水平，增加员工的生活便利度而对员工予以免费给付的经济待遇。在福利国家，除了社会层面给予人们优厚的福利，各用人单位也在组织层面给予员工多内容、高水平的福利。

按照总报酬理论，福利的性质相当于前面的"间接薪酬"部分，福利的功能在于给员工增加利益和保护员工（及家人）免受财务风险，作为组织向员工提供的现金报酬之外的补充形式，其项目众多，如社会保险、医疗保健、福利以及退休计划等。在发达国家的优秀企业层面，福利可以划分为以下四个方面，具体内容这里不赘述。

**1.法律规定的项目**

- 失业保险；
- 工伤保险；
- 社会养老保险；
- 医疗救助；
- 国家伤残保险。

**2.非工作时间的给付项目**

- 假期；
- 节假日；
- 病假；
- 亲人丧亡假期；
- 其他假期（服役、个人、医疗、家人医疗等）。

**3.退休项目**

- 待遇确定型计划；
- 缴费确定型计划；
- 利润分享计划；
- 混合计划。

**4.健康与福利项目**

- 健康检查计划；
- 牙保健计划；
- 眼保健计划；
- 处方药品计划；
- 弹性支出账户（FSAs）；
- 健康退还账户（HRAs）；
- 健康储蓄账户（HSAs）；
- 精神健康计划；
- 人寿保险；
- 家属人寿保险；
- 伤残保险。

### 18.5.3　内在薪酬的内容

按照总报酬理论，内在薪酬包括以下内容：

**1.工作生活平衡**

工作生活平衡是组织所设计的一系列旨在帮助员工在事业和家庭方面同时获得成功的政策和制度规定，甚至只是一种惯例或一种价值观。

**2.绩效认可**

绩效，在这里是指组织、团队及个人为达到业务目标或个人成功而付出的努力的集合。它包括建立预期、技能投入、评估、反馈以及持续改进，而不仅仅是完成的经营业绩指标。

认可，是指承认或特别关注员工的行动、努力、作为和表现。它满足对员工的努力表示欣赏的内在精神需要，并能够通过强化这些对组织成功有利的行为（例如特殊的赞美）来支撑业务战略。无论正式的或非正式的，认可必须在员工做出贡献后马上实施，通常不需要预先设定目标。认可这一奖励，既可以是现金形式也可以是非现金形式。

**3.发展与职业机会**

其一，发展或者开发，是指组织为员工提供有价值的培训和学习机会以提高他们的工作能力，通常与员工的业绩改善高度相关。发展不仅能够促进员工获得更高的绩效，而且能够促进领导者提升组织人事战略。

其二，职业机会，是指包括提升员工职业目标的一系列计划。组织重视人才的内部培养，规划员工的职业发展，并在组织内部为其提供工作轮换的机会和职位晋升的空间，确保优秀的员工能够在组织中发挥出最大的作用。[①]

## 本章小结

本章对人力资源报酬的基本范畴进行了分析：薪酬指用人单位以现金或等值品付出的报酬，具有一定的褒义色彩；工资是薪酬的主体部分；个人收入也对人力资源开发与管理有所影响。本章对人力资源报酬的市场决定论、谈判论、公平论、激励论等学说和影响薪酬的社会因素和组织内部进行了阐述，并对薪酬制度设计的步骤方法、管理内容和支付方式进行了详细分析，最后对福利制度的内容与内在薪酬的内容进行了介绍。

## 主要概念

薪酬　工资　奖金　津贴　人工成本　福利　潜在劳动　流动劳动　凝固劳动　边际收益　工资市场决定论　均衡价格　利益分享　公平理论　内在报酬　外在报酬　直接报酬　薪资调查　工资等级表　薪酬管理原则　绩效工资制　技能工资制　资历工资制　结构工资制　薪点工资制　等级工资制　宽带薪酬　提成工资　年薪制　薪酬支付　总报酬　绩效认可

## 复习思考题

1.薪酬的含义是什么？其各个构成部分的特点是什么？

2.市场经济条件下，影响工资水平的因素有哪些？

3.在人力资源报酬方面有哪些学说？请结合运用二三个理论，分析现实的工资薪酬管理问题。

4.与工资薪酬相关的"劳动三形态"是什么？人力资源市场结构的内容是什么？

5.寻找一家用人单位，对其薪酬制度进行调查和分析，分析其哪些工资薪酬条款反映薪酬管理理念和原则。

6.以某个企业或事业单位、社团组织为对象，设计一套员工薪酬管理方案。

## 案例分析

### 宏亮公司的技术与销售人员薪酬

宏亮公司是一家从事新型照明设备与器材销售和生产的贸工一体化公司。技术研发和销售是公司的两条生命线。针对技术人员和营销人员的不同情况，宏亮公司对他们的工资薪酬分别进行了设计。

**一、技术人员的薪酬**

1.技术人员的薪酬调整系数

宏亮公司对技术人员的薪酬实行年薪制的基本模式。公司经过内外部薪酬调查后，确定10万元为年薪基数，在此基础上再根据各技术人员的实际情况和绩效表现

---

[①]　仇雨林.员工福利概论［M］.北京：中国人民大学出版社，2011.

核定调整系数。调整系数有三个方面：

（1）岗位系数。以个人所处岗位的重要程度和所承担工作的负荷量，将公司目前的技术岗位分为5个等级并设定相应岗位系数，分别为1、1.1、1.3、1.6、2。岗位系数随着岗位的调整而调整，当年中发生岗位调整时，则按所担任岗位的时间比例为权重加权计算岗位系数。如某员工担任A岗位（岗位系数1.3）5个月后，调整到B岗位（岗位系数1.6）工作，则该员工本年度岗位系数为：$1.3 \times 5/12 + 1.6 \times 7/12 = 1.475$。

（2）技能等级系数。以个人从事技术工作的成熟程度和业务技术能力水平，将工作技能分为3个等级并设定相应的技能系数，分别为1、1.1、1.2。公司有专门的技能水平认定制度以确定技术人员的技能等级，技能水平每年年初确定一次，年中不作调整。

（3）绩效考核系数。对技术人员进行一年两次考核，半年度考核于当年7月上旬进行，年度考核于下一年度1月上旬进行。公司设计了专门的技术人员绩效考核表格，由总经理、副总经理、部门经理和本部门其他技术人员担任考评者，具体考核内容包括工作态度、计划执行情况、协作性和责任感、费用控制及创新表现等，考评者就考核内容对被考评者进行打分，最终各考评者打分的加权平均值即为该技术人员的考核得分，考核得分分值范围设计为0～1.2，该考核得分直接为绩效调整系数。

2.技术人员薪酬发放方式

（1）基本月薪的确定。公司每年初根据技术人员的实际情况确定岗位系数和技能系数，从而计算出该员工的基本年薪A＝10万元×岗位系数×技能系数，基本年薪的50%按月作为基本月薪发放，基本月薪Y＝基本年薪A×50%÷12，其余50%作为留存年薪留到半年度和年终发放。

（2）半年度兑付。根据半年度考核情况对留存年薪中的40%进行年中预结算，半年度兑付额B＝基本年薪A×50%×半年度绩效考核系数×40%。

（3）年终兑付。根据年度考核系数进行年终兑付，若年中有岗位调整者，还需考虑岗位调整系数计算实际年薪。

实际年薪A'＝5万元×岗位调整系数×技能系数×年度考核系数

年终兑付额D＝实际年薪A'－基本月薪Y×12－半年度兑付额B

年终兑付额分三年支付：其中当年支付70%，第二年年末支付20%，第三年年末支付10%；若中途因技术人员的个人原因离开公司，未支付部分自动作废，若因公司原因与员工解除劳动关系，则在解除劳动关系的同时一次性支付所有未支付的款项。

**二、营销人员的薪酬**

宏亮公司的营销人员薪酬方案的基本模式为：基本工资＋佣金制＋奖金制。

1.基本工资

一般营销人员试用期一律执行1 000元/月的试用工资，试用期原则上不得少于3个月，经总经理批准，对业绩突出者可适当缩短试用期，但最低不得少于1个月。

一般营销人员试用期满后基本工资为1 800元/月，市场营销部副经理2 800元/月，市场营销部经理3 500元/月，公司营销副总裁5 000元/月。

2.佣金制

佣金制是指按销售提成的方式。具体方法是以每一个营销人员销售到账的金额款项为提成基数，并按照销售单价设定提成的比率。

产品销售价格以公司指导价为基础，市场营销部（经理）的价格浮动权限为 −2.5% ~ +5%，营销副总经理的价格浮动权限为 −5% ~ +10%，超出权限范围的定价必须上报上级主管领导批准；擅自越权定价者，给公司造成损失的应赔偿损失，同时处以所签项目佣金的50%的罚款。佣金提成比例根据销售难易程度、产品类别、员工级别区别对待：

（1）营销部员工（包括普通员工和营销部正副经理、副经理）。

公司自产产品：凡利用2015年1月1日前公司拥有的市场渠道进行的销售，提成比例为8%；凡自行开拓新市场进行的销售，提成比例为11%。

其他产品：提成比例为8%。

（2）营销副总经理。按营销部员工相应提成比例下浮一个百分点执行。

（3）其他管理人员。其他管理人员在做好本职工作的基础上，可充分利用业余时间进行营销活动，但不得与营销人员现有营销领域发生冲突，有能力者可向总经理申请转为营销人员。其他管理人员的提成比例参照营销部员工。

3.奖金

宏亮公司在佣金制的基础上，为了强化对营销人员尤其是绩效优异者的激励，设计了超额销售利润奖励和市场拓展奖励。

（1）市场开拓奖。凡首次进入公司从未涉足的市场领域，除按规定提取佣金外，首次销售额在2万元（含）~10万元（不含）的，一次性给予5 000元奖励；在10万元（含）~20万元（不含）的，一次性给予10 000元的奖励；20万元（含）以上，一次性给予20 000元的奖励。奖励在首笔销售款到账后兑现，若最终销售额与奖励规格有差异，按实多退少补。其他管理人员开拓新市场也按本条执行。

（2）利润贡献奖。年终计算公司的销售利润总额，以此为依据计算营销人员人均月销售利润，统计各营销员实际月均营销利润，超出平均利润者给予超额销售利润奖励，以其年度利润超额部分的10%作为利润贡献奖，低于人均月销售利润标准的营销人员不予奖励。本部分奖励只针对营销人员，销售利润只统计营销人员。

①计算方式：

公司营销人员销售利润总额a = 营销人员销售额 − 相应进货成本 − 营销人员佣金

营销人员人均月销售利润b = a÷各营销人员工作月数加总

营销人员实际月均销售利润c = 该员工个人销售利润总额÷该员工实际工作月数

当营销人员实际月均销售利润c > 公司营销人员人均月销售利润b时，给予利润贡献奖，奖金的计算方法为：

利润贡献奖 = （c−b）×该营销人员当年实际工作月数×10%

②支付方式：满期支付。

延期时间：暂定1年，即本年度的全年利润贡献奖在第二年的1月兑现。

兑现条件：第二年1月在岗在编营销人员，期间没有任何违纪违法行为。

资料来源　姚裕群，张琪，李宝元.人力资源开发与管理案例［M］.长沙：湖南师范大学出版社，2007：168-172.

讨论题：

1.技术人员与营销人员的工作各有哪些特征？在这两类人员的薪酬管理中应注意哪些问题？

2.宏亮公司技术人员的年薪确定方式综合考虑了哪些因素？你认为还可以怎样进行改进？

3.年薪制的薪酬方式有什么优缺点？适合哪些人？

4.营销人员薪酬方案有哪些基本类型？说明每一种类型的优点和缺点。

5.宏亮公司的营销人员薪酬方案有什么特点？分析其激励效应的主要来源。

第18章拓展阅读

# 第19章 更上一层楼——组织的绩效管理

## 学习目标

✓ 理解绩效与绩效管理的基本范畴
✓ 了解绩效管理思想在人力资源管理中的应用
✓ 掌握绩效管理的流程内容
✓ 掌握如何控制考核误差
✓ 了解完善绩效考核的措施
✓ 学习考核反馈的内容和考核申诉的处理
✓ 能够运用目标管理、KPI、平衡计分卡、标杆超越方法

解决组织管理问题

**引例** **山林公司的目标管理**

山林公司经过几次考核方法的摸索与失败，形成了目前的绩效考核体系，包括每月的MBO（目标管理）评估（被评估人：全体员工）、季度优秀员工评选、年终考核（被评估人：中、高层管理人员）和年度优秀经理人评选（对象：部门经理）等。其中每月一次的MBO评估是基础。

每个员工每月都要与其直接经理沟通，共同确定自己下个月的工作目标并逐项量化，同时对上个月的完成情况进行打分。最后形成的一式三份的计划书，由员工本人、其直接经理和人力资源部各执一份。MBO的评估结果与当月奖金直接挂钩，如果MBO所列的各项目标全部完成，该员工即可得到相当于其基本工资40%的奖金。

山林公司实施目标管理的考核制度已经两年多了，一直在不断完善。2005年度的MBO计划书只反映对每一项任务完成情况的打分，在打分过程中，员工肯定要和直接经理沟通，他的直接经理知道他的具体情况，但是别人，比如人力资源部就不清楚了。从2006年开始，公司要求员工对他当月MBO表中所列每个项目的完成情况都做一个小结，附在其MBO计划书之后。这样，就能更具体地了解他做了什么，完成情况怎样，而不只是得到一个抽象的得分数字，这也有利于高层经理和人力资源部横向地比较各部门的人员业绩。原先，在人力资源部，全体员工的MBO计划书是按月存放在一起的；今年人力资源部给每个员工都建了一个MBO档案，存放其每月的MBO计划书，这样就更便于了解一个人的成长和对公司的贡献。

人力资源经理介绍，刚开始实行MBO考核的时候，确实还是有一些阻力的，之所以能一直贯彻下来是有它的原因的。首先，有充分的沟通。山林的人力资源经理把

全年的总目标、季度目标都向全体员工宣讲。每个部门也会把部门目标告诉员工。那么每个员工都会有自己的理解，对自己应该做些什么会有一些大致的考虑。只有员工的认可度强了，整个目标才会得到很好执行；其次，公司的目标管理考核指标具备可持续、可量化以及通过努力才可以达到这三个特点。质量和超越是山林公司 MBO 的核心。四年间，山林公司能够不间断地推行 MBO 系统，除了所说的具体方法之外，主要是有一个价值体系去支持它。这个价值体系包括三点：第一是客户满意度，第二是团队精神，第三是结果导向。

　　资料来源　佚名.落在实处的绩效考核［EB/OL］.［2017-04-06］.http：//job.foodmate.net/hrinfo/kaohe/67620.html.

## 19.1 绩效管理基本分析

### 19.1.1 绩效的概念

　　从组织的各项管理与思路的角度看，人力资源管理是影响企业绩效的最直接和非常重要的方面；从人力资源管理各项内容的角度看，考核对绩效管理也有着最直接和非常重要的影响。以下对绩效管理的有关内容进行系统分析。

**1.绩效的定义**

　　绩效（performance），其基本含义是"成绩和效果"。进一步讲，对任何组织来说，绩效就是比较好地完成任务。对企业来说，"绩"就是业绩，体现与经营目标相联系的产销数量、产销金额、利润、市场占有率及公司成长性等具体指标；"效"就是效率、效益、方法、效果等实现"绩"的手段和"绩"以后的相关成效，例如在达到某产品"扩大市场占有率"的业绩的同时，也取得了减少了产品广告宣传的单位成本以及提升了公司形象的成效。

　　从管理学的角度看，所谓"绩效"，就是组织所期望的某项工作结果。鉴于组织活动具有不同层面，这种结果也就包含了多个方面。由此，"绩效"一词就可以定义为"个人、团队或组织从事某种活动所获取的成绩和效果"。

**2.绩效的多视角**

　　对于绩效，应当有着多视角，要从多方面来看待，而不是单一地、绝对的、僵死地看待。也就是说，对于绩效，应当尽量有着全方位的眼光。

　　凡是有活动，就必然产生结果，即产生绩效。需要注意的是，绩效有大有小，有好有坏，而且一个活动的绩效也可能在不同方面是有好有坏的。例如城市大发展，汽车数量大增，既方便了众多人们的上班和其他出行，也造成了不小的环境污染；再如一公司招聘了10名社会精英担任中层负责人，可能给公司带来很好的业绩，但是"空降兵"是否能够融入组织、发挥作用，也很难说。对上述这些问题需要详细辨析、研究和对待。

### 19.1.2　影响绩效的因素

#### 1.四大影响因素

一个组织的绩效状况，受到多种因素的影响，是员工个人素质和工作环境共同作用的结果。了解绩效的相关因素，对正确设计和实施绩效考核，进而采取有效的绩效管理措施，有着非常重要的作用。

影响组织绩效的因素，可以归结为四个方面：技能、激励、环境和机会。

（1）技能（skill），指员工本身的工作能力，是员工的基本素质。

（2）激励（motivationm），指员工的工作态度，包括工作积极性和价值观等各种因素。

技能和激励这两个因素是决定绩效的主观方面因素，即是创造绩效的主体能动因素。

（3）环境（environment），是指员工进行工作的客观条件，包括物质条件、制度条件、人际关系条件等。

（4）机会（occasion），即外部环境，是指可能性或机遇，主要由大环境的变化提供。

环境和机会这两个因素是影响绩效的客观因素，是绩效状况的外部制约因素。

#### 2.绩效因素公式

影响绩效的因素可以用公式来反映，即：

$$P = f(s, m, o, e)$$

式中，P为绩效，s为技能，m为激励，e为环境，o为机会，f为上述各因素之间的函数关系。

一个组织想关心绩效，要提高绩效，就需要对这些因素进行分析和调节。

### 19.1.3　绩效管理初析

#### 1.绩效管理的概念

绩效管理（performance management），指的是通过激励和帮助员工取得优异绩效从而实现组织目标的管理方法。更全面的定义为：绩效管理是为了达到组织的一定目标，在员工对组织的目标达成共识或者至少员工能够接受的基础上，通过管理者与员工共同参与绩效计划制订、绩效推动与辅导沟通、绩效考核与评价、对绩效结果应用与激励的四个过程，达到实现和提升个人与组织绩效目标的活动。

正因为绩效管理具有提升组织绩效的重要职能，因而也就成为诸多组织的基本思维、文化理念和业务工作的抓手。

绩效管理至关重要，在人力资源管理之中有着很大的作为。因此，绩效管理就成为人力资源部门的重要工作。

#### 2.绩效管理的思路

对于绩效管理，要正确理解以下几个方面的思想：

（1）绩效的目标及如何达到目标，是需要达成共识的。共识，即使得原本是组织的目标成为员工"自己的"目标。

（2）绩效管理不仅强调结果，而且重视达成绩效目标的过程。这样的过程是有利于保障组织目标实现的。

（3）所进行的绩效管理不是简单的任务管理，而是特别强调沟通、辅导和员工能力提高的管理。

绩效管理涵盖的内容很多，它所要解决的第一步的问题是如何确定有效的目标。然后，就要通过管理者与员工之间的协作来落实和完成。绩效管理的流程或工作步骤，不是一次性的工作，而是一种持续不断地进行的业务管理循环过程。这一流程问题在本章后面详细阐述。

### 19.1.4  绩效管理与人力资源管理的关系

绩效管理与人力资源管理二者之间有着天然的联系。主要体现在以下几个方面：

首先，绩效管理构成了人力资源管理工作的指导思想。绩效管理涉及一个企业的整体经营层面，是由企业的发展规划、战略和组织目标决定的管理范畴，而不仅仅是人力资源部门或其他部门的具体工作内容，在这个意义上可以说，绩效管理高于人力资源管理。

其次，绩效管理与人力资源管理在很多方面有着交集。例如，绩效管理要求有正确的岗位工作分析，人员配置、培训开发都要为绩效管理服务，招聘选拔工作受到绩效管理的引导，薪酬管理工作要反映绩效激励的意图等。

再次，绩效管理涉及的很多工作需要人力资源部门进行统筹，如考核与培训，一个组织的业务部门或者职能部门要在这些方面接受人力资源部门的领导和指导，这也提升了人力资源部门的地位。

最后，二者联系最紧密的工作是考核与绩效管理，考核构成绩效管理的一个环节，构成绩效管理流程的一个部分，考核工作本身也是来源于人力资源管理的一项基本工作；绩效管理则把考核作为整个工作的关键内容和衡量标尺。

## 19.2  绩效管理的流程

从总体上看，绩效管理可以分为"设定目标计划、工作实施辅导、绩效考核评估、结果干预激励"四个部分，以下分别进行论述。在流程问题上需要注意两点：其一，绩效管理既然是互动的内容，就要在四个部分中都要有所体现；其二，四个部分是有先后接续顺序的，在第一轮结束以后，还会接续第二轮的起点继续开展，从而构成一种循环。绩效管理的流程如图19-1所示。

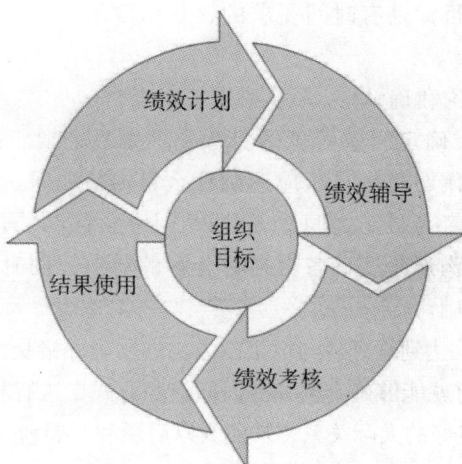

**图19-1　绩效管理的流程**

## 19.2.1　设订目标计划

设订员工的业绩目标是绩效管理流程的第一步。其起点是把组织的总体目标进行分解和落实，在落实中，要解决以下问题。

**1.绩效管理目标的类型**

绩效目标可以划分为两种：

（1）结果目标：指一项工作要达到什么结果。结果目标来源于公司目标、部门目标、市场需求目标，以及员工个人目标等。

（2）行为目标：指员工要完成结果目标而需要怎样做。

一个正确的目标是既要确定要实现什么结果又要确定怎样去做，这样才能更好地实现要达成的目标。

**2.目标的量化标准**

在管理学的"目标管理"原则下，每个员工被赋予若干具体的指标，这些指标是其工作成功开展的关键目标，因此，它们的完成情况可以作为评价员工的依据。这种目标要符合"SMART"的原则，其具体含义是：

S：special，指目标指向是具体的、明确的，如完成本区域的销售，或通过国家专利的审核。

M：measurable，指目标是量化的、可以计量的，如利润××万元，市场占有率××％。

A：attainable，指目标是可以达到的。在绩效管理的思维中，这种可以达到也就是可以为员工所接受，如果员工不接受，目标就无法完成设定了。

R：relative，指目标是现实的、实际的，即在现实条件下是否可行、可操作。如果达成目标所需要的硬件、资金、技术等条件不具备，是不应当设置此指标的。另外，也可能花了大量的时间、资源，最后确定的目标没有实际意义，如一些过时的"新产品"。

T：time-based，指目标是有时间要求的，如季度的、年度的目标，或者某个标志性的时间。

### 3.对目标和计划讨论和确认

通过SMART分析，确定绩效管理的目标和计划后，要组织员工进行讨论，推动员工对目标的认同，并阐明每个员工应达到什么目标与如何达到目标。通过充分的讨论和良好的沟通，管理者与员工之间达成共识，从而得以共同树立具有挑战性又可实现的目标。这种讨论与沟通是明确各自目标分解的前提，同时也是未来管理者对员工进行有效辅导工作的基础。

通过目标计划会议，达到管理者与员工双方沟通明确并接受，员工意见在一开始就能得到听取和支持，在即时就能够确定监控的时间点和方式，这有利于在管理者与员工之间建立有效的工作联系和良好的人际关系，从而为以后顺利开展绩效管理活动打下基础。

## 19.2.2　绩效实施辅导

所谓辅导，是"老师"对"学生"就学习问题所进行的具体帮助。绩效管理的实施过程中，管理者一方是要完成辅导职责的。具体来说，绩效实施的辅导是作为绩效计划执行者——员工的直接上级及其他相关人员为帮助执行者完成绩效计划，通过沟通、交流或提供机会等，给执行者以指示、指导、培训、监督、鼓励、纠偏及指正等帮助的行为。

在确定了阶段性的SMART目标和通过会议明确了各自的目标之后，管理者的工作重点就是在目标实现的过程中进行对员工的辅导。辅导的方式有会议式辅导和非正式辅导两种。非正式辅导是指通过各种非正式渠道和方法实施对员工的辅导，辅导者主要是员工的直线经理等直接领导，人力资源工作者业可能对一些共性的问题进行培训辅导。

绩效辅导的必要性在于：其一，管理者需要掌握员工工作进展状况，以帮助员工提高工作绩效、确保完成绩效计划；其二，员工在一定情况下也需要管理者对其工作进行评价和辅导支持；其三，必要时组织需要对绩效计划进行调整，有时候甚至还需要根据现实情况修正目标。

管理者对员工进行有效辅导的要点是：

（1）随着绩效管理的实施和目标的实现过程，辅导沟通是连续的；

（2）要针对结果目标和行为目标进行辅导；

（3）从员工处获得信息反馈，并安排员工直接参与绩效管理的有关工作；

（4）激励员工，对员工施加推动力；

（5）不仅限于在一些正式的会议沟通与辅导，需要强调非正式沟通的重要性。

对员工的辅导应当成为管理者的日常工作，在辅导过程中既要对员工的成绩给予认可，又要对员工实现目标的过程提供帮助和必要的支援，同时，这也是在对员工实现目标（行为目标）过程进行了解和监控。

## 19.2.3　绩效考核评估

绩效考核是绩效管理的关键环节，也是人力资源部门的重要工作。

绩效管理是一种主动的、及时解决问题的管理措施，在它的进程中需要对阶段性的工作（如季度工作或者月份工作）予以把握，对阶段性工作进程的业绩情况进行考核评价，以便能客观、准确和及时地了解阶段性的工作情况，进行业绩的评定，对以目标计划为标准的业绩实现的程度进行衡量和总结。提高绩效考核评价，可以总结经验，发现问题，寻找原因，以利于下一阶段业绩的改进和提升。

绩效考核是绩效管理系统发挥效用的关键内容，只有建立准确、合理、公平的考核评估系统，对员工和组织的绩效做出正确的衡量，才能对业绩优异者进行奖励，对绩效低下者进行鞭策，从而达到绩效管理的目的。

考核是一项重要的人力资源工作，从事绩效考核需要掌握相关的基础知识，详见第18章，本章不再赘述。绩效考核工作要注意考核结果对员工的反馈和沟通，要给予员工对考核结论提出意见、进行申诉、要求复核的权利。

在组织的绩效管理工作中，在组织的大量人力资源考核实践中，形成了一些重要的、行之有效的经典方法，包括目标管理法、关键绩效指标法、平衡计分卡和标杆超越考核法，本章后续内容将予以具体阐述。

### 19.2.4　考核结果应用

绩效管理的最后一环，是对前一环节的结果采取干预措施，即针对绩效考核的不同结果采取有关措施，使优秀者得到褒奖，较差者受到鞭策。

个人绩效回报的形式包括工资薪酬的发放、职务级别的晋升、奖金等激励、福利、股权、职业生涯发展机会，以及工作职权的赋予等，内容很多，这里不赘述。

考核结果可以在组织管理中得到不少的应用，主要的应用内容包括：

（1）向员工反馈考核结果，帮助员工提高绩效；

（2）为任用、晋级、提薪、奖励等人力资源管理措施提供依据；

（3）检查企业管理各项政策，如检查企业在人员配置、员工培训等方面是否有成效等。

绩效考核结果的运用，是整个绩效管理流程的最后一步，是一轮绩效管理的完结。同时，绩效管理也是一种持续进行的过程，前一轮"考核结果应用"的内容为下一轮的绩效目标与计划的设定提供了基础和要求，并由此开启了下一轮的绩效管理，使得组织的绩效管理始终处于一种良性循环的过程之中。

## 19.3　绩效管理中的考核

### 19.3.1　绩效考核存在的问题

绩效考核过程中容易出现的误差性问题可以分为两类，一类与考核标准有关，另一类与主考人有关。此外，组织环境对绩效考核也可能产生负面影响。

### 1.考核标准方面的问题

（1）考核标准不严谨

当考核项目设置不严谨、考核标准说明含糊不清时，人们打分时必然有一定的任意度，这会导致考核评价的不正确。

（2）考核内容不完整

在考核体系中，如果考核内容不够完整，尤其是关键绩效指标有缺失，不能涵盖主要内容，自然不能正确评价人的真实工作绩效。

### 2.主考人方面的问题

（1）晕轮效应

晕轮效应也称"光环效应"，是指在考查员工业绩时，由于只重视一些突出的特征而掩盖了被考核人其他方面的表现，因而影响考核结果正确性的现象。例如，某经理看到某员工经常早来晚走、忙忙碌碌，对他的工作态度很有好感，在年终考核时对他的评价就较高，对他的综合表现，甚至对其工作的主要方面都有所忽视（如重视营销人员的服务态度好坏而忽视其销售额）。

（2）宽严倾向

宽严倾向包括"宽松"和"严格"两个方面。宽松倾向指考核中所做的评价过高，严格倾向指考核中所做的评价过低。这两类考核误差的原因，主要是因为缺乏明确、严格、一致的判断标准，不同的考核者掌握评分标准各不相同，往往依据自己的经验。在评价标准主观性很强，并要求评价者与员工讨论评价结果时，容易出现宽松倾向，因为评价者不愿意因为给下属过低的评价而招致其不满并在以后的工作中变得不合作；当评价者采用的标准比组织制定的标准更加苛刻时，则会出现严格倾向。

（3）平均倾向

平均倾向也称调和倾向或居中趋势，是指大多数员工的考核得分都居于"平均水平"的同一档次，且往往是中等或良好水平。这也是考核结果具有"集中倾向"的体现。与过宽或过严倾向相反，考核者不愿意给员工们"要么优秀、要么很差"的极端评价，无论员工的实际表现如何，统统给中间或平均水平的评价。但实际上这种中庸的态度，很少能在员工中赢得好感，反而会起到"奖懒罚勤"的副作用。这种平均倾向与我国的平均主义文化有一定联系；也可能是出于部门管理者的私心，对下属员工普遍进行高评价，有利于本部门在薪酬分配时获得更多利益。

（4）近因效应

近因效应是指考核者只看到考核期末一小段时间内的情况，而对整个评估期间被考核者的工作表现缺乏了解和记录，以"近"代"全"，使考核评估结果不能反映整个评估期间内员工绩效表现的合理结果。产生这种情况的原因，通常是因为考核者对被考核者近期表现印象深刻，或者被考核者在临近评价时有意表现自己以留下较佳印象所致。

（5）首因效应

首因效应是指考核者凭"第一印象"下判断，这与人的思维习惯有关。当被考核者的情况与考核者的"第一印象"有较大差距时，考核者就可能因为首因效应而产生偏见，在一定程度上影响被考核者的得分。

（6）个人好恶

凭个人好恶判断是非，是绝大多数人难以察觉的弱点，甚至是人的一种本能。在考核评价他人时，很多人都会受到"个人好恶"的影响。因此，考核者应该努力反省自己的每一个判断是否因个人好恶而导致不公的结论。采用基于事实（如工作记录）的客观考评方法，由多人组成考核小组进行考核，有助于减少个人好恶所导致的考核误差。

（7）成见效应

成见效应也称定型作用，是指考核者由于因经验、教育、世界观、个人背景以至人际关系等因素而形成的固定思维，对考核评价结果产生刻板化的影响，通俗的说法是"偏见""顽固"等。例如，一个思想保守的管理者看不惯性格外向、服饰新潮的青年人，在评估时给这样的员工打分不自觉地就会降低。又如，考核者容易对老乡、同学、战友等认同，自觉和不自觉地给予好评。成见效应是绩效考核中的常见问题，需要进行考核培训以及心理辅导，使考核人员纠正可能导致不正确结果的个人错误观念。

### 19.3.2　考核结果的反馈

#### 1.考核结果反馈的作用

考核流程中的反馈，对于搞好绩效考核工作以及整个绩效管理，都是非常重要的。一般来说，绩效考核结果反馈，具有以下作用：

（1）帮助被考核者认识到长处和不足，使其了解自己的工作状况；

（2）有利于激励被考核者，使其向预定的目标努力；

（3）有利于管理者指导下属员工的工作；

（4）有利于加强考核者和被考核者之间的沟通联系；

（5）有利于改进和合理制定以后的考核目标。

#### 2.考核结果面谈

对绩效考核的结果，应当通过谈话的方式向每一个被考核的员工进行反馈。在考核反馈的面谈过程中，要解决好"关系建立"和"提供和接受反馈"两个方面的问题。

（1）建立考核面谈关系

为了搞好考核面谈，要注意从以下几个方面建立和谐的关系：

第一，在考核沟通的开始阶段，努力营造一种宽松的气氛。要确认考核面谈对象的情绪已经放松，并愿意进行交谈；

第二，适当把握考核谈话的节奏，如果谈话语速过快，应该使其慢下来；

第三，对考核面谈对象所讲的话做出反应，通过这种反应来显示谈话主持者在聆听；

第四，谈话主持者在恰当的时机，讲述自己的一些经验或兴趣；

第五，观察被考核者的表情，听其言谈，确认其对谈话的反应。

（2）提供信息和接受信息

考核面谈的核心所在，是向被考核者提供信息和从被考核者处接受信息，其实质是面谈双方互相进行工作本身的信息和有关考核工作的信息两方面的反馈。进行反馈的技巧有：

第一，仔细聆听被考核者的陈述；

第二，提供和接受反馈时，应当避免过多解释或辩解，还要留给人以思考的时间；

第三，要求被考核者说明有关细节，或者说明取得成绩或出现问题的原因；

第四，考核谈话要采用三段论的交流方法，即"现实→澄清→现实"；

第五，对被考核者提供的信息、反馈的看法和对考核工作的配合表示感谢。

### 19.3.3　考核申诉及其处理

**1.考核申诉产生的原因**

当发生以下情况时，有可能引发考核申诉：其一，被考核员工对考核结果不满，或者认为考核者在评价标准的掌握上不公正；其二，员工认为对考核结果的运用不当、有失公平。

无论问题出现在哪里，组织都应该认真地了解、分析员工的考核申诉，给予正确的和合理的处理。因为通过对考核结果的处理，有助于改进组织中存在的一些问题，从而提高组织的绩效。

**2.处理考核申诉的要点**

（1）尊重员工的申诉

在处理考核申诉的过程中，要尊重员工的个人意见，要求考核申诉处理机构认真分析员工所提出的问题，找出问题发生的原因。在处理考核申诉的过程中，应当对员工表现出耐心，如果是员工方面的问题，应当"以事实为依据、以考核标准为准绳"，对员工进行说服和帮助；如果是组织方面的问题，则必须对员工所提出的问题加以改正，并将处理结果告知员工，对其有所交代。

（2）把处理考核申诉作为互动互进过程

绩效考核是为了用好人力资源，是为了实现组织的经营目标、完善人力资源政策和促进员工的发展，而不是组织用来管制员工的工具，绩效考核应当是一个互动互进的过程。因此，当员工提出考核申诉时，组织应当把它当作一个完善绩效管理体系、促进员工提高绩效的机会，而不要简单地认为员工申诉是"一些小问题"，甚至认为是员工在"闹意见"。

（3）注重处理结果

在处理考核申诉的问题上，应当把令申诉者信服的处理结果告诉员工。如果所申诉的问题属于考核体系的问题，应当完善考核体系；如果是考核者方面的问题，应当将有关问题反馈给考核者，敦促其改进；如果确实是员工个人的问题，就应该拿出使员工信服的证据，并要注意做出处理结果的合理性。

### 19.3.4　完善绩效考核的措施

为了减少绩效评价中的偏差，提供考核过程和结果的正确性，需要采取以下措施[①]：

**1.采用客观性考核标准**

在绩效考核中，要尽量采用客观性的考核标准。用于考核绩效的标准，必须是与工作密切相关的。以职务说明书为依据制定考核项目和标准，是一个简便有效的方法；没有现成的职务说明书时，可以进行专门的职务分析来确定工作信息，制定考核标准。

需要注意的是，一些主观性较强的品质因素（如主动性、热情、忠诚和合作精神等）虽然很重要，但它们难于界定和计量，容易产生歧义。除非这些因素与被评价者的工作密切相关并且能够清晰地定义，否则在评价时应当尽量少采用。

**2.合理选择考核方法**

每种考核方法都有优缺点。例如，标尺法可以量化考核结果，但考核标准可能不够清楚，容易发生晕轮效应、宽松或严格倾向和居中趋势等问题；序列法和强制分配法可避免上述问题，但在所有员工事实上都较为优秀的时候非要人为区分优劣又会造成新的不公正；关键事件法有助于帮助评价者确认什么绩效有效、什么绩效无效，但无法对员工之间的相对绩效进行比较。

正确选择考核方法的原则是：根据考核的内容和对象选择不同的考核方法，使该方法在该次考核中具有较高的信度和效度，能公平地区分工作表现不同的员工。

**3.由了解情况者进行考核**

绩效考核工作应当由能够直接观察到员工工作的人承担，最好由最了解员工工作表现的人承担。一般情况下，绩效考核的主要责任人是员工的直线经理。这是因为，直线经理在观察员工的工作绩效方面处在最有利的位置，而且这也是他应该承担的管理责任。但是，直线经理不可能对下属的所有工作全部了解，他在考核下属时可能会强调某一方面而忽视其他方面。这种情况在矩阵式组织中更加突出。此外，"领导者操纵评价"的问题也是众所周知的现象，因此，考核者还应当包括考核对象的同事、下属和本人，以避免这一问题的出现。

**4.培训考核工作人员**

对考核者进行培训，是提高考核科学性的重要手段。通过培训，有助于减少考核者方面引起的误差问题，特别是晕轮效应、宽严倾向和集中倾向误差。

进行考核培训，首先要让考核评价者认识到，绩效考核是每一个管理者的工作组成部分，要确保考核对象了解对他们的期望是什么，因为这是与管理目标相联系的。进而，要让考核者正确理解考核项目的意义和评价标准，掌握常用的考核方法，并能够选择合适的考核方法。通过培训，还要让考核者了解在绩效考核过程中容易出现的问题及可能带来的后果，以避免这些问题的发生。

---

①　邵冲.人力资源管理概要［M］.北京：中国人民大学出版社，2000.

### 5.以事实材料为考核依据

在考核工作中，每一项考核的结果都必须以充分的事实材料为依据，如用具体事例作为评分的理由。这可以避免凭主观印象考核和由晕轮效应、成见效应等所产生的问题。

### 6.公开考核过程和考核结果

绩效考核必须公开，这不仅是考核工作民主化的反映，也是组织管理科学化的客观要求。考核评价结果做出以后，要及时进行考核面谈，由上级对下级逐一进行，以反馈考核评价的结果，让员工了解自己的考核得分和各方面的意见，也使管理者了解下级工作中的问题及意见。将考核结果反馈给员工，有利于使员工更客观地认识自己，扬长避短，搞好工作；对绩效考核结果的保密，则只会起到导致员工不信任与不合作的后果。

### 7.与被考核者进行充分沟通

绩效考核结果必须公开。这样做，考核结果转达到被考核者，才能让他了解情况、了解成绩、了解差距，也才能思考原因，较好地采取措施，进而在下一轮的经营活动中做好工作。这正是绩效管理的目的。

对于人力资源工作者来说，要努力与被考核者进行平等、善意、贴心的交流，达到双方之间的充分沟通，才有利于下一轮的绩效管理工作。这也是对员工进行人性化管理所必需的。

一些好的绩效考核方法有利于起到这样的作用，例如目标管理法，就非常有益于考核者与被考核者的沟通。

## 19.4　绩效管理的经典方法

### 19.4.1　目标管理法

#### 1.对于目标管理的认识

（1）目标管理的含义

目标管理（management by objectives，MBO）作为目前较为流行的考核方法，是一种综合性的绩效管理方法，而不仅仅是单纯的绩效考核技术手段。目标管理法是由美国著名管理学大师彼得·德鲁克在《管理实践》一书中提出的，德鲁克认为："每一项工作都必须为达到总目标而展开"。

衡量一个员工是否合格，关键要看他对于企业目标的贡献如何。但目标管理并不仅仅指领导者制定一个目标然后要求下级去完成，其特点在于，它是一种领导者与下属之间的双向互动过程。在进行目标制定时，上级和下属依据自己的经验和手中的材料，各自确定一个目标，然后双方进行沟通协商，找出两者之间的差距以及差距产生的原因；然后重新确定目标，再次进行沟通协商，直至取得一致意见，即形成了目标管理的期望值。

（2）目标管理的优点

目标管理法的优点较多，主要有：

①考核职能由主管人员转移到直接的工作者，因而能保证员工的完全参与；

②员工的目标是本人设定，在实现业绩目标后，员工会有一种成就感；

③改善授权方式，有利于促进员工的自我发展；

④促进良性沟通，加强上下级之间的联系；

⑤具有创新导向和不断改进的特征，因而是有生命力的考核方法。

总之，目标管理法是一种适用面较广、有利于整体绩效管理的考核方法。但也应当注意，目标管理也有一定的局限性：某些工作难于设定短期目标因而难于实行该方法；在一些情况下员工们在设定目标时偏宽松；一些管理者也对"放权"存在抵触情绪。

**2.目标管理的特点**

目标管理的特点主要包括：

①目标管理是一种系统化的管理模式；

②目标管理具有明确完整的目标体系，一方面其内容应当比较全，另一方面它是组织总体任务的分解；

③目标的制定富于参与性，即员工具有一定的发言权；

④目标管理强调自我控制，等于在操作层面上对员工的授权；

⑤目标管理重视员工的培训和能力开发。

**3.目标管理的实施步骤**

（1）确定工作职责范围

每个员工进行工作时都有其职责范围。员工要弄清楚自己的职责，因为这决定了他的具体工作内容。确定工作职责的常用方法是：员工和上级各自列出员工的主要职责，然后双方把所列清单放在一起进行比较，并达成一致，最终产生双方同意的下级工作目标的清单。

（2）确定具体的目标值

目标为员工与主管提供了计划和衡量业绩的依据。员工以书面形式写下自己应达到的全年的主要业绩目标，目标清单既包括定量目标，也包括定性目标，并体现出责任、承诺和义务、优先顺序以及实现目标的日期。目标值要重点突出、具有前瞻性，又要与相关业务范围的需要相协调。在目标值的确定中，应注意以下几点：

第一，员工的个人绩效目标不是凭空产生的，而必须依据组织的战略目标及本部门的分目标来制定，要使个人的目标与这两个大目标尽可能一致。

第二，目标确定时应当考虑到员工的能力素质和以往的业绩，要历史地、发展地看问题，不可孤立地判断、主观地设置。

第三，一般而言，目标要符合以下要求：其一，目标的数目在5~6个为宜，数目不宜太多，并且要有针对性；其二，目标是可以衡量和比较的；其三，目标是成果导向型的，例如销售人员的目标，应当侧重于销售收入增长率、成本控制率、新市场开拓率等指标，对技术部门，则应当考核创新性指标。

（3）审阅确定目标

设定目标后，员工将其送交上级主管进行审阅，这时主管要帮助下级对目标进行评估并最后确定指导方针。讨论完毕后，即达成一致的目标。

（4）实施推进

这一阶段是目标管理的推进阶段。在目标实施的过程中，执行者有充分的自主权。当然，该阶段上级应当进行有效的控制，而不是放任自流。在执行中，如出现了不能克服的问题，上下级之间可以进行沟通，对目标进行适度调整。实行目标管理，是要激发员工的积极主动性，以努力多做贡献。为此，反馈和沟通的渠道必须畅通。

在该阶段，目标的执行者要定期（通常是每季度）或不定期向上级主管人员汇报进展情况。汇报时，目标执行者应当说明工作是否按预定计划正在完成、存在什么主要问题。汇报情况使上级主管深入了解计划的偏离情况，给予一定的帮助，并且在必要时采取适当措施。

（5）进行小结

在目标管理预定时间的期末，执行者要提供一份工作完成情况报告，包括所取得的主要成绩、所存在的问题、对实际结果与预期结果之间偏差的陈述等。有些用人单位还制定了专门的目标管理表格，供员工自我评价用。

（6）考核及后续措施

运用目标管理方法考核，关键要看员工的目标完成情况，要找出完成目标的成功原因或者没有达到目标的失败原因，为下一次制定目标奠定基础。此外，还要制订计划，来帮助员工改进下一阶段的工作。这实质上构成一种循环。

**4.目标管理法的常用表格**

在目标管理工作中，往往需要一些具体的操作工具，如目标责任书、绩效考核表、业绩考核表等，见表19-1、表19-2、表19-3。

表19-1　　　　　　　　　　　　　**目标责任书**　　　　　填写日期　　年　月　　日

| 被考评者 | 姓名 | | 面谈日期 | 考评者 | 姓名 | |
| --- | --- | --- | --- | --- | --- | --- |
| | 职务 | | | | 职务 | |
| | 部门 | | | | 部门 | |
| | 在本职位工作时间 | | | | | |

| 项　目 | 目标具体内容 |
| --- | --- |
| 1.下个月（年度）主要业务指标 | |
| 2.下个月（年度）需要改进的方面 | |
| 3.为完成任务需要的条件、设备 | |
| 4.被考评者承担的责任 | |

个人意见：　　　　　　　　　　　　　　　　　　　　　　　　　　　（签名）

直接主管意见：　　　　　　　　　　　　　　　　　　　　　　　　　（签名）

（一式三份，考核者、被考核者、人力资源部门各执一份）

表 19-2

**绩效考核表**

（事业部经理等员工用）    填表日期    年  月  日

| 姓名 | | 部门 | | | 职务 | | 考核者 | |
|---|---|---|---|---|---|---|---|---|
| 成果指标<br>销售利润（万元）<br>销售收入（万元）<br>销售总成本（万元）<br>货款回收（万元）<br>其他经营成果 | | | 上半年／全年的目标 | | | 上半年／全年的目标实际完成率 | | |
| 效率指标<br><br>销售收入增长率<br>资金利润率<br>货款回收期<br>成本／费用控制率<br>其他经营效率情况 | | | 上半年／全年的目标 | | | 上半年／全年的目标实际完成情况 | | |
| 辅助指标<br><br>经营计划完成质量<br>对公司实际贡献<br>培养与举荐人才<br>与上游企业联系<br>与下游客户联系<br>管理与决策能力<br>使命感与责任心 | | | 本人评估 | | 上级评价 | | 有关数据 | |
| 考核者评语 | | | 高层会议评语 | | 最后考核等级<br>S A B C D | | 被考核者签字 | |

表 19-3

**业绩考核表**

（普通业务人员用）    填表日期    年  月  日

| 姓名 | | 部门 | | 考核者 | | 调控者 | |
|---|---|---|---|---|---|---|---|
| 做什么 | | 怎么做 | | | 结果要求 | | |
| 本人自我评价<br>（签名） | | | 上级评价<br>（签名） | | | | |

| 考核指标 | 所见的事实与依据 | 考核者 | 调控者 | 最后<br>得分 |
|---|---|---|---|---|
| 目标/任务的完成 | | S A B C D<br>16 12 10 8 6 | | |
| 工作效果与贡献 | | S A B C D<br>16 12 10 8 6 | | |
| 工作质量 | | S A B C D<br>16 12 10 8 6 | | |
| 工作数量 | | S A B C D<br>16 12 10 8 6 | | |
| 工作期限 | | S A B C D<br>16 12 10 8 6 | | |
| 工作改进与改善 | | S A B C D<br>16 12 10 8 6 | | |
| 工作创举与创新 | | S A B C D<br>16 12 10 8 6 | | |
| 考核等级确定 | ≥90 | ≥75 | ≥60 | ≥50 | < 50 | SABCD | | |
| | S | A | B | C | D | 被考核者签字 | | |

### 19.4.2　关键绩效指标法

**1.关键绩效指标的含义**

（1）关键绩效指标的基本含义

关键绩效指标（key performance indicators，KPI），是指在绩效管理体系中，针对解决最主要问题的需要所设计的相应的指标。"关键"的含义是指组织在某一阶段战略上要解决的最主要问题，就是关键绩效指标。关键绩效指标是用来衡量某一职位工作人员工作绩效表现的具体量化指标，是对工作完成效果的最直接衡量方式。关键绩效指标来自于对企业总体战略目标的分解，反映最能有效影响企业价值创造的关键驱动因素。

关键绩效指标法符合管理学中一个重要的原理——二八原理。在一个企业的价值创造过程中，存在着"20/80"的规律，即20%的骨干人员创造企业80%的价值；在一个人的行为中，20%的关键行为创造80%的效益。由此，抓住20%的关键行为进行分析和衡量，就能够抓住业绩评价的重心。因此，设立关键绩效指标可以使管理者将精力集中在对绩效有最大驱动力的经营行动上，及时诊断生产经营活动中的问题，并采取有针对性的提高绩效水平的措施，从而有效地完成任务、解决问题。

尽管关键业绩指标法有其明显的优点，但记录关键业绩往往需要花费很多时间，因而这种方法常常与其他评价方法综合使用。

（2）关键绩效指标的特点

①关键绩效指标来自于对公司战略目标的分解。关键绩效指标所体现的衡量内容最终取决于公司的战略目标，KPI是对公司战略目标的进一步细化和发展，是对真正驱动公司战略目标实现的具体因素的发掘，是公司战略对每个职位工作绩效要求的具体体现。因此，关键绩效指标随公司战略目标的发展演变而调整。

②关键绩效指标是对绩效构成中可控部分的衡量。企业经营活动的效果是内因、外因综合作用的结果，其中内因是各职位员工可控制和影响的部分，也是关键绩效指标所衡量的部分。关键绩效指标应尽量反映员工工作的直接可控效果，剔除他人或环境造成的其他方面影响。

③关键绩效指标是对重点经营活动的衡量。每个职位的工作内容都涉及不同的方面，但KPI只对其中对公司整体战略目标影响较大，对战略目标实现起到不可或缺作用的工作进行衡量，而不是对所有操作过程的反映。

④关键绩效指标是得到组织上下认同的。KPI不是由上级强行确定下发的，也不是由本职职位自行制定的，它的制定过程由上级与员工共同参与完成，是双方所达成的一致意见的体现，是组织中相关人员对职位工作绩效要求的共同认识。

**2.关键绩效指标的内容**

关键绩效指标落实到企业绩效管理和人力资源工作中，要完成表19-4。

表19-4 KPI的指标定义表

| 指标名称 | |
|---|---|
| 指标编号 | |
| 指标定义 | |
| 设立目的 | |
| 计算公式 | |
| 相关说明 | |
| 数据收集 | |
| 统计周期 | |
| 统计方式 | |

就指标本身来说，一个组织在确立关键绩效指标时，应把握以下几点：

其一，指标应当简单明了，容易被执行者理解和接受；

其二，指标应当可以控制，可以达到；

其三，指标一般应当比较稳定，即如果业务流程基本未变，则关键指标的项目也不应有较大的变动。

**3.关键绩效指标的运用**

（1）分解企业战略目标，分析并建立各子目标与主要业务流程的联系

企业的总体战略目标在通常情况下均可以分解为几项主要的支持性子目标，而这些支持性的更为具体的子目标本身需要企业的某些主要业务流程的支持才能在一定程度上达成。因此，在本环节上需要完成以下工作：①企业高层确立公司的总体战略目标；②由企业（中）高层将战略目标分解为主要的支持性子目标；③将企业的主要业务流程与支持性子目标之间建立关联。KPI提取总示意图如图19-2所示。

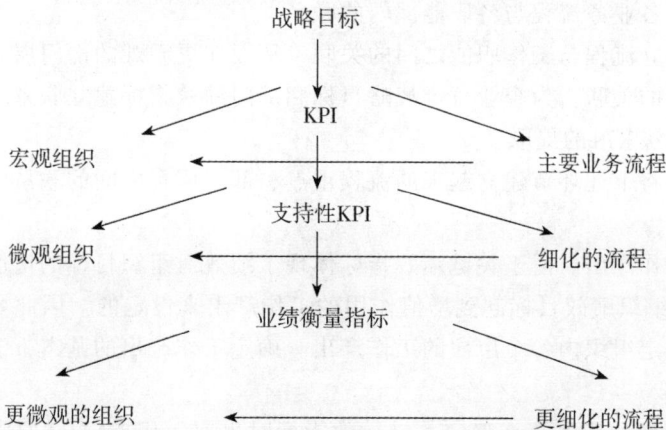

图19-2　KPI提取总示意图

把公司级的 KPI 逐步分解,首先分解到子公司、分公司或事业部,进而分解到部门,再由部门分解到各个职位。按此层层分解的方法,来确定各部门、各职位的关键业绩指标,并用定量或定性的指标确定下来。目前常用战略分解的方法是"鱼骨图"分析法,如图 19-3 所示,它可以帮助我们在实际工作中抓住主要问题,解决主要矛盾。

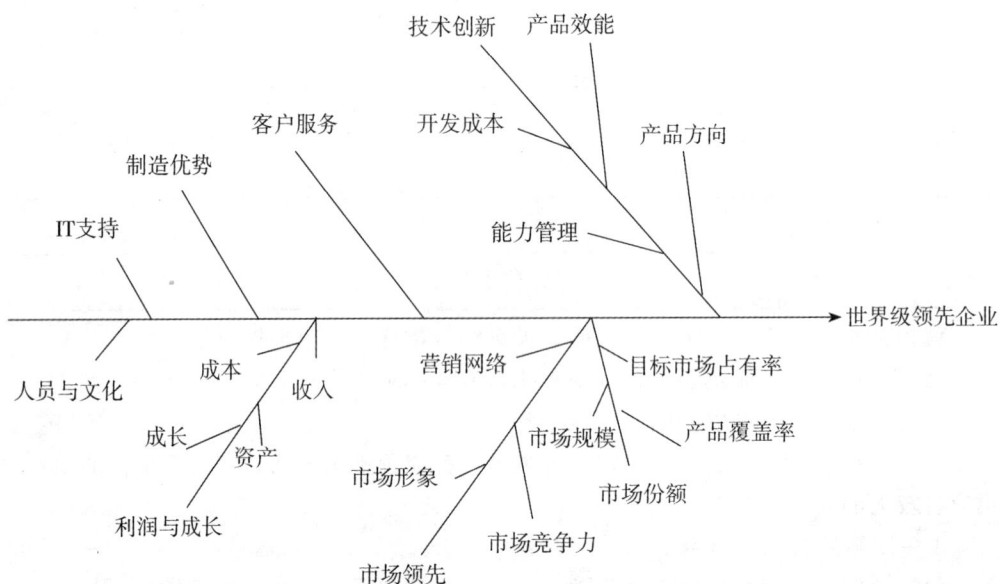

**图 19-3  战略目标分解"鱼骨图"方式示例**

(2)确定各支持性业务流程目标

在确认对各战略子目标的支持性业务流程后,需要进一步确认各业务流程在支持战略子目标达成的前提下流程本身的总目标,并进一步确认流程总目标在不同维度上的详细分解内容。

(3)确认各业务流程与各职能部门的联系

本环节建立流程与工作职能之间的关联,从而在更微观的部门层面建立流程、职能与指标之间的关联,为企业总体战略目标和部门绩效指标建立联系。

(4)部门级 KPI 的提取

本环节要将上述环节建立起来的流程重点、部门职责之间的联系中提取部门级的 KPI。

①明确工作产出。由于关键绩效指标体现了绩效对组织目标的增值的部分,所以 KPI 是根据对组织绩效目标起到增值作用的工作产出来设定的。因此要设定关键绩效指标首先要确定组织内各个层次的工作产出。确定工作产出的基本方法是绘制客户关系图。

②考核指标的建立。在确定关键绩效指标时也要运用 SMART 原则。其具体做法见表 19-5。

表19-5                                关键绩效指标的SMART原则

| 原则 | 正确做法 | 错误做法 |
| --- | --- | --- |
| 具体的（specific） | 切中目标<br>适度细化<br>随情景变化 | 抽象的<br>未经细化的<br>复制其他情景中的指标 |
| 可度量的（measurable） | 数量化的<br>行为化的<br>数据或信息具有可得性 | 主观判断<br>非行为化描述<br>数据或信息无从获得 |
| 可实现的（attainable） | 在付出努力的情况下可以实现<br>在适度时限内可实现 | 过高或过低的目标<br>期限过长 |
| 现实的（realistic） | 可证明的<br>可观察的 | 假设的<br>不可观察或证明的 |
| 有时限的（time-bound） | 使用时间单位<br>关注效率 | 不考虑时效性<br>模糊的时间概念 |

③绩效考核标准的设定。制定绩效考核标准时，要针对不同岗位的实际情况，对不同职位制定不同的考核参数，而且尽量将考核标准量化、细化，使考核内容更加明晰，结果更为公正。同时，考核标准公布并使之得到员工认可，避免暗箱操作。

④审核关键绩效指标。对关键绩效指标的审核的目的主要是为了确认这些关键绩效指标是否能够全面、客观地反映被考核对象的工作绩效，以及是否适合于考核操作，从而为适时调整工作产出、绩效考核指标和具体标准提供所需信息。

（5）形成经营目标、流程、职能、职位目标的统一

根据部门KPI、业务流程以及确定的各职位职责，建立企业经营目标、流程、职能与职位的统一。

### 19.4.3 平衡计分卡[①]

#### 1.平衡计分卡的含义及功能

所谓平衡计分卡（balanced score card，BSC），是一套能使组织快速而全面考察经营状态的评估指标，它是由美国学者罗伯特·S.卡普兰和大卫·P.诺顿提出的。传统的绩效评测往往仅限于评测财务指标。然而，财务指标是一些滞后的指标，只能说明过去的行动取得了哪些结果，至于驱动业务的一些关键因素有没有改善，朝着战略目标迈进了多少步仍然无从知晓。平衡计分卡则包括财务、客户、业务流程和学习创新等四大方面的指标，其中的财务衡量指标可以说仍然是基本内容，它说明已采取的行动所产生的结果，同时，平衡计分卡方法还对顾客的满意度、组织内部的程序及组织的创新和提高活动等业务指标进行评估，以此来补充财务衡量指标。

平衡计分卡的运用方法是：以财务、客户、业务流程和学习创新四个领域的企业

---

① 毕意文，孙永玲.平衡计分卡中国战略实践［M］.北京：机械工业出版社，2004.

战略和目标为基础，开发出包括有关键评估指标的公司平衡计分卡，再把这些指标逐层分解、落实到各个部门和每个员工。因此，平衡计分卡不仅是绩效评估的工具，同时通过系统的指标分解过程，将清晰的规划远景和战略落实成具体的行动计划，把企业战略和绩效管理系统联系起来，成为执行企业战略的基础。

在平衡计分卡的运用中，能够及时查看考评企业的战略执行情况，衡量组织及其各部门业务流程，并根据需要在每季度以至每个月对企业战略、目标和评估指标进行实时调整。平衡计分卡的运用，还能够帮助公司建立跨部门的团队合作，有利于促进组织业务流程的顺利进行。

**2.平衡计分卡的四大指标**

平衡记分卡包括四大指标，从四个不同的视角，提供了一种考察价值创造的战略方法：

（1）财务视角

其目标是解决"股东如何看待我们？"这类问题。企业经营的直接目的和结果是为股东创造价值，因此从长远角度来看，利润始终是企业所追求的最终目标，财务方面是其他三个方面的出发点和归宿。财务指标包括销售额、利润额、资产利用率等。

（2）客户视角

其目标是解决"顾客如何看待我们？"这类问题。客户方面体现了企业对外界变化的反映。客户角度是从质量、性能、服务等方面，考察企业的表现。主要包括两个层次的绩效考核指标：一是企业在客户服务方面期望达到绩效而必须完成的各项指标，包括市场份额、客户保有率、客户获得率、客户满意等；二是针对第一层次的各项目标进行细分，形成具体的绩效考核指标，如送货准时率、客户满意度、产品退货率及合同取消数等。

（3）内部运作流程视角

其目标是解决"我们擅长什么？"这类问题。这是BSC与传统绩效考核方法最大的区别。企业是否建立起合适的组织、流程、管理机制，在这些方面存在哪些优势和不足？内部角度从以上方面着手，制定考核指标，关注公司内部效率，如生产率、生产周期、成本、合格品率、新产品开发速度及出勤率等。内部过程是公司改善经营业绩的重点。

（4）学习和成长角度

其目标是解决"我们是在进步吗？"这类问题。企业的成长与员工能力素质的提高息息相关，企业唯有不断学习与创新，才能实现长远的发展。如员工士气、员工满意度、平均培训时间、再培训投资和关键员工流失率等。

**3.平衡计分卡的实施方法**

具体来说，一个组织要建立和实行平衡计分卡，需要进行的工作包括：

（1）建立公司愿景与战略

企业战略要力求满足适合性、可衡量性、合意性、易懂性、激励性和灵活性，并对每一部门均具有意义，使每一部门可以采用一些业绩衡量指标去完成公司的愿景与战略。

（2）建立组织的四类具体目标

进一步，要成立平衡计分卡小组或委员会去解释公司的愿景和战略，并建立财务、顾客、内部流程、学习与成长四类具体的目标。

目标的衡量是 BSC 管理系统的基础和关键，选择和设计对企业运营最为恰当、有效的衡量指标至关重要。平衡计分卡体系的建立需要系统性地把一个公司的战略与其价值定位、具体目标及具体目标的衡量指标连接起来。"因果关系分析"是平衡计分卡提供的一个有力工具，它能够帮助企业领导层确定最适合企业战略的具体目标。

如果要达到提高收入 25% 的目标，那么新产品的收入必须提高到总收入的40%。开发能够迅速占领市场的新产品对实现这个收入增长目标是至关重要的，这就要求缩短 50% 的新产品开发周期。当然，达到这一预期目标的前提是必须同时达到公司其他方面的目标，如：销售 X 吨 A 产品和为 B 产品开发 10 家新的客户，还必须提供优质的售后服务来保持现有的客户，以求他们将来能继续惠顾。

（3）为四类目标确定业绩衡量指标

业绩衡量指标的设计和选择与目标设计和选择同样重要，因为绩效指标能够帮助组织检验战略设想并不断在结果中总结经验。SMART 原则和"管理二八"原则是确定业绩衡量指标的基本原则。

战略图描绘的因果关系分析可以把公司战略思想具体化为各角度的目标，四个角度的所有目标代表着管理层实现关键财务目标的整体设想。战略图内的所有目标必须分解出具体的衡量指标。有些目标的指标可以从公司已经存在的财务或其他信息系统中的指标库中选择，而有些目标的绩效指标则需要特别设计。绩效指标的设计和选择赋予管理层一个机会，去加强他们对于达到最重要的目标所需方法和手段的判断力。

（4）加强公司内部沟通与教育

有了业绩目标后，就开始实施平衡计分卡。这时，要利用各种不同沟通渠道，如定期的公司刊物、信件、公告栏、标语及会议等，让各层管理人员都知道公司的愿景、战略、目标与业绩衡量指标，建立起绩效管理的理念。

（5）实施绩效指标的测量与管理

此后，要确定平衡计分卡中的年、季、月业绩衡量指标的具体数字，并与公司的计划和预算相结合。同时，注意各类指标间的因果关系、驱动关系与连接关系。

进一步，要将对考核对象的年、季、月报酬奖励制度与平衡计分卡挂钩，从而加大绩效管理的效果。

在平衡计分卡的实施过程，要互动采用员工的意见，以修正平衡计分卡的衡量指标并改进公司的战略。

**4.平衡计分卡的优缺点**

（1）平衡计分卡的优点

①有利于组织的全面、动态评估。相对于传统的绩效评估，平衡计分卡的运用能

够通过全面、动态地评估整体组织、每一部门和每一员工的绩效，达到适当运用组织资源、快速响应市场变化的功效，从而有利于实现组织的目标；

②有利于提出具体的绩效改进目标。平衡计分卡提出了企业、部门和个人的具体的改进步骤及其改进时限，从而可以避免某些具有高绩效的员工不再努力改进工作的问题；

③有利于防止带来不良效果的绩效改进行为。平衡计分卡促使管理人员把所有的重要指标放在一个系统中考虑，并将注意力集中于由当前和未来绩效的关键指标构成的一个简短清单，避免某一方面的改进牺牲另一方面的效率，实现工作行为的有效优化；

④有利于公司竞争战略的实现。平衡计分卡把有助于增强公司竞争力的内容（诸如顾客导向、质量提升、团队合作等）加以整合，对公司明确工作重点、全面提高管理水平与竞争优势意义重大。

（2）平衡计分卡的缺点

①对组织信息系统设施的要求高。一个组织的管理信息系统硬件不够完全、不够灵敏，就会大大影响信息的收集、传递和反馈，成为运用平衡计分卡进行绩效评估与管理的致命障碍。

②对组织经营管理基础的要求高。平衡计分卡的应用，要求组织的各级管理人员不但能够明确企业的竞争优势与劣势，而且能够清楚行业特点与竞争对手的战略，从而能够立足长远发展，提出与企业愿景和长期战略密切相关的绩效评估指标体系。此外，实行平衡计分卡的考核与管理方式，不仅需要各级管理者的理解和支持，还需要相当的配套措施，这些都要求组织具有良好的管理基础。

### 19.4.4　标杆超越考核法[①]

**1.标杆超越考核法的含义及特点**

20世纪70年代末80年代初，美国企业掀起了"学习日本经验"的运动，施乐公司引入"标杆管理"。随后，西方企业界形成了看齐最优秀公司的标杆超越浪潮。进而，标杆超越的思想被用于企业的绩效考核，从而形成"标杆超越考核法"。

具体来说，标杆超越考核法的含义是：企业以行业内外的优秀企业为标杆，从组织机构、管理机制、业绩指标等方面进行对比评析，在分析绩效差异形成原因的基础上，提取出本企业的关键绩效指标，用于本单位的绩效考核，并通过持续改进追赶和超越标杆企业，从而提升本组织的绩效。

**2.标杆超越考核法的特点**

标杆超越考核法是一种绩效考核的新思路，其特点主要有：

（1）以外部组织为参照物

外部市场是标杆超越考核法确定绩效目标的基础，该方法是将企业的发展目标和

---

① 王萍.考核与绩效管理［M］.长沙：湖南师范大学出版社，2007.

方向定位于外部优秀组织的实际状况基础上，这使得自身的绩效目标更容易符合市场，更有利于企业建立适应未来竞争要求的高绩效标准。

（2）战略导向性

企业在设计绩效考核体系时，是否具有战略眼光是考核体系能否支撑组织长期发展的关键。标杆超越考核法就是从战略高度找到了设计绩效考核指标的外部目标，体现了绩效管理的战略导向性。

（3）以绩效改进为具体要求

标杆超越强调一种持续不断的绩效改进活动，与绩效管理的最终目的追求绩效改进一致，而非单纯的作为一种绩效考核方法，这种绩效改进活动的最终归宿是促进企业达到行业的领军地位。

（4）具有内部激励性

实行标杆超越考核法，具有帮助企业建立优秀目标和付出切实努力的管理功能，通过追赶标杆的活动改进工作绩效。这一过程可以激励员工发挥出积极性和创造性，也可以激励管理人员更好地完成绩效计划。

**3.标杆超越考核法的类型**

标杆超越考核法应用的范围，分为三个层次：

（1）组织内部的标杆

在企业之中，通过识别本组织内部最优秀的业务部门或业务人员，然后将其推广到其他部门和其他员工，形成一种共同向上的努力行动。

（2）行业内部的标杆

一个组织将学习的范围扩大到同行，在同行业的竞争对手和合作伙伴中寻找最优秀的企业，然后确定自己与"第一"的差距，制定追赶策略，甚至在时机成熟时超越对方。

（3）全社会范围的标杆

这一层次的标杆参照物是最高级的，因为学习的范围推广到全社会即一个地区或者国家的范围，甚至拓展到全球，一个企业在全球范围内寻求相似工作流程中做得最好的企业作为学习的对象，意义重大，效果也会很大。需要注意的是，由于要学习、参照的内容会比较具体，因此要对作为标杆的某项内容和实施条件，给予细致的分析和正确的吸收。

**4.标杆超越考核法的实施步骤**

实施标杆超越考核法具体包括五个基本步骤，如图19-4所示。

（1）确定学习和超越的标杆

在甄选每一个绩效标杆时，要慎重考虑本企业所处的行业发展前景、企业发展战略、现实差距等。应遵循的原则是：标杆企业的行业经营等领域和经营环境应与本组织有相似的特点。作为标杆的指标数据可以来自单个的标杆企业或部门，也可以来自行业、全国乃至全球的样本。需要注意的是，条件相近的、适合自己的才是最好的。

（2）研究和建立关键绩效指标

这一步骤的主要任务是，对标杆企业的绩效指标进行详细分析、比较，找出绩效

```
          ┌────────────┐         ┌────────────┐
          │  明确绩效目标  │ ──────→ │  组建标杆小组  │
          └────────────┘         └────────────┘
                 │
                 ↓
          ┌──────────────────┐
          │   形成标杆超越绩效计划   │
          └──────────────────┘
                 │
        ┌────────┴────────┐
        ↓                 ↓
┌──────────────┐   ┌──────────────┐
│ 确定绩效超越"标杆" │   │  优化关键绩效指标  │
└──────────────┘   └──────────────┘
        │
        ↓
┌────────────────────────────────┐
│  制订实现目标的具体计划与策略，采取行动  │
└────────────────────────────────┘
                 │
                 ↓
          ┌────────────┐
          │   评估与提高   │
          └────────────┘
```

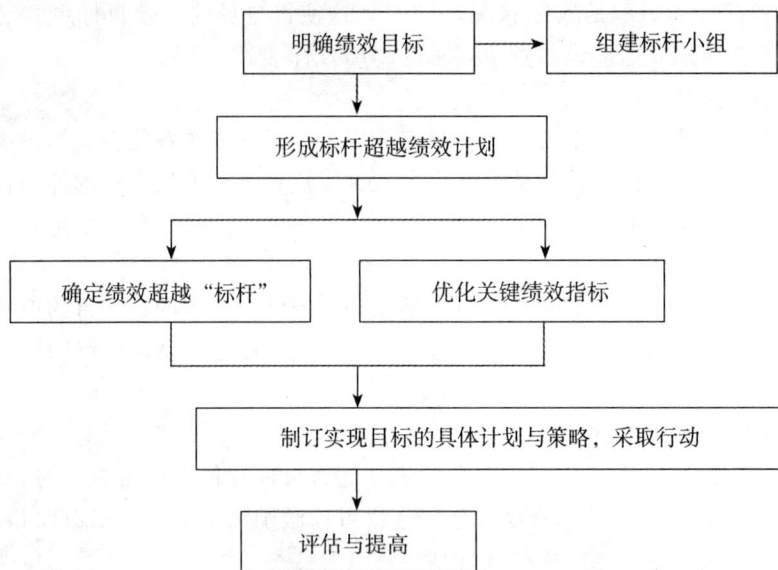

**图 19-4　标杆超越考核法的实施步骤**

差距和管理实践上的差异，要领悟标杆企业的先进管理思想和方法，学习其运行机理，借鉴其先进管理模式和成功经验，确定适合本企业的关键业绩标准及最佳实践，从而建立起本企业的绩效指标体系和管理运作体系。

（3）制订实现目标的具体方案

要创建一系列有效的计划和行动，通过实践，追赶并超过标杆单位的有关目标。标杆本身是不能解决企业存在的问题的，企业必须根据具体计划采取切实的行动，才能实现既定的提高绩效的目标。

（4）实施超越行动

这是实施标杆超越考核法的关键环节。一方面，配置一定的资源，为超越行动提供物质保障、时间保障和组织保障；另一方面，要创造一种环境，使企业员工们能够自觉和自愿地进行学习和变革，以实现预定目标。

（5）评估与提高

有行动就会有结果。标杆超越行动带来了什么结果？这是我们必须评估的，这也正是绩效考核的对象。进行定性和定量的评估，是进入下一轮标杆超越考核循环的依据与起点。

标杆超越考核所进行评估的主要任务，是重新检查和审视标杆的设定、标杆管理的目标水平和实际达到的效果，分析差距，为下一轮改进和提高打下基础。

## 本章小结

绩效是指员工的工作行为、表现与结果。绩效考核是人力资源管理中极为重要的环节，也是多项人力资源开发利用与管理活动所需要的客观依据，绩效管理则是组织的重要理念和重点工作。本章阐述了绩效管理的基本概念，阐述了绩效管理的流程，并对绩效考核存在着的问题、考核结果反馈和考核申诉问题进行了阐述。最后，详细介绍了经典的绩效管理方法，包括目标管理法、关键绩效指标法、平衡计分卡和标杆超越考核法。

通过本章的学习，学员可以系统地掌握绩效管理的范畴和主要方法。

## 主要概念

绩效  绩效考核  绩效公式  绩效管理流程  考核面谈  晕轮效应  近因效应
首因效应  考核结果反馈  考核申诉  目标管理法  平衡计分卡  关键绩效指标
标杆超越考核法

## 复习思考题

1.什么是绩效？影响绩效的因素有哪些？

2.绩效管理的含义是什么？具体应当有哪些项目？

3.组织的绩效考核中通常可能存在哪些问题？

4.绩效管理流程有什么环节？

5.如何通过绩效考核与绩效管理搞好组织的工作，提高组织的运行效率？

## 案例分析

### 前行公司如何实施绩效考核

#### 一、抓住管理重点

前行股份公司是华飞集团公司下属的一家专业化子公司，主要从事本系统运输业务的集中经营和统一管理。公司在北京、上海、天津、山东、辽宁、宁波及厦门等地设立了分公司，经营着由中国大陆各主要港口到美国、日本、韩国、中国香港和中国台湾等国家和地区的集装箱班轮航线，有着不错的业绩。

绩效管理工作是前行公司历来重视的。为了获得更大的发展，公司对外大抓市场开拓，对内严搞管理，绩效管理正是公司工作的重点。人力资源部门对绩效考核工作做了细致的设计和周到的安排。

绩效考核的有效开展，需要精心地准备、计划，需要与之相配套的管理系统的有力支持，例如，制定切实有效的工作流程，进行有效的动员与培训，实施有效的目标管理等。这些对于有效实施绩效考核都是相当必要的。

因为岗位和工作特点的复杂多样，绩效考核的时间并没有什么唯一的标准。典型的考绩周期是一季度、半年或一年，也可在一项特殊任务或项目完工之后进行。绩效考核的周期不宜太短，否则不但浪费精力和时间，还给员工过多的不必要的干扰，造成心理负担；但周期过长，反馈太迟，也不利于改进绩效，并使大家觉得考绩作用不大，可有可无，结果考绩流于形式。

#### 二、绩效考核流程

前行公司的绩效考核实施的工作流程如图19-5所示。所涉及的主要工作有：

```
┌─────────────────────────────────────┐
│ 经理部制定考核工作流程；召开绩效考核    │
│ 会议动员考核人员；培训考核人员         │
└─────────────────────────────────────┘
```

```
┌──────────────────────────┐   ┌──────────────────────────┐
│ 对各部门绩效进行考核，由各部门 │   │ 业务支持部门进行相关部门     │
│ 经理与总经理沟通             │   │ 满意度的考核               │
└──────────────────────────┘   └──────────────────────────┘
```

```
┌─────────────────────────────────┐
│ 确定公司管理人员绩效考核的业务指标    │
└─────────────────────────────────┘
```

```
┌──────────────────┐   ┌──────────────────┐
│ 管理人员进行自我考核 │   │ 自我考核           │
│ 考核主管与专家沟通   │   │ 上级考核           │
│ 下级员工考核        │   │ 下级考核           │
└──────────────────┘   └──────────────────┘
```

```
┌─────────────────────────────────┐
│ 评估结果经部门经理、经理部经理、被考核人 │
│ 方面签字后交经理部                  │
└─────────────────────────────────┘
```

```
┌─────────────────────────────────┐
│ 综合各项分数，确定考核结果          │
└─────────────────────────────────┘
```

```
┌─────────────────────────────────┐
│ 经理部与总经理及各部门经理共同制订激励 │
│ 方案                            │
└─────────────────────────────────┘
```

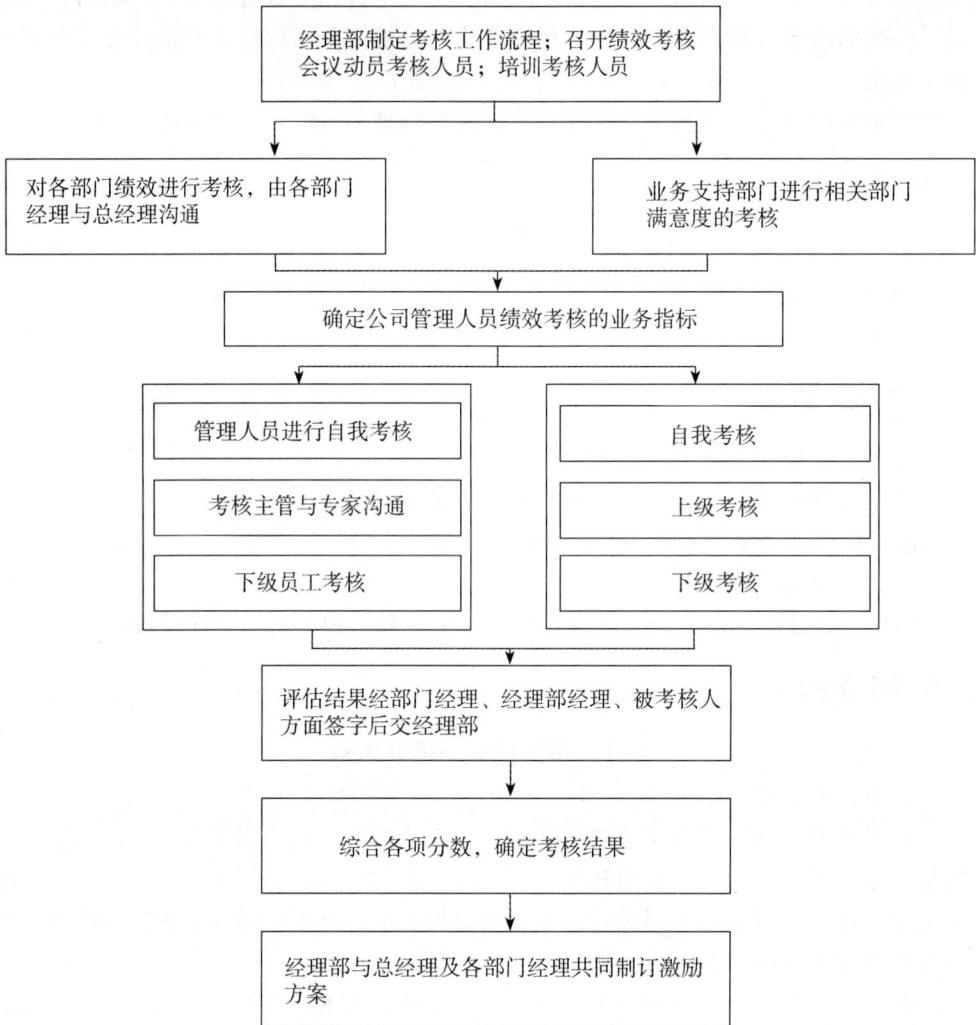

**图19-5 前方公司员工绩效考核流程图**

（1）做好绩效考核的准备工作；

（2）制定考核工作流程；

（3）考核前的动员、沟通；

（4）考核人员的培训；

（5）确定员工绩效考核业务指标；

（6）考核资料分析；

（7）确定考核结果；

（8）提出绩效改进方案；

（9）为奖惩制定依据。

**三、实施保障条件**

新考核方案的顺利实施，考核工作的顺利开展，需要公司在组织、制度及文化等方面给予支持，才能保证新考核方案的顺利实施。

1.组织保障

前行公司为了使考核工作开展得更加顺利，成立了绩效考核委员会，促进考核组织机构更加合理。其构成及工作职责如下：

（1）公司总经理：考核委员会总负责，负责监督考核工作的全面进行。

（2）公司各部门经理：负责制定本部门员工的考核指标，对本部门员工进行考核。

（3）公司经理部：公司经理部主要负责对公司员工进行考核知识的培训，协助各部门经理制定考核目标，汇总考核结果等。

2.制度保障

为保障新考核方案的顺利实施，建立统一、完备的绩效考核制度是非常必要的。通过绩效考核制度，引导和约束管理者和员工的行为，使对员工的考核更具公正性和合理性，能够确保部门和公司目标的达成，这也是考核的最终目的。

绩效考核制度是绩效目标、绩效过程管理制度化、正式化的体现，是绩效管理有效落实的重要保证。

为保障考核工作的顺利实施，公司必须要有相对应的制度做保障。

其一，建立了《公司考核制度》，该制度对公司考核的目的、原则、功能及方法做了明确规定，为公司考核工作的顺利开展打下了基础。

其二，其他制度。通过第一次考核的过程发现了很多的管理问题，以前公司没有制度，员工在工作中出现很多问题都"无法可依"，因此，必须迅速建立公司的一些基本制度，如考勤管理制度、会议管理制度等相关制度，以保障各项工作的"有法可依"和顺利实施。

其三，文化保障。企业文化是企业在长期运作中逐步形成的群体意识，以及由此而产生的群体行为规范。企业文化是影响绩效管理的一个重要因素，公司通过各种方式，介绍公司的价值观，介绍了公司客户的考核方法，从而在企业文化宣传的层面对员工进行考核的培训，增强企业的凝聚力。

此外，公司还为此专门成立了员工意见箱，员工在考核的过程中有任何好的建议或者问题，都可以提出或者申诉，意见箱只有公司总经理可以看到，从而鼓励员工大胆的畅所欲言。

3.操作保障

持续不断的培训。公司的经理部在公司每周的例会后对公司全员进行考核知识的培训，每周五由公司经理部专人对目前公司各部门经理进行绩效知识的培训，以协助各部门经理对本部门员工进行考核。

实施绩效考核前，人力资源部对全体考核人员，尤其是考核的直接操作者进行认真系统的培训，使全体员工统一思想认识、充分理解绩效考核新体系的意义和操作流程、实施方法。

案例讨论：

1.绩效管理在组织管理中的地位如何？为什么？

2.基于本案例中前行公司的材料，分析绩效管理与一般的成果考核相比有哪些不同与提高之处。

3.请根据前行公司的新绩效考核结果，制定后续的绩效管理措施。

第19章拓展阅读

# 第20章　规矩成方圆——组织的人力资源制度

## 学习目标

✓ 掌握人力资源管理制度的作用
✓ 了解人力资源制度项目的内容
✓ 理解人力资源制度的设计思想
✓ 掌握人力资源制度的设计原则
✓ 了解人力资源制度的制定过程

### 引例　索尼公司人性化的内部跳槽制度

一天晚上，索尼公司董事长盛田昭夫按照惯例，走进员工餐厅与员工一起就餐聊天，他多年来一直保持着这个习惯。他发现，一个年轻员工郁郁寡欢、满腹心事地闷头吃着饭。于是，盛田昭夫就主动坐在这个员工对面，与他攀谈起来。几杯酒下肚，这个员工终于开口了："我毕业于东京大学，原本有一份待遇十分优厚的工作。进入索尼之前，对索尼崇拜得发狂。当时，我认为能进入索尼，是我一生的最佳选择。但是，现在才发现，我不是在为索尼工作，而是为科长干活。更可悲的是，我自己的一些小发明与改进，这个科长不仅不支持，还说我有野心，挖苦我是癞蛤蟆想吃天鹅肉。对我来说，这名科长就是索尼。这让我十分泄气，心灰意冷。难道这就是索尼？这就是我要的索尼吗？我居然放弃了那份待遇优厚的工作来到这种地方，太不值得！"

这番话让盛田昭夫十分震惊，自觉工作、创造发明的积极性被否定、受打击，这可是一个重大的原则问题。于是，一项新的人事制度在索尼诞生了。公司每周出版一次内部小报，刊登各事业部、研究所、生产车间等用人部门的"招聘广告"，员工可以自由而秘密地前去应聘，他们的上司无权阻止。此外，索尼还安排员工每隔两年就可以调换一次工作，主动地给他们施展才能的机会。实现这项制度以后，每年有近200人"跳槽"到自己更感兴趣、更能发挥自己特长和创造力的工作岗位上。

一位管理学家说："如果你让别人干得好，就得给他一份恰当的工作"。索尼公司的"内部跳槽制"，是一种与原有管理制度能够兼容的、并行的小措施，但实际上构成了一种非常人性化的制度。这种制度可让员工们达到"人尽其才"，无疑成为防止"肥水外流"的有效举措。同时，这种措施还可以依据"一人多岗，一专多能"的要求，将员工培养成为复合型人才，同时，人力资源管理部门还可以从那些"内部跳槽"的信息中分析和发现存在的问题。

资料来源　张震.不要堵塞员工的上进之路［J］.企业管理，2011（4）.

# 20.1 \ 人力资源制度基本分析

## 20.1.1　人力资源制度的性质

### 1.制度的含义

所谓制度，是指一个社会中的组织和个人遵循的行为规范，这里所说的"社会"，小到一个团队、一个部门，中到一个企业、一个集团公司，大到一个地区、一个国家、甚至世界。制度把社会共同的道德规范转化为一种权力秩序，为人类社会行为的合理性价值判断提供一套强制性的规则。

制度作为一种人们共同遵守的秩序，是人类文明发展的产物。物质文明是人类整体文明的基础；精神文明包含了人类一切具有主观意义的行为，它在社会层面产生价值共识，为人类社会活动发挥导向功能；制度文明既是物质文明的精神化，又是精神文明的物质化。

### 2.强化制度建设的重要性

制度化管理在任何时候对于组织来说，都是至关重要的。建立和强化制度化管理对于我国来说，就更加重要。中国人长期生存于封建专制制度和文化之下，过着自给自足的小农经济生活，道德理念上以忠诚为核心，这种忠诚是以盲目服从为特征。中国百姓缺乏严密组织的纪律训练，缺乏用法律维护自己权益的意识，缺乏法治精神，这种状态显然不能适应工业文明和社会现代化的要求。延续几千年到现在的传统农业生产中散漫惯了的中国人，对工业文明很不习惯，对管理规则毫无敬意，这会大大影响组织的管理工作，影响组织的长期发展。

此外，眼下流行的称谓是"老板"，不管是企事业单位还是党政机关，下级都如此称呼其领导，流行的话是"老板说了算"。这也折射出了中国组织管理中浓厚的人治色彩，下属唯"老板"的马首是瞻，制度与规则通常成为一种摆设，或者执行起来因人而异。人治是以关系为本的管理方式，组织内无制度保障，为保护自己利益各种不正当的行为就是难以避免的了。因此，搞好人力资源的制度化建设，对于组织的人力资源开发与管理和组织的长期发展，就具有很高的价值。

## 20.1.2　人力资源制度的主要特性

人们经常说"没有规矩，不成方圆"，人力资源管理制度就是组织内部所有人应遵循的一套行为规范。

这套行为规范的主要特性有：

第一，个人与权力相分离。在制度化管理中，职务是职业，不是个人身份，所有管理行为都来自于规章制度的规定，管理权威集中于规章制度，在规章制度面前人人平等。

第二，使组织有序化。制度化管理体现了人类的理性精神，它有一套环环相扣的规章体系，涉及整个管理过程，它规定了各种活动应该怎样进行，特殊情况应该怎样处事，并给每项工作确定了清楚明确的职权和责任。这使整个组织处于有序状态，将可能出现的冲突保持在秩序所容忍的范围之内。

第三，提供动力来源。人力资源管理制度客观评价员工努力程度，对员工努力的成果进行确认和保护，建立激发人们努力的激励机制，为组织发展提供动力来源。

第四，具有可操作性。规范建立在劳动分工基础上，符合现代组织管理的需要。规范是合理的、为组织成员所认同的；规范还是透明的，可以监控其落实情况。权力只有在规则范围内才是有效的。整套规章体系保持连续和稳定性。

### 20.1.3　组织人力资源制度的作用

#### 1.设立起一套组织顺利运行的规则

如俗话所说，"国有国法，家有家规"。制度的建立，在于保证人们在一定的范围内自身的社会角色有效地得以规范。一方面，它首先构成了一种强制力量，使人们的活动选择有控制、不越界；另一方面，制度也有其导向、激励的内容，它能够通过引导人们的行为动机，促进组织的发展。不管是什么形态的社会都离不开制度，组织是社会的细胞和缩影，它也离不开制度。

#### 2.强化组织的规范化管理

团体生产使每个成员的边际产出难以精确度量，个人贡献与报酬无法准确挂钩，大到整个企业，小到几个人、十几个人的工作团队，情况都是这样。这将导致机会主义行为。机会主义行为对组织的生存发展是有害的，解决它的方法无外乎两条：其一，寄希望于组织主管有良好的道德精神，并且精明过人，他不辞辛劳地了解每一位员工工作的努力程度，使每一位员工都能得到与其工作努力程度相当的报酬，以维持员工工作的积极性；其二，建立一套公平合理的绩效考评、薪酬分配及激励等人力资源管理制度，规范组织内员工行为，使员工明了自己努力程度与报酬多少的关系，消除机会主义行为。显然，较小的组织可以使用前者，较大的组织则应当通过后者——制度化管理来解决问题。

#### 3.有利于协调组织内部的关系

任何组织内部都会有不同的分工。分工提升劳动生产率，但也带来了如何使不同分工的人及不同部门之间的协调与合作问题。解决组织中管理人员协调工作任务过重的办法之一，是制定一套大家都能理解和遵守的规章制度，使大家知道在什么情况下应当如何行动。

#### 4.有利于吸引和保留优秀人才

现代企业竞争归根到底是人才的竞争，有了人才，企业才能在竞争中取得优势。要想在市场经济条件下最有效地吸引、开发和保留各种最聪明、最优秀的人才，必须建立良好的人力资源管理制度，通过制度发现人才、开发人才、留住人才。

#### 5.有利于组织维系持久竞争优势

合理的制度有利于组织维系持久竞争优势。一个企业的持久竞争优势在于，不仅能确保它在市场环境中顺利运作，并且能使自身具有和保持与竞争者显著不同的竞争优势。人力资源管理制度将员工们的个人权、责、利做出明确的界定，指明员工努力方向，有助于员工提高技能，最大限度降低废品率和事故发生率，从整体上降低组织运作成本，保持低成本优势。

# 20.2 人力资源制度的内容

## 20.2.1 人力资源制度的项目

人力资源管理制度由一系列组织规则构成，是组织的一系列选人、用人与育人的条款规定，其项目条款众多。人力资源管理制度内容见表20-1。

表20-1　　　　　　　　　　　　　人力资源管理制度内容

| 规章名称 | 主要项目 | 主要功能 |
|---|---|---|
| 人力资源管理工作制度 | 人力资源管理工作规则，工作程序，人力资源管理计划制定规则，人力资源管理部门职权范围等 | 规范人力资源管理部门工作 |
| 员工招聘条例 | 招聘程序、方法，人员测试规则，内部招聘及外部招聘用制规则，临时雇员招聘规则等 | 满足组织发展需求，选择合适员工进入合适岗位 |
| 员工培训制度 | 培训计划及实施规则，岗前培训，在职培训管理规则，管理培训规则，培训考证规则及费用处置规定等 | 开发员工潜能，培养适应组织需求的技能、品质 |
| 绩效考核制度 | 员工考核的规定、原则及方法，员工考核管理的规定，考勤制度管理规则等 | 公正评价员工工作成绩，为员工薪酬、晋升、培训调动等提供依据 |
| 工资及福利制度 | 工资体系及构成规则，集体谈判规则，奖金激励体系及构成规则，员工福利管理及福利构成制度等 | 维护员工切身利益，体现公平交易原则，增强员工劳动积极性，使员工具有归属感 |
| 员工奖惩制度 | 奖励制度及奖励方式，处罚规定及方式，组织纪律规定等 | 规范员工行为，增强员工战斗力 |
| 人力资源调整制度 | 晋升、降级、轮岗、辞职、辞退及退休等规则 | 保持组织活力，优化组织内人力资源配置，增强组织效率 |
| 人力资源日常管理制度 | 员工纠纷处理条例，投诉处理规则，员工档案管理规则，社会活动的管理规则等 | 化解矛盾，降低冲突，维持组织运行秩序 |
| 安全与健康制度 | 事故处理规则，紧急事宜报告规则，职业病防范规则，员工健康保护规则，疗养规则等 | 尊重员工、关爱生命，培训员工的献身精神 |

### 20.2.2　人力资源制度的文本

#### 1.人力资源制度的文本结构

人力资源管理制度的项目众多，内容各异，一般来说，人力资源管理制度大文本结构通常有导语、条规、实施说明三个部分。具体的结构则因实体内容的限制和编写者的习惯而异。通常用以下几种形式：

（1）开门见山，全篇条列。这种结构形式，从开篇到结尾都是条文。开头是制定制度的目的、依据，末尾是实施说明，写明修改和解释权限、生效时间等，中间各条为具体内容。

（2）分章命题，下列条文。这种结构形式，第一章通常为总则，阐述制定规章制度的依据、目的、适用范围等；末章通常是附则，说明这部分规章制度的权威程度，修改和解释权限，生效时间及其他有关要求；中间各章，为规章制度的具体内容，每一章可分为若干条，每一条可分为若干款。

（3）分段标题，逐条叙述。这种结构形式一般在前面有一段导语，说明制度的目的、依据、适用范围等，然后分段标题，逐条叙述，末段附实施说明。

#### 2.人力资源制度的撰写要求

人力资源管理制度是组织的重要规章制度，生效后的制度必须严格遵照执行，因而撰写人力资源管理制度各项条款时，务必明确、具体、准确。具体来说，人力资源管理制度的文本撰写要求如下：

（1）层次分明，条理清楚，一目了然；

（2）逻辑严密，前后连贯，措施具体；

（3）文字洗练，行文庄重，简明扼要，不宜用文言文；

（4）避免歧义，措辞准确，通俗易懂，标点符号准确。

### 20.2.3　配套内容：员工手册

为了使组织的规章制度能让全体员工了解和接受，让每位员工有一本《员工手册》是必要的。《员工手册》是员工日常工作的行为准则，也是每位新进员工必读和必须进行培训的教材。学习手册的目的是让员工了解日常工作中"应该怎样做"和"为什么要这样做"。

《员工手册》通常以公司总裁或者CEO写给员工的公开信开头，信中开诚布公地阐明公司的经营理念。然后是公司概况，让员工了解公司性质、经营范围、主导产品与服务、市场状况及公司发展奋斗的历史，以及未来奋斗的目标等。再介绍公司的企业文化，包括公司遵循的价值观念，经营理念，企业倡导的精神。接下来，介绍公司组织结构，通常以图示各部门之间的相互关系，职责划分，每个部门负责处理的事项及应负的责任，有利于员工明了"有事找谁"及"我所在部门职责是什么"。再转入公司的规章制度，这一部分是《员工手册》的重要内容，涉及员工切身处利益，如员工选聘依据、考核标准、晋升条件、解聘程序、工资待遇、工龄计算、各种奖金补贴发放规则、劳动合同的签订、上下班时间、报销制度，以及保密规定及养老、医疗、失业、工伤等保险制度与其他福利项目。《员工手册》还包括员工行为规范、着装及仪表、待人接物的行为准则等具体规定，这有利于员工经常对照，不断提高自己的道德修养和文明素质。《员工手册》的编写要简明，不必面面俱到，细则可到有关部门查询，其内容应是员工最为关切的，日常出现频率高、程序规范的事宜。

人力资源管理制度由一系列组织规则构成，是从招聘开始的一系列选人、用人与育人的规定，目的在于用好人，增强员工的满意度及组织的凝聚力。

# 20.3　人力资源制度的设计

## 20.3.1　影响人力资源制度的因素

影响人力资源管理制度的形成与实施的因素众多，这是进行人力资源制度设计必须搞清楚的重要前提。主要有以下几个方面：

**1.组织的管理理念**

（1）领导者对人性的认识

不同的管理者对人性有不同的看法，在组织中居于高位的领导者的不同理念深深地影响着各种管理制度，特别是人力资源管理制度的设计与实施。可以说，这是一个组织的管理哲学，是组织的灵魂，是决定着组织人力资源制度的最根本内容。

（2）组织的使命感及经营目标

除了对人性的判断体现了管理者价值观念外，一个组织的使命感①和经营目标也能体现管理哲学，也对人力资源管理制度的设计产生重大影响。

（3）领导者的个人风格

管理风格反映管理的特色和个性，它可能是高层管理者的人格个性的投影，反映领导者的价值理念，这样的管理风格体现在各项管理活动中，人力资源管理制度自然也摆脱不了其管理风格的影响。

**2.组织的规模与管理层次**

组织规模的大小，也是影响人力资源管理制度的主要因素之一。组织规模与组织管理层次密切相关。管理层次指从最高一级主管职务到最低一级主管职务的职务等级，组织有多少个主管职务等级，就有多少级管理层次。管理层次又与管理跨度联系紧密，管理跨度则指一名主管直接领导多少下级人员数。加大管理跨度可以减少管理层次，但管理层次太少，致使主管人员领导下属人员过多，超过有效管理跨度，必然降低组织效率。要保证主管能有效地管理下属，有效管理跨度不能随意扩张。组织规模越大，管理层次必然越多，要保证各个管理层次之间能有效协调，信息上传下达，

---

① 英文为 vision，也翻译为愿景。

失真度小，必然需要建立严格的管理制度，包括人力资源管理制度。

组织规模小，管理层次相应也少，协调事务亦少，这时主管应亲自率领员工冲锋陷阵，夺取生存空间。这时组织的规章制度要简洁明了，不要太多太复杂。若小规模的组织设立一套完整严密的规章制度，除了增加管理部门和层次外，结果只能是作茧自缚，或者是将制度束之高阁。小组织生存环境竞争程度高、变化快，组织本身稳定度低，此时灵活性、创新能力是第一位的，其人力资源管理制度化程度低是必然的。显然，管理制度应当是随组织的发展而增加，随规模变化而变化的。

### 3.用人价值取向

一个组织在用人问题上采取不同的价值取向，就有不同的管理方式及管理制度。组织的用人价值取向可以分为以下两类：

（1）直接能力导向

所谓直接能力导向，是指在外部劳动市场发育充分完善的情况下，组织以工作为中心，直接吸引和保留那些经过实践证明是优秀的员工，它强调人对工作的适应性，强调人的工作经验。人力资源管理制度上采用契约方式保证劳动者与组织之间的关系。规范、严格、细致是以直接能力为核心的人力资源管理制度的特征。若劳动力市场不完善，信息发布不及时，渠道不畅时，采用直接能力导向，不易获得岗位需要的合式人选。在失业率低时，员工流动大，是其弊端。

（2）间接能力导向

所谓间接能力导向，是指组织在选择员工时，不把现实能力放在第一位，而将员工潜在发展能力放在第一位。选择间接能力导向的组织认为：员工能力会随工作时间的推移，通过不断学习、培训及实践积累知识和经验而得到提高。员工在组织内工作的时间越长，其价值越大。间接能力导向重视组织内聚力的培育，重视员工培训制度建设。间接能力导向组织实行的以人为中心的管理。考核通常以基层团队业绩为主，奖罚都以团队为主。

### 4.组织所处的环境

对人力资源管理制度具有重大影响的因素还有组织生存的外部环境。通常情况下，个人或组织都无法改变环境，只能积极地适应环境、及时应变。

（1）人力资源市场的状况及变化

人口与劳动力供给在一定程度上发生变化时，劳动市场人力资源管理制度也要随之变化。例如劳动力供不应求时，人力资源管理就要在招聘、员工流动、薪酬及福利等方面增加对员工的吸引力。从总体上看，人力资源市场的供求状况是最直接的影响因素。

（2）技术和生活方式的变化

当技术和人们的生活方式发生变化时，也会影响到组织人力资源管理制度。例如，工作场所的变化会带来人力资源管理制度的变化，必须重新设计绩效考核、组织授权等制度。

当组织所处生存环境相对稳定时，组织的灵活性相对次要些。在这种情况下，组织发展前景比较明朗，可以通过一套严密的制度来稳定组织的运行和发展；若组织所处生存环境复杂多变，组织需要不断调整自己的结构和行为方式，以适应不断变化的环境，这时灵活性等要求就占了上风，过多的规章制度则成为一种累赘，降低组织的竞争能力。

（3）经济全球化的影响

中国正在全面融入全球经济体系，企业生存的外部环境正在出现重大的变化，竞争比以往更加激烈，企业经营的空间也更加广阔。在这样的格局下，企业要变成国际化的企业，就面临不同文化、不同语言、不同法律的员工汇聚在一起的新问题，由此，组织的人力资源管理制度要及时适应这种环境变化，增加协调和融合的功能。

### 20.3.2　人力资源制度设计的基本思想

#### 1.体现组织的价值观念

价值观是行为主体对客体的价值判断。它既影响主体的认知能力，也制约行为主体对客观事物的判断及取舍。组织的价值观体现在其经营宗旨与战略目标上。为组织经营奠定基础的人力资源管理制度一定要体现组织的经营宗旨与战略目标。

设计人力资源管理制度必须体现以人为本的管理思想，以人为本的思想表明，在制度设计思想中，你不能将人视为组织利润最大化的工具，不能将员工视为实现组织目标的手段，要确立人在管理过程中的主导地位。制度要体现对人的关怀，使人获得超越于生存需要的、全面的自由发展。倡导人和组织共同发展，人与制度共建，人的完善与制度的完善相互促进。

#### 2.兼顾行为的规范和对员工的尊重

以人为本不是一种溺爱式的迁就，而是要全方面地发展人、锻炼人、提升人的素质。制度的首要职责是把人的智慧、积极性、创造性、主动性充分发挥出来并利用好。让每个员工都有用武之地，能够全身心、全时间投入到自己所从事的工作。按制度进行招聘、升、降、培训、流转，不分亲疏。一套以用好人、育好人为宗旨的人力资源管理制度能把员工的才能和热情激发出来，使企业成为一棵常青树。

#### 3.要体现组织的使命感和社会责任感

追求利益最大化是个人及组织从事经济活动的动力。对员工的行为没有一定的制度约束，企业经营是无序的，集体和个人的理性追求都将是一场梦。这一原理同样适用于企业与社会理性的关系。好的人力资源管理制度一定立意高远，取信于属下，取信于社会。这样的企业性格突出，员工以自己的企业为荣，社会以有这样的企业自豪。企业负有增进社会物质文明及精神文明的责任，其人力资源管理制度也应体现这种责任。

### 20.3.3  人力资源制度设计的原则

**1.完整配套原则**

制度的"完整",指设计的人力资源管理制度应当包含选人、育人、用人、留人及人员流动这一人力资源管理流程的各个环节,体系上要完整。制度的"配套",指各项规则之间应当环环相扣,互相配合,不能相互矛盾、相互冲突;此外,配套还指应当设计民主监督系统,以利于制度的贯彻落实。

**2.实事求是原则**

设计制定有效的人力资源管理制度应当从实际出发,根据组织所处的环境及变化趋势、组织的实际状况,以及管理的实际需要来制定符合组织要求的人力资源管理制度。制度需要稳定性,因而实事求是地制定人力资源管理制度还应当有前瞻性。设计的人力资源管理规章制度应具有可操作性,这是实事求是的核心。

**3.渐进原则**

在组织发展的不同阶段,应有不同的制度体系。

在组织成长的初期,人力资源管理内容较为简单,组织规模小,甚至不必设立独立的人力资源管理机构。人力资源制度规则也就相应比较简单,这样易于达成共识,有利于保持组织的灵活性。

在快速成长时期,人力资源管理制度则较为关键。能否制定一个适应组织快速成长、有利于长期规范的人力资源管理制度,是非常重要的。这个时期的制度框架是日后改进的基础,好的规则将使员工养成良好的习惯,组织将保持良好的秩序,此时应由专业人力资源管理人员在协商调查基础上制定较为系统、结构较为完整、实用的人力资源管理制度。

到了组织的成熟期,应在稳定先前制定的人力资源管理制度的基础上创新、完善,要突出组织的个性风格,让员工从适应制度到自主管理。这时的用人机制十分重要,绩效考评、薪酬福利、激励等制度应适应这一阶段的要求,以免"壮年早亡"。若组织人力资源管理制度能上升到企业文化管理的层次,组织就可能进入"长寿"的行列。

**4.合理合法原则**

(1)要使人力资源管理制度具有科学性,符合管理科学规律,将员工的责、权、利对等结合。

(2)制度要符合国情、民情及人性,组织是由人组成的,人不是机器,人有本能,有追求,有自己民族文化传统,有感情,所以人力资源管理制度应当符合人性。

(3)人力资源管理制度应当建立在法律和道德的基础之上。组织应遵纪守法,在法律允许的范围内从事经营管理活动,员工则要遵守组织规章。

### 20.3.4  人力资源制度的制定过程

人力资源管理制度的制定过程,通常可分为三个阶段。

1.调查研究阶段

运用各种调查研究方法，广泛收集与本组织相关的各种管理制度资料；然后分析调查所得资料，拟订制度草案。

2.草案研究阶段

制度草案拟订好后，要在不同管理层次上对草案进行深入研讨；还要发动行全体员工对草案进行讨论、修订，然后投入试运行。

3.审定实施阶段

对制度试运行结果进行调查分析，再进行讨论，然后进行审定，若审定一致通过则可颁布执行；若未通过审定则表明还要进行调查研究，重新进行分析讨论，使制度更完善，更易于为员工接受，更易于执行。

## 本章小结

随着组织的发展，人们越来越认识到制度的重要性。人力资源管理制度是人力资源管理的基础性工作，良好组织文化有助于提升制度化管理。本章对人力资源制度的特点和作用进行了阐述，介绍了制度的各种项目，进而阐述了人力资源制度的设计问题。

通过本章的学习，可以使学员对建设组织的人力资源管理制度有一个比较全面的认识。

## 主要概念

制度　人力资源制度　制度设计　制度体系　管理理念　用人价值导向　完整配套原则　渐进原则

## 复习思考题

1.人力资源管理制度化管理的特点与作用是什么？

2.影响人力资源制度的主要因素有哪些？

3.结合企业实例，阐述人力资源管理制度的设计思想。

4.人力资源管理制度设计的原则是什么？

5.如何有效地执行人力资源管理制度？

## 案例分析

### 令行禁止的新管理制度

贾厂长到任液压件三厂厂长不久，就发现原有厂纪厂规中确有不少不尽合理之处，需要改革。但他觉得先要找到一个能引起震动的突破口，并能改得公平合理，令人信服。

他终于选中了一条。原来厂里规定，本厂干部和职工，凡上班迟到者一律扣当月奖金1元。

他认为这规定貌似公平，其实不然。因为干部们如果发现自己可能来不及到厂，便先去局里或公司兜一圈再来厂，堂而皇之地因公晚来而免于受罚，工人则无借口可依。厂里400来人，近半数是女工，孩子妈妈们家务事多，早上还要送孩子上学或入园，有的甚至得抱孩子来厂入托。本厂未建家属宿舍，职工散住全市各地，远的途中要换乘一两趟车，还有人住在浦东，要摆渡上班。碰上塞车停渡，尤其雨、雪、大雾天气，尽管提前很早出门，仍难免迟到。他们想迁来工厂附近，无处可迁；要调往住处附近工厂，很难成功，女工更难办。很多迟到情况其实是情有可原的，贾厂长认为应当从取消这条厂规下手改革。有的干部提醒他，莫轻举妄动，此禁一开，纪律松弛，不可收拾；又说别的工厂，迟到一次扣10元，而且是累进式罚款，第二次罚20元，三次罚30元。我厂才扣1元，算个啥？但贾厂长斟酌再三，还是觉得这条一定得改，因为1元钱虽少，工人觉得不公、不服，气不顺，就影响到工作积极性。于是在3月末召开的全厂职工会上，他正式宣布，从4月1日起，工人迟到不再扣奖金，并说明了理由。职工们对这项政策报以热烈的掌声。不过贾厂长又补充道："迟到不扣奖金，是因为有客观原因。但早退则不可原谅，因为责在自己，理应重罚。所以凡未到点而提前洗手、洗澡、吃饭者，要扣半年奖金！"这等于几个月的工资啊。

　　贾厂长觉得这条补充规定跟前面取消原规定同样公平合理，但不知为什么工人们却反应冷淡。

　　新厂规颁布不久，有7名女工违规，都是提前2、3分钟去洗澡的。人事科请示怎么办，贾厂长断然说道："照新厂规扣她们半年奖金，这才能做到令行禁止嘛。"于是处分的告示贴了出来。次日中午，贾厂长走过厂门，遇上了受罚女工之一的小郭，问她："罚了你，服气不？"小郭不理他而连忙走开，老贾追上几步再次问她。小郭悻悻然扭头道："有什么服不服？还不是你厂长说了算！"她一边离去一边喃喃地说："你厂长大人可曾上女浴室去看过那像啥样子？"贾厂长默然。是啊，浴室设施有什么问题呢？厂长找了总务科长老陈和工会主席老梁一起，在当天下午浴室还没开放前，去看了一趟女浴室。原来这个浴室低矮狭小，破旧阴暗，一共才设有12个淋浴喷头，其中还有3个不太好使，而全厂有194名女工，贾厂长想，分两班的话每班有近百人，淋一次浴要排多久队？下了小夜班洗完澡，到家该几点了？明早还有家务活要干呢。她们对早退受重罚不服，是有道理的。看来这条厂规制定时，对这些有关情况欠调查了解了……

　　下一步怎么办？处分布告已经公布了，难道又收回不成？厂长新到任定的厂规，马上又取消或更改，不就等于厂长公开认错，以后还有啥威信？私下悄悄撤销对她们的处分，以后这一条厂规就此不了了之，行不？……

　　贾厂长皱起了眉头，深深地思考着：要不要管理制度？如何制定管理制度？厂规厂纪的严肃性与合理性问题应当如何处理？

　　资料来源　佚名.贾厂长的困惑［EB/OL］.［2017-01-06］.http://www.doc88.com/p-012708447746.html.

　　案例讨论：

　　1.为什么老贾担任液压件厂长不久，要从废除"扣1元"的奖惩制度开始？搞好管理制度的重要性是什么?

2.对贾厂长所思考的"厂规厂纪的严肃性与合理性应当如何处理"的问题,你的看法是什么?为什么?对上述两件事的具体处理办法应当是什么?

3.应当如何制定管理制度?

第20章拓展阅读

# 第21章 基业谋长青——战略人力资源管理

## 学习目标

✔ 了解人力资源战略及其与企业战略的关系
✔ 理解战略人力资源管理的概念
✔ 了解战略人力资源管理的常见内容
✔ 掌握战略人力资源管理的主要学说
✔ 熟悉并掌握战略人力资源管理运作的各个环节
✔ 了解战略人力资源管理中的人力资源管理者
✔ 掌握现代人力资源管理者应当具备的素质

**引例**

### 大公司的人力资源管理再造

惠普公司的人力资源管理再造首先着眼于员工的求职过程。为改变对需求部门和应聘人员都比较麻烦的被动的工作方式，惠普设立了一个招聘管理系统（EMS）：所有的申请人的人事材料首先全部寄往"应聘响应中心"，在这里，有关人员统一处理所有的材料之后，立即与美国各地的惠普人事部门取得联系，把相应信息传递过去，人事信息就可以通过EMS得到共享，并可获得快捷处理。另外，惠普还设立了一个电话服务系统（TABS）。这个服务系统可以每周7天，每天24小时地回答并处理员工有关福利、医疗、员工退休计划、薪水计划以及持股计划等各种问题。

由于有了这样一个好的开端，在以后的人力资源管理再造实施过程中，经理和雇员的反感越来越小，再造颇为顺利。

苹果公司利用IT技术，使人事工作从人事主导型（people-oriented）变为服务主导型（service-oriented）。如果经理们需要处理一些常规的人事问题，可以通过一些人事管理信息系统来处理。其中，通过一种叫作Merlin的服务系统，经理们可以在自己的办公电脑上随时处理人事问题，并可通过电脑或电话提交管理报告，实现了无纸办公。苹果公司还有其他一些自助服务信息工具，如互联网求职系统"求职者"（Job Finder），汇总了公司所有员工所在部门和电话号码的"员工信息目录"（Director DA），以及提供所有培训课程的"苹果大学目录"（Apple U Catalogue）。这些工具也给应聘者提供了在线服务，能够使他们比较方便地了解所需信息。副总裁凯文·沙里文说："如果在人事工作中，对于人事工作的意义以及做法没有一个根本性的改变，那么，我们的企业文化也不可能取得显著改变。"

GE核能公司的人力资源管理再造是另外一个成功的典范。该公司再造的是工资计划流程，通过再造，公司创造了一个无纸办公的管理流程，工资计划的时间从原来的10天降低到1~2天，大大提高了工作效率，降低了运作成本，同时也提高了系统的分析能力。

资料来源　苏茂琼.四大著名公司HR再造案例［J］.现代企业教育，2004（2）.

## 21.1　战略人力资源管理基本分析

### 21.1.1　战略人力资源管理的含义

"战略人力资源管理"，是指微观角度的、组织层面的人力资源管理，它具有长期发展选择的含义，谈的是组织大局的、总体而不是局部的内容。当然，就一个层级颇多，可能达到5~7个层次的大规模经营组织，战略既然是总体的内容，对这个组织的来说，也是一种宏观的内容。

关于"战略人力资源管理"这一范畴的认识，存在着多种不同的观点。亨德里和佩蒂格鲁德认为，战略人力资源管理主要关注的是环境因素与人力资源管理政策间的关系，而是"适应外部环境"的任务决定了人力资源管理政策；德利瑞和多蒂指出，一些人力资源管理工作具有战略性，包括内部职业计划、正规培训系统、结果导向的评估、利润共享、雇佣保证、员工参与和工作描述等。更多的学者关心各种人力资源管理实践与组织绩效间的关系，认为这一关系对组织的生存与发展至关重要，因而就具有战略性。

本书给出的定义是：战略人力资源管理，是指从企业经营的战略性目标出发，从事人力资源管理活动和改进人力资源部门的工作方式，发展组织文化，以提高组织总体和长期绩效的人力资源开发与管理活动的模式。也就是说，战略人力资源管理是广义的概念，包括了战略人力资源开发的内容。战略人力资源管理作为一种新的人力资源管理模式，是统一性和适应性相结合的人力资源管理，它要求组织的人力资源开发管理和组织的总体战略完全统一，人力资源政策在组织中的各个层面要完全一致，组织内各个部门的负责人和员工要把人力资源政策的调整、接受和应用作为他们日常工作的一部分。

此外，也有人将战略人力资源管理称为"人力资源战略"或"人力资源管理战略"，其思路更偏重于人力资源管理自身。

### 21.1.2　战略人力资源管理思维的结构

战略人力资源管理是一种重要的思维，它源于组织的战略管理，是战略管理在人力资源工作中的体现，是战略性经营管理工作在人力资源领域的落实。

这样，就要从组织的愿景和长期目标出发，来开展人力资源开发与管理的各项工作。

战略管理的研究范围、方法及对象因人而异：有的只是深入探讨问题，有的还要提供问题的解决办法。本书参考司徒达贤给出的基本概念，对战略管理的定义强调：

（1）组织内部职能（competences）与能力（capabilities）的评估；

（2）外部机会与威胁的评估；

（3）决定组织活动的范围；

（4）创造并沟通策略远景；

（5）组织持续的推动变革。

战略管理通常分为三种层次，即全公司综合企划、事业部策略及职能部门策略，而策略规划的流程有所谓的溯流（upstream）与顺流（downstream）之分。传统上人力资源管理是属于"职能"类别与"顺流"这两个范畴的策略管理，因为人力资源管理被视为支持事业策略，是实现职能部门和事业部门绩效目标的重要手段。

首先，在企业的远景规划中，由客户、员工、股东、社区及经营者等利益相关者（stakeholders）共同规划出企业未来希望达到的境界，以及当达到那样的境界时我们的员工看起来像什么，企业如何看待这些员工？其次，我们希望我们的员工成为什么样子，我们将如何看待员工，我们在人力资源管理上的指导方针是什么？最后，在这一指导方针的引导下，我们应有哪些策略手段及操作流程？这些也应一并规划（见表21-1）。[①]

表21-1                         **人力资源策略的形成概念表**

| 远景规划（visioning） | 未来企业希望达到的境界 |
| --- | --- |
| 哲学（philosophy） | 我们如何看待员工，我们的员工像什么 |
| 政策（policies） | 建立与人力资源有关的行动方针 |
| 计划方案（programs） | 形成各种不同人力资源管理的策略方案 |
| 运作制度（practices） | 针对每一策略方案提出不同实施手段 |
| 操作流程（process） | 制定每一实施手段的操作流程 |

### 21.1.3  战略人力资源管理的常见内容

#### 1.战略人力资源规划

战略人力资源规划是人力资源管理战略实施计划的具体体现。人力资源规划是一种可直接操作的计划。企业战略对人力资源规划具有根本性的影响，但这种影响不是直接的，而是通过一系列中间环节来实现的，如图21-1所示。

---

① 李汉雄.人力资源策略管理［M］.广州：广东经济出版社，2002：25.

企业战略
（长期）
企业使命
竞争态势
战略目标
管理原则

经营计划
（中长期）
经营目标
所需资源
工作策略
任务分解

成本预算
（年度）
产出目标
投入指标
实施方式
结果监控

分析现状
企业要求
外部因素
内部供给

确认缺口
雇员数量
雇员质量
雇员结构

人力资源规划
岗位编制
人员招聘
晋升和调配
培训与发展
工资与福利

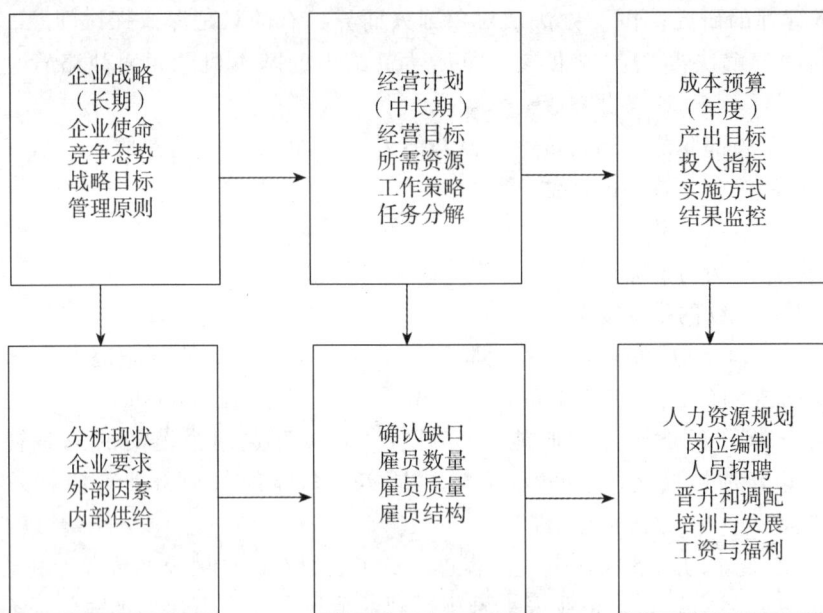

图 21-1　组织战略与人力资源规划

由图 21-1 中可以看出，人力资源规划的编制最根本依据是企业战略，二者之间的联系要通过一系列的中介环节来实现，其中的"经营计划"和"成本预算"占据重要位置。

### 2.人力投资战略

为员工的素质提高进行投资是企业的一种战略眼光，这种人力资本投资可以带来巨大的经济效益。但是，许多企业并不情愿在这方面进行投资，担心受训者跳槽后这笔投资的效益流失。因此，一旦企业的资金短缺时，就会削减培训预算。显然，企业的这种行为是一种短视行为。因为，一个员工素质低的企业是不可能成为长寿企业的，而且更常见的是，一些能力高、上进心强的员工会因为本企业没有培训和发展机会而另谋高就，这会给企业带来巨大的损失。反之，如果企业在人力投资方面大大改善，那么它给企业带来的收益将是巨大的，并会成为企业实现战略目标的关键因素。

继续职业发展是企业人力资源投资的重要组成部分，全员培训与终生学习是当今世界科学技术迅猛发展形势提出的客观要求，也成为企业竞争的制胜法宝。学习型组织应运而生，正是以人力资源战略为依托的现代经济发展的必然要求。

### 3.薪酬战略

员工的薪酬管理之所以被人们看作人力资源管理战略方法中的核心问题，是因为薪酬可以为管理者提供明确的效果和业绩导向的机制，是非常有效的激励机制。

进而言之，薪酬战略这一重大问题还构成了企业管理中的战略问题，因为它不仅能够促进组织提高业绩、成为实现企业财务战略的工具，而且它通过招聘、使用和激励员工，还成为管理公司业绩和影响企业价值观及信仰的工具。

**4.员工关系战略**

企业是一个微观经济组织，它具有要素资源的使用权，通过劳动力交易创造资源的组合，成为社会生产经营单位。对于劳动者来说，通过订立劳动合同等途径建立起员工关系，有偿转让自身的人力资源；对于企业来说，正在从以激励为动力的管理思想，演变到追求和谐的员工关系和进一步以员工为主人的境界。这样，员工关系战略也就成为人力资源战略的内容。

员工关系战略的根本目的，在于为经营服务。调整员工关系战略的目的之一是提高效率。通过企业与员工之间责、权、利的界定，对人力资源进行优化配置，提高企业效益；员工关系战略的目的之二是协调利益。由于企业与员工的利益不同，往往会发生分歧和矛盾，员工关系战略可以按照企业的行为规范，协调利益关系，整合双方的利益关系；员工关系战略的目的之三是排除纠纷。企业内部的矛盾有管理矛盾和劳动争议两种，管理矛盾是个人与组织的矛盾，劳动争议是员工个人以至群体与企业的矛盾，对企业具有一定的威胁。通过员工关系战略排解和引导管理矛盾，防范和解决劳资矛盾，有利于加快企业战略实现的进程。

在员工关系战略方面，出现了"员工参与"的新趋势。员工参与是以经济效益和商业准则为基础的，强调对员工动机和义务的影响，一般是由管理层发起的，强调与员工进行直接的沟通，基本上与工会无关。员工参与有多种形式，包括利润分享、员工持股计划等。其中的"财务参与"是将个人的报酬与公司整体业绩联系起来，力图促使员工认同和增强业绩观念，使员工时刻关心企业战略的实施，作用巨大。员工参与的具体问题请参见第15章。

**5.优势整合战略**

优势整合战略要求在现代企业管理的操作中尽可能地用个人责任和权力替代等级。实现优势整合战略，可以大大降低企业对少数领导人的依赖性，增加信息的透明度，通过目标管理方法加以实施，使人力资源战略为企业的战略实施服务。

优势整合战略的关键，是工作团队的建设，通过组织成员的共同努力产生积极协同作用，其结果是使团队的绩效水平远远高于个体成员绩效的总和。

团队建设的活动，包括目标设置、团队成员之间人际关系的发展、通过角色分析明确成员各自的角色和责任以及团队过程分析的内容。团队建设可以从企业战略目标和人力资源战略的具体问题来进行，选取重点的项目组建团队，通过在群体成员之间进行高度互相影响的活动来增加信任和透明度。明确完成任务的具体办法并对其进行改进以提高团队的效率，是推动优势整合战略的重要方面。

**6.企业文化战略**

企业文化是指在企业之中，经过领导者倡导和全体员工的认同和实践所形成的整体价值观念、道德规范、信仰追求、传统习惯、行为准则、管理风格以及经营特色的总和。

企业文化在企业战略中具有多重功能。它使不同的组织产生明显区别，有不同于其他企业的特点。企业文化战略增强组织成员对组织的认同感，使组织成员将对组织的承诺置于个人利益之上并且增强社会系统的稳定性，文化作为一种观念形成和控制机制，指导并塑造员工的行为，增强企业的竞争力，使企业取得杰出的成果。在企业文化与企业战略不一致时，文化则是组织实现变革的一种障碍。

# 21.2　战略人力资源管理主要学说

## 21.2.1　战略人力资源管理定位学说

### 1.针对竞争环境的定位学说

"波士顿矩阵"是一个关于公司的经营和竞争性战略选择的著名模型。对波士顿矩阵环境模型的运用，分析企业不同的管理环境下人力资源战略和政策，构成战略人力资源管理的定位学说。

（1）问题型组织管理定位

这种类型的企业也称为幼童型和野猫型。该企业处于一个快速增长的产品市场中，其产品占有较小的市场份额。通常为了获得市场份额，企业的规范较少，也较少采取官僚主义的方法，而以灵活的、变动的和非正式的形式来管理企业。相应地，人力资源管理的特征就是团队的灵活性，强调非正式的和开放的管理风格，鼓励雇员在合同之外做额外工作，组织的人力资源管理与开发较少。直线经理从事较多的人力资源管理工作，但他们缺乏人力资源业务指导。

（2）明星型组织管理定位

这种企业在快速增长的产品市场中拥有较高的份额。它们设有人力资源职能部门从事比较规范的人力资源管理活动，人力资源部门也有较高的地位。人力资源管理的主要内容是：通过谨慎的招聘和甄选以挑出最合适的候选人；实施内部培训和发展方案以培养雇员的忠诚；与个人绩效相关的工资系统；定期和系统的评价以及雇员参与。人力资源管理的首要职责可能掌握在直线经理手中。

（3）现金牛型组织管理定位

这类企业在低速增长甚至停滞的市场上占有很高的份额。它们具有秩序性、稳定性、可预测性和正式化的特点；其组织结构可能呈现高耸的形态，组织内部人员的等级层次多。由于任务和绩效之间的预期变动很小，所以运作缺乏灵活性。该类企业一般已经建立了比较完善的薪酬系统。人力资源的职能是使人员配置优化，高度强调专业性和在一定领域的超前发展。由于企业具有较高的收益，能够从事高成本的人力资源管理活动。

（4）瘦狗型组织管理定位

这类企业增长速度缓慢或是正在衰退，在市场中只占有少量份额，缺乏竞争优势。由于处于这种十分不利的经营状况，人力资源管理工作注重降低人工成本，这就要进行缩小规模、裁员、招聘短期员工、强化内部监督管理等。如果人力资源管理部门进行企业转型的工作，还可能导致与一些部门和员工的冲突，并招致指责。

**2.基于组织生命周期的定位学说**

组织生命周期是一个常用的组织管理分析工具。英国学者斯多利（Storey）和西森（Sisson）则把组织的生命周期和组织的雇佣战略联系起来。他们采用四阶段划分法：

（1）导入期组织的定位

在企业成长的早期，人力资源管理致力于灵活的工作方式、招聘和留住雇员，激励雇员努力工作和自我开发。雇主的目标是使雇员忠诚于企业。

（2）成长期组织的定位

在成长期，企业开始出现正式的政策和方法。这时，企业需要保持专业技能，并确保早期形成的雇员忠诚状态能够继续维持下去。这一阶段的人力资源管理任务，是为企业战略的各个方面引入更加先进的方法和体制。

（3）成熟期组织的定位

随着市场的逐渐成熟，企业盈余达到最高峰，这时企业就需要评价和进一步完善自己的活动了。在这一阶段，企业很可能形成了一系列正式化的方案，这些方案往往具体到企业管理的每一环节。这一时期的人力资源管理，集中体现在组织对劳动成本的控制上。

（4）衰退期组织的定位

在企业的衰退过程中，会引发一系列的问题，一些原有的问题也变得明显起来。在这一时期，企业人力资源管理的重点转到组织合理化和裁员增效方面。

## 21.2.2　战略人力资源管理内容学说

**1.战略特征的内容学说**

美国康奈尔大学学者把不同组织的战略人力资源管理特征，分为以下三种：

（1）诱引战略管理内容

诱引战略是通过高工资薪酬来吸引人才和培养人才，以形成高素质的人才队伍。在薪酬制度方面常采用的措施有利润分享计划、员工持股计划、奖励政策、绩效工资制及企业高福利等。但是，由于企业支付的薪酬较高，为了控制增长人工成本的势头，往往要严格控制员工数量，所吸引的员工通常是高技能的、专业化的人才，招聘费用和培训费用相对较低；在日常管理上则采取以利益交换为基础的严密的科学管理模式。

（2）投资战略管理内容

投资战略是指为保证企业发展所需人才，通过聘用数量较多的员工，形成一个备用人才库。这种战略注重对员工各种技能的培训，并注意培养雇主与员工间良好的劳动关系。在这种战略的指导下，人力资源管理人员担负了较重的责任，要保证员工得到所需的资源、培训和支持。采取该战略的目的是要与员工建立长期的工作关系，因此，企业重视员工，使员工有较高的工作保障。

（3）参与战略管理内容

参与战略是指企业在战略决策中给予员工较多的决策参与机会和较大的参与权

力，使员工在工作中有更多的自主权。企业采取这一战略，注重团队的建设、员工的自我管理和授权管理，重视与员工沟通的技巧、采取易被员工接受的解决问题的方法。为此，人力资源管理人员必须为管理者和员工提供必要的咨询和帮助。

**2.组织变革下的内容学说**

史戴斯和顿菲针对因组织变革战略的程度不同而采取的人力资源管理内容进行阐述，其内容包括：

（1）发展式战略

为适应环境的变化，有的企业采用渐进式变革的模式，其主要特点是：注重发展个人潜力和培养团队协作精神，重视绩效管理，对员工的激励多"内在激励"而少"外在激励"，通过强调组织的整体文化建设实现企业的总体发展目标。对员工的招聘大多来自企业内部，通过培训计划来帮助员工实现职业生涯的发展。

（2）任务式战略

组织面对局部性变革，多采用任务式战略。其管理是通过自上而下的指令发布任务，依赖有效的制度来实施。任务式战略非常注重业绩和绩效管理，强调人力资源规划、工作再设计和工作常规检查，注重物质奖励，招聘采取内外结合的方法，开展正规的技能培训，有正规程序处理劳动关系问题，重视组织文化的建设。

（3）家长式战略

家长式战略主要运用于避免变革式的企业，采取这种战略是为了提高组织的稳定性，强调良好的秩序和行动的一致性。在这一战略下的管理，采取集中控制的形式和硬性规定的职位任免制度，重视操作规程与监督，注重规范的组织结构与管理方法。人力资源管理工作的基础是奖惩结合与协议合同。

（4）转型式战略

有的组织完全不能适应环境而陷入危机，面临着全面变革。与全面变革要求相配合的是转型式战略。实施转型战略，要对职位进行全面调整、减员增效，从外部招聘骨干人员，通过对管理人员进行团队训练来建立新的企业文化，建立适应环境的新的人力资源系统和机制。

## 21.2.3 战略人力资源管理策略学说

**1.基于经营战略的人力资源策略学说**[①]

按照著名管理学家波特的竞争战略理论，企业最重要的三种竞争战略是低成本战略、差异化战略和专业化战略。这些战略都可以应用于人力资源的战略上。这里主要阐述前二者。

低成本战略，无疑可以减少单位产出的人工成本，它未必是给员工降低工资，好的方法是组织变革、流程再造等人事精简策略。

差异化战略就人力资源策略来说，是让商务客户承认本公司的员工"高人一等"而愿意支付的购买金额，当然公司也能用好的条件吸引一流的员工。

---

① 李汉雄.人力资源策略管理［M］.广州：广东经济出版社，2002：37.

基于低成本战略和差异化战略的人力资源管理制度的内容详见表21-2。

表21-2　　　　　　　基于低成本战略和差异化战略的人力资源管理制度

| 人力资源管理制度 | 低成本战略 | 差异化战略 |
| --- | --- | --- |
| 组织规划 | 组织扁平化<br>多技能<br>许多专家<br>精减人员<br>责任广且深<br>规律化的工作 | 拥有产品设计与开发的专家<br>研发预算高<br>不同部门整合以生产产品 |
| 甄选 | 雇用经验少的人<br>寻找技术代理人<br>使用网络来雇用员工<br>不重视组织文化<br>产生留任的诱因<br>创造组织忠诚度<br>其他低薪工作的来源 | 雇用各领域的精英<br>各职能部门基于产品品质进行雇用<br>资源配置于雇用<br>用象征性或产品品质理由来规划成功的程序 |
| 奖赏 | 低于产业的水准<br>基于绩效的奖励方式<br>低底薪且长期升迁的制度<br>使用红利而非额外的薪水<br>提供非财务性诱惑<br>因同辈侪表现产生压力<br>分享成本的节约 | 设立产业标准<br>各部门与产品品质息息相关<br>为产品品质提供创造性的奖励<br>奖励发明（金钱、会议与旅游）<br>衡量品质与数量<br>奖励有限时间内的发明 |
| 培养 | 强调效率<br>强调技术的培训<br>依靠公司内管理者做培训<br>要求双重的技能<br>强调现场培训 | 强调品质<br>利用培训产生想法与程序<br>技术、管理与顾客关系的培训<br>利用直线管理者提出关键的品质议题 |
| 考核 | 设立成本标准<br>基于成本而做回馈<br>确认效率并举个案讨论<br>分享成本目标达成的信息与利益<br>立即且特殊的回馈<br>指定个人的目标与责任 | 在重要的领域设立品质的标准<br>公布达成品质标准的比率<br>使用者的信息作为衡量品质的指标<br>鼓励团体考核以建立团体品质<br>使用向上的考核 |
| 沟通 | 分享组织与竞争者的成本资料<br>每一条信息都强调效率与成本节约<br>使用口号、视频与演讲等来强调低成本<br>工作设备、餐厅与管理者的办公室都体现低成本 | 与竞争者比较品质<br>每一条信息都强调品质<br>邀请顾客来讨论品质标准 |

### 2.人力资源方法策略学说

利格（Karen Legge）模型提出，在不同的组织环境下从事工作时，为了获得权力和影响力，针对面临问题的性质不同，基于人力资源部门不同的任务，可能采用不同的管理方法策略。也可以说，实际上人力资源部门的工作策略可以分为下述几个方面：

（1）常规创新策略

这种策略指具体方法层次的创新。就通常情况而言，人力资源经理主要致力于满足高管层的要求，试图把自身的工作与组织的主导价值观清晰地联系起来，进行具体的人力资源制度和政策设计。再为了符合"减少人工成本"的目标而制定和采取奖惩、裁员等具体政策措施。

（2）非常规创新策略

这种策略指思维层次的创新，是人力资源管理市场化意义上的创新。它是指人力资源管理部门的人员应当具有或接受完全不同的一些价值准则，为那些并不是根据组织的标准提出来的想法，寻求组织的信任和支持，例如减少员工的工作压力、反对雇用和薪酬歧视，成为社会价值观以至于法律的代言人。为此，人力资源部门要进行组织利益与社会利益的调适。

（3）担任解决问题者策略

这种策略是指人力资源部门基于组织中的问题去发现问题"待机而动"的角色。人力资源管理部门的价值要看其自身能够为组织与高层决策者界定人力资源与开发管理问题的思维水平并加以有效解决问题的能力大小而定。

## 21.2.4　战略人力资源管理角色学说

### 1."建筑工地"角色学说

泰森（Tyson）和费尔斯（Fells）根据人力资源管理的角色，总结出"建筑现场"模型，也称"建筑工地"模型。这一学说把人力资源管理工作分成三种模式：

（1）行政工作人员角色

在这种模式下，人力资源管理人员的权限最小，人力资源有关工作的权力基本上都归直线经理。人力资源管理人员所做的工作主要是在行政方面和办公方面的，包括保存有关记录和存档、福利待遇、应聘者的初试工作和发布工资信息等。

（2）合同经理角色

合同经理在拥有大型工会的行业中较多，因为那里的劳资关系已经高度规范化，人力资源工作的重点是控制局面、解决问题和消除对抗。在这种模式中，直线经理和人力资源管理人员之间有着紧密的关系，以确保政策与实际做法的一致性。在该模式下，直线经理仍然负责许多基本的人事管理职能。

（3）建筑师角色

这一模式是人力资源部门担任组织高层面的设计师，通过创造方法和革新方法，把人力资源问题纳入更宽广的企业计划之中。在这种格局下，人力资源管理人员能够影响组织的变革，并被领导者期望去创造组织的正确文化和思想。"建筑师"可能被看作是业务经理，也被当作人力资源管理专业人员。

**2.斯多利管理者职能学说**

斯多利（Storey）使用纵横相交的两个坐标轴，提出一个四象限图形，如图21-2所示。其横坐标表示人力资源管理人员从事工作的层次——战略或战术；纵坐标表示其对组织的影响程度和贡献的大小。

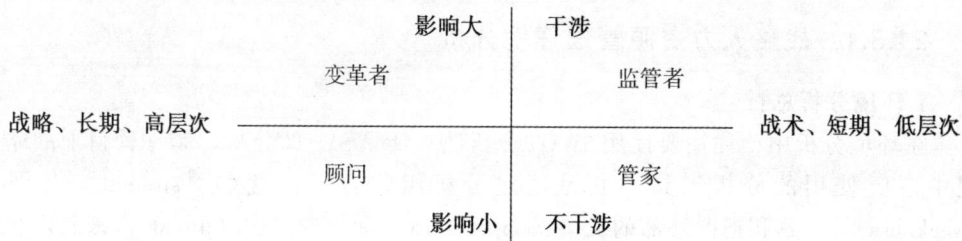

```
                 影响大  │ 干涉

         变革者           │         监管者

战略、长期、高层次 ──────────┼────────── 战术、短期、低层次

         顾问             │         管家

                 影响小  │ 不干涉
```

**图21-2　人力资源管理者的职能**

斯多利的工作者职能类型主要有以下几类：

（1）顾问职能

人力资源管理人员的操作处于企业的战略层面，而不管其他具体的职能，这些具体职能当然就由直线经理从事。人力资源管理人员在需要时为直线经理提供技术支持，并经常是在现场的背后协助直线经理完成政策的制定与具体操作，换言之，直线经理对劳动管理问题有更多的自由和权威。因此，人力资源管理人员的这一功能被看作是"幕后的说客"。

（2）管家职能

人力资源管理的职能可以是战术性和非干涉型的，其工作主要是受他们的"顾客"——直线经理的需要所左右；他们是办事员，从事行政性的工作，例如保管考勤记录以及偶尔参与福利工作并提供建议。人事部门与直线经理的关系是服从性的、隶属的、"随从"式的，只对直线经理的短期要求做出反应，而不能改变或影响组织的发展方向，因此，他们也被看作是"侍女"。在一定程度上，他们被看作是斡旋于管理者与被管理者之间的"中立的代理人"。

（3）监控者职能

人力资源管理人员的操作，还会在战术层面上充当监督和干预者的角色。他们与工会代表合作密切，共同处理问题，并且到现场解决问题，安抚车间工人的情绪，在减少劳资纠纷和减少停工等方面具有重要作用。尽管他们与直线经理的工作关系密切和接近，监控者仍然需要通过建立一套明确的人力资源管理目标和做出努力，来保持自身的独立性和专长。

（4）变革者职能

最后一种类型是变革者。他们致力于在新的基础上与雇员建立关系，设法引导雇员做出承诺并鼓励员工的工作"再迈进一步"。在20世纪80年代以来的管理改革中，人力资源开发的战略角色受到了广泛的关注。斯多利认为，变革者既支持软性人力资源管理，又支持硬性人力资源管理。前者在于突出了人力资源开发所做出的贡献，后者则通过经营管理的方法说明了他们的价值。

## 21.3 战略人力资源管理的运作

### 21.3.1 战略人力资源管理环境分析

**1.环境分析总析**

在环境分析中，往往要使用SWOT分析法。所谓SWOT分析，是一种目前战略管理中广泛使用的分析工具，它是通过分析组织自己的优势（strength）与弱点（weakness），了解和把握外部的机会（opportunity）和规避威胁（threat），来制定合理的战略。进行SWOT分析，其信息要通过有关的搜寻技术获得，并通过一定的技术对其进行整合和区分出优先顺序。

外部环境分析的内容主要包括：组织环境整合分析，也称PEST方法，即所在地区的政治（P）、经济（E）、社会（S）、技术（T）四大因素的格局与发展趋势。这主要包括：本组织所处的行业状况、生命周期、现状及发展趋势等；本组织在同行业中的地位和占有的市场份额；竞争对手的经营状况；竞争对手的人力资源储备和人力资源制度、人才政策；预计可能出现的新竞争对手等。

内部环境分析的内容主要包括：组织的总体发展战略，员工对组织的期望和组织的凝聚力，组织对人力资源的塑造能力等。

**2.环境分析的具体内容**

（1）政治法律环境

良好的政治法律环境是人力资源战略制定与实施的保障。政治法律环境包括：社会的政治稳定性、劳动法律和法规等、政府管理部门对待雇主与劳工的态度，以及工会的模式与力量等。

（2）经济环境

企业战略的最终目标是与经济环境相适应的，良好的经济环境是企业生存的基础。经济环境包括：当前经济发展的格局、处于经济周期的哪个阶段、社会的就业状况、通货膨胀率的高低，以及银行利率等。

（3）社会文化环境

任何企业都立足于不同的社会文化环境，社会文化环境包括：各国存在不同的文化习俗、不同的经济体制导致的不同文化类型，以及员工的社会心态等。

（4）劳动力市场状况

人力资源战略的设立与劳动力市场状况密切联系。劳动力市场状况包括：劳动力供需现状与发展变化趋势、人力资源的整体素质状况、就业及失业情况、国家和地方政府对劳动力素质提高的投入，以及人力资源管理制度与人才政策等。

（5）组织战略与文化

人力资源管理战略派生并从属于组织的总体战略，组织战略的实施也离不开人力资源管理战略的配合。组织文化决定了组织的价值、观念和行为规范，任何人力资源管理战略及人事政策都必须与组织文化相一致。

（6）组织内部资源

首先，要搞清组织的人力资源的供需现状与趋势，来确定组织的人力资源战略；进而通过对组织可利用的其他资源分析，如资本资源、技术资源和信息资源，特别是可用于人力资源管理的资源，来保证人力资源战略目标的实现。

（7）员工期望

员工期望与人力资源战略的实施密不可分。由于人力资源管理战略具有长远性的特征，该战略的实施与完成必须依靠一支稳定的队伍。而组织中任何一个员工都有自己的期望和理想，当这种期望得到基本满足、理想基本实现时，他才愿意留在组织中继续发展，组织的员工队伍也才可能稳定发展。因此，组织的人力资源管理战略必须要考虑员工的期望，可以说，组织的人力资源战略必须要与对员工的职业生涯规划相结合。

### 21.3.2　战略人力资源管理方案制订

**1.确定基本战略目标**

人力资源管理的战略目标是根据企业战略大目标、人力资源现状及员工的期望综合确定的目标。它是对未来组织内人力资源所需的数量与结构层次、员工素质与能力、劳动态度与所要达到的绩效标准、企业文化与人力资源政策，以及人力资源投入的具体要求。

**2.人力资源管理战略分解**

对人力资源管理战略进行分解。进行分解的目的，是解决"如何完成"及"何时完成"人力资源管理战略的问题，即要将人力资源管理战略分解为"行动计划"与"实施步骤"。前者主要提出人力资源战略目标实现的方法和程序；后者则是从时间上对每个阶段组织、部门与个人应完成的目标或任务做出规定，即把人力资源管理战略总体目标分解成为细化的、具体的分层次目标、小目标。

为此，还要制订人力资源保障计划或配套计划，以使人力资源管理战略的实施无论在政策、资源、管理模式、组织发展方面，还是从时间上、技术上都能得到必要的保障。

**3.与组织其他战略进行平衡**

在这一阶段，要把人力资源管理战略与组织的其他战略如财务战略、市场营销战略等进行综合平衡。由于组织的各个不同战略来自于不同的部门、不同的制定者，因而它们往往带有一定的部门特征和个人倾向性，还往往会过于强调各自的重要性，以争取组织的优惠与更多的资源。因此，组织必须对各项战略进行综合平衡，合理地使用企业的各种资源，使组织的总体战略目标和各个重要得以实现。

**4.制定人力资源具体战略的方法**

制定人力资源具体战略的有两种方法。一是目标分解法，二是目标汇总法。

其一，目标分解法。此方法是根据组织发展战略的要求，首先提出人力资源管理的总目标，然后将此目标层层分解到部门与个人，形成各个部门与个人的目标与任务。该方法的优点是系统性强，对重大事件与目标把握较为准确，预测性较好；缺点是战略易与实际相脱离，忽视员工的期望，过程烦琐，一般管理人员掌握较难。

其二，目标汇总法。此方法经部门领导与每个员工讨论，首先制定出个人工作目标，规定目标实施的方案与步骤，由此形成部门的目标，再由部门目标形成组织的人力资源战略目标。该方法的优点是操作非常简单，目标与行动方案非常具体，可操作性强，并充分考虑员工的个人期望，因而在现实中经常被使用；缺点是带有较大的主观臆断性，全局性较差，对重大事件与目标、对未来的预见能力较弱。

### 21.3.3　战略人力资源管理的实施

#### 1.寻找和充分利用组织的有关资源

在战略人力资源管理的实施过程中，要树立"资源"观，即注意寻求和利用多方面的资源和工具，如信息管理的方法、企业文化与价值体系的应用等。

#### 2.突出战略人力资源管理的重点

突出战略人力资源管理的重点工作主要有四个方面：其一，根据企业战略和相应的人力资源战略确定人力管理政策；其二，通过对企业战略目标的分解，形成关键绩效指标，并通过绩效指标分解获得部门指标和个人指标；其三，按照企业战略的要求，设定所需要的部门和相应岗位；其四，培育促进战略人力资源管理落实的薪酬体系。

#### 3.落实到人力资源开发与管理日常业务

人力资源管理战略实施过程中，最重要的工作是日常的人力资源管理工作。它将人力资源管理战略与人力资源规划落到实处，并检查战略与规划实施情况，对管理方法提出改进方案，提高员工满意度，改善工作绩效。在企业战略和人力资源政策指导下，进行人力资源的搜寻、培训、培养等各项开发工作，形成适当的员工素质结构，并通过绩效沟通等来促进员工素质的进一步提高。

#### 4.强化战略人力资源管理的动力

实现战略人力资源管理任务的动力不仅有组织方面的，而且有员工方面的。协调组织与个人间的利益关系，是人力资源战略实施中的一项重要的工作。如果这个问题处理得不好，会给战略实施带来困难。过于强调组织利益而忽视个人利益，员工必然会产生不满，离心离德，必然影响战略目标的实现；过多强调个人利益而忽视组织利益，则扩大了成本而给组织带来一定的效益损失。

### 21.3.4　战略人力资源管理评估

#### 1.战略人力资源管理评估的概念

战略人力资源管理评估，是指在战略实施过程中寻找战略与现实条件的差异，发现战略的不足之处，及时调整战略，使之更符合组织战略。同时，战略评估还要对战略人力资源管理的经济效益进行评估，即进行投入与产出比的分析。[①]

① 滕玉成，俞宪忠.公共部门人力资源管理［M］.北京：中国人民大学出版社，2003.

**2.战略人力资源管理评估的用途**

进行上述战略人力资源管理评估，可以有不少用途。这里仅介绍两方面的主要用途：

（1）人员调整

通过对人员流动率、员工满意度、人工费用比等方面状况的评估分析，可以看出企业人力资源开发利用状况，为组织进行人力资源的及时调整，以及进一步的战略人力资源管理设计提供依据。

（2）人力奖酬

进行战略人力资源管理评估的一个重要方面，是以员工素质表现和绩效评价为依据来进行具有战略眼光的薪酬管理。它追求的是内部公平性和外部竞争性的激励活动，是影响员工状况的最直接的因素。在这个评估应用框架中，会出现人才奖酬、人才培训、人才吸引等积极的后果，对组织的短期绩效和长期发展都有着积极的功效。

## 21.3.5　新型组织的人力资源开发管理

**1.组织发展与变革的要求**

在当今时代，越来越多的组织面对的是一个动态的、不断变化的环境，必须去适应。变化的环境是激发变革的力量，包括：劳动力性质、技术的发展、经济的冲击、竞争激烈、社会趋势和世界政治变化等。可以说，每个组织面对变化，都不得不进行调整。为了能够对环境的变化做出迅速反应，并拥有多样化的人力资源队伍，人力资源政策和管理手段也必须加以变革。建立新的工作团队、分散决策权、建设学习型组织和创新型组织，是实现组织的发展与变革对人力资源管理的要求。

**2.学习型组织**

学习型组织是20世纪90年代出现的重大理念。通过学习型组织的产生和发展，使人们能够进行战略性的思考，正确地建立企业发展的目标。为此，管理人员不断地投资于员工的学习，使他们能学习、成长和做出贡献。员工们则要用一种新的忠诚（对学习、成长和贡献的相应承诺）来回应。在这种组织中，要集中所有的能量，必须有一种超越一切的、共同的愿景和目的，不懈地寻求改进工作方式和决定产品及服务质量的手段。

学习型组织的五项修炼内容为：自我超越、心智模式、共同愿景、团队学习和系统思考，如图21-3所示。

（1）自我超越

自我超越是建设学习型组织的第一要务。对于任何组织来说，学习的关键因素不在于政策、经费或时间计划的安排，而在于成员的状况。个人学习是组织学习的起点，个人需要、个人成长和学习的修炼，使他们能不断扩大创造性的贡献。缺乏目的、愿景、修炼意识或追求个人发展意愿的人，则可能只限于为自己的组织做贡献，而忽略了对整体战略的考虑。因此，管理人员应当放松对员工的约束，提供一种促进学习和促进寻求个人发展的氛围，使个人的发展与企业的发展相适应。

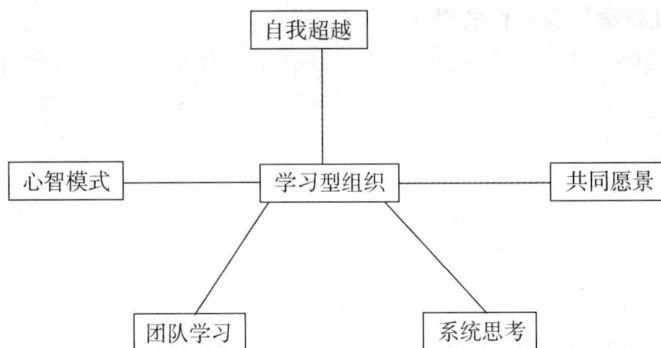

图 21-3  学习型组织的五项修炼

（2）心智模式

在传统的组织中，人们常见的思维方式是根据自己的设想进行思考和行动，通常按照现有的等级制度、工作内容和职权范围来考虑既定的行为规范，以当前和以往的情形作为决策的依据。在学习型组织中，要对这种思维方式进行变革，克服个人思维模式存在的片面性和局限性。学习型组织的心智模式要求员工采取公开、信任、有效利用数据的方法来合理推论和解决问题，合理规划是改变心智模式的一种极好的工具。

（3）共同愿景

学习型组织的第三项修炼，是让人们建立个人愿景并形成共同愿景。这要求人们互相交流，倾听他人的想法，彼此分享个人愿景，一起推论个人的期望和组织发展战略。学习型组织的这一项目是通过对共同目标的认可，建立伙伴关系，彼此结成一个密不可分的团体。作为组织来说，应当给团队成员以承诺，而不能仅仅要求团队成员一味顺从。

（4）团队学习

团队是介于个人与组织整体之间的组织成员单位。在团队中，每个人都应当与同事一起努力去实现组织目标，不断更新自己的知识和能力水平。这要求团队成员间克服习惯性防卫，减少沟通障碍，并鼓励员工共同学习和行动而非个别学习和行动。在团队学习中，深度会谈和讨论是最重要的学习方式。

一个组织的竞争能力取决于所有员工一起开发自己的能力，从而增加整体竞争优势。在学习型组织中，团队学习能够促进成员们的协调一致，也促进团队的创造性，并有利于团队目标的提升和形成共识，因而成为实现企业战略的技术手段。

（5）系统思考

组织"系统"的所有要素都是互相依赖的，个人不能独立建成学习型组织，上述四项修炼中的每一项，都有助于并依赖于系统思考。系统思考的功用是引导人们从看局部到纵观整体，从看表面到洞察内部，从静态到动态。

系统思考的核心概念是反馈，即学习经验和向他人学习，需要不断地认识和检查反馈。在学习型组织中，每个人都是实践者，每个人都是领导者，每个人都在选择学习的方法和内容。

### 3.创新型组织

可以说，组织创新是继学习型组织五项修炼后的"第六项修炼"，在人力资源战略中占有重要的地位。创新型组织的文化倾向于具有一定的相似性：他们鼓励进行实验，对成功和失败都给予奖励，即使犯了错误也予以理解。但是很遗憾，现实生活中太多的组织看重的是"无过"而不在乎是否"有功"，这样的文化必然把人的冒险和创新精神扼杀在摇篮之中。

创新型组织积极地训练和发展它们的员工，使其总是能够跟上当前的步伐。它们为员工提供高程度的工作保障，使员工不必担心因犯错误而被解雇，同时他们还鼓励个人成为变革拥护者。一旦提出新主意，这些变革的拥护者们就积极热情地予以推进、提供支持、克服阻力，保证创新过程的顺利进行。[①]

## 21.4　人力资源开发与管理主体

### 21.4.1　人力资源开发与管理主体能力

为了完成组织的目标与任务，从事人力资源开发与管理的主体，必须具有一定的专业工作能力和良好的信誉，还要有广泛的经营常识，熟知各部门的功能及经营的方法；有卓越的协调能力，能协助各部门解决问题。此外，还必须具有高度的学习意愿和创新意图，能够营造创新氛围，推动企业变革的发展。

从战略人力资源管理的角度看，管理主体的能力和素质要求突出体现在以下方面：

第一，战略性行为。人力资源管理者必须主动地与企业决策者一起，研究制定企业的经营战略，协助各部门设定经营目标与提供有关服务。

第二，应变能力。在市场竞争越来越激烈的情况下，产品生命周期越来越短，企业经营环境不但变化速度越来越快，而且变化的幅度也越来越大，人力资源管理者必须能及时地把握形势，迅速地采取应对措施。

第三，协作能力。在经济全球化和专业分工越来越强的情况下，企业部门越来越多元化，各部门目标有相当的差异，人力资源管理者必须要深入不同部门、与不同职能不同目标的人员协同工作，取得他们的合作，使他们为企业战略目标而努力。

第四，团队建设能力。在组织的变革中，团队成为一种重要的模式。人力资源管理者必须具备建设企业团队的能力，促进员工的高层次合作，共同创造新的理念、新的技术与新的产品。

第五，国际化能力。在经济全球化的格局下，企业尤其是出色的大公司正在变成国际化的组织。企业的人力资源管理者也就面临着诸多跨国、跨文化的事务，并必须具有从全球范围内配置人力资源的眼光和思路，因此他们必须具有适应国际环境、在

---

①　沃克.人力资源战略［M］.吴雯芳，译.北京：中国人民大学出版社，2001.

国际竞争中从事管理的能力。

### 21.4.2 人力资源专家①

#### 1.人力资源专家的角色

所谓人力资源专家，是指组织之中从事人力资源开发管理工作的专职工作人员，由于他们已经不是以往的那种行政工作的执行性角色，成为专业性颇为突出的人员而得名。作为一种现代管理的专家性人物，他们在不同的组织中有不同的角色：在一些组织中，人力资源专家可能占有引人注目的地位，通过发挥设计师或改革代言人的作用，影响和引导人们的思想；在另外的一些组织，人力资源专家角色可能很隐秘，他们躲在幕后，靠着与最高管理者密切的工作关系来施加影响，或只作一个隐身的说客。

#### 2.人力资源专家的贡献

人力资源专家的贡献往往是难以界定的，因为他们与直线经理一起工作并依赖于直线经理去实施制度和政策。泰森（Tyson）和费尔（Fell）认为：人力资源专家应该能将自己推荐给管理者；能对企业做出总体评价；能创造高质量的人力资源。

从战略打分角度看待人力资源专家的贡献，其内容主要包括：培养绩效导向的组织环境；激发员工的创造性；促进员工对企业的一致看法等。

#### 3.人力资源专家的技能

人力资源专家需要的技能主要集中在三个方面：第一，制定人力资源开发政策和操作程序的框架，以确保贯彻企业的政策并符合法律的要求；第二，对所有人力资源开发问题提供建议和指导，这往往是通过使用指导手册来完成的；第三，培训直线经理，使他们拥有恰当的技能。

### 21.4.3 直线经理

20世纪90年代初以来，人力资源开发与管理方面出现了部分职责转移的现象，即直线经理承担了人力资源开发与管理工作的更多责任。一般来说，直线经理参加员工小组的会议并听取意见，通过团队工作、员工沟通、员工评估和直接与员工打交道来解决问题。这种人力资源管理的权力向直线经理的转移，经常伴随组织内部的分权以及本业务部门财权和责任的扩大。

在这样的局面下，人力资源管理部门的职责是负责政策的制定工作，他们可以独立制定政策，也可以与直线经理合作完成。人力资源管理部门对直线经理的影响，主要体现在人力资源政策方面，例如：人力资源计划、招聘要求等。直线经理则要贯彻人力资源管理部门的政策，从事相关的实际活动，与人力资源管理部门建立合作伙伴关系，讨论人力资源政策的制定与具体实施。

---

① 赵曙明，刘洪.人力资源管理［M］.北京：高等教育出版社，2002.

### 21.4.4  外部专家

#### 1.有关专家的类型

人力资源专职管理专家之外，担任人力资源管理职能的有关专家可以分为四种类型：其一是企业内部代理，他们只负责人力资源开发工作中一两件上传下达的工作，不靠执行这种政策获取报酬；其二是企业内部的顾问，他们的咨询工作要收费，由企业统一向他们支付；其三是企业内部的独立专家，这种专家不属于人力资源开发部门，无论对内对外，一律收费；最后一种是企业外部的顾问，下面专门阐述。

#### 2.外部顾问

外部顾问能够提供本组织专家不能完成的大型、综合性的服务，如提供一流的会计实务和管理咨询等一整套服务。常见的外部顾问有：专门提供人力资源服务的机构，有些是功能健全、能提供人力资源开发全面服务的大公司，有些是小型的、专门化的公司，如薪酬调查公司；独立的咨询顾问，他们擅长某一特定领域或业务，还能对某些特殊问题提供咨询服务；行业协会和ACAS等类组织，他们除日常工作外，也提供咨询服务。

### 21.4.5  人力资源总监

人力资源总监是组织之中具有一定决策地位的准高层管理者。从总体上看，人力资源总监的角色是人力资源管理方向的引导者、制度的制定者、计划的审核者和运作的指挥者。其职能可以概括为以下几个方面：①

#### 1.制定战略

人力资源总监的重大职能，是对人力资源管理工作给出方向性的、前瞻性的规划，根据企业战略的需要制定人力资源管理的纲领性制度和文件，从而对人力资源工作起领导的作用。战略职能要解决如何依靠人力资源实现企业战略目标的问题，主要体现为人员选拔、使用、吸引人才，其中的人才选拔是战略管理的起点。

#### 2.制定政策

战略能否实现，要靠政策来保证。政策制定也是人力资源总监的重要职责。在人力资源政策中，企业用工政策、员工分类政策、薪酬分配政策是三大政策，这三大政策是塑造企业经营机制的关键。就不同体制的组织而言，上述三大政策的差别巨大，甚至是截然相反的。

#### 3.建立制度

政策要通过规章制度而体现，人力资源政策也要通过人力资源规章制度的建设来落实。规章制度能够把企业内部的责任与权利安排结构化，从而为管理找到依据，保证人力资源管理有序进行。这些制度主要包括：职务规范制度、员工甄选制度、培训开发制度、绩效考评制度、薪酬福利制度及劳动关系制度等。

---

①    秦志华.CHO——人力资源总监［M］.北京：中国人民大学出版社，2003.

#### 4.协调运行

在人力资源管理制度建立之后的运行过程中，指挥与协调是人力资源总监的日常性工作。这项工作可以分为推动运行和处理问题两个方面。推动运行是指人力资源总监参与人力资源的管理活动，当管理活动涉及核心人员补充、培训开发方式、激励制度及人工成本控制等问题时，人力资源总监必须直接过问和指导业务的运行。处理问题，首先是指人力资源总监对人力资源管理的控制，此外还指人力资源部门与其他部门的矛盾也需要人力资源总监的协调。

#### 5.指导技术

人力资源总监由于具有人力资源管理专门能力，同时对企业的经营管理情况有着总体认识，因而他们能够与其他部门进行工作协作，提供有关建议，对员工选拔、培训、评估、奖酬、晋升和辞退等工作进行技术指导。

#### 6.承担责任

人力资源总监是人力资源职能部门的直接领导，负责指挥人力资源部门开展工作，在计划、组织、领导、控制上保证人力资源部有效发挥作用，拥有人力资源政策、制度、计划的审定和复核权，拥有重大人力资源工作的直接指挥权，同时人力资源总监作为企业员工管理的最高分管领导，在企业中承担该方面工作好坏的责任。

## 本章小结

企业战略是制约人力资源管理的根本性内容，战略人力资源管理是从企业的战略性目标出发，从事人力资源管理各项活动，以提高组织总体和长期绩效的人力资源管理模式。本章从这一视角出发，概括论述了战略人力资源管理的概念和常见内容，介绍了有关学者对战略人力资源管理各种模型的理论学说，进一步，阐述了战略人力资源管理流程的主要环节内容。本章还阐述了战略人力资源管理者需要具备的技能，并分析了新的人力资源管理主体——人力资源专家、直线经理、外部专家和人力资源总监的职能。

通过本章的学习，可以使学员对人力资源开发与管理的理论认识和前沿工作思路更上一层楼。

## 主要概念

战略人力资源管理　波士顿矩阵　生命周期学说　斯多利管理职能模型　"建筑现场"模型　SWOT分析法　PEST分析法　学习型组织　人力资源专家　直线经理　人力资源总监

## 复习思考题

1.谈谈战略人力资源管理思路的重要性。
2.分析波士顿矩阵环境模型与斯多利管理者模型的局限性。
3.结合某一企业的情况，谈谈人力资源战略如何推动企业战略的实施。
4.战略人力资源管理的内容有哪些？

5.简述战略人力资源管理的流程。

6.现代人力资源管理部门如何转变职能与观念为企业战略服务？

7.直线经理与人力资源专家之间的工作是如何协调的？

8.怎样做一名合格的人力资源总监？

## 案例分析

### 打造发展平台的"组织人才会议"

2005年3月28日成立的中国建材股份有限公司（以下简称"中国建材"），是中国建材行业的领军企业。在社会各界和资本市场的支持下，中国建材紧抓国家经济快速发展和建材行业结构调整的战略机遇，积极探索靠存量联合重组扩大规模、靠管理协同创造价值、靠科技创新提升核心竞争力的成长方式，走出了一条"资本运营、联合重组、管理整合、集成创新"的发展道路，在水泥、商品混凝土产能等方面成为世界第一。

未来，中国建材的产业布局将进一步扩张，利润也大大增加。这就要求人力资源和人才发展工作紧紧围绕产业结构和产业布局，建立与"全产业链"战略匹配的支持体系。如何应对战略扩张的要求和竞争对手的挑战，为公司的长远发展提供充足的人才保障和组织支持，成为中国建材人力资源工作的重中之重。

为了建立科学有效的人才发展机制，中国建材选取市场标杆，对美国GE公司的人才激励和发展计划、日本三菱集团的年功序列制、终身雇佣制，以及美国卡特皮勒公司的员工"职业屋"等人才发展体系进行了研究。美国GE公司是人力资源的标杆企业，其人才激励和发展计划是运营体系的重要组成部分，每年的4月至5月，各级业务单位均组织有关人事问题的大规模讨论，6月向企业执行委员会汇报研讨成果，并以此作为下年度战略规划的重要依据。GE公司将企业人才的评价体系和发展体系有机结合，评价体系主要评估员工的业绩目标及完成情况、个人的发展潜力等；发展体系主要为员工提供在职培养和全球化学习的机会。多年来，这种上下一致、公开透明、与业务发展战略密切相关的人才发展体系为GE公司提供了大量的综合管理人才，也在一定程度上确保了其多元化业务下战略的精准执行。

经过大量调研、访谈和资料分析，中国建材在吸收标杆企业的做法和经验的基础上，结合集团的企业文化和公司实际情况，建立了适合自身现状的人才发展机制。这就是：以人才发展为主线，以发掘内外部人才市场、促进员工成长、优化配置人力资源为工作目标，公平公正地评价员工，选拔优秀人才重点培养，以满足公司对人才的需求。"组织人才会议"就是中国建材的一项重要举措。具体来说，"组织人才会议"是以各级领导班子集体评议的方式，强化"经理人是人才培养的第一责任人"的理念，对人员进行客观评价，发现优秀人才，明确发展重点，推广阳光透明的评价、反馈和发展文化，作为公司推进人才发展工作的核心载体。

"组织人才会议"的操作流程如下：

1.明确"组织人才会议"的层级

中国建材的"组织人才会议"是按照"自上而下，逐层召开、隔级关注，重在发展"的原则，在各管理层级和专业序列分级召开。在管理层级上，各利润点（指营销公司、分公司、营业部）的领导班子评议部门经理、厂长和车间主任，确定重点关注人员名单和发展计划；业务单元领导班子评议利润点管理团队和单元管理经理人，确定中心管理经理人后备名单和重点关注人员的发展计划；中国建材领导班子评议单元管理团队和中心管理经理人，确定集团管理经理人后备名单及重点关注人员的发展计划。在专业序列上，按照生产、营销、财务等专业序列逐级组成专家委员会，评议专业人才，明确专家岗位人员、关键管理岗位后备人员名单及发展计划。

2.建立评价体系

"组织人才会议"成功召开的前提是通过对团队和个人进行全面评价，为各级人才发展委员会提供翔实的数据基础。这对公司的评价体系提出了较高的要求。

中国建材的评价体系主要包括评价标准和评价工具两部分内容。为建立明确统一的评价标准，公司分别开发了针对经营团队和个人的评价模型。其中，团队评价模型遵循中组部、国资委对"五好班子"的要求，设置了管理素质、管理水平、团队氛围、团队构成和稳定性五个指标，各业务单元可根据自身业务发展阶段和对利润点的核心要求，为各指标赋予评价权重（见表21-3），通过利润点自评和单元"组织人才会议"审定的方式，对下属利润点团队的经营能力及人员搭配情况进行评价，其结果作为团队建设、人员调动和培训的重要依据。

表21-3　　　　　　　2011年某事业部利润点团队评价得分表

| 团队名称 | 管理素质 | 管理水平 | 团队氛围 | 团队构成 | 稳定性 | 团队总分 | 总体排名 |
|---|---|---|---|---|---|---|---|
| 工厂1 | 8 | 9 | 8.5 | 7.5 | 8 | 41 | 2 |
| 工厂2 | 9 | 9.5 | 9 | 8.5 | 9 | 45 | 1 |
| 工厂3 | 8.5 | 8 | 8.5 | 8.5 | 7 | 40.5 | 3 |
| 工厂4 | 7.5 | 8 | 8.5 | 8.5 | 7 | 38 | 4 |
| 工厂5 | 7.5 | 6.5 | 7 | 8 | 7.5 | 36.5 | 5 |
| 工厂6 | 7 | 7.5 | 7.5 | 7 | 6.5 | 35.5 | 6 |

个人评价模型（如图21-4所示）主要包括领导力模型和专业能力模型。针对经理人，公司延续集团领导力模型的框架，分别开发了C级（见表21-4）和D级经理人领导力模型，并对能力素质项进行了行为分级描述和权重设置，使领导力评价结果得以量化，为跨单位跨业务的经理人间的领导力评估奠定了基础；针对各序列的专业人才，公司也制定了专业能力模型，从专业能力、通用能力和核心行为能力三个维度评估人员的专业水平和岗位匹配度。其中，专业能力维度充分体现不同序列的专业特点，通用能力和核心行为能力维度则关注公司对各类员工在沟通协调、职业素养和自我驱动方面的统一要求。

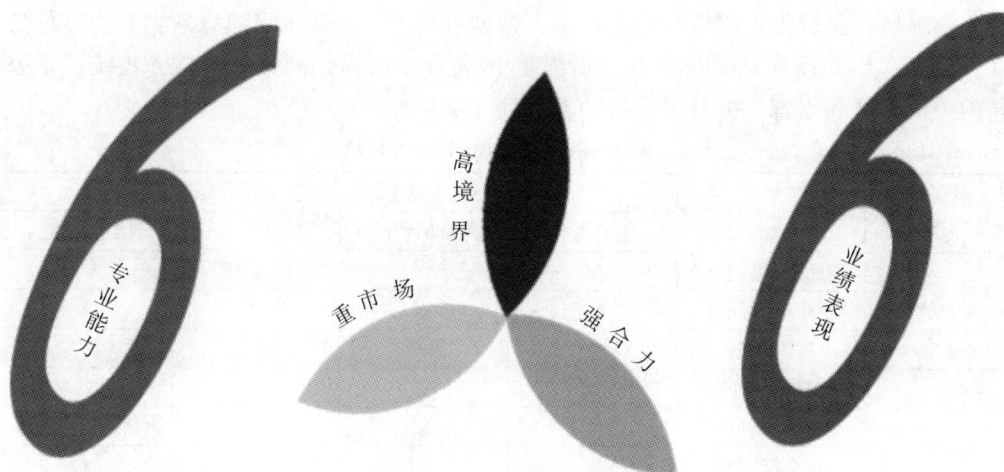

**图21-4　经理人评价模型**

表21-4

**C级经理人领导力要素行为分级描述**

| 分类 | 能力素质 | 能力素质要求水平（以变革创新为例） |
|---|---|---|
| 高境界 | 阳光诚信 | 素质定义：<br>不断地寻求和抓住机会，或鼓励他人寻求和抓住机会，以创新的方法解决组织的问题 |
| | 学习成长 | |
| | 业绩导向 | 接受变革——2分 |
| 强合力 | 建立工作伙伴关系 | ➤ 不受以往经验的陈规所限，能以积极的心态面对新事物、新方法<br>➤ 将存在的问题视为改进的机会，积极寻求更好的解决方法 |
| | 团队建设 | 鼓励变革——3分<br>➤ 对不同的想法和可能性始终保持开放的心态，能够发现并采纳好的建议解决问题 |
| | 计划组织 | ➤ 鼓励他人对现有的流程或方案提出质疑，多问"为什么"，并寻求创新的解决方法<br>➤ 敢于承担风险去制定新政策、采用新措施和尝试新方法 |
| 重市场 | 运营决策 | 推动变革——4分<br>➤ 将复杂问题简单化，在组织内部建立有效的应变机制，使所有的计划和方案在必要时都能够进行灵活的调整<br>➤ 能很好地应对创新和变革给自身所带来的压力<br>➤ 运用同理心化解他人在变革中所产生的失落或惧怕的心理，帮助他人克服对变革的抵触情绪 |
| | 变革创新 | |
| | 客户导向 | 持续变革——5分<br>➤ 要求并鼓励团队设定更高目标，不断提升原有的标准<br>➤ 追求对流程和绩效的持续改进，没有最好，只有更好<br>➤ 始终不满足于现状，通过不断变革和发展，积极应对未来的挑战 |

　　评价工具方面，公司针对领导力、专业水平、业绩和人岗匹配等内容，设置了相应的工具（见表21-5），在评价过程中可以根据对象和目标灵活选取，形成了较为完善的评价体系。同时，公司通过开发访谈提纲和评分表、组织人力资源测评师认证、

举办管理风格测试报告解读等相关培训，帮助各级人力资源人员熟练掌握行为事件访谈（BEI）、情景反应等测评工具，培养了18名合格的内部测评师，进一步统一了公司的评价标准和语言，提升了评价的客观性和准确性。

表21-5　　　　　　　　　　　　　　中国建材人才评价中心构成

| 评价内容 | 评价工具 | 评价目的 | | | |
|---|---|---|---|---|---|
| | | 任前考察 | 滚动评价 | 培训发展 | 团队搭配 |
| 专业能力 | 知识经验问卷 | √ | √ | √ | √ |
| | 专业能力问卷 | √ | √ | √ | × |
| | 履历分析 | √ | × | √ | √ |
| 领导力 | 360度测评 | √ | √ | × | √ |
| | 情景反应 | √ | × | √ | √ |
| | 公文筐测验 | √ | × | × | × |
| | 行为事件访谈 | √ | √ | √ | √ |
| 业绩表现 | 绩效考核 | √ | √ | √ | × |
| | 述职报告 | √ | √ | × | × |
| 人岗匹配 | 管理风格测试 | √ | √ | × | √ |

3.实施评价与会前沟通

"组织人才会议"召开前，公司各级人力资源部负责组织团队自评及人员评价，为"组织人才会议"上的评议讨论提供依据。个人评价的结果主要包括两方面内容，一是业绩得分，由各级经理人主管领导根据年初确定的个人业绩合同进行评分；二是领导力得分，是关键岗位人员在中国建材评价中心的领导力测评得分和360度评价得分的综合。其中，360度评价由团队全体成员对被评价人进行打分，上级、平级、下级的评分权重分别为50%、20%、30%。

初步评价结果汇总后，各级人力资源部需与被评价单位负责人进行深入沟通，介绍"组织人才会议"的主要目标、基本流程和所在团队及个人评价的初步结果，并辅导其拟定团队及下属的初步发展计划，以便在"组织人才会议"上向上级人才发展委员会汇报。

4."组织人才会议"的召开

（1）会议流程

"组织人才会议"主要包括三项议程，一是本单位人才队伍的整体发展情况，包括年龄、专业搭配等基本情况，整体业绩表现和领导力初评结果等内容；二是所属团队负责人介绍各自团队情况，包括团队阶段的整体优势及不足、团队每名成员业绩和领导力的初评结果、特点分析及个人培养举措；三是人才发展委员会对各团队及参评人员进行综合评价，最终确定各团队评价结果，参评人员本年度业绩和领导力综合评价结果、培养发展方案，并形成经理人后备人员名单和岗位编制调整方案。

（2）会议角色

"组织人才会议"参会人员包括本单位（或专业序列）人才发展委员会成员（领导班子、人力资源负责人）以及下属单位负责人。以业务单元"组织人才会议"为例，相关人员应承担不同的角色。

业务单元总经理：作为单元人才发展第一责任人，组织人才发展委员会成员谈论确定单元人才发展的方向和主题；确认单元管理经理人年度综合评价结果及培养计划，明确经营中心管理经理人后备名单；组织评价下属利润点团队综合情况，确定利润点团队发展方向以及人员配置、分管工作等调整方案；监督并审核各类发展计划的实施情况；在经营中心"组织人才会议"上汇报本单位"组织人才会议"成果，介绍本单元推荐的中心管理经理人后备人选情况。

业务单元副总经理/总经理助理：作为单元人才发展负责人，参与讨论团队及经理人综合评价结果以及后备人员名单；从分管工作的角度提供团队及人才发展建议；协调各类资源支持团队及个人发展计划的实施。

利润点负责人：向人才发展委员会汇报本单位团队及经理人情况；初步提出本单位经理人年度综合评价结果及培养计划供委员会讨论；落实单元"组织人才会议"成果，并向下级进行反馈。

单元人力资源负责人：负责单元"组织人才会议"的组织，记录会议评议结果，形成具体的发展计划并推动实施。

单元管理经理人：配合经营中心及业务单元组织的领导力、专业能力的评价，接受上级反馈，积极参与培养计划，关注自身成长。

（3）评议工具

"组织人才会议"采用"评价九宫格"作为评定人员综合评价等级的工具（如图21-5所示），以业绩和领导力评价得分为尺度，评价结果共分九类五级，根据所在单位参评员工总数按比例分布，比例为："A＋"10%、"A"20%、"B"40%、"C"和"D"共计30%。其中，"A＋"可以空缺，如空缺，则"A"的比例为30%。

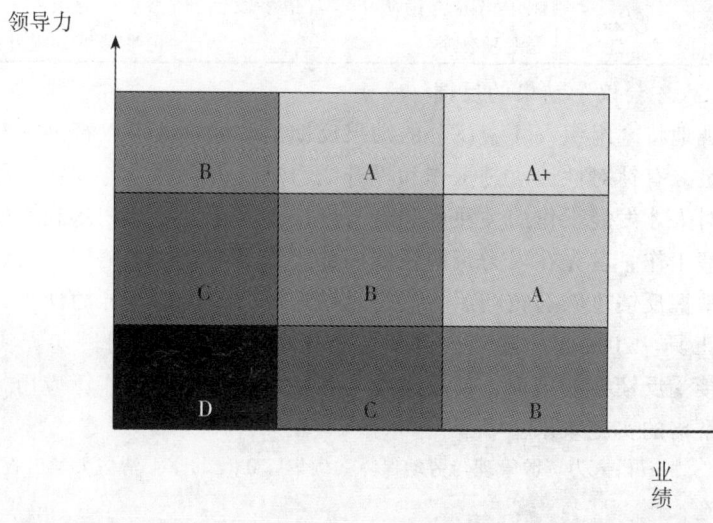

图21-5　中国建材评价九宫格

"组织人才会议"采用"发展九宫格"（如图21-6所示）作为制订个人发展计划

的工具，从潜力和经验两方面对被评价人分类，通过九宫格来对其判断定位。

潜能↑

| 专项任务<br>培养他人 | 综合管理实践<br>导师指导<br>转型培训 | 转型培训<br>晋升<br>导师指导 |
|---|---|---|
| 短期经验<br>教练指导<br>专项任务 | 职责拓展<br>委托培养<br>专项任务 | 职责拓展<br>导师指导<br>岗位轮换 |
| 教练指导<br>专项培训<br>原岗提升 | 教练指导<br>原岗提升<br>培养他人 | 专项培训<br>原岗提升<br>培养他人 |

**图21-6　中国建材发展九宫格**

进而，人才发展委员会以上述人才分类为方向，结合被评价人的培养方向、年龄、专业、任职经历和公司战略要求，最终确定具体的个性化人才培养举措（见表21-6）。

表21-6　　　　　　　　　　　　**个性化人才培养举措**

| 分类 | 姓名 | 发展建议 | 培训项目 |
|---|---|---|---|
| 潜能高<br>经验单一 | 张×× | 除生产系统外增加分管运输等工作，一年后考查全方位管理胜任能力 | 安排领导力课程班、财务知识等专项培训 |
| 潜能中<br>经验复合 | 赵×× | 赋予培养营销队伍、营销手段创新等专项任务 | 参加企业战略、营销管理类理论性培训，提升系统思考高度 |

5."组织人才会议"结果的反馈

及时客观地将"组织人才会议"的结果反馈给被评价人可以帮助其准确把握自身的优势和不足，有针对性地改进工作和提升能力短板，合理进行职业生涯规划，提高各级经理人对人才发展工作的关注度和参与度，使人才发展计划落到实处。中国建材极为重视反馈工作，首先在人力资源系统内部组织了反馈技术培训师培训，由人力资源相关人员掌握反馈步骤与技巧后，研讨总结形成公司内部领导力课程，向各级经理人推广反馈工具。2012年，随着内部反馈技能培训师队伍的进一步充实，越来越多的经理人将接受反馈技能培训，使反馈技巧在日常工作中得以广泛应用，整体提升各项人才发展举措的实施效果。

资料来源　姚裕群.人力资源管理与劳动保障案例集［M］.北京：清华大学出版社，2015.

案例讨论：

1.像中国建材这样的大型国企，面对市场竞争，应该如何调整人才队伍？

2.中国建材的"组织人才会议"有什么特点？

3.中国建材的"组织人才会议"对公司的战略管理和战略人力资源管理有什么

作用？

4.根据本案例的资料分析，其"组织人才会议"的设计是否合理？这样的方式对公司选人和留人有什么影响？

5.你对"组织人才会议"的具体实施有什么建议？

6.假定你在信息产业或者金融企业担任部门经理，谈谈你从此案例中得到什么启示？

第21章拓展阅读

# 主要参考文献

[1] 罗宾斯，贾奇.组织行为学［M］.孙健敏，王震，李原，译.16版.北京：中国人民大学出版社，2016.

[2] 姚裕群.人力资源开发与管理通论［M］.北京：清华大学出版社，2016.

[3] 姚裕群.人力资源管理与劳动保障案例集［M］.北京：清华大学出版社，2015.

[4] 姚裕群.人力资源开发与管理概论［M］.4版.北京：高等教育出版社，2015.

[5] 彭剑锋.战略人力资源管理：理论、实践与前沿［M］.北京：中国人民大学出版社，2014.

[6] 李琦.人力资源管理综合技能训练［M］.上海：复旦大学出版社，2013.

[7] 戴国良.图解人力资源管理［M］.北京：电子工业出版社，2013.

[8] 陈国海.组织行为学［M］.4版.北京：清华大学出版社，2013.

[9] 黄炽森.研究方法入门：组织行为及人力资源的应用［M］.南京：南京大学出版社，2012.

[10] 布德罗，拉姆斯特德.超越人力资源管理——作为人力资本新科学的人才学［M］.于慈江，译.北京：商务印书馆，2012.

[11] 米雅.管理手记——人力资源经理是怎么思考和解决问题的［M］.北京：清华大学出版社，2012.

[12] 周文成.人力资源管理：技术与方法［M］.北京：北京大学出版社，2010.

[13] 颜爱民.人力资源管理经济分析［M］.北京：北京大学出版社，2010.

[14] 王静，陈红.企业人力资源管理量化分析［M］.北京：中国劳动社会保障出版社，2007.

[15] 余建年.跨文化人力资源管理［M］.武汉：武汉大学出版社，2007.

[16] 谢晋宇.人力资源开发概论［M］.北京：清华大学出版社，2005.

[17] 卡肖，阿格尼斯.心理学与人力资源管理（影印版）［M］.6版.北京：北京大学出版社，2005.

[18] 郭咸纲.西方管理思想史［M］.北京：经济管理出版社，2002.

[19] 姚裕群.中国人力资源开发利用与管理研究［M］.北京：首都师范大学出版社，2001.

[20] 赵曙明.人力资源管理研究［M］.北京：中国人民大学出版社，2001.

[21] 戴昌钧.人力资源管理［M］.天津：南开大学出版社，2001.

[22] 王蕾.组织行为学［M］.上海：上海财经大学出版社，2001.

[23] 吴国存.企业职业管理与雇员发展［M］.北京：经济管理出版社，1999.

[24] 赵曙明.企业人力资源管理与开发国际比较研究［M］.北京：人民出版

社，1999.

［25］罗旭华.实用人力资源管理技巧［M］.北京：经济科学出版社，1998.

［26］比尔.管理人力资本［M］.程化，潘洁夫，译.北京：华夏出版社，1998.

［27］姚裕群.人力资源概论［M］.北京：中国劳动出版社，1992.

［28］宋晓梧.中国人力资源开发与就业［M］.北京：中国劳动出版社，1997.

［29］李京文，张国初.现代人力资源经济分析［M］.北京：社会科学文献出版社，1997.

［30］姚裕群.人口大国的希望——人力资源经济概论［M］.北京：中国人口出版社，1991.

［31］帕纳斯.人力资源［M］.张明清，译.哈尔滨：黑龙江教育出版社，1990.

［32］薛恩.组织心理学［M］.余凯成，等，译.北京：经济管理出版社，1987.